Über dieses Buch

Die Entwicklung der Lehre von Geld und Reichtum oder von der politischen Ökonomie aus ihrem historischen Kontext bis zur Gegenwart bilden den Hauptteil dieses bei seinem ersten Erscheinen in Großbritannien als revolutionär bezeichneten Werkes. Es ist nicht nur eine Einführung wie viele andere Lehrbücher auch, sondern es sieht die Volkswirtschaftslehre in ihrer Abhängigkeit von internationalen Entwicklungen in den kapitalistischen und sozialistischen Staaten sowie in der Dritten Welt. Allzu häufig haben auch in diesem Bereich Schlagworte die wahren Inhalte und Notwendigkeiten verdeckt; in diesem Buch werden sie entsprechend ihren Inhalten richtig zugeordnet. Daraus folgt, daß es sich nicht nur um eine völlig neue Darstellung der politischen Ökonomie, um eine Herausforderung an die herkömmlichen Wirtschaftstheorien handelt, sondern um ein Standardwerk für jeden Volkswirtschaftler und an diesem Bereich interessierte Laien.

Der Autor

Joan Robinson ist eremitierte Professorin an der Cambridge University. Sie war beteiligt an der Gruppe, die mit Keynes seine »General Theory« erarbeitet hat. Außerdem hat sie sich einen Namen durch zahlreiche Veröffentlichungen über wirtschaftliche Probleme gemacht.
John Eatwell machte 1967 sein Examen am Queens College in Cambridge. Nach zwei Jahren Aufenthalt in Harvard hält er nun Vorlesungen über Volkswirtschaftslehre am Trinity College in Cambridge.

JOAN ROBINSON
JOHN EATWELL

Einführung in die Volkswirtschaftslehre

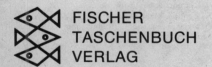
FISCHER
TASCHENBUCH
VERLAG

Ungekürzte Ausgabe
Fischer Taschenbuch Verlag
 1.–12. Tausend: Dezember 1977
13.–17. Tausend: Januar 1980

Umschlagentwurf: Jan Buchholz/Reni Hinsch

Titel der Originalausgabe: ›An introduction to modern economics‹
Erschienen bei McGraw-Hill Book Company (UK) Limited, Maidenhead
Übersetzt von Angelika Franke, Dr. Jürgen Melcher, Hermann Witte
Fischer Taschenbuch Verlag GmbH, Frankfurt am Main
Lizenzausgabe mit freundlicher Genehmigung
des Verlags Moderne Industrie, Wolfgang Dummer & Co., München
© by McGraw-Hill Book Company (UK) Limited, Maidenhead
© 1974 bei Verlag Moderne Industrie, Wolfgang Dummer & Co., München
Druck und Einband: Clausen & Bosse, Leck
Printed in Germany
1080-ISBN-3-596-26373-5

Inhaltsverzeichnis

Danksagung 19

Vorwort 21

Buch 1 Ökonomische Lehrmeinungen

Einleitung 23
   (a) Probleme und Aufgaben der ökonomischen Philosophie . . . 24
   (b) Metaphysik und Wissenschaft 25

Kapitel 1 Die Zeit vor Adam Smith 27

1. Die Hauptgedanken 27
   (a) Die effektive Nachfrage 27
   (b) Geld und Reichtum 28
   (c) Der letzte Merkantilist 29

2. Die Physiokraten 31
   (a) Der Feudalismus 31
   (b) Das metaphysische Argument 33

Kapitel 2 Die klassische politische Ökonomie 35

1. Die grundlegenden Gedanken 37
   (a) Eine Klassenanalyse 37
   (b) Das Kapital als Vorschuß 39
   (c) Die Bestimmung des Überschusses 39
   (d) Die dynamische Analyse 40

2. Die Akkumulation von Reichtum 41
   (a) Die Arbeitsteilung 41
   (b) Die Manufaktur 42

3. Verteilung und Preise 44
   (a) Die Verteilungstheorie von Ricardo 44

(b) Die Preise	46
(c) Produzierbare Güter	49
(d) Ein unveränderlicher Maßstab	50
4. Die effektive Nachfrage	51
(a) Das Say'sche Theorem	52
(b) Die Malthusianische Überproduktionstheorie	54
5. Marx	57
(a) Soziale Beziehungen und die Entstehung des Überschusses	58
(b) Wert und Preise	60
(c) Die kapitalistische Epoche	61

Anhang: Das Marx'sche Begriffssystem 62

Kapitel 3   Die neoklassische Ära 66

1. Der Sieg der neuen Schule	66
2. Grundlegende Ideen	68
(a) Nutzen	68
(b) Gleichgewicht	70
(c) Produktionsfaktoren	71
(d) »Der Lohn für das Warten«	71
3. Preise und Verteilung	73
(a) Knappheit	73
(b) »Grenzproduktivität«	74
(c) Normale Profite	77
4. Effektive Nachfrage	78
5. Kritiken	79
(a) Ein Marxist	80
(b) Ein Populist	80
(c) Marx auf den Kopf gestellt	82
6. Die Keynes'sche Revolution	82
(a) Laissez-faire	82
(b) Zeit	84
(c) Preise	86
(d) Ersparnis und Investition	86

Inhaltsverzeichnis 7

(e) Der Zinssatz 87
(f) Revolution und Restauration 88

Buch 2 Analyse

Einleitung 91

1. Die Methode 91
(a) Die Modelle 91
(b) Vereinfachungen 94
(c) Hinweise 95

2. Inhaltsübersicht 95

Kapitel 1 Boden und Arbeit 100

1. Produktionsbedingungen 101
(a) Einheiten 101
(b) Vorratsbestand 102
(c) Soziale Beziehungen 103

2. Unabhängige Familien 104
(a) Ein stationärer Zustand 104
(b) Wachstum 105
(c) Abnehmende Erträge 106
(d) Fixer Arbeitsaufwand 109
(e) Einkommen und Aufwand 109
(f) Großer und kleiner Grundbesitz 110

3. Großgrundbesitzer und Bauern 112
(a) Interessenkonflikte 112
(b) Geldverleiher 113
(c) Fortschrittliche Grundbesitzer 114

4. Kapitalistische Bauern 115
(a) Die obere Anbaugrenze 117
(b) Die untere Anbaugrenze 118
(c) Ausgleich der Grenzprodukte 119
(d) Sparen und Leihen 120
(e) Wachstum und Einkommensverteilung 121

5. Diagramme 122
   (a) Arbeit-Boden-Relation und Ouput 123
   (b) Einkommen und Aufwand 128
   (c) Größe der Grundbesitztümer 128

6. Ein Trugschluß 130
   (a) Der freie Markt: Arbeiter pachten Boden 131
   (b) Der freie Markt: Grundbesitzer beschäftigen Arbeiter . . 133
   (c) Eine »gerechte« Einkommensverteilung 133
   (d) Einige Verwirrungen 134

Kapitel 2   Arbeitskräfte und Maschinen 136

1. Die Produktionsbedingungen 137
   (a) Technische Beziehungen 137
   (b) Die Produktionskapazität 138
   (c) Eine Privatwirtschaft 139
   (d) Klassen und Einkommen 140

2. Löhne und Profite 141
   (a) Geldlöhne und Reallöhne 141
   (b) Der Profitanteil 143
   (c) Die Bestimmung des Profits 144
   (d) Begriffssystem 144

3. Kredit . . . . : 146
   (a) Wechsel 146
   (b) Darlehensgewährung und Kreditaufnahme 148

4. Ein anderes Modell 150

Anhang: Kurzfristiges Betriebskapital 151

Kapitel 3   Effektive Nachfrage 153

1. Die kurzfristige Situation 154
   (a) Gesamteinkommen 155
   (b) Bilanzen 156
   (c) Investition und Ersparnisse 158
   (d) Investition und Einkommen 160
   (e) Konsum und Investition 162

Inhaltsverzeichnis

2. Veränderungen in der Aktivität 164
   (a) Vergleiche und Veränderungen 164
   (b) Veränderung im Investitionsverhalten 165
   (c) Modellerweiterung 167

3. Instabilität 169
   (a) Erwartungen 170
   (b) Der Zinssatz 170
   (c) Ein Boom 171

4. Langfristige Nachfrage 172

5. Die vorkeynesianische Theorie 173

Anhang: Instabilität 175
   (a) Der Multiplikator 176
   (b) Der Akzelerator 176
   (c) Wirkungsverzögerungen *(Lags)* 178
   (d) Ein Boom 178
   (e) Eine Depression 182

Kapitel 4   Technischer Wandel 185

1. Die Akkumulation 185
   (a) Beschäftigung 186
   (b) Reallöhne 188
   (c) Innovatoren und Nachahmer 191
   (d) Amortisation 194

2. Instabilität 195

3. Neutrale und nicht-neutrale Akkumulation 197
   (a) Ein stationärer Zustand *(a steady state)* 198
   (b) Kapitalsparender Fortschritt – ein Exkurs – 199
   (c) Arbeitssparender Fortschritt 200
   (d) Kapitalerweiternde, neuartige und kapitalvertiefende Investitionen 201
   (e) Die Lebensdauer einer Anlage 202
   (f) Ungleichmäßige Entwicklungen 205
   (g) Umweltverschmutzung 205

4. Eine falsche Spur 206

Kapitel 5 Güter und Preise 209

1. Komplexe Mengeneinheiten 209

2. Preiskategorien 210
   (a) Güter 211
   (b) Märkte 212

3. Rohstoffe 213
   (a) Angebot und Nachfrage 214
   (b) Märkte und Einkommen 216
   (c) Versuchte Heilmittel 217
   (d) Interessenkonflikte 219

4. Hersteller 219
   (a) Angebotsbedingungen 220
   (b) Herstellkosten und Bruttogewinnspanne 221
   (c) Der Monopolgrad 222
   (d) Ein einziger Verkäufer 223
   (e) Preisdiskriminierung 226

5. Löhne und Profite 226
   (a) Reallöhne und Arbeitskosten 226
   (b) Die Terms of Trade 228
   (c) Der Profitanteil 230

6. Diagramme 231
   (a) Marshalls Koordinatensystem 231
   (b) Ein falscher Analogieschluß 233
   (c) Ein Diagramm als Landkarte 235
   (d) Preiselastizität der Nachfrage 236
   (e) Herstellkosten und Bruttogewinnspannen 239
   (f) Monopol 241
   (g) Preisdifferenzierung 242

7. Andere Formulierungen 243

Kapitel 6 Die Profitraten 248

1. Lang- und kurzfristige Perioden 248

2. Investitionsentscheidungen 249
   (a) Brutto- und Nettoprofit 251

Inhaltsverzeichnis 11

(b) Die Investitionsrisiken 252
(c) Das Oligopol 254
(d) Vollkostenpreise 255

3. Normalprofite 257
(a) Boden- und Ausrüstungsgegenstände 258
(b) Amortisation und Ersatzinvestition 258
(c) Input – Output 259
(d) »Die Güterproduktion mit Hilfe von Gütern« . . . 260

4. Verteilungstheorien 264
(a) Der Lohnanteil und die Profitrate 264
(b) Die klassische Theorie 265
(c) Der Anteil der Löhne 266
(d) Die post-keynesianische Theorie 267
(e) Die Inflationsbarriere 269
(f) Profite und Ausbeutung 269

5. Die neoklassische Theorie 271

Anhang: Die Lohn-Profit-Kurve 272

Kapitel 7   Einkommen und Nachfrage 276

1. Verdientes und nicht verdientes Einkommen 276
(a) Einkommen aus Eigentum 277
(b) Mischeinkommen 278
(c) Das Sparen der Haushalte 278
(d) Verdiente Einkommen 280

2. Die Güternachfrage 283
(a) Der Wahlakt des Konsumenten 284
(b) Rationierung durch Geldmittel 285
(c) Angebot schafft Nachfrage 286

3. Der öffentliche Sektor 288
(a) Öffentliche und private Ausgaben 288
(b) Staatliche Aktivitäten 290
(c) Besteuerung 291
(d) Staatliche Kreditaufnahme 293
(e) Die Last der staatlichen Verschuldung 295
(f) Das Budget und die effektive Nachfrage 295

12   *Inhaltsverzeichnis*

4. Das Preisniveau 297
   (a) Geldlöhne 298
   (b) Inflation 299

5. Das Märchen von der »Konsumenten-Souveränität« 301
   (a) Eine harmonische Gesellschaft 301
   (b) Einige Schwierigkeiten 303

Anhang: Buchungstechnische Identitäten und Kausalbeziehungen . . 304

Kapitel 8   Finanzmittel 306

1. Geld- und Finanzwesen 307
   (a) Der sich automatisch auffüllende Fonds 307
   (b) Bankengeld 308
   (c) Konsumentenkredit 310
   (d) Andere Kreditnehmer 310
   (e) Die Finanzierung der Finanzmittel 310
   (f) Liquidität 311
   (g) Die Kreditbasis 311
   (h) Das Geldangebot 313

2. Der Kapitalmarkt 315
   (a) Obligationen und Aktien 315
   (b) Die Börse 316
   (c) Instabilität 317

3. Zinssätze 319
   (a) Langfristige Zinssätze 319
   (b) Bestands- und Stromgrößen 320
   (c) Die Geldpolitik 321
   (d) Der Tagtraum des Ökonomen 322

4. »Geldtheorie« 322

**Kapitel 9   Das Wachstum von Unternehmen, Industriezweigen
           und Nationen** 326

1. Das Verhalten der Unternehmen 326
   (a) Rentiers 327
   (b) Der Wachstumsprozeß 327
   (c) Die Technostruktur 329

Inhaltsverzeichnis 13

(d) »Profitmaximierung« 330
(e) Das Profitkriterium 331
(f) Der Einfluß der Finanzkraft 332

2. Industriezweige 333
   (a) Abgrenzung 333
   (b) Versorgungsgüter 334
   (c) Märkte 336

3. Nationale Politik 337
   (a) Die Theorie des Freihandels und die protektionistische Praxis . . 337
   (b) Der ruinöse Handelskrieg 338
   (c) Die Spielregeln 339
   (d) Geplanter Handel 341

4. Das neoklassische Modell 341

Kapitel 10 Internationale Bilanzen 344

1. Der Handel einer Region 344
   (a) Die Außenhandelsbilanz 345
   (b) Die heimische Aktivität 345
   (c) Akkumulation 346
   (d) Das Kapitalkonto 347
   (e) Die Salden 348
   (f) Die Zahlungsbilanz 349
   (g) Internationale Währung 350
   (h) Weitere Unterschiede 351
   (i) Ein nationales Konto 352

2. Laufende Salden 353
   (a) Goldströme 353
   (b) Ein Ersatzmodell 355
   (c) Unvollständige Ausgleichsprozesse 356

3. Die Zahlungsbilanz 357
   (a) Die Kreditvergabe an das Ausland 357
   (b) Ein Zahlungsbilanzbeispiel 359
   (c) Harmonische Bewegungen 359
   (d) Disharmonie 361

4. Die Devisenbörsen 362
   (a) Der Goldstandard 363

(b) Abwertung	364
(c) Geldlöhne	365
(d) Weltwährungen	366

5. Der Mythos der Normalität 367

Anhang: Der Multiplikator und die Importneigung 368

Kapitel 11   Sozialistische Planung 370

1. Preise und Einkommen 370
   (a) Kosten und Überschuß 371
   (b) Klassische Preise 373
   (c) Neoklassische Preise 374
   (d) Preisveränderungen 375
   (e) Kaufkraft und Konsumentenmacht 377

2. Die Effizienz 378
   (a) Die Produktionsmöglichkeiten 378
   (b) Die Allokation von Rohstoffen 379
   (c) Die Rente 381

3. Die Akkumulationsrate 381
   (a) Das Reproduktionsschema 382
   (b) Die neoklassische Ansicht 383
   (c) Sozialistische Akkumulation 384

4. Wahl der Technik 385
   (a) Planungsziele 385
   (b) Arbeit als Kostenfaktor 386
   (c) Grundstoffressourcen 387
   (d) Die Allokation investierbarer Ressourcen 388
   (e) »Auf zwei Beinen stehen« 390

5. Ein anderer Fall: »Die Ertragsrate« 391

Anhang 1   Das Streben nach Effizienz im sowjetischen Planungssystem . 392

1. Traditionelle Techniken 393
   (a) Inputnormen 393
   (b) Die Konsistenz 393
   (c) Planung und Gegenplanung 394
   (d) Grundstoffbilanzen 394

Inhaltsverzeichnis 15

2. Neuerungen in der Planung . . . . / . . 395
   (a) Die Amortisationsperiode 395
   (b) Input-Output 396
   (c) Lineare Programmierung 397
   (d) Die Anwendung der linearen Programmierung 400

Anhang 2   Das oberste Gesetz der sozialistischen Akkumulation . . 402

   (a) Stetiges Wachstum 402
   (b) Beschleunigtes Wachstum 404
   (c) Abnehmendes Wachstum 405
   (d) Verallgemeinerung 407

Buch 3   Gegenwartsprobleme

Einleitung 409

Kapitel 1   Kapitalistische Staaten 410

1. Rüstungsausgaben 410
   (a) Die USA 410
   (b) Das Vereinigte Königreich und Frankreich 412
   (c) Westdeutschland und Japan 413

2. Beschäftigungspolitik 414
   (a) Vertrauen 415
   (b) Fiscal policy 415
   (c) Zinssätze und Investition 416
   (d) Monetäre Beschleunigungs- und Dämpfungsregulatoren . . 417
   (e) Stop and Go 418

3. Offene Volkswirtschaften 419
   (a) Die Zahlungsbilanz 419
   (b) Wettbewerbserfolg 421
   (c) Wettbewerbsschwäche 423

4. Wachstum 426
   (a) Ökonomische Wunder 426
   (b) Die Inflation 427
   (c) Armut mitten im Überfluß 428
   (d) Das Gastarbeiterproblem 429

(e) Umweltverschmutzung	430
(f) Was nun?	433

Kapitel 2   Sozialistische Staaten   435

1. Weitere Probleme   435
   (a) Beschäftigung   435
   (b) Der internationale Handel   436
   (c) Inflation   437
   (d) Öffentliche Finanzen   438
   (e) Entfremdung   439

2. Die Landwirtschaft   440
   (a) Die Abschöpfung des Überschusses   440
   (b) Terms of trade   441
   (c) Politische Preise   442

3. Geplante Reformen   443
   (a) Was ist ein Betrieb?   443
   (b) Das politische Bewußtsein   445

Kapitel 3   Die Dritte Welt   447

1. Unterentwicklung   448
   (a) Grundbesitzer und Bauer   449
   (b) Die Bodenreform   449
   (c) Die kapitalistische Landwirtschaft   451
   (d) Nahrungsmittelimporte   452

2. Arbeitslosigkeit   453
   (a) Keynesianische Unterbeschäftigung   453
   (b) Unterbeschäftigung   454
   (c) Wahl der Technik   456

3. Der Außenhandel   458
   (a) Exporte von Rohprodukten   458
   (b) Die Hersteller   459
   (c) »Importsubstitution«   460

4. Der Kapitalzustrom   461
   (a) Finanzmittel   462
   (b) Ersparnisse   463

(c) Der Katzenjammer	465
5. Die Bevölkerung	466
(a) Das Nahrungsmittelangebot	466
(b) Die Investition	466
(c) Die Politik	467
6. Schlußfolgerung	467
Anmerkungen	468
Literaturverzeichnis	471
Stichwortverzeichnis	473

Danksagung

Während der achtzehn Monate, in denen dieses Buch entstand, erhielten wir sehr viel Hilfe und Unterstützung sowie eine Menge nützlicher Ratschläge, aber auch Einwände und kritische Anmerkungen von all den Freunden und Kollegen, deren Namen wir unten im einzelnen aufführen wollen. Keiner von ihnen kann natürlich verantwortlich gemacht werden für irgendwelche dennoch verbliebenen Irrtümer oder für die Art und Weise und die Stichhaltigkeit unserer Argumentation.

Mahmoud Abdel-Fadil, Brian von Arkadie, Tom Asimakopulos, Adrian Blundell-Wignall, Allan Braff, Monojit Chatterji, Hélène Eatwell, Martin Fetherston, Jack Fireston, Keith Frearson, Harvey Gram, Frank Hahn, Geoff. Meeks, Don Moggridge, Robert Neild, Ron Peters, Jean Sargent, Thanos Skouras, Jim Street, Bob Wallace.

Ebenso wertvoll wie die generellen Hilfen und Ratschläge waren für uns die Arbeiten von Michael Ellman, der uns den Anhang 1 zu Kapitel 11 lieferte, von Roger Tarling, der die numerischen Beispiele für den Anhang 2 von Kapitel 11 verfaßte und von Sue Howson, die den Index zusammenstellte.

Cambridge, Januar 1973

Joan Robinson
John Eatwell

Vorwort

Dieses Buch ist in erster Linie als Einführung in die Volkswirtschaftslehre gedacht. Darüber hinaus könnten einige Teile dieses Buches auch für einen größeren Personenkreis von Interesse sein.

Die drei Hauptthemen – ökonomische Lehrmeinungen, Analyse und Gegenwartsprobleme – können entweder im Rahmen parallellaufender Vorlesungskurse oder sukzessive behandelt werden.

Im ersten Buch werden die Hauptentwicklungslinien des ökonomischen Gedankenguts vom 18. Jahrhundert an bis zur Gegenwart dargestellt. Um den Leser bei diesen Darlegungen nicht mit unnötigen theoretischen Details aufzuhalten, werden die in diesem Zusammenhang auftretenden analytischen Probleme im Rahmen des zweiten Buches behandelt.

Im ersten Kapitel des zweiten Buches »Analyse« wird geprüft, in welcher Weise unterschiedliche Eigentumssysteme die Produktion beeinflussen, unter der Voraussetzung gleicher technischer Anforderungen.

Die folgenden neun Kapitel befassen sich mit der Funktionsweise von kapitalistischen Volkswirtschaften. Hierbei wird zunächst ein stark vereinfachtes Modell benutzt, um die effektive Nachfrage, die kurzfristige Verteilung des Volkseinkommens auf Löhne und Profite sowie den technischen Fortschritt zu diskutieren. In den nachfolgenden Kapiteln wird das Untersuchungsobjekt komplexer und die einschränkenden Modellannahmen werden nach und nach gelockert. In den Kapiteln 5, 6 und 7 wird der Bereich, den man herkömmlich Mirkoökonomie nennt, behandelt. Sie enthalten auch eine Abhandlung über die öffentlichen Finanzen. Die nächsten drei Kapitel behandeln verschiedene Aspekte des Geldsystems, des Wachstums von Kapitalgesellschaften und des Handels sowohl aus nationaler als auch aus internationaler Sicht. Das letzte Kapitel des zweiten Buches gibt eine Einführung in einige theoretische Probleme der Planung sozialistischer Staaten.

In der Einleitung wird neben einer knappen Diskussion der Methodologie eine Zusammenfassung von jedem Kapitel des zweiten Buches mit verschiedenen Hinweisen und Anregungen nach jeweils ein bis zwei Abschnitten gegeben, die jedoch beim ersten Durchlesen ohne größeren Informationsverlust übergangen werden können.

Die reine ökonomische Logik könnte als ein untergeordnetes Teilgebiet der angewandten Mathematik betrachtet werden, aber wir haben es nicht für sinnvoll gehalten, größere Teile unserer Argumentation in mathematischen Symbolen darzustellen. Der Grund hierfür ist, daß ökonomische Beziehungen, wie z. B. der Anteil der Ersparnisse am Volkseinkommen, der Einfluß des Verhältnisses von Grund und Boden zur Arbeit auf den Output, oder die Veränderungen der Produktivität als Folge technischer Innovationen, nicht adäquat durch einfache Funktionen dargestellt werden können. Der Versuch, diese Beziehungen in ihrem Umfang zu beschneiden, um sie in eine algebraische Formulierung einzupassen, könnte ernsthafte Mißverständnisse hervorrufen. Wir haben es daher für zweckmäßiger gehalten, numerische Beispiele und Schaubilder zu konstruieren. Dieses Vorgehen entspricht zwar nicht der herrschenden Mode, es ist dafür aber um so einleuchtender.

Mathematische Methoden werden benötigt, wenn es darum geht, aktuelles Datenmaterial für praktische Probleme auszuwerten (ein Beispiel aus dem sowjetischen Erfahrungsbereich wird in Anhang 1 zum zweiten Buch 11. Kapitel geschildert). Aber in diesem Falle ist das Niveau der Mathematik weit höher als es im allgemeinen bei der Darlegung theoretischer Grundlagen benötigt wird; und in der Tat befinden sich diese Methoden noch in der Entwicklung.

Im dritten Buch werden Problembereiche berührt, die politische Urteile implizieren. Es läßt sich nicht vermeiden, daß derartige Fragen immer von einem ganz bestimmten Standpunkt aus gesehen werden müssen. Die Autoren haben sich jedoch bemüht, ihre eigenen Werturteile ausreichend sichtbar zu machen, um auf diese Weise dem Leser die Möglichkeit zu geben, sie seinen eigenen Vorstellungen entsprechend in Rechnung zu stellen.

Buch 1 Ökonomische Lehrmeinungen

Einleitung

Die Entwicklung einer Theorie der politischen Ökonomie war ein Element des wachsenden Selbstbewußtseins der intellektuellen Geisteshaltung, die der wissenschaftlichen Revolution des 17. Jahrhunderts folgte. Wenn die Gesellschaftsordnung nicht einer göttlichen Bestimmung unterlag, sondern Bestandteil eines naturgesetzlichen Weltgeschehens war, dann bildete sie ein geeignetes Objekt für philosophische Untersuchungen. Die religiöse Sicht von sozialen Beziehungen, die unterstellte, daß es einen gerechten Preis für jedes Gut gebe, und die die Erhebung von Zinsen als Wucherei verdammte, mußte den Anforderungen des Wirtschaftslebens weichen. Lange bevor es eine systematische Wirtschaftstheorie gab, hatte die derzeitige Wirtschaft bereits einen hohen Grad an Komplexität erreicht. Die Philosophen betrachteten sozusagen eine vielfältige, verwirrende und komplizierte Szenerie, der sie einen Sinn abzuverlangen suchten.

Die Freidenker des 18. Jahrhunderts fanden einen Ersatz für die Religion in dem Konzept des *Naturgesetzes*. Sie versuchten Harmonie- und Gerechtigkeitsnormen im menschlichen Zusammenleben zu finden, entsprechend der von Newton aufgezeigten Gesetzmäßigkeiten des physikalischen Universums.

Mit der Entwicklung der Philosophie machte die Idee der Naturgesetzlichkeit den Prinzipien der sogenannten *Utilitaristen* Platz, die die Lehre von Jeremy Bentham (1748–1832) unterstützten, daß soziale Ordnungen anhand ihrer Auswirkungen beurteilt werden können und sollten. Als Kriterium für die Beurteilung der Auswirkungen jeder Politik wurde der Beitrag herangezogen, den sie »zum höchsten Wohl der größten Zahl« leistete.

Dies bedeutete einen scharfen Bruch mit der theologischen Lebensauffassung, die in die Idee der Naturgesetze umgewandelt worden war. Handlungen sollten nach ihren Resultaten beurteilt und nicht mehr unter allgemeinen Moralvorstellungen bewertet werden. Trotz seiner humanitären Losung wandelte sich der Utilitarismus jedoch – wie wir noch sehen werden – schnell in eine starrsinnige Verehrung der Zweckmäßigkeit, in der die Konzeption der sozialen Klassen starrer denn je wurde.

(a) Probleme und Aufgaben der ökonomischen Philosophie

Unter den Fragen, mit denen die Philosophen konfrontiert wurden, war die erste die, wie entsteht Reichtum? Es läßt sich unschwer feststellen, daß Arbeit Reichtum schafft, während die Natur die herrlichen Früchte der Erde bereitstellt, aber darüber hinaus existieren auch Profite. Wie kommen diese Profite zustande? Schafft Kapital Reichtum, so wie die Arbeit, oder sind Profite lediglich eine Abgabe auf den Reichtum, der durch Arbeit entsteht?

Dann gab es das Problem der Preise. Die Güterpreise sind das sichtbarste Phänomen an der Oberfläche des Wirtschaftslebens, das es zu erklären galt; aber Preise können sich von Tag zu Tag regellos unter dem Einfluß zufälliger Ereignisse ändern. Muß es hier nicht irgendein immanentes Wertprinzip geben, das dieses Phänomen erklärt?

Dann das Problem des Geldes. Welche Rolle spielt das Geld in einer Volkswirtschaft? Wie ist das Verhältnis zwischen dem Geldeinkommen der einzelnen Wirtschaftssubjekte und dem Reichtum der Gesellschaft als Ganzes? Wenn jedermann mehr Geld zur Verfügung hätte während die Menge der verfügbaren Güter unverändert bliebe, wessen Lage würde sich dann verbessern?

Ferner bestand die Problematik der sozialen Gerechtigkeit. Kann es gerecht sein, daß einige Familien sich mit extravagantem Luxus umgeben, während andere kaum genügend Nahrung für ihre Kinder bekommen können? Dies ist in der Tat eine schwierige Frage, auf die bisher noch keine Lehrmeinung (selbst in der Sowjetunion) eine befriedigende Antwort geben konnte.

Endlich war das Problem der effektiven Nachfrage zu lösen, d. h. der Nachfrage nach denjenigen Gütermengen – zu einem lohnenden Preis –, die mit den vorhandenen Kapazitäten produziert werden konnten. Wird es genügend Nachfrage geben, um alle verfügbaren Ressourcen, Menschen und Maschinen voll zu beschäftigen? Der Wohlstand wächst mit der Spezialisierung, und der Grad der Spezialisierung wiederum mit dem Wohlstand. Der Bauer, der als Selbstversorger (Subsistenzbauer) seine Familie mit den Früchten seiner eigenen Ernte ernährt, produziert weder für andere, noch fragt er größere Gütermengen von anderen nach. Mit der Spezialisierung ergibt sich das Verkaufsproblem. Jeder Produzent, gleichgültig ob Landwirt, Handwerker oder Arbeitgeber, ist normalerweise gezwungen, sich einen Absatzmarkt zu suchen; er kann ein wenig mehr produzieren, wenn es ihm gelingt, zu einem angemessenen Preis Käufer für seine Güter zu finden. Wo kommt die Nachfrage her, und warum ist sie selten so groß, daß Vollbeschäftigung erreicht wird?

Vom 17. Jahrhundert an hat sich jede ökonomische Schule lediglich auf die eine oder andere dieser Fragen konzentriert. Im Grunde aber sind sie alle bis

Einleitung **1**

heute offen geblieben. Die tatsächlichen Volkswirtschaften entwickelten sich innerhalb der Nationalstaaten. Philosophie und Patriotismus waren eng miteinander verbunden. Das Studium des Reichtums der Nationen war zu allererst das Studium des Reichtums der eigenen Nation und eine Frage, wie man diesen Reichtum erhöhen könnte. Die Leistung der verschiedenen Elemente des Wirtschaftssystems wurde nach der Höhe des nachgewiesenen Beitrags, den sie zum Wachstum des Reichtums der Nationen erbringen konnten, bewertet. Die Theorie stand im Zusammenhang mit der Verteidigung einer Politik; die Philosophie wurde herangezogen, um vor allem die Anschauungen über die Gesellschaft zu rechtfertigen, auf der diese Politik basierte. Selbst heute noch hat die Nationalökonomie drei Aspekte oder Funktionen zu erfüllen – 1. festzustellen, wie die Wirtschaft funktioniert, 2. Verbesserungsvorschläge zu machen und 3. das Kriterium zu rechtfertigen, mit dem die Verbesserungen beurteilt werden. Das Kriterium dessen, was wünschenswert ist, schließt zwangsläufig moralische und politische Wertungen ein. Die Nationalökonomie kann daher niemals eine perfekte »reine« Wissenschaft, frei von menschlichen Werturteilen, sein. Häufig sind die moralischen und politischen Aspekte, unter denen öknomische Probleme gesehen werden, so unlösbar mit den oben gestellten Fragen und sogar mit den jeweils angewandten Analysemethoden verflochten worden, daß diese drei Elemente der politischen Ökonomie nicht immer leicht zu trennen sind.

(b) Metaphysik und Wissenschaft

Es gibt in den gesamten Sozialwissenschaften eine Art der Denkweise, die *metaphysisch* genannt werden kann. Diese Bezeichnung wurde in verschiedenen Bedeutungen gebraucht. Hier wird sie in dem Sinne angewandt, daß Metaphysik zwar keinerlei faktische Information vermittelt, keine logische Beziehungen beschreibt, noch präzise Instruktionen gibt, aber dennoch dazu bestimmt wird, eine führende Rolle zu spielen[1]. Die Berufung auf die natürliche Harmonie war metaphysisch, denn sie gab keine Erklärung dafür, was eine natürliche Ordnung ist. Das Konzept über »das höchste Wohl der größten Zahl« ist ebenfalls metaphysisch; denn es schlägt weder ein Kriterium zur Beurteilung dessen vor, was unter dem Terminus »Wohl« zu verstehen ist, noch irgendwelche Mittel, um abschätzen zu können, was ein Mehr an Wohlstand von wenigen Menschen gegenüber einem Weniger an Wohlstand von vielen bedeutet.

Eine metaphysische Feststellung vermittelt keine Information, weil ihre Termini sich nicht unter Bezugnahme auf irgendwelche außerhalb von ihr selbst liegende Dinge definieren lassen. Harmonie ist das, was harmonisch ist und das Gute das, was gut ist. Solch eine Feststellung hat keinerlei wissenschaftlichen Gehalt. Es ist unmöglich zu behaupten, es würde sich irgendetwas in irgendeiner Form ändern, wenn sich herausstellte, daß diese Aussage nicht der Wahrheit entspräche, obgleich sie keineswegs eine Leerformel ist. Sie bringt gewisse Geisteshaltungen, gewisse politische Sympathien oder moralische Werte zum Ausdruck, und sie mag auf eine gewisse Art und Weise Ansichten herauskristallisieren, die wichtige praktische Konsequenzen haben.

Da die politische Ökonomie mit Patriotismus vermischt war, kaschierten Schlagworte über das Allgemeinwohl häufig nur die Betreibung nationaler Interessen, und da Theorien innerhalb von Gesellschaftssystemen, die in verschiedene Klassen aufgespalten waren, verfaßt wurden, drückten diese Parolen die Sympathie mit einer bestimmten Klasse aus und betrieben – unter dem Deckmantel, den nationalen Reichtum zu erhöhen – in ihrem Interesse Politik.

In den folgenden Kapiteln geben wir nun einen Überblick über die Lehrsätze der politischen Ökonomie, die während der letzten 200 Jahre propagiert wurden. Dabei werden wir versuchen, die sachlich stichhaltigen und logischen Argumente jeweils von den Elementen zu unterscheiden, die in dem von uns definierten Sinne metaphysisch sind. Der analytische Teil der Darstellung wird im zweiten Buch dargelegt und erläutert.

Kapitel 1   Die Zeit vor Adam Smith

1. Die Hauptgedanken

(a) Die effektive Nachfrage

Das erste Problem, aus dem heraus sich die politische Ökonomie entwickelte, befaßte sich mit dem internationalen Handel.

Die merkantilistische Schule, die mit dem Anwachsen des britischen Überseehandels während des 17. und 18. Jahrhunderts entstand, basierte auf dem einen klaren Dogma, daß der Export Reichtum für die Nation bringt. Ihre Befürworter unterstützten und rechtfertigten all jene Pläne, die es der Regierung ermöglichten, daß Außenhandelsgleichgewicht zu sichern. Adam Smith spottete über die Merkantilisten, von denen er behauptete, sie verwechselten Gold mit Reichtum, aber so töricht waren sie in Wirchlichkeit nicht.

Bevor es ein hochentwickeltes internationales Währungssystem gab, mußte ein Land, daß ein Defizit in einer Zahlungsbilanz aufwies – d. h. ein Land, das mehr an das Ausland gezahlt als erhalten hatte – die Differenz in bar abdekken, wobei der Wert der importierten und exportierten Güter das Hauptelement des Zahlungsbilanzgleichgewichts darstellte. Einzelne Händler kauften und verkauften Güter, um einen Profit für sich zu erwirtschaften. Die Möglichkeit, mit Hilfe von Importen Gewinne zu machen, hing von der inländischen Nachfrage nach exotischen Gütern – wie Musselin aus Indien oder Gewürzen aus Ceylon – ab, während sich die Höhe der Exportgewinne danach richtete, welche Preise im Ausland für die im Inland produzierten Güter erzielt werden konnten – z. B. für Tuche aus England. Fassen wir die gesamten Transaktionen eines Landes in einem Jahr zusammen, so können wir feststellen, daß sich der überwiegende Teil der Im- und Exporte wertmäßig ausgleicht, aber es gab keinen Mechanismus, der dafür sorgte, daß sie sich genau entsprachen. Wenn die Importeure in ihrer Gesamtheit den ausländischen Verkäufern mehr schuldeten, als die Exporteure von den ausländischen Käufern verdienten, so bedeutete dies für das gesamte Land einen entsprechend hohen Überschuß der Ausgaben über die Einnahmen. Die einzigen international anerkannten Zahlungsmittel waren Gold und Silber. Ein solcher »drain of treasure«, nämlich ein Abfluß des kostbaren Metalls ins Ausland, war daher ein Symptom eines Handelsbilanzdefizits.

Die Merkantilisten hatten sich mit dem Problem der effektiven Nachfrage befaßt. Sie stellten fest, daß ein Defizit in der Handelsbilanz im allgemeinen nachteilig für die Produktion ist. Das Defizit übt einen dämpfenden Einfluß auf die effektive Nachfrage aus. Importe sind nichts anderes als Angebote ohne Nachfrage. Inländisches Einkommen wird dafür verausgabt, aber es wird kein inländisches Einkommen durch ihre Produktion erzeugt. Andererseits stellen Exporte eine Nachfrage dar, die durch kein entsprechendes Angebot ausgeglichen wird. Einkommen, die durch die Produktion von Exportgütern erworben wurden, werden größtenteils auf den inländischen Märkten verausgabt und geben somit der Inlandsnachfrage einen Auftrieb. Die Merkantilisten hatten völlig recht mit ihrer Argumentation, daß ein Exportüberschuß die inländische Wirtschaft tendenziell ankurbelt, während ein Importüberschuß in seiner Tendenz depressiv wirkt.

Die Beschäftigung mit dem Handelsbilanzgleichgewicht machte die Merkantilisten zu Befürwortern protektionistischer Maßnahmen, die darauf abzielten, den Import zu unterbinden. Sie waren bemüht, staatliche Eingriffe jeglicher Art zu rechtfertigen, in der Überzeugung, den nationalen Wohlstand zu erhöhen, obgleich sie mit ihren Maßnahmen vielfach den gegenteiligen Effekt erzielten.

(b) Geld und Reichtum

Der merkantilistische Widerstand gegen Goldabflüsse basierte noch auf einem anderen Umstand. Ohne den Grund hierfür ganz zu verstehen, konnten die Merkantilisten feststellen, daß eine Verringerung des Goldbestandes – und damit des Geldangebots – ein Absinken der effektiven Nachfrage bewirkte und zwar zusätzlich zu dem depressiven Effekt eines Handelsbilanzdefizits. Es muß allerdings darauf hingewiesen werden, daß sie dieses Problem ungelöst hinterließen.

Der Philosoph David Hume (1711–76) warf eine Reihe von Fragen auf, die später von Adam Smith abgehandelt wurden. Unter anderem versuchte Hume, die Unklarheiten über die Beziehung zwischen Geld und Reichtum aufzuhellen. Sein Aufsatz mit dem Titel *Of Money* beginnt wie folgt:

>»Das Geld selbst gehört, genau genommen, nicht zu den Handelsgegenständen; es ist lediglich ein Instrument, auf das sich die Menschen geeinigt haben, um den Tausch von einer Ware gegen eine andere zu erleichtern. Es ist somit nicht der Antrieb des Handels, sondern lediglich das Öl, das einen sanfteren und leichteren Ablauf ermöglicht.«[2]

Die Zeit vor Adam Smith   **1** 1 § 1 (c)   29

In einem anderen Aufsatz mit dem Titel *Of Interest* befindet sich ein Abschnitt, der oft falsch interpretiert wurde:

>»Angenommen jedermann in Großbritannien würde durch ein Wunder über Nacht 5 Pfund erhalten; dies würde mehr als doppelt soviel wie das gesamte im Königreich verfügbare Geld sein; dennoch würde dies weder am nächsten Tag noch in der Folgezeit eine Zunahme der Geldverleiher noch irgendwelche Veränderungen des Zinssatzes bewirken. Gäbe es im Staat nur Gutsbesitzer und Bauern, könnte dieses Geld, wie viel auch immer, niemals zu einer Summe kumuliert werden; sein einziger Effekt bestünde in einer allgemeinen Erhöhung des Preisniveaus ohne irgendwelche weiteren Auswirkungen.«[3]

Nimmt man diese Aussage wörtlich, so ist sie offensichtlich unkorrekt. Angenommen, man habe ein Einkommen von wöchentlich 7 £, auszahlbar jeden Freitag, und gäbe 1 £ pro Tag aus. In diesem Fall beliefe sich das jährliche Einkommen auf 365 £ und man hätte im Durchschnitt 3,5 £ »in der Tasche«. Würde man nun eines mittwochs morgens aufwachen und 7 £ in seiner Tasche finden oder selbst wenn man samstags aufwacht und 14 £ vorfindet, so bedeutet dies doch noch lange nicht, daß das jährliche Einkommen und die jährlichen Ausgaben auf 730 £ anwachsen werden. Es könnte zu einer einmaligen Kaufwelle kommen, aber es gibt keinen Grund, warum die Preise ständig steigen sollten.

Spätere Autoren verfielen in diesen Irrtum, aber Hume selbst dachte keineswegs in diesen Kategorien. Seine Argumentation war, daß eine allgemeine Streuung kleinerer Summen an zusätzlicher Kaufkraft sich nicht »zu solchen Beträgen kumulieren« würden, daß hieraus Finanzierungsmittel zur Förderung des Handels und der Industrie bereitgestellt werden könnten. Er sah diese Frage in ihrem sozialen Zusammenhang, ohne dabei eine mechanistische Theorie über die Beziehungen zwischen Geldmenge und Preisniveau zu vertreten.

(c) Der letzte Merkantilist

Sir James Steuart (1712–80), eher ein Geschäftsmann als ein Philosoph, veröffentlichte im Jahr 1767 sein Werk *An Enquiry into the Principles of Political Oeconomy*, das allerdings keinen großen Einfluß auf die Entwicklung der wissenschaftlichen Diskussion hatte, da es im Schatten des 9 Jahre später erschienenen Werks von Adam Smith *Wealth of Nations* stand. Bezüglich des internationalen Handels vertrat Steuart in gewisser Weise eine merkantilistische Position, modifiziert durch einzelne Hinweise auf den Glauben an die Vorteilhaftigkeit der Spezialisierung, die erst nach seiner Zeit in Mode kam. Eines der Probleme, die er untersuchte, war das eines Landes, das in einem ganz bestimmten Produktionszweig von anderen Ländern unterboten wurde.

»Stellen wir uns nunmehr eine Nation vor, die seit längerer Zeit einen intensiven Handel betreibt und nehmen wir weiter an, daß ihre Handelspartner im Zeitablauf gelernt haben, ein eigenes Produkt zu liefern und die Wünsche anderer Völker billigerer zu erfüllen, als es die von uns betrachtete Nation vermag, so stellt sich die Frage, was in dieser Situation zu unternehmen ist? Niemand wird bei dieser Nation kaufen, wenn er von einem anderen Land billiger versorgt werden kann. Was kann also getan werden? Denn wenn dem Handel keinerlei Kontrollen auferlegt werden, und wenn die Staatsmänner nicht mit der allergrößten Vorsicht einschreiten, so ist es sicher, daß die Kaufleute das Produkt importieren werden, selbst, wenn es sich hierbei um die Fabrikate konkurrierender Nationen handelt. Die Inländer werden also lieber diese Produkte als die einheimischen kaufen. Der Reichtum der Nation wird exportiert und ihre fleißigen Fabrikanten werden an den Bettelstab gebracht. Wir können diese Frage deshalb als ein Problem des Handels betrachten, das durch die bereits entwickelten Grundsätze gelöst werden kann.«[4]

In einem solchen Fall besteht der letzte Ausweg darin, den Import des fraglichen Gutes zu verhindern und es im Inland herzustellen. Aber es könnte unter Umständen besser sein, die Produktion dieses Gutes aufzugeben,

»wenn sich im Rahmen einer Überprüfung eine anderweitige Verwendung der in dieser Produktion gebundenen Arbeitskräfte zeigt, daß diese ohne Schwierigkeiten in einen anderen Industriezweig transferiert werden könnten, indem die natürlichen Vorteile der Nation ihren Konkurrenten genau so überlegen sind, wie umgekehrt deren Vorteile in dem Sektor, den sie aufzugeben bereit ist. Voraussetzung hierfür ist jedoch, daß ihre Nachbarn bereit sind, ihre Häfen für den freien Import der in Frage kommenden Waren zu öffnen. Denn selbst wenn es nur geringfügige Gewinne in einem Tauschhandel gibt, meine ich doch, daß es ratsam wäre, den Austausch fortzusetzen und jede Gelegenheit zu vermeiden, den Handel mit den anderen Nationen abzubrechen. Eine arbeitsame, wirtschaftlich kalkulierende und weise Nation, zu der ich auch unsere Kaufleute zählen möchte, wird gewiß in der Lage sein, ihren Vorteil in zahlreichen Situationen wahrzunehmen, die sich dann mit Sicherheit in Nachteile für andere, weniger handelserfahrene Länder, mit denen sie Handel treibt, umwandeln wird. In Erwartung vorteilhafter

Die Zeit vor Adam Smith　**1**　1 § 2 (a)　　　　　　　　　　31

Entwicklungen sollte sie daher nicht vorschnell und wegen kleiner Unannehmlichkeiten auf den Handel mit diesen Ländern verzichten; besonders dann nicht, wenn die Vorteile greifbar erscheinen.«[5]

Wie die Merkantilisten befaßte sich auch James Steuart mit dem Problem der effektiven Nachfrage. Er beobachtete, daß öffentliche Ausgaben selbst für »Rüstungsgüter« Arbeitsplätze schaffen würden, aber er zog es vor eine »friedliche« Produktion zu befürworten:

»Je nützlicher eine Arbeit nach ihrer Vollendung ist, umso besser ist sie; weil sie u. U. die Auswirkung haben kann, auch andere ursprünglich nicht daran Beteiligte zu ernähren. Aber gleichgültig, ob sie später einmal nützlich ist oder nicht, in der Zeit, in der sie vollbracht wird, muß sie einen gewissen Nutzen erbringen. Viele, die für die Ausschmückung einer Kirche tausende von Pfund spenden, würden für den Bau der Westminster Bridge oder des Hafens von Rochefort keinen Shilling geben. Jedoch für das Leben der Armen ist es gleichgültig, welches der beiden Projekte realisiert wird. Kostspielige öffentliche Projekte stellen also ein Mittel dar, den Armen Nahrung zu geben und die Industrie anzukurbeln, ohne die Einfachheit der Lebensgewohnheiten zu beeinträchtigen«[6].

Dies war bis zur Wiederaufnahme dieser Frage durch Keynes in den 30er Jahren des 20. Jahrhunderts die weitaus klarste Sicht dieses Problems.

2. Die Physiokraten

Trotz ihrer häufig brillanten Einsichten gelang es den britischen Philosophen nicht, ein konsistentes System einer logischen ökonomischen Analyse zu entwikkeln. Die ersten Autoren, die diesen Versuch unternahmen, lebten in Frankreich. Die Verfechter dieser Schule, die dann als die *Physiokraten* bekannt wurden, waren die ersten, die den Mechanismus einer Volkswirtschaft in der Form ihres Systems der sozialen Klassen darstellten.

(a) Der Feudalismus

Das Frankreich des 18. Jahrhunderts wies die Struktur eines feudalistischen Wirtschaftssystems auf. Die Pacht für Grund und Boden bildete zusammen mit den von den Bauern erhobenen Steuern die Quelle zur Finanzierung des Hofes, der Armee und all der Annehmlichkeiten der Zivilisation. Der Pachtzins wurde von den Bauern einfach in Form eines Ernteanteils erhoben. Die Bauern mußten dann die Aufwendungen für ihren eigenen Lebensunterhalt sowie für die notwendigen Investitionen in Saatgut und dergleichen aus dem restlichen Ertrag bestreiten. Die Physiokraten begründeten ihre Lehrmeinung auf diesen Verhältnissen. Nach ihrer Meinung ist der Grund und Boden, der einen Pachtzins abwirft, die einzige Quelle eines Reinertrags.

Francois Quesnay (1694–1774), der als Arzt am Hofe Ludwigs XIV. beschäftigt war, wird manchmal als der erste moderne Ökonom gerühmt, da er seine Analyse des Wirtschaftssystems in Form eines abstrakten Modells darstellte, das die Güterströme in dem Prozeß der Produktion und Konsumation erklärte. Dieses Modell, das Quesnay in Analogie zu dem menschlichen Blutkreislauf entwickelte, glich in gewisser Hinsicht einer Input-Output-Tabelle, in der Form wie sie heute benutzt wird, um die Struktur der industriellen Produktion aufzuzeigen. Es werden drei soziale Klassen unterschieden: Grundbesitzer, Bauern und Handwerker. Vereinfachen wir Quesnays *Tableau Economique* ein wenig, so stellen sich die Beziehungen zwischen den einzelnen Klassen wie folgt dar:

Zu Beginn eines jeden Jahres besitzen die Bauern einen Vorratsbestand, den Übertrag aus der Ernte des letzten Jahres. Hiervon ernähren sie sich und statten sich mit Saatgut usw. für ein Jahr aus. Sie bewirtschaften den Boden und erzielen – in dem von Quesnay angeführten Beispiel – eine Ernte, die doppelt so hoch ist, wie der Vorratsbestand, den sie anfangs hatten. Hiermit ersetzen sie zunächst ihren Vorratsbestand, der im Verlauf des Produktionsprozesses aufgezehrt worden ist; den Überschuß oder das Nettoproduktionsergebnis führen sie an die Grundbesitzer ab. Diese konsumieren einen Teil hiervon direkt, indem sie ihren Hof unterhalten, während sie den Rest benutzen, um Handwerksprodukte zu kaufen. Die Handwerker besitzen nur ihre Produktionsausrüstung – einen Webstuhl für den Weber, eine Schmiede für den Schmied. Die Zahlungen, die sie für ihre Waren erhalten, stellen ihr Bruttoeinkommen dar, aus dem sie sowohl ihre Rohstoffe als auch den Verschleiß ihrer Werkzeuge ersetzen sowie sich ernähren müssen. Was sie erhalten, entspricht gerade dem Wert ihres Outputs. Sie steuern damit zum Überschuß nichts bei. Der einzige Überschuß wird aus dem Boden erwirtschaftet.

Diese Ansichten hatten einen gewissen Einfluß auf politische Regelungen. Zunächst einmal hielt man es für falsch, die Bauern zu besteuern, da dies den Vorratsbestand vermindern würde, der für ihren Lebensunterhalt im Verlauf der Reproduktion des Überschusses notwendig ist. Zweitens erschien es wün-

Die Zeit vor Adam Smith **1** 1 § 2 (b) 33

schenswert, die Anbaumethoden zu verbessern, um das Verhältnis von Überschuß zum Vorratsbestand zu erhöhen und damit den Anteil der Grundbesitzer heraufzusetzen. Auf diese Art und Weise würde die Nachfrage nach Handwerksprodukten erhöht und damit ganz allgemein der Reichtum der Nation. Dies waren Schlußfolgerungen, die aus der Analyse des Mechanismus einer Volkswirtschaft gezogen wurden. Der Hauptpunkt dieser Argumentation war jedoch rein metaphysisch. Er lieferte eine Rechtfertigung der bestehenden sozialen Ordnung. Wenn nur der Boden einen Überschuß abwarf, so hatten auch nur die Grundbesitzer das Recht ihn zu genießen.

(b) Das metaphysische Argument

Das typische Kennzeichen einer metaphysischen Argumentation – in dem Sinne, in dem wir diesen Terminus hier benutzen – ist, daß sich nichts ändern würde, auch wenn sie nicht wahr wäre. So beruht die Feststellung, daß eine Bauernfamilie die Pacht aus dem Ernteüberschuß, der auf ihrem Land erwirtschaftet wurde, nach Abzug des Konsums bezahlt, auf Tatsachen. Die Feststellung, daß die jeweilige Höhe der Pacht von der Produktivität des Bodens abhängt, hat – abgesehen von der Definition des Überschusses der Produktion über den Konsum der Bauern – keinen anderen Sinn als den, daß sie von der Bodenproduktivität abhängt. Der metaphysische Teil der Argumentation hat keine Funktion, außer für die Grundbesitzer vorteilhafte Argumente zu liefern.

Aus demselben Bild der Volkswirtschaft könnten auch leicht Argumente abgeleitet werden, die für die Bauern vorteilhaft sind. Von einem anderen politischen Standpunkt aus könnte argumentiert werden, daß ohne den Arbeitseinsatz der Bauern ja überhaupt nichts produziert würde. Arbeit und nicht Boden produziert den Überschuß. Die Grundbesitzer konsumieren ohne zu arbeiten, nur weil sie den Boden besitzen und die Staatsmacht hinter sich haben, die es ihnen ermöglicht, die Pacht einzutreiben.

In ähnlicher Weise könnten wir Behauptungen konstruieren, die zeigen, daß die Handwerker diejenigen sind, die einen Überschuß erwirtschaften; denn der Grad der Bedürfnisbefriedigung, den ihre handwerklichen Produkte dem Konsumenten vermitteln, übersteigt bei weitem den Preis, den er zu zahlen hat. An der Analyse würde sich in keinem Fall etwas ändern, außer der Propaganda, die sie benutzte, um sich zu rechtfertigen.

Die Quintessenz, die die Physiokraten aus ihrer metaphysischen Argumentation zogen, diente ausschließlich der herrschenden Autorität. Aber ihre ökonomische Analyse – so einfach sie heute erscheinen mag – war durchdringend und neuartig. Aus ihr wird heutzutage eine andere Moral in jenen Ländern gezogen, die in einem Modernisierungskampf aus dem Feudalismus hervorgehen. Wenn es stimmt, daß der Gewinn aus der Landwirtschaft die Grundvoraussetzung für die industrielle Entwicklung ist, dann ist es in keinem Fall ratsam, den Grundeigentümern zu gestatten, diesen Überschuß zu konsumieren.

Kapitel 2   Die klassische politische Ökonomie

Die Vorstellungen der Physiokraten wurden durch die wachsende Bedeutung der verarbeitenden Industrie überholt, aber ihre Nachfolger – die als *Klassiker* bekannt wurden – übernahmen die Konzeption eines auf Klassen basierenden ökonomischen Mechanismus, um eine Analyse der Dynamik der neuen industriellen Gesellschaft zu erstellen.

Das Prestige von Adam Smith (1723–90) stellte alle bisherige ökonomische Philosophie in den Schatten. Die Veröffentlichung seines Werkes *An Inquiry into the Nature and Causes of the Wealth of Nations* im Jahre 1776 kündigte die Dominanz eines ökonomischen Konzepts an, die für nahezu ein Jahrhundert andauern sollte. Während dieser Zeit etablierte sich die politische Ökonomie als gesonderter Zweig der Sozialwissenschaften.

Die weitreichenden Gedanken und Ideen von Smith wurden von David Ricardo (1772–1823) – einem Londoner Börsenmakler im Ruhestand, der als Mitglied des Parlaments einen großen Einfluß auf die Meinungsbildung über die zeitgenössischen Probleme der politischen Ökonomie ausübte – formalisiert und zu einem geschlossenen analytischen Gesamtsystem weiterentwickelt.

In seinem Bemühen die praktischen Probleme zu verstehen stieß Ricardo zur theoretischen Analyse. Weit mehr als Quesnay verdient er den Titel, »Vater der modernen Volkswirtschaftslehre«; denn er erfand die Untersuchungsmethode, die wir als *Modellanalyse* kennen. Diese Methode besteht in der Auswahl der wesentlichen Elemente eines Problems, in dem Vernachlässigen aller irrelevanten Details und der Überprüfung der Wechselbeziehungen zwischen seinen einzelnen Elementen. Wenn die ausgewählten Größen und ihre Wirkungsmechanismen im großen und ganzen der Realität entsprechen, so sind die Beziehungen, die bei der Manipulierung dieses Modells abgeleitet werden können, aufschlußreich. Aber es besteht hierbei immer die Gefahr, daß irgendein Element, das in dem Modell außer acht gelassen wurde, in Wirklichkeit von Bedeutung ist, so daß Schlußfolgerungen, die aus dem Modell gezogen wurden, sich bei der Anwendung auf reale Gegebenheiten als falsch erweisen.

Ricardo verfügte über eine bemerkenswerte Naturbegabung zur Erstellung von Analysen, und er war ein unnachgiebiger Denker. Er gab sich große Mühe, seine Ideen der Kritik auszusetzen, und er revidierte sie, falls er überzeugt wurde.

Ricardos Hauptkritiker war sein Freund T. R. Malthus (1776–1834). Malthus wurde durch seine pessimistische Abhandlung *Essay on Population* (1798) sehr berühmt, nach der die Menschheit dazu tendiert, sich bis an die Grenze, die durch das Angebot an Nahrungsmitteln gegeben ist, zu vermehren. Jedoch auch später spielte er eine wichtige Rolle in der Entwicklung ökonomischer Ansichten – insbesondere ersichtlich aus seinen Debatten mit Ricardo über alle Aspekte der theoretischen Nationalökonomie. Ein kontinuierlicher Briefwechsel zwischen den beiden Freunden in der Zeit von 1815–1823 erhält neben vielen geistreichen Bemerkungen über ökonomische Fragen, Kommentare über die Veröffentlichungen des anderen und kritische Stellungnahmen zu den Werken anderer Wissenschaftler – alles geschrieben mit einer bemerkenswerten Offenheit und gefühlsmäßigem Engagement.

John Stuart Mill (1806–73) – der Sohn von James Mill (1773–1836), eines anderen Freundes von Ricardo – gilt neben seinen beachtlichen Beiträgen auf dem Gebiet der Philosophie und der Ethik als der letzte Liberalist der klassischen Schule. Er fügte ihr jedoch wenig analytische Substanz hinzu. Seine *Principles of Political Economy* (1848), die das grundlegende Lehrbuch der politischen Ökonomie bis zum Beginn der neoklassischen Epoche war, reflektiert bereits das wachsende britische Selbstbewußtsein während der Mitte des 19. Jahrhunderts und verzerrt demzufolge vielfach die Klarheit des Ricardinischen Gedankengebäudes.

Die Schlußfolgerungen, die Mill aus der klassischen Analyse zog, waren denen von Karl Marx (1818–83) diametral entgegengesetzt. Marx rekapitulierte die Ricardianische Analyse aus der Sicht seiner eigenen Geschichtsphilosophie. Die große Reichweite der Marxschen Gedankenwelt ließ sein Werk noch über die engen Grenzen der klassischen Nationalökonomie hinauswachsen. Jedoch wichtige Teile seiner Analyse hat auch er aus dem Konzept der Klassiker abgeleitet.

Wie alle Verallgemeinerungen, kann auch die Klassifizierung einer Gruppe verschiedener Wirtschaftswissenschaftler als eine »Schule« mißverständlich sein. Es gab bedeutende Meinungsverschiedenheiten innerhalb dieser Gruppe: Ricardos *Principles of Political Economy and Taxation* (1817) wurde von Zeitgenossen als die »neue ökonomische Richtung« im Gegensatz zu Smith angesehen, und auch Marx war häufig in der Kritik der Ideen seiner Vorgänger »bissig«. Dennoch gab es ein grundlegendes Gedankenfundament, das allen Wissenschaftlern dieser Gruppe gemein war, obgleich die Richtung und die Schlußfolgerungen ihrer Analysen oft differierten.

1. Die grundlegenden Gedanken

(a) Eine Klassenanalyse

Die grundlegenden Konzeptionen der klassischen Analyse beinhalten die ökonomischen Merkmale sozialer Klassen. Dieses System sozialer Klassen, abgeleitet aus Quesnays ursprünglicher Darstellung von Bauern, Grundbesitzern und Handwerkern, wurde von Adam Smith in ein Modell transformiert, das sich aus Arbeitern, Kapitalisten und Grundbesitzern zusammensetzte. Hierbei bewegte sich der Konsum der Arbeiter in der Nähe des Subsistenzniveaus, die Aufgabe des Kapitalisten bestand darin, Kapital zu akkumulieren und der Konsum der Grundbesitzer stellte eine Entnahme aus dem für die Akkumulation zur Verfügung stehenden Gewinn dar. Da die drei sozialen Klassen in verschiedener Weise über ihr Einkommen disponierten, bestimmte die Verteilung des gesamten Sozialprodukts zwischen ihnen die Entwicklung der Volkswirtschaft.

Smith sagte über die »drei maßgeblichen Klassen« der Gesellschaft:

»Das gesamte jährliche Produkt des Bodens und der Arbeit eines jeden Landes oder, was auf dasselbe hinausläuft, der gesamte Wert des jährlichen Produkts, teilt sich – wie bereits festgestellt – auf natürliche Weise in drei Teile: die Bodenpacht, die Arbeitslöhne und die Profite des Kapitalbestands und begründet das Einkommen für drei verschiedene Klassen von Menschen . . . Entsprechend der verschiedenen Proportionen, in die sich (das gesamte jährliche Produkt) jährlich zwischen jenen . . . einzelnen sozialen Klassen aufteilt, muß sein gewöhnlicher oder durchschnittlicher Wert entweder jährlich steigen, sich vermindern oder Jahr für Jahr konstant bleiben.«[7]

Und Ricardo erklärte aufgrund einer ähnlichen Feststellung, daß »es das Hauptproblem der politischen Ökonomie sei, die Gesetze, die diese Verteilung regeln, zu bestimmen«[8].

Die Definition von Adam Smith waren weniger präzise als die von Ricardo. Seine Moralphilosophie, die auf dem Naturrecht basierte, veranlaßt ihn, den Mangel an zwischenmenschlichen Beziehungen zu tadeln, den der Utilitarist Ricardo als gegeben ansah. Viele der Bemerkungen von Adam Smith würden heute radikal erscheinen. Bezüglich der Grundbesitzer stellte er fest:

»Sobald der gesamte Boden irgend eines Staates in Privateigentum übergegangen ist, neigen die Grundbesitzer – wie alle anderen Menschen – mit

Vorliebe dazu, zu ernten, was sie niemals säten und sogar eine Pacht für die natürlichen Früchte des Bodens zu verlangen.«[9]

Und für den »freien Wettbewerb« zwischen Herrn und Untergebenen hat er einen ähnlich offenen Blick:

»Die Herren befinden sich immer und überall in einer Art stillschweigenden, aber konstanten und einheitlichen Übereinstimmung, die Arbeitslöhne nicht über ihre derzeitige Rate hinaus zu erhöhen. Diese Übereinkunft zu brechen stellt überall eine höchst unpopuläre Maßnahme dar, sie ist sozusagen eine Schande für den Herrn in den Augen seiner Nachbarn und Gleichgestellten. In der Wirklichkeit hören wir selten etwas von dieser Abmachung, denn sie ist normal und man könnte sagen, sie entspricht dem natürlichen Zustand der Dinge, über den man nicht spricht.«[10]

Aber der Schwerpunkt der Argumentation liegt in der Verteidigung der wachsenden Kraft des industriellen Kapitalismus und dem Versuch, den Spielraum des Eigennutzes vor hemmenden Restriktionen zu bewahren:

»Der Mensch benötigt fast ständig die Hilfe seiner Mitmenschen. Es wäre jedoch eine leere Hoffnung, zu erwarten, daß dies aus Wohlwollen geschieht. Er wird weit eher Erfolg haben, wenn es ihm gelingt, ihren Eigennutz zu seinen Gunsten anzusprechen und ihnen zu zeigen, daß es zu ihrem eigenen Vorteil ist, für ihn das zu tun, was er von ihnen verlangt. Wer immer einem anderen einen Handel vorschlägt, geht so vor: Gib mir das, was ich möchte, und du wirst von mir das erhalten, was du möchtest; das ist der Sinn einer jeden solchen Offerte. Auf diese Art erhalten wir voneinander den größten Teil all jener guten Dienste, die wir benötigen. Nicht von dem Wohlwollen des Metzgers, des Bierbrauers oder des Bäckers erwarten wir unser Essen, sondern von ihrem Streben, selbst einen Gewinn zu machen. Wir appellieren nicht an ihre Humanität, sondern an ihren Egoismus, und wir sprechen niemals mit ihnen über unsere eigenen Bedürfnisse, sondern nur über ihre Vorteile.«[11]

Jedoch das Eigeninteresse, das freigesetzt werden sollte, war das der Händler und der Arbeitgeber. Das Eigeninteresse der Arbeiter blieb unbeachtet. Sobald der Handwerker seine Werkzeuge und seine Marktverbindungen verloren hat, wird er in die Lohnabhängigkeit gedrängt. Der Unternehmer zieht den Nutzen aus der Leistungskraft und der Disziplin der Fabrikarbeit. Für Adam Smith waren die Löhne Bestandteil der Produktionskosten, vergleichbar dem Futter für einen Ackergaul. Der Wohlstand der Nationen schloß nicht den

Die klassische politische Ökonomie **1 2 § 1 (c)** 39

Konsum der Arbeiter ein, sondern lediglich den Überschuß der Produktion über die Kosten, denn der Überschuß konnte reinvestiert werden, um sich in einer nie endenden spiralförmigen Entwicklung zu vermehren.

(b) Das Kapital als Vorschuß

Für die Klassiker gilt die Arbeit als einzige grundlegende Produktionskraft, daher ist – abgesehen von den »freien Gaben der Natur« – nur die menschliche Arbeit in der Lage, Wohlstand zu erzeugen. Die physikalische Welt ist lediglich ein System von Gesetzmäßigkeiten, das den Rahmen bildet, in dem die menschliche Arbeitskraft das aktive Element ist.

Die Organisation erfordert in der Zeit einen Vorschuß, da vor Fertigstellung des Produkts Löhne an die Arbeiter gezahlt werden müssen. Während die Löhne für die Herstellung immer komplizierterer Geräte vorgestreckt werden, steigt die Arbeitsproduktivität kontinuierlich an. So ist das *Kapital* der Herrscher über die Quellen, die die Kapitalisten benutzen, um die Herrschaft über die Arbeitskraft zu gewinnen. Allgemein ausgedrückt heißt dies, daß das Kapital nach Ansicht der Klassiker einen *Lohnfonds* darstellt und eine Maschine die Verkörperung der vergangenen Ausgaben aus diesem Fonds ist, die auf eine weitere Produktionsstufe übertragen wird.

(c) Die Bestimmung des Überschusses

Der Überschuß entspricht der Gütermenge über das Maß hinaus, das erforderlich ist, um die Arbeiter, die sie produziert haben, zu ernähren. Die gesamte Produktion ist technisch determiniert. Der Lohn stellt einen Abzug von dieser Produktion dar. Ein höherer Lohn hat einen entsprechend geringeren Überschuß zur Folge. (Wie wir im nächsten Kapitel sehen werden, ist diese »Abzugs-Theorie« völlig verschieden von der neoklassischen Verteilungstheorie, wie sie im späten 19. Jahrhundert formuliert wurde, in der der Lohn und der Output pro Kopf in funktionale Beziehung gesetzt werden.)

Die Logik der Ricardinischen Argumentation verlangte, daß sich das Lohnniveau auf einem Existenzminimum festsetzt. Dies ist natürlich keine perfekte und zufriedenstellende Konzeption; denn die physischen Existenzbedürfnisse werden nicht präzisiert – eine unzureichende Ernährung bewirkt eher eine Verkürzung der Lebenserwartung als eine plötzliche Verringerung der Bevölkerung. Hinzu kommt, daß es – wie Marx sagte – ein gewisses »historisches und moralisches Element« in dem als »nötig« erachteten Lebensstandard einer Gesellschaft gibt.

Ricardo nahm – beeinflußt von der Bevölkerungslehre von Malthus – an, daß, falls die Löhne über das Existenzminimum steigen, ein Anwachsen der Bevölkerung sie zwangsläufig wieder herunterdrücken würde. Die allgemeine Erfahrung aber lehrt, daß die Anzahl der Arbeitskräfte mit einem niedrigen Lebensstandard durch die hohe Kindersterblichkeit in Grenzen gehalten wird. Es kann sein, daß ein Ansteigen der Löhne mehr Kindern die Möglichkeit zum Überleben gibt, und daß auf diese Weise die Anzahl der Arbeiter, die eine Beschäftigung suchen, steigt. Aber dies ist offensichtlich eine langwierige Reaktion, die nicht als Mechanismus anzusehen ist, der die Löhne exakt auf dem Existenzminimum hält, selbst wenn es möglich wäre, ein Lohnniveau zu bestimmen, bei dem das Arbeitskräftepotential konstant bleiben würde.

Jedoch alles, was Ricardo benötigte war die Annahme, daß immer genügend Arbeitskräfte, die zu einem konstanten Lohnsatz beschäftigt werden können, zur Verfügung stünden; dies entsprach weitgehend der damaligen Situation, die er zu analysieren versuchte.

Marx verwarf die Bevölkerungslehre von Malthus und das sogenannte »Gesetz der abnehmenden Erträge«, das besagt, das die Produktion nicht so schnell wachsen könne wie die Bevölkerung. Nach seiner Ansicht drückte die Existenz einer »Reservearmee« von Arbeitslosen die Löhne der Beschäftigten auf ein sozial determiniertes Minimum herab.

Marx sah eine Verbindung zwischen der Lohnhöhe und dem Entstehungsprozeß des Überschusses. Der Überschuß ist ein historisches Phänomen, das in allen Gesellschaftsformen – mit Ausnahme der ganz primitiven – existiert, während die Art und Weise, in der der Überschuß aus der Produktion entnommen wird, mit der jeweiligen Gesellschaftsstruktur variiert. Mit diesem Vorgang hat sich Marx eingehend beschäftigt, speziell mit der Form, die er in der kapitalistischen Gesellschaft annimmt.

(d) Die dynamische Analyse

Das Bestreben der Klassiker war darauf ausgerichtet, die Bewegungsgesetze der kapitalistischen Wirtschaft zu entdecken. Ihre Analyse war zwangsläufig dynamisch, da sie sich mit der Kapitalakkumulation, die erlauben würde mehr Arbeitskräfte zu beschäftigen, und mit der Produktion von Maschinen, die wiederum dazu beitragen würde, mehr Maschinen zu produzieren, befaßte. Sie betrachteten ferner die Probleme, die in einer wachsenden Wirtschaft durch die

Die klassische politische Ökonomie 1 2 § 2 (a) 41

Begrenzung nicht reproduzierbarer Ressourcen – speziell Boden – auftraten. Obgleich die Idee einer Gesellschaft, die einen »allgemeinen Wohlstand« oder einen »stationären Zustand« erreicht, sowohl bei Smith, Ricardo und Mill dargestellt wird, so bedeutete sie bei allen einen Zustand, zu dem eine Volkswirtschaft hinstrebte, das natürliche Ergebnis eines dynamischen Prozesses.

2. Die Akkumulation von Reichtum

Adam Smith war der Prophet der industriellen Revolution. Die Ära des Merkantilismus hatte ihr Vermächtnis hinterlassen. Die großen Vermögen, die durch Handel und überseeische Eroberungen erlangt wurden, stellten die Geldmittel dar, die nunmehr verfügbar waren, um in den Aufbau der Industrie investiert zu werden. Die Handelswege, Eroberungen und kolonialen Niederlassungen hatten Märkte erschlossen, auf denen die einheimischen Handwerksprodukte mit Industriegütern unterboten werden konnten und gleichzeitig Rohstoffvorräte für die Produktion beschafft wurden. Die engstirnige, defensiv ausgerichtete merkantilistische Politik erwies sich nun als Hindernis für wachsenden Reichtum, und man brauchte sich nicht länger mit dem Problem der effektiven Nachfrage zu beschäftigen.

Adam Smith war der Ansicht, daß die Arbeitsteilung die Grundlage des technischen Fortschritts sei. Seiner Meinung nach »hing der Grad der Arbeitsteilung von der Größe des Marktes ab«. Sein Angriff auf die Merkantilisten richtete sich gegen deren restriktive Politik, die ein Wachstum der Märkte begrenzte.

(a) Die Arbeitsteilung

Die Vorantreibung der Arbeitsteilung, d. h. die Zerlegung des Arbeitsprozesses in immer kleinere und spezialisierte Aufgabenbereiche, war das Hauptresultat – und für Adam Smith die Haupttugend – der aufkommenden Manufaktur. Die Überschüsse des Kapitalisten waren notwendig, um die Spezialisierung weiter voranzutreiben und um den Zugang zu weiteren Märkten, auf denen die erhöhte Produktion abgesetzt werden konnte, zu erleichtern. In dem Maße, in dem der Überschuß stieg und das Kapital akkumuliert wurde, wuchs auch der Output pro Kopf. Es war daher unnötig, den Versuch zu unternehmen, die Löhne zu senken, sondern es war, um den Überschuß pro Beschäftigten zu erhöhen, viel besser, die Produktivität der Arbeitszeit, die durch einen gegebenen Lohn gekauft werden kann, zu erhöhen. Smith konnte somit behaupten, daß die kapitalistische Produktionsweise – durch technologische Überlegenheit – die die Arbeitsteilung förderte, das Handwerk und die handwerkliche Produktion verdrängen und das daraus resultierende Wohlstandswachstum für die Nation als Ganze von Nutzen sein würde.

Er führte drei Argumente für die technische Überlegenheit einer soweit wie möglich durchgeführten Arbeitsteilung an:

»Der enorme quantitative Anstieg der Arbeit, die von einer gleichbleibenden Anzahl von Menschen – infolge der Arbeitsteilung – verrichtet werden kann, läßt sich auf drei verschiedene Umstände zurückführen, erstens auf eine wachsende Geschicklichkeit eines jeden Arbeiters, zweitens auf die Zeitersparnis, die sonst dadurch verloren geht, daß man sich von einer bestimmten Tätigkeit auf eine andere umstellen muß, und schließlich auf die Erfindung zahlreicher Maschinen, die die Arbeit verkürzen und erleichtern, und die einen Arbeiter in die Lage versetzen, die Tätigkeit auszuführen, für die zuvor mehrere Arbeitskräfte benötigt wurden.«[12]

Smith veranschaulichte diese Argumente an seinem berühmten Beispiel einer Nadelfabrik, in der:

»ein Mann den Draht auszieht, ein anderer ihn richtet, ein dritter ihn abschneidet, ein vierter ihn anspitzt, ein fünfter ihn oben abschleift, um den Kopf zu erhalten ...«

usw., so daß

»die wichtige Aufgabe eine Nadel herzustellen auf diese Art und Weise in ungefähr 18 verschiedene Tätigkeiten zerlegt wurde«[13].

(b) Die Manufaktur

Im Zusammenhang mit der Nadelfabrik sind die Argumente von Adam Smith jedoch nicht überzeugend. »Um die Zeit zu sparen, die normaler Weise im Übergang von einem Arbeitsgang zum anderen verloren geht«, ist es lediglich erforderlich, bei einer bestimmten Tätigkeit so lange zu bleiben, bis die Zeit, die bei der Bereitstellung des für den jeweiligen Handgriff benötigten Materials verloren ging, wieder aufgeholt ist. Ein einzelner handwerklicher Nagelhersteller könnte einen ganzen Tag lang Draht ziehen, den nächsten Tag mit dem Richten des Drahtes verbringen, den nächsten mit dem Zerschneiden usw. Zeitersparnis macht zwar die Zerlegung eines Arbeitsganges nötig, und sie be-

Die klassische politische Ökonomie **1** 2 § 2 (b)

stimmt auch die optimale Dauer der einzelnen Tätigkeit; sie impliziert jedoch nicht die Notwendigkeit zur individuellen Spezialisierung.

Auch die Vorstellung von der zunehmenden Geschicklichkeit ist nicht haltbar, solange die erforderlichen Fertigkeiten ohne größere Schwierigkeiten zu erwerben sind. Die meisten Gebiete, auf denen sich das Manufaktursystem zunächst entwickelte, verlangten Fertigkeiten, die relativ leicht zu erwerben waren und die sogar so einfach waren, daß sie für Kinderarbeit zugänglich waren. Erst sehr viel später kam es dazu, daß die technologische Verfeinerung den Typ des wirklich spezialisierten Facharbeiters hervorbrachte.

Smith selber widersprach später seinem eigenen Glauben an eine wachsende Innovationssteigerung:

>»Ein Mensch, der sein Leben damit verbringt, ein paar wenige einfache Handgriffe zu verrichten, deren Auswirkungen vielleicht ebenfalls immer die gleichen oder doch annähernd die gleichen blieben, hat keine Gelegenheit, jemals seinen Verstand zu benutzen oder seinen Erfindergeist tätig werden zu lassen, um etwa Wege und Mittel zur Beseitigung von Schwierigkeiten zu finden, die bei seiner Arbeit nie vorkommen.«[14]

Dies bedeutet nicht, daß die Arbeitsorganisation in Manufakturen nicht vom technischen Wandel begleitet wurde, sondern daß die Richtung, in welche sich der technische Wandel entwickelte, von der Methode der Arbeitsorganisation, die für die industrielle Produktionsweise erforderlich war, diktiert wurde.

Adam Smith befürwortete die Errichtung eines derartigen Systems, ohne jedoch seine Auswirkungen zu beachten. Die ursprüngliche Aufgabe der Arbeitsteilung bestand darin, die Art und Weise, in der die Arbeit verrichtet wurde, zu ordnen und zu kontrollieren. Dabei wurde zugleich die Notwendigkeit eines Organisators betont, um den Kapitalisten eine Position im Produktionsprozeß zu garantieren. Vor der Einführung kostspieliger Maschinen war es lediglich die zunehmende Spezialisierung der Arbeiter, die eine detaillierte Organisation erforderlich machte. Der Kapitalist mußte jedoch ein dominierende Stellung erreichen, wenn die Kapitalakkumulation weitergehen sollte. Das heißt, die erste soziale Funktion der Arbeitsspezialisierung und der Kontrolle der Arbeiter bestand darin, einen Überschuß für die Kapitalakkumulation zu erwirtschaften[15]. Die Auswirkungen auf die technische Effizienz folgten später.

Kein anderer Klassiker, abgesehen von Marx, widmete dem Problem des technischen Wandels soviel Aufmerksamkeit wie Adam Smith. Alle anderen betrachteten stattdessen die technologischen Auswirkungen der Kapitalakkumulation als gegeben und konzentrierten ihr Interesse auf die Hauptdeterminante der Akkumulationsrate, nämlich den Anteil am Gesamtprodukt, den die kapitalistische Klasse beanspruchte.

3. Verteilung und Preise

Adam Smith pries die Tugenden eines kapitalistischen Wirtschaftssystems. Er hatte jedoch keine genauen Vorstellungen über die Wirkungsweise dieses Systems. Wie alle Klassiker sah er, daß der Schlüssel zum Verständnis wirtschaftlicher Verhaltensweise in jenen Kräften verborgen liegt, die die Einkommensverteilung zwischen den drei Klassen – Arbeitern, Grundbesitzern und Kapitalisten – bestimmen. Aber er war nicht in der Lage, eine haltbare Theorie für die Verteilung des Überschusses auf die Profite und die Pacht zu liefern. Ricardo formulierte als erster eine vollständige Theorie.

(a) Die Verteilungstheorie von Ricardo

Ricardo ging von der Annahme aus, daß der Anteil an den Erträgen des Bodens, den die Grundbesitzer in Form der Pacht erhielten, vollständig konsumiert würde, während der größere Teil des Gewinns gespart und reinvestiert würde, um die Beschäftigung zu erhöhen und die Produktion auszuweiten. Er brauchte den Beweis, daß die Pacht eine erdrückende Last für eine wachsende Wirtschaft sei. Aber obwohl er einen bestimmten Zweck verfolgte, bemühte er sich, die wahren Zusammenhänge zu finden. Seine Argumente waren zwar teilweise etwas obskur, aber nie vorsätzlich »zurechtgepfuscht«.

Sein Modell entsprach der Situation in der damaligen englischen Landwirtschaft. Die Beziehungen zwischen den Grundbesitzern und Landwirten sind im England des 18. Jahrhunderts erheblich anders, als sie Quesnay geschildert hatte. Durch das »enclosure movement«[16] wurden die Bauern enteignet und gleichzeitig wuchs die Produktion beträchtlich an. Die Grundeigentümer verpachteten ihr Land. Die Bauern verpflichteten sich eine Pacht zu entrichten, und sie beschäftigten Landarbeiter als Lohnabhängige. Der Überschuß des Nettoprodukts über die Lohnkosten deckte die Pacht und einen Profitanteil für den Pächter.

In der ersten und einfachsten Version seiner Analyse unterstellt Ricardo, daß der Landwirtschaftssektor ein einziges Produkt, nämlich Getreide, produziert, das von Ernte zu Ernte ein Jahr Arbeit erfordert. In diesem Sektor wird demzufolge auch nur ein einziger Inputfaktor benötigt – nämlich Getreide, das in diesem Wirtschaftssektor selbst produziert wird – um in Form von Saatgut investiert zu werden und um die Löhne der Arbeiter zahlen zu können.

Der Mensch muß jeden Tag essen, aber geerntet wird nur einmal im Jahr. Der Pächter hält daher genügend Getreide aus der letzten Ernte zurück, um die

Die klassische politische Ökonomie **1** 2 § 3 (a)

Löhne und das Saatgut für das ganze Jahr vorschießen zu können. Der Lohnsatz wird in einer Getreidemenge festgesetzt, die wöchentlich auszuzahlen ist. Da der Landarbeiter gar keine anderen Möglichkeiten hat, seinen Lebensunterhalt zu verdienen, ist er – anders als die Bauern in der Welt der Physiokraten, denen der »Vorschuß« für ihren jährlichen Konsum selbst gehörte – gezwungen, sich in den Dienst des Pächters zu stellen.

Ricardos Modell stellt die Bestimmung der Kapitalprofitrate dar. Der jährliche Gewinn pro Arbeiter besteht aus einer Menge Getreide, und die notwendige Investition, um eine Arbeitskraft zu beschäftigen, ist ebenfalls eine Menge Getreide. Das Verhältnis von Getreidegewinn zu Getreidevorrat bestimmt die Profitrate des Kapitals, das in die Getreideproduktion investiert wurde.

In Anlehnung an die Marxsche Terminologie ist v die Höhe der jährlichen Lohnkosten in Getreide für eine bestimmte Beschäftigungshöhe; c ist das Saatgut für die jährliche Produktion und s der Profit – d. h. der Überschuß des Outputs über die Pacht abzüglich den Produktionskosten c + v; alles ausgedrückt in Getreideeinheiten. Da das Kapital, das investiert wurde, um die Arbeiter zu beschäftigen, dem jährlichen Betrag für Saatgut und Löhne entspricht, ist es gleich c + v. Die Profitrate ist:

$$\frac{s}{c + v}$$

Alle anderen Arbeitgeber müssen die Löhne in Getreideeinheiten zahlen, und die Preise der verschiedenen Güter, die sie herstellen, müssen so bemessen sein, daß sie die gleiche Profitrate erzielen, wie die, die durch die Pächter erwirtschaftet wird. Bei Erwirtschaftung einer höheren Profitrate würden einige Pächter Fabrikanten werden, während bei einer niedrigeren Rate einige Fabrikanten Pächter werden würden. Auf diese Weise bestimmt die Profitrate des Agrarsektors, der den Lebensunterhalt für die Arbeiterschaft produziert, die Höhe der Profitrate in der gesamten Wirtschaft.

Der Teil des Getreides hingegen, der als Pacht ausgezahlt wird, wird bedenkenlos in den Haushalten der Grundbesitzer verkonsumiert; der Pächter ist ein Kapitalist, der seinen Ehrgeiz in die Expansion seines Unternehmens legt. Von seinem Anteil an der Ernte hält er nicht nur so viel zurück, wie erforderlich ist, um die Vorauszahlungen, die er im letzten Jahr leistete, zu ersetzen, sondern er legt darüber hinaus eine zusätzliche Menge beiseite – also eine Nettoinvestition – mit der er im kommenden Jahr mehr Arbeitskräfte beschäftigen kann. Da der Boden nicht überall gleich fruchtbar ist, wächst der relative Vorteil des besseren Bodens in dem Maße, wie die Gesamtbeschäftigung zunimmt und der Wettbewerb zwischen den Pächtern den Pachtzins in die Höhe treibt.

Der Output pro Kopf, vermindert um die Pacht, verringert sich von Jahr zu Jahr, und weil der Lohn auf dem Existenzminimum liegt und nicht gesenkt werden kann, fällt die Profitrate.

Diese Analyse führte zu einer heftigen Attacke gegen die Getreidegesetze, die die Interessen der Grundbesitzer schützten, da sie die Einfuhr von billigerem Getreide aus Europa verhinderten. Die Arbeitskräfte in England könnten Waren produzieren, die dann gegen das importierte Getreide ausgetauscht werden könnten. Die Getreidemenge pro Arbeitseinheit, die man auf diese Weise erhalten könne, würde größer sein als diejenige Menge, die man mit dem gleichen Arbeitsaufwand auf englischen Bauernhöfen, die auch relativ unfruchtbares Land bearbeiteten, produzieren könnte. Falls Importe zugelassen würden, könnten die in Getreideeinheiten bemessenen Kosten des Getreideerwerbs gesenkt werden. Weniger gute Böden würden nicht mehr bebaut werden. Die Pacht würde fallen und die Profitrate steigen.

(b) Die Preise

Malthus zeigte auf, daß diese Argumentation einen bedeutenden Fehler hatte. Es gibt keinen Bereich innerhalb einer Volkswirtschaft – einschließlich des Agrarsektors –, in dem alle erstellten Inputs und Outputs aus ein und derselben Ware bestehen. Löhne bestehen nicht nur aus Getreide. Die Arbeiter benötigen für ihren Konsum einige industrielle und einige importierte Güter. Das bedeutet, daß die Berechnung der Profitrate den Vergleich heterogener Warenbündel impliziert, die den Output, die Löhne und die gesamten Investitionen enthalten. Jedoch, um diese Warenbündel einander vergleichbar zu machen, müssen sie auf einen einzigen Wertmaßstab zurückgeführt werden.

Um diesen Vorwurf begegnen zu können, machte sich Ricardo daran, einen Wertmaßstab herauszufinden, der es ihm ermöglichte, die Masse des heterogenen Warenangebots als eine homogene Größe zu bewerten. Seine Theorie verlangte nach einem Wertmaßstab, mit dessen Hilfe sich die unterschiedlich zusammengesetzten Warenbündel, die sich auf Pacht, Löhne und Gewinne verteilen, auf eine einheitliche Maßeinheit reduzieren ließen; ähnlich etwa der Rolle, die das Getreide in seinem einfachen Modell gespielt hatte.

Heterogene Waren lassen sich auf einen einheitlichen Wertmaßstab reduzieren, indem ihre marktmäßigen Tauschrelationen, d. h. also ihre relativen Preise, zugrunde gelegt werden. Darüber hinaus müssen die relativen Tauschwerte der Waren untereinander und im Verhältnis zur Arbeit Bestandteil einer jeden Werttheorie sein, weil das Problem darin besteht, die Herrschaft über die

Ressourcen, wie sie durch die Profite der Kapitalisten gegeben ist, zu bestimmen. Da jedoch die gesamten Kosten der produzierten Input-Faktoren, die in die Herstellung einer jeden Ware eingehen, den Profit enthalten, den der Kapitalist als Rendite für seine Investitionen fordert, hängen die Preise der einzelnen Waren von der Profitrate ab.

Mit seiner Einfachheit ermöglichte das Getreide-Modell die Größen, die die Profitrate bestimmen, in physischem Mengen zu messen.

Konfrontiert mit dem gleichen Problem, hat Adam Smith eine Arbeitswertlehre entwickelt:

»In der Frühzeit der gesellschaftlichen Entwicklung, die sowohl der Kapitalakkumulation als auch der Aneignung von Grund und Boden vorausgeht, scheint die Relation zwischen dem jeweils für die Erstellung verschiedener Gegenstände notwendigen Arbeitsaufwand, das einzige Kriterium gewesen zu sein, gewisse Regeln für ihren gegenseitigen Austausch zu entwickeln. Wenn z. B. innerhalb eines Volkes von Jägern der durchschnittliche Arbeitsaufwand, einen Biber zu töten, doppelt so hoch ist, wie derjenige, der benötigt wird, um einen Hirsch zu erlegen, so dürfte ein Biber sicherlich gegen zwei Hirsche getauscht werden oder dem Gegenwert von 2 Hirschen entsprechen. Es ist nur natürlich, daß das, was normalerweise das Ergebnis von 2 Tagen oder 2 Stunden Arbeitseinsatz ist, auch doppelt soviel wert sein dürfte wie das, was eben nur einen Tag oder nur eine Stunde Arbeit erfordert.
Wenn eine bestimmte Art von Arbeit anstrengender ist als eine andere, so wird sicherlich irgendein Zuschuß gegeben werden, um diese erhöhte Mühe auszugleichen. Das Ergebnis einer Stunde Arbeit der einen Art dürfte häufig gegen das Produkt einer zweistündigen Arbeit einer anderen Art ausgetauscht werden.

Oder wenn eine bestimmte Arbeitskategorie ein ungewöhnliches Ausmaß an Geschicklichkeit und Begabung verlangt, so wird die Wertschätzung, die derartige Talente in den Augen der Menschen haben, diesem Produkt natürlich einen Wert zuordnen, der über dem liegt, der der aufgewandten Arbeitszeit entspräche.

Solche Fähigkeiten können in der Regel nur durch lange Übung erworben werden. Der höhere Wert, der ihrem Produkt beigemessen wird, dürfte häufig nicht mehr als der gerechte Ausgleich für den Zeit- und Arbeitsaufwand sein, der nötig war, um diese Fertigkeiten zu erwerben. In dem fortgeschrittenem Stadium der gesellschaftlichen Entwicklung werden Aufschläge dieser Art für größere Anstrengungen und höhere Fertigkeit im allgemeinen im

Rahmen der Arbeitslöhne gegeben; eine ähnliche Entwicklung hat sich wahrscheinlich auch in der Frühzeit vollzogen.

In dieser Konstellation gehört auch das gesamte Produkt der Arbeit dem Arbeiter. Die Menge der Arbeit, die im allgemeinen aufgewandt wird, um irgend ein Gut zu erwerben oder zu produzieren, ist zugleich der einzige Umstand, der die Arbeitsmenge bestimmt, die es gewöhnlich kauft, beherrscht oder eintauscht«[17].

Dies ist keine Markttheorie sondern vielmehr eine Konzeption des sogenannten »gerechten Preises«.

Wenn die Arbeit der einzige Kostenfaktor ist, so sollten die Waren zu Preisen eingetauscht werden, die der in ihnen enthaltenen Arbeitszeit entsprechen.

»Sobald sich ein Kapitalbestand in den Händen bestimmter Personen angesammelt hat, werden einige von ihnen ihn natürlich dazu benutzen, arbeitswillige Menschen zu beschäftigen. Diese werden sie mit Material und Lebensmitteln versorgen, um einen Gewinn durch den Verkauf ihrer Arbeitsleistung oder dessen, was ihre Arbeit zum Wert des Materials hinzufügt, erzielen können. Bei dem Tausch des fertigen Produkts entweder gegen Geld, Arbeit oder andere Waren über das Maß hinaus, das ausreichend wäre, um den Preis für das Material und die Löhne für die Arbeiter abzudecken, muß etwas für den Profit des Unternehmers, der sein Kapital bei diesem »Abenteuer« aufs Spiel setzt, aufgeschlagen werden. Der Wert, den die Arbeiter dem Material hinzufügen, zerfällt daher in diesem Fall in zwei Bestandteile, wobei aus dem einen Teil ihre Löhne und aus dem anderen die Profite ihres Arbeitgebers für den gesamten Vorrat an Material und Löhnen, die er vorstreckte, bezahlt werden. Er (der Arbeitgeber, d. Ü.) könnte überhaupt kein Interesse daran haben, sie (die Arbeiter, d. Ü.) zu beschäftigen, wenn er sich nicht von dem Verkauf ihrer Produkte mehr verspräche, als das, was ausreichen würde, sein Kapital wieder zu ersetzen. Er könnte auch kein Interesse daran haben, lieber ein größeres als ein kleineres Kapital einzusetzen, wenn seine Gewinne nicht in einer bestimmten Relation zu dem Umfang seines Kapitals stünden.«[18]

Dies läßt jedoch das Problem des Verhältnisses der Profitrate zu den Preisen und die Frage nach der Höhe der Profitrate offen:

»In dieser Konstellation gehört das gesamte Produkt der Arbeit jedoch nicht immer dem Arbeiter. Er muß es in den meisten Fällen mit dem Kapitaleigner, der ihn beschäftigt, teilen. Doch ist die Menge der Arbeit, um irgendein Gut zu erwerben oder zu produzieren, nicht der einzige Umstand, der die Arbeitsmenge bestimmt, die es gewöhnlich kauft, beherrscht oder ein-

Die klassische politische Ökonomie **1** 2 § 3 (c)

tauscht. Eine zusätzliche Menge muß offensichtlich zur Abdeckung der Kapitalprofite geleistet werden, aus dem die Löhne und die Materialausstattung für diese Arbeit vorgestreckt wurden.«[19]

(c) Produzierbare Güter

Ricardo konstatierte dieses Problem weitaus klarer, als es Adam Smith getan hatte. Zunächst unterteilte er alle Güter in zwei verschiedene Gruppen: produzierbare und knappe Güter.

>»Wenn die Güter einen Nutzen haben, dann entspringt ihr Tauschwert aus zwei Quellen: aus ihrer Knappheit und aus der Menge der Arbeit, die erforderlich ist, um sie (die Güter, d. Ü.) zu erhalten.
>Es gibt einige Waren, deren Wert ausschließlich durch ihre Knappheit bestimmt wird. Keine Arbeit ist in der Lage, die Menge derartiger Güter zu vergrößern. Ihr Wert kann darum nicht durch ein vergrößertes Angebot verringert werden. Einige seltene Statuen und Bilder, seltene Büche und Münzen, Weine von erlesener Qualität, die nur aus Trauben hergestellt werden können, die auf einem ganz bestimmten Boden gedeihen, der nur in einer sehr begrenzten Menge vorhanden ist, gehören alle zu der oben beschriebenen Kategorie. Ihr Wert ist völlig unabhängig von der Menge an Arbeit, die ursprünglich aufgewandt wurde, um sie zu produzieren, und er variiert mit der Veränderung des Wohlstandes und den Neigungen derjenigen, die sie (die Güter, d. Ü.) zu besitzen wünschen.
>Diese Waren bilden jedoch nur einen sehr geringen Teil der großen Anzahl von Gütern, die täglich auf dem Markt getauscht werden. Bei weitem der größte Teil jener Güter, die Gegenstand der Bedürfnisse (der Menschen, d. Ü.) sind, wurden durch die Arbeit erzeugt, und sie können vermehrt werden und zwar nicht nur in einem, sondern in vielen Ländern, fast ohne eine sichtbare Begrenzung, sobald wir nur in der Lage sind, die notwendige Arbeit für ihren Erwerb aufzubringen.«[20]

Seltene Güter sind daher in ihrem Angebot fest begrenzt oder ihre Produktion hängt größtenteils von Ressourcen ab, deren Angebot begrenzt ist. Im Gegensatz dazu sind die produzierbaren Güter, die durch Arbeitskraft unter Benutzung anderer produzierbarer Güter – wie beispielsweise Maschinen – hergestellt werden, in ihrem Angebot durch keinerlei Knappheitsfaktoren begrenzt, sondern können ohne eine definitive Begrenzung produziert werden. Die Werte der knappen Güter werden lediglich durch die Wechselwirkung zwischen dem fixen Angebot und der Nachfrage bestimmt. Aber für die Werte der produzierbaren Güter trifft dies jedoch – abgesehen von kurzfristigen Schwankungen – nicht zu. Die letztere Gruppe umfaßt den größeren Teil aller Güter. In einer industriellen Wirtschaft ist die erstgenannte Gruppe von geringerer Bedeutung.

Die Preise der produzierbaren Güter hängen von der Profitrate ab. Die Preise dieser produzierbaren Waren müssen sowohl die zu Produktion aufgewandten Löhne, als auch die erwarteten Kapitalprofite abdecken.

Wie geht es nun weiter? Ricardo beobachtete, daß die einzelnen Güter aus technischen Gründen unterschiedliche Mengen an Rohmaterialien und Ausrüstungsgegenständen für die Arbeitskräfte sowie eine unterschiedliche Zeitspanne benötigen, über die hinweg die Vorauszahlungen geleistet werden müssen. Der Wettbewerb zwischen den Kapitalisten führt nun tendenziell dazu, daß sich für alle Produktionszweige eine einheitliche Profitrate etabliert. Da somit die jährliche Profitrate lediglich der Summe der in einem Jahr erzielten Gewinne dividiert durch den Wert der zur Produktion benötigten Investitionen entspricht, wird auch der Gewinnanteil an dem Wert des Outputs von verschiedenen Waren mit dem Wert der Investition variieren, die nötig ist, um einen Menschen in der jeweiligen Produktion beschäftigen zu können. Bei einer gegebenen einheitlichen Profitrate wird ein Produkt mit einem höheren Investitionswert pro Arbeitskraft auch einen höheren Profitanteil aufweisen können. Somit hängt die Struktur der relativen Preise von der Höhe der Profitrate ab.

(d) Ein unveränderlicher Maßstab

Um sein einfaches Getreidemodell verallgemeinern zu können, hoffte Ricardo einen unveränderlichen Wertmaßstab zu finden, mit dessen Hilfe sich die Komplikationen, die sich aus der Relation zwischen relativen Preisen und Profitrate ergaben, vermeiden lassen würden. Er entwickelte zu diesem Zweck verschiedene Gedankengänge, wie z. B. eine Arbeitswerttheorie, jedoch auch die Arbeitswerte geben die relativen Preise nicht ausreichend genau wieder; und einen »durchschnittlichen« Warenmaßstab, den er »Gold« nannte, der sich jedoch als extrem schwierig zu definieren erwies. Da er nicht in der Lage war, einen unveränderlichen Maßstab zu finden, der es ermöglichte, die Verteilung einer gegebenen Outputmenge zu messen, versuchte Ricardo, so gut er konnte, einen Beweis zusammen »zu schustern«, aber er war nicht völlig zufrieden damit. Kurz vor seinem Tode arbeitete er gerade an einem »paper«, das unbekannt blieb, bis es in der Ausgabe seiner Werke von Piero Sraffa veröffentlicht wurde.

Die klassische politische Ökonomie **1 2 § 4** 51

Die einzigen Eigenschaften, die nötig sind, um einen vollkommenen Wertmaßstab zu definieren, sind, daß er (der Maßstab, d. Ü.) selbst einen Wert besitzen und daß dieser Wert selbst unveränderlich sein sollte. Etwa in der gleichen Weise wie bei einem richtigen Längenmaß, der Maßstab selber eine Länge haben sollte, die weder erhöht noch vermindert werden kann; oder wie ein Gewichtsmaß, das ein Eigengewicht haben sollte, das konstant bleibt.

Obgleich es also einfach ist, aufzuzeigen, welche Eigenschaften ein perfekter Wertmaßstab aufweisen muß, ist es doch unvergleichlich schwerer, eine Ware zu finden, die all diese verlangten Qualitäten besitzt. Wenn wir ein Längenmaß suchen, wählen wir ein Yard oder einen Fuß und gewinnen so eine fest definierte Länge, die sich weder heraufsetzen noch vermindern läßt. Wenn wir hingegen einen Wertmaßstab definieren wollen, müssen wir uns fragen, welche Ware, die einen Wert hat, der selbst nicht variieren darf, wir dann auswählen sollen?«[21]

Diese Ausführungen beruhen auf einem falschen Analogieschluß. Das Längen- oder Gewichtsmaß ist lediglich eine Konvention, die einmal akzeptiert, sich nicht von Kontinent zu Kontinent oder von Epoche zu Epoche ändert. Sie bildet sozusagen eine Verbindung zwischen dem Menschen und seiner physikalischen Umwelt. Werte hingegen bilden sich innerhalb einer Gesellschaft. Gewicht und Länge waren für Robinson Crusoe auf seiner Insel dieselben wie zu Hause, aber das Kriterium Wert bedeutete für ihn nichts. Hätte er einen Beutel mit Gold gefunden, so hätte er nicht gewußt, wofür er ihn ausgeben sollte. Jede Gesellschaft hat ihre eigenen Bedürfnisse und ihre eigenen technischen Möglichkeiten und beide verändern sich kontinuierlich im Zeitablauf. Nichts, was Wert hat, besitzt einen unveränderlichen Wert.

Nichtsdestoweniger trug die Idee Ricardos, eine »Durchschnittsware« als Wertmaßstab zu benutzen, später doch noch Früchte. Sraffa zeigte, wie man sich eine solche Ware als ein zusammengesetztes Produkt vorstellen kann, um die Verteilungsrelationen, die zu einer bestimmten Zeit in einer Volkswirtschaft mit produzierbaren Gütern herrschen, zu analysieren [siehe: **2** 6 § 3 (d)]. Auf diese Weise rückte er die Grundgedanken von Ricardos Theorie der Profite ins rechte Licht.

4. Die effektive Nachfrage

Malthus erhob einen weiteren Einwand gegen Ricardos Analyse der Akkumulation und der Verteilung. Im Rahmen seiner Bevölkerungsanalyse hatte er große Anstrengungen darauf verwandt, die abnehmenden Erträge des Grund und Bodens aufzuzeigen – d. h. das Absinken des durchschnittlichen Pro-Kopf-Outputs in dem Maße, in dem sich der Anteil der Arbeit am Boden erhöht –, dennoch wollte er nunmehr die logische Deduktion, die Ricardo hieraus zog, nicht akzeptieren. Er vertrat die Interessen des Landadels und brachte daher das Problem der effektiven Nachfrage zu ihrer Verteidigung vor.

Malthus nahm an, daß sich eine kontinuierliche Kapitalakkumulation durch die Kapitalisten als selbstvernichtend erweisen würde, indem sie Produktionsüberschüsse hervorrufen würde, die wegen der fehlenden Nachfrage nicht abgesetzt werden könnten. Würde dies nicht auf eine »Übersättigung«, d. h. auf eine allgemeine Überproduktion von Waren, hinauslaufen, ohne das Geld zu schaffen, um sie zu kaufen? Das einzige Mittel bestünde darin, das Einkommen der Grundbesitzer aufrechtzuerhalten, die die gewünschte soziale Funktion erfüllen, indem sie ihre Renten für den Konsum von Luxusgütern verwendeten und auf diese Weise das Niveau der effektiven Nachfrage aufrecht erhielten.

(a) Das Say'sche Theorem

Ricardo verneinte die Ansicht von Malthus über die effektive Nachfrage, indem er sich auf das Say'sche Theorem berief, wonach alle Güter, die produziert werden, auch zu einem vernünftigen Preis abgesetzt werden können, in dem auch der übliche Gewinn enthalten ist, so daß es niemals zu einer allgemeinen Überproduktion kommen könne. Produktionsüberschüsse bei einzelnen Gütern können nur temporär auftreten, wenn die Nachfrage von einem Produkt zu einem anderen überwechselt.

Das Say'sche Theorem wurde von Jean Baptiste Say (1767–1832) – einem französischen Nachfolger von Adam Smith – aus der Diskussion über die Probleme der effektiven Nachfrage in seinem Werk *Traité d'Economie Politique* entwickelt, das im Jahre 1803 veröffentlicht wurde. Zwei Themenbereiche beherrschten Says Analyse. Der erste war ein Angriff gegen die angebliche Vermengung der Merkantilisten von Geld und Reichtum. Der zweite basierte auf der physiokratischen Argumentation; dargestellt am Beispiel eines Produktionskreislaufes nahm er wieder die Idee auf, daß sich Güter gegen Güter tauschen und nicht gegen Geld. Die Kombination dieser beiden Themenkreise führte ihn zu der folgenden Feststellung:

In Wirklichkeit kaufen wir Konsumgüter nicht mit Geld, dem sich im Um-

Die klassische politische Ökonomie **1** 2 § 4 (a) 53

lauf befindlichen Zahlungsmittel. Wir müssen zunächst dieses Geld selbst durch den Verkauf unserer Produkte erworben haben[22].

Wenn also Güter nur mit anderen Gütern gekauft werden können, so impliziert dies, daß auch alle Güter verkauft werden, falls die richtige Warenkombination produziert wird; denn die gesamte Produktion ist für den Verkauf bestimmt. »Das Angebot verschafft sich seine eigene Nachfrage.« Diese Ansicht wurde von Ricardo wieder aufgenommen:

». . . es ist keine Kapitalhöhe denkbar, die in einem Land nicht beschäftigt werden könnte, denn die Nachfrage wird ausschließlich durch die Produktion begrenzt. Kein Mensch produziert etwas, ohne die Aussicht es konsumieren oder verkaufen zu können; und er verkauft niemals etwas, ohne die Absicht irgendeine andere Ware dafür zu erwerben . . . Durch die Produktion wird er daher zwangsläufig entweder zum Konsumenten seiner eigenen Güter oder zum Käufer und Konsumenten der Produkte eines anderen . . . Produkte werden immer mit Produkten gekauft oder mit Dienstleistungen; Geld ist nur das Medium, durch das der Tausch erfolgt. Es könnte sein, daß von einer bestimmten Ware zu viel produziert würde, von der es dann einen Überschuß auf dem Markt gäbe, so daß das eingesetzte Kapital nicht erstattet werden könnte. Aber das kann nicht bei allen Waren der Fall sein . . .«[23]

Das gleiche Argument wurde auch von J. S. Mill wieder vorgebracht:

»Das, was die Zahlungsmittel für Produkte konstituiert sind einfach Produkte. Die Zahlungsmittel eines jeden Menschen für die Güter eines anderen bestehen aus jenen (Waren, d. Ü.), die er selbst besitzt. Alle Verkäufer sind zwangsläufig und im wahrsten Sinne des Wortes auch Käufer. Wenn wir plötzlich die Produktivkräfte eines Landes verdoppeln könnten, so würden wir auch das Warenangebot auf jedem Markt verdoppeln. Aber wir würden damit auch die Kaufkraft verdoppeln und jedermann träte mit einer doppelten Nachfrage ebenso wie mit einem doppelten Angebot auf. Jeder wäre in der Lage, doppelt so viel zu kaufen, da jeder als Gegenleistung hierfür auch doppelt so viel anzubieten hätte.«[24]

Das aggregierte Angebot der gesamten Volkswirtschaft wurde als identisch angenommen mit der gesamten aggregierten Nachfrage und der Gesamtoutput wurde lediglich begrenzt durch den Lohnfonds, d. h. der Höhe des Kapitals, das für die Beschäftigung der Arbeitskräfte zur Verfügung stand. In seiner klassischen Version implizierte das Say'sche Theorem nicht die Forderung nach

Vollbeschäftigung der Arbeit, sondern lediglich die Annahme, daß es keinen allgemeinen Produktionsüberschuß geben kann. Wenn es eine Tendenz des Arbeitsangebots gab, sich auf der Arbeitsnachfrage bei einem Subsistenzlohnsatz einzupendeln, so geschah dies infolge eines malthusianischen Prozesses des Bevölkerungswachstums oder einer Hungersnot.

Als Konsequenz des Konzepts, daß das »was die Zahlungsmittel für Produkte konstituiert, einfach Produkte sind«, ist auch Sparen eine Verausgabung von Geld. Der Grund hierfür ist, daß Güter produziert werden, um andere Waren zu kaufen; entweder direkt oder indirekt durch das Verleihen an solche Personen, die bereit sind, hierfür Zins zu entrichten, um somit den Vorteil der Kreditvergabe sicherzustellen. Dieser Gedanke wurde später von Alfred Marshall, dem großen neoklassischen Ökonomen, wie folgt zusammengefaßt:

»... es ist ein bekanntes ökonomisches Axiom, daß ein Mensch in dem gleichen Ausmaß Arbeitskraft und Waren mit dem Anteil seines Einkommens, den er spart, kauft, wie mit dem, den er angeblich ausgibt ... Man sagt, das er spart, wenn er veranlaßt, daß die Arbeitskraft und die Güter, die er gekauft hat, der Produktion von Vermögen zukommen, von dem er sich einen Nutzen für die Zukunft erhofft.«[25]

(b) Die Malthusianische Überproduktionstheorie

Um die Position der Grundbesitzer zu verteidigen, attackierte Malthus die Behauptung, daß alles, was produziert wird, auch verkauft wird. Er betrachtete den Wachstumsprozeß der Produktionskapazität in Analogie zu dem der Bevölkerung und stellte die These auf, daß beide stärker wachsen als die entsprechende Nachfrage nach Produkten und Arbeitskräften.

»Obgleich zugegebenermaßen die Gesetze, die das Wachstum des Kapitals regeln, nicht ganz so bestimmt sind wie die, die das Bevölkerungswachstum regulieren, so sind jedoch sicherlich beide von der gleichen Art. Es ist daher gleichermaßen vergeblich, im Hinblick auf ein permanentes Wohlstandswachstum mit der Umwandlung von Einkommen in Kapital fortzufahren, wenn keine adäquate Nachfrage für die Produkte eines derartigen Kapitals existiert, wie es auch unsinnig ist, mit der Ermutigung zur Eheschließung und zum Gebären von Kindern fortzufahren, ohne daß eine Nachfrage nach Arbeit und ein Anwachsen des Fonds zu ihrem Unterhalt vorhanden ist.«[26]

Malthus führte zwei verschiedene Erklärungen dafür an, weshalb es keine »adäquate Nachfrage für die Produkte des ... Kapitals« gäbe. Die erste bestand einfach darin, daß die Menschheit eine Vorliebe für Müßiggang gegenüber der produktiven Tätigkeit an den Tag lege.

> »Es ist ein bedeutender Irrtum, es als gegeben anzunehmen, daß die Menschheit all das produzieren und konsumieren wird, was sie in der Lage wäre zu produzieren und zu konsumieren«;

und man sollte

> »den Einfluß eines so allgemeingültigen und wichtigen Prinzips der menschlichen Natur, wie dem der Trägheit und der Liebe zur Ruhe«[27]

in Rechnung stellen.

> Ricardo widerlegte dieses Argument mit Leichtigkeit:
> »Herr Malthus unterstellt, daß die Motivation, Güter zu produzieren, stark genug sei und behauptet dann, daß es, nachdem sie produziert wurden, für sie keinen Markt mehr geben würde, weil keine Nachfrage nach ihnen existierte.«[28]

Das zweite Argument von Malthus war jedoch schwerwiegender. Es enthält einen wichtigen Einblick in die Bestimmung des Gewinnanteils. Er zeigte auf, daß:

> »Konsum und Nachfrage, die von mit produktiver Arbeit beschäftigten Personen verursacht werden, niemals allein ein Motiv für die Akkumulation und den Einsatz von Kapital darstellen können.«[29]

Die Nachfrage nach Produkten der »produktiven Arbeit«, durch jene Gruppe von Arbeitskräften, die nicht produktiv sind (wie die Dienerschaft in den Häusern der Grundbesitzer), erlaubt es, daß diese Produkte zu einem höheren Preis als ihre Lohnkosten verkauft werden und so einen Profit erwirtschaften können. Dieser Zusammenhang wird in der nachfolgenden Graphik erläutert. Die produktiven Arbeiter (ab) produzieren Konsumgüter und verausgaben ihre gesamten Lohneinkünfte für Konsumzwecke. Die unproduktiven Arbeitskräfte (bc) produzieren die Waren, die sie mit ihren Lohneinkünften bezahlen, nicht selbst.

Die Konsumgüter können daher zu einem Preis verkauft werden, der über ihren Lohnkosten liegt; d. h. zu einem Preis, der einen Gewinn enthält, dessen Höhe von der Anzahl der unproduktiven Arbeiter abhängt (die schraffierten Flächen in der Graphik sind gleich groß).

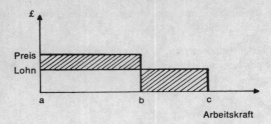

Wenn die Ersparnisse der Grundbesitzer und Kapitalisten wüchsen und der Konsum sich verminderte, dann würde – so behauptet Malthus – das Verhältnis von produktiven zu unproduktiven Arbeitskräften wachsen, weil die Ersparnisse dazu benutzt würden, produktive Arbeitskräfte zu beschäftigen.

». . . Wie kann man unter diesen Umständen annehmen, daß die wachsende Gütermenge, die mit Hilfe einer wachsenden Anzahl von produktiven Arbeitskräften hergestellt wurde, Käufer finden sollte, ohne daß ein solcher Preissturz eintreten muß, der vielleicht sogar unter den Wert ihrer Produktionskosten sinkt?«[30]

Dieses Argument war soweit ganz gut. Aber es enthielt zwei fatale Denkfehler, von denen Ricardo einen sofort entdeckte. Er zeigte auf, daß die Ansicht von Malthus beinhaltet, daß

»beträchtliche Produktionskräfte eingesetzt werden, wobei das Ergebnis für die Interessen der Menschheit unvorteilhaft sei;«

Aber was tatsächlich geschieht ist, daß
»es keine adäquaten Motive für die Produktion gibt, und daß deshalb (bestimmte, d. Ü.) Dinge nicht produziert werden!«

Als Folge davon

»sehen wir, daß . . . zahlreiche Produktivkräfte *nicht* eingesetzt werden.«[31]

Jedoch selbst Ricardo bemerkte den Hauptirrtum in der Argumentation nicht. Nicht nur die unproduktiven Arbeiter verausgaben ihre Löhne für Güter, die sie nicht selbst herstellen, sondern auch jene produktiven Arbeiter, die mit der Herstellung von Investitionsgütern, wie z. B. Maschinen oder Getreide, beschäftigt sind, das gelagert wird, um im nächsten Jahr zusätzliche Löhne zu

Die klassische politische Ökonomie **1 2 § 5** 57

zahlen. Ein Anstieg der Akkumulationsrate hat ein Anwachsen der letzteren Gruppe von Arbeitern zur Folge und konsequenterweise ein Anwachsen der Profite in der Konsumgüterproduktion.

Das Problem des Arguments von Malthus bestand darin, daß er an dem Postulat »Sparen gleich Verausgaben« festhielt und nicht bemerkte, daß dies nur eine alternative Formulierung des Say'schen Theorems war, das er eigentlich angreifen wollte. Erst als es Keynes gelang, im Jahre 1936 die Inkonsistenz dieses Postulats aufzudecken, konnte auch gezeigt werden, daß der Glaube von Malthus an die Möglichkeit einer »allgemeinen Überproduktion« durchaus begründet war. In der Zwischenzeit waren die Interessen, die er verteidigt hatte, aus der Mode gekommen. Ricardo und die Kapitalisten hatten die Diskussion gewonnen.

5. Marx

Nach Ricardo und bis zum letzten Viertel des 19. Jahrhunderts dominierte in der liberalen Tradition in der klassischen politischen Ökonomie John Stuart Mill. Mills Analyse entsteht in einer Periode der Prosperität, in der sich der Konflikt zwischen Kapitalisten und Grundbesitzern vermindert hatte und der wachsende Antagonismus zwischen Kapitalisten und Arbeitern in einer der Analyse, die die Gesellschaft auf den Weg in eine goldene Zukunft darstellte, nicht betont wurde. Mill gestand jedoch, daß er

> »nicht angetan war von einem Lebensideal, das sich jene zu eigen gemacht hatten, die glaubten, daß der normale menschliche Zustand, wie die bestehende Lebensweise durch gegenseitiges Treten, Drängeln, mit den Ellbogen stoßen und einander in die Fersen treten gekennzeichnet sei.«[32]

Er sehnte den stationären Zustand herbei, auf den sich die Gesellschaft seiner Meinung nach zubewegte, indem die Enthaltsamkeit der Arbeiterklasse ein Anwachsen ihrer Anzahl verhindern werde:

> »Es dürfte kaum nötig sein, darauf hinzuweisen, daß ein stationärer Stand, in dem Kapital und Bevölkerung gleich bleiben, keinen gleichbleibenden Zustand bei den Verbesserungen der menschlichen Lebensverhältnisse impliziert. Es würde auch dann so viel Spielraum für alle Arten des kulturellen Lebens, des moralischen und des sozialen Fortschritts wie immer geben; ebensoviel Spielraum zur Verbesserung der Lebenskunst und sogar eine viel größere Wahrscheinlichkeit zur Verbesserung, wenn die Menschen ihr Hauptaugenmerk nicht mehr auf das Vorankommen richten.«[33]

Doch manchmal war Mill eher pessimistisch, z. B. dann, wenn er sich kritisch äußerte, daß trotz des großen Reichtums von Amerika,

»alles, was diese Fortschritte ihnen (den Amerikanern, d. Ü.) gebracht zu haben scheinen, sei, daß das ganze Leben des einen Geschlechts darin besteht, nach dem Dollar zu jagen, und das des anderen Geschlechts darin, Dollarjäger zu züchten.«[34]

Zu derselben Zeit, in der Mill dies schrieb, wurde seine Selbstzufriedenheit durch eine völlig neue Interpretation der klassischen Ökonomie herausgefordert, die mit Nachdruck die fundamentalen Konflikte aufzeigte, die der kapitalistischen Wirtschaftsordnung inhärent sind. Das neue System, das viele der Gedanken Ricardos mit einer allgemeineren Theorie der Geschichte und der Gesellschaft verband, wurde von Karl Marx entwickelt.

(a) Soziale Beziehungen und die Entstehung des Überschusses

Marx akzeptierte den Grundfaktor zahlreicher Gedanken Ricardos über die Einkommensverteilung. Er behauptete jedoch, Ricardo habe das falsche Problem analysiert. Das Wesen des Kapitalismus könne nur durch eine Analyse der Entstehung des Überschusses, der nicht auf den technischen Beziehungen alleine beruhe, verstanden werden.

Die besondere Natur des Kapitalismus leitet sich aus der Art und Weise ab, wie der Überschuß aus der Produktion entnommen wird. In einer Sklavengesellschaft ist die Art und Weise, wie die Sklavenbesitzer sich die Früchte der Sklavenarbeit aneignen, für jedermann klar ersichtlich. Ähnlich waren die Verhältnisse in der frühen Feudalwirtschaft. Die Leibeigenen arbeiteten während eines Teils des Tages für den Grundbesitzer und der Grundbesitzer erwarb auf diese Weise direkt den Nutzen aus dem Überschuß ihrer Arbeit über den Teil, den er für die eigene Ernährung benötigte. In einem kapitalistischen Wirtschaftssystem hingegen ist die Art und Weise, in der der Überschuß extrahiert wird, hinter dem vordergründigen Phänomen von Löhnen und Preisen, die durch freie auf dem Markt getroffene Handelsvereinbarungen bestimmt werden, verborgen.

Um dieses vordergründige Phänomen zu analysieren, übernahm Marx die klassische Theorie, wonach sich die Güter im Verhältnis der Werte tauschen, die durch die für ihre Produktion benötigte Arbeitszeit bestimmt werden. Er interpretierte dies so, daß Arbeit allein in der Lage sei, Werte zu produzieren. Hieraus leitete er die Schlußfolgerung ab, daß, da sich alle Waren im Verhält-

Die klassische politische Ökonomie **1** 2 § 5 (a)

nis ihrer Arbeitswerte tauschen, die Ware Arbeit (die Marx »Arbeitskraft« nannte) ebenfalls zu ihrem Arbeitswert gehandelt werden muß. Der Arbeitswert der Arbeitskraft ist die Arbeitszeit, die benötigt wird, um die Güter, die zur Sicherung des Lebensunterhalts der Arbeiter erforderlich sind, herzustellen. Arbeit hat nun die einzigartige Fähigkeit, mehr als ihren eigenen Wert zu produzieren. Die Arbeiter werden von den Kapitalisten ausgebeutet, da die Kapitalisten sich einen Teil des von dem Faktor Arbeit produzierten Wertes aneignen. Hier liegt der Ursprung des Profits.

Die Behauptung, daß nur Arbeit Werte schafft, besagt jedoch nicht, daß ein Mensch alles mit seinen bloßen Händen produzieren kann. Marx betonte, daß Ausrüstung und Materialien (die er »konstantes Kapital« nannte) stets vor Beginn der Produktion vorhanden sein müssen, und daß darüber hinaus ein Subsistenzmittelfonds (genannt »variables Kapital«) benötigt wird, um die Arbeiter zu versorgen, bis das Produkt fertiggestellt worden ist. Anders als Adam Smith, den der Unterschied zwischen Netto- und Brutto-Output verwirrte, führte Marx aus, daß Arbeit den Wert des Materials und des Verschleißes im Produktionsprozeß reproduziert. Der Netto-Output entspricht dann dem Wert, der durch die Arbeit dem konstanten Kapital hinzugefügt wird.

Diese Darstellung beinhaltet auch nicht, daß der Arbeiter ein Anrecht auf den gesamten, von ihm produzierten Wert hat. Diese Ansicht vertraten die naiven utopischen Sozialisten, die Marx jedoch verachtete. Wenn die Löhne die gesamte Nettoproduktion absorbieren würden, dann könnte keine Akkumulation stattfinden.

Die Feststellung, nur Arbeit produziere Wert, ist metaphysisch. Ihr einzig logischer Gehalt ist eine Definition: Arbeit produziert einen Wert, und der Wert ist das, was die Arbeit produziert. Aber diese Metaphysik erweist sich als mächtig und hat mehrfach die Welt erschüttert.

Die Ausbeutungsrate, die die Basis des Marx'schen Analysesystems bildet, gehört hingegen nicht in den Bereich der Metaphysik. Sie ist das Verhältnis von Nettoprofit zu Löhnen in der gesamten Volkswirtschaft. Obgleich hier einige Probleme der Messung auftauchen (siehe Anhang), handelt es sich hierbei um eine Tatsache und nicht um eine Definition.

Marx drückte die Ausbeutungsrate als das Verhältnis der von den Arbeitern erbrachten Mehrarbeit zu der in ihren Löhnen verkörperten Arbeit aus. Der Arbeiter verbringt einen Teil des Arbeitstages damit, für sich selbst zu produzieren – indem er Produkte herstellt, die als Löhne konsumiert werden – und arbeitet während der restlichen Zeit für den Kapitalisten. In einer modernen industriellen Wirtschaft sind die einzelnen Produktionszweige natürlich miteinander verflochten. Diese Verbindungen können nur in einem umfassenden Input-Output-Schema dargestellt werden. Keiner produziert etwas ganz allein. Die Teilung des Arbeitstages ist eine Möglichkeit, die Aufteilung des gesamten Netto-Outputs der Industrie auf Löhne und Gewinne darzustellen.

Diese Art, die Dinge darzustellen, entsprach dem Ausbeutungskonzept. Der Kapitalist sah sich gezwungen, einen wöchentlichen Lohn zu zahlen, der es dem Arbeiter mehr oder weniger ermöglichte, seine Familie zu ernähren; aber dafür würde er so viel Arbeit aus ihnen herauspressen, wie er nur könnte, indem er die höchstmögliche Arbeitszeit forderte. Der Kampf der Arbeiterorganisationen, die Arbeitszeit zu begrenzen, war ein Kampf, die Ausbeutungsrate zu senken.

Unter den neuzeitlichen Bedingungen der industriellen kapitalistischen Welt kann der »Wert der Arbeitskraft« nicht mehr mit einem Subsistenzlohn gleichgesetzt werden. Jedoch das Konzept der Ausbeutungsrate, als dem Verhältnis von Kapitalisten zu Arbeitern im Produktionsprozeß ist auch heute noch relevant. Es führt zu Überlegungen über Probleme, wie die Arbeitsbedingungen, die Entfremdung des Arbeiters von dem Gegenstand seiner Arbeit, das Wesen des technischen Fortschrittes und seine Auswirkungen auf Beschäftigung und Produktion. Darüber hinaus zeigt es, daß der Warenaustausch ein soziales Phänomen ist, das nicht nur durch technische Beziehungssysteme erklärt werden kann. All diese Dinge sind jedoch unabhängig von einer Theorie der Preise entsprechenden Arbeitswerten.

(b) Wert und Preise

Marx übernahm von Ricardo das Konzept, die Arbeitszeit als Wertmaßstab anzusehen. Er akzeptierte jedoch auch die Ansicht, der Wettbewerb zwischen den Kapitalisten führe dazu, daß sich eine einheitliche Profitrate für die gesamte Volkswirtschaft etabliert. Wie kann dann die These, daß nur die Arbeit Werte schafft, auf die Bestimmung der Preise – ausgedrückt in Geldeinheiten – angewandt werden?

Die Arbeitswertlehre operiert als eine Theorie der relativen Güterpreise auf zwei Ebenen. Auf der einen Ebene ist sie mit einem Arbeitswert im metaphysischen Sinne verbunden. Viele Marxisten behaupten noch bis auf den heutigen Tag, daß es unmöglich sei, das Ausbeutungskonzept zu benutzen oder die Ursache einer Revolution zu unterstützen, ohne daran zu glauben, daß die Güterpreise in *einem gewissen Sinne* von ihren Arbeitswerten bestimmt werden.

Auf der anderen Ebene handelt es sich lediglich um ein Analyseinstrument. Wenn sich die Warenpreise proportional zu ihren Werten verhalten, dann würde der Anteil der Profite und Löhne an dem Geldwert des Netto-Outputs in jedem Produktionszweig der gleiche sein – das Verhältnis von Nettoprofit zu gezahlten Löhnen würde für alle Güter gleich sein. Die Kapitalprofitrate könnte nur dann gleich sein, wenn die angewandten Techniken so geartet wären, daß das Verhältnis des Geldwerts des Kapitals zur eingesetzten Arbeit in allen Industriezweigen gleich wäre. Im allgemeinen nahm Marx daher an, daß die Profitrate einheitlich sei und daß die Preise einzelner Waren mehr oder weniger in Relation zu ihren Arbeitswerten stünden, je nachdem, ob das Verhältnis von Kapital zu Arbeit höher oder niedriger als der Durchschnitt der gesamten Industrie sei. Dieses Preissystem nannte Marx die *Produktionspreise*. Die Ausbeutungsrate determiniert die Gesamthöhe des Profits und die Produktionspreise verteilen den Gesamtprofit derart, daß die Profitrate des Kapitals ausgeglichen wird. Die Güterpreise sind somit nicht exakt proportional zu den Arbeitswerten, sondern sie stehen mit ihnen in einem systematischen Zusammenhang.

Es ist jedoch – wie wir noch sehen werden [siehe: **2** 6 § 3 (d)] – nicht so einfach im Einzelfall die exakte Relation herauszufinden, in der die dem Arbeitswert proportionalen Preise mit den Produktionspreisen verbunden sind. Marx formulierte manchmal numerische Beispiele mit Arbeitswerten, wo Produktionspreise weitaus geeigneter gewesen wären.

Das sogenannte Problem der »Transformation von Werten in Preise« hatte eine große Verwirrung hervorgerufen; sobald es jedoch einmal von seinen metaphysischen Assoziationen befreit ist, erweist es sich als ein bloßes analytisches Puzzle, das wie alle Puzzles aufhört interesant zu ein, wenn es einmal gelöst worden ist.

(c) Die kapitalistische Epoche

Die Art und Weise, wie der Überschuß entnommen wurde, begründete das Wesensmerkmal des kapitalistischen Systems. Im Kapitalismus besitzen diejenigen, die die Produktionsmittel kontrollieren, keine spezifischen Ressourcen, wie etwa die feudalistischen Grundbesitzer Land besaßen. Sie kontrollieren vielmehr die Vorgänge in der Industrie mit Hilfe ihrer finanziellen Macht. Die Macht des Kapitalisten leitet sich aus seinem finanziellen Reichtum ab. Geld ist nicht mehr nur ein Mittel zur Erleichterung des Warenaustausches. Die Akkumulation von finanziellem Reichtum wird zu einem Selbstzweck. Die Produktion und der Verkauf von Waren ist lediglich ein Mittel für die Akkumulation. Darüber hinaus ist die Natur des Wettbewerbs im Kapitalismus so geartet, daß jeder Kapitalist ständig seine Finanzkraft erhöhen muß, wenn er nicht von seinen Konkurrenten überholt und eventuell ausgeschaltet werden will. Daher besteht das einzige Ziel des Systems in der Akkumulation, und dies ist seine Antriebskraft.

In seinem »Schema der erweiterten Reproduktion« schuf Marx die Grundlage dessen, was heute die Entwicklungstheorie genannt wird, ausgedrückt als Relation von Investition zu Komsumtion in einem Prozeß der Kapitalakkumulation. Er betrachtete den Einfluß des technischen Fortschritts sowohl auf die Produktion als auch auf den Lohnanteil an der Verteilung des Produkts. Er erörterte das Problem der effektiven Nachfrage anhand der Notwendigkeit der Kapitalisten, die in der Produktion erzielten Profite durch Verkäufe zu realisieren; er verband diese Konzeption mit einer Analyse der periodischen Konjunkturkrisen. Seine Analyse war durch umfangreiche historische Nachforschungen untermauert, die in eine Diagnose der inhärenten Widersprüche des kapitalistischen Systems, die zu seiner Selbstzerstörung führen werden, einmündeten. Schließlich prophezeite Marx, daß die Expropriateure expropriiert, die Arbeiter alles das, was akkumuliert wurde, übernehmen werden und beginnen, das System zu ihrem eigenen Nutzen zu betreiben.

In der Zwischenzeit wurde die Nationalökonomie zu einem akademischen Beruf. Beschwichtigendere Lehrmeinungen wurden verlangt. Marx wurde von den orthodoxen Lehrmeinungen total abgelehnt und mit ihm das gesamte klassische System, aus dem er solch unbequeme Schlußfolgerungen gezogen hatte.

Anhang: Das Marx'sche Begriffsystem

Der Produktionsstrom – sagen wir – eines Jahres in einer industriellen Volkswirtschaft kann als eine Menge betrachtet werden, bestehend aus spezifischen Gütern, als eine Summe von Werten, ausgedrückt in Geldeinheiten, oder als eine Summe von Werten, ausgedrückt als Arbeitszeit, d. h. als eine Anzahl von menschlichen Arbeitsstunden. (Marx mißt den Wert in Mengen *abstrakter* Arbeit. Eine Stunde Facharbeit produziert mehr *Wert* als eine Stunde gewöhnliche Arbeit. Dies ist eine Komplikation, die wir vermeiden können, indem wir den Beweis mit Hilfe eines Modells, in dem alle Arbeiter gleich sind, führen.)

Die Güter werden in die folgenden Kategorien unterteilt: Produktionsmittel, Konsum der Arbeiter und Konsum der Kapitalisten – I + II + III. Geldwerte setzen sich zusammen aus der Amortisation, entsprechend dem aufgebrauchten

Die klassische politische Ökonomie **1** 2 Anhang 63

Kapitalstock und dem Verschleiß der Anlagen, aus den Geldlöhnen und dem gesamten Nettoprofit – A + W + P.

Marx beschreibt den Produktionsstrom in Arbeitszeiteinheiten als c + v + s. Das »konstante Kapital« c repräsentiert jenen Teil des bereits vorhandenen Bestandes an Produktionsmitteln, der im Laufe des Jahres aufgebracht wird (der Arbeitswert A entspricht der Amortisation); das »variable Kapital« v stellt die Löhne dar und der Überschuß s die Profite. Da der Arbeitswert des »konstanten Kapitals« dem Wertstrom, der durch die Arbeit in einem Jahr erzeugt wird, hinzuaddiert und dann vom Bruttoeinkommen subtrahiert wird, folgt, daß das Nettoeinkommen ausgedrückt in Arbeitszeit, v + s, gleich der Anzahl der während des Jahres geleisteten Arbeitsstunden ist.

Um das Nettoeinkommen, v + s oder W + P, in physischen Einheiten darzustellen, müssen wir den Jahres-Output an Produktionsmitteln in zwei Teile teilen, I a, den Ersatz, der erforderlich ist, um den anfänglichen Bestand zu erhalten und I b, die physische Nettoinvestition. Die Arbeiter konsumieren die gesamten Güter der Kategorie II; die Profite, ausgedrückt in physischen Einheiten, setzen sich zusammen aus I b und III – der Nettoinvestition und der Konsumtion der Kapitalisten.

Die Frage, die wir zu prüfen haben, ist die Bedeutung der Ausbeutungsrate, die die Hauptrolle in der Marx'schen Analyse spielt. Ausgedrückt in Arbeitswerten beträgt sie s/v. In welcher Verbindung steht sie zu P/W? Wir müssen zunächst die Bedeutung der Löhne betrachten. In einigen Zusammenhängen stellen die Löhne das dar, was die Arbeiter bekommen, die Güter der Kategorie II; in anderen Zusammenhängen sind sie das, was die Kapitalisten zahlen. Aus der Sicht des Arbeiters hängt der Reallohn von der Kaufkraft seines Geldlohns in bezug auf die Güter, die er kauft, ab. Vom Standpunkt des Kapitalisten entsprechen die realen Lohnkosten den Geldlöhnen, dividiert durch die Preise der Güter, die er verkauft.

Daher gibt es zwei Ursachen für die Diskrepanz zwischen s/v und P/W. Offensichtlich stellt v die in Arbeitswerten gemessene Menge dessen dar, was die Arbeiter bekommen, und W das, was die Kapitalisten als Geldsumme zahlen.

Wenn das Verhältnis von Nettoprofit zu Löhnen (zu den herrschenden Preisen) im Durchschnitt in allen drei Güterkategorien gleich ist, sind die Geldwerte proportional den Arbeitswerten, und das, was die Kapitalisten insgesamt zahlen, ist gleich dem, was die Arbeiter erhalten, so daß Diskrepanzen nicht auftreten: s/v und P/W sind gleich.

Marx rechnete gewöhnlich in Arbeitswerteinheiten, selbst wenn es für seine eigene Beweisführung ungeeignet war. In jedem Fall waren solche Kleinigkeiten unbedeutend im Rahmen seines großartigen Entwurfs. Heutzutage jedoch, wenn das Marx'sche Instrumentarium für die Diskussion moderner Probleme benutzt wird, müssen wir sie beachten.

Die Relationen sind rein deskriptiv. Kausalbeziehungen müssen sich auf die Funktionsweise der Wirtschaft beziehen. Zuerst sei der Fall angenommen, in dem die Wirtschaft so funktioniert, daß die Reallöhne pro Arbeitsstunde eine bestimmte Menge der Güter der Kategorie II darstellen. Dann entspricht v dem Arbeitswert dieser Güter, und s stellt die Kaufkraft der Profite in bezug auf die Arbeitszeit dar; d. h. Geldprofite dividiert durch den Geldlohnsatz, was dem Geldpreis der Güter entspricht, die den Reallohn darstellen.

In Geldeinheiten ausgedrückt entspricht W den Lohngütern[35], bewertet zu herrschenden Preisen, und P den Gütern, die Kapitalisten genießen – die Kategorien I b und III –,bewertet zu ihnen angemessenen Preisen. Wenn die Preise nicht proportional den Arbeitswerten sind, müssen P und W durch zwei verschiedene Preisindizes deflationiert werden. P/W ist dann ein ziemlich unhandliches Konzept, aber s/v hat noch eine eindeutige Bedeutung.

Aber wenn der Reallohn nicht eine spezifische Gütermenge ist, dann ist P/W die operationale Relation; der Arbeitswert der vornehmlich von Arbeitern gekauften Güter hat keine klare kausale Bedeutung. Wenn darüber hinaus der Reallohn wesentlich höher ist als ein zugrundegelegtes normales Güterbündel, könnte es eine große Überschneidung zwischen den Kategorien II und III geben. In solch einem Fall scheint es natürlich zu sein, P/W mit der Ausbeutungsrate zu identifizieren. Gleichzeitig ist es notwendig, den Unterschied zwischen W, deflationiert durch die Preise, im allgemeinen einschließlich jener der Kategorie I – den realen Lohnkosten der Kapitalisten – und W, deflationiert durch die Preise, der Kategorie II – die realen Löhne, die die Arbeiter erhalten – zu berücksichtigen. Es ist wichtiger, das Funktionieren der Wirtschaft zu untersuchen als über die verschiedenen Möglichkeiten zur Bezeichnung derselben Beziehungen zu diskutieren.

Es gibt noch eine andere Schwierigkeit im Marx'schen Begriffssystem, die sich selbst dann ergibt, wenn die Preise proportional in Arbeitswerten sind. Er bezeichnet $\frac{s}{c+v}$ als die Kapitalprofitrate. Dies ist nicht korrekt, mit Ausnahme in einem so einfachen Fall wie Ricardos Getreidewirtschaft [siehe: 1 2 § 3 (a)]. Im allgemeinen stellt c nicht den Bestand an »konstantem Kapital« dar, sondern die verbrauchten Materialien und den Verschleiß der Anlagen innerhalb eines Jahres. Wir sollten mit C den Bestand und mit c die jährlichen Ströme bezeichnen. Ähnlich ist v – die Lohnkosten – nicht dasselbe wie V – das in den Lohnfonds eingegangene Kapital. Marx folgte Ricardo, indem er eine Um-

Die klassische politische Ökonomie   **1** 2 Anhang

schlagsperiode von einem Jahr annahm, so daß die Höhe des Lohnfonds, der benötigt wird, um einen Arbeiter ein Jahr lang zu beschäftigen, den Lohnkosten für die Jahresleistung eines Arbeiters entspricht. Aber sogar dann ist es nicht dasselbe. Der Lohnfonds ist eine Menge geerntetes Getreide in der Scheune, und die Lohnkosten sind ein jährlicher Zahlungsstrom.

Angenommen der Bestand an Produktionsmitteln sei das 10fache der in der jährlichen Produktion verbrauchten Menge und die Umschlagsperiode für das eingesetzte Kapital betrage sechs Monate. Dann gilt:

$$C = 10c \quad \text{and} \quad V = \tfrac{1}{2}v$$

Die Ausbeutungsrate ist s/v und die Kapitalprofitrate $\dfrac{s}{C+V}$. Was ist dann die »organische Zusammensetzung des Kapitals«, die Marx mit c/v bezeichnet? Die Bedeutung dieses Konzepts ist, grob gesagt, das Verhältnis des eingesetzten Kapitals – gemessen in Arbeitszeit als »vergegenständlichte Arbeit« (»labour embodied«) – d. h. die Summe der gesamten Arbeit, die in der Vergangenheit eingesetzt wurde, um das Kapital zu produzieren, zu der gegenwärtig eingesetzten Arbeitszeit. Das, was der Marx'schen Vorstellung über die Bedeutung dieses Begriffs am nächsten kommt, wäre etwa $\dfrac{C+V}{v}$

In dieser Fassung liefert der Marx'sche Apparat ein unschätzbares Instrument zur Analyse der kapitalistischen Produktion, Verteilung und Akkumulation sowie die Grundlage für eine wirksame Kritik der neoklassischen Theorie. Ohne diese Neufassung ist er jedoch die Ursache zahlreicher Mißverständnisse.

Kapitel 3   Die neoklassische Ära

Im Jahre 1871 veröffentlichte W. S. Jevons (1835–82) in England sein Werk *Theory of Political Economy* und in Österreich Carl Menger (1840 bis 1921) seine *Grundsätze der Volkswirtschaftslehre*. Drei Jahre später erscheinen in Lausanne die *Eléments d'Economie Politique Pure* von Léon Walras (1834 bis 1910). Zur selben Zeit legte Alfred Marshall (1842–1924) ähnliche Ideen wie Jevons vor, die er unabhängig entwickelt hatte, obwohl der erste Band seiner großen Abhandlung die *Principles of Economics* nicht vor 1890 erschien.

Zahlreiche spätere Beiträge, die die Volkswirtschaftslehre weiterentwickelten, wurden zwischen 1870 und 1914 veröffentlicht. Sie können nicht alle erwähnt werden. Knut Wicksell (1851–1926) wurde von der österreichischen Schule beeinflußt. Das walrasianische System wurde von Vilfredo Pareto (1848 bis 1923), dem Nachfolger auf Walras Volkswirtschaftslehrstuhl in Lausanne, weiter ausgebaut, der ebenso bedeutende Beiträge zur statistischen Theorie lieferte. Von dem Amerikaner Irving Fisher (1867–1947) wurden Ideen sowohl von Marshall als auch von Walras verarbeitet.

Bis zur großen Wirtschaftskrise in den dreißiger Jahren bzw. bis zum Ausbruch des Krieges 1939 wurde die Volkswirtschaftslehre in der englischsprachigen Welt von Alfred Marshall beherrscht, jedoch basierte das Wiederaufleben der Orthodoxie in der Mitte des 20. Jahrhunderts hauptsächlich auf Konzeptionen, die von Walras stammten.

1. Der Sieg der neuen Schule

Es gab viele Verschiedenheiten zwischen den Autoren, die in den siebziger Jahren des 19. Jahrhunderts in den Vordergrund traten, aber sie hatten alle gewisse grundlegende Charakteristaka gemeinsam. Innerhalb weniger Jahre hatte das, was als neoklassische Wirtschaftslehre bekannt wurde, das klassische Konzept der Akkumulation mit einer Analyse des Gleichgewichts von Angebot und Nachfrage in einem stationären Zustand ersetzt.

Die grundlegenden Gedanken der neuen Schule waren in der Tat 1870 schon bekannt. August Cournot (1801–71) hatte in seinen *Recherches sur les Prin-*

Die neoklassische Ära **1** 3 § 1 67

ciples Mathématiques de la Théorie des Richesses (1838) eine Theorie des Marktverhaltens entwickelt, die der Analyse der nachfolgenden Autoren weit überlegen war. Heinrich Gossen (1810–58) hatte bereits 1854 alle Regeln der individuellen Nutzenmaximierung abgeleitet, die die Grundlage der neoklassischen Analyse bildeten. Jedoch haben diese Ideen keine zentrale Stellung im
ökonomischen Denken erobern können.

Das plötzliche Anwachsen der Popularität von Neufassungen ähnlicher
Ideen, die gleichzeitig in den verschiedenen Teilen Europas gemacht wurden
und die bemerkenswerte akademische Dominanz, die sie erreichten, lassen sich
anhand von zwei Faktoren erklären. Erstens, der Fehlschlag der klassischen
politischen Ökonomie, Lösungen für eine Reihe rein theoretischer Probleme
anzubieten und zweitens, die Veränderung im politischen und ideologischen
Klima, welche die klassischen Ideen eher gefährlich als unzutreffend erscheinen
ließ.

Die klassischen Ökonomen waren nicht in der Lage gewesen, eine allgemeine
Aussage hinsichtlich der Verteilungs- und Preistheorie zu treffen; sie mußten
auf eine unvollständige Werttheorie mit all ihren einschränkenden und verwir-
renden Implikationen zurückgreifen, die sie von dem Gedanken der »vergegen-
ständlichten Arbeit« ableiteten, und zerstörten damit die überzeugende Einfachheit des Ricardianischen Modells.

Ferner hatten sie das alte Puzzle der Beziehung von Gebrauchswert zu
Tauschwert ungelöst gelassen. Adam Smith verwies auf den Unterschied von
Gebrauchs- und Tauschwert durch das Paradoxon vom Wasser und den Diamanten hin. Wasser ist ohne Zweifel sehr nützlich, jedoch ist sein Tauschwert
äußerst gering. Auf der anderen Seite sind Diamanten zum Leben nicht notwendig, aber ihr Tauschwert sehr hoch. Güter müssen selbstverständlich nützlich sein, falls sie überhaupt getauscht werden sollen, jedoch bestimmt die Nützlichkeit offensichtlich nicht ihren Tauschwert. Adam Smith vermutete sogar,
daß der Gebrauchs- und Tauschwert in einer inversen Beziehung zueinander
stünden.

Es war jedoch nicht so sehr eine Schwäche der reinen Theorie als eine Veränderung im politischen Klima, welche die Herrschaft der Klassik beendete.
Klassische Lehrmeinungen, sogar in ihrer liberalsten Form, heben die wirtschaftliche Rolle der sozialen Klassen und der Interessenkonflikte zwischen ihnen
hervor. Der Brennpunkt des sozialen Konflikts verlagerte sich im späten
19. Jahrhundert vom Antagonismus der Kapitalisten und Grundbesitzer zum
Widerspruch zwischen Arbeitern und Kapitalisten. Furcht und Schrecken, die
durch das Werk von Marx entstanden, wurden durch die Einwirkungen der
Pariser Kommune von 1870 in ganz Europa verstärkt. Lehrmeinungen, die

einen Konflikt anregten, waren nunmehr unerwünscht. Theorien, die die Aufmerksamkeit vom Antagonismus der sozialen Klassen ablenkten, waren hoch willkommen.

2. Grundlegende Ideen

In der neuen Wirtschaftslehre konnte die Existenz der sozialen Klassen nicht gänzlich ignoriert werden, aber die Hauptaufmerksamkeit wurde auf die Stellung des Individuums gerichtet und die Beurteilungsmaßstäbe aus individualistischen Gesichtspunkten gewonnen. Die Arbeitswerttheorie und das Konzept der Ausbeutung entstanden aus der Betrachtung der Produktionsbedingungen. Die Neoklassiker richteten die Aufmerksamkeit auf den Tausch und begründeten eine Theorie der relativen Güterpreise auf der Grundlage des *Nutzenkonzepts*. Der Klassenursprung des Einkommens wurde nunmehr in den Hintergrund gerückt, und die Analyse wurde aus der Sicht der Individuen, die auf dem Markt zusammentreffen, durchgeführt.

(a) Nutzen

Da Nutzen ein metaphysischer Begriff ist, muß er mit sich selbst definiert werden. Nutzen ist das Merkmal von Gütern, das bewirkt, daß Individuen diese kaufen wollen, und Individuen kaufen Güter, weil ihnen deren Konsum Nutzen spendet.

Ein Individuum gibt sein Einkommen auf dem Markt aus und teilt diese so auf, daß der Nutzen maximiert wird. Offensichtlich gibt ein Konsument nicht sein ganzes Einkommen für eine Güterart aus. Falls er sich rational verhält, kauft er von jedem Gut soviel, daß ihm eine Umschichtung seiner Ausgaben von einem Gut zu einem anderen keinen zusätzlichen Nutzen spendet, d. h. er maximiert seinen Gesamtnutzen durch Ausgleich des Grenznutzens (der Nutzenzuwachs, der von einem geringen Anwachsen der gekauften Gütermenge erwartet wird), eines Dollars, der für jede Güterart und des erwarteten Nutzens, falls er den Dollar spart. (Diese Beweisführung ist eindeutig, denn ein Individuum, welches nicht so handelt, verhält sich nicht rational.)

Diese Aussage erklärt die alltägliche Beobachtung, daß eine plötzliche Angebotsausweitung eines Gutes – z. B. Tomaten – im allgemeinen zu einer Preissenkung führt; zugleich erklärt es das alte Rätsel vom Wasser und den Dia-

Die neoklassische Ära **1** 3 § 2 (a)

manten. Der Preis eines Gutes wird durch seinen Grenznutzen bestimmt, nicht durch seine Nützlichkeit. Überall dort, wo Wasser in reichem Maße vorhanden ist, ist sein Grenznutzen gering; der Grenznutzen von Diamanten ist dagegen wegen ihrer Seltenheit hoch.

Diese Vorstellung führt zu einer sonderbaren Schlußfolgerung. Da der Grenznutzen eines jeden Gutes in dem Maße fällt, wie es gekauft wird, muß auch der Grenznutzen des Gesamteinkommens sinken, wenn ein Individuum mehr ausgeben kann. Daraus folgt, wie Marshall es ausdrückt:

»Falls jemand arm ist, benötigt er einen stärkeren Anreiz, um für irgend etwas einen bestimmten Preis zu zahlen, als wenn er reich ist. Ein Shilling ist für einen reichen Menschen ein Maßstab für geringere Freude oder Befriedigung irgendeiner Art als für einen armen.«[36]

Die Moral dessen scheint zugunsten des »Egalitarismus« zu sprechen. Wicksell erklärte, daß die reine politische Ökonomie ein »gänzlich revolutionäres Programm«[37] beinhaltet. Jedoch die Neoklassiker konnten sich nicht entschließen, eine Revolution zu befürworten. Ein Ausweg aus dieser Schwierigkeit wurde von F. Y. Edgeworth (1845–1926) vorgeschlagen:

Die Fähigkeit sich zu freuen, ist eine Tugend der Bildung, eine wesentliche Eigenschaft der Zivilisation. Die Anmut des Lebens, der Zauber der Höflichkeit und Tapferkeit kennzeichnen schließlich den Stand; dem vornehmen Stand kamen nicht grundlos die Geldmittel zu, die ihn in die Lage versetzten, sie zu genießen und zu vererben. Den unteren Klassen waren die Arbeiten zugeteilt, für die sie am fähigsten erschienen; die Arbeit der höheren Klassen war artverschieden und nicht ernsthaft gleichzusetzen ... Ähnlich ist die Aristokratie der Geschlechter auf der vermeintlich höheren Fähigkeit des Mannes zur Glückseligkeit gegründet[38].

Eine gründlichere Antwort auf die egalitäre Moral des Nutzenkonzepts wurde später von Pareto gegeben. Er bestritt, daß die Nutzen verschiedener Individuen addiert werden könnten, so daß die Aussage, ein reicher Mann erhielte weniger Nutzen, wenn er eine Geldeinheit ausgäbe, als einer armer, sinnlos sei. Da es keinen wissenschaftlichen Nachweis dafür gäbe, daß es den Gesamtnutzen erhöhte, falls man eine Geldeinheit eines reichen Mannes einem armen gäbe, könnte man sie genau so gut dem reichen Manne belassen. Pareto vertrat die Ansicht, daß »reine Wissenschaft« keine Aussagen über Moralvorstellungen machen könnte, allerdings wandte er nichts dagegen ein, sie für die Verteidigung des Status quo zu benutzen.

(b) Gleichgewicht

Das zentrale Anliegen der klassischen politischen Ökonomie war die Akkumulation; die Neoklassiker setzten an ihre Stelle das Gleichgewicht in einen stationären Zustand.

Für Walras existiert eine bestimmte Anzahl Handelsgüter und – in jedem Augenblick – eine bestimmte Menge von spezifizierten Produktionsmitteln. Jedes Individuum hat eine Ausstattung mit Arbeitsfähigkeit oder mit Maschinen oder mit einem Vorrat von Rohstoffen oder mit einem Stück kultivierbaren Landes. Die Produktionsmethoden für jedes Gut sind bekannt. Alle treffen sich auf dem Markt und durch feilschen werden die Ausbringungsmenge und die Preise aller Güter bestimmt. Dadurch wird eine Position erreicht, in der sich niemand durch Änderung des Güterbündels, das er kauft, oder Änderung des Einsatzes in Arbeit oder der Produktionsfaktoren besser stellen kann.

Walras selbst war sich darüber im Klaren, daß der Weg, die Gleichgewichtsposition durch »trial and error« zu erreichen, nicht gangbar ist, aber er stellte sich vor, daß Käufer und Verkäufer so vorgehen könnten, daß sie durch öffentliche Bekanntmachung von Nachfrage und Angebot das Gleichgewicht von Produktionsmengen und Preisen finden könnten, bevor die Produktion und der Handel stattfände.

Seine modernen Nachfolger scheinen die Behauptung, daß dies möglich sei, aufgegeben zu haben und begnügen sich damit, die notwendigen Bedingungen zu finden, um sicherzustellen, daß wenigstens eine Gleichgewichtslage existiert[39].

Marshall benutzte Nachfrage und Angebot in einer weitaus robusteren Art und Weise. Er behauptete, daß auf jedem Markt, zu jedem Zeitpunkt die von einem bestimmten Gut gekaufte Menge im allgemeinen bei einem niedrigeren Preis (wegen des abnehmenden Grenznutzens) größer und die angebotene Menge geringer sei, so daß sich irgendein Gleichgewichtspreis einstellt, bei dem die angebotene Menge gleich der gekauften ist [siehe: 2 5 § 6 (a)]. Die Anhänger von Walras wendeten sich gegen die isolierte Betrachtung von Gütern mit der Begründung, daß die Nachfrage nach einem Gut von der Verfügbarkeit und dem Preis aller anderen abhängen muß. Marshall jedoch benutzte diese Methode, um bestimmte Beziehungen zwischen den Gütergruppen oder der Arbeiterschaft nachzuweisen, wie z. B. *verbundenes Angebot* und *abgeleitete Nachfrage,* gewissermaßen in Berufung auf den gesunden Menschenverstand. Z. B. ein Ansteigen der Nachfrage nach Weizen wird mit einer Angebotszunahme an Stroh verbunden sein, oder ein scharfes Ansteigen der Mau-

Die neoklassische Ära   **1** 3 § 2 (d)   71

rerlöhne kann für die Bauarbeiter Arbeitslosigkeit bedeuten. Die Walrasianer können nur sagen, daß alles von allem anderen abhängt, so daß dem gesunden Menschenverstand kein Spielraum mehr bleibt.

(c) Produktionsfaktoren

Im System von Walras sind die *Produktionsfaktoren* konkrete Dinge, die zu einem bestimmten Zeitpunkt existieren. Sie bestehen aus einem Verzeichnis von Arbeitern mit bestimmten Fertigkeiten oder Ausbildungsgrad; Maschinen mit bestimmter Leistungsfähigkeit; Boden mit speziellen Eigenschaften usw. Walras scheint absichtlich über die Unterscheidung von Arbeitseinkommen und Einkommen aus Vermögen hinweggegangen zu sein. Alle Faktoren auf dem Markt sind frei und gleich. Jeder Faktor wird für seine Dienste mit einem »Mietpreis« entlohnt – Löhne für Arbeiter und Rendite für Maschinen. Obwohl die physischen Faktoren alle gänzlich spezifisch sind, muß von ihnen Vielseitigkeit verlangt werden, denn die technischen Möglichkeiten erlauben die Benutzung einer Vielzahl von Kombinationen, um irgendein Gut zu produzieren. Der wesentliche Punkt ist, daß *Substitution* zwischen den Produktionsfaktoren auf der Angebotsseite genau so vorhanden ist wie Substitution durch die Verbraucher zwischen den Gütern auf der Nachfrageseite.

Marshall analysierte besonders spezialisierte Faktoren in bestimmten Zusammenhängen, aber er machte sich ebenso – abgeleitet von Ricardo – die allgemeinen Kategorien wie Löhne, Renten, Zinsen und Gewinne zunutze. Dabei kam er mit dem Konzept des Kapitalangebots in Schwierigkeiten, ein Phänomen, das er »Warten« nannte.

(d) »Der Lohn für das Warten«

Marshall setzte sich die Aufgabe, die klassische Produktionskostentheorie in Übereinstimmung mit dem Nutzenkonzept zu bringen, so daß er sagen konnte, daß die Preise sowohl von dem Angebot als auch von der Nachfrage bestimmt werden, genauso wie ein Stück Papier von beiden Schneiden einer Schere geschnitten wird. Damit versetzte er dem klassischen Konzept des Überschusses einen heftigen Stoß. Die *realen* Produktionskosten bestehen aus menschlichen Leistungen und Opfern; der einzige Überschuß besteht in den Renten, die von den »freien Geschenken der Natur« herrühren.

Löhne sind der notwendige Lohn für die Leistungen der Arbeiter, um das Arbeitsleid zu überwinden; Zinsen sind der »Lohn« für die erduldeten Opfer des Wartens. Aber was bedeutet »Warten«?

»Es ist für unsere unmittelbare Absicht ohne Belang, ob die Möglichkeit sich zu vergnügen, auf die eine Person wartet, von ihr direkt durch Arbeit, welche die ursprüngliche Quelle nahezu jeden Vergnügens ist, verdient wurde, oder von ihr von anderen erworben wurde, durch Tauschgeschäfte oder Erbschaft, durch gesetzlichen Handel oder skrupellose Formen der Spekulation; durch Fälschung oder Betrug: Die einzigen Punkte, mit denen wir uns gerade jetzt befassen, sind, daß das Anwachsen des Reichtums im allgemeinen ein bewußtes Warten auf das Vergnügen beinhaltet, über das eine Person berechtigt oder unberechtigt in der augenblicklichen Gegenwart zu verfügen die Macht hat und seine Bereitschaft darauf zu warten von seiner Gewohnheit abhängt, sich die Zukunft lebendig vorzustellen und zu sichern.«[40]

So verbindet sich das »Warten« in der Vorstellung des Lesers mit der Tugend der Sparsamkeit und der Klugheit des Hausherrn, der einen Teil seines Einkommens spart, um die Zukunft seiner Familie zu sichern, obschon offensichtlich der »Lohn« des Sparens der Besitz größeren Reichtums ist. Der Zins ist der »Lohn« für den Reichtum, den man schon besitzt. Ein Vorteil durch den Besitz von Reichtum ergibt sich aus der Möglichkeit, ihn gegen Zinsen zu verleihen. In der Zukunft Zinsen zu bekommen, mag eines der Sparmotive sein, aber in der Gegenwart erhält der Besitzer von Reichtum Zinsen aus dem Gesamtbetrag, den er besitzt, vorausgesetzt, daß er sich entschließt, ihn zu verleihen. Warten bedeutet Reichtum besitzen, und das »Opfer« ist der Verzicht auf den Konsum.

So versuchte Marshall Ricardo vom Makel der Verbindung mit den Ideen, die Marx von ihm abgeleitet hatte, zu befreien, indem er zeigte, daß nicht nur Arbeit, sondern auch »Warten« Werte schafft.

Wie wir gesehen haben, waren die Merkantilisten die Vorkämpfer des Überseehandels, und die Physiokraten unterstützten die Interessen der Landbesitzer; Adam Smith und Ricardo setzten ihr Vertrauen in die Kapitalisten, die Profite machen, um sie zu reinvestieren und die Produktion zu erweitern. Marx kehrte ihr Argument um, um die Arbeiter zu verteidigen. Dagegen stellte sich Marshall als der Vorkämpfer des Rentiers vor – dem Besitzer von Reichtum, der den Geschäftsmann beleiht und sein Einkommen aus den Zinsen der Darlehen bezieht. Der Profit wurde in diesem Zusammenhang mit dem Zins gleichgesetzt, und der Zins wurde als der »Lohn für das Warten« gerechtfertigt.

Die neoklassische Ära 1 3 § 3 (a)   73

Aber wie wir noch sehen werden, konnte Marshall seinen Standpunkt nicht konsistent durchhalten, und seine ganze Analyse ist, obwohl im einzelnen überaus anregend, in Grundzügen verworren und mehrdeutig.

3. Preise und Verteilung

Es gibt einen wichtigen Unterschied in den Konzeptionen von Walras und Marshall. Ausgangspunkt der Ausführungen Walras ist der bereits bestehende Bestand an Produktionsmitteln; Substitutionsbeziehungen zwischen den »Faktoren«, als Auswirkung von Preisänderungen, können nur als eine Änderung der Zusammensetzung von physischen Dingen untereinander realisiert werden. In der Theorie von Marshall existiert ein Vorrat des »Wartens«, der sich je nach der Nachfrageänderung in verschiedenen Formen verkörpern kann.

(a) Knappheit

Das zentrale Thema der Walrasianischen Analyse ist das freie Spiel des Marktwettbewerbs, das, unter dem Einfluß der Konsumnachfrage, die vorhandenen »Faktoren« auf die Produktion der verschiedenen Güter aufteilt. Die Knappheit der Resourcen in bezug auf die Nachfrage ist die wesentliche Preisdeterminante.

Zur Unterstützung der allgemeinen Anwendung des Knappheitskonzeptes griff Walras die klassische Unterscheidung von seltenen und produzierbaren Gütern an.

»Es gibt keine Produkte, die unbegrenzt vermehrt werden können. Alle Dinge, die einen Bestandteil des sozialen Reichtums bilden – Boden, soziale Fähigkeiten, Kapitalgüter im eigentlichen Sinne und Einkommensgüter jeglicher Art – existieren nur in begrenzten Mengen. Von diesen Dingen sind Boden und persönliche Fähigkeiten natürlicher Reichtum, während Kapitalgüter im e. S. und Einkommensgüter künstlicher Reichtum sind, da sie durch einen produktiven Prozeß Produkte geworden sind. In der Erzeugung einiger Dinge wie Früchten, wilden Tieren, Oberflächenerze und Mineralwasser spielen die Dienste des Bodens die vorherrschende Rolle. In der Erzeugung anderer Leistungen wie rechtlicher und medizinischer Dienstleistungen, Vorlesungen von Professoren, Liedern und Tänzen herrscht die Arbeit vor. Jedoch in der Erzeugung der meisten Dinge findet man die Dienste des Bodens, der Arbeit und des Kapitals zusammen vor. Daraus folgt also, daß alle Dinge, die sozialen Reichtum begründen, aus Boden und persönlichen Fähigkeiten oder aus den Produkten der Dienste des Bodens und den persönlichen Fähigkeiten bestehen. Nun gibt Mill zu, daß Boden nur in begrenztem Maße existiert. Wenn das auch für die menschlichen Fähigkeiten zutrifft, wie können dann Güter unbegrenzt vermehrt werden?«[41]

Hier interpretiert Walras den klassischen Standpunkt falsch. Es ist nicht die Gesamtheit der Güter, die unbegrenzt produziert werden könnte, sondern jedes beliebige Gut. Die Zusammensetzung des Produktionsmittelbestandes könnte jedem Produktstrom so angepaßt werden, daß die Profitrate gleich ist. Die Tatsache der Knappheit von Produktionsmitteln, so z. B. Land, reduziert lediglich den Überschuß, der für die Verteilung als Profit zur Verfügung steht.

Das Konzept der produzierten Produktionsmittel beinhaltet jedoch eher einen in der Zeit ablaufenden Prozeß als eine statische Situation, in der die Menge jedes »Faktors« als gegeben angenommen wird. Walras versuchte die Akkumulation in sein Modell einzubeziehen. Das Marktgleichgewicht jedoch kann, während weiter gespart wird, nur durch die absurde Hypothese aufrechterhalten werden, daß jedes Individuum genaue Kenntnis nicht nur über die Zukunft seines Lebens, sondern auch über das Verhalten aller Preise für einen unbestimmten Zeitraum besitzt. Tatsächlich kann das Walrasianische System nur (wenn überhaupt) für Vergleiche von Gleichgewichtszuständen benutzt werden, wenn von der zeitlichen Dimension abgesehen wird.

Das System von Marshall hebt ebenfalls die Knappheit hervor, aber es ist die Knappheit in einem historischen Moment. Für ihn waren die Zeit und der Wechsel ständig präsent, und er war ständig bemüht, historische Abläufe mit einem Gleichgewichtskonzept in Übereinstimmung zu bringen, welches auf der mechanischen Analogie eines Gleichgewichts beruhte, das sich aus der Balance der gegensätzlichen Kräfte von Angebot und Nachfrage ergab.

(b) »Grenzproduktivität«

Die neoklassische Verteilungstheorie war aus einer Umarbeitung Ricardos Theorie der Renten abgeleitet. Das *Grenzprodukt* einer gegebenen Arbeitsmenge, die auf einem Stück Land von gleicher Qualität eingesetzt ist, ist die Produktionsmenge, die verloren ginge, falls eine Arbeitseinheit abgezogen würde. Der Wettbewerb der Landwirte um Boden und der Grundbesitzer um

Die neoklassische Ära **1** 3 § 3 (b) 75

Pächter bestimmt die Höhe der Grundrenten, die die Landwirte veranlaßt, so viel Arbeit einzusetzen, daß die Grenzproduktivität für die ganze bearbeitete Fläche gleich ist [siehe: **2** 1 § 4 (c)]. Wenn die Gesamtbeschäftigung wächst und die Bearbeitungsintensität steigt, sinkt das Grenzprodukt der Arbeit und die Renten steigen.

In Ricardos Vorstellung ist das Grenzprodukt der Arbeit, wenn man die Jahresarbeitsleistung eines Mannes als Einheit wählt, gleich dem Jahreslohn pro Mann zuzüglich dem Profit auf das Kapital, das für die Beschäftigung eines Mannes für ein Jahr notwendig ist. Die Neoklassiker versuchten den Begriff der Grenzproduktivität auf jeden Faktor gesondert anzuwenden.

Bei Walras gibt es keine allgemeine Grenzproduktivität der Arbeit. Jede Faktorgruppe eines bestimmten Typs – sagen wir Menschen mit einer bestimmten Ausbildung oder Maschinen einer bestimmten Ausprägung – erzielt eine Rendite pro Einheit, die sich nach dem Grenzprodukt dieser Gruppe bestimmt. In diesem Falle bedeutet das Grenzprodukt eines Faktors den Produktionsbetrag, der verloren ginge, wenn eine Einheit von ihr abgezogen und der Rest aller Faktoren entsprechend neu arrangiert würde. Das Argument ist hier, daß, wenn eine Einheit eines beliebigen Faktors für eine Rendite, die geringer als das Grenzprodukt ist, zu erhalten wäre, dieser Faktor mehr nachgefragt würde; falls die Rendite größer als das Grenzprodukt wäre, würde weniger nachgefragt. So führt das Marktgeschehen zu einem Gleichgewicht, in dem jeder Faktor für seine Dienstleistungen die Rendite erhält, die gleich der Grenzproduktivität seiner Gruppe ist.

In Wicksells Verteilungstheorie sind Arbeiter und Produktionsmittel gesonderte Faktoren, aber alle mit der gleichen Stellung ohne Rücksicht auf ihre unterschiedlichen sozialen Verhältnisse. Er entwickelt ein Modell, in dem die Höhe der Löhne und Renten gleich sind, unabhängig davon, ob ein Landbesitzer Arbeitskräfte gegen Lohn anstellt oder die Arbeiter das Land pachten[42]. Einige seiner modernen Nachfolger entwickelten diese Aussage zu der Behauptung weiter, daß das Einkommen der Arbeiter, die Kapital ausleihen können und für sich selbst produzieren, im Gleichgewicht den Löhnen entspräche, die ihnen ausgezahlt worden wären, wenn sie von Kapitalisten beschäftigt worden wären.

Marshall wandte das Konzept der Grenzproduktivität unterschiedlich an. Er schilderte den vorsichtigen Geschäftsmann, der sich entscheidet, wieviele Arbeiter bei einer bestimmten Lohnhöhe zu beschäftigen sind. Dies muß abhängen von dem Preis des Produktes, das er zu verkaufen hat, den Kosten der Produktionsmittel, die er zu benutzen plant und dem Zinsfuß für die Finanzmittel, die er sich ausleiht. Marshall stellt die Regel auf, daß das *Netto-grenzprodukt* der Arbeit gleich dem Lohn sei. Das Nettoprodukt ist der Wert-zuwachs des Produktes, der durch die zusätzliche Beschäftigung eines Mannes erwartet wird abzüglich der zusätzlichen Ausgaben, die durch seine Beschäfti-gung entstehen würden.

> »Diese Doktrin wurde manchmal als Lohntheorie vorgebracht. Aber es gibt keinen triftigen Grund für solch einen Anspruch. Die Doktrin, daß die Ver-dienste eines Arbeiters dahin tendieren, dem Nettoprodukt seiner Arbeit gleich zu sein, hat aus sich selbst heraus keine wirkliche Bedeutung; um das Nettoprodukt abzuschätzen, müssen wir die Produktionskosten der Ware, an der er (der Arbeiter, d. Ü.) arbeitet, abzüglich seines eigenen Lohnes, als gegeben annehmen.
> Aber obwohl dieser Einwand gegenüber einem Anspruch, daß sie (die Dok-trin, d. Ü.) eine Lohntheorie enthält, gerechtfertigt ist, ist er nicht stichhal-tig gegenüber dem Anspruch, daß die Doktrin ein helles Licht auf die Wir-kung einer der Ursachen wirft, die die Löhne lenken.«[43]

Diese Lehre ist natürlich rein zirkulär. Sie stellt nämlich fest, daß, wenn ein Geschäftsmann seinen Profit in einer bestimmten Marktsituation maximiert, er verschiedene Produktionsfaktoren so kombiniert, daß er nicht mehr Profit er-zielen könnte, wenn er sie in einer anderen Weise kombiniert.

Zu gleicher Zeit legte Marshall großen Wert auf das moralische Element im wirtschaftlichen Leben und gab dazu viele Erklärungen ab. Z. B.:

> »Es gibt unter den Hausdienern viele mit einer vornehmen Gesinnung. Aber jene, die in sehr reichen Häusern leben, sind geneigt bequeme Gewohnheiten anzunehmen, indem sie die Wichtigkeit des Reichtums überschätzen und im allgemeinen die niedrigeren Lebensziele über die höheren stellen, im Gegen-satz zur unabhängigen werktätigen Bevölkerung. Die Gesellschaft, in der die Kinder einiger unserer besten Häuser ihre meiste Zeit verbringen, ist weniger veredelnd als die der Durchschnittshaushalte. Gerade in diesen be-sonderen Häusern wird keinem Diener, der dafür nicht besonders qualifiziert ist, die Sorge für einen jungen Apportierhund oder ein junges Pferd über-tragen.«[44]

Solche Betrachtungen sind dazu geeignet, die Aufmerksamkeit von den schwachen Stellen der Analyse abzulenken.

John Bates Clark (1847—1938) aus den Vereinigten Staaten hatte keine von den Unschlüssigkeiten und Vorbehalten von Marshall. Er verkündete das »law of final productivity«, das bei freiem Wettbewerb dazu tendiert, der Ar-

Die neoklassische Ära **1** 3 § 3 (c) 77

beit das zu geben, was die Arbeit erzeugt, dem Kapitalisten das, was das Kapital erzeugt und dem Unternehmer (Geschäftsmann) das, was die Koordinationsfunktion erzeugt[45].

Der Gedanke der Grenzproduktivität des Kapitals (von der »Koordinationsfunktion« ganz abgesehen) ist mit einigen Schwierigkeiten verbunden. Das Kapital ist in »Kapitalgütern« verkörpert – produzierten Produktionsmitteln wie Maschinen. Nun verkörpert die Ausrüstung die Technologie, die die Arbeit produktiv macht. Wie läßt sich nun eine eigenständige Produktivität für Kapitalgüter finden? Darüber hinaus werden die Zinsen nicht den Maschinen, sondern den Eigentümern des Reichtums gezahlt, die den Geschäftsleuten Geld geliehen haben. Wie ist das Verhältnis zwischen der Geldanleihe und der vorausgesetzten produktiven Funktion von »Kapitalgütern«? Die Analyse war überhaupt nicht klar, aber die Metaphysik angenehm beruhigend.

(c) Normale Profite

Zusammen mit der Gleichgewichtsanalyse existiert ein dynamisches Element in Marshalls Weltsicht. Er führte die unschätzbare Unterscheidung zwischen kurz- und langfristigen Effekten jeder Veränderung ein [siehe: **2** 3 § 1 und **2** 6 § 1]. Er kann am besten verstanden werden, wenn wir uns eine sich in der Zeit weiterentwickelnden Wirtschaft mit fortschreitender Akkumulation und technischem Fortschritt vorstellen. In diesem Falle ist nicht mehr der sparsame Rentner, sondern der energische Geschäftsmann, der Innovationen induziert und Risiken übernimmt, der entscheidende Faktor. Bei fortschreitender Akkumulation gibt es eine gleichmäßige mittlere Profithöhe in einer wachsenden Wirtschaft, während ständig kurzfristige Störungen um den Mittelwert herum stattfinden.

Investitionspläne werden im Lichte der erwarteten zukünftigen Profite gemacht. Sobald die Geldmittel in einem bestimmten Ausrüstungsgegenstand angelegt sind, hängen die Rückzahlungen, die er tatsächlich erzielt, von der Nachfrage nach dem Produkt ab, zu dem er beiträgt. Bruttogewinne werden *Quasi-Renten* genannt, da ein Ausrüstungsgegenstand, einmal installiert, unveränderlich ist, genau wie eine Fläche des Ricardo'schen Landes. Wenn alles *normal* verläuft, genügen die Quasi-Renten, die über die Lebenszeit einer Betriebsanlage erzielt werden, um das darin investierte Kapital zurückzugewinnen, zusammen mit einem *normalen* Nettoprofit auf die Investitionskosten. Ein normaler Ablauf jedoch ist nicht garantiert. In jedem bestimmten Fall können die Nettoprofite über oder unter der normalen Höhe liegen.

Es gibt keine Erklärung, was die normale Profitspanne bestimmt, obgleich sie in einigen Passagen mit dem langfristigen Zinssatz gleichgesetzt zu werden scheint, der in anderem Zusammenhang der »Lohn für das Warten« ist.

Marshall war bemüht, ein Element von Angebot und Nachfrage in die Darstellung einer wachsenden Wirtschaft zu bringen. Er tat dies, indem er alle Güter in zwei Typen aufteilte: Der erste »gehorcht dem Gesetz der abnehmenden Erträge«, denn er erfordert einige bestimmte knappe Produktionsfaktoren, so daß die »Grenzkosten« bei wachsendem Output steigen, so wie bei Ricardos Getreide. Der zweite Typ »gehorcht dem Gesetz der steigenden Erträge«; Kapitalakkumulation, Massenproduktion und der technische Fortschritt verursachen ein Fallen seiner Kosten, relativ zum allgemeinen Niveau. Wenn der Gesamtouput zunimmt, steigen die Güterpreise des ersten Typs, während die des zweiten Typs fallen. Da der Nachfragezuwachs bestimmt, wie weit der Produktionsumfang jedes Gutes zunimmt, gibt es Arbeit für beide Schneiden der Angebots- und Nachfragescheren, jedoch selbst Marshall wußte, daß er unsauber vorging, als er versuchte, diese Konzeption in das System des stationären Gleichgewichts zu pressen[46].

4. Effektive Nachfrage

Das Problem der effektiven Nachfrage wurde mit dem Sieg Ricardos über Malthus begraben, und die Neoklassiker sahen keinen Grund es wiederzuerwecken.

Bei Walras stellten die »markträumenden Preise« sicher, daß alles was produziert auch verkauft wird. Wenn das Angebot eines bestimmten Gutes auch bei noch so niedrigem Preis die Nachfrage übersteigt, fällt sein Preis auf Null – es wird ein freies Gut. Diese Regel gilt auch für die Arbeit. In einer Gleichgewichtsposition mußten, ausgehend von irgendeinem Zeitpunkt in der Vergangenheit, als die Löhne bei Null lagen, genügend Arbeiter sterben, um die heute übriggebliebenen so knapp werden zu lassen, daß sie über einen Lohn verfügen, der sie am Leben erhält.

Marshall pflichtete der Ansicht J. S. Mill's über das Say'sche Theorem bei [siehe: 1 2 § 4 (a)], bot aber selbst eine Erklärung des Gleichgewichts sowohl für die Arbeit als auch für das Sparen in den Begriffen von Angebot und Nachfrage an.

Er scheint die Meinung zu unterstützen, obwohl alles vage und unklar ist, daß die Unterbeschäftigung von zu hohen Reallöhnen herrühren kann, und ein Gegenmittel darin gefunden werden kann, die Geldlohntarife zu senken[47]. Es

Die neoklassische Ära 1 3 § 5   79

gibt eine noch unklarere Vermutung, daß die Höhe des Zinssatzes sich so auf-
und abbewegt, daß sich die Sparsumme, betrachtet als Angebot real investierbarer Mittel, mit der Investitionshöhe, die die Geschäftsleute durchführen
möchten, ausgleicht[48].

Marshall räumt ein, daß eine Wirtschaftskrise durch das mangelnde Vertrauen der Geschäftsleute in die zukünftige Gewinnträchtigkeit der Investitionen[49] herrühren mag, er läßt sich jedoch durch diese Vermutung nicht in dem
allgemeinen Bild des Gleichgewichts bei Gültigkeit des Say'schen Theorems
stören.

Das Problem des Konjunkturzyklus wurde in ein besonderes Werk und eine
besondere Vortragsreihe unter dem Titel »Geld« verbannt. Dieses Kapitel
wurde von der *Quantitätstheorie* beherrscht, welche Hume's Vorstellungen,
nämlich wie ein Anwachsen des Bargeldvorrates die Preishöhe beeinflußt, voll-
endete, indem sie das Konzept der *Umlaufgeschwindigkeit*, d. h. der durchschnittlichen Umschlagshäufigkeit eines Geldstücks während eines Jahres, hin-
zufügte.

Marshall gab viele Erklärungen zu aktuellen Problemen ab, ganz besonders
in der Form von Gutachten vor Royal Commissions, aber er verschob eine Behandlung des Beschäftigungsproblems immer wieder, vielleicht weil er seine
Kenntnisse von den Tatsachen des Wirtschaftslebens nicht mit seiner Gleichgewichtstheorie in Übereinstimmung bringen konnte. Sein letztes Werk *Money,
Credit and Commerce,* beendet im Alter von 80 Jahren, »ist lediglich aus früheren Fragmenten zusammengesetzt, wovon einige 50 Jahre vorher geschrieben
waren«[50].

Wicksell war ein Mann mit einem erheblich anderem Charakter als Marshall.
Er vermied Pfuschereien; wenn er zu Fragen kam, die er nicht beantworten
konnte, gab er freimütig zu, daß er verwirrt wäre. In seinen Versuchen, eine
zusammenhängende Zinstheorie zu entwickeln, verließ er die »Grenzproduktivität« und bereitete den Weg für eine neue Ära, heute allgemein bekannt als
die Keynes'sche Revolution.

5. Kritiken

Während der Herrschaft der neoklassischen Orthodoxie gab es keinen Mangel
an Kritik von Marxisten, Sozialisten der verschiedenen Richtungen und An-
dersdenkenden innerhalb der Familie. Hier erwähnen wir drei herausragende
Kritiken, deren Ansichten in der einen oder anderen Weise von Relevanz für
unser zentrales Thema sind.

(a) Ein Marxist

Sogar noch heute geben sich die meisten Marxisten damit zufrieden, über die akademische Ökonomie zu spotten, ohne sich darum zu bemühen, zu verstehen, was sie auszusagen versucht. Nikolai Bukharin (1880–1938), der vor der russischen Revolution im Exil schrieb, fertigte eine systematische Untersuchung über die österreichische Schule an, um ihre soziale Basis zu erkennen.

Er nannte das Werk dieser Schule *The Economic Theory of the Leisure Class*, weil sie alle Probleme aus der Sicht des Rentiers sieht, der nicht in die Produktion verwickelt ist, sondern lediglich die Früchte der Arbeit anderer konsumiert.

Bukharin behauptete, daß die Marx'sche Werttheorie auf den objektiven Tatsachen des Produktionsprozesses beruhe, während die bürgerliche Werttheorie von dem subjektiven »Nutzen« und Konsumentengeschmack abgeleitet sei. Den bürgerlichen Ökonomen mangelt es an einer Geschichtskonzeption, sie geben vor, universelle »Gesetze« zu finden, die sich sowohl auf Robinson Crusoe auf seiner Insel, als auch auf den modernen monopolistischen Kapitalismus anwenden lassen, und sie beginnen mit einer Untersuchung des Konsums anstatt der Produktionsbedingungen.

»Überall begegnen wir demselben Motiv: Die Werttheorie wird als theoretischer Ausgangspunkt benutzt, um die moderne Gesellschaftsordnung zu rechtfertigen; darin liegt der ›soziale Wert‹ der Grenznutzentheorie für jene Klassen, die daran interessiert sind, diese Sozialordnung aufrechtzuerhalten. Je schwächer die logische Begründung dieser Theorie, desto stärker ist die psychologische Bindung an sie, denn man will nicht den schmalen geistigen Bereich, der durch die statische Konzeption des Kapitalismus bestimmt wird, verlassen.«[51]

(b) Ein Populist

Thorsten Veblen übte als ein Mitglied der akademischen Gesellschaft in den Vereinigten Staaten ständig Kritik. Er griff die Ideologie an, die alle menschlichen Beziehungen auf kaufmännische Begriffe reduziert:

»Die gegenwärtige ökonomische Situation ist ein Preissystem. Ökonomische Institutionen in dem modernen zivilisierten Leben sind (vorherrschend) Institutionen des Preissystems. Die Wirtschaftsrechnung, der alle Erscheinungen des modernen Wirtschaftslebens unterworfen sind, ist eine Wirtschaftsrech-

Die neoklassische Ära **1** 3 § 5 (b)

nung in Preisbegriffen; und nach der gegenwärtigen Konvention gibt es kein anderes anerkanntes Schema einer Wirtschaftsrechnung, kein anderes Maß, weder juristisch noch tatsächlich, dem die Dinge des modernen Lebens unterworfen bleiben. In der Tat, diese Gewohnheit (Institution) der geldlichen Wirtschaftsrechnung ist eine so große und durchdringende Kraft geworden, daß es oft als eine Selbstverständlichkeit für viele Dinge gilt, die eigentlich keinen geldlichen Bezug und keine geldliche Größe haben, so z. B. Kunstwerke, Wissenschaft, Gelehrsamkeit und Religion.«[52]

Veblen entlarvte viele Male die falsche Logik, mit der die Ideologie verteidigt wurde. Das folgende ist aus einer Rezension eines Buches, in dem J. B. Clark die oben dargestellte Theorie weiter entwickelt [siehe: **1** 3 § 3 (b)]:

»Hier wie anderswo in Herrn Clarks Schriften wird der Doktrin, daß die beiden Dinge »Kapital« und »Kapitalgüter« begrifflich unterschiedlich, wenn auch im wesentlichen identisch sind, große Bedeutung beigemessen. Die beiden Begriffe decken praktisch die gleichen Dinge ab, wie sie durch die Begriffe »geldliches Kapital« und »industrielle Ausrüstung« abgedeckt würden . . .

Diese Konzeption vom Kapital als eine physische »Wesenheit«, bestehend aus der Folge der Produktivgüter, die die industrielle Ausrüstung ausmachen, bricht in Clarks eigenen Gebrauch von ihr zusammen, indem er auf die Mobilität des Kapitals zu sprechen kommt; d. h., sobald er sie benutzt . . .

Das Kontinuum, in dem die »dauernde Wesenheit« des Kapitals ansässig ist, ist eine Kontinuität des Eigentumsrechts, kein physisches Faktum. Die Kontinuität ist in der Tat von immaterieller Natur, eine Angelegenheit des geltenden Rechts, des Vertrags, des Kaufs und Verkaufs. Warum gerade dieser offensichtliche Zustand des Falles übersehen worden ist, ist nicht leicht einzusehen, so kompliziert er auch irgendwie erscheint. Aber es ist klar, daß, falls das Kapitalkonzept aus der Beobachtung der gegenwärtigen Geschäftspraxis gewonnen würde, herausgefunden würde, daß »Kapital« eine geldliches – kein mechanisches Ding ist; daß es der Ausfluß eines Bewertungsvorganges ist, unmittelbar abhängig vom Standpunkt des Bewertenden; und daß die spezifischen Merkmale des Kapitals, durch welche es von anderen Dingen unterscheidbar ist, von immateriellen Charakter sind.«[53]

Veblen konnte gegenüber der neoklassischen Metaphysik keinen Durchbruch erzielen, und sein Protest wurde im Hauptstrom amerikanischen ökonomischen Lehrens beiseite gewischt.

(c) Marx auf den Kopf gestellt

Joseph Schumpeter (1883–1950) war ein Kritiker der Orthodoxie von einem eigenen besonderen Standpunkt aus. Er war sehr angetan von kapitalistischen Unternehmen und behauptete, daß die orthodoxe statische Analyse seinen wahren Charakter nicht aufdeckte.

Sein Hauptwerk war einer historischen Untersuchung des Konjunkturzyklus gewidmet. Auf diesem Gebiet machte er scharfsinnige Beobachtungen, versäumte es aber, eine systematische Analyse des Prinzips der effektiven Nachfrage, in der Art wie sie Keynes entwickelte, zu liefern. Als Student in Wien drang Schumpeter (von einem anti-marxistischen Standpunkt aus) tief in das marxistische Gedankengut ein. Sein Bild von dem stürmischen, dynamischen Wachstum des Kapitalismus, in dem der technische Fortschritt aus dem Konkurrenzkampf hinsichtlich der Akkumulation resultiert, entspricht weitgehend der Marx'schen Analyse, obwohl sie von seiner Ideologie sehr weit entfernt ist.

Trotz seiner Verachtung für die statische Theorie, hatte Schumpeter eine hohe Meinung über Walras und räumte ihm den zentralen Platz in seiner *History of Economic Analysis* ein.

Er verbrachte den größeren Teil seines Berufslebens in den Vereinigten Staaten, aber sein unberechenbarer Geist paßte sich nicht den Forderungen der neoklassischen Orthodoxie an. Genau wie bei Veblen war sein Einfluß auf die moderne Lehre gering.

6. Die Keyne'sche Revolution

Das fadenscheinige intellektuelle Gefüge der neoklassischen Theorie konnte allem Anschein nach entstehen, weil darauf wenig praktisches Gewicht gelegt wurde. Die Doktrin des guten Einflusses des Wettbewerbs in einem freien Markt bedeutete in der Tat: Die Geschäftsleute wissen am besten Bescheid. Da jede Intervention der Regierung, wenn auch noch so gut gemeint, für schädlich gehalten wurde, führte die Theorie zu keinen Vorschlägen im Hinblick auf politische Aktivitäten. Es kam in Wirklichkeit gar nicht darauf an, ob die Theorie sinnvoll war oder nicht.

(a) Laissez-faire

Für Adam Smith war *laissez-faire* ein Programm. Er sagte voraus, daß der Reichtum der Nation stark wachsen würde, wenn restriktive Gesetze, die bestimmte Interessen schützen, abgeschafft würden und privaten Unternehmen freie Hand gegeben würde.

Für die Neoklassiker wurde das *laissez-faire* zu einem Dogma und die Vorteile des Freihandels zu einem Glaubensbekenntnis. Die Wirtschaft wurde als Studium der Allokation knapper Ressourcen zwischen verschiedenen Verwendungen beschrieben, und die Moral davon war, daß freies Unternehmertum die Ressourcen so verteilen werde, daß für die gesamte Gesellschaft der größte Nutzen entsteht, vorausgesetzt, daß die Regierung dessen Handeln nicht beeinträchtigt.

Marshalls ergebener Schüler, A. C. Pigou (1877–1959), destillierte aus den *Principles* ein scheinbar kohärentes logisches System durch den Vergleich von stationären Gleichgewichtszuständen heraus, indem er das dynamische Element in Marshalls Denken vermied. In *The Economics of Welfare* beschrieb Pigou eine Anzahl von Fällen, in denen *laissez-faire* nicht notwendigerweise gut ist, jedoch betrachtete er sie als Ausnahmen von einer Regel, die im allgemeinen nicht infrage gestellt werden konnte.

In der öffentlichen Politik gab es notwendigerweise viele Abweichungen von der reinen Lehre des *laissez-faire,* ganz besonders durch die Einführung des Prinzips der Sozialversicherung durch die liberale Regierung von 1906, aus der die Zahlungen zur Arbeitslosenunterstützung entwickelt wurde. In der Hauptsache aber stimmten die Lehre der orthodoxen Ökonomen und die Überzeugungen, die die Politik beeinflußten, überein.

Neben der Gleichgewichtstheorie, die für sich beanspruchte, sich mit realen Werten zu befassen, existierte eine Theorie über das Preisniveau, ausgedrückt in Geldeinheiten, reguliert durch die Menge der von der Regierung geschaffenen Zahlungsmittel [siehe: 1 3 § 4]. Es gab Diskussionen über den Konjunkturzyklus, Inflation und Finanzkrisen, die implizierten, daß diese aus Fehlern im Geldsystem erwachsen. Aber diese berührten nicht den Hauptinhalt der Lehre. In der großen Depression, als es massive Arbeitslosigkeit in allen Industrienationen gab, waren die Ökonomen immer noch der Meinung, daß der freie Markt dazu tendiert, ein Gleichgewicht zu errichten, und daß Interventionen mit ihrem delikaten Mechanismus nur Schaden anrichten können.

1929 wurde Lloyd Georges Vorschlag, in Großbritannien die Arbeitslosigkeit durch Ausgaben für öffentliche Aufgaben zu mildern, durch die Verlautbarung des Schatzamtes beantwortet, daß es einen gewissen Sparbetrag gäbe, der in jedem Falle investiert werde, so daß, falls die Regierung für öffentliche Aufträge Kredit aufnähme, andere Investionen im gleichen Umfange reduziert würden [siehe: 2 3 § 2 (a)].

Arbeitslosenunterstützungen, geringschätzig bekannt als »die milde Spende«, wurden überwiegend für schädlich gehalten, weil sie die törichte Hartnäckigkeit der Gewerkschaften unterstützten, ein Fallen der Löhne auf das Gleichgewichtsniveau zu verhindern. Nur wenn der Lohnsatz gesenkt werden könnte, würde das Gleichgewicht wieder hergestellt werden.

Während der britischen Finanzkrise von 1931 wurde der unglücklichen Labour Regierung von dem Gouverneur der Bank von England auf Betreiben von amerikanischen Financiers angedroht, daß die überseeischen Kredite zur Aufrechterhaltung des Goldwertes des Sterlings nicht gewährt würden, falls die Arbeitslosenunterstützung nicht abgebaut würde[54]. (Das sogenannte National Government, das gebildet worden war, um den Sterling zu retten, war glücklicherweise nicht in der Lage, dem zu entsprechen.)

Ausgehend von dem totalen Bankrott der orthodoxen Theorie angesichts der Wirtschaftskrise, erhob sich eine neue wirtschaftstheoretische Bewegung. Gunnur Myrdal in Schweden, der sich von Wicksell leiten ließ, Michal Kalecki in Polen und Maynard Keynes in England fanden neue Bestimmungsgründe für die Instabilität des Kapitalismus, obwohl sie unabhängig voneinander arbeiteten[55]. Diese Bewegung wurde als die Keynes'sche Revolution bekannt, denn Keynes war der redegewandteste und der bekannteste Verfechter, obwohl die Version von Kalecki in einigen Teilen logisch klarer war als die seine.

(b) Zeit

Die Situation, in der das System von freien Unternehmen offensichtlich zusammengebrochen war, war unvereinbar mit den orthodoxen Annahmen. Der grundlegende Irrtum im orthodoxen System war der Glaube, daß eine Marktwirtschaft immer dazu tendiert, ein Gleichgewicht zu erreichen, wie ein Pendel, das sich, während es hin und her schwingt, immer einer Ruheposition nähert. Diese Analogie ist falsch. Eine Bewegung im Raum mag hin- und hergehen, aber eine Bewegung in der Zeit hat nur eine Richtung, von der Vergangenheit in die Zukunft. Menschliches Leben muß ohne »richtige Voraussicht« geführt werden; das ökonomische Verhalten wird beherrscht entweder durch Mutmaßungen über die zukünftigen Konsequenzen heutiger Aktionen, durch Ansichten über das angemessene Verhalten, abgeleitet aus Konventionen oder aus der Lehre vergangener Erfahrungen, die sich als trügerisch erweisen können.

In der Wirtschaftskrise waren die Konventionen zusammengebrochen, Erwartungen konnten auf nichts mehr begründet werden, und es gab keine Aussicht auf eine automatische Erholung.

Die neoklassische Ära **1** 3 § 6 (b)

Myrdal hatte schon lange die ideologische Funktion des Gleichgewichtskonzeptes begriffen[56]. Kaleckis Analyse gründete auf der Dynamik des Marx'schen Reproduktionsschemas [siehe: **1** 2 § 5 (c)]. Keynes jedoch hatte einen »langen Kampf« zu bestehen, um der Tradition, in der er aufgewachsen war, »zu entrinnen«[57]. Gerade aus diesem Grunde erkannte er klar, daß die Anerkennung der Tatsache, daß die Zukunft unbekannt sei, das gesamte Gebäude der orthodoxen Theorie, welches auf dem Konzept des zeitlosen Gleichgewichts beruhte, zusammenstürzen läßt.

In der Kontroverse, die nach der Publikation der *General Theory* ausbrach, formulierte Keynes neu, was er als den entscheidenden Punkt der Neuerungen betrachtete, die er in der ökonomischen Analyse leistete.

»[Seine Zeitgenossen] wie deren Vorgänger befaßten sich noch immer mit einem System, in dem der Umfang der beschäftigten Faktoren gegeben war und die anderen relevanten Tatsachen mehr oder weniger sicher bekannt waren. Dies bedeutet nicht, daß sie sich mit einem System beschäftigten, in dem eine Änderung ausgeschlossen war oder gar mit einem, in dem die Enttäuschung der Erwartungen ausgeschlossen war. Jedoch wurden zu jeder beliebigen Zeit Fakten und Erwartungen als in einer bestimmten und berechenbaren Form gegeben angenommen; und von Risiken, denen, obwohl zugelassen, nicht viel Aufmerksamkeit geschenkt wurde, wurde angenommen, daß man fähig wäre, sie exakt statistisch zu berechnen. Von der Wahrscheinlichkeitsrechnung, obwohl im Hintergrund gehalten, wurde angenommen, daß sie fähig sei, die Unsicherheit auf denselben berechenbaren Stand, wie die Gewißheit selbst, zu reduzieren; gerade wie in der Betham'schen Berechnung von Leid und Freude oder Erfolg und Mißerfolg, von der die Bentham'sche Philosophie annahm, daß der Mensch dadurch in seinem allgemeinen ethischen Verhalten beeinflußt wurde.«

Keynes beobachtete, daß, da die Zukunft ungewiß sei, ein streng rationales Verhalten unmöglich sei. Die Konventionen, die Entscheidungen lenken, sind: »Nette, feine Methoden, gemacht für einen gut getäfelten Sitzungssaal und einen gut regulierten Markt ... Ich beschuldige die klassische ökonomische Theorie selbst eine dieser netten, feinen Methoden zu sein, die versucht, sich mit der Gegenwart zu befassen, indem sie von der Tatsache abstrahiert, daß wir sehr wenig über die Zukunft wissen.«[58]

Keynes nannte seine orthodoxen Zeitgenossen »klassisch«, weil er keine Unterscheidung zwischen klassischen und neoklassischen traf. Für ihn war Ricardo genau so schlecht wie Pigou, weil er die Möglichkeit eines Defizits der effektiven Nachfrage nicht zuließ. Keynes versuchte Vorgänger in Malthus und den Merkantilisten zu finden, aber übersah irgendwie James Steuart, der ihm wirklich besser gepaßt hätte [siehe: **1** 1 § 1 (c)].

(c) Preise

Keynes war ein Schüler von Marshall. Er war niemals in irgendeiner Weise von den Walras'schen statischen Vorstellungen vom allgemeinen Gleichgewicht beeinflußt worden. Er brach diese zerbrechliche Schale auf, ohne zu bemerken, daß er es tat. Indem er von Marshall die Konzeption des kurzfristigen Gleichgewichts zu einem bestimmten Zeitpunkt übernahm, hielt er es für selbstverständlich, daß die Preise von bestimmten Gütern durch ihre Herstellkosten (prime costs) – Löhne, Materialkosten, Energie etc. – mit irgendeinem Aufschlag für die Gemeinkosten (overhead expenses) bestimmt werden. Diese Theorie wurde von Kalecki in seinem Konzept des Preiszuschlags auf die Herstellkosten in Abhängigkeit vom »Monopolgrad« im Markt präzise formuliert [siehe: **2** 5 § 4 (c)].

Da die Löhne das Hauptelement der Herstellkosten (einschließlich die Kosten für Material, das eine Firma einer anderen verkauft) sind, folgt daraus, daß Änderungen der Geldlohnsätze entsprechende Änderungen des Preisniveaus hervorbringen werden. Dies läßt keinen Raum mehr für die »Grenzproduktivität«, die Reallohnsätze zu erklären, noch für die Geldmenge, die Preise zu bestimmen.

In bestimmter Hinsicht war der bedeutendste Aspekt der Keynes'schen Revolution die Erkenntnis, daß in einer modernen industriellen Wirtschaft das allgemeine Preisniveau in jeder Phase der technischen Entwicklung hauptsächlich von der Höhe der Geldlohnsätze abhängt. Seinerzeit zeigte dies, daß Lohnsenkung kein Hilfsmittel gegen Unterbeschäftigung ist, weil sie bewirken würde, daß die Preise mehr oder weniger proportional zur Kostenabnahme fallen würden. Heutzutage liefert diese Erkenntnis den Fingerzeig zu dem Problem der Inflation, obwohl die Verantwortlichen lange Zeit benötigen, dies zu begreifen [siehe: **2** 1 § 4 (b)].

(d) Ersparnis und Investition

Die Orthodoxie beruhte auf einer Version des Say'schen Theorems, nach der die Höhe der Ersparnisse die Investitionsrate bestimmt. Keynes wies darauf hin, daß die Sparhöhe nicht unabhängig von der Investitionshöhe (Ausgaben

Die neoklassische Ära **1** 3 § 6 (e)   87

für zusätzliche Ausrüstung und Vorräte) sein könne. Die Sparhöhe ändert sich
mit der Einkommenshöhe. Wenn eine Unterbeschäftigung des Faktors Arbeit
und eine Unterbeschäftigung von Produktionskapazität vorliegt, würde ein Anwachsen der Ausgaben für Investitionen zu einem Anwachsen des Einkommens
führen und so Konsumausgaben und Ersparnisse anwachsen lassen. Ein Einkommenszuwachs, der von seinem Empfänger nicht gespart wird, wird ausgegeben; Geld ausgeben erhöht die Einkommen, deshalb steigen die Einkommen
bis zu dem Punkt, an dem die Zunahme der Ersparnisse gleich ist dem Zuwachs der Investition [siehe: **2** 3 § 2 (b)].

Ungewißheit über die Zukunft liefert den Schlüssel der Schwankungen in der
Tätigkeit einer Wirtschaft von Privatunternehmen. Ausgaben aus den Einkommen sind mehr oder weniger für den unmittelbaren Konsum, Ausgaben für Investitionen hängen jedoch von den langfristigen Profiterwartungen ab. Eine
Wirtschaftskrise ist eine Situation, gekennzeichnet durch sich selbst erfüllenden
Pessimismus, in dem die Profite gering sind, weil wenig investiert wird, was
wiederum zur Folge hat, daß niedrige Profite erreicht werden.

Das alte Rätsel der effektiven Nachfrage, welches die Merkantilisten und
Malthus in Anspruch nahm, wurde durch das Say'sche Theorem in den Unter-
grund verbannt; nun kam es in einer heftigen Eruption an die Oberfläche.

(e) Der Zinssatz

Die Analyse der Abhängigkeit der Einkommenshöhe bei gegebener Produktionskapazität von den Investitionen und den Konsumausgaben widerlegte die
Theorie, nach der es die Funktion des Zinssatzes wäre, den Ausgleich zwischen
Ersparnis und Investion herbeizuführen. (Keynes leugnete nicht, daß die Höhe
des Zinssatzes den Betrag, den ein Haushalt bei gegebenem Einkommen spart,
beeinflussen kann, aber er betrachtete diesen Effekt als unwichtig und ließ ihn
außerhalb seiner Analyse, um die Darstellung zu vereinfachen.)

Da die alte Theorie unbrauchbar war, war es notwendig, eine Alternative
aufzuzeigen. Keynes räumte zunächst einmal die Verwirrung in den alten
Schriften über Zinsen und Profite aus. Der Profit ist das, was eine Firma von
einer Investition zu erhalten hofft, und der Zins ist, was sie für einen Kredit
zu zahlen hat. Zweitens bemerkte er, daß man zur Bestimmung des Niveaus
der Zinssätze nicht den Strom der Ersparnisse, sondern den gesamten Ver-
mögensbestand zu jedem Zeitpunkt und die Nachfrage und das Angebot des
Geldbestandes untersuchen muß.

Keynes teilte die Nachfrage nach Geld in zwei Teile. Es gibt Kassenbestände, die erforderlich sind, damit Individuen und Institutionen ohne viel Umstände Transaktionen ausführen können; in diesem Bereich hängt die Nachfrage nach Geld von weitgehend denselben Verhältnissen wie in der Quantitätstheorie ab – dem Gesamtvolumen der Transaktionen in Geld und dem durchschnittlichen Abstand zwischen den Zahlungen, die die »Umlaufgeschwindigkeit« des Geldes bestimmen [siehe: 1 3 § 4].

Es gibt auch eine Nachfrage nach Geld als eine Form, in der Vermögen gehalten werden kann. Keynes fragte, warum jemand Geld in bar oder Einlagen halten sollte, welche keine Zinsen einbringen, wo er einen Zinsertrag durch Halten von Wertpapieren bekommen könnte? Er fand eine Antwort in dem Konzept der Liquiditätsvorliebe – der Gewißheit, daß ein Individuum die Möglichkeit braucht, sein »Geld zu berühren«, wenn er will. Auf den Zins wird der Liquidität willen, die durch das Halten von sofort verfügbaren Geldes erreicht wird, verzichtet [siehe: 2 8 § 1 (f)].

Das Bedürfnis nach Liquidität, wie die Instabilität der Investitionstätigkeit, erwächst aus der Ungewißheit über die Zukunft. In der Tat, in einer Welt »richtiger Voraussicht« würde niemand es für notwendig erachten, Geld zu halten.

Keynes arbeitete die Theorie des Zinssatzes sorgfältig aus – und legte ihr große Wichtigkeit bei –, während Kalecki sich lediglich damit zufrieden gab, für selbstverständlich zu halten, daß ein Anwachsen von Investitionstätigkeit, Einkommen und Spartätigkeit ein Anwachsen der Geldmenge erfordert; falls ein entsprechendes Anwachsen nicht durch das Banksystem besorgt wird, wird der Zinssatz steigen.

(f) Revolution und Restauration

Die Umstellung von der alten Orthodoxie, die durch die Keynes'sche Revolution hervorgebracht wurde, war zu allererst ein Abstieg vom zeitlosen Gleichgewicht in die Welt, in der wir hier und jetzt leben. Zweitens war die alte Trennung zwischen der »Geld-« und der Realwirtschaft zusammengebrochen. Das Geldsystem wird als ein Teil der gesamten Wirtschaftstätigkeit gesehen. Es hat einen bedeutenden Einfluß auf die Höhe der Zinssätze, aber nur eine entfernte und mittelbare Beziehung zum Preisniveau.

Nichts garantiert ununterbrochene Vollbeschäftigung, wenn das System privater Unternehmen sich selbst überlassen bleibt, aber es ist möglich, mit Hilfe

Die neoklassische Ära **1** 3 § 6 (f)

der staatlichen Politik Schwankungen der Wirtschaftstätigkeit zu kontrollieren oder wenigstens abzumildern.

Das Experiment der Überbeschäftigung in Kriegszeiten bekehrte die öffentliche Meinung zu Keynes Ansichten, aber nach dem Krieg gelang es der akademischen Orthodoxie, sich wieder zu etablieren. Das Argument war nun, daß die Behörden die Pflicht haben, die Höhe der effektiven Nachfrage aufrechtzuerhalten, um die Vollbeschäftigung zu sichern, darüber hinaus sollten die Behörden nichts tun. Das Prinzip des *laissez-faire* bekam wieder seinen angestammten Platz. Die ökonomische Theorie kehrte dazu zurück, die Eigenschaften des Walrasianischen Gleichgewichts sorgfältig aufzuarbeiten. Diese neue Orthodoxie kam nun ihrerseits in eine Krise. 25 Jahre annähernder Vollbeschäftigung ließen zu viele Probleme ungelöst und zu viele schwache Punkte in der neoklassischen Denkweise sind enthüllt worden. Es ist Zeit, zu den Anfängen zurückzukehren und neu zu beginnen.

Buch 2   Analyse

Einleitung

Dieses Buch wird als Einführung in die moderne Volkswirtschaftslehre bezeichnet, weil sein Ziel darin besteht, aus den traditionellen und zeitgenössischen Lehrmeinungen über dieses Thema, jene Teilbereiche herauszunehmen, die zum Verständnis von Gegenwartsproblemen beitragen können. Dies ist ein ehrgeiziger und anspruchsvoller Versuch, der an den Leser nicht weniger große Anforderungen stellt als an die Autoren. Darüber hinaus kann dieser Versuch nie ganz vollendet werden, weil, besonders in unserem Zeitalter schneller Veränderungen, permanent neue Probleme durch die Geschichte aufgeworfen und alte Schlußfolgerungen erneut in Frage gestellt werden. Trotzdem hoffen wir zeigen zu können, daß die Untersuchungsmethode und die Art, die Welt zu betrachten, die aus einer Neuinterpretation der ökonomischen Lehre abgeleitet werden kann, für das Verständnis der Welt, in der wir heute leben, nützlich und in der Tat unerläßlich ist.

1. Die Methoden

(a) Die Modelle

Die Lehrsätze, Interpretationen und Theorien, die die herkömmliche ökonomische Lehre ausmachen, sind durch eine dem Untersuchungsobjekt angemessene Analysemethode entwickelt und erklärt worden. Die Methode besteht darin, aus dem historischen Ablauf (einschließlich der Gegenwart als Geschichte) Bezeichnungen wie Waren, Preise, Geldeinheiten, kultivierbarer Boden, Produktionsausrüstung, Arbeitgeber, Arbeiter und Vermögensbesitzer auszuwählen. Dabei schreibt sie die ökonomische Umgebung, in der diese Begriffe gegenseitig in Beziehung stehen, um sie zu einem *Modell* zusammenzufügen, in dem ihre Wechselwirkungen durch eine Art quasi-mathematische Logik herausgearbeitet werden.

Ein Modell ist eine Hypothese über die Realität. In den Naturwissenschaften können Hypothesen durch experimentelle Beweise getestet werden. Aber

eine Hypothese über die Gesellschaft kann nicht mit den Methoden der hochentwickelten Wissenschaften, durch Laborexperimente oder durch genaue Beobachtung unveränderlicher Naturgesetzmäßigkeiten nachgeprüft werden. Die
Volkswirtschaftslehre muß sich auf Experimente stützen, die sich durch laufende Ereignisse ergeben, und diese Experimente sind nicht nachvollziehbar,
zu viele Dinge geschehen auf einmal. Falls sich die Prognosen eines Modells als
mehr oder weniger richtig erweisen, kann das Zufall sein. Die Schlußfolgerung,
die zu der Prognose führte, wird nicht unbedingt durch das Ergebnis gerechtfertigt. Wenn die Prognosen sich als falsch herausstellen, ist es schwierig in Erfahrung zu bringen, in welcher Hinsicht das Modell oder die konkrete Analyse,
die auf ihm basierte, fehlerhaft war. Ein Modell versucht Beziehungen zur Realität herzustellen, die jedoch niemals eindeutig und immer Gegenstand einer
Vielzahl von Interpretationen sind.

Aus diesem Grunde fehlt der Volkswirtschaftslehre als akademischem Fach
die logische Exaktheit der Naturwissenschaften; schlechte Angewohnheiten können nur schwer aus der herkömmlichen Lehre eliminiert werden, und gewisse
Unsitten haben sogar eine bemerkenswerte Fähigkeit zu überleben an den Tag
gelegt. Eine davon besteht in der Aufstellung von Hypothesen, die keine
logische Beziehung zur Realität haben, daraus werden dann Argumente erarbeitet, um »Ergebnisse« und »Probleme« und damit ein vollständig geschlossenes Gedankengebäude zu erhalten. Beispiele hierfür sind die Analysen des Verhaltens einer Marktwirtschaft, in der die Individuen, die »richtige Voraussicht«
in eine unendlich lange Zukunft haben oder das Studium der Probleme des internationalen Handels in einer Welt, in der die Importe und die Exporte eines
jeden Landes immer im Gleichgewicht sind.

Dies ist lediglich sinnloser Zeitvertreib. Vernünftiger ist es, ein Modell zu
konstruieren, das vorgibt, die Realität widerzuspiegeln. Aus ihm leitet man,
wenn auch in einer höchst vereinfachten Form, Schlußfolgerungen und benutzt
es dann für politische Empfehlungen, ohne zunächst zu überprüfen, inwieweit
die vereinfachten Annahmen der Situation entsprechen, in der sich die Politik
auswirken wird. Das bekannteste Beispiel hierfür ist das neoklassische Modell
einer vollständig wettbewerbsorientierten Privatwirtschaft. Sie funktioniert
so, daß Vollbeschäftigung für die verfügbaren Arbeitskräfte garantiert wird,
vorausgesetzt, daß es keine Eingriffe in das freie Spiel des Marktmechanismus
gibt. Hieraus wurde die Erkenntnis abgeleitet, daß die Massenarbeitslosigkeit
der dreißiger Jahre nur darauf zurückgeführt werden konnte, daß die Löhne
durch monopolistisch agierende Gewerkschaften über dem »Gleichgewichtsniveau« gehalten wurden. Daraus folgerte man, daß die Arbeitslosenversiche-

Einleitung   **2** Die Methoden   93

rung dazu tendierte, die Unterbeschäftigung zu erhöhen, und daß öffentliche Ausgaben mit der Absicht Beschäftigung zu schaffen, sie jedoch tatsächlich verringern würden.

Dennoch können wir ohne Modelle nicht weiterkommen, und diese Modelle müssen einfach sein. Eine Landkarte im Maßstab 1:1 ist beispielsweise für einen Reisenden ohne Nutzen. Die Kunst ein Modell zu konstrieren, besteht darin, alle unwesentlichen Komplikationen wegzulassen, ohne die für die sichere Orientierung notwendigen Hauptgesichtspunkte zu eliminieren.

Das wesentlichste Element in jeder Analyse ist ein Hinweis auf die Art des sozialen Systems, auf das sie angewandt wird. Ökonomische Beziehungen sind Beziehungen zwischen Menschen. Technische Beziehungen – zwischen der Menschheit und der physikalischen Umwelt – setzen die Grenzen, innerhalb derer sich das wirtschaftliche Leben abspielt. Obwohl das Niveau der technischen Entwicklung einer menschenreichen Gemeinschaft (oder einer Tiergesellschaft) einen bedeutenden Einfluß auf ihre internen Beziehungen hat, bestimmen die technischen Bedingungen sie dennoch nicht vollständig. Zum Beispiel arbeiten gegenwärtig Industrien mit nahezu derselben Technologie in unterschiedlichen kapitalistischen und sozialistischen Organisationsformen.

Gleichzeitig haben die Beziehungen zwischen den Menschen in einer Volkswirtschaft einen bedeutenden Einfluß auf die Art der technologischen Entwicklung. Beispielsweise würde eine Gesellschaft von unabhängigen Bauernfamilien sich nicht Anbaumethoden zu eigen machen, die von kapitalistischen Großbauern, die Lohnarbeiter beschäftigen, benutzt werden.

Die Wechselwirkung zwischen menschlichen und technologischen Beziehungen ist der Untersuchungsgegenstand der ökonomischen Analyse.

Die Merkmale einer Gesellschaft, die ausschlaggebend für ihre ökonomische Struktur sind, spiegeln sich in gesetzlichen Regelungen, Gewohnheiten und anerkannten Vorstellungen über ordentliches Benehmen wider. Sie befassen sich damit, wer Macht hat, wie Macht ausgeübt werden soll und wie das Verhalten von einem Element der Gesellschaft die anderen beeinflußt.

Die folgenden Kapitel sind hauptsächlich dem modernen industriellen Kapitalismus gewidmet, wobei das Wesen dieser Gesellschaft als Gegensatz zu anderen Typen sozialer Organisationen gezeigt wird.

Wir beabsichtigen nicht, ein System universeller »Gesetze« anzubieten, sondern hoffen, einen ersten Ansatz für einen Einblick in die Wirkungsweise ökonomischer Systeme und die Elemente analytischer Methoden zur Diskussion der von ihnen hervorgerufenen Probleme zu vermitteln.

(b) Vereinfachungen

Es gibt keinen Aspekt des ökonomischen Lebens, der nicht außerordentlich kompliziert und vielfältig ist. Ein Einblick in die technischen oder menschlichen Aspekte der Funktionsweise einer Volkswirtschaft kann nicht aus dem »dicken Nebel« sich verändernder Details gewonnen werden, welche sie in der konkreten Realität verschleiern. Die Analysemethode besteht darin, alle Details beiseite zu lassen und den Mechanismus des Systems in vereinfachter Form zu enthüllen. Im folgenden betreiben wir diese Methode in überaus drastischer Weise. Zum Beispiel klammern wir in den ersten drei Kapiteln alle Probleme der relativen Preise und der Nachfragestruktur aus, indem wir mit einem Modell arbeiten, in dem es nur ein einziges einheitliches Konsumgut gibt. Wenn wir Probleme der Landwirtschaft erörtern, abstrahieren wir die unterschiedlichen Witterungsverhältnisse. Wir nehmen an, daß alle Arbeiter gleichartig sind, und vernachlässigen den Unterschied zwischen Männern und Frauen. Der Zweck der Untersuchung ist, die in der Realität wichtigen Beziehungen aufzudecken, obgleich sie in der Wirklichkeit von komplizierten Erscheinungen überlagert werden. Bevor irgendeine Schlußfolgerung aus einer solchen Beweisführung auf die Realität angewandt werden kann, müssen die relevanten Details wieder mit einbezogen werden. Hier bieten wir lediglich die erste Phase der Analyse an. Ein tiefergehendes Studium ist nötig, bevor der Leser in der Lage sein wird, zu beurteilen, welche Details er in Betracht ziehen muß, um die Beweisführung auf spezielle Fälle anzuwenden.

Zunächst ist es wichtig, daß der Leser entsprechende Hinweise bekommt, welche Details ausgelassen wurden. Bei einem »fair play« zwischen Autor und Leser müssen nach Darstellung eines Modells, die vorgenommenen Vereinfachungen klar hervorgehoben werden. Die Wesensmerkmale, die in die Beweisführung eingehen, müssen spezifiziert werden. Werden Mengen angeführt, dann mit Maßeinheiten, in denen sie berechnet wurden. Der Leser kann mit vollem Recht erwarten, daß die Spielregeln nicht verletzt werden, aber er darf keine gebrauchsfertigen Schlußfolgerungen erwarten. Wenn der die Kunst der Analyse selbst beherrscht, kann er jeden beliebigen Teil der Beweisführung, der ihm nicht zufriedenstellend erscheint, korrigieren oder vervollständigen.

Die Methode, die wir anwenden werden, besteht darin, ein möglichst einfaches Modell zu konstruieren und zu benutzen, um all die Beziehungen darzustellen, die es aufzeigen kann, wobei wir jeweils auf die Probleme hinweisen, die ausgeklammert wurden. Wenn wir alles haben, was wir aus dem einfachsten Modell entnehmen können, führen wir ein anderes komplizierteres ein und bauen so die Argumentation von Phase zu Phase aus.

Einleitung   **2** Inhaltsübersicht   95

Die Beweisführung wird durch einfache Zahlen-Beispiele und einige graphische Darstellungen erläutert. Die Zahlen wurden so gewählt, daß keine Gefahr besteht, sie für tatsächliche Statistiken zu halten. Sie werden lediglich angeboten, um dem Leser zu helfen, einige wesentliche Beziehungen auf die einfachst mögliche Weise zu begreifen. Auch beabsichtigen die Beispiele nicht, ihn von der Realität zu entfernen; es werden keine Beziehungen dargelegt, die für die Wirkungsweise tatsächlicher Volkswirtschaften nicht von grundsätzlicher Bedeutung sind. Die Beispiele sind zwar erfunden, aber sie sind Vereinfachungen der Realität, nicht etwa Gleichnisse oder Märchen.

(c) Hinweise

Unsere Beweisführung wird in post-keynesianischer Form geführt. Das heißt, wir behandeln das Wirtschaftsleben als einen Prozeß im Zeitablauf, in dem die Zukunft nicht im voraus bekannt ist. Wir bieten auch in einem Abschnitt am Ende jedes Kapitels eine kurze Betrachtung der entsprechenden vor-keynesianischen Gleichgewichtstheorie so daß der Leser sehen kann, in welcher Hinsicht unsere Behandlung eines jeden Themas sich von dem unterscheidet, dem er woanders begegnet sein mag, um ihn vor einigen Gedankenverwirrungen zu warnen, die glücklicherweise in der gegenwärtigen Lehre weit verbreitet sind.

Einige Lehrer werden diese Abschnitte zweifellos als Zerrbild betrachten und dagegen Protest erheben, daß dies nicht dem entspricht, woran sie immer geglaubt haben. Wenn dem so ist, umso besser.

2. Inhaltsübersicht

Das Kapitel 1, *Boden und Arbeit,* behandelt jene Beziehungen, die in Form der einfachst möglichen Produktionsweise dargestellt werden können. Die technischen Beziehungen beinhalten hier erstens die Wirkung der Verfügbarkeit an kultivierbarem Boden auf den Output pro Arbeitseinheit; und zweitens, die Notwendigkeit der Vorratshaltung für die Zeitdauer der Produktion. Die sozialen Beziehungen werden durch verschiedene Formen des Grundbesitzes ausgedrückt.

Zu Beginn sei angenommen, daß die Familien die Möglichkeit haben, soviel Land zu bebauen wie sie möchten. Dann erörtern wir die Lage bäuerlicher Grundbesitzer mit Ländereien verschiedener Größe und das Pächtersystem der feudalistischen Grundherrn. Schließlich behandeln wir Ricardos Modell einer kapitalistischen Agrarwirtschaft und untersuchen seine Annahmen.

Ein Abschnitt mit graphischen Abbildungen gibt eine Einführung in diese Darstellungsmethode, zeigt ihren Anwendungsbereich und ihre Begrenzungen.

Kapitel 2, *Arbeitskräfte und Maschinen*, bringt ein Modell der industriellen Produktion. Hier sind die technischen Bedingungen extrem vereinfacht, um den Weg zu einer Diskussion über die sozialen Beziehungen einer Gesellschaft, die aus Kapitalisten und Arbeitern besteht, zu ebnen. Ein Anhang befaßt sich mit dem kurzfristigen Betriebskapital.

Kapitel 3, *Die effektive Nachfrage*, ist der Ausgangspunkt der Keynes'schen Theorie. Doch wir folgen der von Michal Kalecki eingeführten Version. Die Produktions- und Einkommensströme werden in einem einfachen Modell dargestellt. Dann wird die Struktur des Systems durch Vergleiche zwischen Situationen überprüft, die, abgesehen von einer einzigen Beziehung, gleich sind – z. B. einem Unterschied in der Investitionsrate oder dem Anteil der Löhne am Wert des Outputs. Schließlich wird die Wirkung eines Veränderungsprozesses in einer bestimmten Situation analysiert und eine vorläufige Erklärung der Beschäftigungsschwankungen in einer Privatwirtschaft gegeben. Der Anhang enthält ein Beispiel für Output-Schwankungen infolge sich verändernder Profiterwartungen.

Kapitel 4, *Technischer Wandel*, bringt Innovationen und Akkumulation in einer industriellen Wirtschaft, noch innerhalb der Begrenzungen des einfachen Modells, in die Diskussion. Wir erörtern das Wesen der sogenannten technologischen Arbeitslosigkeit, die Wechselwirkung zwischen steigender Produktivität und steigenden Reallöhnen, die Bedeutung des Veralterns und der Amortisation und das Verhältnis von Neuerungen zur Akkumulation. Abschnitt 3, der die Bedeutung der neutralen und induzierten Akkumulation behandelt, ist etwas formalistisch und kann beim ersten Lesen übergangen werden.

Kapitel 5, *Güter und Preise*, geht von dem einfachen Modell ab und führt komplexe Mengen wie Output und Konsum ein. Dieses Kapitel umfaßt einen großen Teil dessen, was gewöhnlich Mikroökonomie genannt wird. Die Gütermärkte werden in zwei Haupttypen unterteilt: solche, wo Angebot und Nachfrage entscheiden, und solche, wo die Preise durch einen Aufschlag auf die Gestehungskosten gebildet werden.

Der erste Typ wird in bezug auf den Handel mit Primärgütern erörtert. Hier schwanken die Preise gewöhnlich unter dem Einfluß der Nachfrage- und Angebotsänderungen und den daraus sich ergebenden Reaktionen auf die Erwartungen. Obgleich Marshalls Marktanalyse in diesem Zusammenhang anwendbar ist, existiert keine Tendenz in Richtung auf einen Gleichgewichtszustand.

Einleitung   **2** Inhaltsübersicht   97

In dem anderen Markttyp sind die Preise weitgehend stabil im Verhältnis zu den Nachfrageschwankungen, während der Output variiert. Es folgt eine kurze Diskussion über die Wechselwirkung zwischen den beiden Typen. Ein Abschnitt mit graphischen Darstellungen zeigt die Vor- und Nachteile von Marshalls wohlbekannter Analyse des Gleichgewichts zwischen Angebot und Nachfrage.

Kapitel 6, *Profitraten*, diskutiert die Preise unter langfristigen Aspekten. Hier ist die Argumentation notwendig diffiziler als im Vorhergehenden, weil sie nicht präzisiert werden kann. »Die Kapitalprofitrate« ist ein wichtiges Konzept, sowohl für die ökonomische Theorie als auch für die Geschäftspraxis. Aber in der Realität gibt es so etwas wie ein exaktes Verhältnis zwischen Nettoprofit und Kapitalwert nicht.

Bevor eine Investition durchgeführt wird, können die Kapitalkosten als Geldsumme ermittelt werden, aber der Profit ist dann eine unsichere und subjektive Zukunftserwartung. Wenn die Finanzierungsmittel in physische Produktionskapazitäten gebunden sind, fällt der Profit als Geldsumme an. Dann aber hat das Kapital aufgehört, eine Geldsumme zu sein, und es gibt keinen klaren und eindeutigen Sinn, der seinem Wert zugeschrieben werden kann. Die Profitrate ist das Verhältnis zwischen jährlichem Profit und dem Kapitalwert, aber beide Elemente in dieser Relation sind nie gleichzeitig existent.

In dem ersten Teil des Kapitels erörtern wir das Verhältnis von Preisen zu Profiten in allgemeiner Form, die dem Wesen der Sache nach nicht präzise sein kann. Wir formulieren dann ein Modell eines angenommenen stationären Zustands, in dem der Profitrate eine klare Bedeutung gegeben werden kann, um so ihre Rolle in der ökonomischen Theorie zu diskutieren. Nachdem wir einige Beziehungen mit Hilfe dieses Modells isoliert haben, behaupten wir, daß sie Einblick in die Funktionsweise einer industriellen Wirtschaft geben, obgleich noch große Anstrengungen darauf verwendet werden müssen, die Lücke zwischen den Schlußfolgerungen der Theorie und denen der Analyse einer komplizierten und sich verändernden Realität zu schließen. Abschnitt 3 und der Anhang können beim ersten Lesen ausgelassen werden.

Kapitel 7, *Einkommen und Nachfrage*, geht von der früheren Analyse der Preise und Verteilung aus der Sicht des Produzenten zum Standpunkt des Konsumenten über; es betrachtet einige Aspekte der Verteilung des persönlichen Einkommens und die subjektiven Elemente der Nachfrage. Unglücklicherweise war die Analyse der Konsumentennachfrage lange in einem Zirkelschluß der Begriffe von »Nutzen« und »Präferenzen« verfangen, so daß die ökonomische Theorie nur wenig darüber auszusagen vermag.

98   **2** Inhaltsübersicht   *Analyse*

Die Güter und Dienstleistungen, die die Haushalte kaufen, stellen nur einen Teil ihres Konsums dar. Der Rest wird durch die öffentliche Hand bereitgestellt, die ermächtigt ist, Steuern zu erheben. Das Thema »öffentliche Finanzen« war schon von jeher ein wichtiger Teil der politischen Ökonomie. In modernen Lehrbüchern werden die öffentlichen Finanzen, ebenso wie die »Theorie der Nachfrage«, in der Regel in höchst herkömmlicher Form behandelt. Hier schlagen wir eine Auffassung vor, die die öffentlichen Finanzen in den Bereich der post-keynesianischen Analyse rückt. Im Anhang wird die Beziehung zwischen buchungstechnischen Identitäten und kausalen Gleichungen definiert.

Kapitel 8, *Geld und Finanzwesen,* befaßt sich mit dem, was gewöhnlich als Geldtheorie bezeichnet wird. Dies ist ein höchst spezialisierter Studienzweig. Hier analysieren wir die Prinzipien, die den modernen Geldsystemen und der Geldpolitik zugrunde liegen, ohne dabei in all die Feinheiten der einzelnen Institutionen und Regelungen einzudringen, die von Land zu Land variieren und deren Details sich häufig ändern.

Wir erörtern die Grundprinzipien des Bankwesens, die Beziehungen der Wertpapierbörse zur Industrie, die Bestimmung der Zinssätze (obgleich dies nur in Umrissen geschieht) und die Begrenzungen der Geldpolitik als Mittel zur Kontrolle der industriellen Aktivität.

Kapitel 9, *Wachstum: Unternehmen, Industriezweige und Nationen,* folgt der in den vorhergehenden Kapiteln aufgestellten These, daß die Hauptquelle des Wachstums in einer kapitalistischen Wirtschaft im geschäftlichen Profitstreben liegt. Seit dem 17. Jahrhundert oder noch früher war das Wachstum der europäischen Volkswirtschaften zum Teil in Übersee begründet. Aus gewisser Sicht kann die ganze Welt als ein Markt betrachtet werden, auf dem wettbewerbsinduzierte Expansion und Akkumulation stattfinden kann. Andererseits hat die Existenz von Nationen mit mehr oder weniger unabhängigen Regierungen, die mehr oder weniger Loyalität von ihren Bürgern fordern, einen bedeutenden Einfluß auf das Tempo und die Richtung des Wachstums des gesamten Systems.

Wir überprüfen das Konzept der »Profitmaximierung« im Zusammenhang mit dem Unternehmerverhalten. Wir diskutieren das weltweite Wachstum der Produktionskapazität und analysieren dann, wie es durch nationale Handelspolitik beeinflußt wird.

Kapitel 10, *Internationale Bilanzen,* behandelt den Grund für den internationalen Handel und den internationalen Zahlungsverkehr aus der Sicht der finanziellen Beziehungen zwischen den Nationen. Wir geben zuerst eine Antwort auf die Scherzfrage: Warum existiert ein Zahlungsbilanzproblem für das Vereinigte Königreich und nicht für die Grafschaft Oxfordshire?

Einleitung **2** Inhaltsübersicht

Nachdem wir den Einfluß der nationalen Geldsysteme herausgearbeitet haben, diskutieren wir unterschiedliche Formen der Beziehungen internationaler Gleichgewichtszustände und wie sie vom Wechselkurssystem beeinflußt werden. Im Anhang wird die Formel des Einkommensmultiplikators in einer offenen Volkswirtschaft dargestellt.

Kapitel 11, *Sozialistische Planung,* erhebt die Frage nach dem Wert der neoklassischen und der marxistischen Analysemethoden für die Behandlung von Planungsproblemen. Da die Marx'sche Werttheorie eine Diagnose der Ausbeutung im Kapitalismus war, kann sie nicht sinnvoll auf sozialistische Preispolitik angewandt werden, die Marx'sche Analyse der Akkumulation ist dagegen höchst relevant.

Das neoklassische Schlagwort von »markträumenden Preisen« ist mißverständlich, aber das *Effizienzkonzept* verschafft einen Zugang zu einigen Planungsproblemen, obwohl es nur näherungsweise befolgt werden konnte. Diese Darstellungen sind im allgemeinen nützlicher, um einen Einblick in die Bedeutung und Begrenzungen der theoretischen Lehrsätze zu geben, als praktischen Rat für Planungsmethoden anzubieten. Anhang 1 behandelt das Streben nach Effizienz in der sowjetischen Planung und Anhang 2 konstruiert ein Beispiel für Beziehungen zwischen den Wirtschaftssektoren in einem Akkumulationsprozeß.

Kapitel 1   Boden und Arbeit

Ein Grundelement der ökonomischen Analyse ist der Zusammenhang zwischen dem Input, das sind die Bestandteile oder *Produktionsmittel,* die für einen Produktionsprozeß erforderlich sind, und dem Output an Waren sowie den produzierten Produktionsmitteln. Natürliche Ressourcen sind ein für die Produktion erforderlicher Input, der selbst nicht hergestellt werden kann. In einer modernen industriellen Wirtschaft wird die größere Menge an Input für einen typischen Produktionsprozeß selbst hergestellt, d. h. in Form des Outputs eines vorhergegangenen Prozesses, obwohl natürliche Ressourcen in einem früheren Stadium in größerem oder kleinerem Umfang in sie eingegangen sind. Die Unterscheidung ist nicht ganz exakt. Selbst scheinbar »natürlicher« Input, wie die Qualität der Böden oder das Wetter, weisen viele Eigenschaften auf, die durch die Benutzung von Dünger, Treibhäusern oder Klimaanlagen »erzeugt« werden könnten. Die wichtigste Grundeigenschaft des Bodens jedoch, seine Größe und Lage, ist nicht reproduzierbar, noch sind es die speziellen Bodenqualitäten bestimmter Landstriche, die die Erzeugung bestimmter Outputs erlauben (wie Ricardo bezüglich der Weinberge hervorhob [siehe: **1 2 § 3 (c)**]). Auch Mineralvorkommen sind grundsätzlich nicht reproduzierbar.

Das fundamentale Element der Produktion ist jedoch die Arbeit. Keine Produktion kann ohne menschliche Arbeitskraft stattfinden – sogar Roboter mußten von Menschen geschaffen werden. Die Wirtschaftswissenschaften sind ein Studium über die Beziehungen zwischen Menschen. Ihr zentrales Interesse gilt der Menschheit, die ihr Leben durch die Arbeit aufrechterhält. Menschen können nicht als bloßer »Prduktionsfaktor« auf demselben Niveau wie natürliche Ressourcen und andere Inputs behandelt werden.

Die Art, in der die Arbeit organisiert ist, und die Art, in der das Produkt verteilt wird, hängt teils von den technischen Beziehungen, teils von der Form des sozialen Systems ab, in dem die Arbeit stattfindet. Hier werden wir zunächst ein Modell mit sehr einfachen technologischen Merkmalen aufstellen und betrachten, wie es unter verschiedenen sozialen Bedingungen funktioniert.

Um einen Output zu erzeugen, benötigt ein Arbeiter sowohl Raum als auch Zeit und einige bereits vorhandene Materialien, um daran zu arbeiten. Die besonderen Merkmale des räumlichen Aspekts der Arbeit – Menschen und Güter zu transferieren – kann in diesem Stadium unserer Argumentation vernach-

Boden und Arbeit **2** 1 § 1 (a)

lässigt werden, aber wir müssen der Tatsache Beachtung schenken, daß die Produktion Zeit erfordert und daß sie normalerweise Kapitalbestände der einen oder anderen Art benötigt, um effektiv sein zu können.

In Anlehnung an unseren Vorsatz, rigoros zu vereinfachen, wollen wir zunächst eine Wirtschaft betrachten, in der die Produktion mit Hilfe von Arbeit vollzogen wird, die auf ein nicht reproduzierbares Produktionsmittel, nämlich Boden, angewandt wird, mit dem Input eines einzigen homogenen produzierbaren Gutes, nämlich »Getreide«, das auch gleichzeitig der einzige Output des Systems ist. Schematisch ausgedrückt:

$$\text{Arbeit} + \text{Boden} + \text{Getreide} \rightarrow \text{Getreide}.$$

Es wird angenommen, daß eine lang etablierte Tradition die Produktionsmethoden bestimmt hat; es gibt keinen technischen Wandel, aber die Tradition erhält ein Wissen darüber, wie verschiedene Intensitäten des Anbaus, d. h. verschiedene Einsatzverhältnisse von Arbeit und Boden, die Höhe des Outputs beeinflussen. Wir wollen die Funktionsweise dieser einfachen Wirtschaft in verschiedenen sozialen Systemen beobachten. Diese technischen Bedingungen sind eine so starke Vereinfachung, daß wir nicht behaupten können, eine Darstellung tatsächlicher historischer Situationen zu geben, aber es ist auch nur beabsichtigt, die Grundprinzipien aufzuzeigen, die nachweislich den Phasen der wirtschaftlichen Entwicklung zugrundeliegen.

1. Produktionsbedingungen

(a) Einheiten

Wir müssen uns selbst Einheiten schaffen, in denen wir die Produktionsmittel berechnen können. Zunächst betrachten wir den Fall, in dem der Boden einfach in Morgen gemessen werden kann. Unterschiedliche Bodenqualitäten werden später eingeführt.

Was ist die Einheit der Arbeit? Zuerst müssen wir überlegen, wie menschliche Arbeitskraft gemessen werden kann. Traditionsgemäß verrichten Männer, Frauen und Kinder verschiedene Arbeiten, und ihre spezifischen Rollen sind in den einzelnen Gesellschaftsformen unterschiedlich; dies ist ein wichtiger Aspekt einer Agrarwirtschaft, den wir außer Betracht lassen. Wir unterstellen, eine Familie, die aus einer Anzahl Standard-»Männern« besteht (obgleich in einigen Gemeinschaften die Arbeit hauptsächlich von Frauen verrichtet wird). Als nächstes müssen wir die Arbeit pro »Mann« spezifizieren. Dies ist weniger einfach. Wir benötigen eine Einheit für die von einem Mann jährlich geleisteten Arbeitsstunden. Die Saisonabhängigkeit der Arbeit in der Landwirtschaft ist in der Realität ein schwerwiegendes Problem; z. B. kann es in der Hochsaison in einer bestimmten Region einen akuten Arbeitskräftemangel und lange Perioden unerwünschter Untätigkeit während des restlichen Jahres geben. Dies ist ein anderer Fall, der für unser einfaches Modell zur kompliziert ist. Wir vermeiden ihn, indem wir annehmen, daß die Technik eine bestimmte Reihenfolge der Tätigkeiten über ein Jahr hinweg verlangt. Unsere Arbeitseinheit besteht dann aus einer Anzahl von Arbeitsstunden pro Jahr, die in einem bestimmten Rhythmus über das Jahr verteilt sind. Dies ist zwar nicht ganz zutreffend, aber es ist notwendig wegen des Vorsatzes, das Modell so einfach wie möglich zu halten.

(b) Vorratsbestand

Die Produktion benötigt Zeit. Aber ein Mensch muß täglich essen. Der Produktionskreislauf muß immer mit einem Überschuß aus der Vergangenheit beginnen, um Saatgut bereitstellen und die Familie des Landwirts ernähren zu können, bis der Produktionsprozeß einen Output erbringt. Wir haben weitere Schwierigkeiten beseitigt, indem wir annahmen, daß es keine produzierbaren physischen Inputs außer Saatgut gibt – weder Dünger noch Pflüge – und daß die Menge des Saatguts pro Output-Einheit durch technische Bedingungen fixiert ist. Der Netto-Output einer Arbeitseinheit ist der Überschuß des Produkts über das Saatgut. Wir nehmen an, daß das Saatgut pro Output-Einheit wegen technischer Erfordernisse fix ist, so daß das Verhältnis von Netto-Output zu Gesamtprodukt nicht variieren kann.

Wo die angewandte Technik – die Produktionsform – eine einzige jährliche Ernte erlaubt, besteht der zur Produktion erforderliche Vorratsbestand aus einem Anteil an jeder Ernte, der für Saatgut und den Lebensunterhalt bis zum nächsten Jahr beiseite gelegt wird. Unmittelbar nach der Ernte setzt sich der Vorratsbestand aus einer Menge Saatkörner zusammen. Im Verlaufe des Jahres existiert er als Saatgut im Boden und als sich verringernder Nahrungsmittelvorrat zuzüglich der allmählich reifenden Frucht, in der die Arbeit des Landwirtes verkörpert ist. Kurz vor der nächsten Ernte besteht der Vorrat aus einem kleinen Rest und dem reifen Getreide auf den Feldern. In der Erntezeit erscheint er wiederum als eine Menge Saatkörner.

Eine andere Produktionsform kann dort benutzt werden, wo natürliche Bedingungen eine kontinuierliche Produktion anstelle einer jährlichen Ernte erlauben. Wenn Saatgut jeden Tag angepflanzt und das reife Getreide jeden Tag aus dem gepflanzten Saatgut des Vorjahres geerntet werden kann, dann besteht der Vorrat aus Pflanzen jedes Alters von Null bis zu einem Jahr. Ist einmal ein ausgewogener Vorrat aufgebaut worden, so entspricht der tägliche Output einem kontinuierlichem Strom gleicher Menge. Der Vorrat existiert niemals gleichzeitig nur als eine Menge von Getreidekörnern; er nimmt die Form eines Bestandes von Pflanzen an, der immer dieselbe Alterszusammensetzung behält.

Es gibt noch wesentlich mehr und kompliziertere Zeitstrukturen der Produktion, aber jede Technik erfordert einen angemessenen Vorratsbestand, der es der Arbeit gestattet, einen Output zu produzieren.

(c) Soziale Beziehungen

Die obigen Produktionsmodelle sind technische Beziehungen, die in jeder Gesellschaftsform existieren. Aber die Produktion ist nicht nur ein technischer Prozeß, sie schließt ebenso soziale Beziehungen ein, insbesondere gesetzliche Regelungen und anerkannte Konventionen, die den Anspruch auf Eigentum betreffen. In jeder Gesellschaft sind die Produktionsfaktoren im Besitz und unter Kontrolle von irgend jemandem, gleich, ob es eine Einzelperson, eine Organisation oder der Staat ist. Soziale Systeme können durch die Eigentumsform, die sie angenommen haben, unterschieden werden. Die Feudalgesellschaft z. B. ist charakterisiert durch das ausschließliche Eigentum des Grundbesitzers an Land und dem Vorrat an Saatgut. Der Leibeigene, der lediglich seine Fähigkeit zu arbeiten besitzt, bezahlt seinen Herrn in Arbeitsleistungen für das Privileg, etwas Land und Saat für sich selbst benutzen zu dürfen.

Die sozialen Beziehungen, die der Kontrolle über die Produktionsmittel innewohnen, beeinflussen nicht nur die Form, in der die technischen Erfordernisse der Produktion erfüllt werden, sondern auch, wieviel produziert wird und wie die Früchte der Produktion verteilt werden.

Ein etabliertes System sozialer Beziehungen kann durch Veränderungen in der Form der technischen Möglichkeiten zerstört werden. Die Entdeckung von Neuland z. B. kann dazu führen, daß einige Produktionsmittel, die früher rar waren, im Überfluß vorhanden sind und auf diese Weise den Einfluß ihrer Besitzer reduzieren. Ähnlich kann technischer Fortschritt eine bestimmte Ressource veralten lassen. Die Erhaltung des Einflusses einer sozialen Gruppe beruht auf ihrer Fähigkeit, sich der Form des wirtschaftlichen Wandels anzupas-

104   2 1 § 2 (a)   *Analyse*

sen oder ihn zu kontrollieren – die anpassungsfähige britische Aristokratie hat
so von der feudalistischen Epoche bis heute überlebt.

Im Lichte dieser technischen und sozialen Überlegungen werden wir nun in
verschiedenen Gesellschaftssystemen die Form, in der die Produktion organisiert und der Output verteilt wird, an Hand unseres stark vereinfachten Modells einer Agrarwirtschaft überprüfen. (Das Argument der folgenden Abschnitte wird durch die Diagramme in § 5 dieses Kapitels illustriert.)

2. Unabhängige Familien

Wir nehmen zunächst eine Wirtschaft aus unabhängigen Bauernfamilien an,
die auf einem großen, gleichmäßig fruchtbaren Land leben. Da es keine Bodenknappheit gibt, kann jede Familie so viel Land bestellen, wie es ihr gefällt.
Wir vernachlässigen die Kosten und die Verzögerung durch die Urbarmachung von
neuem Anbauland – der gesamte Boden kann eine Ernte hervorbringen –, und
wir nehmen an, daß die angewandte Technik die Fruchtbarkeit des Bodens unbeschränkt erhält. Grundeigentum ist notwendig, damit eine Familie ohne
Furcht vor Streitereien dort ernten kann, wo sie gesät hat. In unserer angenommenen Agrarzone genießt jede Familie das Eigentum an dem Land, das sie in
Besitz nimmt, aber es gibt keine Bezahlung für die Nutzung des Bodens, da es
mehr als genug für jedermann gibt. (Eigentum als Begriff ist allgemeinerer, als
das, was wir üblicherweise damit verbinden: das pachtbringende Land der
Großgrundbesitzer.)

(a) Ein stationärer Zustand

Der Output pro Arbeitseinheit hängt von dem Arbeitsaufwand pro Morgen
Land ab. Wenn die verfügbaren Arbeitseinheiten zu dünn über das Land verteilt wären, würde der Gesamtoutput geringer sein. Es wäre unmöglich, das
Wachstum des Unkrauts unter Kontrolle zu halten, oder es würde zu viel
Zeit durch die zurückgelegten Wege verlorengehen. Andererseits wäre es eine
Vergeudung von Anstrengungen, zu wenig Land zu intensiv zu bebauen. Es
gibt ein optimales Verhältnis zwischen Boden und Arbeitseinheiten, die von
der Familie geleistet werden müssen. Der Output, den jede Familie erzeugt,
hängt dann einfach von der Höhe ihres Arbeits-Inputs ab. Familien, die mehr
arbeiten, bebauen eine größere Fläche und genießen ein entsprechend höheres

Boden und Arbeit **2** 1 § 2 (b) 105

Einkommen an Getreide. (Familien unterscheiden sich in der Größe, und jede einzelne kann mehr oder weniger fleißig arbeiten).

Die Realität ist natürlich nie so einfach, aber wir wollen annehmen, daß jede Familie so arbeitet, daß der Output pro Arbeitseinheit maximal ist, d. h. auf dem höchsten Stand ist, den die bekannte Technologie erlaubt. Falls eine Familie 10 Arbeitseinheiten einsetzt und 60 Morgen Land bebaut, um den Output pro Arbeitseinheit zu maximieren, dann wird eine andere Familie, die z. B. 5 Arbeitseinheiten leistet, 30 Morgen Land bestellen, und jede realisiert das optimale Verhältnis von Boden zu Arbeitseinheiten (s. Abb. 11). Der Netto-Output steigt in einem konstanten Verhältnis zum geleisteten Arbeitsaufwand und dem genutzten Boden. Der Output pro Morgen und der Netto-Output pro Arbeitseinheit variieren nicht mit dem Gesamtarbeitsaufwand, den eine Familie leistet, oder mit der Fläche, die sie bebaut.

Das Einkommen wird in jeder Familie gemäß den gesellschaftlichen Gewohnheiten aufgeteilt. Die Verteilung des Gesamteinkommens zwischen den Familien entspricht genau der Arbeit, die jede Familie zu leisten bereit ist.

Mit einer konstanten Bevölkerung und einer konstanten Arbeitsleistung befindet sich die Volkswirtschaft in einem *stationären Zustand;* Produktionsbedingungen und Konsum verändern sich im Zeitablauf nicht. Jede Familie hat in jedem Jahr den gleichen Output an Getreide (wir vernachlässigen hierbei die Witterungsunterschiede). Bei einer jährlichen Ernte konsumieren sie nach Bereithaltung des Saatgutes die Ernte des letzten Jahres, während sie für die Ernte des nächsten Jahres arbeiten.

Im Falle der kontinuierlichen Produktion hält jede Familie einen konstanten Vorrat in Form von wachsenden Pflanzen aufrecht, konsumiert ständig und sät das reife Getreide, das sie täglich erntet.

(b) Wachstum

Nun wird angenommen, daß die Bevölkerung zunimmt. Jede Familie vergrößert sich in dem Maße, daß sie sich bei gewohntem Lebensstandard selbst versorgen kann. Wird die Zahl der jungen Männer, die erwachsen werden, größer als die Zahl der alten Menschen die sterben, so ist eine typische Familie in der Lage, in einem Jahr mehr Arbeit als im vorherigen zu leisten. Wenn eine Familie um einen Mann gewachsen ist, zieht einer von ihnen aus, um neues Land zu bebauen. Die Familie versorgt ihn mit dem notwendigen Vorrat.

Für die Expansion des Outputs über das Niveau des stationären Zustands hinaus ist die Zeitstruktur der verschiedenen Produktionstechniken wichtig.

Wie wir gesehen haben, ist jede Zeitstruktur mit einem bestimmten Vorrat an Produktionsmitteln verbunden, der notwendig ist, um die Produktion fortzusetzen.

Bei einer einzigen jährlichen Ernte muß die Familie dem auf sich gestellten Mann genug Saatgut mitgeben, da alles auf einmal angepflanzt wird, und ihn mit Konsumgütern für ein Jahr versorgen. Im Fall der kontinuierlichen Produktion können sie ihm sowohl das tägliche Saatgut als auch die täglich benötigte Nahrung mitgeben. In beiden Fällen wird ihr eigener jährlicher Konsum entsprechend eingeschränkt. (Obwohl die Gesamtzahl der Familienmitglieder steigt, bleibt der gesamte Arbeitsaufwand, den die Zurückbleibenden leisten, und der Output, den sie produzieren, noch der gleiche wie vor dem Weggang eines Mitglieds.)

Mit beiden Techniken benötigt das Getreide eine bestimmte Zeit – sagen wir ein Jahr –, um zu reifen. Im ersten Fall erhält der junge Mann eine Ernte, ein Jahr, nachdem er das Heim verlassen hat, und lebt davon im nächsten Jahr; im anderen Fall erhält er einen ersten Ertrag am Ende des ersten Jahres, der sich danach in einem gleichbleibenden Zufluß fortsetzt. In beiden Fällen kann er sich vom Ende des ersten Jahres ab selbst ernähren. Das Getreide, von dem der junge Mann im ersten Jahr lebt, und sein Saatgut sind eine Investition, die eine Familie trägt, um dem Sohn das Leben zu ermöglichen. Er zahlt ihr weder Zinsen noch zahlt er den Vorschuß zurück, er übernimmt jedoch eine moralische Verpflichtung seinerseits für das Wachstum in der nächsten Generation zu sorgen. Sogar in der idealen Welt, wo kultivierbares Land frei zugänglich ist, bedeutet ein Wachstum der Bevölkerungszahl eine Last für die Gemeinschaft, da die Investition, die benötigt wird, um jüngere Söhne als Bauern auszurüsten, einen Konsumverzicht ihrer Eltern bedeutet.

Da die Wirtschaftstheorie zuerst in nördlichen Breiten entwickelt wurde, wurde eine jährliche Ernte sowohl von den Physiokraten als auch von Ricardo als selbstverständlich angenommen. Wir werden bei unseren Ausführungen ebenfalls dieser Tradition folgen. Kontinuierliche Produktion betrachten wir erst, wenn wir Probleme der Industrie erörtern. In der Zwischenzeit nehmen wir an, daß unser »Getreide« in einer jährlichen Ernte erzeugt wird.

(c) Abnehmende Erträge

Nun wird angenommen, daß sich die Bevölkerung über das ganze kultivierbare Land ausgebreitet hat. Es ist kein zusätzlicher Boden mehr verfügbar. Jede Familie besitzt einen bestimmten Anteil. Der Netto-Output pro Arbeitseinheit

Boden und Arbeit **2** 1 § 2 (c)   107

einer Familie beruht nun auf der Größe ihres Anteils, und kein Besitz ist groß
genug, um ein Leben mit demselben Arbeitsaufwand zu führen, als wenn der
Boden zur freien Verfügung stünde. Der Output pro Arbeitseinheit kann nicht
länger durch das Aufrechterhalten des optimalen Verhältnisses von Boden zu
Arbeit (in unserem Beispiel 6 Morgen zu 1 Arbeitseinheit) auf einem Maximum
gehalten werden. Nun muß der Boden durch bessere Bebauung, vermehrtes
Unkrautjäten, schnelleres Ernten usw. intensiver bearbeitet werden. Je kleiner
die Bodenfläche, desto mehr Arbeit ist erforderlich, um ein gegebenes Einkommen zu erwirtschaften. Die Bedingungen der abnehmenden Erträge setzen sich
in dem Sinne durch, daß für eine gegebene Ackerfläche der durch die Arbeit
erzeugte Output in geringerem Maße zunimmt als der Arbeitsaufwand. Daher
fällt der Netto-Output pro Arbeitseinheit in dem Maße wie das Verhältnis von
Arbeit zu Boden seigt [s. Abb. 1.2 (a–c)].

Angenommen die Bedingungen sind wie in Tabelle 1.1. Wir vergleichen eine
Anzahl von Familien, die jeweils 10 Arbeitseinheiten pro Jahr leisten und
deren Grundbesitz verschieden groß ist. Die Bedingungen für eine Anzahl von
Familien mit einem Besitz von 60 Morgen, die sich jedoch durch ihren Arbeitsaufwand unterscheiden, werden in Tabelle 1.2 aufgezeigt. Diese Zahlen
sind ganz willkürlich ausgewählt worden, um das Wesen der abnehmenden
Erträge in der einfachsten Weise zu illustrieren.

Es kommt darauf an, daß mit einem schrittweise ansteigendem Verhältnis
von Arbeit zu Boden der Output pro Morgen größer und der Output pro Arbeitseinheit geringer wird. Ab einem bestimmten Verhältnis hört der Gesamtoutput pro gegebener Bodenfläche auf zu steigen, auch wenn mehr Arbeit auf
sie verwandt wird. Darüber hinaus ist zusätzliche Arbeit mit mehr Saatgut
Vergeudung. Eine Familie mag ein großes Bedürfnis nach mehr Output haben
als sie erwirtschaftet und bereit sein, dafür zu arbeiten. Aber mit der einzigen
ihr bekannten Technik ist sie nicht in der Lage, mit dem wenigen Land, das sie
besitzt, ihr gesamtes Arbeitspotential voll auszunutzen. Sie muß notgedrungen
viel von ihrer Zeit in nicht gewollter Müßigkeit verbringen.

Tabelle 1.1

Landbesitz in Morgen	Gesamt-Netto-Output an Getreide	Morgen pro Arbeitseinheit	Netto-Output an Getreide pro Morgen
60	480	6	8
50	450	5	9
40	400	4	10
30	300	3	10

Tabelle 1.2

Arbeitseinheiten	Gesamt-Netto-Output an Getreide	Arbeitseinheiten pro Morgen	Netto-Output an Getreide pro Arbeitseinheit
10	480	$1/6$	48
12	540	$1/5$	45
15	600	$1/4$	40
20	600	$1/3$	30

Für eine Technologie, die abnehmende Erträge aufweist, bietet sich das Konzept der *Grenzproduktivität* an, worunter das Verhältnis der Unterschiede in der Höhe des Outputs zu den Unterschieden der Relation von Arbeit und Boden zu verstehen ist. Dies ist am leichtesten einzusehen, wenn wir den Effekt eines Wandels der Arbeit-Boden-Relation bei sonst gleichen Bedingungen betrachten.

Im obigen Beispiel haben wir verschiedene Familien mit unterschiedlichen Verhältnissen von Arbeit zu Boden verglichen. Wir nehmen nun an, daß dieselben Verhältnisse bestehen, wenn eine Familie den Arbeitsaufwand für einen gegebenen Landbesitz variiert. Abnehmende Erträge bedeuten, daß ein proportionales Anwachsen der auf einer Bodenfläche mit entsprechendem Saatgut geleisteten Arbeit zu einem unterproportionalen Anwachsen des Outputs führt. Das heißt, daß der durchschnittliche Output pro Arbeitseinheit fällt, wenn die gesamte Arbeitsleistung wächst, und daß der Outputzuwachs, zurückgeführt auf eine zusätzliche Arbeitseinheit, geringer als der Durchschnitt ist. Um die Auswirkungen der Veränderungen anstatt des Vergleichs von Verhältnissen darzustellen, beziehen wir uns noch einmal auf unser Beispiel:

Eine Vermehrung um 3 Arbeitseinheiten von 12 auf 15 führt zu einer Zunahme des Outputs um 60, von 540 auf 600, und gleichzeitig zum Absinken des durchschnittlichen Netto-Outputs pro Arbeitseinheit von 45 auf 40. Zur besseren Übersicht (siehe Tabelle 1.3) werden wir nur den Bereich zwischen 540 und 600 darstellen. Wiederum sind die Zahlen ganz willkürlich und illustrieren lediglich ein Prinzip, das uns in der folgenden Argumentation nützen wird.

Tabelle 1.3

Arbeitseinheiten	Gesamt-Netto-Output an Getreide	Netto-Output an Getreide pro durchschnittliche Arbeitseinheit	Zuwachs pro Arbeitseinheit
12	540	45	—
13	565	43,5	25
14	588	42	23
15	600	40	12

Boden und Arbeit **2** 1 § 2 (e)   109

Wie bereits dargestellt, findet jenseits der Relation von 15 Arbeitseinheiten zu 60 Morgen kein weiteres Anwachsen des Outputs statt. Jenseits dieses Punktes fällt der durchschnittliche Output pro Arbeitseinheit im selben Verhältnis wie der Arbeitsaufwand anwächst; der Gesamtoutput wächst nicht, und die Grenzproduktivität der Arbeit ist Null.

(d) Fixer Arbeitsaufwand

In bestimmter Hinsicht ist ein Mindestmaß an Arbeit erforderlich, um überhaupt einen Output zu erhalten. Jedes Jahr gibt es einen bestimmten fixen Arbeitsaufwand, ohne den zusätzliche Arbeit keinen Ertrag bringen würde. (Z. B. müssen die Bewässerungsgräben im Frühjahr gesäubert werden. Dies ist nicht zu verwechseln mit Investitionen zur Landerschließung. Es ist ein Teil der Erfordernisse der vorgegebenen herkömmlichen Technologie.) Bei sehr kleinem Verhältnis von Arbeit zu Boden ist der Output gleich Null; wenn das notwendige Minimalverhältnis erreicht ist, steigt der durchschnittliche Output sprunghaft an, und das Grenzprodukt einer weiteren Arbeitseinheit ist viel größer als der Durchschnitt (s. Abb. 1.4).

Falls eine Familie nicht in der Lage ist, genug Arbeit zu erbringen, um den jährlichen fixen Arbeitsaufwand zu leisten, wäre es vorteilhaft, die Kräfte mit anderen Familien, die kleineren Bodenbesitz haben, zu vereinigen. Boden und Arbeitskraft zusammenzufassen und kooperativ zu wirken. Das Problem wäre dann die Regel, nach der das gemeinsame Produkt verteilt würde. Man könnte sich auf eine Zahlungsweise einigen, deren Höhe von den Morgen, die in den Pool eingebracht werden, und von den Arbeitseinheiten abhängt. Man könnte auch mit gemeinsamem Besitz an Boden operieren und nur für die Arbeit bezahlen. Ebensogut wäre es möglich, nach demselben Prinzip zu verfahren wie die Familie, in der die Rechte und Pflichten auf herkömmlichen, allgemeinen anerkannten Vorstellungen beruhen. Oder die Familien verfallen in Streitigkeiten und bringen so die Übereinkunft zur Zusammenarbeit zum Scheitern.

(e) Einkommen und Aufwand

Es muß festgestellt werden, daß es eher abnehmende Erträge pro Arbeitseinheit als pro »Mann« gibt. Für eine Familie mit einer gewissen Anzahl von Männern hängt der geleistete Arbeitsaufwand von den näheren Umständen ab. Wenn der Output pro Morgen ab einem gewissen Intensitätsgrad der Bebauung aufhört zu steigen, wie in unserem einfachen Zahlenbeispiel, so ist es für eine Familie mit einem begrenzten Landbesitz nicht von Vorteil, mehr als einen gewissen Arbeitsaufwand zu leisten. Ein anderer Fall ist denkbar, in dem – wegen der Bodenbeschaffenheit und der angewandten Technologie – der Output pro Morgen nicht abrupt bei einem bestimmten Grad der Bebauungsintensität aufhört zu steigen: die Grenzproduktivität fällt nie wirklich auf Null, aber bei hohen Verhältnissen von Arbeit zu Boden fällt sie allmählich auf ein niedriges Niveau. In solch einem Fall ist eine Familie mit relativ kleinem Landbesitz nicht zu ungewollter Müßigkeit – hervorgerufen durch den Mangel an zu bearbeitendem Land – verurteilt (s. Abb. 1.3). Dann aber kommt eine andere Grenze in Betracht, nämlich der Arbeitsaufwand, den zu erbringen sie für lohnend hält.

Die Familie braucht den maximal physisch möglichen Arbeitsaufwand nur dann zu leisten, wenn es um ihr Überleben geht. Mit einem größeren Besitz, der einen höheren Ertrag pro Arbeitseinheit abwirft, kann ein größeres Einkommen mit weniger Aufwand erzielt werden. Mit mehr verfügbarem Boden würde es nicht notwendig sein, so hart arbeiten zu müssen. Oberhalb einer bestimmten Größenordnung wird der Arbeitsaufwand pro Mann bei höherem Ertrag pro Arbeitseinheit ständig geringer. Oberhalb einer anderen Größenordnung mit noch mehr verfügbarem Land können sich anspruchsvollere Konsumgewohnheiten entwickeln, und es kann lohnender sein mehr zu arbeiten, wenn der Ertrag größer ist. Auf einem sehr hohen Konsumniveau scheint jedoch ein geringer Einkommenszuwachs einen Extraaufwand nicht mehr wert zu sein (s. Abb. 1.3 und 1.5). Daher haben die Mitglieder einer Familie mit großem Landbesitz offenbar nicht nur ein höheres Einkommen, sondern sie brauchen auch weniger zu arbeiten, um es zu verdienen.

(f) Großer und kleiner Grundbesitz

Kehren wir zu dem Fall zurück, in dem der Output pro Morgen bei einem gewissen Intensitätsgrad der Bebauung eine definitive Grenze erreicht. Wir vergleichen die Situation zweier Familien mit gleicher Personenzahl und verschieden großem Grundbesitz. Eine typische Großbauernfamilie hat einen großen Grundbesitz, ein typischer armer Bauer einen sehr kleinen. Wir müssen nun ferner unterschiedliche Bodenqualitäten berücksichtigen. Der Besitz des Großbauern mag besseren Boden haben, günstiger für die Bewässerung gelegen sein und ähnliches mehr.

Boden und Arbeit **2** 1 § 2 (f)

Die Familie des Großbauern kann sich lediglich aufgrund ihrer eigenen Arbeitsleistung ein relativ komfortables Leben machen, während die Familie eines Kleinbauern höchstens ein kärgliches Einkommen erreichen kann, das wahrscheinlich unzureichend ist, um sie in die Lage zu versetzen, gut zu arbeiten. Auf der kleinen Parzelle der armen Bauernfamilie ist der Gesamtoutput eng begrenzt. Die arme Bauernfamilie ist bereit, mehr zu arbeiten als die des Großbauern, aber ihr Grundbesitz ist so klein, daß der Arbeitsaufwand, bei dem sie alles, was aus dem Boden herauszuholen ist, erwirtschaftet, kleiner ist als der Arbeitsaufwand, den sie grundsätzlich zu leisten bereit wäre. Es würde sich nicht lohnen, härter zu arbeiten. Daher können sie sogar untätiger sein als die Großbauern, allerdings zwangsweise und nicht freiwillig (s. Abb. 1.6).

Eine Großbauernfamilie kann den armen Bauern Lohn anbieten und erhält ein größeres Einkommen, indem sie Arbeiter auf ihrem eigenen Land beschäftigt. Die Lohnrate wird auf einem vereinbarten Niveau in der Nähe des durchschnittlichen Einkommens der ärmsten Bauern festgesetzt. Diese sind gezwungen, das Angebot zu akzeptieren, da sie leben wollen. Ein gegebener Lohnsatz erlaubt dem Großbauern, im Prinzip Arbeitseinheiten bis zu der Höhe nachzufragen, bei der die Grenzproduktivität seines Bodens gleich dem Lohn ist. (In unserem obigen Beispiel (s. Tabelle 1.2), in dem eine Arbeitseinheit durch die Arbeitsleistung eines Mannes pro Jahr ausgedrückt wird, sehen wir, daß bei einem Lohn von 23 pro Mann und Jahr ein Großbauer, dem 60 Morgen gehören, nicht mehr als 14 Männer beschäftigen wird, selbst wenn die Großbauernfamilie nicht mitarbeitet.) Eine größere Nachfrage nach Arbeitskräften würde die Lohnkosten stärker erhöhen als die Produktion. Ein geringerer Arbeitsaufwand bedeutet, wie bereits erwähnt, einen Verzicht auf potentiellen Gewinn. Daher setzen die Großbauern, sofern sie geschäftstüchtig und darauf bedacht sind, alles aus ihrem Land herauszuholen, gemäß dieser Regel Arbeit (mit entsprechendem Saatgut) ein. In diesem Fall führt ihre »Bauernschläue« dazu, nach den Prinzipien der Wirtschaftstheorie zu handeln.

(Bei unseren einfachen Annahmen haben wir in Arbeitseinheiten pro Jahr gerechnet. In Wirklichkeit würde ein Großbauer die Arbeitskraft eines armen Bauern üblicherweise nur während der Hochsaison für eine bestimmte Summe pro Tag einstellen.)

Aufgrund der Arbeit, die die Großbauern vergeben, genießen sie einen Überschuß, der gleich dem Überschuß des Netto-Outputs der zusätzlichen Arbeit über die Lohnkosten, die sie in Getreide auszahlen, ist. Davon können sie komfortabel leben. Wenn der Grundbesitz groß genug ist, brauchen sie selbst überhaupt keine Arbeiten zu verrichten, außer die Tätigkeiten der Lohnarbeiter zu organisieren und sie den Anforderungen entsprechend einzusetzen.

3. Großgrundbesitzer und Bauern

Wir betrachten nun eine Wirtschaft, wie sie Quesnay beschrieben hat, in der das ganze Land Feudalherren gehört, die es lediglich als Einkommensquelle betrachten.

(a) Interessenkonflikte

Das hervorstechende Merkmal dieser Feudalinstitutionen ist die Trennung zwischen Eigentum an Grund und Boden und der darauf verwandten Arbeit. Dies bringt eine Produktionsorganisation mit sich, die wahrscheinlich nicht sehr effizient ist. Um sich nicht mehr mit dem Anbau befassen zu müssen, vergaben die Großgrundbesitzer das Land an Pächter; wir nehmen an, die Pacht betrage traditionsgemäß die Hälfte des Brutto-Outputs des Bodens. Der Großgrundbesitzer hat keine direkte Kontrolle über die Arbeit, die die Erntearbeiter verrichten. Die Pächter haben weder die Mittel noch die Absicht die Produktivität des Bodens zu erhalten, während der Großgrundbesitzer sein Einkommen erlangen kann, ohne sich darum zu kümmern. Unter diesen Bedingungen ist der Ertrag des Großgrundbesitzers umso größer, je mehr Arbeiter auf seinem Besitztum beschäftigt sind. Der Großgrundbesitzer gewinnt am meisten, wenn die Ländereien so klein sind und der Intensitätsgrad der Bebauung so groß ist, daß der Output pro Morgen maximiert wird, d. h. auf dem Niveau ist, auf dem zusätzliche Arbeit keinen merklichen Anstieg des Outputs bringen würde (das Grenzprodukt eines zusätzlichen Pächters wäre Null). Dies ist aber gegen die Interessen der Bauern, die, wie wir gesehen haben, am besten gestellt sind, wenn die Ländereien so groß sind, daß das Nettoprodukt pro Arbeitseinheit maximiert wird.

Aus der Sicht des Großgrundbesitzers ist es am günstigsten, wenn der Grundbesitz pro Pächter möglichst klein ist, vorausgesetzt, daß er nicht so klein ist, daß die Familien der Pächter nicht leben können. Die Minimalgröße des Grundbesitzes hängt von der Fruchtbarkeit des Bodens ab: Auf fruchtbarem Boden kann ein Großgrundbesitzer mehr Familien auf seinem Besitz ansiedeln. Bei einem größeren Umfang der Besitztümer (d. h. einer kleineren Anzahl von Pächtern auf einem bestimmten Besitz) ist der Output pro Morgen geringer; das Einkommen des Großgrundbesitzers ist niedriger und das pro beteiligter Erntearbeiterfamilie größer.

Wenn es nicht genug Pächter gibt, um die ganze Fläche zu bestellen, werden die Großgrundbesitzer nicht so große Ländereien vergeben, so daß der Output pro Morgen stark abnimmt; sie ziehen es vor, einen Teil des Landes unverpachtet zu lassen (wobei sie in jedem Fall einen beträchtlichen Teil als Waldbesitz und für Vergnügungszwecke für sich zurückbehalten), um die Bauern daran zu hindern, wohlhabend und unabhängig zu werden. Falls sie jedoch zuviel Land brach liegen lassen, können sie in politische Schwierigkeiten geraten, da ihre Kontrolle über den Grundbesitz letzten Endes auf Macht beruht.

Unter diesen Bedingungen liegt ein Bevölkerungswachstum im Interesse der Großgrundbesitzer, nicht jedoch in dem der Bauern, obgleich jedes Individuum seine Söhne als Sicherheitsgarantie für das Alter betrachten könnte. Eine wachsende Bevölkerung reduziert das Einkommen und kann zu extremen Elend führen, nicht hauptsächlich (wie Malthus behauptete), wegen der fallenden Erträge der Arbeit, sondern wegen der schwachen Verhandlungsmacht der Pächter gegenüber den Großgrundbesitzern. Wahre Malthusianische Not wird nicht erreicht, bevor die Bevölkerungsdichte nicht so groß ist, daß die gesamte Produktion bei maximalen Arbeitsaufwand, den eine Familie leisten kann, nicht ausreicht, um die Familie zu ernähren. Malthus' Vorliebe für den Landadel machte ihn blind für den Mechanismus, wie durch Bevölkerungsdruck Elend hervorgerufen wird. (Doch wie wir gesehen haben, kann ein Bevölkerungswachstum sogar dann eine Last sein, wenn das Land nicht begrenzt ist [**2** 1 § 2 (b)].

(b) Geldverleiher

Um mit Hilfe des Produktionsfaktors Arbeit unter Verwendung von Land Getreide erzeugen zu können, benötigt man Zeit; zu jedem Zeitpunkt gibt es einen Bestand von »laufender Arbeit«, die es ermöglicht, daß ein jährlicher Outputstrom produziert werden kann. Die Pächter sind gezwungen, diesen Bestand dadurch aufrechtzuerhalten, daß sie aus ihrer Hälfte des jährlichen Bruttoprodukts Saatgut bereitstellen. (Hierbei bedeuten Witterungsveränderungen, die wir in dem Modell vernachlässigt haben, eine ernste Gefahr für ein Feudalsystem.)

Ein Pächter, der für sich selbst keinen Vorrat bereitstellen kann (weil sein Anteil einer Ernte nicht ausreicht, um seine Familie bis zur nächsten Ernte zu ernähren), ist gezwungen zu »borgen«. Dies bedeutet eine Einkommensquelle für jeden, der einen Getreidevorrat besitzt, den er nicht zu seiner eigenen Versorgung benötigt. Für den Pächter ist es eine Sache von Leben und Tod. Er befindet sich in einer schwachen Verhandlungsposition und muß jeden Zinssatz akzeptieren, den die Verleiher fordern. Der Zinssatz beträgt mehr als er bezahlen kann; bei der nächsten Ernte muß er das Darlehen zuzüglich der Zinsrückstände prolongieren; einmal verschuldet, kann er nie mehr entrinnen. Der Ertrag, den ein Geldverleiher für sein Darlehen erhält, ist geringer als der nominale Zinssatz, weil er aus dem Erntearbeiter nicht mehr herauspressen kann als die Differenz zwischen seinem Nettoeinkommen und dem Existenzminimum. Der Zweck der hohen Nominalzinssätze besteht darin, die Rückzahlung der Schuld unmöglich zu machen, so daß der Schuldner in eine dauerhafte Knechtschaft gerät.

In der Geschichte vom armen Bauern und dem Großgrundbesitzer ist die Situation ähnlich. Ein Bauer, der einen Rechtsanspruch auf sein Land hat, kann Kredit aufnehmen, indem er sein Land als Sicherheit verpfändet. Der Zins mag dann niedriger sein, als wenn keine Sicherheit vorhanden wäre, aber selbst, wenn er nicht zurückzahlen kann, hat der Verleiher die Möglichkeit das Land zu übernehmen. Die Großgrundbesitzer vergrößern ihre Ländereien, indem sie ihren armen Nachbarn etwas leihen. Ebenso können extravagante Söhne von Grundbesitzern Schulden machen, um mehr als ihren Pachtanteil für Luxusgüter ausgeben zu können. Da das Kreditnehmen von Not und Laster begleitet war, wurde die Kreditvergabe von den Religionen als Wucher verdammt.

(c) Fortschrittliche Grundbesitzer

Wie die Physiokraten zeigten, ist es im Interesse des Grundbesitzers, Verbesserungen der Anbaumethoden auf seinem Landbesitz durchzusetzen. Pächter haben hingegen wenig Motivation und keine Mittel, um in Düngemittel zu investieren oder mit neuem Saatgut oder Anbaumethoden zu experimentieren. In England bekamen die Grundbesitzer im 18. Jahrhundert wieder ein größeres Interesse an der Landwirtschaft, teils als Hobby, teils als Mittel, das Einkommen aus ihren Besitztümern zu erhöhen. Sie finanzierten Experimente und tätigten Investitionen, die eine Revolution in der Anbautechnik hervorriefen. Um diese durchzuführen, war es notwendig, die Pächter von ihren Ländereien fortzujagen, Gemeinschaftsland einzugliedern und die enteigneten Bauern wieder als Lohnarbeiter zu rekrutieren.

Der Eigentümer eines großen Grundbesitzes konnte einige hausnahe Felder behalten, an denen er ein direktes Interesse haben konnte, aber der größere Teil des Landes wurde in Einheiten von geeigneter Größe verpachtet. Der Bauer verpflichtete sich, Pacht an den Grundherrn zu zahlen und beschäftigte Arbeitskräfte auf dem Bauernhof, um Ernteerträge für den Verkauf zu erzeugen. Falls alles gut ging, ermöglichte ihm der Verkaufserlös die Löhne, die Pacht und einen Gewinn für sich selbst zu erwirtschaften. Dies war der Hinter-

Boden und Arbeit **2** 1 § 4 115

grund, auf dem Ricardo die Analyse der kapitalistischen Produktion entwickelte. Jedoch kann seine Analyse besser verstanden werden, wenn wir die Probleme der Vermarktung und der Geldpreise vernachlässigen und weiterhin mit Hilfe eines homogenen Produkts »Getreide« argumentieren, mit dem Löhne und Pacht bezahlt werden.

4. Kapitalistische Bauern

Der von Ricardo beschriebene kapitalistische Bauer besitzt kein Land, aber stellt den für die Produktion notwendigen Vorratsbestand zur Verfügung – aus dem das Saatgut bereitgestellt wird und die Löhne im Vorgriff auf die Ernte bezahlt werden. Da der Bauer den Getreidevorrat besitzt, aus dem die Löhne gezahlt werden, hat er das Kontrollrecht und kann die Produktionsweise, in der die Arbeit auf dem von ihm gepachteten Land verrichtet wird, organisieren. Mit demselben oder gar einem höheren Verhältnis von Arbeit zu Boden als bei der Bewirtschaftung durch Landarbeiter erzielt er einen größeren Output pro Mann, nämlich durch die Vorteile der Spezialisierung des Bodens wie auch der Arbeit sowie durch die Organisation des fixen Arbeitsaufwandes, der die Produktivität erhöht.

Die Arbeiter haben seit langem ihre Rechte an dem Boden verloren; sie sind verpflichtet für Lohn zu arbeiten, um leben zu können. Der Lohnsatz – eine Getreidemenge pro Arbeiter und Jahr, wöchentlich ausgezahlt – ist auf einem vereinbarten Niveau festgesetzt, das durch soziale und historische Einflüsse bestimmt wird und es dem Arbeiter gerade gestattet, zu arbeiten und eine Familie aufzuziehen. Es gibt im allgemeinen mehr verfügbare Arbeitskräfte als die Bauern beschäftigen können. Die Arbeitskräfte sind erpicht darauf, beschäftigt zu werden; der Konkurrenzkampf um eine Arbeit hält die Löhne auf dem herkömmlichen Niveau. Der Bauer verlangt eine gleichmäßige Arbeitsleistung für den Lohn, den er bezahlt. Aus diesem Grund können wir nun einen Mann pro Beschäftigungsjahr als Arbeitseinheit annehmen.

Die Grundbesitzer sind kommerziellen Motiven unterworfen, in dem Sinne, daß jeder soviel Pacht wie möglich aus seinem Grundbesitz ziehen möchte, aber sie sind nicht am Management oder an Verbesserungsinvestitionen interessiert. Sie überlassen all dies den Bauern, und ihre Pachteinkünfte werden vollständig zur Versorgung ihrer großen Haushalte aufgebracht. In dieser Hinsicht bewahren sie die Traditionen des Feudalismus.

Unterschiede in der Fruchtbarkeit der verschiedenen Landgebiete spielen eine wichtige Rolle in Ricardos Argumentation. (In Wirklichkeit ist die Vorteilhaftigkeit der Lage – z. B. die Marktnähe – ebenfalls von großer Bedeutung, aber hier betrachten wir nur eine Variationsart der wirtschaftlichen Qualität des Bodens, um die Analyse einfach zu halten.) Wir müssen der Tatsache Beachtung schenken, daß jeder Boden auf die jeweilige Bearbeitung seine spezifische Reaktion zeigt. Wir können nun nicht lediglich in Morgen rechnen. In jeder einzelnen Region muß der Boden anhand einer Liste spezifiziert werden, sozusagen einem »Who's Who«, das die Fruchtbarkeit, die Vorteilhaftigkeit der Bearbeitung etc. eines jeden Gebiets verzeichnet. Die Maßeinheit für die Qualität von einem Stück Land wird durch den Output pro beschäftigter Arbeitskraft ausgedrückt.

Betrachtet man die Angelegenheit aus der Sicht des Bauern, dann ist der Lohn pro Arbeitskraft überall der gleiche, während der Netto-Output pro Arbeitskraft auf dem besseren Boden höher ist. Der Profit, den er für sich selbst behält, ist gleich dem Überschuß des Netto-Outputs über die Löhne abzüglich dessen, was er an Pacht zahlt. Der Output-Überschuß über die Löhne ist größer, wenn die Arbeiter auf besserem Boden eingesetzt werden. Daher ist der Bauer bereit, mehr Pacht für besseren als für weniger guten Boden zu zahlen, und der Grundbesitzer kann für besseren Boden mehr Pacht verlangen. Wenn wirtschaftliche Prinzipien strikt angewandt werden und es allgemeinen freien Wettbewerb der Grundbesitzer um Pächter und der Bauern um Boden gibt, werden sich die Pachten für unterschiedliche Bauernhöfe auf einem Niveau einpendeln, das die Unterschiede der Bodenqualität gerade ausgleicht. Einige Böden erbringen einen größeren Überschuß des Netto-Outputs über die Löhne und haben entsprechend höhere Pachtkosten pro Morgen. Einige Böden sind weniger ertragsreich und kosten weniger, so daß der Bauer für sich den gleichen Profit pro Beschäftigten erhält, gleichgültig wie die Bodenqualität seines Landbesitzes sein mag. (In Wirklichkeit gibt es noch viele Schwierigkeiten, die eigentlich zur Sprache kommen müßten, aber die obige Darstellung beschreibt das allgemeine Grundprinzip der wirtschaftlichen Beziehungen zwischen Grundbesitzern und Bauern.)

Die Anzahl der Arbeitskräfte, die ein Bauer beschäftigt, hängt von dem Getreidevorrat ab, den er investieren kann. Außer der Bereitstellung des Saatguts muß er über einen *Lohnfonds* mit genügend Getreide verfügen, um den vereinbarten Lohn pro Arbeiter für ein Jahr, von Ernte zu Ernte, zahlen zu können. (Um die Argumentation zu vereinfachen, nehmen wir an, daß das Saatgut im festen Verhältnis zum Gesamtoutput steht und lassen Investitionen in andere Inputs außer Betracht. Jegliche Geräte, die ein Arbeiter benötigt, werden im Winter aus den Materialien hergestellt, die auf dem Bauernhof angesammelt wurden.) Der Bestand an Saatgut und das Getreide im Lohnfonds

Boden und Arbeit **2** 1 § 4 (a) 117

stellen das *Kapital* des Bauern dar, durch dessen Einsatz er seinen Profit machen wird. Aus der Sicht des Bauern ist der Profit pro Beschäftigten gleich dem Profit pro investierter Getreideeinheit. Falls der Bauer als Kapitalist handelt, indem er versucht den Profit in bezug auf die verfügbare Menge des Getreidekapitals zu maximieren, zielt er darauf ab, den Profit pro Beschäftigten zu maximieren. Da der Lohn pro Arbeiter konstant ist; bedeutet dies, daß bei gegebener Größe und Qualität des Bodens der Output pro Beschäftigten nach Zahlung der Pacht maximiert wird.

Der jährliche Profit, den ein Bauer erzielt, entspricht dem Gesamt-Output der Arbeiter, die er beschäftigt, nach Auffüllung der Saatgutbestände abzüglich der Pacht- und Lohnzahlungen.

Die Kapitalprofitrate, ausgedrückt als jährlicher Prozentsatz, entspricht dem Profit pro Arbeiter, dividiert durch den benötigten Lohnfonds, um einen Arbeiter zu beschäftigen, zuzüglich des Saatgutes, mit dem er arbeitet. Diese Rate ist für alle Bauern gleich, da Unterschiede im Output pro Arbeiter durch unterschiedliche Pachtzahlungen ausgeglichen werden.

Diese Verhältnisse beruhen natürlich auf unserer Annahme, daß Getreide der einzige Output ist und daß es keine Kapitalinvistitionen außer dem Saatgut und dem Lohnfonds gibt. Alle Outputs und Inputs können jedoch nicht so einfach behandelt werden. Diese Annahmen dienen lediglich dazu, den Hauptpunkt von Ricardos Argumentation darzulegen, obgleich er selbst sie nicht auf diese einfache Form reduzieren konnte, da er durch die Komplikationen zu sehr verwirrt war [siehe: **1** 2 § 3 (b)].

(a) Die obere Anbaugrenze

Um zu sehen, wie das Prinzip der Differentialrente funktioniert, nehmen wir zuerst einen einfachen Fall, in dem die technischen Bedingungen so geartet sind, daß die Anzahl der zur Bestellung des Bodens benötigten Arbeiter pro Morgen überall gleich ist, während der Output pro Arbeiter und Jahr mit der Bodenqualität variiert. Die Gesamtzahl der Beschäftigten, die von dem Bauern organisiert werden (und die Gesamtmenge an jährlich produziertem Getreide), hängt von dem investierten Getreidebestand ab. Wenn die Beschäftigung über die angebaute Fläche verteilt ist, gibt es eine Bodenqualität – nämlich die unfruchtbarste –, die den niedrigsten Netto-Output pro Kopf erzielt. Der Netto-Output pro Kopf auf dem unfruchtbarsten aller bestellten Böden hängt daher von den technischen Bedingungen und der Gesamtzahl der Beschäftigten ab. Angenommen, die frei verfügbaren Böden haben die gleiche Qualität wie der schlechteste der bestellten Böden, dann treibt der Wettbewerb unter den Grundbesitzern um die Pächter die Pacht dieser Böden gegen Null. Gleichzeitig garantiert der Wettbewerb zwischen den Bauern um bessere Böden, daß die Pachten für jede Bodenqualität den Überschuß des Outputs der bebauten Böden über die unverpachtbaren Böden aufzehren.

In jedem Jahr legt die Gesamtbeschäftigung (bestimmt durch den Gesamtbestand an Getreidekapital) den Umfang der bestellten Böden fest und bestimmt so, welche Bodenqualität die Grenze bildet, von der ab keine Pacht mehr gezahlt wird. Diese geringste aller genutzten Bodenqualitäten ist die obere Anbaugrenze, denn es ist die Grenze, die das Ausmaß der Bebauung der verfügbaren Bodenfläche festlegt. Der Netto-Output pro Kopf auf diesen Böden bestimmt (bei gegebenem Lohn) den Profit pro Beschäftigten. Das Niveau der Pachten ist so hoch, daß der Profit pro Beschäftigten über die Gesamtfläche gleich dem auf den nicht verpachtbaren Böden ist.

Wenn die Beschäftigung relativ zum verfügbaren Boden so hoch ist, daß kein potentiell kultivierbares Land ungenutzt bleibt, werden die Grundbesitzer auch für die schlechtesten Böden Pacht fordern; die Differentialrente besserer Böden muß dann als ihre Überlegenheit über die Böden mit der niedrigsten Pacht und nicht mehr als über die unverpachteten Böden ausgedrückt werden.

(b) Die untere Anbaugrenze

Die Analyse der Obergrenze basierte auf der vorläufigen Annahme, daß eine gleiche Anzahl von Arbeitskräften pro Morgen, unabhängig von der Bodenqualität, eingesetzt wird. Wir müssen jetzt in das Modell der kapitalistischen Produktion das Prinzip der mit der Bebauungsintensität abnehmenden Erträge einführen, das wir bereits im Zusammenhang mit den selbständigen Bauern erörtert haben. Hier haben wir es nicht mehr mit geographischen Tatbeständen, wie der Grenze zwischen Wüste und Ackerland, sondern mit einer Frage der Berechnung zu tun. Vielmehr geht der Nationalökonom bei der Analyse davon aus, daß die Produzenten die Kalkulationen, die der Nationalökonom durchführt, akzeptieren. In anderen Zusammenhängen mag der Begriff der Grenzproduktivität falsch sein, aber im Rahmen von Ricardos Modell ist er eine brauchbare Hilfe, um herausarbeiten zu können, wie die Bauern handeln würden, wenn sie ausschließlich den mit einer Getreideinvestition erzielbaren Profit maximieren wollten.

Auf jedem Stück Land wäre das Durchschnittsprodukt pro Arbeiter umso niedriger, je höher die Zahl der darauf Beschäftigten ist; und das Grenzpro-

Boden und Arbeit **2** 1 § 4 (c) 119

dukt ist, wie wir oben sahen, bei jedem Verhältnis von Arbeit zu Boden geringer als das Durchschnittsprodukt pro Arbeiter. Jeder Bauer kann die Bebauungsintensität des gepachteten Landes bestimmen. Die Zahl der Arbeiter, die er in jedem Jahr beschäftigt, ist durch die Höhe des Getreidebestandes, den er investiert, festgelegt, und er muß bestimmen, wieviel Boden er zu ihrer Beschäftigung zur Verfügung stellt. Er reguliert die Bebauungsintensität jedes Morgens den er gepachtet hat, so daß das Grenzprodukt einer zusätzlichen Arbeitsleistung eines Mannes pro Jahr auf jedem Stück Land nicht geringer ist, als das Durchschnittsprodukt abzüglich der Pacht eines zusätzlichen Stück Landes. Daher werden die Bauern die Bebauungsintensität auf einem Stück Land nicht bis zu dem Punkt vorantreiben, bei dem das Grenzprodukt der Arbeit eines zusätzlichen Mannes auf diesem Stück Land pro Jahr geringer ist als das Produkt pro Mann auf einem anderen Stück Land abzüglich der hierfür zu entrichtenden Pacht. Es gibt entsprechend der Obergrenze auch eine »Untergrenze« der Bebauung; für die Gesamtfläche ist das Grenzprodukt der Arbeit überall gleich dem Durchschnittsprodukt des schlechtesten in Gebrauch befindlichen Bodens abzüglich seiner Pacht (s. Abb. 1.7). Natürlich sind die Dinge in Wirklichkeit nie so einfach, dennoch ist das Prinzip weitgehend richtig.

(c) Ausgleich der Grenzprodukte

Es ist eine einleuchtende theoretische Behauptung, daß der Ausgleich der Grenzprodukte die Verteilung gegebener Arbeitskraft über die kultivierbare Fläche so herbeiführt, daß der Gesamtoutput maximiert wird. (Diese Behauptung wurde nicht explizit von Ricardo aufgestellt, aber sie folgt aus seinen Darlegungen.)

Werden die Arbeiter so eingesetzt, daß die Grenzproduktivität auf einigen Höfen größer als auf anderen ist, könnte der Output durch die Verlegung von Arbeitskräften von Zonen mit einem niedrigeren Grenzprodukt in solche mit einem höheren gesteigert werden.

Unter den Bedingungen unseres einfachen Modells (mit überall gleichem Boden) wird angenommen, daß das Gesamtverhältnis von Arbeit zu Boden 14 Arbeitskräfte zu 60 Morgen beträgt. Falls ein Bauer 13 Arbeiter auf 60 Morgen beschäftigt, produziert er einen Netto-Output von 565 Getreideeinheiten pro Jahr. Ein anderer beschäftigt 15 Arbeitskräfte und produziert 600 Einheiten. Beide zusammen produzieren 1165 Einheiten. Aber mit 14 Arbeitern erbringen 60 Morgen 588 Einheiten. Die beiden Bauern können zusammen 1176 Einheiten herstellen. Die Steigerung aufgrund eines zusätzlichen Arbeiters beträgt bei

120   **2** 1 § 4 (d)   *Analyse*

13 Beschäftigten 23 Einheiten, und die Output-Verminderung aufgrund des Abzugs von einer Arbeitskraft beträgt bei 15 Beschäftigten 12 Einheiten. Also gehen 11 Einheiten durch falsche Verteilung der Arbeitskräfte auf das Land verloren. Dasselbe Prinzip gilt dort, wo die Bodenqualitäten variieren. Der Gesamtoutput ist maximal, wenn die Beschäftigung der Fruchtbarkeit des Bodens so angepaßt wird, daß der Output-Verlust, hervorgerufen durch den Abzug eines Arbeiters für ein Jahr, auf allen Bauernhöfen gleich wäre (s. Tabelle 1.3).

Aus der Sicht des Bauern sind im Ricardianischen System die Bodenproduktivität und die Pacht für den Boden ins Kalkül zu ziehen. Jeder Bauer beschäftigt soviel Arbeiter, wie sein Lohnfonds erlaubt, und pachtet für ihren Einsatz soviel Land, daß er seinen Netto-Output abzüglich der Pacht maximieren wird. Der Konkurrenzkampf der Bauern um den Boden führt dann dazu, jenes Verhältnis von Boden zu Arbeit herauszufinden, das den Gesamtnettooutput maximiert. Die Relation zwischen der Produktivität und der Bebauungsintensität verschiedener Bodenqualitäten ist rein technisch, ohne Veränderungen, die auf den Faktor Mensch zurückzuführen sind (denn wir nehmen an, daß alle Bauern gleich geschäftstüchtig sind und daß alle Arbeiter verpflichtet sind, in der gleichen Weise zu arbeiten). Der Ausgleich der Grenzprodukte und die Maximierung des Gesamtoutputs wird durch den Mechanismus der Wirtschaftsbeziehungen zwischen Bauern und Grundbesitzern und durch das Profitstreben der Bauern erreicht.

Nochmals sei betont, daß nichts im Wirtschaftsleben so einfach ist. Aber das Prinzip von der die Differentialrente, die die ökonomische Nutzung knapper Ressourcen zu erzwingen hilft, ist auch die Realität wichtig [siehe: **2** 11 § 2 (c)].

(d) Sparen und Leihen

In Ricardos System beruht die Anzahl der Beschäftigten in jedem Jahr auf dem Getreidebestand, über den der Bauer verfügt. Es ist für einen Kapitalisten selbstverständlich, ehrgeizig zu sein und danach zu streben, sein Betätigungsfeld auszudehnen, um seinen Profitzufluß zu erhöhen. Die Bauern sparen einen großen Teil ihrer Profite und steigern die von ihnen organisierte Beschäftigung Jahr für Jahr.

Ein Bauer ist nicht notwendig gezwungen, nur seine eigenen Ersparnisse zu investieren. Weil er eine gesicherte Profiterwartung hat, kann er seine Investitionen über seine eigenen Ersparnisse hinaus vergrößern, indem er gegen Zinsen

Boden und Arbeit **2** 1 § 4 (e) 121

Kredit aufnimmt. Wenn ein Bauer mehr Getreide investieren möchte als er besitzt, kann er von irgend jemanden leihen, der über einen Bestand verfügt, den er nicht selbst zur Beschäftigung von Arbeitern benötigt. Der Verleiher kann nicht mehr Zinsen erhalten, als der Bauer zu zahlen bereit ist. Die obere Grenze des Zinssatzes liegt etwas unterhalb der Getreideprofitrate, die, wie wir gesehen haben, durch technische Bedingungen und den Lohnsatz definiert ist; es würde sich für den Bauern nicht lohnen, Kredit aufzunehmen, falls er sich vom ganzen zusätzlichen Gewinn trennen müßte.

Zinsen dieser Art unterscheiden sich erheblich von den Wucherzinsen, die Geldverleiher von armen Bauern fordern. Sie stellen eine Möglichkeit dar, wie ein Vermögensbesitzer einen Anteil an den Produktionsprofiten erhalten kann.

(e) Wachstum und Einkommensverteilung

Ricardo entwickelte die Analyse der kapitalistischen Agrarwirtschaft, um zu zeigen, daß steigende Pachten die Akkumulation behindern. Die Landwirtschaft spielt die zentrale Rolle in seiner Argumentation, weil sie den Lebensunterhalt für die Arbeiter erzeugt. Das Verhältnis von Netto-Output pro Kopf in der Landwirtschaft zum Lohnniveau bestimmt die Profitrate, die durch die Beschäftigung von Arbeitskräften nicht nur in der Landwirtschaft, sondern auch in der gesamten Industrie erzielt werden kann. (Für eine moderne Volkswirtschaft, in der das jeweilige Konsumniveau der Arbeiter viel mehr beinhaltet als »Getreide«, ist dies nicht ganz zutreffend. Dennoch stellt das allgemeine Prinzip, daß Profite auf dem Verhältnis von Produktivität zu Reallöhnen beruhen, noch immer eine Grundeigenschaft des Kapitalismus dar.)

Der jährliche Getreideoutput beruht (bei gegebenen technischen Bedingungen einschließlich der Bodenqualität) auf der Getreideinvestition, die die kapitalistischen Bauern insgesamt vornehmen können. Jedes Jahr vergrößern sie ihren Bestand (aus ihren eigenen Ersparnissen oder durch Darlehen) und erhöhen die Beschäftigung im nächsten Jahr. Dadurch dehnt sich die Anbaugrenze aus und das Pachtniveau steigt. Falls dies einige Zeit so weiterginge, würde das Profitniveau bis zu dem Punkt fallen, an dem es sich nicht mehr lohnte, weiter zu sparen und es unmöglich wäre, zu leihen, so daß die Entwicklung zum Stillstand käme.

Diese Argumentation führt zu der Ansicht, daß die Akkumulation immer durch sinkende Bodenerträge und der daraus folgenden Unfähigkeit, eine wachsende Bevölkerung zu ernähren, begrenzt wird. Erkennt man, daß Investitionen in den Boden (die neue Produktionstechniken entwickeln) die Grenze mehr oder weniger unendlich hinausschieben können und die Begrenzung des Wachstums, die der Boden setzt, zurückgedrängt wird, kann die scharfe Trennung zwischen Landwirtschaft und Industrie aufgehoben werden. Wenn ferner die Grundbesitzer ihre Pachten nicht mehr zum Unterhalt ihrer Gefolgschaft und für den Genuß eines luxuriösen Lebens ausgeben, sondern sparen und investieren, erhalten die Grundbesitzer eine Position, die der der Kapitalisten entspricht. Mit der Ausbreitung des Kapitalismus ging die klare Unterscheidung zwischen Grundbesitzern und Kapitalisten als gesellschaftlichen Klassen verloren. Stattdessen wurde die Klasse der Kapitalisten in *Rentiers,* die Einkommen aus Vermögen beziehen, und *Unternehmer,* die die Produktion organisieren, unterteilt. So entstand aus der Einteilung der Gesellschaft in untätige Konsumenten und aktive Produzenten, eine Einteilung in Rentiers jeglicher Art (einschließlich Grundbesitzern) auf der einen sowie Managern und Arbeitern auf der anderen Seite.

5. Diagramme

Die Erklärung anhand von graphischen Darstellungen ist in der theoretischen Nationalökonomie weit verbreitet. Diese graphischen Abbildungen haben eine besondere Eigenart. Sie vermitteln weder tatsächliche Information noch können sie benutzt werden, um Behauptungen zu beweisen. Sie sind lediglich eine Methode, um Beziehungen zu beschreiben, die in Worten zu kompliziert und mit Hilfe der Algebra ausgedrückt zu stark vereinfacht werden. Viele Argumente in diesem Kapitel sind leichter zu begreifen, wenn sie in graphischen Darstellungen veranschaulicht werden. Die Angewohnheit, für sich selbst Diagramme zu skizzieren, dient auch als Gedankenstütze. Sie müssen jedoch mit Rücksicht auf ihre Grenzen angewandt werden. Sowohl Diagramme wie Formeln erscheinen viel definitiver und präziser als es wirtschaftliche Beziehungen in Wirklichkeit je sein können. Sie sollten nur als Mittel zur Verdeutlichung eines Arguments, nicht aber als Argument selbst benutzt werden.

Ein Diagramm wird angewandt, um eine Beziehung auszudrücken, etwa zwischen Arbeitsaufwand pro Morgen und Output, wobei die zwei Variablen durch Abstände auf den Achsen und die Relation zwischen ihnen durch eine Kurve ausgedrückt werden. Es gibt drei unabdingbare Regeln, die bei der Konstruktion dieser Art Diagramme berücksichtigt werden müssen. Erstens die gemessenen Mengen müssen jeweils homogen sein, so daß sie als eine Anzahl von Einheiten ausgedrückt werden können. In unserem Fall handelt es sich um die physischen Getreide- und Arbeitseinheiten. Die zweite Regel besagt, falls

Boden und Arbeit **2** 1 § 5 (a)

das Diagramm Stromgrößen wie Inputs und Outputs darstellt, diese pro Zeiteinheit festgesetzt werden müssen. Hier erstreckt sich unsere Arbeitseinheit über ein Jahr, und unsere Outputeinheit besteht aus dem Getreide einer Ernteperiode. So sind unsere Mengen jährliche Stromgrößen. Die dritte Regel besagt, daß ein zweidimensionales Diagramm nur die Beziehungen zwischen den Mengen zeigt, die auf den Achsen abgetragen sind und nicht die Effekte von Veränderungen. Es zeigt z. B. den Unterschied zwischen dem Output pro Morgen bei einer größeren oder geringeren Bebauungsintensität. Es kann nicht den Effekt einer steigenden Bebauungsintensität verdeutlichen. Eine Veränderung ist ein Ereignis, das zu einem bestimmten Zeitpunkt stattfindet und dessen Folgen sich im Zeiablauf auswirken. Um Veränderungen darzustellen, benötigen wir eine dritte Dimension. Im Augenblick jedoch können wir ganz gut mit zwei Dimensionen auskommen, vorausgesetzt, daß wir die Regeln beachten.

(a) Arbeit-Boden-Relation und Output

Wir möchten die Beziehung darstellen, die drei quantitative Größen verbindet: Arbeit, Boden und Getreide. Die einfachste Methode ist die, die in den obigen numerischen Beispielen angewandt wurde, d. h., wir drücken den Getreide-Output pro Morgen durch eine gegebene Arbeitsmenge oder den Output pro Arbeitseinheit durch eine gegebene Bodenfläche aus.

Für den ersten Fall, in dem die Bauernfamilien die Möglichkeit haben, so viel Land in Besitz zu nehmen wie sie wollen, nehmen wir die Arbeitseinheiten, die von einer bestimmten Familie verrichtet werden, als gegeben an. Auf der Y-Achse werden Getreidemengen pro Arbeitseinheit und auf der X-Achse die Bodenflächen dargestellt. Die Output-Kurve zeigt dann, wie der von der Familie produzierte Output mit der Bodenfläche, die sie kultiviert, variiert.

Abb. 1.1 zeigt die Produktion zweier Familien: die Familie β leistet 5 Arbeitseinheiten, α leistet 10. Jede produziert einen Netto-Output von OA pro Morgen mit einer Rate von 6 Morgen pro Arbeitseinheit.

Wir nehmen nun die Bodenfläche als gegeben an. In Abb. 1.2a zeigt die Kurve A, wie der Netto-Output mit der Arbeit pro Morgen variiert. Die Y-Achse stellt die pro Arbeitseinheit erzeugten Getreideeinheiten, die X-Achse die Arbeitseinheiten dar. Bei einem niedrigen Verhältnis von Arbeit zu Boden liegt der Netto-Output pro Arbeitseinheit auf dem möglichen Maximum OA.

124   **2** 1 § 5 (a)   *Analyse*

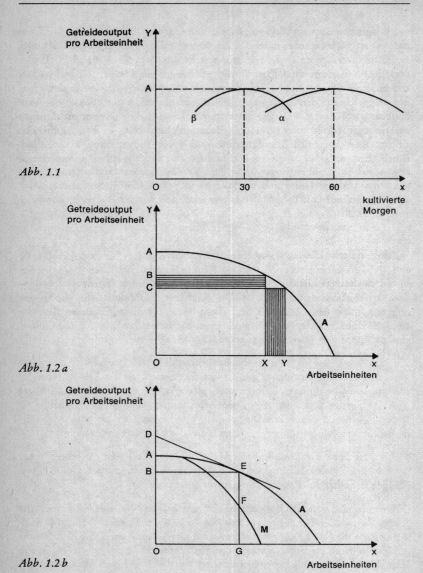

Abb. 1.1

Abb. 1.2 a

Abb. 1.2 b

Boden und Arbeit **2** 1 § 5 (a)

Ab einem bestimmten Punkt setzen abnehmende Erträge ein und von da ab ist der Netto-Output pro Arbeitseinheit bei einem höheren Verhältnis von Arbeit zu Boden geringer. Wenn OX Arbeitseinheiten auf einer gegebenen Bodenfläche verrichtet werden, dann wird der gesamte Netto-Output an Getreide, d. h. der Netto-Output pro Einheit multipliziert mit der Anzahl an Arbeitseinheiten, durch die Fläche OB·OX dargestellt. Bei OY Arbeitseinheiten ergibt sich der Netto-Output durch OC·OY. Die Erhöhung des Netto-Outputs beträgt OC · XY – OX · BC und beruht auf der Erhöhung der Arbeit um XY. Bei dem Punkt, in dem diese beiden Bodenflächen gleich sind, erreicht der Gesamt-Output seine Grenze. Von diesem Punkt an kann ein Mehr an Arbeit keinen zusätzlichen Output erzeugen. Wir können das Diagramm nicht unmittelbar dazu benutzen, um eine *Veränderung* der Beschäftigung von OX auf OY oder von OY auf OX zu beschreiben. Aber wir können mit seiner Hilfe, wie in unserem Zahlenbeispiel, erläutern, wie die Wirkung einer Veränderung beschaffen sein müßte, damit alle Bedingungen über den Veränderungszeitraum hinweg konstant bleiben.

Bei einem sehr kleinen Unterschied des Arbeitseinsatzes fallen die Punkte X und Y dicht zusammen und ebenso die Punkte B und C. Im Grenzfall wird bei einer infinitesimal kleinen Differenz das Verhältnis der Differenz von Netto-Output pro Arbeitseinheit zur Differenz im Arbeitsaufwand durch die Steigerung der Kurve dargestellt. Natürlich kann es in wirtschaftlichen Beziehungen nie infinitesimal kleine Differenzen geben; um irgendeinen Effekt zu erzielen, muß eine Differenz von spürbarer Größe vorhanden sein. Jedoch können die mathematischen Eigenschaften einer stetigen Kurve benutzt werden, um ein Argument zu verdeutlichen, vorausgesetzt, daß seine Begrenzungen beachtet werden.

In Abb. 1.2 b zeigt die Kurve M den maximalen Netto-Output (bzw. das marginale Nettoprodukt) bei allmählichem Anstieg des Arbeitsaufwands auf einer gegebenen Bodenfläche. Im Punkt E wird das Verhältnis zwischen der Verminderung des Netto-Outputs pro Kopf zu einem geringen Zuwachs des Arbeitsaufwands, von dem sie abhängt, durch die Steigung der Tangente an die Kurve im Punkt E, d. h. durch BD/BE, dargestellt. Das Ausmaß der Verringerung, hervorgerufen durch den geringeren Durchschnitts-Output pro Kopf, beträgt BD/BE multipliziert mit BE, also BD. Der durchschnittliche Netto-Output ist in diesem Punkt EG. Der *marginale Netto-Output* entspricht dem durchschnittlichen Netto-Output abzüglich der Verminderung, d. h. EG – BD. Falls wir EF gleich BD setzen, stellt FG den marginalen Netto-Output dar. In diesem Punkt, in dem der Output sein Maximum erreicht, ist die Grenzproduktivität Null und die erste Ableitung der Kurve schneidet die X-Achse.

Dieselben Beziehungen können durch eine Kurve, die den gesamten Netto-Output mit der Arbeit bei einer gegebenen Bodenfläche verbindet, dargestellt werden. In Abb. 1.2 c zeigt der obere Teil der graphischen Darstellung, wie der gesamte Netto-Output an Getreide auf einer gegebenen Bodenfläche mit den geleisteten Arbeitseinheiten steigt. Die Kurve des gesamten Netto-Outputs T

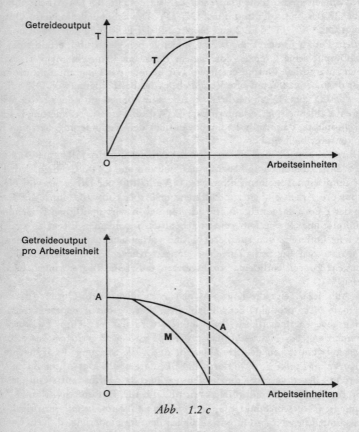

Abb. 1.2 c

ist zuerst eine Gerade, deren Steigung dem in diesem Bereich konstanten durchschnittlichen Netto-Output OA entspricht. Wenn abnehmende Erträge einsetzen, nimmt die Steigung der Kurve ab, bis sie dort, wo der Output seine Obergrenze OT erreicht, horizontal wird und der marginale Output gleich Null ist.

Die untere Hälfte der Abb. 1,2c zeigt das Verhältnis der Grenzkurve zur Kurve des Gesamt-Netto-Outputs. In dem Punkt, der dem Arbeitsaufwand, der OT erzeugt, entspricht, ist der marginale Output Null und die 1. Ableitung der Kurve schneidet die X-Achse.

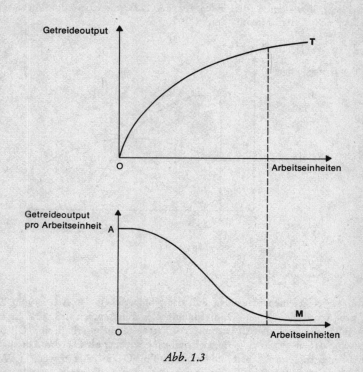

Abb. 1.3

Abb. 1.3 veranschaulicht einen unterschiedlichen Stand der technischen Bedingungen, in dem das Gesamtprodukt nicht bis zu einer Grenze, sondern unendlich steigt. Bei höherem Niveau wächst es nur sehr langsam, entsprechend des Anstiegs der Arbeit-Boden-Relation.

Abb. 1.4 zeigt einen Fall, in dem ein bestimmter Arbeitsaufwand OX notwendig ist, um eine Jahresproduktion auf einem Landbesitz von 60 Morgen zu ermöglichen. Für die ersten Arbeitseinheiten zusätzlich zu OX beträgt die Steigerung des Netto-Outputs XA pro Einheit. Das ist das Grenzprodukt der Arbeit in diesem Punkt. Zwischen dem »fixen« Arbeitsaufwand OX und der zusätzlichen Arbeit wird nun der Durchschnitt gebildet, so daß der durchschnittliche Output pro Arbeitseinheit über den Achsenabschnitt XZ hinaussteigt. Nach diesem Punkt setzen abnehmende Erträge ein. Die 1. Ableitung der Kurve liegt über dem Ansteigenden Ast der Durchschnittsproduktkurve und schneidet sie in ihrem Maximalpunkt.

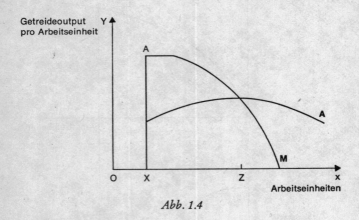

Abb. 1.4

(b) Einkommen und Aufwand

Abb. 1.5 zeigt einen plausiblen Fall der Abhängigkeit der Arbeit vom Ertrag pro Arbeitseinheit eines Individuums. Das Einkommen OB · OY ist die notwendige minimale Arbeitsleistung. Bei Ertragsraten unterhalb von OB beträgt seine Arbeit wegen zu geringer Ernährung weniger als OY. Im Achsenabschnitt der Erträge pro Arbeitseinheit von OB bis OC arbeitet es weniger. Von OC bis OD beginnt es umgekehrt zu reagieren. Oberhalb von OD fällt seine Arbeit wieder in dem Maße ab, wie die Erträge steigen.

(c) Größe der Grundbesitztümer

In Abb. 1.6 sind zwei Kurvenpaare in demselben Koordinatensystem abgetragen, um das Verhältnis von Arbeit zu Netto-Output auf zwei verschiedenen

Boden und Arbeit **2** 1 § 5 (c)

Bodenflächen darzustellen, die zwei Familien mit der gleichen Personenzahl gehören. A_k und M_k sind die Kurven des durchschnittlichen und des marginalen Netto-Outputs auf dem Land des Großbauern und A_p und M_p die auf dem Land des armen Bauern.

Der maximale Output, den der arme Bauer auf seinem Grundbesitz erzielen kann, beträgt $OA \cdot OX$.

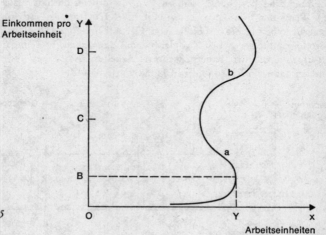

Abb. 1.5

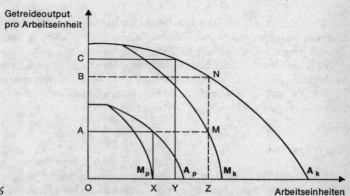

Abb. 1.6

Die Großfamilie setzt, wenn sie auf ihrem eigenen Land arbeitet, OY Arbeitseinheiten ein und erzielt ein Einkommen von OC · OY. Die Familie des Bauern leistet weniger Arbeit als die des Großbauern, obgleich die Notwendigkeit und die Bereitschaft zu arbeiten bei ihr weitaus größer ist.

Wir nehmen an, daß die Großbauern Lohnarbeiter zu einem Lohnsatz anstellen, der dem Einkommen eines typischen armen Bauern entspricht. (Das ist keine ökonomische Beziehung, sondern eine Hypothese, die uns plausibel erscheint.) Wenn der Lohn pro Arbeitseinheit AO beträgt – beschäftigen die Großbauern Arbeitskräfte in Höhe von OZ auf ihrem Land –, wobei die Grenzproduktivität der Arbeit ZM gleich dem Lohnsatz ist. In dem dargestellten Fall arbeiten die Großbauern, wenn sie Arbeiter beschäftigen, nicht selbst. Sie genießen dann ein Einkommen in Höhe von AB · OZ.

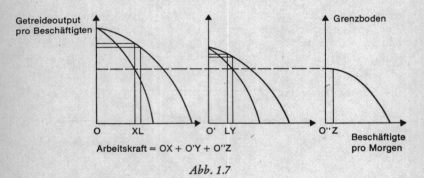

Abb. 1.7

Abb. 1.7 zeigt das Verhältnis von Durchschnitts- und Grenzprodukt zur Beschäftigung auf drei qualitativ unterschiedlichen Bodenflächen. Wenn die Arbeitskraft, die gleich OX + O'Y + O"Z ist, so aufgeteilt wird, das die Grenzproduktivität auf dem besseren Boden gleich dem Durchschnittsprodukt auf dem Grenzboden ist, wird der Gesamtoutput maximiert. Wird ein geringer Arbeitsaufwand LY gleich XL von dem mittleren zum besten Boden transferiert, dann ist der Produktverlust größer als der Gewinn.

6. Ein Trugschluß

Das »marginale« Element in Ricardos Rententheorie wurde von den Neoklassikern übernommen, aber sie gaben ihm einen besonderen Sinn. Sie behaup-

Boden und Arbeit 2 1 § 6 (a)

teten, daß der Reallohnsatz in einer Marktwirtschaft dazu tendiert, gleich dem Grenzprodukt der Arbeit in der gesamten Volkswirtschaft zu sein bzw., wie manche behaupten, sich an ihm bemißt oder von ihm bestimmt wird. In unserer vereinfachten Version des Ricarianischen Modells, in dem Getreide, Boden, Arbeit und ein Lohnfonds die einzigen Elemente sind, ist das Grenzprodukt der Arbeit als eine Menge Getreide pro Jahr bei einem gegebenen Verhältnis von Arbeit zu Boden durch die herrschenden technischen Bedingungen determiniert. Der Lohnsatz jedoch ist auf einem konventionellen Niveau fixiert und variiert auch dann nicht, wenn sich die Arbeit-Boden-Relation ändert.

In Abb. 1.8 stellt die Kurve **A** den Output pro Beschäftigten auf der gesamten Anbaufläche dar. **M** ist die entsprechende 1. Ableitung der Kurve. Wenn OX den Gesamtarbeitsaufwand darstellt, ist OB das Grenzprodukt der Arbeit. Der Getreidelohnsatz ist OC. Der gesamte Netto-Output pro Beschäftigten beträgt OA. Subtrahieren wir BA, die Pacht pro Beschäftigten, die an die Grundbesitzer bezahlt wird, so verbleibt uns OB. Das heißt, das Grenzprodukt der Arbeit ist gleich dem Lohn pro Beschäftigten plus dem Profit pro Beschäftigten. Dies war der wesentliche Punkt von Ricardos Argumentation.

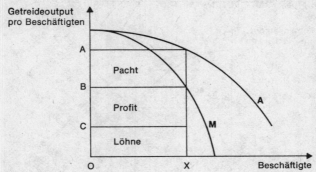

Abb. 1.8

Wir wollen nun versuchen, unter denselben technischen Bedingungen etliche Eigentumsbeziehungen zu finden, wie sie auf die Neoklassik passen würden.

(a) Der freie Markt: Arbeiter pachten Boden

Zuerst wird angenommen, daß die Bauern ohne die Vermittlung von Kapitalisten Boden pachten und versprechen, aus der Ernte Pacht zu zahlen. Um mit der Analyse beginnen zu können, müssen wir zunächst annehmen, daß die Bauern eine solche psychologische Einstellung und ein solches Einkommen pro Arbeitseinheit besitzen, daß sie sich in der Situation befinden, die in Abb. 1.5 zwischen OC und OD dargestellt wurde. Sie sind also bereit, für einen höheren Ertrag pro Arbeitseinheit mehr zu leisten. Dies wurde lediglich dargestellt, um dem neoklassischen Argument eine Chance zu geben. Denn es besteht kein Grund für die Annahme, daß es sich hierbei um einen Fall handelt, der im realen Leben üblich ist. Wir müssen ferner annehmen, daß die Bauern einen angemessenen Vorrat an Saatgut besitzen.

Bei den obigen Bedingungen können wir eine *Angebotskurve* für die Arbeit einer gegebenen Gruppe von Bauern konstruieren, die zeigt, welcher Ertrag pro Arbeitseinheit erforderlich ist, um jede beliebige Arbeitsmenge, die geleistet wird, zu induzieren. Dieser Ertrag stellt den Angebotspreis für die Arbeit dar – d. h. die Getreidemenge, die pro Arbeitseinheit erzielt werden muß, damit sich ein bestimmter zu leistender Arbeitsaufwand überhaupt lohnt. (Manchmal wird gesagt, dieser Angebotspreis stelle das *Grenzleid* der Arbeit dar. Dies ist jedoch unlogisch, denn er wird durch das Getreide pro Arbeitseinheit und nicht durch den Nutzen des Getreides gemessen [siehe: **1** 3 § 2 (a)].)

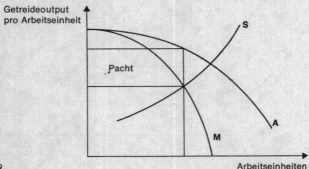

Abb. 1.9

Die Arbeitsangebotskurve wird bei gegebener Arbeitskraft mit dem Durchschnitts- und dem Grenzertrag pro Arbeitseinheit des verfügbaren Bodens verglichen. Die Bauern sind bereit, so viel Land zu pachten, daß der Grenzertrag pro Arbeitseinheit gleich dem Angebotspreis für diese Arbeitsleistung ist. Der Wettbewerb um Boden führt dazu, daß die Bauern einen Pachtbetrag zahlen, der die Differenz zwischen dem Durchschnitts- und dem Grenzertrag pro Arbeitseinheit abschöpft.

Boden und Arbeit **2** 1 § 6 (b)   133

Abb. 1.9 zeigt die Arbeitsangebotskurve **S** für eine gegebene Anzahl von Bauern sowie die Durchschnitts- und Grenzproduktwerte pro Arbeitseinheit. Die Bauern pachten soviel Land, daß das Grenzprodukt der geleisteten Arbeit gleich dem Preis für die angebotene Arbeitsmenge ist.

(b) Der freie Markt: Grundbesitzer beschäftigen Arbeiter

Nehmen wir an: die Grundbesitzer stellen Arbeiter an, um ihr Land zu bebauen, mit dem Versprechen, die Löhne jährlich aus der Ernte zu bezahlen. Es muß dann eine durchschnittliche Arbeitsleistung geben, die von jedem Arbeiter pro Jahr gefordert wird. Es existiert ein gewisses Arbeitskräftepotential, das beschäftigt werden kann. Der Wettbewerb zwischen den Grundbesitzern um Arbeiter und zwischen den Arbeitern um Beschäftigung stellt sicher, daß der Lohnsatz gleich dem Grenzprodukt der Gesamtzahl der Arbeiter ist, die auf der gesamten Fläche beschäftigt sind, und jeder Grundbesitzer beschäftigt auf seinem Besitz so viel Arbeiter, daß für ihn die Grenzproduktivität der Arbeit gleich dem Lohnsatz ist.

Wir können diese beiden Fälle eines »freien Marktes« auf einen reduzieren, indem wir annehmen, daß die Arbeit pro Mann und Jahr konstant ist und daß alle Böden gleich sind. Dann ist in beiden Fällen der Lohn oder das Einkommen pro Mann und Jahr gleich der Grenzproduktivität der gesamten Arbeit, und die Pacht pro Morgen ist gleich der Grenzproduktivität des bebauten Bodens.

(c) Eine »gerechte« Einkommensverteilung

Das Grenzprodukt des Bodens besteht aus der Getreidemenge, die verloren ginge, wenn man einen Morgen weniger bestellen würde. Wenn man bei einer gegebenen Arbeitsmenge einen Morgen weniger bestellt, müssen auf der restlichen Fläche umso mehr Arbeiter beschäftigt werden. Die freigestellten Arbeiter tragen zum Produkt des restlichen Bodens bei; sie sind eine partielle Kompensation für den Produktverlust des einen Morgen Bodens, der aus dem Anbau ausgeschlossen wurde. Das Produkt der transferierten Arbeiter ist gleich dem Grenzprodukt der Arbeit multipliziert mit der Anzahl der Beschäftigten pro Morgen; es ist deshalb gleich den Lohnzahlungen an die Arbeiter, die von dem aus dem Anbau ausgeschlossenen Morgen abgezogen worden sind. So entspricht das Grenzprodukt des Bodens dem Netto-Output pro Morgen abzüglich der pro Morgen gezahlten Löhne. Ähnlich ist das Grenzprodukt der Arbeit gleich dem Output pro Arbeiter abzüglich der Pacht, die für den bebauten Boden pro Arbeiter gezahlt wird. Der Gesamtoutput ist gleich dem Grenzprodukt des Bodens multipliziert mit der benutzten Bodenfläche zuzüglich dem Grenzprodukt der Arbeit multipliziert mit der Zahl der Beschäftigten, und dies ist gleich den gesamten Pachten plus den gesamten Löhnen. Dies führt manchmal zu der Behauptung, daß der Gesamtoutput gerecht verteilt sei, wenn dies nach der Produktivität jedes »Produktionsfaktors«, Boden und Arbeit, geschähe [siehe: 1 3 § 3 (b)]. (Das Produkt der Arbeit bekommt natürlich der, der sie leistet, während das Produkt des Bodens an seine Besitzer geht, entsprechend der Fläche, die ihnen gehört.)

(d) Einige Verwirrungen

Es gibt verschiedene Punkte, die bei diesem Argument berücksichtigt werden müssen. Zunächst ist es nur in dem streng begrenzten Modell haltbar, in dem das Produkt gleich dem einzig produzierbaren Produktionsmittel ist, nämlich dem Saatgetreide, und in dem das Verhältnis von Arbeit zu Boden in kleinen Schritten kontinuierlich variiert werden kann. Hierbei unterscheidet sich die physische Grenzproduktivität jedes Faktors immer durch eine physische Einheit wie unser »Getreide« oder eine physische Einheit in Form eines Güterbündels, das zu völlig konstanten Proportionen zusammengesetzt ist. Die Annahmen, die in unserem Modell lediglich der Einfachheit halber gemacht wurden, sind für die neoklassische Argumentation von grundlegender Bedeutung, die in sich zusammenbrechen würde, wenn diese Annahmen nicht gemacht würden.

Wenn Ausrüstung und andere Inputs in die Betrachtung einbezogen werden, wäre es höchst unrealistisch anzunehmen, daß die Proportionen, in denen sie kombiniert werden, ausreichend flexibel sind, um die physische Grenzproduktivität eines jeden Inputs zu unterscheiden. Wo Inputs Arbeit in technisch vorgegebenen Proportionen erfordern, müßten wir fähig sein, die Produktivität z. B. der auf dem Boden eingesetzten Arbeit plus den Düngemitteln plus dem Saatgut unterscheiden zu können, aber wir könnten die Produkte der Arbeit, des Saatgutes und der Düngemittel nicht von einander isolieren. In solch einem Fall müßte unser Modell komplizierter gestaltet werden. Dann wäre jedoch das neoklassische Modell unbrauchbar.

Zweitens gibt es im neoklassischen Modell keine Kapitalisten oder Geldverleiher. Die Arbeiter leben ebenso wie die Grundbesitzer jedes Jahr von ihrem

Boden und Arbeit **2** 1 § 6 (d)

vorjährigen Einkommen. Löhne werden nachträglich gezahlt, so daß jeder Arbeiter im Endeffekt dem Grundbesitzer die Arbeit eines Jahres leiht. Der Lohn, der gleich dem marginalen Nettoprodukt der Arbeit ist, muß die Kosten für dieses Darlehen einschließen. Sogar dann, wenn es keine anderen Inputs gibt, ist es notwendig, die Investition in den jährlichen Lohnfonds von Ernte zu Ernte zu berücksichtigen.

Drittens erfordert das Argument vollständige Gleichheit der Verhandlungsmacht zwischen den Parteien und freien Wettbewerb innerhalb jeder Gruppe. Falls die Grundbesitzer untereinander übereinkämen die Pacht hochzutreiben, könnten sie die Arbeiter auf ein Einkommensniveau herunterdrücken, bei dem sie für einen geringeren Lohn genau so hart arbeiten würden (wie in dem Bereich zwischen Punkt b und a in Abb. 1.5). Wenn die Arbeiter ausreichende Reserven hätten, um länger auszuhalten, könnten sie die Pachten drücken und einen Bonus über und für das Einkommen aufteilen, das dem Grenzprodukt der Arbeit entspricht.

Schließlich müssen wir berücksichtigen, daß es sogar unter den Bedingungen der Argumentation selbst nicht zutrifft, daß ein System, in dem jeder »Faktor« ein Einkommen entsprechend seinem Grenzprodukt erhält, eine Art natürlicher Gerechtigkeit besitzt, wonach jeder »Faktor« das bekommt, was er zum Gesamtoutput beiträgt. Im Gegenteil, falls der Boden fruchtbarer würde, so daß jeder Morgen Land mehr zum Gesamtoutput beitrüge, wäre die Grenzproduktivität einer gegebenen Arbeitskraft größer; das Niveau der Pachten könnte durchaus fallen. Entsprechend könnten die Pachten höher sein, wenn die Arbeiter für den gleichen Lohn härter arbeiten müßten. Nicht die Produktivität, sondern die relative Knappheit zu den anderen »Faktoren« bestimmt die Grenzproduktivität jedes Faktors.

Wir haben diese Argumentation ausführlich beschrieben, um einige Elemente in der Volkswirtschaftslehre zu entwirren, die zahlreiche Verwechslungen verursacht haben. Die Meinung, daß die Löhne dazu tendieren, sich dem Grenzprodukt der Arbeit anzugleichen, gehört zu der Metaphysik der neoklassischen Volkswirtschaftslehre; wir mußten selbst in unserem einfachen analytischen System harte Arbeit leisten, um diesem Argument einen Sinn zu geben. Wenn wir eine Vielzahl produzierbarer Produktionsmittel einbeziehen, ergibt sich jedoch überhaupt kein Sinn mehr [siehe: **2** 6 § 3 (d)].

Kapitel 2   Arbeitskräfte und Maschinen

Die vorstehende Analyse war dazu bestimmt, die Bedeutung sozialer Beziehungen im Produktionsprozeß aufzuzeigen. Sogar in der einfachen Agrarwirtschaft war zu erkennen, daß die sozialen Beziehungen maßgeblich die Art beeinflussen, in der die Produktion durchgeführt und das Produkt verteilt wurde. Für die nächsten Kapitel werden wir unsere Aufmerksamkeit auf eine vereinfachte Version einer entwickelten *kapitalistischen* Wirtschaft richten. In dieser Wirtschaft sind die Produktionsmittel in der Hand einer bestimmten sozialen Gruppe, nämlich der Kapitalisten, jeder von ihnen versucht, Profite aus dem Produktionsmittelbestand, der ihm gehört, zu ziehen.

In diesem Modell sind, abgesehen von der Arbeit, die produzierten Produktionsmittel die einzigen Inputs. Sogar in den am höchsten entwickelten Industriewirtschaften sind der Boden und die natürlichen Ressourcen unentbehrlich. Die Industrieprodukte jedoch stellen den größten Teil der in der Industrie benötigten Produktionsmittel dar. Da man sich zu einem Zeitpunkt nur auf eine Sache konzentrieren kann, lassen wir die nicht produzierbaren Produktionsmittel zunächst außer Betracht.

Wir beginnen mit der Untersuchung einer einfachen Wirtschaft, in der man mit Maschinen ein einziges Konsumgut und neue Maschinen herstellt. Zunächst nehmen wir an, daß es nur einen Maschinentyp gibt und daß die Produktion des Konsumgutes nur einen ganz bestimmten Maschinenbestand erfordert.

Unter diesen Voraussetzungen ist es unmöglich, ein lebensnahes Modell zu entwickeln, da ja in der Realität für jeden Output viele Arten von Maschinen, d. h. zuvor produzierten Produktionsmitteln, benötigt werden. Es gibt aber einige Beziehungen, die in einem Modell mit einer einzigen Maschinenart leicht zu begreifen sind, mit mehreren jedoch außerordentlich kompliziert werden. (Im Anhang zu diesem Kapitel diskutieren wir die Beziehung zwischen der Ausrüstung, die den hier zugrundegelegten »Maschinen« entspricht, und einem Materialbestand, der während der Produktion aufgebraucht und erneuert wird.)

Arbeitskräfte und Maschinen **2** 2 § 1 (a)

1. Die Produktionsbedingungen

Wir befassen uns in diesem Kapitel mit der Tätigkeit der Wirtschaft insgesamt; wir brauchen daher an dieser Stelle das Problem einzelner Gütermärkte nicht aufzurollen. Wir können deshalb weiterhin ein einzelnes homogenes Konsumgut zugrundelegen, das wir nach wie vor »Getreide« nennen werden. Getreide wird nunmehr von Menschen mit Hilfe von Maschinen produziert.

(a) Technische Beziehungen

Die Getreideproduktion erfordert einen Mann, der eine Maschine bedient, deren Betrieb Getreide hervorbringt. Um die Notwendigkeit einer Getreidevorratshaltung auszuschließen, müssen wir unterstellen, daß die Produktionsperiode sehr kurz ist, so daß im Hinblick auf die Absicht unseres Modells eine Mehrproduktion von Getreide vernachlässigt werden kann und ein Mann jeden Tag das Produkt dieses Arbeitstages verzehren kann. Für eine Periode läßt sich unser Arbeitsprozeß folgendermaßen darstellen:

$$\text{Maschinenstunden} + \text{Arbeit} \rightarrow \text{Getreide}$$

Maschinen werden ebenso von Arbeitskräften produziert, die Maschinen bedienen, ohne Rohstoffe zu erfordern. Die Zeit, eine vollständige Maschine zusammenzubauen – seine *Entstehungsdauer* – ist ziemlich lang, so daß ein gleichmäßiger Produktionsstrom neuer Maschinen einen erheblichen Vorrat an Maschinenteilen zu jedem Zeitpunkt erfordert. Somit ergibt sich für mehrere Perioden:

$$\text{Maschinenstunden} + \text{Arbeit} \rightarrow \text{eine Maschine}$$

Offensichtlich wurde die erste Maschine nicht von einer Maschine gemacht. Wir werden uns jedoch nicht mit dem geschichtlichen Prozeß, wie eine Technologie aus einer anderen hervorgeht, beschäftigen, sondern einen Zustand zugrundelegen, in dem eine bestimmte Technik im Gebrauch und bereits ein Maschinenvorrat vorhanden ist.

In unserem Modell gibt es nur einen Maschinentyp. Die gleichen Maschinen werden sowohl zur Getreide- als auch zur Maschinenproduktion herangezogen. Sie werden alle in derselben Weise hergestellt. Aber wir unterstellen, um unnötige unrealistische Annahmen zu vermeiden, daß getreideproduzierende und maschinenproduzierende Maschinen nicht austauschbar sind. Somit kann eine Maschine, die zur Getreideproduktion eingesetzt worden ist, nicht für die Maschinenproduktion ausgewechselt werden.

Wir nehmen weiter an, daß alle Arbeitskräfte gleichgeartet sind. Sie benötigen keine besondere Anleitung für irgend einen Arbeitsgang. Sie sind gleichermaßen in der Lage, das homogene Konsumgut Getreide und Maschinen zur Maschinenproduktion herzustellen.

Auf diese Weise bestehen die technischen Beziehungen unseres Modells aus einer Getreideproduktions- und einer Maschinenproduktionstechnik. Diese lenken in jedem Sektor die Beziehungen zwischen Arbeit, Maschinen und Output. In diesem Modell ist das Problem der räumlichen Begrenztheit ausgeschlossen. Für den Boden muß keine Pacht aufgebracht werden, und weil er im Produktionsprozeß lediglich als ein Stellplatz für Maschinen beteiligt ist, kann seine Rolle in der Produktion vernachlässigt werden.

(b) Die Produktionskapazität

Die *Produktionskapazität* einer Maschinenanlage muß in zweierlei Hinsicht spezifiziert werden. Sie hängt erstens vom Output pro Mann und Stunde eines Arbeitsteams an den Maschinen ab und zweitens von der täglichen Stundenzahl und den Tagen pro Jahr, die die Maschinen betrieben werden können. Die Länge des Arbeitstages für ein Arbeitsteam ist von großer sozialer und politischer Bedeutung. Die Möglichkeit der Schichtarbeit bringt ökonomische und technische Erwägungen mit sich. Diese Fragen behandeln wir nur am Rande. Wir gehen davon aus, daß sowohl für den getreideproduzierenden als auch den maschinenproduzierenden Sektor eine Standardschichtlänge gilt.

Ein Maschinenbestand kann mehr oder weniger intensiv genutzt werden, um einen höheren oder niedrigeren Output zu produzieren. Wir nehmen an, daß der Output eines Maschinenbestandes bei voller Kapazitätsausnutzung eine bestimmte Anzahl Arbeiter, die eine Standardzeit beschäftigt sind, erfordert. Arbeit unterhalb der Kapazitätsgrenze kann in verschiedener Weise organisiert werden; durch das Beibehalten der vollständigen Belegschaft bei Kurzarbeit oder durch das Abwechseln von Vollauslastung im Wechsel mit Schließung für einige Tage usw. Der einfachste Fall für unsere Zwecke ist der, wo die Ausnutzung einer Maschinenanlage mit der Beschäftigtenzahl variiert. Beispielsweise werden 100 Maschinen bei voller Kapazitätsauslastung von 100 Mann bei wöchentlicher Standardarbeitszeit bedient. Wenn 75 Prozent der Kapazität benötigt werden, bleiben 25 Maschinen ungenutzt und 75 Mann

Arbeitskräfte und Maschinen **2** 2 § 1 (c)   139

arbeiten eine volle Standardwoche. Durch diese Annahmen erhalten wir eine eindeutige Definition der Kapazitätsausnutzung, ausgedrückt durch die Beschäftigtenzahl.

Darüber hinaus werde der Output pro Beschäftigten nicht vom Ausnutzungsgrad der Maschinen beeinflußt. Wenn 75 Prozent der auf die Vollkapazität bezogenen Arbeitskraft beschäftigt sind, bedeutet das für die Produktion 75 Prozent des Outputs, bezogen auf die volle Kapazität.

Das Verhältnis von Arbeit zu Maschinen unterscheidet sich erheblich von dem Verhältnis Arbeit zu Boden. Boden wird von der Natur bereitgestellt. Er ist im Grunde genommen nicht reproduzierbar und man muß ihn so gut ausnutzen wie man kann. Die Anbautechnik muß dem Verhältnis Boden zu Arbeit angepaßt werden, welche es auch immer sein mag. Eine Maschinenanlage beinhaltet jedoch eine bestimmte ausgewählte Technologie und ist dazu bestimmt, in einer bestimmten Art genutzt zu werden. Es ist nicht wahrscheinlich, daß der Output pro Mann höher sein wird, wenn die Ausnutzung der Maschinen unter der Kapazität liegt, wie etwa im Fall einer Wirtschaft nur mit Boden und Arbeit, in der abnehmende Erträge vorherrschen. (In der Wirklichkeit mag durchaus der erste Fall eintreten. Man kann oft feststellen, daß der Output pro Kopf am höchsten ist, wenn eine Anlage mit der vollen Belegschaft, für welche sei konzipiert ist, betrieben wird. Die Effizienz ist geringer, wenn sie auf einem niedrigeren Niveau arbeitet.) In unserem Modell ist die Technik so, daß in jedem Sektor der Pro-Kopf-Output bis zur Kapazitätsgrenze des existierenden Maschinenbestandes konstant ist.

(c) Eine Privatwirtschaft

Falls die Wirtschaft anhand eines rationalen Plans kontrolliert würde, würde die Allokation von Arbeitskräften und Maschinen zwischen maschinenproduzierendem und getreideproduzierendem Sektor von einer zentralen Behörde entschieden werden. In diesem Fall würde der Netto-Output des Getreidesektors nach irgendeiner anerkannten Regel auf die Bevölkerung verteilt – z. B. entsprechend der Arbeitsleistung. Falls die Kapitalakkumulation als besonders dringlich angesehen würde, würde ein großer Teil der Ressourcen im Maschinensektor sein, und das durchschnittliche Pro-Kopf-Einkommen in Getreideeinheiten gemessen würde niedrig gehalten. Je höher die Akkumulationsrate, desto niedriger ist der Getreideoutput zu jedem Zeitpunkt. Schnellere Akkumulation bedeutet auf die Dauer eine schnellere Erhöhung des potentiellen Getreideoutputs, weil dadurch für mehr Arbeiter Produktionskapazität bereitgestellt wird.

In einer Planwirtschaft dieses Typs gibt es ungeheure Organisationsprobleme, jedoch keine Probleme der *effektiven Nachfrage*, d. h. der Sicherstellung, daß alles, was produziert werden kann, auch verkauft wird. Denn die produktiven Ressourcen werden so gesteuert, daß sie auf die Anforderungen, die durch die Planer entschieden wurden, treffen. In einer Wirtschaft mit Privatunternehmen muß jeder einzelne Produzent einen Markt für seinen Output finden, um auf ihm einen Gewinn zu realisieren. Der Kapitalist muß heute Entscheidungen über Transaktionen treffen, die für ihn erst in der Zukunft und im Falle einer Investition in Maschinen über einen langen zukünftigen Zeitraum einen Gewinn abwerfen. Er lebt in einer Welt der Ungewißheit, und jeder Kapitalist handelt im Rahmen eines mehr oder weniger ausgeprägten Wettbewerbs mit anderen. Es gibt keinen Grund zu erwarten, daß sich das Gesamtergebnis ihrer individuellen Entscheidungen in einen irgendwie gearteten rationalen Plan einfügt.

(d) Klassen und Einkommen

Wir werden unser Modell auf die Analyse einer rein kapitalistischen Wirtschaft ohne staatliche Aktivität anwenden. Wir befassen uns mit einem *geschlossenen System,* so daß der Bereich des internationalen Handels ausgeschlossen werden kann. Zunächst werden wir wichtige Charakterzüge einer modernen Wirtschaft ausschließen, um uns auf einen einzelnen Aspekt unseres Problems zu konzentrieren.

Die Klassen in der Wirtschaft sind etwas unterschiedlich von denen in Ricardos Vorstellung. Es gibt nunmehr keine Grundbesitzer. Die Produktion wird von Unternehmen kontrolliert, die eigene Maschinen haben, Arbeitskräfte einsetzen und Profite machen. Der Konsum wird von *Haushalten* vorgenommen, die Einkommen von den Unternehmen erhalten. Es existieren zwei Arten von Haushalten: diejenigen der Arbeiter, die Löhne erhalten, und diejenigen der *Rentiers,* die Anspruch auf einen Teil des Profits haben.

In dieser Phase der Analyse ist die Größe des einzelnen Unternehmens – d. h. für unser Modell die Anzahl der Maschinen, die durch einen einzelnen Kapitalisten kontrolliert wird – unwichtig. Wir können annehmen, daß es eine große Anzahl von mehr oder weniger gleich großen im Getreidesektor und eine geringere Zahl im maschinenproduzierenden Sektor gibt. Unternehmen im

Maschinensektor können sowohl Maschinen für ihren eigenen Gebrauch herstellen als auch solche, die sie an den Getreidesektor verkaufen.

Die Arbeiter konsumieren allwöchentlich ihren gesamten Lohn. Nicht beschäftigte Arbeiter werden von jenen, die verdienen, unterstützt.

Die *Rentiers* werden mit den Haushalten der Kapitalisten gleichgesetzt. Wir lassen nicht zu, daß die Rentiers irgendwelche Einkommen haben, außer denen, die die Kapitalisten ihnen geben.

Dies war hauptsächlich in den alten Familienunternehmen, die von Marshall beschrieben wurden, der Fall. Der Geschäftsvorstand gab seiner Frau Haushaltsgeld. Wenngleich gesetzlich völlig anders ausgestaltet, ist die Situation in einem modernen Unternehmen im wesentlichen dieselbe – Zinsen und Dividenden werden aus den Profiten gezahlt. Diese Tatbestände werden später diskutiert. In der Zwischenzeit nehmen wir an, daß die Unternehmen ihren Haushalten einen bestimmten Teil der Profite übertragen und alle Rentiereinkommen jährlich konsumiert werden. Die Unternehmen betrachten es als klug, die Profite nicht zu verteilen, bevor sie angefallen sind. Deshalb ist der Teil des laufenden Getreide-Outputs, der von den Rentierhaushalten konsumiert wird, unter dem Aspekt der Profite zu betrachten, die in der Vergangenheit verdient wurden.

Da weder Arbeiter noch Rentiers sparen, werden alle Ersparnisse, die für die Akkumulation benötigt werden, von den Unternehmen gemacht.

Diese Annahmen wurden bewußt gemacht, um die Bedeutung des Rentierelementes im Kapitalismus herabzusetzen, das durch Marshalls Behandlung des »Lohn des Wartens« in den Vordergrund gerückt war. Marshalls Konzeption beinhaltet, daß Akkumulation für zukünftigen Konsum vorgenommen wird. Jedoch entwickeln in einer kapitalistischen Wirtschaft die Unternehmen ein Eigenleben. Sie existieren nicht nur, um für die Rentiers Profite zu verdienen. Es wird normalerweise als notwendig und richtig für ein Unternehmen erachtet, einen wesentlichen Teil seiner Profite in die Ausdehnung seines Beschäftigungsfeldes zu reinvestieren. Deshalb wird die Akkumulation eher vorgenommen, um Profite zu machen, der Konsum ist weniger der Anlaß zum Akkumulieren. Obwohl unser einfaches Modell viele Komplikationen ausschließt, entspricht es im allgemeinen dem Wesen einer modernen kapitalistischen Industrie.

2. Löhne und Profite

(a) Geldlöhne und Reallöhne

In unserem Modell ist der Lohnsatz eine bestimmte Menge Getreide pro Mann und pro Woche. Der Profit pro Beschäftigten im Getreidesektor entspricht somit dem Output pro Mann minus dem Lohn. Diese einfache Behandlung des Profits pro Beschäftigten könnte den Anschein erwecken, daß zuviel Gewicht auf unsere Annahme eines einzigen Konsumgutes gelegt wird, aber für unsere Zwecke läßt es sich rechtfertigen. Natürlich spezialisieren sich in der Wirklichkeit die Unternehmen auf eine geringere Zahl von Gütern, und niemand kann seine Arbeiter einfach durch Aushändigung eines Teils seines eigenen Produkts bezahlen. Eine Strumpffabrik kann nicht seine Lohnzahlungen in Strümpfen bezahlen, noch eine Streichholzfabrik in Streichholzschachteln. Löhne müssen in Geld ausgezahlt werden und das bedeutet im allgemeinen Kaufkraft, so daß die Arbeiter die Produkte vieler Unternehmen erwerben können. Der *Reallohn,* aus der Sicht der Arbeiter die Gütermenge, die vom Geldlohn gekauft werden kann, hängt von den Preisen der Güter ab, die sie erwerben wollen. Die Arbeitskosten hängen für den Arbeitgeber von dem Verhältnis der Preise seiner Produkte zum Geldlohnsatz ab. Damit gibt es in »Strümpfen« ausgedrückte Kosten der Arbeit; nämlich die Anzahl der »Strümpfe«, die verkauft werden müssen, um die Lohnkosten zu bezahlen, oder in Zündholzschachteln ausgedrückte Kosten usw. Bezogen auf unser Getreide, das die Konsumgüter im allgemeinen repräsentiert, sind der Reallohnsatz aus der Sicht der Arbeiter und die Kosten der Arbeit für die Unternehmen im Getreidesektor identisch.

In der kapitalistischen Industrie werden die Preise für Güter, die der Öffentlichkeit verkauft werden, durch einen *Zuschlag* zu den *Herstellkosten* gebildet. Die Herstellkosten sind die direkten Produktionskosten einer Gütermenge, d. h. die Kosten für Löhne, Material usw., die nicht anfielen, wenn die Gütermenge nicht produziert würde. Der Zuschlag macht die Bruttogewinnspanne vom Verkaufswert der Güter aus. Dieser Tatbestand wird in unserem Modell im Getreidesektor durch das Verhältnis von Profit pro Beschäftigten zum Output pro Beschäftigten dargestellt. Mit der Annahme gleicher Herstellkosten in der gesamten Wirtschaft, eines einzigen homogenen Konsumgutes und eines einheitlichen Lohnsatzes, ausgedrückt in Einheiten des Konsumgutes, schildern wir eine Wirtschaft, in der das Verhältnis von Bruttogewinnspanne zu Herstellkosten in allen Konsumgüter produzierenden Industrien gleich ist. Dies ist eine Vereinfachung, jedoch keine wesentliche Falschinterpretation des Charakters einer modernen Industriewirtschaft.

In der Realität wird der Überschuß der Einnahmen über die Herstellkosten teilweise dazu gebraucht, die Gemeinkosten, d. h. die allgemeinen laufenden Geschäftsunkosten, zu decken. Bruttoprofite (die Marshall als Quasi-Renten bezeichnete [siehe: **1** 3 § 3 (c)]) sind Einnahmen abzüglich der Herstell- und der Gemeinkosten. Darüber hinaus beinhalten Bruttoprofite eine Vergü-

Arbeitskräfte und Maschinen **2** 2 § 2 (b)

tung für die Amortisation, um den Ersatz von Maschinen, falls notwendig, zu gewährleisten. Nettoprofit ist das, was nach diesen Abzügen vom Bruttoprofit verbleibt. Zahlungen an Rentiers werden normalerweise aus den Nettoprofiten vorgenommen.

In unserem sehr vereinfachten Modell sind die Löhne die einzigen Herstellkosten. In unseren Firmen fallen keine Gemeinkosten an, und für diesen Teil der Analyse nehmen wir an, daß eine Maschine, die einmal installiert ist, ohne einen Verlust an Effizienz unbegrenzt eingesetzt werden kann, so daß wir uns nicht mit der Amortisation beschäftigten werden (dies wird später diskutiert, nachdem wir den technischen Wandel eingeführt haben [siehe: **2** 4 § 1 (d)]). Somit ist in unserem Modell die Bruttogewinnspanne gleich dem gesamten Nettoprofit.

Wir unterstellen, daß der Getreide-Lohnsatz sowohl in den maschinenproduzierenden als auch in den getreideproduzierenden Sektoren gleich ist, aber die Erklärung für die Höhe der Profitspannen im Maschinensektor beinhaltet eine Anzahl von Komplikationen, die wir an dieser Stelle noch nicht diskutieren können. (Sie beinhaltet die Bestimmung der relativen Preise verschiedener Produkte, in diesem Falle Getreide und Maschinen, die wir im Buch 2, Kapitel 5 vornehmen.) In der Zwischenzeit werden wir mit der einfachen Annahme arbeiten, daß der Profitzuschlag auf die Löhne in beiden Sektoren gleich ist.

(b) Der Profitanteil

Der gesamte Output der Wirtschaft ist zwischen Arbeitern und Kapitalisten in Form von Löhnen und Profiten aufgeteilt. Solange die Profite in einem konstanten Verhältnis zu den Löhnen bleiben, hängt der jährliche Profit einer Unternehmung von der durchschnittlichen jährlichen Beschäftigung ab. Der Profit pro Maschine hängt von der durchschnittlichen jährlichen Ausnutzung des Maschinenbestandes ab.

Das konstante Verhältnis von Profiten zum Output spiegelt sich in dem konstanten Anteil der Löhne und Profite am Gesamteinkommen wider. Wir setzen voraus, daß im Getreidesektor der Lohn $3/4$ Getreideeinheiten pro Jahr beträgt und daß ein Mann 1 Einheit pro Jahr erzeugt. Dann ist das Verhältnis von Profiten zu Löhnen im Getreidesektor $1/4 : 3/4$ oder 1 : 3. Da wir annehmen, daß der Zuschlag sowohl im Getreide- als auch im Maschinensektor der gleiche ist, ist das Verhältnis von Profiten zu Löhnen in beiden Sektoren identisch und auch in der gesamten Wirtschaft 1 : 3. Mit anderen Worten, wenn der Zuschlag auf die Herstellkosten $33^{1}/_{3}$ Prozent ist, dann beträgt der Anteil des Profits am Output 25 Prozent.

(c) Die Bestimmung des Profits

Der gesamte Profit pro Jahr ist ein Anteil des gesamten jährlichen Einkommens. In unserem Beispiel beträgt er $1/4$ des Einkommens. Hinsichtlich der Gesamtwirtschaft können wir das Volkseinkommen auf zwei Arten, als Einkommenstrom und andererseits als Wert der Ausgaben, betrachten:

Einkommen	Ausgaben
Profite	Investitionen in Maschinen
Löhne	Getreidekonsum der Rentiers
	Getreidekomsum der Arbeiter

Da die Arbeiter ihren gesamten Lohn konsumieren, folgt

Profite = Investitionen + Rentierkonsum

Welche Bedeutung hat diese Gleichung? Bedeutet sie, daß die Profite in einem gegebenen Zeitraum den Konsum und die Investitionen des Kapitalisten bestimmen oder das Gegenteil? Die Antwort darauf hängt davon ab, welche dieser Größen unmittelbares Entscheidungsobjekt der Kapitalisten sind. Es ist aber offensichtlich, daß sich die Kapitalisten nur entscheiden können, in einem bestimmten Zeitraum gegenüber dem vorhergegangenen mehr zu konsumieren und zu investieren, sie können jedoch nicht beschließen, mehr zu verdienen. Daher bestimmen ihre Investitions- und Konsumentscheidungen die Profite und nicht umgekehrt.[59]

Außerdem ist, ausgehend von der Annahme, daß aus den Haushaltseinkommen keine Ersparnisse entstehen, der Überschuß der Profite über die Verteilung an die Rentiers, d. h. das Sparvolumen, gleich dem Wert der Investitionen. Das jährliche Investitionsvolumen wird als der Wert der geleisteten Arbeit im Maschinensektor im Verlaufe eines Jahres definiert und nicht als der Wert der fertiggestellten und installierten Maschinen jenes Jahres. Die beiden Werte würden nur dann gleich sein, wenn die Beschäftigung im Maschinensektor für eine hinreichend lange Zeit konstant gewesen wäre (vgl. Anhang).

(d) Begriffssystem

Um diese Beziehungen in Begriffen unseres Modells darzustellen, benutzen wir folgende Schreibweise, bei der jedes Symbol einen Wert darstellt, der sich auf ein Jahr bezieht und in Getreideeinheiten ausgedrückt ist.

Arbeitskräfte und Maschinen **2** 2 § 2 (d)

Getreidesektor

C = Gesamt-Output
(das Symbol steht für consumption = Konsum)

W_c = Löhne
P_c = Profite
P_c^e = konsumierte Profite
(der Index e steht für eaten = gegessen)
P_c^s = gesparte Profite

Maschinensektor

I = Wert der eingesetzten Arbeit
(das Symbol steht für investment = Investition)

W_m = Löhne
P_m = Profite
P_m^e = konsumierte Profite
(der Index e steht für eaten = gegessen)
P_m^s = gesparte Profite

Fassen wir die beiden Sektoren zusammen, so beschreiben wir:

Y = Gesamteinkommen
W = Gesamte Löhne

P = Gesamtprofite = $P^s + P^e$
$Y = C + I = P + W$

In realen Werten ist das jährliche Einkommen gleich dem Getreideoutput plus dem geleisteten Beitrag zur Maschinenproduktion. Ausgedrückt in Getreideeinheiten, kann dies folgendermaßen formuliert werden:

$$C = W_c + P_c^e + P_c^s$$
$$I = W_m + P_m^e + P_m^s$$
$$Y = W + P^e + P^s$$

und

$$C = W_c + W_m + P_c^e + P_m^e$$

Wenn wir die vierte Gleichung von der dritten substrahieren, d. h. den Konsum vom Einkommen abziehen, ergibt sich (da Löhne und verteilte Profite vollständig konsumiert werden) als Rest P^s, was bedeutet, daß die Ersparnis gleich dem Wert des Investitionsvolumens ist.

Setzen wir s für den Anteil der Ersparnis am Einkommen, so erhält man:

$$sY = I \quad \text{or,} \quad Y = \frac{1}{s}I$$

Schreiben wir für s_p für den Anteil der Ersparnis an den Profiten, so kann man schreiben:

$$s_p P = I \qquad P = \frac{1}{s_p} I \qquad s = s_p \frac{P}{Y}$$

Unser Modell ermöglicht es uns, diese Beziehungen in physikalischen Größen auszudrücken, als Getreidelohn- und Profitströme und als Getreidewert und Investitionen. Dasselbe Prinzip wirkt in einer tatsächlichen kapitalistischen Wirtschaft, allerdings in einer erheblich komplizierteren Weise. Es existiert ein Sparanteil vom Haushaltseinkommen; der Nettoprofit ist nicht identisch mit dem Bruttoprofit; Außenhandel und staatliche Aktivitäten beeinflussen die Beziehungen zwischen Einkommen, Ersparnis und Investitionen. Aber das Hauptprinzip wird nicht berührt. Unser Modell soll ermöglichen, die grundlegenden Beziehungen in einer klaren und eindeutigen Weise zu sehen. Gleichzeitig zwingen wir uns, die Komplikationen, die wir außerhalb der Betrachtung lassen, auf jeder Stufe zu erkennen. Wir haben unsere Übersicht des Gesamteinkommens in Werteinheiten von Getreide dargestellt, aber noch nicht bedacht, wie die Zahlungen vorgenommen werden. Dies müssen wir nun tun, bevor wir das Modell zur Analyse der Probleme der effektiven Nachfrage heranziehen.

3. Kredit

Das ökonomische System, in dem Getreide das einzige Produkt und das einzige für die Produktion benötigte Kapital war, konnte beschrieben werden, ohne das Phänomen Geld einzuführen. Wir konnten uns alle durchgeführten Transaktionen in Getreideeinheiten vorstellen. In einem Modell mit einem beliebigen Komplexitätsgrad, mit mehr als einem Gut und mit im Zeitablauf verteilten Transaktionen ist es notwendig, irgendeine Art Finanzsystem einzuführen. Ein großer Teil der Keynes'schen Argumentation beschäftigte sich mit dem Geld- und Finanzsystem einer entwickelten Volkswirtschaft. Einiges davon wird später diskutiert. An dieser Stelle wollen wir lediglich die Minimalvoraussetzungen einführen, die benötigt werden, um mit dem Modell zu arbeiten.

(a) Wechsel

Zuerst müssen wir die Beziehungen zwischen den beiden Sektoren betrachten. Zahlungen an Arbeiter und Haushalte können direkt in Getreide vorge-

Arbeitskräfte und Maschinen **2** 2 § 3 (a) 147

nommen werden, so daß sie teilweise die Funktion des Geldes erfüllen, jedoch der Kauf von Maschinen kann nicht in dieser Weise erfolgen. Eine Maschine ist eine große unteilbare Einheit, die nicht in wöchentlichen Raten bezahlt werden kann. Weiterhin benötigt das Unternehmen im Maschinensektor Getreide, um die Löhne zu bezahlen, bevor sie eine Maschine zur Auslieferung fertiggestellt hat; kurz gesagt, sie benötigt Kredit. Wir nehmen daher an, daß ein maschinenproduzierender Kapitalist *Wechsel* auf sich selbst ausstellen kann. Ein Wechsel ist eine Verpflichtung, eine bestimmte Summe zu einem bestimmten Zeitpunkt zu bezahlen, z. B. eine Verpflichtung, dem Wechselinhaber (wer immer es sein mag) 100 Getreideeinheiten ein Jahr nach dem Ausstellungsdatum zu bezahlen. Wechsel werden dazu benutzt, Getreide zu kaufen, um die Löhne der Arbeiter, welche die Maschinen bauen, und den Profitanteil der Rentiers zu bezahlen.

Ein Kapitalist im Maschinensektor stellt die Wechsel in dem Maße Schritt für Schritt aus, wie er Getreide zur Auszahlung an Arbeiter und Rentiers benötigt. Wenn eine fertige Maschine an den Getreidesektor geliefert wird, werden Wechsel in gleicher Werthöhe eingelöst, während das maschinenproduzierende Unternehmen für den nächsten Produktionsabschnitt damit beginnt, sich zu verschulden. Auf diese Weise bleibt zu jedem Zeitpunkt ein Bestand an Wechseln in gleicher Höhe erhalten wie die gesamten ausstehenden Verbindlichkeiten des Maschinensektors.

Wechsel können weitergereicht werden. Ein Kreditgeber könnte zu dem Schluß kommen, daß er, bevor der Wechsel fällig ist, das Getreide, das er verliehen hat, benötigt. Er kann sein Getreide dadurch erhalten, daß er den Wechsel einem anderen Kreditgeber verkauft, der bereit ist, die Forderung eine Zeit lang zu halten. Dadurch entsteht ein Zahlungsmittel, mit dem Transaktionen zwischen einem Unternehmen und einem anderen abgewickelt werden können.

Wir haben nun eine bestimmte Form von Geld in das Modell eingeführt. Getreide ist hinsichtlich der Lohn- und Rentenzahlungen Geld, während Wechsel Kaufkraft hinsichtlich der Maschinen repräsentieren, da die Kapitalisten des Maschinensektors ihre eigenen Wechsel mit Lieferung einer Maschine einlösen. Die Annahme eines Wechsels tilgt die Schuld. In Wirklichkeit bezahlen sie die Wechsel mit Maschinen anstatt mit Getreide.

Ihre Ersparnis ist für den einzelnen Kapitalisten des Getreidesektors der Teil des Profits, den er nicht an seinen Haushalt verteilt. Ersparnisse können jedoch nicht in Getreide gehalten werden; es ist leicht verderblich und die Lagerung kostspielig. Ersparnisse müssen in Wechseln *angelegt* werden, die zukünftige Kaufkraft hinsichtlich der Maschinen darstellen. Wechsel sind eine

148   **2** 2 § 3 (b)   *Analyse*

Anlage oder Sicherheit, die eine finanzielle Form, in der Vermögen gehalten werden kann, darstellt.

Wechsel spielen eine vermittelnde Rolle im Prozeß des Sparens und Investierens. Ersparnisse werden in Wechsel angelegt, und Wechsel werden dann zum Kauf von Maschinen benutzt. Wie wir sehen werden, ist es diese Trennung von Sparen und Investieren oder von Einkommenserwerb und -ausgabe, woraus die Instabilität der effektiven Nachfrage erwächst. Das bedeutet nicht, daß die Schuld an diesem Problem irgendwie auf das Geldsystem geschoben werden soll. Eine auf Privatunternehmungen basierende Wirtschaft kann nicht ohne Geld in der einen oder anderen Form funktionieren, jedoch ist es, wie wir sehen werden, das Privatunternehmen und nicht das Geld, das für die Instabilität verantwortlich ist. Wir haben hinsichtlich des Geldes lediglich minimale Annahmen in unser Modell eingeführt, um nicht die Aufmerksamkeit vom Grundproblem abzulenken.

(b) Darlehensgewährung und Kreditaufnahme

Der Ankauf von Wechseln stellt eine Darlehensgewährung durch die Kapitalisten des Getreidesektors und dient der Finanzierung des Maschinensektors. Eine einsatzfähige Maschine ist wertvoller als eine, die später geliefert wird aufgrund des Profits, der erwartungsgemäß während der Zeitverzögerung gemacht würde. Entsprechend wird ein Wechsel mit einem *Disagio* ausgestellt, welches vom Fälligkeitsdatum – dem Tag, an dem er zur Einlösung fällig wird – abhängt. Das heißt, der Nennwert eines Wechsels, der angibt, was er bei Fälligkeit wert ist, ist um den Betrag, der dem Disagio entspricht, größer als der Getreidepreis, der für ihn bezahlt wird. Z. B. erbringt eine Verpflichtung, 110 Getreideeinheiten in einem Jahr zu bezahlen, jetzt lediglich 100 Einheiten, das Disagio ist somit 10 Prozent pro Jahr. Das Disagio entspricht dem Anleihezins für den Käufer des Wechsels, der dem Aussteller Finanzmittel in Form von Getreide bereitstellt. Daher ist der Getreidewert einer einsatzbereiten Maschine um den Betrag der Verzinsung des Wechsels größer, als der Getreidebetrag, der tatsächlich für die Wechsel, die darauf laufen, gezahlt wird.

Es kann ebenso eine Kreditaufnahme zur Finanzierung der Investition in Maschinen geben. Ein Unternehmen, das eine Aufstockung seines Maschinenbestandes plant, erwartet ein Anwachsen des Profitstroms und der zukünftigen Ersparnisse. Es ist lohnend, etwas zu bezahlen, damit die Profite früher anfallen als wenn die Ersparnisse im voraus akkumuliert werden müßten. Ein Unternehmen kann daher *fällige Wechsel* übernehmen, die dazu benutzt werden

Arbeitskräfte und Maschinen **2** 2 § 3 (b) 149

können, eine Maschine zu kaufen, wobei versprochen wird, die Wechsel zu einem späteren Zeitpunkt einzulösen. Den Verzug der Kreditaufnahme vergütet der Kreditnehmer bei Rückzahlung mit einem Agio – mit Wechseln von höherem Wert. Das Agio stellt den Zins für die Anleihe dar.

Die Unternehmen, die nicht fällige Wechsel kaufen, um die Maschinen durch eine Vorauszahlung billiger zu bekommen, und jene, die fällige Wechsel leihen, zahlen zusätzlich, weil sie die Zahlungen im nachhinein leisten.

Ein Unternehmen, welches die Verwendung ihrer Ersparnisse für eigene Investitionen aufschiebt, kann darauf in der Zwischenzeit eine Verzinsung auf zwei Arten erhalten. Sie kann nicht fällige Wechsel bis zur Fälligkeit halten und das Disagio verdienen, und sie dann in nicht fällige Wechsel umtauschen, deren Nennbetrag um den Betrag des Disagio größer ist als der von fälligen Wechseln. Auf diese Weise erhält das Unternehmen laufend eine Verzinsung in Höhe des Disagios der ursprünglich in Wechseln angelegten Summe. Wird z. B. eine Summe von 100 Einheiten am Anfang des ersten Jahres verliehen, so bekommt man am Ende 110. Diese 110 werden wiederum verliehen und man bekommt 121 am Ende des nächsten Jahres; 10 Prozent pro Jahr werden auf die ursprüngliche Anleihe von 100 Einheiten erzielt. Alternativ kann dieses Unternehmen die fälligen Wechsel eines anderen, das über seine eigenen Ersparnisse hinaus investiert, leihen und den Zins in Form des Agios erhalten.

Mit der Kreditgewährung ist ein gewisses Risiko verbunden, denn es besteht die Möglichkeit, daß der Schuldner in Schwierigkeiten gerät und die Rückzahlung versäumt. Dieses Risiko mag etwas größer sein bei der Kreditgewährung in Form von fälligen Wechseln an die Kapitalisten des Getreidesektors für einen ziemlich langen Zeitraum, als beim Halten von kurzfristigen Wechseln des Maschinensektors. Das Risiko in beiden Fällen ist erheblich geringer als bei der Investition von Finanzmitteln in langlebige Maschinen, auf deren künftige Einnahmen man nicht mit Sicherheit bauen kann. Die Höhe der Zinssätze muß deshalb gering sein, verglichen mit der Profiterwartung, die dazu führt, daß Investitionen vorgenommen werden. Sie wird sich, wie wir sehen werden, mit der Höhe der erwarteten Profite verändern.

Der Zinssatz spielt in unserem Modell eine untergeordnete Rolle. Die Bedeutung des Wechselmarkts liegt darin, daß er einzelnen Unternehmen ermöglicht zu sparen, ohne gleichzeitig zu investieren und im Vorgriff auf die Ersparnis zu investieren, gerade wie es ihnen beliebt.

Ein Finanzmechanismus, der die Unternehmen mit einer Verfügungsmacht über jene Ressourcen hinaus versieht, welche sie besitzen, ist ein grundlegendes Charakteristikum einer modernen kapitalistischen Wirtschaft. Er leitet sich von der Fähigkeit des Kapitalisten ab, Vertrauen auf zukünftigen Gewinn bei jenen, die ihnen Kredit gewähren, zu erwecken. Je weniger Vertrauen sie erwecken, desto höher ist das Agio, das sie auf die geliehenen Beträge zahlen müssen. Wenn jedoch die Kapitalisten in ihrer Gesamtheit überhaupt kein Vertrauen mehr genießen, würde dies ein Zusammenbruch des Geldsystems und des gesamten Wirtschaftssystems zur Folge haben.

In diesem Kapitel haben wir die Elemente eines einfachen Modells des industriellen Kapitalismus umrissen. Im nächsten Ausschnitt analysieren wir, wie diese Elemente sich zueinander verhalten und was die Auswirkungen ihrer Wechselwirkungen sein mögen.

4. Ein anderes Modell

Das Modell einer kapitalistischen Industrie, das wir aufgezeigt haben, unterscheidet sich erheblich von dem, was viele zeitgenössische Lehrbücher unterstellen.

Die sogenannte Mikrotheorie der gegenwärtigen Orthodoxie bildet einen Ausfluß des von Walras entwickelten Gleichgewichtssystems. Die Wirtschaft besteht aus einer Anzahl von Individuen. Jedes ist Produzent, Konsument und Händler in einem. Jedes Individuum ist mit irgendeinem »Produktionsfaktor« ausgestattet, der Fähigkeit, eine bestimmte Art von Arbeit zu verrichten, oder mit einem Stück Land, geeignet für eine Reihe von Ernten, oder einem Maschinenbestand, brauchbar für verschiedene Produktionsarten. Es existiert eine spezifizierte Liste von bekannten Gütern, die die Individuen konsumieren wollen und die von diesen Faktoren produziert werden können.

Die Individuen treffen sich und tauschen Waren und Faktordienste untereinander aus. Das Verhandeln auf einem Markt erzeugt eine Angebots- und Nachfragestruktur, welche die Zusammensetzung des Outputs und die relativen Güterpreise bestimmt. Von der Nachfrage nach Gütern ist die Entlohnung der Faktordienste abgeleitet, die in verschiedenen Proportionen kombiniert werden können, um sie zu erzeugen. Von den Faktorentlohnungen leiten sich die Einkommen ihrer Eigentümer ab, und die Verausgabung der Einkommen bestimmt die Nachfrage nach Güter. Ein Marktgleichgewicht wird also durch ein zirkuläres System von gleichzeitig bestehenden Beziehungen herbeigeführt. Das Gesetz von Angebot und Nachfrage erklärt, daß ein Markt ins Gleichgewicht gebracht wird, wenn für ein Gut, das im Übermaß angeboten wird, sein Preis sinkt und im Falle einer übermäßigen Nachfrage sein Preis steigt. Dieselbe Gesetzmäßigkeit wird auf die Arbeit und ihren Preis (Lohn) angewandt. Somit ist in diesem System unfreiwillige Arbeitslosigkeit unmöglich, da jeder, der für kurze Zeit arbeitslos ist, seine Beschäftigung durch das Akzeptieren eines niedrigeren Lohns sicherstellen könnte.

Die hauptsächlichen Unterschiede zwischen unserem Modell und diesem sind, daß wir erstens den Unterschied zwischen Arbeitseinkommen und Einkommen aus Vermögen betonen, anstatt darüber hinwegzugehen. Zweitens, daß unser Modell darauf angelegt ist, dynamische Prozesse zu analysieren, während dieses Modell lediglich das Gleichgewicht entsprechend den willkürlich vorgegebenen anfänglichen Bedingungen beschreibt.

Unser Modell wird dazu benutzt, sowohl den Einfluß einer unbekannten Zukunft auf laufende Entscheidungen als auch die Interdependenzen des Lohn- und Preisniveaus in einem System produzierbarer Güter darzustellen. Unser Modell mit nur zwei Produkten und starren technischen Bedingungen ist für eine Diskussion der Probleme der effektiven Nachfrage angemessen, obwohl es sogar die komplizierten Einzelheiten einer Mehrprodukt-Wirtschaft unberücksichtigt läßt. In dem Maße, wie sich die Argumentation entwickelt, werden wir die Methode diskutieren, in der viele Einzelheiten in die Untersuchung eingeführt werden können.

Anhang: Kurzfristiges Betriebskapital

Das oben dargestellte Modell schildert einen Produktionsprozeß, der nur eine Art Kapital benötigt, nämlich »Maschinen«. Unsere Maschinen sind durch Dauerhaftigkeit gekennzeichnet. Sie halten länger als einen einzigen Produktionsdurchgang und im Modell sind sie unbegrenzt haltbar. Kapital von dieser Art ist unter dem Namen *fixes Kapital* bekannt. Die Produktion erfordert im allgemeinen auch Inputs wie Rohmaterialien, die während des Produktionsprozesses aufgebraucht werden und im Falle der Weiterproduktion ersetzt werden müssen. Weiterhin müssen die Löhne vor dem Verkauf des Produkts bezahlt werden. Um Arbeiter zu beschäftigen muß ein Unternehmen über einen *Lohnfonds* (den Marx »variables Kapital« nannte) verfügen, um die Zeit zwischen Beginn der Zahlungen an die Arbeiter und der Verfügbarkeit über den Output zu überbrücken. Diese beiden Elemente machen das *kurzfristige Betriebskapital* aus.

Bei einem Anwachsen der Beschäftigung, wobei der Ausnutzungsgrad der vorgegebenen Ausrüstung wächst, wird der Bestand an kurzfristigem Betriebskapital aufgestockt. Die Lohnsumme für zusätzliche Arbeitskräfte und die Aufwendungen für Materialien, Energie usw. müssen jede Woche bezahlt und dem Wert der durch die Unternehmung vorgenommenen Investition zugerechnet

152   **2** 2 Anhang   *Analyse*

werden (und ihre Schulden, falls sie mit geliehenen Geldmitteln arbeitet). Am Ende der *Produktionsperiode* kommt das zusätzliche Produkt zum Vorschein; danach reicht (falls alles nach Plan verläuft) der Wert des wöchentlichen Outputs aus, die Rechnung für Löhne, Materialien usw. für eine Woche zu bezahlen, zuzüglich eines Aufschlags, der einen angemessenen Beitrag zu den Gesamtkosten des Geschäfts deckt, und eines Beitrags zu seinem jährlichen Brutto-Profit. Danach wird keine weitere Investition in das kurzfristige Betriebskapital im Hinblick auf die ursprüngliche Zunahme der Beschäftigung vorgenommen.

Wir sind diesem Prinzip bereits bei der Geschichte von dem Bauernsohn begegnet, der einen Getreidebestand (aus der laufenden Produktionsmenge) aufbaute, indem er jeden Tag ein Jahr lang sein Saatgut pflanzte und von der täglichen Zuteilung seiner Familie lebte, bis er sich mit Beginn des zweiten Jahres selbst versorgen konnte [siehe: **2** 1 § 2 (b)].

Wenn die Geldmittel, die in das kurzfristige Betriebskapital investiert werden, geliehen sind, ist der Kredit (ausgenommen die auflaufenden Zinsen) für eine Produktionsperiode von z. B. 20 Wochen die Schuld einer Woche, die für 19 Wochen, für 18 Wochen usw. offensteht. Die Gesamtschuld (nicht gerechnet die Zinsen) ist daher die wöchentliche Rechnung für einen fortlaufenden Outputstrom, multipliziert mit annähernd der halben Produktionsperiode.

Wenn eine Entscheidung, den Output zu verringern, vorgenommen wird, und die Beschäftigung zu sinken anfängt, bleibt das fixe Kapital während dieser Zeit unberührt, während das kurzfristige Betriebskapital desinvestiert wird. Im ersten Fall bleibt der wöchentliche Output des fertiggestellten Produkts unverändert, da es das Ergebnis der angefangenen Arbeit und des 20 Wochen vorher in die Produktion eingebrachten Materials ist. Während die jeweilige Outputserie fertiggestellt wird, werden die Leute, die die Arbeit daran anfingen, entlassen und die Materialien, die darin eingingen, nicht ersetzt. Über die Produktionsperiode sinkt der Lohnfonds und der Materialbestand, bis sie sich auf einen Stand einpendeln, der dem neuen ständigen Output auf einem niedrigeren Niveau entspricht.

In unserem einfachen Modell benutzen wir weiterhin nur das fixe Kapital (unsere Maschinen). In einem Modell in Buch **2** 6 § 3 (d) benutzten wir nun das kurzfristige Betriebskapital. Im selben Kapitel § 2 machen wir einige allgemeine Bemerkungen über die Beziehungen zwischen den zwei Kapitalarten. Im Prinzip besteht keine Schwierigkeit, ein Modell mit mehreren Kapitalarten aufzubauen, aber es würde kompliziert und schwierig nachzuvollziehen sein. Aus diesem Grunde arbeiten wir nur mit einer Art zur Zeit, aber es ist wichtig sich vor Augen zu halten, daß die Wirklichkeit weniger einfach ist.

Kapitel 3   Effektive Nachfrage

In das Bild des Kapitalismus, das sich aus Ricardos Modell herleitet, paßt das Problem, mit dem sich die Merkantilisten und Malthus beschäftigten, nicht hinein: das Problem der effektiven Nachfrage, d. h. des Auffindens eines entsprechenden Gesamtmarktes, der den Verkauf der produzierten Güter sicherstellt. Dieses Problem kann nicht mit den Begriffen der in Buch 2, Kapitel 1 gemachten Annahmen dargestellt werden. Gleich ob das Getreide dem Bauer gehörte oder dem Grundbesitzer oder einem Geldverleiher bezahlt wurde, oder ob es im Besitz eines kapitalistischen Arbeitgebers war, alles war nicht in einem Jahr konsumiert wurde, wurde auf Vorrat genommen. Es wurde keine Unterscheidung getroffen zwischen Sparen - unterlassenem Getreideverzehr - und Investieren, d. h. der Auffüllung des Getreidevorrats. Im letzten Kapitel bauten wir ein komplizierteres Modell auf, um die Probleme der effektiven Nachfrage, der Veränderungen des Beschäftigungsniveaus und des Verhältnisses von individuellem Sparen zur Akkumulation der Produktionskapazität einer Volkswirtschaft zu diskutieren. Zu diesem Zweck führten wir in das Modell ein noch unentwickeltes Geldsystem (den Wechselmarkt) ein, aber natürlich ist nicht das Vorhandensein des Kredits der Grund für die Schwankungen der Beschäftigung. Sie entstehen, weil die Industriearbeiter – im Gegensatz zu den Bauern – keinen Zugang zu den Produktionsmitteln (im Modell: Maschinen) haben, die sie zur Befriedigung ihrer eigenen Bedürfnisse einsetzen könnten, sondern sie müssen warten, bis es dem Bedarf der profitsuchenden Unternehmen entspricht, sie zu beschäftigen.

Die Orthodoxie, am Anfang der großen Weltwirtschaftskrise von 1930 noch weit verbreitet, basierte auf dem, was Marshall das »bekannte ökonomische Axiom« nannte, nämlich, daß Sparen und die auf Vorratshaltung gerichtete Akkumulation das gleiche sei, so daß ein »Mensch Arbeit und Güter mit dem Teil seines Einkommens, den er spart, kauft, genauso gut, wie er es mit dem tut, den er angeblich ausgibt« [siehe: 1 2 § 4 (a)]. Aus dieser Sicht würden die Gesamtausgaben für Güter und Dienste notwendigerweise ausreichen, um das gesamte Angebot zu erwerben. Es könnte niemals einen allgemeinen Produktionsüberschuß oder eine Unterausnutzung der Produktionskapazität geben.

Da angenommen wurde, daß die Wirkungsweise des »Arbeitsmarktes«, solange er nicht von Gewerkschaften gestört wurde, immer zu einem »Gleichgewichtslohn« führen würde, bei dem alle Arbeitsuchenden auch beschäftigt würden, könnten weiterhin an allgemeiner Arbeitslosigkeit nur zu hohe Löhne schuld sein. Dies mag in einem besonders abstrakten Modell richtig sein, aber in der Situation der Weltwirtschaftskrise war es offensichtlich absurd. Keynes führte einen umfassenden Angriff gegen diese Orthodoxie und entwickelte Vorstellungen einer völlig anderen Methode zur Analyse der modernen Wirtschaft.

Keynes nahm die Einrichtungen der kapitalistischen Industrie als gegeben an, jedoch drückte er nicht immer ganz genau das aus, was er dachte. Michal Kalecki (der unabhängig die Hauptpunkte von dem entdeckte, was als Keynes *General Theory* bekannt wurde) entwickelte eine engere, jedoch genauere Analyse der Wirkungsweise einer kapitalistischen Wirtschaft. Es ist seine Formulierung, die wir im letzten Kapitel entwickelten und der wir hier folgen.

1. Die kurzfristige Situation

Marshalls Unterscheidung von lang- und kurzfristigen Veränderungen in der Produktion basiert auf der Tatsache, daß Industrieunternehmen eine Ausrüstung haben, die langlebig ist (in unserer Darstellung die Maschinen) und daß sie das beste aus ihr machen müssen, nachdem sie einmal angeschafft wurde. Sie können mehr oder weniger Arbeiter einstellen und mehr oder weniger produzieren, je nachdem, ob der Absatz steigt oder fällt, aber sie sehen sich nicht dazu veranlaßt, neue Anlagen zu erstellen, es sei denn, sie erwarten, daß diese Profite bis weit in die Zukunft hinein abwerfen. Daher beinhalten Entscheidungen über die Ausnutzung von Anlagen kurzfristige und Entscheidungen über die Entwicklung neuer Maschinenanlagen langfristige Überlegungen.

Hier beschäftigen wir uns mit einer kurzfristigen Situation. Wir benutzen unser Modell dazu, den Zustand einer kapitalistischen Wirtschaft in einem bestimmten Zeitpunkt zu untersuchen. Es existiert eine gegebene Anzahl von Maschinen. Es findet kein technischer Wandel statt. Neue Maschinen werden produziert. Der Maschinenbestand verändert sich langsam im Zeitablauf, aber zu einem bestimmten Zeitpunkt gibt es nur eine vorgegebene Anzahl. Die Bevölkerung ist mindestens ebenso schnell wie der Maschinenbestand gewachsen. Es gibt kein Knappheitsproblem in bezug auf Arbeitskräfte, um die existierenden Maschinen zu bedienen. Die maximale Beschäftigungsmenge, die zu einem bestimmten Zeitpunkt angeboten werden kann, wird durch die Maschinenkapazität bestimmt, jedoch brauchen die Maschinen nicht notwendigerweise

Effektive Nachfrage **2** 3 § 1 (a)

mit voller Kapazität betrieben zu werden. Die Beschäftigungsmenge zu einem beliebigen Zeitpunkt hängt vom Ausnutzungsgrad der Maschinen ab, der wiederum von der effektiven Nachfrage nach Industriegütern abhängt.

(a) Gesamteinkommen

Zu einem festgelegten Zeitpunkt gibt es eine bestimmte Beschäftigungshöhe im Getreidesektor und eine bestimmte Getreide-Output-Rate.

Ein Teil des Profits, der dem Kapitalisten des Getreidesektors laufend zufällt, wird an die Rentiers als ein Anteil am bereits vorher verdienten Profit verteilt. Was vom laufenden Profit übrigbleibt, wird gespart und zum Ankauf von Wechseln auf dem Wechselmarkt benutzt, die ein einzelner Kapitalist vorübergehend hält, sei es im Hinblick auf zukünftige Maschinenkäufe oder lediglich als zinsbringende Anlage.

Die Kapitalisten im Maschinensektor stellen Wechsel aus, um Getreide zu erwerben, weil sie Aufträge haben, die es ihnen ermöglichen, einen Profit mit den Maschinen, die sie herstellen, zu erzielen. Die Wechsel werden durch den Verkauf fertiger Maschinen an Unternehmen des Getreidesektors eingelöst. Die Maschinen werden zu Getreidepreisen bewertet, die eine Profitspanne über die bei ihrer Herstellung anfallenden Getreidekosten (in Löhnen) hinaus einschließen werden. (Wie wir im letzten Kapitel sahen, ist der Profitanteil im Maschinenpreis in der kurzfristigen Situation ziemlich willkürlich. Wir nehmen lediglich an, daß der Aufschlag, nämlich das Verhältnis von Profiten zu Löhnen, in beiden Sektoren gleich ist.)

Mit dem Getreide, das sie durch die Hingabe der Wechsel erhalten, bezahlen die Unternehmen im Maschinensektor die Löhne für die in der Maschinenproduktion eingesetzten Arbeiter und einen Anteil ihrer Profite an ihre Rentierhaushalte, die außerdem Zahlungen in Getreide erhalten, das sie konsumieren. Um unser einfaches Geldsystem nicht zu komplizieren, ist es zweckdienlich anzunehmen, daß der Maschinensektor keine Anleihen aufnimmt, um eine Ausdehnung seiner eigenen Produktionskapazität zu finanzieren. Wir nehmen an, daß die Unternehmen im Maschinensektor die Kosten jeder Maschine, die sie für ihren eigenen Bedarf herstellen, direkt aus ihren Getreideprofiten bezahlen. Sie bewerten eine Maschine, die für den eigenen Gebrauch hergestellt wurde, zum selben Kornpreis wie eine Maschine, die an den Getreidesektor verkauft wurde, und bezahlen den Rentiers den gewöhnlichen Anteil, jedoch ist das Profitelement in ihren Kosten lediglich eine Sache der Buchführung. Es fällt direkt dem maschinenproduzierenden Unternehmen zu, das die Maschine herstellte. Der Überschuß des buchungstechnischen Profits über das, was den Rentiers gezahlt wird, wird dem Sparanteil aus diesem Profit zugerechnet. Diese Beziehungen stimmen mit dem im letzten Kapitel entwickelten Modell überein.

Die Zahlung von Zinsen bewirkt, daß etwas vom Wert des Maschinen-Outputs zwischen den Sektoren und zwischen den einzelnen Kapitalisten umverteilt wird.

(b) Bilanzen

Wir nehmen an, daß der Aufschlag $1/3$ beträgt, so daß das Verhältnis der Löhne zum Wert des Outputs $3/4$ (d. h. 0,75) in beiden Sektoren ist, und daß sich das Verhältnis der laufenden Profite, die von den Rentiers konsumiert werden, auf $3/5$ (0,6) beläuft. Dann können wir, wenn wir von einer beliebigen Anzahl von – beispielsweise – 3600 Beschäftigten im Getreidesektor, die einen Output von 3600 Getreideeinheiten pro Jahr produzieren, ausgehen, die Bilanzen beider Sektoren in jährlichen Strömungsgrößen – gemessen in Getreideeinheiten – darstellen. Die konsolidierten Bilanzen der Unternehmen im Getreidesektor zusammengenommen werden – auf der Grundlage der oben gemachten Annahmen – in Tabelle 3.1 dargestellt.

Tabelle 3.1 **Getreidesektor**

	produzierte Getreideeinheiten	Ausgaben für Getreide	
C	3600		
W_c		2700	
P_c		900	
P_c^e			540
$P_c^s = B^*$			360
			900
	3600	3600	

* Netto-Ankauf von Wechseln des gesamten Sektors

Effektive Nachfrage **2** 3 § 1 (b)   157

Der Maschinensektor erhält für neue, auf sich selbst bezogene Wechsel 360 Getreideeinheiten pro Jahr. Wir nehmen an, daß das Verhältnis von Löhnen zu Profiten und von Rentierkonsum zu Profiten in beiden Sektoren gleich ist. Daher werden von den 360 Getreideeinheiten, die dem Maschinensektor zufließen, 270 dazu verwendet, Arbeiter zu beschäftigen, die Maschinen bauen, die an den Getreidesektor verkauft werden; 90 Einheiten fallen als Profite (wenn der Abschlag vernachlässigt wird) an. Von diesen Profiten werden 54 Einheiten an die Rentiers gezahlt. Von den verbleibenden 36 Einheiten werden 30 Einheiten für die Beschäftigung von Arbeitern benutzt, um Maschinen für den Gebrauch im Maschinensektor zu bauen. Der Wert der Arbeit an diesen Maschinen beträgt (1 + $\frac{1}{3}$) 30, d. h. 40 Einheiten. Der Wert der buchtechnischen Gewinne ist 10. Davon werden 6 Einheiten an die Rentiers gezahlt. Die konsolidierte Bilanz des Maschinensektors wird in Tabelle 3.2 gezeigt.

Tabelle 3.2 **Maschinensektor**

Einnahmen von mit Wechseln bezahlten 360 Getreideeinheiten

	Löhne	Profite	Zahlungen an Rentiers	Wert des Outputs
Maschinen zum Verkauf	270	90	54	360
Maschinen zum eigenen Gebrauch	30	10	6	40
	300	100	60	400

Endempfänger von Getreide

Arbeiter	300
Rentiers	60
	360

Im allgemeinen wird die Aufteilung des Maschinen-Outputs zwischen Maschinen für den Getreidesektor und Maschinen für den eigenen Gebrauch durch das Disagio, mit welchem die Wechsel von den Kapitalisten des Maschinensektors verkauft werden, beeinflußt. Dieser Einfluß wurde im Zahlenbeispiel vernachlässigt.

Der Gesamtbeschäftigung im Maschinensektor (einschließlich der Arbeiter, die den Maschinenbestand für den eigenen Gebrauch im Maschinensektor auffüllen) entspricht der Lohnsumme von 300 dividiert durch den Lohnsatz von

0,75, d. h. 400. In jedem Sektor ist der Profit gleich $(1/_{S_p})$ · Im Getreidesektor betragen die Investition 360 Getreideeinheiten und die Profite $^5/_2$ · (360), also 900. Im Maschinensektor betragen die Investitionen 40 und die Profite $^5/_2$ (40), d. h. 100.

Die beiden Sektoren können nun in einer Gesamtbilanz zusammengefaßt werden, wie in Tabelle 3.3. Der Wert des Outputs der beiden Sektoren zusammengenommen beträgt 3600 + 400 = 4000. Der Wert der neuen an den Getreidesektor verkauften Wechsel, B, beträgt 360.

Tabelle 3.3

C	3600		
W_c	2700		
P_c	900		
P_c^e		540	
P_c^s		360 = B = 360	
		270 + 30	W_m
		90 + 10	P_m
		54 + 6	P_m^e
		36 + 4	P_m^s

Für die beiden Sektoren zusammen hat das Investitionsvolumen einen Wert von 400 Getreideeinheiten und die Gesamtprofite belaufen sich auf 1000 Einheiten. Die Gesamtbeschäftigung in den beiden Sektoren beträgt 4000 Mann im Jahr.

(c) Investitionen und Ersparnisse

Die Tabelle 3.3 zeigt ex-post Beziehungen auf, indem sie einen Rückblick über das vergangene Jahr gibt. Sie hält fest, was geschah. Jedoch hängt das, was geschieht, von ex-ante vorgenommenen, vorausschauenden Entscheidungen ab. Die Beziehungen, die in der Tabelle aufgezeigt werden, resultieren aus Entscheidungen, die schon früher getroffen wurden.

Offenbar rühren die Getreideverkäufe an den Maschinensektor von Investitionsplänen her, die bereits gemacht waren. Sie mögen entweder auf Aufträgen

Effektive Nachfrage **2** 3 § 1 (c) 159

des Getreidesektors für neue Maschinen oder auf der Produktion von Maschinen in Erwartung von Verkäufen beruhen, die von dem Maschinensektor veranlaßt wurden. Ebenso haben die Unternehmen des Maschinensektors vorher entschieden, welcher Teil ihrer Profite für die Produktion von Maschinen für den Eigengebrauch zur Verfügung stehen soll. Weiterhin stammen die Rentierausgaben aus bereits realisierten Profiten. Die Profithöhe in der gesamten Wirtschaft, nämlich das Output- und Beschäftigungsniveau, wird durch die Höhe der Investition bestimmt.

Der Kernpunkt der Theorie der effektiven Nachfrage ist, daß der Verkaufswert der Güter, die zum Verkauf an die Öffentlichkeit *verfügbar* sind (unser Getreide), von den Ausgaben bestimmt wird, die aus den Einkommen getätigt werden, die bei ihrer Produktion und bei der Produktion des *nichtverfügbaren* Outputs (unsere Maschinen) verdient werden. Da nicht das gesamte des aus der Produktion der verfügbaren Güter resultierenden Einkommens (einschließlich Profiten) für diese Güter ausgegeben wird, werden Ausgaben aus anderen Einkommen benötigt, um profitbringende Verkäufe aufrecht zu erhalten. (Das war der Punkt, den Malthus in seiner Darstellung herauszuarbeiten beinahe, jedoch nicht gänzlich glückte [siehe: **1** 2 § 4 (b)].)

Ebenso wie die Investitionen schaffen öffentliche Ausgaben und Exportverdienste Einkommen aus nicht-verfügbaren Quellen, die teilweise durch Steuern und Importausgaben ausgeglichen werden. Wie wir sehen werden, trägt ein Budgetdefizit und ein Überschuß bei den Auslandseinkommen dazu bei, die effektive Nachfrage im Heimatland aufrecht zu erhalten. Wir haben diese Tatbestände bis jetzt ausgeklammert und die Argumentation auf das beschränkt, was im allgemeinen die Hauptquelle des nicht-verfügbaren Outputs ist, nämlich die Investition.

In die Begriffe unseres Modells übertragen, ist der Kernpunkt der Keynes'schen Theorie, daß der Schlüssel zur Beschäftigungshöhe (und zum Ausnutzungsgrad des Maschinenbestandes) in den erteilten Aufträgen für neue, für den Getreidesektor produzierten Maschinen liegt, die wiederum die Produktion von Maschinen für den Maschinensektor anregen. Der bestimmende Faktor liegt in den Entscheidungen, die das Investitionsvolumen bestimmen.

Wie wir gesehen haben, wird die Höhe der Investitionen eines bestimmten Unternehmens im Getreidesektor nicht nur durch seine eigenen Ersparnisse beschränkt, denn es hat die Möglichkeit der Kreditaufnahme, noch ist es gezwungen, seine gesamten Ersparnisse zu investieren, denn es kann Wechsel aus zweiter Hand kaufen. Jedes Unternehmen kann, wie es ihm beliebt, über die Ersparnisse hinaus investieren oder über die Investitionssumme hinaus sparen. Dennoch können, insgesamt gesehen, die Ersparnisse nicht größer oder kleiner

160   **2** 3 § 1 (d)   *Analyse*

als die Investitionen sein. Der Produktionsüberschuß des gesamten Getreidesektors über den Eigenverbrauch, d. h. seine Ersparnisse, wird durch die Nachfrage nach Getreide vom Maschinensektor bestimmt.

In Ricardos Sicht wurden Ersparnisse in der Absicht, Investitionen durchzuführen, angesammelt. In dieser Sicht ist die Investition der Grund dafür, daß
gespart wird.

Für jede Gesellschaft müssen in diesem Sinne insgesamt gesehen die Ersparnisse und Investitionen gleich sein, falls die Buchführungsvorschriften richtig sind, denn ex-post betrachtet sind Ersparnisse und Investitionen zwei Seiten derselben Sache, nämlich die Gesamtsumme des Reichtums, der in einer Periode angesammelt wurde. Die Besonderheit des privatwirtschaftlichen Systems
liegt darin, daß die Investitionen, die von den Unternehmen im Hinblick auf
ihre eigenen partikulären Interessen und Erwartungen geplant werden, für die
Gesellschaft entscheiden, wieviel gespart werden soll.

(d) Investition und Einkommen

Wir wollen, um diese Beziehungen weiter zu erklären, die Wirkung unter-
schiedlicher Investitionshöhen betrachten. Wir nehmen – wie im vorhergehenden
Beispiel – an, daß im Laufe eines Jahres vom Getreidesektor Aufträge in
Höhe von 450 anstatt von 360 Maschinenwerteinheiten erteilt wurden und daß
die gleichen Anteile vom laufenden Profit konsumiert und gespart werden ...
Der Getreidesektor produziert nun 90 Getreideeinheiten mehr, mit denen er
Wechsel des Maschinensektors kauft. Im Maschinensektor werden diese dazu
verwendet, Löhne und Rentiereinkommen zu bezahlen. Um die 90 zusätzlichen
Einheiten produzieren zu können, benötigt der Getreidesektor 67,5 Getreideeinheiten mehr, um die Löhne zu bezahlen, und diese sind verbunden mit 13,5
zusätzlichen Einheiten für den Konsum der Rentiers. Die Produktion dieser
zusätzlichen 81 Einheiten Getreide bedeutet 60,75 mehr Löhne, 12,15
mehr Rentierkonsum usw. Kurz gesagt, jede vom Getreidesektor produzierte
Getreideeinheit beinhaltet, daß 0,9 Getreideeinheiten (als Löhne und Rentierkonsum) im Getreidesektor konsumiert werden und daß 0,1 Getreideeinheiten
für den Maschinensektor verfügbar sind. Die Ersparnisse betragen 10 Prozent
des gesamten Getreidesektoreinkommens. Entsprechend verhält es sich, wenn
die Einnahmen im Maschinensektor um 90 Einheiten höher sind. Dann ist die
Investition in Maschinen zum Eigengebrauch um 10 Einheiten höher, einschließlich der buchtechnischen Profite.

Effektive Nachfrage   **2** 3 § 1 (d)   161

Die Auswirkung der um 60 Einheiten höheren Investition des Getreidesektors ist die folgende:

ΔY	ΔC	ΔI	ΔW_c	ΔW_m	ΔP_c^e	ΔP_m^e	ΔP_c^s	ΔP_m^s
1000	900	100	675	75	135	15	90	10

Δ bezeichnet eine Zunahme der betrachteten Menge; δ würde eine unendlich kleine Zunahme
bezeichnen.

Bei beiden Sektoren ist der Gesamtwert des Einkommens um 1000 Einheiten höher, wenn die üblichen Konsum- und Sparanteile an den Profiten
und der übliche Aufschlag weiterhin unterstellt werden.

Die Bedeutung dieser Beweisführung liegt darin, aufzuzeigen, wie die Ge-
samtsparrate durch die Investitionsausgaben bestimmt wird. Falls die Getreide-
sektorunternehmen versuchen, mehr zu sparen, indem sie den Rentiers weniger
von ihren Profiten zuteilen, ohne neue Aufträge für Maschinen zu erteilen, ist
die Output- und Beschäftigungshöhe im Getreidesektor geringer. Falls sie einfach mehr Getreide produzieren, ohne abzuwarten, was daraus wird, kann
ein Teil davon auf zusätzliche Löhne und Rentierkonsum entfallen, aber ein
Teil des zusätzlichen Outputs würde unverkauft bleiben.

Nehmen wir zum Beispiel an, daß die Unternehmen des Getreidesektors die
Hälfte ihres Profits sparen, aber zusammen weiterhin nur 360 für Wechsel verwenden. Ihre Gesamtprofite sind gleich dem, was sie investieren zuzüglich
ihrem Rentierkonsum, d. h. 360 + 360. Da die Profite noch immer $^1/_4$ des
Outputs sind, würde der Getreide-Output nur 2880 Einheiten anstatt 3600
betragen. Ein Versuch durch Konsumverzicht mehr Ausgaben zu sparen, würde
wegen der Verringerung der aus den Profiten bestrittenen und dem daraus
folgenden Absinken der Produktion fehlschlagen.

Keynes Lehre wurde zunächst als äußerst schockierend empfunden. Er schien
zu sagen, daß Sparen schädlich sei, weil es Arbeitslosigkeit hervorriefe, wohingegen Sparsamkeit für die Neoklassiker die größte aller wirtschaftlichen Tugenden war. Natürlich leugnete Keynes nicht, daß das Sparen notwendig ist,
um ein Anwachsen der Produktionskapazität zu ermöglichen (denn wenn die
Haushalte das gesamte Industrieprodukt konsumierten, könnte es keine Investition geben.) Er wies lediglich darauf hin, daß im Falle einer Unterausnutzung der Anlagen und vorliegender Arbeitslosigkeit die Entscheidungen hinsichtlich der Investitionen die Sparhöhe bestimmen und daß nicht das Sparen
die Investitionshöhe begrenzt.

(e) Konsum und Investition

Keynes untersuchte das Verhätnis von Konsummenge zur Einkommenshöhe anhand der »Konsumneigung«. Er stützte sich dabei auf die Beobachtung, daß wahrscheinlich jedermann mehr pro Jahr konsumiert, wenn sein Einkommen höher ist, so daß ein höheres Gesamteinkommen in der gesamten Wirtschaft zu einem höheren Konsumniveau führt. Unsere Argumentation folgt Kaleckis Version der Keynes'schen Theorie, welche das Hauptgewicht auf die Verteilung des Einkommens auf Löhne und Profite legt.

Kaleckis Analyse kann in folgender Aussage zusammengefaßt werden: Die Arbeiter geben aus, was sie bekommen, und die Kapitalisten bekommen, was sie ausgeben. Die Arbeiterhaushalte geben ihre Lohntüte individuell aus; die Kapitalisten erhalten als eine Klasse kollektiv das als Profit, was sie zusammengenommen für Investitionen und Konsum ausgeben.

In unserem einfachen Modell sind höhere Profite (ob verwendet für mehr Investitionen oder einen höheren, an die Rentiers verteilten Profitanteil) mit einer proportional höheren Beschäftigung und höheren Lohnkosten verbunden, da sich der Aufschlag nicht ändert. Dagegen ist eine geringere Investitionsrate oder ein vergeblicher Versuch, mehr zu sparen, indem an die Rentiers weniger verteilt wird, mit einer im gleichen Verhältnis zum Profit verringerten Beschäftigungsmenge verbunden.

Das Modell arbeitet in dieser einfachen Weise, weil wir die Beweisführung bisher auf Situationen beschränkt haben, in denen es immer gewisse Überkapazitäten gibt und in denen der Lohnanteil in einem festen Verhältnis zum Outputwert steht.

Wir betrachten nun die Wirkung einer Veränderung des Profitaufschlags im Getreidesektor, wobei alle anderen Größen des Modells unverändert bleiben. Mit derselben jährlichen Investitionsmenge , bewertet in Getreideeinheiten, und demselben Profitanteil, der von den Rentiers konsumiert wird, ist der Gesamtprofit derselbe, wie hoch auch der Aufschlag sein mag. Bei einem geringeren Aufschlag ist das Verhältnis von Löhnen zu Profiten höher und damit die Lohnkosten entsprechend größer. Der niedrigere Profit pro Mann wird durch einen höheren Beschäftigungsgrad so kompensiert, daß der Gesamtprofit unverändert bleibt. Umgekehrt wird das einzige Ergebnis eine geringere Beschäftigung sein, wenn die Kapitalisten versuchen, allein über einen größeren Aufschlag, also ohne ein höheres Investitionsniveau, mehr Profite zu bekommen. Den Kapitalisten mag es gelingen, den *Profitanteil* durch eine Reduzierung der Reallöhne zu erhöhen, aber sie können nicht den Profit*betrag* pro Jahr erhö-

Effektive Nachfrage **2** 3 § 1 (e)   163

hen, es sei denn durch die Erhöhung der Ausgaben, die sie aus den Profiten bestreiten.

Tabelle 3.4a **Getreidesektor**

	Einheiten des produzierten Getreides	Ausgaben für Getreide	
C	4500		
W_c		3600	
P_c		900	
P_c^e			540
$P_c^s = B$			360
			900
	4500	4500	

Tabelle 3.4a zeigt die Lage in unserem ansonsten unveränderten Zahlenbeispiel mit einem Verhältnis von Profiten zu Löhnen von 1:4 anstatt von 1:3,
während die Tabelle 3.4b den entsprechenden Stand für einen Aufschlag von
1:2 zeigt. In beiden Fällen wurden 60 Prozent der Profite an die Rentiers
verteilt. Lediglich der Getreidesektor wird in der Tabelle dargestellt. Die Ausgaben für den Maschinensektor bleiben bei 360 Einheiten.

Im ersten Fall beinhaltet der geringe Aufschlag eine Lohnrate von $^4/_5$ einer

Tabelle 3.4b **Getreidesektor**

	Einheiten des produzierten Getreides	Ausgaben für Getreide	
C	2700		
W_c		1800	
P_c		900	
P_c^e			540
$P_c^s = B$			360
			900
	2700	2700	

164   2 3 § 2 (a)   *Analyse*

Getreideeinheit anstatt ³/₄. Bei einer Beschäftigung von 4500 Mann anstatt 3600 liegen die Lohnkosten bei 3600 anstatt bei 2700.

Im zweiten Fall führt der höhere Aufschlag zu einer Lohnrate von nur ²/₃ einer Getreideeinheit und einer Beschäftigung von nur 2700 Mann.

2. Veränderungen in der Aktivität

Die Zahlenbeispiele in diesem Kapitel sollen nicht realistisch sein (die Spezifizierung unseres Modells war viel zu eng, um den Anspruch auf Realitätsnähe zu erheben). Sie sind lediglich zur Illustration der grundlegenden Verhältnisse angeführt worden. Sie zeigen, wie es kommt, daß die Investitionshöhe die Sparhöhe und die Gesamtbeschäftigungshöhe bestimmt und daß die Profite im Getreidesektor gleich den Lohnkosten des Investitionssektors zuzüglich den Rentierausgaben in beiden Sektoren sind und wie der Anteil der Löhne am Outputwert die Beschäftigungshöhe beeinflußt.

Diese Beziehungen illustrieren die Kernpunkte von Kaleckis Formulierung der Beschäftigungstheorie, sie sind aber für den wichtigen Teil der Beweisführung nur vorläufig, da sie lediglich statische Vergleiche zulassen.

(a) Vergleiche und Veränderungen

Um die Struktur eines Modells zu erkennen, ist es nützlich, Vergleiche wie oben anzustellen und zu zeigen, wie es aussehen würde, wenn nur eine Variable anders wäre (die Investitionshöhe, der Anteil des Sparens am Profit oder der Lohnanteil am Output). Jedoch sind solche Vergleiche notwendigerweise Kunstgriffe. Zwei verschiedene Situationen müssen in einer Wirtschaft zu verschiedenen Zeitpunkten eintreten. Eine Bewegung von einer Situation zu einer anderen hat Ereignisse zur Folge, die im Zeitablauf stattfinden. Dies erfordert eine andere Analysemethode des Vergleichs zweier Zustände, von denen jeder seine eigene bestimmte Entstehungsgeschichte hat.

In den obigen Übungen verglichen wir verschiedene Beschäftigungsniveaus bei unverändertem Maschinenbestand. Für jeden Zustand nahmen wir an, daß der Konsum der Rentiers in beiden Sektoren ein gegebener Anteil der laufend anfallenden Profite war. Dies unterscheidet sich von der Betrachtung der Auswirkung einer Veränderung der Beschäftigungshöhe, welche mit einer Zeitverzögerung (time lag) zwischen dem Erhalt des höheren Profits durch die Unternehmen und dem Verbrauch des entsprechenden Profitanteils der Rentiers verbunden ist.

Effektive Nachfrage **2** 3 § 2 (b) 165

Das ursprüngliche Argument hinsichtlich des Verhältnisses von Gesamteinkommen zur Investitionshöhe kommt eher bei der Betrachtung von Veränderungen als bei Vergleichen zur Geltung. In einer Zeit schwerer Arbeitslosigkeit in England wurde eine staatliche Ausgabenpolitik für öffentliche Aufgaben (die nicht durch zusätzliche Steuern gedeckt waren) befürwortet, mit dem Ziel, die Zahl der Arbeitsplätze zu erhöhen. Die herrschende Lehrmeinung bekämpfte diese Politik, indem sie argumentiert (was heutzutage absurd erscheint), daß ein bestimmtes Sparvolumen existiere, welches in jedem Falle für Investitionen gebunden ist, und daß, wenn die Regierung einen Teil davon für Kreditaufnahmen zur Bezahlung öffentlicher Aufgaben verwendet, einige andere Investitionen notwendigerweise unterbleiben. Keynes begegnete dieser Einwendung mit dem Hinweis, daß, wenn die Investitionen ansteigen, auch das Gesamteinkommen und folglich die Ersparnisse ansteigen werden[60]. Hieraus leitete R. F. Kahn die Theorie des *Multiplikators* ab, der das Verhältnis von Gesamtzuwachs der Beschäftigung zum ursprünglichen Zuwachs der Beschäftigung im Investitionssektor, durch den dieser verursacht wird, darstellt[61]. Dies wurde von Keynes in seine *General Theorie* als ein Schlüsselelement seiner Analyse einbezogen. In bezug auf die Politik ist die Wirkung einer Veränderung gewiß das, worauf es ankommt, aber in einer Darstellung des Verhaltens einer Wirtschaft insgesamt ist die Beziehung zwischen den Sektoren, dargestellt anhand statischer Vergleiche, ebenso wichtig. Diese beiden Aspekte der Beweisführung werden oft verwechselt. Dies verursachte erhebliche unnötige Verwirrungen. Nicht nur hier, sondern in jedem Teilgebiet der ökonomischen Theorie muß man sich den Unterschied zwischen Vergleichen von spezifizierten Zuständen und der Analyse der Auswirkungen eines Ereignisses, das zu einem bestimmten Zeitpunkt stattfindet, ganz klar machen.

(b) Veränderung im Investitionsverhalten

Wir nehmen an, daß, nachdem der Verkauf von Getreide an den Maschinensektor für einige Zeit unverändert war, ein plötzliches Anwachsen des Auftragswertes für Maschinen stattfindet, der dann auf dem höheren Niveau konstant bleibt. Zunächst bedeutet dies nur ein Anwachsen der Aufträge, das keine unverzügliche Zahlung an den Maschinensektor beinhaltet. Aber die Kapitalisten des Maschinensektors fangen an, mehr Wechsel auszugeben, um die zusätzliche Verfügung über Ressourcen – nämlich das Getreide und damit die Arbeitskräfte – zu erlangen, die sie benötigen, um ihre Produktionsquote zu erhöhen. Die zusätzliche Ausgabe von Wechseln ruft eine Nachfrage nach einer erhöhten Getreideproduktion hervor; die Kapitalisten des Getreidesektors erhöhen entsprechend ihren Output, verdienen größere Profite und benutzen diese teilweise dazu, Wechsel zu kaufen, d. h. ihre Sparrate zu erhöhen. (Während die Investitionsrate von Jahr zu Jahr wächst, wenn mehr teilgefertigte Maschinen durch den Produktionsablauf hindurchgehen, wächst der Getreidewert des ausstehenden Wechselbestandes. Er wird sich auf einem höheren Gesamtwert stabilisieren, wenn sich der Output fertiger Maschinen wieder auf einem höheren Niveau angependelt hat.

Wenn Beschäftigung und Getreide-Output wachsen, ist zunächst ein Anwachsen der Profite im Getreidesektor, aber noch kein Zuwachs bei den Einkommen der Rentiers zu verzeichnen, da die Profite erst einige Zeit nachdem sie entstehen ausgezahlt werden. Zusätzliche Beschäftigung und zusätzliche Profite werden folgen, wenn der Konsum der Rentiers anzuwachsen beginnt.

Die Investitionen der Unternehmen im Maschinensektor für den eigenen Gebrauch mögen ebenso anwachsen, aber nicht notwendigerweise in dem früheren Verhältnis zu ihrer Wechselausgabe. Wir fügen nun die beiden Beschäftigung induzierenden Elemente im Maschinensektor zusammen, nämlich Produktion für den Getreidesektor und für den eigenen Gebrauch, und betrachten die Auswirkung einer Veränderung ihrer Gesamthöhe.

Wir beginnen mit der Ausgangslage in Tabelle 3.3 und unterstellen, daß die Zahl der in der Maschinenproduktion Beschäftigten zu einem bestimmten Zeitpunkt um 180 Mann anwächst und danach auf dem neuen Niveau konstant bleibt. Dies erfordert ein Anwachsen der Lohnkosten um 135 Getreideeinheiten, was eine zusätzliche Beschäftigung von 135 Mann im Getreidesektor notwendig macht. Diese zusätzlichen 135 Mann erhalten Löhne in Höhe von 101,25 Einheiten usw. Die Gesamtzunahme der Beschäftigung im Getreidesektor ist

$$135 + \frac{3}{4} \cdot (135) + \frac{3}{4} \cdot \frac{3}{4} \cdot (135) + \ldots$$

was sich schließlich zu 540 Mann aufaddiert. Die Beschäftigungszunahme in der Gesamtwirtschaft beträgt auf dieser Expansionsstufe 540 Mann im Getreide- und 180 Mann im Maschinensektor. Damit ist der gesamte Beschäftigungszuwachs viermal so hoch wie die Beschäftigungszunahme im Maschinensektor, was durch die Entscheidung, die Investitionen zu erhöhen, hervorgerufen wurde – der Beschäftigungsmultiplikator ist gleich 4.

Den gesamten Ablauf dieser Initialwirkung auf Einkommen und Beschäftigung zeigt Tabelle 3.5. (E_m ist die Beschäftigung im Maschinensektor, E_c die Beschäftigung im Getreidesektor.)

Effektive Nachfrage **2** 3 § 2 (c)

(c) Modellerweiterung

Das Anwachsen der Profite im Maschinensektor beträgt 45 und im Getreidesektor 135. In unseren Zahlenbeispielen, die von einer Situation mit einer gleichbleibenden Investitionsrate ausgingen, betrugen die Ersparnisse 40 Prozent des Profits. Nun wird von den Profiten in Höhe von 1035 + 145 = 1180 der Anteil von 495 + 85 = 580 gespart. Die Ersparnisse betragen nun annähernd 49 Prozent der Profite.

Unser Modell ist natürlich äußerst einfach. Es existieren keine Rohstoffe und kein Lohnfonds im Getreidesektor. Deshalb werden keine Sekundärinvestitionen zur Erhöhung des Lohnfonds benötigt, um eine Zunahme der Beschäftigung zu ermöglichen.

Tabelle 3.5

Getreidesektor

Stufe	C	W_c	P_c	P_c^e	$P_c^s = B$	E_c
0	3600	2700	900	540	360	3600
1	4140	3105	1035	540	495	4140
Δ zur ursprünglichen Stufe	540	405	135	0	135	540

Maschinensektor

Stufe	B	W_m	P_m	P_m^c	P_m^s	E_m
0	360	300	100	60	40	400
1	495	435	145	60	85	580
Δ zur ursprünglichen Stufe	135	135	45	0	45	180

Wir haben sowohl die Steuern als auch die Sozialversicherungsleistungen an die unbeschäftigten Arbeiter außer Betracht gelassen, die eine bedeutende Rolle in der ursprünglichen Auseinandersetzung über den Wert des Multiplikators spielten. Dennoch ist der hier dargestellte Sachverhalt in der Realität wichtig. Ein Anwachsen der Investitionen und Profite wird in erster Linie von einem starken Anwachsen des Verhältnisses von Ersparnissen zu Profiten begleitet, denn Profite fallen zuerst bei den Unternehmen an, und davon wird den Rentiers unter Umständen erst sechs Monaten oder ein Jahr später etwas zugeteilt.

Die wirtschaftlichen Aktivitäten setzen sich weiter fort. Einige Zeit, nachdem eine Zunahme der Investitionen eingesetzt hat und die Profite gestiegen sind, fangen die Ausgaben der Rentiers in beiden Sektoren an zu steigen, wenn die Auszahlung der Profite einsetzt. Der Rentierkonsum beginnt zu steigen, bis sein ursprüngliches Verhältnis zu den Gesamtprofiten erreicht ist. Dieses Anwachsen führt zu einer weiteren Erhöhung der Beschäftigung und damit des Gesamt-Outputs sowie der Profite und damit zu einem weiteren Wachstum des Konsum des Rentiers. Die weitere Entwicklung dieses Prozesses stellen wir in Tabelle 3.6 dar.

Das gesamte Beschäftigungswachstum beträgt, wenn alle Wirkungen der einmaligen Erhöhung des Investitionsniveaus durchgeschlagen haben, insgesamt 1620 E_c + 180 E_m = 1800 Beschäftigte. Der Multiplikatoreffekt der ursprünglichen Erhöhung der Beschäftigung im Maschinensektor ist 1800:180 oder 10:1.

Somit ist der Multiplikator gleich 1/s, wobei s die Sparquote vom Einkommen ist. Die Größe des Multiplikators hängt in unserem Modell vom Anteil des Profits am Outputwert und vom Anteil der Ersparnisse am Profit ab: je höher die Sparquote, desto geringer ist die Vermehrung des Konsums, die von einer Profiterhöhung herstammt. In unserem Beispiel ist der Anteil des Profits am Output-Wert $^1/_4$ und der Anteil des Sparens am Profit $^4/_{10}$. Der Anteil des Sparens am Output-Wert ist $^1/_{10}$. Für jede gegebene Investitionserhöhung muß der Output um das zehnfache wachsen bevor der Anteil der Ersparnisse am Output zu seiner ursprünglichen Höhe zurückkehrt. Damit ist der Multiplikator gleich 1/0,1, d. h. gleich 10.

Die Wirkung eines einmaligen Absinkens des Investitionsniveaus kann ähnlich in unserem Modell dargestellt werden. Wenn die neueingehenden Aufträge für Maschinen nicht ausreichen, um die ausgeführten Aufträge zu ersetzen, entlassen die Unternehmer einige Arbeiter und verringern ihre Getreidekäufe. Die Geteideverkäufe an den Maschinensektor sinken, so daß im Getreidesektor Arbeitskräfte entlassen werden. (Die Arbeiter, die noch beschäftigt sind, teilen ihre Löhne mit den Arbeitslosen; der Gesamtkonsum der Arbeiter fällt mit den gesamten Lohnkosten.) Das Absinken der Nachfrage verbreitet sich über den Getreidesektor. Der Ausnutzungsgrad der Maschinen fällt überall. Weil die Profite zurückgehen, verringern die Unternehmen die Zahlung an die Rentiers, was den Getreide-Output noch weiter reduziert, was wiederum die Lohnkosten weiter verringert, und so geht es weiter abwärts. Gleichzeitig verringern die Kapitalisten des Maschinensektors die Zahlungen an die Rentiers und die Beschäftigung der Maschinenproduktion für den Eigenbedarf, weil sie weniger Profite erzielen.

Effektive Nachfrage **2** 3 § 3

Tabelle 3.6 · **Getreidesektor**

Stufe	C	W_c	P_c	P_c^e	$P_c^s = B$	E_c
0	3600	2700	900	540	360	3600
1	4140	3105	1035	540	495	4140
2	4572	3429	1143	621	522	4572
3	4831,2	3623,4	1207,8	685,8	522	4831,2
4	4986,72	3740,04	1246,68	724,68	522	4986,72
	5220	3915	1305	783	522	5220
Δ wenn alle Effekte durchgeschlagen sind	1620	1215	405	243	162	1620

Maschinensektor

Stufe	B	W_m	P_m	P_m^e	P_m^s	E_m
0	360	300	100	60	40	400
1	495	435	145	60	85	580
2	522	435	145	87	58	522
3	522	435	145	87	58	522
	522	435	145	87	58	522
Δ wenn alle Effekte durchgeschlagen sind	162	135	45	27	18	180

3. Instabilität

Wir haben bisher Konsequenzen von Unterschieden oder von Veränderungen der Investitionshöhe betrachtet, jedoch nichts darüber ausgesagt, wodurch sie bestimmt werden. Dies führt zu der schwierigsten und meist umstrittenen Frage in der Theorie des Verhaltens einer Privatwirtschaft. Wir können hier nur eine vorläufige Darstellung davon geben.

(a) Erwartungen

Wir nehmen an, daß die Unternehmen des Getreidesektors eine Ausweitung ihrer Produktionskapazität planen, wenn sie feststellen, daß ein großer Teil ihrer vorhandenen Kapazitäten ausgenutzt war. Die Profite ihrer vorhandenen Maschinen waren dann hoch, und dies ließ sie annehmen, daß es ihnen möglich sein würde, noch mehr Profite zu machen, wenn sie mehr Kapital hätten. Wir nehmen also an, daß ihre Erwartungen über die Zukunft stark von den gegenwärtigen Erfahrungen abhängen.

Das Finanzsystem (der Wechselmarkt) ermöglicht es ihnen, ihre Erwartungen in die Verfügung über die Ressourcen umzusetzen und damit eine höhere Produktion zu gestatten. Erwartungen können sich selbst erfüllen. Schwankungen im Optimismus oder Pessimismus können die Investitionsausgaben beeinflussen und somit den Anstieg und das Absinken des Gesamt-Outputs sowie der Beschäftigung hervorrufen. Somit scheinen sie sich in gewissem Ausmaß selbst zu rechtfertigen.

Es ist die Abhängigkeit der Erwartungen von den gegenwärtigen Erfahrungen, die die Schwankungen der wirtschaftlichen Aktivitäten in das Modell einführt. Dadurch entsteht das Phänomen, das allgemein *Konjunkturzyklus* genannt wird. Aus dieser Sicht wird die Instabilität durch die Interaktion zwischen dem Multiplikator und dem »Akzelerator« hervorgerufen, d. h. zwischen einer durch eine Erhöhung der Investition bewirkten Einkommenssteigerung und einer Aufstockung der Investitionspläne, die auf eine Einkommenssteigerung folgen. Wenn die gegenwärtigen Ausnutzungsgrade und die Profite kurz zuvor gestiegen sind, wird das Investitionsverhalten angeregt und die Ausnutzung steigt noch höher. Es ist unwahrscheinlich, daß ein einmaliger Schritt von einer tieferen auf eine höhere Investitionsrate oder umgekehrt erfolgt, so wie wir es oben analysiert haben. Das Verhältnis von Konsum zu einer bestimmten Investitionshöhe kann sich niemals einpendeln, bevor sich die Investitionsrate erneut ändert. Die Wirtschaft erreicht dann niemals eine stationäre Lage, wie sie in Tabelle 3.6 dargestellt ist. Das Beschäftigungsniveau steigt oder fällt ständig relativ zum bestehenden Produktionskapazitätsbestand (siehe Anhang).

(b) Der Zinssatz

Veränderungen in den Profiterwartungen, die zu Veränderungen in der Investitionsrate führen, reagieren ebenso auf den Zinssatz. Wenn ein größerer

Effektive Nachfrage **2** 3 § 3 (c) 171

jährlicher Profit von einer Maschine erwartet wird, sind die Unternehmen des Getreidesektors ängstlich darum bemüht, neue Maschinen so schnell wie möglich aufzustellen. Das Agio auf fällige Wechsel wird deshalb heraufgesetzt. Die optimistischeren Unternehmen leihen fällige Wechsel von den weniger optimistischen, indem sie darauf vertrauen, daß sie das Agio aus den zusätzlichen Profiten zahlen können, die sie aus den neuen Maschinen, sobald sie aufgestellt sind, ziehen werden.

Ein Anstieg des Agios bedeutet, daß sich die Einnahmen eines einzelnen Unternehmens, das die aus Ersparnissen selbst finanzierten Investitionen aufschiebt, erhöhen und entsprechend die Kosten der Kreditaufnahme steigen. In ähnlicher Weise wird der Zinsfuß heruntergedrückt und die Kreditaufnahme billiger, wenn die Profiterwartungen gedämpft sind und die Investitionsrate fällt. Damit wirken sich die Bewegungen des Zinssatzes derart aus, daß sie den Einfluß von Änderungen der Investionserwartungen ausgleichen, aber wenn die Erwartungen mit einiger Überzeugung aufrecht erhalten werden, kann dies keinen großen Einfluß haben. (Diese Tatbestände werden weiter unten diskutiert [siehe: **2** 8 § 3].)

(c) Ein Boom

Da ja ein Anwachsen der Investition ein weiteres Anwachsen hervorruft, was hindert dann einen Aufschwung, sich unbegrenzt fortzusetzen? In unserem Modell erfolgte eine Erhöhung des Ausnutzungsgrades der Maschinen in beiden Sektoren, wenn die Investitionsrate kurz zuvor relativ zur bestehenden Produktionskapazität gestiegen ist. Das Profitniveau ist nun höher als es zu der Zeit war, als die jetzt durchgeführten Investitionen geplant wurden. Wenn ein starker Output-Zuwachs vorlag, kann die Kapazitätsgrenze des Outputs der Maschinen im Getreidesektor erreicht worden sein, so daß die Investitionsrate in bezug auf Maschinen, d. h. die Getreidekäufe des Maschinensektors, solange aufrecht erhalten werden muß, bis im Getreidesektor mehr Maschinen aufgestellt und die Arbeitsplätze besetzt worden sind. Dann kann sich nach einiger Zeit die Aufwärtsbewegung fortsetzen.

Die Auswirkungen sind anders, wenn der Maschinensektor die Kapazitätsgrenze erreicht. Dann kann die Investitionsrate eine zeitlang nicht weiterwachsen. Der Getreide-Output erreicht einen Höchststand und verbleibt für eine gewisse Zeit an der oberen Grenze. Aber in der Zwischenzeit sind Maschinen im Produktionsprozeß fertiggestellt worden. In dem Maße, wie der Maschinenbestand des Getreidesektors wächst, holt er das Output-Wachstum ein. Ist die

Kapazität einmal relativ zur Investitionsrate gewachsen, sinkt der durchschnittliche Ausnutzungsgrad der Anlagen, und die Profitaussichten von weiteren neuen Investitionen sinken. Der Aufschwung bricht zusammen und ein Abschwung setzt ein.

Wenn sich das Investitionsverhalten von einer Krise nicht erholt, bleiben Output, Beschäftigung und Profite auf einem niedrigen Niveau. Niedrige Profite haben einen negativen Effekt auf das Investitionsverhalten. Die Firmen können unendlich lange in einem Zustand eines sich selbsterfüllenden Pessimismus verharren.

4. Langfristige Nachfrage

Die voranstehende Argumentation berücksichtigt lediglich den kurzfristigen Standpunkt. Wir haben die Beschäftigungshöhe in Beziehung zur bestehenden Produktionskapazität zu einem bestimmten Zeitpunkt diskutiert. Wir haben nicht das Verhältnis von Produktionskapazität zur Gesamtzahl arbeitssuchender Arbeiter besprochen. Wir haben unterstellt, daß zumindest genug Arbeitskraft verfügbar war, um die Anlagen bei voller Kapazitätsauslastung zu besetzen, aber wir haben nicht unterstellt, daß es genug Maschinen gab, um alle Arbeitskräfte zu beschäftigen. Es könnte eine beliebige Anzahl unbeschäftigter Arbeiter gegeben haben, selbst wenn die Kapazität voll ausgenutzt wurde.

Arbeitslosigkeit, die von einer zu geringen effektiven Nachfrage herrührt, wird manchmal keynesianische Arbeitslosigkeit genannt; Arbeitslosigkeit, die auf einen von den profitsuchenden Unternehmen herbeigeführten Mangel an Ausrüstung zurückzuführen ist, wird manchmal mit dem Namen von Marx in Verbindung gebracht wegen des Nachdrucks, den Marx auf das bekannte Phänomen der »Reservearmee der Arbeiter« gelegt hat. Wir werden die Begriffe *Arbeitslosigkeit* für den ersten Fall und *Unterbeschäftigung* für den zweiten Fall benutzen. Die Höhe der Unterbeschäftigung in einer Wirtschaft ist die Anzahl der Arbeiter, die keine Beschäftigung finden würden, selbst wenn die gesamte bestehende Kapazität vollständig mit Arbeitskräften besetzt wäre. (Es wird manchmal behauptet, daß in einer modernen Industriewirtschaft Nichtbeschäftigte Individuen seien, die wegen Unfähigkeit, Disziplinlosigkeit oder anderer schlechter Eigenschaften nicht beschäftigt werden könnten. Dies kommt daher, weil in einer Privatwirtschaft einfach angenommen wird, daß es eher die Angelegenheit der Arbeiter sei, sich den Anforderungen der profitsuchenden Firmen anzupassen, als umgekehrt.)

Effektive Nachfrage **2** 3 § 5

Dieses Unterscheidungsmerkmal ermöglicht es uns, die gegensätzlichen Ansichten von Malthus und Ricardo zu erkennen [siehe: **1** 2 § 4 (b)]. Malthus führte aus, daß die Ausgaben, die von Renten herrühren, die effektive Nachfrage gerade so aufrechterhalten würden, wie in unserem Modell die Ausgaben Rentiers dazu beitragen, die Beschäftigung kurzfristig aufrecht zu erhalten, während Ricardo darlegte, daß höhere Profite die Wachstumsrate des Kapitalstockes ansteigen lassen und so langfristig ein Beschäftigungswachstum hervorrufen würden. Malthus versäumte es, Ricardos Erkenntnis einzubauen, daß Akkumulation von Produktionskapazitäten langfristig Ersparnisse erfordert, und Ricardo würde Maltus Erkenntnis nicht akzeptieren, daß Profitabilität kurzfristig Ausgaben erfordert. Ähnliche Verwechslungen sind heute nicht unbekannt.

5. Die vorkeynesianische Theorie

Die von Keynes angegriffene orthodoxe Überzeugung basierte auf der Vorstellung, daß es in einer Privatwirtschaft eine natürliche Tendenz zum Gleichgewicht gibt und daß das Funktionieren eines freien Marktes die Vollbeschäftigung der verfügbaren Arbeit sicherstellen wird, es sei denn, Gewerkschaften griffen ein, die Löhne hoch zu halten.

Wir hielten bereits oben fest, daß ein freier Markt für Boden und Arbeit (falls man sich solches vorstellen kann) zu einer effizienten Nutzung der Ressourcen führen würde, da die Grenzproduktivität der Arbeit über das ganze kultivierbare Land ausgeglichen würde [siehe: **2** 1 § 4 (c) und Abb. 1,7]. Wenn dieses Argument auf unser Modell mit Arbeitskräften und Maschinen angewandt wird, ruft es ein schwer zu verstehendes Ergebnis hervor. Angenommen, es gäbe eine bestimmte Anzahl Maschinen und Arbeiter. Wenn sie in einem freien Markt zusammengeführt werden, wird der Lohn und der Mietpreis der Maschinen von Angebot und Nachfrage bestimmt. Wenn es mehr Arbeitskräfte gibt als an den Maschinen bei voller Kapazitätsauslastung untergebracht werden können, wird der Lohn auf Null gedrückt und das ganze produzierte Getreide fällt den Besitzern der Maschinen zu. Wenn es zu wenig Arbeiter gibt, wird der Mietpreis der Maschinen auf Null gedrückt und die genannten Einnahmen werden für Lohnzahlungen verausgabt. Falls es zufällig genug Arbeitskräfte gibt, um die bestehenden Maschinen auszulasten, wäre der Anteil der Löhne und Profite an den Einnahmen unbestimmt.

Um diese Unannehmlichkeit zu vermeiden, muß das Modell anders aufgebaut werden. Es muß Substituierbarkeit zwischen Arbeit und »Kapital« angenommen werden. Früher war dieses Konzept ziemlich vage, aber während der modernen Wiederbelebung der vorkeynesianischen Theorie wurde es genau spezifiziert.

Der Ausrüstungsbestand geht direkt aus den Ersparnissen vom Output hervor, als ob eine »Maschine« in unserer Darstellung aus einer Menge »Getreide« besteht. Einerseits ähnelt dies der Getreidewirtschaft von Ricardo, denn dort war der gesamte Kapitalstock eine Getreidemenge. Aber in anderer Hinsicht ist diese Darstellung gänzlich verschieden. Für Ricardo war die Beschäftigungsmenge, die ein Getreidebestand ermöglichen konnte, durch technische Bedingungen und die übliche Lohnrate festgelegt. Das entscheidende Merkmal des Getreidekapitals im vorkeynesianischen Vollbeschäftigungsmodell liegt darin, daß es solcher Art umgewandelt werden kann, so daß jede Menge von Arbeit beschäftigt werden kann. Damit wird die Unterscheidung zwischen lang- und kurzfristiger Nachfrage nach Arbeit hinfällig, denn das bedeutet, daß das Konzept der Produktionskapazität nicht von der Beschäftigungshöhe losgelöst werden kann.

In diesem Zusammenhang wirkt die Technologie so, daß der Output pro Kopf mit abnehmender Rate steigt, wenn der Bestand an »Getreidekapital« pro Beschäftigten zunimmt. Das bedeutet, beim Getreidebestand existieren abnehmende Erträge in bezug auf Arbeit, ein Konzept, welches der traditionellen Sicht der abnehmenden Erträge bei der Arbeit in bezug auf den Boden entliehen ist. Wenn man die Menge »Getreidekapital« als gegeben voraussetzt, bieten sich die Arbeiter selbst gegen Getreideentlohnung an. Die »Getreidekapital«-Besitzer beschäftigen die Arbeitsmenge, bei der das Grenzprodukt der Arbeit gleich dem Lohn ist, und maximieren so den Getreideprofit pro Einheit des Getreidebestandes. Falls irgendwelche Arbeitkraft in diesem Modell unbeschäftigt ist, wird der Lohn gesenkt; falls eine Knappheit an Arbeitskraft herrscht, wird er angehoben. Somit existiert immer eine Lohnrate, bei der Vollbeschäftigung garantiert ist.

Damit wird der Stand der Diskussion wieder erreicht, der im Beispiel der Landbesitzer, die Lohnarbeiter beschäftigen (wenn der ganze Boden gleich ist und die Löhne im Nachhinein bezahlt werden), vorlag, abgesehen davon, daß das »Getreidekapital« mit seiner »Grenzproduktivität« die Stelle des Bodens einnimmt. Es besteht keine Notwendigkeit, das Problem noch einmal aufzurollen.

Dieses Modell drängt das Problem der effektiven Nachfrage zurück. Die Ausrüstung ist nur ein Getreidebestand; Ersparnisse von Getreide werden einfach dem Bestand hinzugerechnet. Wenn die verfügbare Arbeitskraft mit der gleichen Rate wächst, mit der das Getreide akkumuliert wird, bleibt die Lohn-

Effektive Nachfrage **2** 3 Anhang   175

rate konstant. Wenn es weniger schnell wächst, steigt die Lohnrate (die Grenzproduktivität des Getreidekapitals fällt) und umgekehrt.

Kompliziertere Formen dieses Modells sind vorgeschlagen worden. Zum
Beispiel kann das »Getreidekapital« in Besitz von Arbeitgebern sein, die ihre
Profite vollständig an die Haushalte verteilen. Rentierhaushalte und Lohn-
bezieher sparen einen Teil des Getreideeinkommens und geben es den Arbeitgebern, die es ihrem Bestand hinzufügen.

Unser Modell unterscheidet sich hiervon in zwei wichtigen Aspekten. Erstens
ist die Beschäftigungsmenge zu jedem Zeitpunkt abhängig von der Anzahl der
bestehenden Maschinen und ihrem Ausnutzungsgrad, der durch den Umfang
der effektiven Nachfrage, nicht durch die Verhandlungen über die Reallöhne,
bestimmt wird. In der Tat ist die Beziehung zwischen Löhnen und Beschäftigung in unserem Modell umgekehrt, denn wenn der Getreidelohnsatz gesenkt
wird, würde darauf eine Verminderung der Beschäftigung in der Getreideproduktion folgen.

Zweitens hängt die Akkumulationsrate von den Investitionsentscheidungen
der Unternehmen ab, nicht von den Ersparnissen der Haushalte. In unser Modell wurde eine Finanzmittelart eingeführt, die es erlaubt, diese grundlegende
Charakteristika hervorzuheben.

Kleinere Unterschiede liegen darin, daß wir keine Ersparnisse aus den Haushaltseinkommen zulassen und daß wir eine Reihe drastischer Vereinfachungen
über das Wesen der Technologie gemacht haben, die das entgegengesetzte Extrem zur fortlaufenden Substituierbarkeit zwischen »Getreidekapital« und Arbeit darstellen. Die kleineren Unterschiede werden in dem Maße modifiziert,
wie unsere Beweisführung fortschreitet. Wir werden Ersparnisse aus Haushaltseinkommen und weniger strenge technische Bedingungen zulassen. Die größeren
Unterschiede begründen die Kluft, die zwischen der vorkeynesianischen und der
nachkeynesianischen Analyse liegt.

Anhang: Instabilität

Die Instabilität einer Privatwirtschaft hängt zusammen mit der wechselsei-
tigen Beziehung zwischen Investition und Einkommen. Ein Ansteigen der Investitionen zu irgendeinem Zeitpunkt führt zu einem Anstieg der Einkommen, und das Anwachsen der Einkommenshöhe führt zu einem weiteren In-
vestitionsanstoß. Diese Beziehungen sind in jeder aktuellen Situation äußerst

176   **2** 3 Anhang   *Analyse*

kompliziert und verändern sich in jeder Wirtschaft von Zeit zu Zeit mit den allgemeinen Umständen. Der Kern der Sache kann jedoch in unserem einfachen Modell verständlich gemacht werden.

(a) Der Multiplikator

Oben in § 2 stellten wir die Auswirkung einer einmaligen Erhöhung der Investitionsrate dar, indem wir von einer Lage ausgingen, in der sie einige Zeit vorher konstant war. Eine solche Bewegung geschieht in einer gleichmäßig fluktuierenden Wirtschaft nicht, aber dem Zweck unseres Beispiels entsprechend, werden wir dieselben zahlenmäßigen Beziehungen, wie sie dort dargestellt werden, verwenden. Indem wir aus Gründen der Bequemlichkeit die Zeit in diskrete Abschnitte einteilen, können wir sagen, daß der Multiplikator hinsichtlich eines Anstiegs der Investition in der ersten Periode 4 beträgt. Ein Ansteigen der Beschäftigung und der Lohnkosten im Maschinensektor führt gleichzeitig zu einem 4mal so großen Anstieg der Gesamtbeschäftigung und des Getreide-Outputs. Dieser Effekt verstärkt sich in den nachfolgenden Perioden, wenn die Profite an die Rentiers ausgezahlt werden, fortlaufend. Damit ist das Verhältnis von Konsum zu Investition, wenn die Investitionsrate von Periode zu Periode schwankt, in jeder beliebigen Periode zum Teil ein Ergebnis der in früheren Perioden vorgenommenen Investitionen.

(b) Der Akzelerator

Die Auswirkung einer Einkommenserhöhung auf die Investitionshöhe ist nicht so leicht auf einfache Sachverhalte zurückzuführen. Sie wird manchmal als ein »Akzelerator« ausgedrückt, der die Investition einer Periode in Beziehung setzt mit der Veränderung des Outputs in der vorangegangenen Periode.

$$I_t = v(Y_{t-1} - Y_{t-2}) = v \, \Delta Y_{t-1}$$

wobei I_t die Invesion der laufenden Zeitperiode bezeichnet, ΔY_{t-1} die Zunahme des Outputs in der vorhergehenden Periode und v den *Akzeleratorkoeffizient*. Wenn z. B. der Output-Zuwachs während der vergangenen Zeitperiode 100 Getreideeinheiten war und der Akzeleratorkoeffizient 0,25 beträgt, würde der Investitionswert der laufenden Periode 25 sein. Diese Form des Akzelera-

Effektive Nachfrage **2** 3 Anhang 177

tors scheint eine Mischung von zwei Ideen zu beinhalten: (i) daß es irgendeine technische Beziehung zwischen Output und dem Ausrüstungsbestand gibt, die benötigt wird, um ihn zu produzieren, so daß ein erhöhter Output Investitionen erfordert, die einen entsprechenden Zuwachs der Produktionskapazität ermöglichen; (ii) daß der erhöhte Output das Vertrauen in die zukünftigen Aussichten anregt und damit zu Investitionen ermutigt.

Der erste Teil dieser Argumentation kann nicht vom zweiten getrennt werden. Wenn die Ausrüstung bis zur Kapazitätsgrenze ausgenutzt wird, dann gibt es unter den Bedingungen eines Verkäufermarktes – unter der Voraussetzung, es könnte mehr als der bei voller Kapazitätsauslastung erzielbare Output zu einem zufriedenstellenden Preis verkauft werden – nur dann einen Anreiz, den Ausrüstungsbestand zu erhöhen, wenn erwartet wird, daß die Situation lange genug andauert, um dieses Verhalten lohnend zu machen. Und wenn eine Entscheidung, die Produktionskapazität zu erhöhen, getroffen worden ist, bleibt festzustellen, in welcher Höhe Investitionen ausgeführt werden. Ein rein technischer Akzelerator ist eine in die Irre führende Konzeption.

Da die Investition vor der Profitaussicht gelenkt wird, scheint es plausibler zu sein, die Veränderung der Investitionsrate mit der Veränderung der Profithöhe zu verbinden und anzunehmen, daß unter den Bedingungen der Unsicherheit die Erwartungen stark davon beeinflußt werden, was in der jüngsten Vergangenheit passiert ist. Wir benutzen folgendes Akzelerator-Modell. Wir führen zuerst die Idee eines Schwellenwertes ein. Es gibt eine gewisse Wachstumshöhe der Profite, unterhalb der die Investition nicht ansteigen wird. Da der Maschinenbestand einige Zeit gewachsen ist, ist bereits eine Erhöhung der Gesamtprofite von Periode zu Periode notwendig, um die Investitionen konstant zu halten. Ausgehend von unserem vorigen Zahlenbeispiel, in dem die Profite des Getreidesektors 900 Einheiten betrugen, nehmen wir an, daß der Schwellenwert bei 120 Einheiten liegt. Weiterhin nehmen wir an, daß die Veränderung der Investition in jeder Periode ein Drittel des Betrages ist, um den das Wachstum der Profite im Getreidesektor den Schwellenwert übersteigt. Somit gilt:

$$\Delta I_t = \tfrac{1}{3}(\Delta P_{c,\,t-1} - 120)$$

Die Bedeutung dieser Formel ist, daß, wenn sich die Aktivität verändert, die Kapitalisten im Getreidesektor annehmen – bei einer Erhöhung des Profits von einer Periode zur nächsten größer als 120 –, daß es lohnend ist, neue Maschinen vom Maschinensektor in einem größeren Umfang als vorher zu bestellen. Wenn der Profitzuwachs geringer als 120 ist, wird ihr Optimismus nicht genügend angeregt, und sie neigen dazu, die Investitionen únter das vorherige Niveau zurückzuschrauben.

Die Wahl eines verhältnismäßig großen Schwellenwertes ermöglicht es uns, schnelle Reaktionen im Modell aufzuzeigen, um unsere Darstellung äußerst dramatisch zu gestalten.

(c) Wirkungsverzögerungen (Lags)

Der Gebrauch von diskreten Zeitabschnitten ist eine Methode, die es uns ermöglicht, unserer Darstellung einer bestimmten Zeitenfolge zuzuordnen. Eine Veränderung der Investition heute ist die Folge einer Veränderung der Profite einer Periode zuvor, das heißt die Reaktion der Investition ist um eine Periode *verzögert*. Ähnlich beruhen die Auszahlungen an die Rentiers auf den Profiten der Vorperiode, und deshalb ist jede Erhöhung der Auszahlungen um eine Periode gegenüber der, in der die Erhöhung des Profits stattfand, verzögert.

Die verzögerten Reaktionen der Investition auf die Veränderungen der Umstände führen zur Instabilität des Systems. Wenn die Investitionsentscheidungen im Licht richtiger Voraussicht vorgenommen würden, könnte sich die Wirtschaft von einer Gleichgewichtslage zur anderen kontinuierlich fortbewegen, ohne die Tendenz über das Ziel hinauszuschießen oder zu schwanken. Aber zukünftige Bedingungen müssen erraten werden, sie können nicht bekannt sein. Investitionsentscheidungen beruhen notwendigerweise auf Informationen, die zu einem gewissen Umfang veraltet sind, oder durch die Veränderungen, die Investitionen selbst hervorrufen, überholt werden.

(d) Ein Boom

Wir können die Auswirkungen einer Investitionserhöhung verfolgen, indem wir von der Ausgangslage in Tabelle 3.3 ausgehen und die Wechselwirkungen zwischen Profitwachstum im Getreidesektor und dem Wert der für Maschinen erteilten Aufträge aufzeigen. Wir sehen dann, wie sich diese Beziehungen auswirken, wenn die Investitionen anwachsen. Wir nehmen an, daß in der Ausgangslage 5400 Maschinen im Getreidesektor existieren, die bei voller Kapazitätsauslastung die Beschäftigung für 5400 Mann ermöglichen. In der Ausgangslage beträgt die Beschäftigung im Getreidesektor 3600 Mann. Der Maschinensektor verfügt lediglich über 600 maschinenproduzierende Maschinen, und jene,

Effektive Nachfrage **2** 3 Anhang   179

die sich in der Fertigstellung befinden, werden nicht vor Ablauf von fünf Zeit-
perioden zur Verfügung stehen. In der Ausgangslage sind im Maschinensektor
400 Mann beschäftigt.

Unsere Darstellung beginnt mit einem Anwachsen der Beschäftigung im
Maschinensektor von 400 auf 600 Mann, welches den Output bei voller Kapazitätsauslastung ermöglicht. Der Weg, den die Wirtschaft dann einschlägt, wird
in Tabelle 3.7 gezeigt. Der ursprüngliche Anstieg der Beschäftigung im Ma-

Tabelle 3.7 | Getreidesektor

Stufe	C	W_c	P_c	P_c^e	$P_c^s = B$
0	3600	2700	900	540	360
1	4200	3150	1050	540	510
2	4680	3510	1170	630	540
3	4968	3726	1242	702	540
4	5092,8	3819,6	1273,2	745,2	528
5	5069,28	3801,96	1267,32	763,92	503,4
6	4293,29	3692,47	1230,82	760,40	470,42

Maschinensektor

Stufe	B	W_m	P_m	P_m^e	P_m^s	I
0	360	300	100	60	40	400
1	510	450	150	60	90	600
2	540	450	150	90	60	600
3	540	450	150	90	60	600
4	528	438	146	90	56	584
5	503,4	415,8	138,6	87,6	51	554,4
6	470,43	387,27	129,09	83,16	45,93	516,36

schinensektor erfordert ein Steigen der Löhne von 150 Getreideeinheiten, was
zu einem Anstieg des Getreide-Outputs von 600 Einheiten führt. Der Beschäftigungsanstieg wird von steigenden Profiten begleitet, aber die Auszahlungen
an die Rentiers sind bis jetzt nicht gestiegen. Die Nachfrage des Maschinensektors nach Getreide ist um die 150 Einheiten, die für Löhne benötigt werden,
gestiegen, was ein Anwachsen des Getreide-Outputs um 600 Einheiten zur
Folge hat.

Wie wir wissen, ist

$$\triangle P_c = \triangle P_c^e + \triangle P_m^e + \triangle W_m = 0 + 0 + 150 = 150$$

In Periode 2 ruft das anwachsen der Profite im Getreidesektor den Wunsch nach weiterem Wachstum der Produktionskapazität hervor. Die Investitionen müßten ansteigen:

$$\Delta/_2 = 1/_3(150 - 120) = 10$$

Aber diese Investitionszunahme ist nicht möglich, da die Kapazität des Maschinensektors derzeit auf 600 Maschinen begrenzt ist, und diese 600 jetzt voll ausgenutzt sind (450/0,75 = 600).

Die Investitionen müssen auf 600 und die Löhne des Maschinensektors auf 450 bleiben. Die Nachfrage nach Getreide steigt jedoch weiter, weil der Konsum der Rentiers des Getreidesektors um 90 Getreideeinheiten und der der Rentiers des Maschinensektors um 30 Einheiten gestiegen ist. Also ergibt sich für

$$\Delta P_{c2} = 90 + 30 + 0 = 120$$

und der Output ist um 480 Getreideeinheiten gestiegen. Aber nun ist

$$\Delta I_3 = 1/_3 (120 - 120) = 0$$

Konsequenterweise steigen die Löhne im Maschinensektor nach Periode 2 nicht. Jedoch steigen die Zahlungen an die Rentiers des Getreidesektors um 72 Einheiten und damit ist $\Delta P_{c3} = 72$. Dies ist ein vergleichsweise mäßiger Anstieg. Zur selben Zeit ist die Anzahl der Maschinen, die sich in der Fertigstellung befinden, relativ zu den gesamten Profiten gestiegen. Diese Einflüsse zusammen führen eine Kürzung der Investition in der vierten Periode herbei:

$$\Delta I_4 = 1/_3 (72 - 120) = -16$$

und

$$\Delta W_{m4} = 1/_4 (72 - 120) = -12$$

Die Ausgaben der Rentiers im Getreidesektor steigen jedoch noch, so daß sich ergibt:

$$\Delta P_{c4} = 43,2 - 12 = 31,2$$

Auf der nächsten Stufe:

$$\Delta I_5 = 1/3 \,(31{,}2 - 120) = -29{,}60$$

und

$$\Delta W_{m5} = 1/4 \,(31{,}2 - 120) = -23{,}2$$

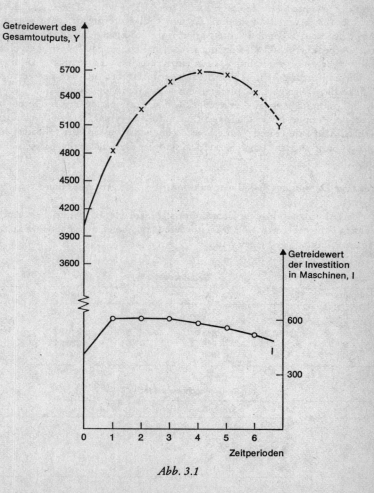

Abb. 3.1

182 **2** 3 Anhang *Analyse*

Der Konsum der Rentiers im Maschinensektor wird ebenfalls gekürzt und, ungeachtet eines geringen Anwachsens des Konsum sim Getreidesektor, ist.

$$\Delta P_{c5} = 18,72 - 2,4 - 22,2 = -5,88$$

und der gesamte Getreide-Output wird um 23,52 gekürzt. Die zusätzliche Kapazität für den Maschinensektor ist nun endlich verfügbar, wird aber nicht mehr benötigt; fallende Profite führen einen Rückgang der Investitionen und des Outputs herbei. Der Rückgang wird anhalten, bis das Investitionsvolumen nicht mehr weiter zunimmt, was erst einzutreten braucht, wenn I = O ist.

Dieser Vorgang ist in Abb. 3.1 illustriert. Man beachte, daß der verzögerte Effekt des steigenden Rentierkonsums – während die Investition nach Periode 1 nicht mehr steigt – eine steigende Nachfrage nach Getreide-Output auch nach der Periode, in der die Investition zu fallen beginnt, eine zeitlang aufrecht erhält. Aber Profite und Rentierkonsum können angesichts der fallenden Investition nicht aufrecht erhalten werden, und der Output verringert sich.

(e) Eine Depression

Der Abschwung in eine Depression ist in Tabelle 3.8 beschrieben. Auch in diesem Falle geben wir eine dramatischere Darstellung, als sie in einer komplexeren Wirtschaft geschehen kann.

Tabelle 3.8 **Getreidesektor**

Stufe	C	W_c	P_c	P_c^e	$P_c^s = B$
0	3600	2700	900	540	360
1	2952	2214	738	540	198
2	2191,2	1643,4	547,8	442,8	165
3	1314,72	986,04	328,68	328,68	0
4	1200	900	300	300	0

Maschinensektor

Stufe	B	W_m	P_m	P_m^e	P_m^s	I
0	360	300	100	60	40	450
1	198	150	50	48	2	200
2	165	79,5	26,5	25,5	1	106
3	0	0	0	0	0	0
4	0	0	0	0	0	0

Effektive Nachfrage **2** 3 Anhang

Die Depression ist die Konsequenz einer Verminderung der Beschäftigung im Maschinensektor um 200. Die Investition steht im selben Verhältnis zur Veränderung der Profite in den vorangegangenen Perioden in derselben Weise wie im Boom. Von Veriode 4 an ist der Pessimismus so groß, daß keine weiteren Aufträge für Maschinen vorgenommen werden.

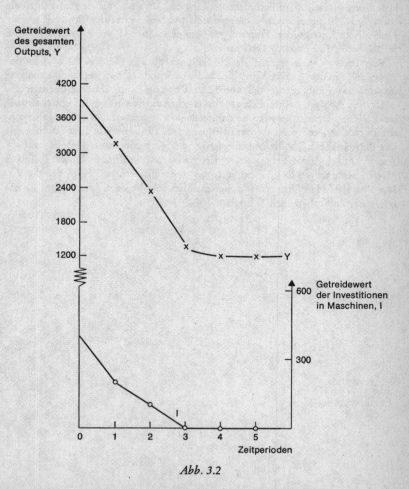

Abb. 3.2

In unseren vorangegangenen Beispielen waren die Profite gleich der Investition zuzüglich des Konsums der Rentiers, der in einem bestimmten Verhältnis zu den Profiten stand, wenn das Einkommen auf einer gleichbleibenden Höhe war. Nun ist die Investition auf Null gefallen, und der Maschinensektor stellt weder Beschäftigung noch Profite bereit. Aber die Firmen des Getreidesektors lassen ihre eigenen Familien nicht verhungern. Im schlimmsten Fall zahlen sie weiterhin 300 Getreideeinheiten aus und machen weiterhin Profite in dieser Höhe. Somit steigt der konsumierte Anteil, während die gesamten Profite fallen, bis er 100 Prozent erreicht.

Von Periode 4 an werden Profite lediglich bis zur Höhe des Konsums der Rentiers gemacht; es gibt keine Tendenz, daß der Output steigt, und die Depression kann unbegrenzt andauern. Der Vorgang ist in Abb. 3.2 illustriert.

Um die Analyse nach diesen grundsätzlichen Erörterungen auf einen aktuellen Fall anzuwenden, müßte sie dahingehend ausgearbeitet werden, daß sie in der Lage wäre, komplexere Lag-Strukturen, die Einflüsse von Investitionen auf das Betriebskapital, verschiedener Arten von Kapazitätsrestriktionen und die Auswirkungen unvorhergesehener Ereignisse aufzunehmen. Unser einfaches Modell zeigt jedoch den Kernpunkt: der destabilisierende Einfluß der die Zukunft betreffenden Ungewißheit, der im Mittelpunkt jeder Analyse der Dynamik einer kapitalistischen Wirtschaft steht.

Kapitel 4   Technischer Wandel

Ein Modell einer kapitalistischen Wirtschaft mit einer einzigen Produktionstechnik entspricht in keiner Weise der tatsächlichen historischen Entwicklung. Von Anfang an entwickelte sich und blühte der Kapitalismus, indem er ständig Innovationen in den Methoden der Produktion, der Organisation, des Transports, des Handels, der Finanzen und in bezug auf den Einsatz der Arbeitskraft hervorbrachte. Dies ist das Wesen des kapitalistischen Prozesses und die Quelle seines Erfolges gewesen. In jeder Wirtschaft, die ein bestimmtes Niveau der industriellen Entwicklung erreicht hat, werden kontinuierlich Erfindungen und Entdeckungen gemacht, die die Grundlage für neue Produktionsmethoden legen.

Erfindungen können das Ergebnis zweckgerichteter Forschung oder Zufallsprodukt kluger Gedanken sein oder als ein Nebenprodukt wissenschaftlicher Entdeckungen abfallen. *Innovationen* werden gemacht, wenn die Erfindungen in die Praxis umgesetzt werden. Es besteht immer eine Reserve an potentiell ausnutzbaren Erfindungen, die noch nicht angewandt wurden. Der technische Wandel wird durch die Innovationen hervorgebracht, welche neue Konstruktionen von Maschinenanlagen, neue Materialien, neue Arbeitsabläufe oder neue Güterarten umfassen.

1. Die Akkumulation

Eine Investition zur Ausweitung der Produktionskapazität wird selten von derselben Art sein, wie die Ausrüstung, die bereits in Betrieb genommen ist. Investitionen umfassen ständig neues technisches Wissen, und von Zeit zu Zeit erfordern große Veränderungen – z. B. in der Energiegewinnung – die vollständige Umstellung des gesamten Ausrüstungsbestandes.

Der technische Wandel wirkt sich sowohl auf den Charakter der produzierten Güter als auch auf die Produktionsmethoden aus. Neue Produktionsmethoden beeinflussen den Charakter der Produkte, und neue Produkte werden entwickelt, um den Vorteil der neuen Methoden auszunutzen.

Eine Investition ist niemals auf ewig angelegt, denn selbst wenn die Ausrüstung langlebig ist, ändert sich die Rentabilität verschiedener Produkte und

Produktionsmethoden ständig. Ein Industriebetrieb muß seine Fähigkeit, Profite zu erzielen, dadurch erhalten, daß er alte Ausrüstung durch neue ersetzt und von einer Branche zu einer anderen überwechselt.

Technische Innovationen beeinflussen ebenso das Wesen der Arbeitskraft. Wenn die Technologie komplizierter wird, erfordert das von den Arbeitern ein höheres allgemeines Ausbildungsniveau, um sich den geforderten speziellen Fertigkeiten anzupassen. Für jede Industrienation entsteht die Notwendigkeit, ein staatliches Schulsystem zu schaffen. (Der Zweck der Erziehung ist nicht mehr, das Leben eines Mannes von guter Erziehung zu bereichern, sondern vielmehr für einen notwendigen Produktionsfaktor für die Beschäftigung in Industriebetrieben zu sorgen.) Es sind sehr hohe Investitionen in den speziellen Fähigkeiten eines Arbeiters verkörpert. Häufig lassen technologische Veränderungen diese speziellen Fähigkeiten veralten, so daß eine Investition in »human capital« nicht weniger riskant ist wie in Maschinen, und es ist gar nicht so leicht für einen Arbeiter, »sein Kapital intakt zu halten«.

Alles dies wirft wichtige Fragen auf, die jeden Bereich des ökonomischen und sozialen Lebens betreffen. Wir besprechen hier nur einige allgemeine Prinzipien, die in unserem einfachen Modell aufgezeigt werden können.

Wir werden weiterhin »Getreide« als einziges Konsumgut zulassen und annehmen, daß alle »Menschen« (Arbeitskräfte) gleich sind, aber es gibt nicht mehr nur einen einzigen gleichförmigen Ausrüstungstyp. Technischer Wandel findet bei der Konstruktion der »Maschinen« statt. Der maschinenproduzierende Sektor versorgt den Getreidesektor ständig mit neuen Maschinentypen und stellt, damit er dies tun kann, seine eigene Ausrüstung entsprechend um. Wir können einiges innerhalb dieser Restriktionen aufzeigen, aber es ist wichtig, sich immer vor Augen zu halten, wie begrenzt sie sind.

(a) Beschäftigung

Der technische Fortschritt bewirkt immer, daß sich der Output pro Beschäftigten erhöht. Auf welche Weise beeinflußt dieses nun die Nachfrage nach Arbeit in einer Privatindustrie? Wenn die Zahl der Arbeitskräfte ständig wächst, so daß immer eine »Reservearmee« von Arbeitern existiert, die ängstlich um einen Arbeitsplatz bemüht ist, kann der Reallohnsatz konstant bleiben, so daß der Profit pro Beschäftigten steigt. Wenn wir z. B. Tabelle 3.1 mit der Situation vergleichen, in der ein anderer Maschinentyp verwendet wird, der einen Output von – sagen wir – 1,2 Einheiten pro Beschäftigten anstatt 1 ermöglicht, während die Getreidelohnrate auf 0,75 bleibt, entsteht ein Profit pro

Technischer Wandel **2** 4 § 1 (a) 187

Beschäftigten von 0,45 anstatt 0,25. In diesem Falle produzieren 3600 Mann 4320 Getreideeinheiten. Wenn der Anteil des Profits für den Konsum der Rentiers wie zuvor 0,6 beträgt, ergeben sich die Verhältnisse, wie sie in Tabelle 4.1 gezeigt werden. Es werden nun vom Getreidesektor durchgeführte Investitionen in Höhe von 648 Einheiten anstatt 360 benötigt, um ein Beschäftigungsniveau von 3600 Mann im Getreidesektor aufrecht zu erhalten.

Wird ein Anstieg des Profits pro Beschäftigten zu einer Erhöhung der Investitionsrate führen? Dies geschieht nicht notwendigerweise. Ein höherer Ertrag pro Arbeitseinheit kann genauso gut den Arbeitsumfang, den ein Mann zu leisten bereit ist, reduzieren wie erhöhen, ebenso wie leichtere Profite einer Gruppe von Kapitalisten das Gefühl geben können, daß es nicht notwendig sei, für eine Expansion so schwer zu kämpfen.

Wir unterstellen, um den einfachsten Fall anzunehmen, daß die Investitionen, nachdem die Ausrüstungen für eine neue Technik installiert worden sind, auf der gleichen Höhe wie beim Gebrauch der alten Technik bleiben. Die Profite werden den Rentierhaushalten erst nach ihrem Anfallen weitergegeben, und vom Konsum der Rentiers wird angenommen, daß er in einem unveränderten Verhältnis zu den Profiten steht. Daraus folgt, daß der Gesamtprofit derselbe wie vorher bleibt, wenn die Investitionen auf dem vorherigen Stand bleiben, geradeso wie im Fall eines niedrigeren Reallohnsatzes, den wir oben besprochen haben [siehe: **2** 3 § 1 (e)]. Mit weniger Beschäftigung wird nun derselbe Gesamtprofit verdient. Die Lohnkosten haben sich verringert. Der Profitanteil ist gestiegen, während die Gesamtprofite pro Jahr auf demselben Stand verharren.

Tabelle 4.1

Technik	Output	Löhne	Profite konsumiert	gespart
(i)	3600	2700	540	360
(ii)	4320	2700	972	648

Wenn die Investitionen im obigen Beispiel bis 360 Einheiten betragen, bleibt der Profit bei 900. Die Beschäftigung im Getreidesektor wird auf 2000 Mann und die Lohnkosten auf 1500 verringert.

Die Zahlen sind natürlich gänzlich willkürlich, aber das Phänomen, welches sie illustrieren, nämlich absinkende Beschäftigung, wenn der Output pro Kopf schneller steigt als der Gesamtoutput, ist ein ernstes Problem in der kapitalistischen Welt.

In einem solchen Fall wird der Beschäftigungsrückgang manchmal als »technologische Unterbeschäftigung« beschrieben. Verbesserungen der Produktionstechnik sind dann schuld an dem Ergebnis. In einer rational geplanten Wirtschaft sollte ein Anstieg des Outputs pro Arbeitseinheit offensichtlich ein Gewinn für alle Beteiligten sein. Wie kann es dann für die Arbeiter in einer kapitalistischen Wirtschaft zum Nachteil werden? Die Antwort ist, daß die Verbesserungen in einer rationalen Wirtschaft entsprechend einer bewußten Politik genutzt würden. In einer Situation, in welcher der Akkumulation von den Behörden höchste Priorität eingeräumt wurde, würde eine Steigerung des Konsums nicht zugelassen. Die Arbeit, die durch den Anstieg des Outputs pro Kopf im Konsumsektor freigesetzt wird, würde in den Investitionssektor zur Beschleunigung der Akkumulation gelenkt werden. Falls der Investition der gleiche Stellenwert wie vorher zukommt, könnte der Konsum durch steigende Zahlungen an die Arbeiter pro Arbeitseinheit, durch die Verteilung eines Bonus an alle oder durch die Aufstockung des Pensionsniveaus, der Stipendien usw. erhöht werden. Diese Zahlungen erfolgen nicht aufgrund der laufenden Arbeit. Falls das Konsumniveau dem vorherigen Stand entsprechen soll, könnte die Arbeitsmenge durch Kürzung des Arbeitstages, Verlängerung der Ferien oder durch Zulassen eines früheren Ruhestandes sowie längerer Ausbildung verringert werden. Der Nutzen des erhöhten Outputs pro Kopf könnte auf diese Art in irgendeinem Verhältnis, daß die Behörden beschließen oder die öffentliche Meinung gutheißt, verteilt werden. Der Ärger mit dem steigenden Output pro Beschäftigten und konstanten Reallöhnen besteht in einer Privatwirtschaft darin, daß potentieller Output und potentieller Profit sich erhöht haben, aber nicht realisiert wurden, weil die Investitionen nicht schnell genug angewachsen sind. (In den industriellen Revolutionen Englands im frühen 19. Jahrhundert und Japans im frühen 20. Jahrhundert gab es einen rasanten technischen Fortschritt ohne steigende Löhne. Der Grund, warum dies nicht zu einer Stagnation führte, lag in beiden Fällen darin, daß die Kostenverminderung zu einer großen Exportausweitung führte, so daß sich keine der beiden Wirtschaften lediglich auf einen wachsenden Konsum zu verlassen brauchte, um die effektive Nachfrage aufrecht zu erhalten.)

(b) Reallöhne

Die Situation in einer hochentwickelten modernen Wirtschaft ist nicht so freudlos wie die obige Argumentation vermuten läßt. Seit mehr als 100 Jahren ist der Durchschnitt der gesamten Reallöhne pro Arbeitsstunde gestiegen. Dies mag

Technischer Wandel   **2** 4 § 1 (b)   189

teilweise auf niedrige Einkommen, verbunden mit niedrigen Preisen, für importierte Materialien im Rest der Welt zurückzuführen sein, aber es war hauptsächlich die Auswirkung der technischen Entwicklung [siehe: **2** 5 § 5 (b)].

In dem einfachen Modell mit nur einer Produktionstechnik nahmen wir an, daß die Arbeiter den ihnen angebotenen Lohn demütig akzeptierten. In Wirklichkeit waren die Lohnverhandlungen eine ständige Auseinandersetzung. Die Machtverteilung ist höchst ungleich, weil es wegen der Natur der Sache weniger Arbeitgeber als Arbeiter gibt und diese finanziell besser gesichert sind. Sie befolgen die von Adam Smith bemerkte Übereinkunft [siehe: **1** 2 § 1 (a)], sich gegenseitig abzudecken, und sie können sich in den meisten Fällen zur Verteidigung ihrer Interessen an den Staatsapparat wenden. Aber die Arbeiter stellen eine beachtenswerte Macht dar, falls es ihnen gelingt, sich zusammenzuschließen, um sie gemeinsam auszuüben.

Es ist für die Gewerkschaften nicht leicht, eine Lohnerhöhung zu Lasten der Profite zu erzwingen. Sogar wenn ein Anstieg des Geldlohnsatzes bewilligt wird, können die Arbeitgeber, wenn der Output pro Kopf konstant ist, proportional gleich hohe Profitspannen durch steigende Preise erzielen. Aber wenn Innovationen in der Produktion einer bestimmten Gütergruppe eine Senkung der Produktionskosten (bei Zugrundelegung des alten Lohnsatzes) relativ zum Verkaufswert des Outputs herbeigeführt haben, sind die Arbeiter in einer starken Position, einen Teil des Profitzuwachses zu verlangen. Die Arbeitgeber kaufen sich durch das Zugeständnis einer Lohnerhöhung von der Streikandrohung frei und verbleiben selbst im schlimmsten Falle bei derselben erwarteten Profithöhe wie vorher.

Gleichzeitig sind viele Innovationen mit Ersparnissen durch Großserienproduktion verbunden. Eine neue Anlage kann eine große unteilbare Investition erfordern, die erst bei einer hohen Outputrate rentabel wird. Dann würden die Preise drastisch gesenkt, um einen Massenmarkt zu erschließen. So oder so besteht bei Produktivitätssteigerung eine starke Tendenz zu steigenden Reallöhnen. Wir werden diese Frage wieder aufgreifen, nachdem wir in das Modell verschiedene Konsumgüter eingeführt haben.

In der Zwischenzeit können wir beobachten, wie steigende Reallohnsätze dazu beitragen, die Tendenz steigender Produktivität abzumildern, welche die sogenannte »technologische Unterbeschäftigung« hervorruft. Wir haben gesehen, daß sich der Profit pro Beschäftigten erhöhen würde, wenn die Reallöhne bei steigendem Output pro Kopf konstant blieben, so daß es bei unverändertem Sparanteil am Profit notwendig wäre, um wenigstens eine gleichbleibende Arbeiterzahl weiter zu beschäftigen, einen ständig steigenden Anteil vom Output zu investieren. Auch ein erhöhter Konsumanteil an den Profiten würde helfen, die Beschäftigung aufrecht zu erhalten, aber eine wachsende Ungleichheit im Lebensstandard könnte andere Störungen hervorrufen.

Wenn die Investition nicht schnell genug wächst, um das Beschäftigungsniveau bei steigendem Verhältnis von Ersparnissen zum Einkommen aufrecht zu erhalten, werden potentielle Profite nicht realisiert und die technologischen Neuerungen laufen Gefahr, mit Arbeitslosigkeit vergeudet zu werden.

Wenn die Reallöhne im Gleichschritt mit dem Pro-Kopf-Output steigen, ist das Problem, die wachsenden Ersparnisse zu absorbieren, viel weniger akut. Der Anteil der Profite am Outputwert ist dann mehr oder weniger konstant, und ein festes Verhältnis von Investition zu Einkommen genügt, um die Realisierung der Profite zu ermöglichen und das Beschäftigungsniveau aufrecht zu erhalten.

Wenn in unserem Beispiel eine Erhöhung des Pro-Kopf-Outputs von 20 Prozent mit einem proportionalen Anwachsen des Getreidelohnsatzes einhergehen würde, würde die Lage so sein, wie sie in Tabelle 4.2 gezeigt wird.

Tabelle 4.2

| Technik | Output | Löhne | Profite | |
			konsumiert	gespart
(i)	3600	2700	540	360
(ii)	4320	3240	648	432

Nun genügt ein dem Output entsprechendes Wachstum der jährlichen Investitionen, z. B. 20 Prozent (von 360 auf 432 Getreideeinheiten), um die Beschäftigung von 3600 Mann im Getreidesektor aufrecht zu erhalten.

Die Konstanz des Lohnanteils garantiert natürlich nicht die ausreichende effektive Nachfrage, aber sie macht es weniger schwierig, sie zu erreichen, als es im Falle des Absinkens des Lohnanteils am Output-Wert sein würde. Wiederum sind die Zahlen zur Vereinfachung der Rechnung ausgewählt worden, aber das Prinzip, das sie illustrieren, ist in der Realität wichtig.

Die Möglichkeit, einen konstanten Lohnanteil bei wachsender Produktivität aufrecht zu erhalten, hängt nicht nur von der Macht der Gewerkschaften ab, sondern ebenso vom Wachstum der Produktionskapazität im Verhältnis zum Wachstum des Arbeitspotentials. Wenn die Bevölkerung schneller zunimmt als die Nachfrage nach Arbeit in der kapitalistischen Industrie, dann wird es wahrscheinlich eine wachsende Reserve von nichtbeschäftigter Arbeit geben, wodurch sowohl die Verhandlungsposition der Arbeitenden geschwächt als auch der durchschnittliche Pro-Kopf-Konsum gesenkt wird. Wenn die verfügbare

Technischer Wandel **2 4 § 1 (c)** 191

Arbeit nicht schneller als die Beschäftigung wächst, ist die Chance größer, daß die Reallöhne mit der Produktivität wachsen. Darüber hinaus steigt dann der Konsum der Familie mit den Löhnen.

Ein steigendes Konsumniveau pro Familie hat eine wichtige Konsequenz. Die Arbeiter werden bis zu einem gewissen Grad dem kapitalistischen System zugehörig. Unser auf einer einzigen Technik beruhendes Modell war sehr unrealistisch. In einem solchen Fall würden die Kapitalisten ihre Zuflucht in der Gewalt suchen, um ihre Position aufrecht zu erhalten, falls die Arbeiter sich zusammenschlössen, um höhere Reallöhne zu fordern. Aber bei technischem Fortschritt und steigenden Löhnen haben die Arbeiter eine Machtstellung im System. Zur gleichen Zeit werden sie von der technischen Vielfalt eingeschüchtert, die sie fürchten läßt, daß sie nicht in der Lage sind, sie zu meistern. Somit sind steigende Löhne ein Vorteil für die Kapitalisten. Jeder einzelne Kapitalist ärgert sich über einen Anstieg seiner Kosten, aber für die Kapitalisten insgesamt sind steigende Löhne erforderlich für das erfolgreiche Wirken des Systems.

(c) Innovatoren und Nachahmer

Jedes Unternehmen, das das Risiko auf sich nimmt, eine neue Produktionsmethode einzusetzen, weiß, daß der Profit aus dieser Investition früher oder später im Wettbewerb mit späteren Neuerungen weggefressen wird. Warum führt dann überhaupt jemand neue Methoden ein? Die Antwort lautet, daß jeder befürchtet, daß ihm irgendein anderes Unternehmen zuvorkommt, wenn er nicht den Vorteil einer neuen Methode wahrnimmt. In jeder technologischen Phase gibt es einige Unternehmen in jeder Produktionsbranche, die den anderen voraus sind. Wenn einige eine neue Methode eingeführt haben, müssen die anderen folgen oder aus dem Geschäft aussteigen, denn ihre alten Techniken würden bei dem Reallohnniveau, das die neue Technik ermöglicht, nicht rentabel sein. Die führenden Unternehmen sind nicht davon entbunden, Erfindungen, die zufällig gemacht werden, sich zu eigen zu machen. Sie beschäftigen eigene Forschungsabteilungen, um Neuerungen zu ersinnen und machen sich Entdeckungen, die von der reinen Wissenschaft oder im Verlauf des Wettrennens in den Weltraum gemacht wurden, für ihren eigenen Produktionszweig zunutze. Sie übernehmen ebenso geglückte Versuche, die von kühnen Innovatoren stammen, die nicht über genug Geld verfügen, ihre Ideen im großen Maßstabe zu verwirklichen.

Die Unternehmen, die unter einem technologischen Gesichtspunkt am fortschrittlichsten sind, bleiben den anderen weit voraus und erfreuen sich an einem höheren Aufschlag auf die Löhne. Die führenden Unternehmen schützen sich selbst soweit wie möglich durch Patente und Geheimhaltung. Dann, wenn die Nachahmer sie in einem Produktionszweig eingeholt haben, haben sie sich schon auf etwas Neues eingestellt. Das Tempo des technischen Fortschritts hängt in einem großen Ausmaß von der Energie ab, mit der die Untenehmen das Wettbewerbsspiel betreiben. Je schneller die führenden Unternehmen die Produktivität erhöhen, desto schneller steigen die Reallöhne und desto eher sind deshalb die Nachahmer gezwungen, alte Methoden aufzugeben, um Schritt halten zu können. Der Prozeß der Akkumulation von Produktionskapazität findet, wie Schumpeter es ausdrückt, in »einem Sturm schöpferischen Zerstörung«[62] statt.

Unser Modell, in dem die Konsumgüter aus »Getreide« bestehen, dessen Eigenschaft unverändert bleibt, läßt nicht zu, Produktinnovationen zu diskutieren, aber wir können den technischen Wandel bei den Innovationen in der Maschinenkonstruktion des Getreidesektors darstellen. Die Unternehmen beschäftigen Ingenieure, die die Aufgabe haben, die Leistung der Maschinen zu verbessern. Von Zeit zu Zeit stellt das eine oder andere Unternehmen eine Maschine auf, die mit denselben Getreidekosten, wie ein früheres Modell, einen größeren Output pro Beschäftigten hervorbringt. (Die Bezüge der Ingenieure können den Rentierzahlungen hinzugerechnet werden. Dies verändert das Modell nicht, vorausgesetzt, daß die Ingenieurshaushalte alles, was sie erhalten, konsumieren.) Wenn ein Unternehmen besser als zuvor abschneidet, machen es andere nach, und einige entwickeln Konstruktionen, die noch besser sind. Wenn dann weiterhin investiert wird, wird nur die beste zu dieser Zeit bekannte Maschine in jeder Investitionsperiode gebaut.

In unserem Modell behält eine bestimmte Maschine im Getreidesektor die gleiche physische Arbeitsleistung über die ganze Nutzungszeit, d. h., der Output pro Beschäftigten einer Maschine mit einer bestimmten Konstruktion bleibt konstant, während bessere Maschinen erfunden werden. Wenn der Getreidelohnsatz von Jahr zu Jahr steigt, fällt der Profit pro Beschäftigten an einer bestimmten Maschine. Während der Lebensdauer einer Maschine ist der Bruttoprofit – nämlich der Überschuß der Einnahmen über die Herstell- und Gemeinkosten bei konstantem Ausnutzungsgrad – jedes Jahr geringer als im Vorjahr. Wenn darüber hinaus eine Flaute in der effektiven Nachfrage einsetzt, wird der Output alter Maschinen wahrscheinlich stärker gekürzt als der von neuen Maschinen, so daß die Zeiten der Unterausnutzung mit zunehmendem Maschinenalter häufiger werden. Schließlich erreicht der Getreidelohnsatz ein Niveau, bei dem, selbst bei voller Kapazitätsauslastung, die Kosten den gesamten Output absorbieren würden. Der Bruttoprofit fällt auf Null. Es lohnt sich nicht, die Maschine weiter einzusetzen; sie wird verschrottet.

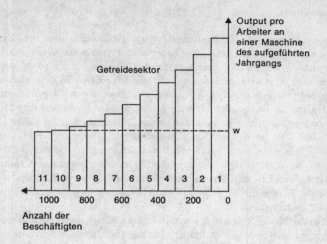

Abb. 4.1

Abb. 4.1 In dem dargestellten Fall wird der Maschinenbestand jährlich um 100 erhöht. Jeder Neuzugang hat eine höhere Produktionskapazität als der Zugang der Vorperiode. Die Höhe der Säulen zeigt den Output pro Beschäftigten an einer Maschine des im Rechteck aufgeführten Jahrgangs. Die Breite der Rechtecke gibt die Anzahl der Beschäftigten jedes bestehenden Jahrgangs an. Da in diesem Fall ein einziger Mann an einer einzigen Maschine arbeitet, haben die Rechtecke alle dieselbe Breite und repräsentieren 100 Mann. Der Lohn steht auf w Getreideeinheiten. Es lohnt sich nicht, Maschinen zu benutzen, die älter als 10 Perioden sind, denn die 11 Perioden alten Maschinen können ihre Lohnkosten nicht decken.

Wenn das Aktivitätsniveau ausreicht, um annähernd Vollbeschäftigung zu gewährleisten, werden die Arbeiter, die vorher an nun veralteten Maschinen eingesetzt waren, zu einer anderen Anlage der neuesten Konstruktion verlegt, gleichgültig ob sie in derselben Firma bleiben oder von Firmen mit neueren Anlagen angeworben werden. In wirtschaftlich schlechten Zeiten bleiben die Arbeiter, die aus der Beschäftigung an Maschinen, die jetzt nicht mehr rentabel sind, entlassen wurden, für diese Zeit unbeschäftigt.

(d) Amortisation

Ein Unternehmen, das eine Maschine erwirbt, will nicht, daß der Wert des investierten Kapitals im Laufe ihrer Lebensdauer vernichtet wird. Das Unternehmen muß während der profitbringenden Lebenszeit genügend von den Erträgen einer Maschine zurücklegen, um die Investition in eine andere Maschine mindestens vom gleichen Wert zu ermöglichen, wenn die profitbringende Zeit der alten zu Ende geht. Deshalb bildet das Unternehmen eine Amortisationsrücklage, die dazu bestimmt ist, einen ausreichenden Betrag zu erbringen, um den Wert der Investition während der Lebensdauer der Maschine zu erhalten. Wenn ein Geschäft erfolgreich verläuft, werden die eingesetzten Finanzmittel laufend wiedergewonnen und in neuen physischen Kapitalarten reinvestiert. So kann der Wert einer Investition auf ewig erhalten werden, während die Erträge jeder erfolgreichen Maschinenanlage während ihrer Lebensdauer abnehmen.

In unserem Modell mit unbegrenzt haltbaren Maschinen und keinen neuen Erfindungen hat eine Maschine immer ein unendlich langes, potenziell gewinnbringendes Leben vor sich, wie lange auch immer sie bereits in Gebrauch war. Der gesamte Bruttoprofit war dann Nettoprofit. Von jetzt an müssen wir zwischen Brutto- und Nettoprofit einer Investition unterscheiden. Der Bruttoprofit ist der Überschuß der Einnahmen über die Kosten. (In unserem Modell waren die Lohnkosten der einzige Kostenbestandteil. Gemeinkosten werden später diskutiert [siehe: 2 6 § 2 (d)].) Um zum Nettoprofit zu gelangen, muß eine ausreichende Amortisationsrücklage vom Bruttoprofit abgezogen werden, um den Wert der Investition ständig zu erhalten.

In der Realität ist das Ziel eines konstanten realen Investitionswertes über einen Zeitraum keinesfalls eine einfache Sache. Im allgemeinen ist für ein Unternehmen der Wert, der die Kaufkraft an Ressourcen angibt, wichtig. Wenn einigermaßen konstante Preise erwartet werden können, wird die Amortisation in Geldeinheiten ausgedrückt. In Inflationszeiten sollte sie als laufende Wiederbeschaffungskosten der Ausrüstung, die der verschrotteten äquivalent ist, errechnet werden, aber dieses Konzept kann niemals genau sein.

Innerhalb unseres Modells vermeiden wir die Diskussion dieser Schwierigkeiten, indem wir weiterhin alle Werte in Getreideeinheiten auszudrücken, aber selbst dann verbleiben andere Probleme.

Unter Ungewißheit ist die Berechnung einer angemessenen Amortisationsrücklage für eine Investition teilweise eine Angelegenheit der allgemeinen Abmachung. Wenn eine Maschinenanlage zum ersten Mal aufgestellt wird, liegen seine Erträge in der Zukunft. Die Länge seiner profitbringenden Lebenszeit

Technischer Wandel **2 4 § 2** 195

kann nicht mit Sicherheit bekannt sein (sie hängt von dem Ausmaß ab, mit der sie durch Innovationen, die jetzt noch gar nicht gemacht sind, veralten); die Höhe ihrer Bruttoerträge wird davon abhängen, wie groß der Zeitraum ihrer Lebensdauer ist. Die angemessene Amortisationsrücklage kann im voraus nicht exakt bekannt sein. Wenn sie zu niedrig angenommen wird und ein großer Teil der kalkulierten Nettoprofite an die Rentiers verteilt würde, läßt das Unternehmen zu, daß der Wert des Kapitals aufgezehrt wird. Aber wenn sie zu hoch angesetzt wird, ist die einzige Folge, daß der Nettoprofit zu niedrig berechnet wurde. Ein Teil dessen, was das Unternehmen als Amortisation vergangener Investitionen kalkuliert, ist eigentlich ein Teil der Nettoersparnis. Das ist eine Fehleinschätzung, die sich als gut herausstellt. Vorsichtige Unternehmer bedienen sich einer Übereinkunft, die dahin geht, den Nettoprofit zu unterschätzen. Da erfolgreiche Unternehmen normalerweise in jedem Falle die Nettoersparnisse dazu verwenden, neue Investitionen zu finanzieren, macht es keinen großen Unterschied, welche Kalkulation bevorzugt wird, vorausgesetzt, die Rücklagen sind nicht so gering, daß unabsichtlich Kapital durch ungenügende Beachtung der Veralterung verloren geht.

Wenn wir im folgenden die Akkumulation diskutieren, nehmen wir an, daß die Unterscheidung zwischen Brutto- und Nettoprofit richtig getroffen wurde. Dann können wir in der gleichen Weise wie bei der kurzfristigen Analyse die Investitionen im Getreidesektor in jeder Periode als die Gesamtmenge des Getreides, die an den Maschinensektor geliefert wurde, betrachten. Diese deckt die Löhne und Profite des Maschinensektors ab. Wie vorher unterstellen wir, daß der Maschinensektor Investitionen für den Eigenbedarf von eigenen Ersparnissen bestreitet. Wiederum bestehen die gesamten Profite des Getreidesektors aus Getreideinvestitionen zuzüglich des Konsums der Rentiers im Getreidesektor.

Der einzige Unterschied liegt darin, daß es sich jetzt um Brutto-Investitionen handelt. Die Kosten der neuen Maschinen in jeder Periode übersteigen die Zunahme des Getreidewertes des Maschinenbestands durch den Wertverlust entsprechend der Veralterung während der entsprechenden Periode.

Wir müssen uns noch einmal daran erinnern, daß wir ein Modell gewählt haben, welches uns die Argumentation erleichtert. Eine Untersuchung des technischen Wandels in der realen Industrie ist nicht so einfach.

2. Instabilität

Zwischen dem technischen Wandel und den Schwankungen des Niveaus der effektiven Nachfrage besteht eine wechselseitige Beziehung. Erfindungen und

Entdeckungen werden die ganze Zeit über in der Industrie gemacht oder ergeben sich aus der reinen wissenschaftlichen Forschung oder aus Entwicklungen im Bereich der Weltraum- oder Militärforschung, aber sie werden nicht gleichmäßig hervorgebracht. Zu bestimmten Zeiten sind die Profitaussichten, die sich durch neue Erfindungen eröffnen, größer als zu anderen, und die Investitionssumme, die zur Einführung neuer Techniken benötigt wird, ist bei einigen Innovationen größer als für andere. Wenn die Investitionsrate – aus welchem Grund auch immer – hoch ist, ist gleichermaßen die Innovationsrate hoch, einfach weil neue Investitionen stets in den Bestand mit der letzten und erprobtesten Konstruktion erfolgen.

Schumpeter behauptete, daß Veränderungen in der Rate des technischen Wandels ausreichen, die geschichtlich beobachteten Aktivitätsschwankungen einer kapitalistischen Industrie, bekannt als Konjunkturzyklus, zu erklären. Von Zeit zu Zeit wird in einem Produktionszweig eine Erfindung gemacht, die einen großen Profitzuwachs den Unternehmen verspricht, die sie sich zu eigen machen. (In unserem Modell konstruieren die Ingenieure eine Maschine, die mit ungefähr den gleichen Investitionskosten in Getreideeinheiten einen viel größeren Getreideoutput pro Kopf verspricht als jede vorher bekannte Maschine. Aber unser Modell ist zu eng, die volle Breite der Schumpeter'schen Einsicht darzustellen.) Vorausschauende Unternehmen nehmen die Gelegenheit, in den neuen Prozeß zu investieren, sofort wahr und andere folgen. Während der Zeit hoher Investitionstätigkeit ist überall die Beschäftigung, der Konsum und der Profit hoch. Konsequenterweise gibt es ein Anwachsen der Investitionen auch in den Industriezweigen, die von der ersten Innovation unberührt waren. Diese Investitionen bringen einen Überschuß an Ideen hervor, die bis jetzt noch nicht ausgenutzt wurden, und erhöhen so die zukünftige Produktivität in diesen Industriezweigen. Die hohe Investitionstätigkeit hält an, bis die Ausrüstung für die ursprüngliche Erfindung installiert worden ist (so z. B. die Eisenbahnen gebaut sind). Dann flaut die Investition in dieser Branche ab. Bald beginnen die Profite zu sinken, das allgemeine Investitionsniveau fällt zurück und die Depression setzt ein. Es werden weiterhin neue Erfindungen und Entdeckungen gemacht, aber bei einer geringen Investitionsrate werden nur wenige in Gebrauch genommen, so daß sich wiederum ein Überschuß unausgenutzter Ideen ansammelt, bis die eine oder andere von ihnen anregend genug ist, einen neuen Boom auszulösen.

Eine derartige Darstellung von Schwankungen scheint überzeugender zu sein, als ein automatischer Theorie-Konjunkturzyklus. Eine solche Theorie kann mit dem Multiplikator und Akzelerator ein Bild der Entwicklung eines Booms und seines Zusammenbruchs entwerfen [siehe: **2 3** Anhang], aber es

Technischer Wandel **2 4 § 3** 197

ist noch nie gezeigt worden, daß ein Mechanismus, der notwendigerweise eine Erholung von der Wirtschaftskrise gewährleistet, aufgezeigt werden kann. Wie dem auch sei, jede Theorie der effektiven Nachfrage ist in einer reinen Privatwirtschaft überholt, denn heutzutage haben die Regierungen immer die Hand mit im Spiel.

3. Neutrale und nicht-neutrale Akkumulation

Eines der Themen, das in der ökonomischen Theorie vom technischen Wandel am meisten diskutiert wurde, ist die Beziehung zwischen Erfindungen und dem Akkumulationsumfang, der benötigt wird, sie in die Produktionskapazität einzubauen. Innovationen können in dem Sinne *neutral* sein, daß ein konstanter Anteil der Investition am Outputwert benötigt wird, um sie zu verwirklichen, oder sie können *nicht-neutral* sein in der Hinsicht, daß sie einen niedrigeren oder höheren Anteil erfordern, als die vorangegangenen. Im allgemeinen kann eine neue Technologie, im Vergleich zu der Technologie, die gerade ersetzt wird, die Nachfrage zugunsten der gegenwärtigen Arbeit oder der Ausrüstung anstoßen. Wenn Innovationen neutral sind, verändern sie nicht das Verhältnis zwischen der Arbeit, die den gegenwärtigen Output-Strom produziert, und der Arbeit, die in der Ausrüstung einer Produktion mit einem unveränderten Zeitmuster verkörpert ist [siehe unter (b)].

Im ständigen Wechsel des technischen Wandels in einer Industriewirtschaft ist es nicht leicht, tatsächliche Innovationen in diese Kategorien einzuordnen. Wir können diese Behauptung mit unserem einfachen Modell darstellen, in dem lediglich in die Anfertigung von »Maschinen« investiert wird und der End-Output nur aus »Getreide« besteht. In unserem Modell sind Innovationen neutral, wenn die Arbeitsjahre eines Mannes, die benötigt werden, einen Mann mit der neuesten Technik auszustatten, bei anhaltendem technischen Fortschritt gleich bleiben. Bei einer gleichbleibenden Beschäftigungshöhe zeigt sich der technische Fortschritt in der Technologie in einem Steigen des Outputs pro Beschäftigten im Getreidesektor, wobei eine konstante Beschäftigungshöhe im Maschinensektor erforderlich ist, um ihn einzuführen.

Von den Arbeitern im Maschinensektor wird angenommen, daß sie mit einem Ausrüstungsbestand ausgestattet sind, den sie aufrechterhalten und der neuen Technologie anpassen, während sie gleichzeitig einen Outputstrom von Maschinen für den Getreidesektor produzieren. Wenn das Verhältnis von Profiten zu Löhnen im Maschinensektor im Zeitablauf konstant bleibt, verändert sich der Getreidepreis einer neuen Maschine mit den Getreidekosten der gegenwärtigen Arbeitszeit, aber wenn die Innovationen nicht-neutral sind oder die Akkumulation schwankt, unterliegen die Verhältnisse zwischen den Sektoren kurzfristigen Störungen. Das Verhältnis von Profiten zu Löhnen im Maschinensektor kann dann nicht mehr länger immer konstant bleiben. Aus diesem Grund argumentieren wir mit einer konstanten Aufteilung der Arbeitsmenge zwischen den Sektoren und nicht mit den Getreidekosten der Investition.

(a) Ein stationärer Zustand (a steady state)

Wir nehmen an, daß die Innovationen ständig gleichbleiben. Der maschinenproduzierende Sektor erstellt ständig neu konstruierte Maschinen für den Getreidesektor und hält seine eigene Ausrüstung auf den neuesten Stand. Wenn wir ein Jahr als Ausreifungsperiode von Maschinen annehmen, erbringt der Maschinentyp, der in diesem Jahr produziert wird, einen höheren Output pro Kopf im Getreidesektor, als der Typ, der im Vorjahr produziert wurde.

Wenn nun die Investitionen in einer solchen Weise fortgeführt wird, daß ein konstanter Anteil der Arbeit im Getreidesektor jedes Jahr mit dem letzten Maschinentyp neu ausgerüstet wird, dann verändert sich – wenn die Innovationen im obigen Sinne neutral sind – das Verhältnis der Beschäftigung in den zwei Sektoren im Zeitablauf nicht.

Wenn die Beschäftigung im Getreidesektor konstant bleibt, dann wird auch eine konstante Beschäftigungsmenge bei der Produktion von Maschinen für den Getreidesektor eingesetzt, ebenso für den Maschinensektor, um die Ausrüstung auf dem neuesten Stand zu halten.

Wir unterstellen, daß der Fortschritt in dem Maße durchgeführt wird, daß der Pro-Kopf-Output einer Maschine des neuesten Typs in jeder Investitionsperiode um 2 Prozent höher ist als im Vorjahr, und daß 10 Prozent der Arbeit im Getreidesektor jedes Jahr neu ausgerüstet werden, so daß die profitbringende Lebensdauer einer Maschine 10 Jahre beträgt. Wenn dann 1000 Mann ständig im Getreidesektor beschäftigt sind, werden jährlich 100 Mann von den ältesten Maschinen, die dann aus dem Gebrauch herausgenommen werden, abgezogen und an den Maschinen des letzten Typs eingesetzt. Da jeder Maschinentyp 2 Prozent besser als der letzte ist, ist der Output dieser Arbeitskräfte etwas mehr als 20 Prozent gestiegen, d. h. exakt um 21,9 Prozent. Wenn dies Jahr für Jahr so weitergeht, wächst der Getreideoutput mit der Rate des technischen Fortschritts, nämlich mit um 2 Prozent pro Jahr.

Wenn der Getreidelohn im gleichen Maße steigt, nehmen auch die Lohnkosten des Maschinensektors mit dieser Rate zu (da dort die Beschäftigung

Technischer Wandel **2** 4 § 3 (b)

konstant ist). In diesem und nur in diesem Fall bleibt das Verhältnis von Profiten zu Löhnen in diesem Sektor im Zeitablauf gleich, so daß ein konstanter Anteil der Getreideinvestition am Output-Wert des Getreides eine gleichbleibende Wachstumsrate gewährleistet.

Die Neutralität der Innovationen genügt nicht allein, in beiden Sektoren eine gleichbleibende Beschäftigungsrate sicherzustellen. Dieses Ergebnis erfordert nicht nur, daß die Neuerungen von ihrer technischen Natur her neutral sind, sondern ebenso, daß der Lohnsatz im gleichen Verhältnis zum Output pro Kopf steigt und daß die Investitionen in einem gleichbleibenden Verhältnis zum Einkommen vorgenommen werden. Wenn die Löhne in einem geringeren Ausmaß steigen, würde der gesamte Output geringer als der Output pro Kopf zunehmen; die Bedingungen für ein gleichmäßiges Wachstum würden dennoch verletzt werden, obwohl der technische Wandel aus technologischer Sicht neutral war.

Wenn die technologische Entwicklung so verläuft, daß sie zu einer schrittweisen Verminderung hinsichtlich der benötigten Arbeit, einen Arbeiter auszurüsten, führt, stellen die Innovationen einen kapitalsparenden und umgekehrt einen arbeitsparenden Fortschritt dar. (Die Terminologie in diesem Bereich ist unterschiedlich und verwirrend. Frühere Verfasser nannten »kapitalverbrauchende Innovationen« arbeitsparend (so wie es auch in diesem Werk übersetzt wird, Anm. d. Übers.) und heute bezeichnen viele den neutralen Fortschritt »arbeitsvermehrend«. Um dies in unser Begriffssystem umzusetzen, ist es notwendig, die Definition zu betrachten und zu sehen, was die verschiedenen Begriffe auszusagen beabsichtigen.)

(b) Kapitalsparender Fortschritt – ein Exkurs

Um es zu ermöglichen, die Analyse fortzusetzen, die ohnehin kompliziert genug ist, haben wir die Produktion in unserem Modell auf ein starres Zeitmodell beschränkt. Im Getreidesektor beginnt die Produktion sofort, so daß keine Notwendigkeit besteht, in einen wachsenden Lohnfonds oder in das kurzfristige Betriebskapital zu investieren, wenn die Beschäftigung zunimmt. Im Maschinensektor besteht eine konstante Ausreifungsperiode von einem Jahr. Dies erlaubt keine Diskussion der Kapitalersparnis des Typs, der in der Zeitersparnis liegt. In der Realität ist die wichtigste Quelle des kapitalsparenden Fortschritts die Möglichkeit, den Produktionsprozeß zu beschleunigen und so den für die Aufrechterhaltung einer gegebenen Output-Rate benötigten Investitionsbetrag zu reduzieren. Es kann eine Ersparnis während der Länge der Durchlaufzeit geben, die den Lohnfond und das kurzfristige Betriebskapital pro Beschäftigten senkt (sogar bei Eisenbahnen, die auf den ersten Blick höchst kapitalintensiv erscheinen, muß die erhöhte Auslieferungsgeschwindigkeit der Güter auf den Markt zu einer großen Senkung des kurzfristigen Betriebskapitals geführt haben). Alternativ dazu kann es eine Senkung in der Ausreifungsperiode der Anlage geben. Um jedoch in unserem Modell zu bleiben, können wir nur die Art der Kapitalersparnis diskutieren, die auftritt, wenn die Ingenieure der Firmen einen Maschinentyp entwickeln, der weniger Arbeitszeit im Maschinensektor erfordert, um einen Mann im Getreidesektor auszurüsten, als die bisher gebräuchlichen Typen.

Aus technologischer Sicht ist eine kapitalsparende Innovation dieser Art ein größerer Fortschritt als eine neutrale, welche die gleiche Erhöhung des Pro-Kopf-Outputs der Arbeitszeit im Getreidesektor ergibt, denn sie spart auch im Maschinensektor Arbeit. Aber ihre Auswirkung auf die Beschäftigung hängt davon ab, wie die Investitionsrate in Getreideeinheiten von ihr beeinflußt wird.

(c) Arbeitssparender Fortschritt

Wenn die beste angebotene Maschine eine höhere Investition pro Beschäftigten im Getreidesektor erfordert, als früher eingeführte Maschinen, dann bewirkt die Technologie einen arbeitssparenden Fortschritt. Nun wird ein Investitionsdurchgang, der die Beschäftigung im Maschinensektor unverändert läßt, für weniger Arbeiter im Getreidesektor Ausrüstung bereitstellen. Entweder wird die Beschäftigung des Getreidesektors sinken, oder die Lohnerhöhungen werden dazu zwingen, genügend ältere Maschinen in Betrieb zu halten, so daß keine weitere Arbeit durch Maschinenverschrottung freigesetzt wird, als an den neuen beschäftigt werden kann. In jedem Fall wird der Anteil der Löhne am Output-Wert gefallen sein.

Ricardo betrachtete einen speziellen Fall der arbeitssparenden Innovationen und mußte zugeben, daß sie für die Arbeiter unvorteilhaft wären.[63] Er tat dies nur widerstrebend, weil er im allgemeinen die Akkumulation und den technischen Fortschritt begünstigte, aber er war aufrichtig genug, die Logik der Analyse zu akzeptieren. (In der neoklassischen Ära wurde dieser Punkt vertuscht. Interessenkonflikte wurden nur selten erwähnt.) Ricardo stellte den Fall in der Terminologie seines Kapitalkonzeptes als Lohnfonds dar. Wenn jedes Jahr ein konstanter Getreidelohnfonds reinvestiert wird, bleibt die Beschäftigung konstant. Wenn neue Maschinen eingeführt werden, können die

Kapitalisten ihre Profite erhöhen, indem sie einen Teil des Lohnfonds durch die Beschäftigung von Arbeitern in der Maschinenproduktion in fixes Kapital umwandeln. Wenn die Maschinen in Gebrauch sind, ist der Output pro Mann höher. Aber nun ist der Getreidelohnfonds ausgeschöpft und die Beschäftigung geht zurück. Eine kleinere Arbeitsmenge erwirtschaftet einen größeren Gesamtprofit. Entweder die Beschäftigung sinkt oder die Getreidelohnraten. Das läuft auf dasselbe heraus wie bei arbeitssparenden Innovationen mit einer konstanten Investitionsrate.

Marx ging einen anderen Weg. Es ist nicht klar, wie sein Konzept der »organischen Zusammensetzung des Kapitals« interpretiert werden soll [siehe: 2 2 Anhang], aber es scheint einem Ansteigen des Verhältnisses von in der Kapitalausrüstung verkörperter Arbeit zur gegenwärtigen beschäftigten Arbeit zu entsprechen – in unseren Begriffen: zu einer Erhöhung der Arbeitskosten einer Maschine, die von einem Arbeiter im Getreidesektor bedient wird. Marx behauptete, daß mit einer gewissen Wahrscheinlichkeit technischer Fortschritt die organische Zusammensetzung erhöht, d. h. daß er einen ununterbrochenen arbeitssparenden Fortschritt beinhaltet, und daß es langfristig unmöglich ist, den Lohnanteil (den Anstieg der Ausbeutungsrate) genügend zu reduzieren, um zu verhindern, daß die Profitrate des Kapitals absinkt.

Das scheint eine seiner Voraussagen zu sein, die, soweit es den modernen Kapitalismus betrifft, nicht erfüllt worden ist. Fortschreitende Technologie kann ebenso kapitalsparend wie arbeitssparend sein. Darüber hinaus scheint, wenn er arbeitssparend ist, die Ansicht Ricardos, daß er ein Fallen des Lohnanteils verursacht, plausibler zu sein, als Marx' Ansicht, daß er ein Fallen der Profitrate verursacht.

(d) Kapitalerweiternde, neuartige und kapitalvertiefende Investitionen

Techniken, die neutrale oder kapitalsparende Innovationen anbieten, sind neuartiger als jene, die sie ersetzen, in dem Sinn, daß sie den Output sowohl pro Beschäftigungseinheit als auch pro Kosteneinheit der Investition erhöhen.

Arbeitssparende Techniken sind neuartig, wenn die Erhöhung der Investitionskosten, die zu ihrer Aufstellung benötigt werden (verglichen mit der besten bereits in Gebrauch befindlichen Technik), relativ nicht höher ist, als die Erhöhung des Pro-Kopf-Outputs, die sie ermöglichen. In unserem Beispiel, in dem der Pro-Kopf-Output in jeder Innovationsrunde um 2 Prozent erhöht wird, ist eine neue Technik neuartig, wenn es die Arbeitszeit im Maschinensektor, die benötigt wird, um einen Mann im Getreidesektor auszurüsten, um weniger als 2 Prozent ansteigt, bei einem angenommenen konstanten Verhältnis der Profite zu den Löhnen im Maschinensektor.

Wenn die beste Technik, welche die Ingenieure anbieten können, die Investitionskosten pro Getreideoutputeinheit erhöhen würde, sehen die Unternehmen darin keinen Vorteil. Sie werden es bevorzugen, weiterhin den Maschinentyp, den sie bereits in Gebrauch haben, aufzustellen. Wenn nach einem bestimmten Zeitpunkt keine neuen neuartigen Techniken angeboten werden, dann kann – nachdem alle alten Maschinen durch den besten verfügbaren Typ ersetzt worden sind – die Investition nur fortgesetzt werden, wenn es eine Arbeitsreserve gibt, die eingestellt werden kann (denn der Pro-Kopf-Output wächst nicht mehr weiter), oder falls die Bevölkerung mit einer ausreichenden Rate wächst. Eine Vermehrung der im Gebrauch stehenden Maschinen desselben Typs wird *Kapitalerweiterung* des Ausrüstungsbestandes genannt.

Wenn das Arbeitspotential nicht wächst, keine »Reservearmee« verfügbar ist und keine neuartigen Techniken eingeführt werden, können die Unternehmen immer noch ängstlich sein, ihre Produktionskapazität auszudehnen. Sie könnten bereit sein, Innovationen zu akzeptieren, welche die Investitionskosten pro Output-Einheit ansteigen lassen, weil sie – bei konstanter Arbeitsmenge – keinen anderen Weg sehen, ihren Output zu erhöhen. Dies ist bekannt als *Kapitalvertiefung* des Ausrüstungsbestandes oder als Erhöhung des *Mechanisierungsgrades*.

In den höchstentwickelten Industrien erfordert ein Anwachsen der Mechanisierung ebensoviele neue Erfindungen wie die Einführung neuartiger Techniken. Kapitalvertiefung bedeutet, mehr arbeitssparende Innovationen einzusetzen, wenn neuartige nicht verfügbar sind. (Sogenannte Entwicklungsländer versuchen, sich selbst zu industrialisieren, indem sie die Techniken der entwickelten Länder kopieren. Diese Überlegungen werden später diskutiert [siehe: **2** 11 § 4].)

(e) Die Lebensdauer einer Anlage

Ein Spezialfall der Kapitalvertiefung ist die Erhöhung des Anteils der Arbeitsmenge, die jedes Jahr neu ausgerüstet wird, so daß die Lebensdauer einer Anlage verkürzt wird und ihr Anteil, der von einer späteren, produktiveren Art ist, in jedem Augenblick ansteigt.

Technischer Wandel **2** 4 § 3 (e)

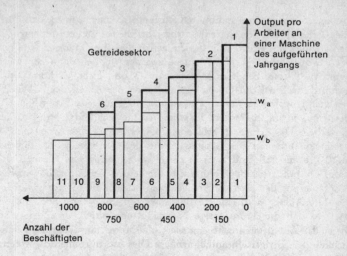

Abb. 4.2 Zwei Volkswirtschaften A und B mit demselben Arbeitspotential haben Lohnraten von w_a und w_b. Die höhere Lohnrate in A bedeutet, daß die älteste benutzte Maschine nur fünf Perioden alt ist, verglichen mit der zehn Perioden alten Maschine, die in B noch benutzt wird. In A sind mehr Leute im Investitionssektor beschäftigt als in B – und folglich weniger Leute im Getreidesektor – und 150 Maschinen werden jedes Jahr ersetzt. In B werden jährlich 100 Maschinen ersetzt. Der Durchschnitts-Output pro Mann ist in A größer als in B. Je größer die Anzahl der jährlich ersetzten Maschinen, desto höher ist der Durchschnitts-Output pro Mann und desto höher ist der Bruttoprofit. Wenn es keinen Konsum der Rentiers und keine Arbeitsersparnisse gibt, sind die Bruttoprofite im Getreidesektor gleich den Löhnen im Investitionssektor. Die Altersstruktur für das Lohnniveau entsprechend seinem Umfang an der Beschäftigung im Investitionssektor ergibt den maximalen Konsum. Eine größere Beschäftigungsmenge im Investitionssektor ist nur möglich, wenn von den Löhnen einiges gespart wird, zusätzlich zu den Ersparnissen vom Gesamtprofit.

Der Kernpunkt kann zunächst im Vergleich von zwei Fällen erkannt werden, in denen die gleiche Rate des technischen Fortschritts und der Akkumulation vorliegt, nur in einem Fall eine kürzere Lebensdauer der Anlage besteht als im anderen.

Im obigen Beispiel eines stationären Zustands nahmen wir an, daß 10 Prozent der Arbeitskräfte im Getreidesektor jährlich neu ausgerüstet wird. Vergleichen wir dies mit einem Fall, in dem genau dieselben Innovationsvorgänge ablaufen, wo jedoch 20 Prozent neu ausgerüstet werden, dann ist zu jedem Zeitpunkt die älteste benutzte Maschine nur 5 und nicht 10 Jahre alt. Der durchschnittliche Pro-Kopf-Output ist höher, da der Anteil der Arbeiter, die mit besseren, jüngeren Maschinen ausgestattet sind, höher ist als in Fig. 4.2.

Jedoch müssen im 20-Prozent-Fall jährlich mehr Arbeitskräfte neu ausgerüstet werden. Das erfordert, daß ein größerer Anteil des Arbeitspotentials im Maschinensektor ist. Der Gesamt-Output des Getreides würde höher sein als im 10-Prozent-Fall, und zwar in einem etwas geringerem Ausmaß als der Pro-Kopf-Output. Aber der Lohnsatz ist im selben Verhältnis höher wie der Pro-Kopf-Output der ältesten Anlage (wenn das nicht so wäre, würde die 6 Jahre alte Anlage noch einen Profit abwerfen. Sie würde noch nicht verschrottet, so daß die 20prozentige Neuausrüstung nicht stattfinden würde.) Damit ist der Anteil des Profits am Getreide-Output im 20-Prozent-Fall geringer und der Investitionsanteil größer. Dies ist nur möglich, wenn die Verteilung von Profiten an Rentiers geringer ist.

Vergleicht man einen Fall mit dem andern, in dem der Rentierskonsum geringer ist, so folgt daraus, daß in jeder Phase der technischen Entwicklung die Lebensdauer der Anlage kürzer, die Löhne höher und der Getreide-Output größer ist.

In einem Fall, in dem alle Profite zum Investieren verwendet werden, konsumieren die Rentiers nichts. Der Konsumanteil am Output (der den Arbeitern vollständig zufällt) ist auf dem höchsten Niveau, auf dem die gegebene Wachstumsrate aufrecht erhalten werden kann. (Falls die Lebensdauer der Anlage kürzer wäre, müßten die Arbeiter weniger konsumieren und einen Teil der Investitionen finanzieren.) In diesem Fall würde eine weitere Senkung der Lebensdauer der Anlage den Getreideoutput reduzieren.

Die Behauptung, daß innerhalb dieser Annahmen das höchste Konsumniveau erreicht wird (an jedem Punkt des Wachstumsprozesses), wenn alle Löhne konsumiert und alle Profite gespart würden, wird manchmal die *goldene Regel* des Sparens genannt. Aber Kapitalisten können sich selbst zufriedenstellen. Es gibt kein Gesetz, daß ihnen vorschreibt, ihren Rentiers weniger geben zu *müssen* und anzuordnen, die Ausrüstung früher zu verschrotten.

Darüber hinaus wird diese Argumentation lediglich mit Vergleichen von Kapitalbeständen verschiedener »Tiefe« geführt. Ein Prozeß der Kapitalvertiefung durch das Abkürzen der Lebensdauer einer Anlage ist eine andere Sache. Diese Art der Vertiefung ist nicht geeignet lediglich unter dem Einfluß

Technischer Wandel **2** 4 § 3 (f)

der goldenen Regel ausgeführt zu werden, aber sie mag oft in Verbindung mit einem plötzlichen Anziehen des technischen Fortschritts auftreten, der zu einem schnelleren Ersatz der Anlagen führt, so daß das Lohnniveau mehr und der Profitanteil weniger steigt, als es sonst der Fall wäre.

(f) Ungleichmäßige Entwicklungen

In unserem Modell können wir eine Unterscheidung treffen zwischen reiner Kapitalvertiefung, d. h. Innovationen zu übernehmen, die den Output pro Kopf weniger wachsen lassen als die Investitionen pro Kopf, und den neuartigen, wenn auch arbeitssparenden Innovationen. In jedem wirklichen Fall wäre dies nicht so leicht. In der Tat, die ungleichmäßige Entwicklung der tatsächlichen Akkumulation, die mit einer schwankenden Rate vor sich geht, mit einem unregelmäßig stattfindenden technischen Fortschritt in einer völlig ungleichen und komplexen Industriestruktur würden alle diese Unterschiede schwer erkennen lassen.

Wenn man die Statistiken der Industrie für eine Anzahl günstiger Jahre überblickt, ist es möglich, die Schwankungen herauszufiltern und eine jährliche Wachstumsrate des Outputs in irgendeiner Mengeneinheit abzuleiten. Dann findet man oft heraus, daß keine auffallende Veränderung stattgefunden hat, weder beim Verhältnis des Wertes des vorhandenen Ausrüstungsbestands (wie er durch das geschätzte Kapital der Industriefirmen repräsentiert wird) zum gesamten Outputwert, noch beim Anteil der Löhne am Wert des Netto-Outputs, alle gemessen in derselben Einheit. Dies scheint zu zeigen, daß bei einer ex-post Betrachtung der technische Fortschritt im Zeitablauf für die gesamte Industrie mehr oder weniger neutral gewesen ist. Dies gibt jedoch nur einen äußerst vagen Eindruck davon, welche Entscheidungen bestimmte Firmen ex-ante zu treffen haben, wenn bestimmte Investitionen geplant werden.

(g) Umweltverschmutzung

Die Kapitalisten setzen Innovationen ein, die ihre Kosten reduzieren, d. h. die Kosten, die sie bezahlen müssen. Sie zögern nicht, freie Güter – Luft, Wasser und Lebensraum – zu benutzen, um den Output der Sachen zu erhöhen, die sie verkaufen können, während sie die Gesellschaft der Ressourcen berauben, die sie viel dringender benötigt. Die technisch fortschrittlichste Volkswirtschaft mag die höchsten Löhne, ausgedrückt in Gütern, zahlen, aber sie bringt keineswegs das angenehmste Leben mit sich [siehe: **3** 1 § 4 (e)].

4. Eine falsche Spur

Wir haben gesehen, daß die vor-keynesianische Theorie vereinfacht werden kann, wenn der Bestand der Produktionskapazität – Ausrüstung und kurzfristiges Betriebskapital – so behandelt wird, als wäre sie aus demselben Material gemacht wie der Output, ähnlich dem Getreide in unserer Darstellung, und daß eine wichtige Eigenschaft dieses Ideensystems die »Substitution zwischen Arbeit und Kapital« ist [siehe: **2** 3 § 5]. Dort wird Kapital im Sinne von Verfügungsgewalt über Finanzmittel durch ein Industrieunternehmen mit dem bestehenden Produktionsmittelbestand gleichgesetzt. Die Konzeption besteht darin, daß »bei gegebenen Stand des technischen Wissens« eine Erhöhung des »Getreidekapitals« pro Beschäftigten abnehmenden Erträgen unterliegt – es erhöht den Output pro Kopf, während es den Output pro Einheit »Getreidekapital« verringert. Das bedeutet, daß ohne technischen Fortschritt die Akkumulation auf reine Vertiefung im oben unterschiedenen Sinne beschränkt ist.

Wie kann dies übertragen werden auf eine Welt, in der die Kapitalgüter nicht aus einem homogenen Material gemacht sind, welches mit den Konsumgütern identisch ist? Wicksel, der der österreichischen Tradition folgte, versuchte, die Menge physischen Kapitals mit dem Begriff der »durchschnittlichen Länge einer Produktionsperiode« zu messen. Er nahm ein Beispiel an, in dem der Bestand lediglich durch den Zeitablauf akkumuliert wird. Ein Mann pflanzt jedes Jahr einen Baum. Nach 20 Jahren fällt er einen 20 Jahre alten Baum. Er kann dies unbegrenzt fortsetzen, indem er Jahr für Jahr einen Baum pflanzt und einen fällt. Falls er zunächst 25 Jahre gewartet hätte, bevor er den ersten Baum fällte, würde er danach einen größeren jährlichen Output pro Arbeitseinheit erzielt haben, denn ein 25 Jahre alter Baum enthält mehr Nutzholz, aber es macht nicht wesentlich mehr Arbeit, ihn zu fällen. Somit stellt ein 25 Jahre alter Holzstand einen »tieferen« Kapitalbestand dar als ein 20 Jahre alter Stand. Das ist alles so weit ganz gut, jedoch ist es offensichtlich ein spezieller Fall. Darüber hinaus fand Wicksel, daß es sogar in diesem Fall unmöglich ist, eine physische Kapitalmenge mit den Investitionskosten, die in sie eingegangen sind, gleichzusetzen.

Als wir die Schulden diskutierten, die gemacht wurden, indem Finanzmittel für eine Investition in das kurzfristige Betriebskapital entliehen wurden, schlossen wir aufladende Zinsen für die Schulden aus [siehe: **2** 2 Anhang]. Was Wicksel eigentlich beunruhigte, war, daß Zinsen nicht ausgeschlossen werden können. Zinseszinsen während der Produktionsperiode sind ein Teil

Technischer Wandel **2** 4 § 4

der Investitionskosten. Für einen zwanzig Jahre alten Holzstand werden die Zinsen der im ersten Jahr entliehenen Summe zu den Schulden addiert. Dann werden die Zinsen auf die gesamten ausstehenden Schulden (einschließlich der Zinsen des ersten Jahres) im zweiten Jahr hinzuaddiert, usw. Die Höhe der gesamten Schulden entspricht dem Wert des investierten Kapitals. Damit erkannte Wicksel, daß es sogar in einem offenbar einfachen Fall, wie dem Baumbestand mit einer konstanten Alterszusammensetzung, unmöglich ist, den Wert eines physisch spezifizierten Produktionsmittelbestandes zu berechnen, ohne den Zinssatz (welcher für ihn identisch mit der Profitrate des Kapitals war) zu kennen.

Wenn ein »gegebener Stand des technischen Wissens« von einem Handbuch mit Blueprints (Produktionsverfahren) repräsentiert wird, indem die benötigte Ausrüstung für die jeweilige Technik, die als gewinnbringendste bei einem bestimmten Reallohnniveau gewählt werden kann, einzeln aufgeführt ist, treten zwei weitere Schwierigkeiten auf. Erstens, was bedeutet eine größere oder kleinere »Kapitalmenge«, wenn die benötigte Ausrüstung für jedes Verfahren aus sehr verschiedenen Dingen bestehen kann? (Das Konzept des »Getreidekapitals« wurde genau deshalb eingeführt, um diesem Problem auszuweichen.)

Zweitens, kann ein Übergang von einer Technik zu einer anderen nicht durch das Hinzufügen zusätzlichen Kapitals zu einem vorher existierenden Bestand dargestellt werden (wie das Hinzufügen von Getreide zu einer Menge in der Scheune). Der Übergang von einer Technik zu einer anderen würde erfordern, daß der gesamte Ausrüstungsbestand einer Technik in eine andere Form umgewandelt werden müßte. Hier ergibt die Akkumulation als reine Vertiefung keinen Sinn.

Auf jeden Fall gehören alle Kontroversen, die über das Konzept eines »gegebenen Standes des technischen Wissens«, repräsentiert durch ein Handbuch von Blueprints geführt werden, eher in den Bereich ökonomischer Doktrinen als in den der Analyse einer bestehenden Wirtschaft. Offensichtlich können in der realen Industrie nicht eine große Anzahl alternativer Blueprints für verschiedene Verfahren gleichzeitig vorhanden sein. Im wirklichen Leben werden Techniken fortlaufend neu entdeckt und jede wird nur festgehalten, wenn es wahrscheinlich erscheint, daß sie benutzt wird.

Gewiß mag es in der Geschichte Augenblicke gegeben haben, in denen die Kapitalvertiefung die einzig mögliche Form der Investition war, aber sogar das erfordert die Übernahme neuer Techniken, um die arbeitssparenden Erfindungen auszunutzen. Das gesamte Konzept der »Substitution zwischen Arbeit und Kapital« bei einem »gegebenen Stand des technischen Wissens« ist ein unentwirrbares Durcheinander von Vergleichen von stationären Zuständen und der Analyse von Ereignissen, die im Zeitablauf stattfinden, zusammengesetzt mit der Verwirrung über die »Kapitalmenge« als einer Finanzsumme bzw. einem Bestand an Produktionsmitteln, ausgedrückt in physischen Begriffen.

Kapitel 5   Güter und Preise

Bis hierher haben wir einen großen Bereich der Schwierigkeiten durch unsere Annahme eines einzigen, einheitlichen Konsumguts ausgeschlossen. Nun müssen wir diese Annahme aufgeben und beginnen uns den Problemen zu nähern, die sich bei der Existenz von mehreren Gütern durch die Komplexität der Güterströme ergeben.

1. Komplexe Mengeneinheiten

Viele ökonomische Kategorien, wie z. B. Volkseinkommen, Output pro Beschäftigten oder die verfügbare Arbeitskraft werden gewöhnlich so diskutiert, als wenn jede eine einfache Größe bestehend aus einer Anzahl einiger wohldefinierter Einheiten wäre. Dies mag in einigen Zusammenhängen legitim sein, aber es führt zu der Gefahr mißverstanden zu werden. In der Wirtschaftswissenschaft sind mechanische Analogien trügerisch. Wenn ein Ingenieur eine Kalkulation über »Hitze« oder »Druck« durchführt, weiß er, in welchen Fehlergrenzen die Meßangaben die Größen anzeigen, die in Betracht kommen. In den Wirtschaftswissenschaften repräsentieren solche Meßangaben – nämlich veröffentlichte Statistiken – äußerst komplexe Einheiten, die nicht genau spezifiziert werden können. Darüber hinaus ist jede Veränderung in einer Übersicht einer Gesamtstatistik gewöhnlich von Veränderungen in ihrer Zusammensetzung begleitet.

Zum Beispiel führt in einer Situation der Unterbeschäftigung und der Unterauslastung der Kapazität einer Anlage ein Anwachsen der Investitionsausgaben gewöhnlich zu einem Anstieg der Beschäftigung, des Konsums und des Einkommens. Aber jede dieser Veränderungen ist aus bestimmten Elementen zusammengesetzt, nämlich bestimmten Arbeitern, bestimmten Gütern und den Einkommen bestimmter Familien. Bewegungen, die in der Statistik als gleich ausgewiesen würden, können aus ganz verschiedenen Elementen zusammengesetzt sein und verschiedene Leute in verschiedener Weise betreffen. Die Veränderung verläuft nicht immer für jeden in dieselbe Richtung. Einige Arbeiter können ihren Arbeitsplatz verlieren, wenn die Gesamtbeschäftigung steigt, die

Nachfrage nach einigen Gütern kann fallen, und einige Firmen erwirtschaften geringere Profite, wenn die gesamten Verkäufe steigen.

Die Darstellung jeder Gesamtbewegung ist immer grob. Die angemessene Diskussion einer Bewegung würde eine Spezifikation der Art und Weise, in der sie gemessen wird, beinhalten, und dies wirft eine der kompliziertesten und verwirrendsten Fragen der ökonomischen Theorie auf. Dennoch ist gewöhnlich irgend eine Art eines statistischen Kompromisses möglich, und es existieren einige allgemeine Charakterzüge vieler Bewegungstypen, die bei jeder Art des Messens erkennbar sind. Um solche Charakterzüge aufzuzeigen, ohne im Nebel der Komplexität unterzugehen, entwickelten wir unser einfaches Modell, in dem alle Größen eine Anzahl spezifizierter physischer Einheiten, nämlich die Arbeitsstunde pro Mann, »Getreide« und »Maschinen« waren. Wir gebrauchten diese Vereinfachungen, um zu diskutieren, wie ein Outputstrom sozusagen horizontal zwischen den allgemeinen Einkommenskategorien, nämlich Löhnen, Renten, Profiten und Zinsen, verteilt wird. Wir dürfen nicht vergessen, wie allgemein diese Kategorien sind. Obwohl wir die extreme Vereinfachung unseres Modells betonen, haben wir uns bemüht, der Versuchung zu widerstehen, unzulässige Verallgemeinerungen zu machen. Insbesondere war unser »Getreide« eine Mahnung, daß weitere Probleme darauf warten diskutiert zu werden. Wir müssen uns nun vom »Getreide« verabschieden und betrachten einen Produktionsstrom, der sozusagen vertikal zwischen den Outputs verschiedener Güter geteilt ist. Nun tritt das Problem der Bestimmung relativer Preise verschiedener Produkte in unserer Darstellung auf.

2. Preiskategorien

Eine Vielzahl von Gütern ist nötig, um den Anforderungen des menschlichen Lebens zu genügen; dies läßt aber solange kein Preisproblem entstehen, als alles innerhalb einer Familie produziert wird, wie z. B. im Haushalt eines unabhängigen Bauern. Die verschiedenen Mitglieder einer Familie entwickeln zwar einen unterschiedlichen Geschmack, aber sie tauschen ihre Produkte oder Dienste untereinander nicht nach kaufmännischen Prinzipien. Die Ökonomen, die die Welt Robinson Crusoes durch die Berechnung der Grenznutzen von Kokosnüssen und Fisch beschrieben, legen einer Wirtschaft kaufmännische Begriffe zugrunde, in der sie unangebracht sind.

In einer Marktwirtschaft erwächst die Berechnung relativer Werte aus dem Warenaustausch und der Warenaustausch erwächst aus der Spezialisierung. Wenn Individuen damit beschäftigt sind, einen engen Bereich von Gütern zu

Güter und Preise **2** 5 § 2 (a)   211

produzieren, müssen sie, direkt oder indirekt, im Warenaustausch verwickelt sein, denn sie benötigen für den Konsum einen weiteren Bereich von Gütern, als sie produzieren. Sie müssen sich dann mit der Kaufkraft ihres eigenen Produkts gegenüber anderen Gütern beschäftigen.

Die Spezialisierung in der Produktion kann sich aus den Unterschieden in den natürlichen Ressourcen ergeben. Dies sind Minerallager, Bodenart oder ein für bestimmte Ernten günstiges Klima oder die Geschicklichkeit und Kunde bestimmter Geschäfte, die von Generation zu Generation weitergegeben wurden. In einer Industriewirtschaft leitet sich die Spezialisierung von der Investition in Anlagen bestimmter Fabrikationen ab. Sie wird auch bestimmt von den technischen Anforderungen für Investitionen, die sie profitbringend in irgendeiner Branche einsetzen. Jede Gruppe von Arbeitern ist dadurch spezialisiert, daß sie nur ihre eigene Arbeit zu verkaufen hat.

(a) Güter

Die klassischen Ökonomen zogen eine scharfe Trennungslinie zwischen knappen Gütern, deren Preise von der Nachfrage abhängen, und den produzierten Gütern, deren Preise von den Kosten, hauptsächlich ausgedrückt in Arbeitszeit [siehe: **1** 2 § 3 (c)] abhängen. Diese Trennung entspricht in der Hauptsache der Unterscheidung von Produkten, die bestimmte natürliche Ressourcen erfordern, und solchen, für die eine von Menschenhand gemachte Ausrüstung als notwendig vorausgesetzt werden kann. Wo das Angebot von natürlichen Ressourcen abhängt, wird der Preis, den die Verkäufer erzielen können, von der Nachfrage nach ihrem Produkt bestimmt. Dagegen sind von Menschenhand geschaffene Produkte darauf gerichtet, auf eine Nachfrage zu hoffen, die verspricht, profitbringend zu sein und (abgesehen von Fehlern) nicht hergestellt werden, wenn die Verkaufseinnahmen des Produkts keinen Profit versprechen. Wie wir gesehen haben, kann der Bruttoprofit, den das Kapital eines Unternehmens erzielt, wenn es in einer Anlagenart gebunden ist, benutzt werden, im Laufe der Zeit Anlagen in anderen Branchen oder mit anderer Technik zu erwerben, die versprechen, mehr zu erbringen. Das Unternehmen ist nicht an einen bestimmten Produktionszweig gebunden, sondern kann sich in jeder Richtung, wo sich Profitaussichten ergeben, entwickeln.

Die klassische Unterscheidung von knappen Gütern, für die die Nachfrage den Preis bestimmt, und produzierten Gütern, für die die Kosten den Preis bestimmen, entspricht weitgehend dem Unterschied zwischen Spezialisierung, die auf natürlichen Ressourcen beruht, und der Spezialisierung, die auf der

212 **2** 5 § 2 (b) *Analyse*

Ausrüstung oder der Ausbildung der Arbeit beruht. Die technologischen Unterschiede, die die beiden Preiskategorien hervorbringen, beziehen sich auf die Art und Weise, in der die Güter auf den Markt gebracht werden.

(b) Märkte

Ein Markt wird durch eine Versammlung von Verkäufern und Käufern bestimmt, ob auf einem Dorfmarkt oder einer zentralen Produktenbörse, wo weltweite Transaktionen in einem Handelsbüro vorgenommen werden. Der marktmäßige Geschäftsverkehr erfordert den Gebrauch von Geld. Auf einem Markt besteht keine Notwendigkeit die Transaktionen auf den Austausch von Gütern zu beschränken, in dem jeder Handel einen doppelten Zufall von Wünschen und Angeboten benötigt: Man bietet Käse an und benötigt Bier gerade in dem Moment, wenn ein anderer Bier anbietet und Käse braucht. Das Wesen einer kaufmännischen Transaktion besteht darin, daß der Verkäufer allgemeine Kaufkraft erwirbt, die er – Minuten, Stunden oder Jahre später – benutzen kann, wie es ihm gefällt.

Jedes beliebige dauerhafte Gut, von dem man erwartet, daß es fortwährend allgemein nachgefragt wird, kann als Mittel dienen, das Kaufkraft in die Zukunft trägt, und damit als Tauschmittel dienen. Gleichermaßen kann ein Schuldanerkenntnis durch ein zuverlässiges Geschäft (wie die Wechsel in unserem einfachen Modell) für Transaktionen zwischen Dritten benutzt werden. Eine offizielle Währung, wie z. B. Schatzwechsel, hat den Charakter *gesetzlicher Zahlungsmittel,* um die Schulden innerhalb der Rechtsprechung eines Staates zu regeln. Die politische Organisation des Staates, mit etabliertem Recht und Ordnung, die die Rückzahlung der Schulden garantiert, macht damit sein Papiergeld zu einem zuverlässigen Instrument, Kaufkraft zu tragen. Falls der Staat zusammenbricht, wird das Geld nicht mehr akzeptiert. In einem solchen Fall entwickelt eine Marktwirtschaft für sich irgendeine Geldart, so wie die Zigarettenwährung, die in Deutschland für viele Monate nach Hitlers Niederlage zirkulierte. Ein Markt kann nicht ohne ein Tauschmittel, das Dreiecksgeschäfte zuläßt, funktionieren, und ohne eine Berechnungseinheit, um Kalkulationen zu erleichtern. Geld ist eine soziale Institution, die notwendigerweise aus der Spezialisierung und dem Handel erwächst. Eine Marktwirtschaft ohne Geld ist eine unnatürliche Konzeption, die manchmal in der ökonomischen Theorie auftaucht, aber niemals im wirklichen Leben.

Ausgenommen von seltenen Fällen (so, wenn die Hausfrau von einem Bauern kauft) werden Markttransaktionen nicht direkt zwischen ursprüng-

Güter und Preise 2 5 § 3

lichen Produzenten und Verbrauchern vorgenommen. Die Märkte werden von
Zwischenhändlern geformt, die kaufen und verkaufen, weil sie beabsichtigen,
einen Profit aus der Differenz von Kauf- und Verkaufspreisen zu ziehen. Die
Funktion eines Marktes ist, die Produkte von verstreuten Quellen zu sammeln
und zu verstreuten Absatzgebieten zu leiten. Vermittler arbeiten auf verschiedenen Stufen, indem sie mit Rohstoffen oder Halbwaren für die Industrie
handeln oder Produkte von den Herstellern zu den Endverbrauchern bringen.
Vom Gesichtspunkt eines Verkäufers konzentrieren die Händler die Nachfrage auf sein Produkt, während sie vom Gesichtspunkt des Käufers die Angebote in seine Reichweite bringen. (In der UdSSR führt das Fehlen von
Vermittlern zu Schwierigkeiten, die teilweise von den illegalen aber nützlichen
»Fixern« überwunden werden.)

Es gibt zwei große Kategorien von Märkten, auf denen sich die Beziehungen zwischen Angebot und Nachfrage für bestimmte Güter verschiedenartig
abspielen. Obwohl in einer komplexen Wirtschaft viele Grenzfälle und sich
überschneidende Verhältnisse existieren, können die beiden Prinzipien klar
unterschieden werden. Im ersten Typ bietet der Produzent seine Güter einem
Händler an und nimmt den Preis, der ausgehandelt wird. Im zweiten Fall
setzt der Produzent seinen Preis fest und verkauft soviel wie der Markt aufnimmt. Diese zwei Typen sind mit den oben unterschiedenen zwei Güterkategorien verbunden.

3. Rohstoffe

Der erste Markttyp wird bei Rohstoffen vorgefunden, solchen, die von
tierischen, pflanzlichen oder mineralischen Ressourcen abhängen. Auf keinen
Fall ist der gesamte Handel mit Rohstoffen von dieser Art – Öl und einige
Metalle werden von großen und mächtigen Konzernen kontrolliert, die mehr
oder weniger nach industriellen Prinzipien arbeiten –, aber wir können viele
Beispiele dieses Markttyps finden, wo Land- oder Tierwirtschaft von kleinen
im Wettbewerb stehenden Produzenten, die über eine große Fläche verteilt
sind, betrieben wird. Die Endverkäufer sind ebenso verstreut, und die Kon-
sumzentren sind von den Produktionsregionen entfernt. Die Händler (oft auf
verschiedenen Stufen) sind deshalb unentbehrlich. Die Händler stellen Finanzmittel für die Lagerhaltung bereit, sammeln die Produkte, wenn sie verfügbar
werden und liefern sie wie benötigt aus. Die Händler stehen in einem mehr
oder weniger großen Wettbewerb miteinander, aber im ganzen sind sie in
einer allgemein stärkeren wirtschaftlichen Position als die Produzenten. Dies

ist ganz besonders so, wenn der Produzent ein Bauer ist, dem sowohl kaufmännisches Wissen wie die Finanzen für die Lagerhaltung fehlen und der gezwungen ist, sobald die Ernte eingebracht ist, zu verkaufen. Der kapitalistische Pflanzer in einem Kolonial- oder einem ehemaligen Kolonialland, der ein exotisches Produkt für den Verkauf auf dem heimischen Markt produziert, oder der australische Hirte, mit einem großen in seine Herde investierten Kapital sind weniger hilflos wie der Bauer, aber sie hängen ebenso von den Händlern ab, und müssen im allgemeinen den Preis akzeptieren, den der Markt anbietet.

(a) Angebot und Nachfrage

In der obigen Art des Geschäfts können wir uns irgend etwas wie die Vorstellung eines Gleichgewichts zwischen Angebot und Nachfrage zu Nutze machen, die mit den neoklassischen Ökonomen in Mode kam. Marshalls »one at a time« Partialgleichgewichtsmethode ist nicht unangebracht, wenn der Ursprung des Angebots scharf getrennt vom Rest der Wirtschaft ist [siehe: 1 3 § 2 (b)]. Wir können dann das Verhältnis von Nachfrage und Angebot in einem einzigen Markt beobachten und Rückwirkungen auf die übrige Wirtschaft ignorieren (wenigstens auf der ersten Stufe des Beweises). (Diese Analyse wird in § 6 durch Diagramme veranschaulicht.)

Ohne auf die metaphysische Konzeption des »Nutzens«, der so wichtig für die Neoklassiker war, einzugehen, können wir zustimmen, daß, wenn Einkommen, Gewohnheiten und Präferenzen der Endverbraucher, an die ein Gut verkauft wird, sowie die Verfügbarkeit und die Preise von Substituten gegeben sind – d. h. bei gegebenen Nachfragebedingungen –, sich die gekaufte Gütermenge mit den laufenden Preisen ändert; ein niedrigerer Preis führt allgemein zu größeren Käufen.

Bei gegebenen Nachfragebedingungen ist der Preis relativ hoch, wenn eine ziemlich geringe Menge eines bestimmten Gutes auf den Markt kommt. Die Käufer haben ein größeres verfügbares Einkommen, eine stärkere Neigung für ein Gut oder einen geringeren Zugang zu Substituten als jene, die ohne dieses Gut auskommen. Ein größeres Angebot würde hingegen, unter denselben Nachfragebedingungen, zu einem niedrigeren Preis und zu Käufen von ärmeren oder weniger begierigen Käufern führen.

Der Markt ist in dem Moment im Gleichgewicht, wenn der zum Verkauf verfügbare Outputstrom den Kaufstrom ausgleicht, so daß die Bestände der Händler unverändert bleiben. In einer solchen Situation, in der die Angebote, die auf den Markt kommen, abnehmen, werden die Vorräte anfänglich geleert.

Güter und Preise **2** 5 § 3 (a)

Das treibt die Preise bis zu einem Niveau herauf, bei dem die Nachfrage zurückgedrängt wird, bis sie mit dem geringeren Angebot ausgeglichen ist. Ein Anwachsen der Angebote drückt die Preise auf die Höhe, auf dem die Käufe den Umfang haben, bei dem die Lagerhaltung sich nicht verändert.

Wenn man von einer Gleichgewichtsposition ausgeht, bewirkt ein Wandel in den Nachfragebedingungen in ähnlicher Weise ein auf und ab der Preise, je nachdem wie der Fall liegt. Eine Preisveränderung kann keinen großen Einfluß auf die angebotene Menge haben, denn für diese Situation ist wesentlich, daß das Angebot in jedem Zeitpunkt von den natürlichen Bedingungen abhängt, welche die Produktion mehr oder weniger stark begrenzen. Die Verkäufer sind im allgemeinen gegenüber den Käufern in einer schwachen Position. Wenn die Preise fallen, sind die Verkäufer nicht in der Lage ihre Angebote zurückzuhalten. In der Tat können sie in einigen Fällen so ängstlich bemüht sein, Einnahmen zu erzielen, daß sie tatsächlich versuchen, die Menge, die zum Verkauf steht, auszuweiten, wenn der Preis tiefer ist. Auf der anderen Seite sind sie nicht in der Lage das Angebot schnell zu erhöhen, um den Vorteil eines hohen Preises auszunutzen.

Damit bringen in solchen Märkten die Veränderungen der Angebotsbedingungen relativ zur Nachfrage und der Nachfragebedingungen relativ zum Angebot scharfe Preisveränderungen hervor. Aber das heißt nicht, daß es auf den Märkten eine allgemeine Tendenz zum Gleichgewicht gibt, d. h. in eine sich selbst erhaltende Gleichgewichtsposition. Zunächst hängen die Marktreaktionen auf jede Veränderung im hohen Maße von den Erwartungen, was als nächstes geschehen wird, ab. Wenn die Erwartungen über die Zukunft von den gegenwärtigen Veränderungen beeinflußt werden, können die Beziehungen zwischen Angebot und Nachfrage pervertiert werden. Wenn ein Preisanstieg die Erwartungen hervorbringt, daß er weitersteigen wird, ist das ein Signal für einen Anstieg, nicht für ein Absinken der Käufe, denn die Händler kaufen auf Vorrat, um später zu einem höheren Preis zu verkaufen; und umgekehrt.

Zweitens, sogar wenn die Erwartungen in die richtige Richtung gehen, so daß sich das Gleichgewicht von Mal zu Mal einstellt, bleiben die Marktbedingungen niemals lange stationär.

Im allgemeinen neigt die Nachfrage nach Rohstoffen zu großen Schwankungen in bezug auf den Handel, und es gibt für bestimmte Güter unberechenbare Bewegungen durch einen Geschmackswandel (so als die Engländer anfingen Kaffee statt Tee zu trinken) oder Wandlungen in der Produktionstechnik (so als der Kunststoff die Jute ersetzte). Solche Ereignisse schichten die Nachfragebedingungen in einer unvorhersehbaren Weise um. Die Angebote neigen zu natürlichen Veränderungen durch Wettereinflüsse, Schädlingsbefall usw., und große Schwankungen ergeben sich durch die Veränderungen in der Technik und der Erschließung neuer Angebotsquellen oder durch die Erschöpfung der alten. Sogar wenn das Angebot in irgendeinem Zeitpunkt starr ist, neigt es von Zeit zu Zeit dazu, heftigen Umschichtungen zu unterliegen.

Wenn sich die Bedingungen für Nachfrage und Angebot laufend verändern, kann der Markt niemals eine potentielle Gleichgewichtsposition erreichen, bevor sich nicht die Situation geändert hat. In diesen unter unregelmäßigem Wettbewerb stehenden Märkten bestehen ständige Fluktuationen in bezug auf die Preise und das Geschäftsvolumen. Die Händler können dies bis zu einem bestimmten Grad abmildern, indem sie Vorräte anlegen, wenn die Nachfrage relativ zum Angebot niedrig ist und sie freisetzen, wenn sie hoch ist. Jedoch hängt das davon ab, ob die Händler die Einsicht haben, wo sich die zukünftige Gleichgewichtsposition einstellen wird. Ein Händler ist notwendigerweise ein Spekulant. Er muß erraten, wie sich der Markt entwickeln wird. Jeder will der erste sein, seinen Vorrat zu verkaufen, wenn die Nachfrage zu fallen scheint, und der letzte, wenn sie zu steigen scheint, so daß die Vorratsbewegungen oft die Schwankungen verstärken, anstatt sie zu glätten.

(b) Märkte und Einkommen

Für die Verkäufer ist die Reaktion ihrer Güterpreise auf die auf dem Markt angebotenen Mengen von großer Wichtigkeit, denn sie bestimmt ihr Einkommen. An dieser Stelle erweist sich ein in der neoklassischen Theorie entwickeltes Konzept, genannt das Konzept der *Preiselastizität der Nachfrage,* nützlich. Es stellt die Reaktion der gekauften Menge auf eine Preisveränderung in der entgegengesetzten Richtung dar, gemessen in der proportionalen Mengenänderung dividiert durch die proportionale Preisänderung. Wenn wir P für den Preis und Q für die verkaufte Menge setzen, sehen wir, daß die Elastizität

$$\frac{\Delta Q / Q}{\Delta P / P}$$

ist [zur Erklärung der Elastizitätsberechnung siehe § 6 (d) und Abb. 5.8]. Die Umkehrung davon mißt die Reaktion des Preises auf eine Veränderung der angebotenen Menge bei gegebenen Nachfragebedingungen.

Die Nachfragebedingungen eines bestimmten Markts werden in Tabelle 5.1 dargestellt. Zwischen $ 5 und $ 4 sind die kumulierten Käufe, wenn der Preis um $^1/_5$ niedriger ist, um $^1/_3$ in bezug auf die neuen Gesamtkäufe höher. (Man beachte, daß die proportionalen Veränderungen, um Mehrdeutigkeit zu vermeiden, immer in derselben Richtung gemessen werden müssen, d. h. in beiden

Güter und Preise **2** 5 § 3 (c) 217

Fällen vom niedrigeren zum höheren Stand, oder umgekehrt.) Die Preiselastizität in diesem Bereich ist $1^2/_3$. Zwischen $ 4 und $ 3 weisen die kumulierten Verkäufe, wenn der Preis um $^1/_4$ niedriger ist, eine Zunahme von $^1/_4$ auf. Hier ist die Preiselastizität gleich 1. Von $ 3 und $ 2 hat ein um $^1/_3$ niedrigerer Preis die kumulierten Verkäufe um $^1/_5$ erhöht. Die Preiselastizität ist $^2/_5$.

Tabelle 5.1

Preis pro Tonne $	Käufe (Tonnen)	Umsatz $	Elastizität
5	1000	5000	
4	1500	6000	$1^2/_3$
3	2000	6000	1
2	2500	5000	$^3/_5$

Im Bereich höherer Preise ist die Elastizität größer als 1. Hier sind größere Verkäufe mit größeren Einnahmen verbunden. Jedoch wenn die Elastizität 1 ist, werden mehr Tonnen für denselben Geldbetrag verkauft, und wo die Elastizität unter 1 liegt, bedeutet ein geringerer Preis geringere Einnahmen für mehrverkaufte Tonnen. Wenn eine Anzahl im Wettbewerb stehender Verkäufer mit einer unelastischen Nachfrage für ihr Produkt (mit einer Elastizität unter 1) konfrontiert werden, müssen sie zur Kenntnis nehmen, daß ihre Einnahmen geringer sind, je mehr sie verkaufen. Das ist die normale Situation für Rohstoff-Produzenten. Sogar wenn die Nachfrage nach dem an die Konsumenten verkauften Endprodukt hochelastisch ist, ist es unwahrscheinlich, daß die Nachfrage nach dem Rohstoff eine Elastizität größer 1 aufweist, denn der Endpreis enthält die Händlerprofite auf den verschiedenen Stufen, die Transport- und Verpackungskosten sowie die Einzelhandelsspanne des Endverkäufers. Wenn das Gut ein Rohmaterial ist, dürfte es darüber hinaus eine sehr kleine Rolle hinsichtlich der Kosten des Produkts, in dem es verarbeitet wird, spielen. Damit würde eine große Kürzung des Preises für den ursprünglichen Produzenten nur zu einem geringen Bruchteil den Preis für den Endverkäufer verringern und bestenfalls eine geringe Zunahme der Verkäufe verursachen.

(c) Versuchte Heilmittel

Wenn die Nachfrage unelastisch ist, lohnt es sich für die Verkäufer, wenn sie das Angebot verknappen und einen größeren Ertrag für geringere Verkäufe erzielen. In dieser Marktart sind Restriktionen nicht leicht einzuführen und wenn sie bestehen, drohen sie immer zusammenzubrechen. Es ergeben sich starke Interessenkonflikte, jede Produzentengruppe will von den *anderen*, daß sie ihre Verkäufe einschränken, so daß sie soviel wie sie wollen zu dem höheren Preis verkaufen können. Sogar wenn die Hauptproduzenten den Preis erfolgreich herabsetzen, sind Außenseiter in der Lage, daraus den Vorteil zu ziehen, ohne ihre eigene Produktion einzuschränken. Sie können das Spiel leicht verderben. Bei einem natürlichen Rückgang des Angebots, etwa durch eine schlechte Ernte oder die Verbreitung einer Krankheit, erleiden die Produzenten, deren Ernte verwüstet worden ist, einen Verlust, während der Rest aus den höheren Preisen einen Nutzen zieht.

Der Vorteil, entweder eines herbeigeführten oder natürlichen Rückgangs der Verkäufe, dauert nicht lange. Auf der einen Seite können neue Angebotsquellen, angezogen von dem höheren Preis, erschlossen werden. Auf der anderen Seite kann die Nachfrage zerstört werden, indem die Einführung von Substitutionsgütern durch die Hersteller beschleunigt wird, oder indem ein Geschmackswechsel der Konsumenten hin zu einem Substitut stattfindet. Ein Wettbewerbsmarkt steht für einen unglücklichen Verkäufer unter dem Sprichwort: Wappen gewinnt, Zahl verliert.

Das besondere Merkmal dieser Situation ist, daß sie gerade aus der Tatsache der spezialisierten Produzenten entsteht. (Sie sind oft der Verlockung erlegen, die eigene Nahrungsproduktion aufzugeben, um ihr gesamtes Land einer Ernte zu widmen, mit der sie Geld machen können.) Wenn das Einkommen aus einer einzigen Quelle versiegt, können sie keinesfalls auf etwas anderes umsteigen. Daher hängt ihr Unterhalt von der Gnade des Marktes ab. Das stimmt ebenso für den bäuerlichen Produzenten (z. B. der Kakaobohne in Westafrika) wie für die Arbeiter auf einer kapitalistischen Plantage (z. B. einer Tee-Plantage in Ceylon), denn wenn der Preis dieses Produktes fällt, ist der Pflanzer gezwungen die Löhne zu kürzen, um im Geschäft zu bleiben. Der reiche Hirte oder Rancher erleidet ebenso Einkommensschwankungen entsprechend dem Zustand der Weltaktivität, dennoch ist er in einer besseren Lage, damit fertig zu werden.

In diesem Bereich ist die vertikale Verteilung des Outputs in spezialisierte Produktion bestimmter Güter von einer horizontalen Verteilung zwischen Klassen überlagert. Die Einkommensverteilung zwischen ganzen Gesellschaften wird von der Marktsituation, von der sie abhängen, beeinflußt, während innerhalb jeder Gemeinschaft die Verteilung von den Verhältnissen zwischen Arbeitern und Kapitalisten, Pächtern und Grundbesitzern oder reichen und armen Bauern abhängt.

Güter und Preise **2** 5 § 3 (d)

(d) Interessenkonflikte

Die Neoklassiker versuchten, einen Wettbewerbsmarkt auf dem Hintergrund sozialer Harmonie darzustellen, in dem die Angebots- und Nachfragekräfte zum Wohle aller wirkten, aber gerade das Wesen eines Marktes ist geeignet, einen Konflikt herbeizuführen zwischen dem Interesse des Verkäufers, der einen hohen Preis (eine hohe Kaufkraft seines Gutes gegenüber anderen) wünscht, und dem Käufer, der eine hohe Kaufkraft seines Einkommens wünscht, unabhängig von ihrem Ursprung (niedrigen Preisen oder reichlichem Angebot).

Wo eine landwirtschaftliche Gemeinschaft ein Teil einer Industriewirtschaft ist, hat sie oft genügend politischen Einfluß, sich vor den zerstörerischen Auswirkungen der Gesetze von Angebot und Nachfrage zu schützen. Die Preise werden durch verschiedene Unterstützungspläne, protektionistische Eingriffe oder Verfahren zur Produktionsbegrenzung geregelt. Solche Preise entstehen aufgrund politischer Überlegungen, nicht durch den Markt.

Der Absatz von Öl und einigen Metallen wird von großen internationalen Aktiengesellschaften kontrolliert, die die Preise aufgrund mehr oder weniger monopolistischen Prinzipien regeln.

Für Güter, die unter Konkurrenzbedingungen produziert werden (hauptsächlich das Erbe kolonialer Entwicklung, als die Angebotsquellen für das Wohlergehen der Industrie gebraucht wurden), wurde immer eine Preisfestsetzung ins Gerede gebracht, aber wenige Modelle entstanden, und noch weniger haben längere Zeit überlebt. Die Produzenten, die am meisten durch die Regulierung gewinnen könnten, sind schwach und schwer zu organisieren, während die Käufer – Händler und Hersteller – mächtig sind, aber wenig Interesse daran haben, ein System zu ändern, das im ganzen gesehen zu ihrem Vorteil arbeitet.

4. Hersteller

In der Industrie sind die Produktionsmittel von Menschenhand gemacht, nicht von der Natur gegeben, und konstruiert, um zur Produktion bestimmter Güter mit Hilfe bestimmter Techniken beizutragen. Die Märkte für Industriegüter arbeiten gänzlich anders als die für die allgemeine Nachfrage nach Rohstoffen.

(a) Angebotsbedingungen

Die Preise für Fabrikwaren werden von den Produzenten gesetzt. Industrieunternehmen bringen keinen Output auf den Markt, um zu sehen, was sie für einen Preis bringen, sondern kündigen die Preise an, zu denen sie zum Verkauf bereit sind. Güter sind niemals vollständig standartisiert, denn jeder Betrieb hat seinen eigenen Stil, Ruf und Standort. Sogar kleine Betriebe, die von den Diensten der Händler abhängen, haben das letzte Wort bei der Preisfestsetzung. Mächtige Unternehmen umgeben ihre Produkte in den Augen der Öffentlichkeit mit einem Glorienschein und machen es zu einer Ehre, Einzelhändler damit handeln zu lassen, zu Preisen, die so gesetzt werden, daß sie der Politik der Hersteller entsprechen.

In einer modernen Industriewirtschaft existiert für beinahe jedes Gut normalerweise unterausgenutzte Kapazität und die Vorräte werden auf mehreren Produktionsstufen angelegt, die die Güter im Produktionsprozeß und beim Verkauf durchlaufen, so daß das Angebot schnell auf Nachfrageveränderungen reagieren kann. Der Output stößt lediglich an die Kapazitätsgrenze, wenn es einen größeren, plötzlichen und unvorhergesehenen Anstieg der Käufe gegeben hat. Wenn dies geschieht, kann sich eine Unternehmensgruppe in der Situation eines *Verkäufermarktes* wiederfinden, in dem Käufer zu einem den Verkäufern profitbringenden Preis bereit sind, mehr als den gesamten Output, den sie produzieren können, abzunehmen.

Wenn dies als ein temporärer Ruck, der nicht andauern wird, angesehen wird, können die Verkäufer eher bevorzugen, die Lieferfristen zu verlängern und die Güter gegenüber den Kunden zu rationieren, als die Preise auf ein Niveau anzuheben, welches die Nachfrage auf den Ausgleich mit dem Kapazitäts-Output zurückdrängt. Zukünftige Verkäufe werden dadurch sichergestellt. Wenn von der Situation des Verkäufermarktes erwartet wird, daß sie anhält, wird dies nicht so sein. Egal ob die Preise angehoben werden oder gleichbleiben, die Profite sind hoch, wenn der volle Kapazitäts-Output verkauft wird. Dies zieht neue Investitionen nach sich, vergrößert die Kapazität und bringt den Verkäufermarkt zu einem Ende. (Falls der Engpaß, der die Kapazität begrenzt, das Angebot an ausgebildeten Arbeitern war, würde, um die Abhängigkeit von ihnen in der Zukunft zu reduzieren, die Investition in der Form der Mechanisierung erfolgen.)

Damit ist der Verkäufermarkt ein seltenes und kurzlebiges Phänomen. In einer kurzfristigen Situation werden alle Anlagen nicht voll ausgenutzt und es besteht keine Vollbeschäftigung in dem Sinne, daß vielmehr Output mit derselben Arbeitskraft produziert werden könnte. Eine Art *Käufermarkt* gibt

Güter und Preise **2** 5 § 4 (b)

es überall in dem Sinne, daß es unmöglich ist, den Output bei voller Kapazitätsauslastung zu einem Preis, den der Verkäufer als angemessen ansieht, zu verkaufen. Diese Situation erneuert sich selbst im Zeitablauf. Die Kapazität wächst zusammen oder vor dem Anstieg der Verkäufe. Wir müssen daher diskutieren, wie die Preise bestimmt werden, wenn der Output unterhalb der Kapazität liegt.

(b) Herstellkosten und Bruttogewinnspanne

In diesem Abschnitt betrachten wir die Preise produzierter Güter aus einer kurzfristigen Sicht. (Es gibt ebenso langfristige Aspekte der Preisfestsetzung, die wir in Kapitel 6 diskutieren werden.) Eine Wirtschaft befindet sich niemals »in einer langfristigen Situation«. Jeden Dienstag oder Mittwoch, wenn der Manager in sein Büro geht, muß er entscheiden, ob er die Preise kurzfristig belassen oder ändern soll. Und Gewerkschaftsfunktionäre entscheiden, ob sie die Lohnraten unverändert lassen oder einen Anstieg verlangen sollen. Alles was geschieht, geschieht in einer kurzfristigen Situation unter dem Einfluß gegenwärtiger Bedingungen und Erwartungen über die Zukunft. Der heutige Tag ist ein Moment im Geschichtsablauf, zwischen einer unwiederbringlichen Vergangenheit und einer ungewissen Zukunft. Entscheidungen müssen heute gefällt werden und Dinge müssen heute getan werden. Es ist nicht möglich, auf die Sicherheit zu warten.

Zu jedem Zeitpunkt existieren eine Anzahl Unternehmen, die verschiedene Anlagen betreiben und verschiedene Güterarten produzieren. Sie sind mit Herstellkosten belastet, nämlich für Löhne, Materialien, die sie von anderen Industriefirmen oder auf Rohstoffmärkten kaufen, Energie usw., und sie verkaufen Güter zu Preisen, die einen Bruttogewinn außer den Herstellkosten enthalten.

Die Herstellkosten pro Einheit eines bestimmten Gutes hängen vom Output pro Mann, bewertet in Einheiten dieses Gutes, dem Lohnsatz und den Preisen für verschiedene Bestandteile, die bei der Herstellung des Gutes gebraucht werden, ab. Die Preise dieser Bestandteile wiederum hängen von dem Lohnsatz, dem Pro-Kopf-Output und den Preisen der Bestandteile, die gebraucht werden, sie zu erzeugen, ab. Diese Preise enthalten Bruttogewinnspannen, so daß die Bruttogewinne auf einer Produktionsstufe in die Herstellkosten der anderen eingehen. Bevor wir weiterfahren, müssen wir die Bestimmung der Bruttogewinnspanne diskutieren.

(c) Der Monopolgrad

Die Höhe der Gewinnspannen, die jedes Unternehmen für seine eigenen Produkte bestimmen kann, bezieht sich gewöhnlich nur entfernt auf die Nachfragebedingungen nach dem Gesamtoutput der entsprechenden Güter. Die Marktstruktur unterscheidet sich von Gut zu Gut sehr stark. Für einige gilt ein *Oligopol* von zwei oder drei mächtigen Unternehmungen, die verschiedene Marken desselben Artikels verkaufen. Bei anderen verkaufen eine große Anzahl von Unternehmen ein mehr oder weniger standartisiertes Produkt oder verkaufen ein Sortiment von Abarten eines bestimmten Gutes. In jedem Fall sind die Preise, die irgend ein Verkäufer verlangen kann, hauptsächlich durch die Preise bestimmt, die andere Verkäufer für ähnliche Produkte oder Güter verlangen, die aus der Sicht des Käufers annähernde Substitute sind.

Kalecki nannte das Verhältnis der Bruttogewinnspanne zum Output-Wert den *Monopolgrad*. Es ist besser, diesen Begriff nicht für das Verhältnis selber zu benutzen, sondern für die Bedingungen in einem Markt, die erlauben, daß ein bestimmtes Niveau im Verhältnis der Bruttogewinnspannen realisiert wird. (In unserer Darstellung des Getreidesektors, wo die Löhne die einzigen Herstellkosten darstellten, war das Verhältnis der Gewinne zum Output-Wert das Verhältnis von Profit pro Mann zum Output pro Mann. Dies könnte als die Folge eines Monopolgrades angesehen werden, der in einem Markt für Getreide besteht.)

Eine »Monopolstellung« in diesem Sinne hat eine enge Bedeutung. Es ist im Grunde genommen das Gegenteil von Preiswettbewerb. Ein hoher Monopolgrad bedeutet einen schwachen Wettbewerbszustand hinsichtlich der Preise: Je schärfer der Preiswettbewerb innerhalb einer Gruppe von Unternehmen, die denselben Markt bedienen, je niedriger der Monopolgrad.

Wenn verschiedene Techniken gleichzeitig betrieben werden, und sich die Unternehmen, die denselben Markt bedienen, in der Leistungsfähigkeit unterscheiden, dann kann es einen weiten Bereich von Herstellkosten für Güter geben, die zu mehr oder weniger demselben Preis verkauft werden. Produzenten mit hohen Kosten müssen eine niedrigere Bruttogewinnspanne akzeptieren als Produzenten mit niedrigeren Kosten. Die Produzenten mit niedrigen Kosten sind frei, die Preispolitik zu wählen, die ihnen gefällt, und Produzenten mit hohen Kosten müssen sie akzeptieren oder aus dem Geschäft ausscheiden. Ein starkes Unternehmen wird oft als *Preisführer* einer Gruppe anerkannt. Die Höhe der Gewinnspannen der Gruppe wird dann genauso von der Ansicht des Preisführers beherrscht, wie vom Monopolgrad in diesem Markt.

Güter und Preise **2** 5 § 4 (d)

Wettbewerb ist nicht auf den Preis beschränkt. Die Reklame für einen Markennamen, die Kreditkonditionen, die Lieferbedingungen, die Annehmlichkeit des Standortes, der Unterschied im äußeren Bild oder die wirkliche Nützlichkeit der Güter sind alles Mittel, die Käufer an bestimmte Verkäufer binden, und verschiedene Kombinationen dieser Faktoren ziehen verschiedene Kunden an. Es gibt niemals *vollständige Konkurrenz* in dem Sinne, daß der kleinste mögliche Preisunterschied die Nachfrage von einer Quelle zur anderen umleitet. Ein Preisunterschied (mit der Absicht einer Signalwirkung) muß bemerkbar sein, damit er eine Auswirkung hat. Im allgemeinen werden andere Wettbewerbsmethoden als Preisunterbietungen bevorzugt. Eine erhebliche Herabsetzung des Preises ist eine offensichtliche Herausforderung, eines Unternehmens gegenüber seinen Rivalen, welche dies durch eine gleiche Herabsetzung begegnen können, so daß der Herausforderer nichts gewinnt und alle verlieren. Abgesehen von gelegentlichen Preiskriegen, wenn die Führungsrolle streitig ist, ist die Höhe der Gewinnspanne, die von einer Gruppe von Konkurrenten aufrecht erhalten wird, sehr stabil.

In einer heftigen Wirtschaftskrise (in einem eindeutigen Käufermarkt) ist die Situation anders. Dann haben die Märkte mit mehr Wettbewerb, die von kleinen Unternehmen bedient werden, einiges vom Charakter der Rohstoffmärkte; es gibt oft Preisunterbietungen. Aber dies führt leicht zu irgend einer Art defensiver Übereinkunft, um dem Einhalt zu bieten. (Viele Preiskartelle, die in einer Depression gebildet wurden, bleiben bestehen, wenn der Handel wieder aufblüht und setzen sich in guten Zeiten fort, um die Preise zum Vorteil ihrer Mitglieder zu regulieren.) Umgekehrt können starke Unternehmen die Preise erhöhen, wenn die Nachfrage fällt, und damit begründen, daß die Gewinnspanne, die eine lohnende Ertragshöhe bei einem höheren Output-Niveau ergibt, zu niedrig ist, für den Fall, daß Output abgesunken ist.

(d) Ein einziger Verkäufer

Im ursprünglichen Sinne bedeutet Monopol, daß ein einziger Verkäufer das gesamte Angebot eines bestimmten Gutes kontrolliert. Der Unterschied zwischen Monopol und unvollständiger Konkurrenz liegt darin, daß ein Monopolist eher die Marktnachfrage nach dem Gut als solches zu beachten hat, als das Verhalten seiner Wettbewerber. Der Unterschied wird nicht klar gezogen. Auf der einen Seite gibt es kein Gut, das nicht irgend ein Substitut hätte; auf der anderen Seite hat der Preisführer einer im Wettbewerb stehenden Gruppe von Unternehmen einige Aufmerksamkeit auf die Auswirkung des Preises auf die

Nachfrage für die Gruppe als ganzes zu richten. Jedoch gibt es Fälle eines wohl definierten Guts – Nähgarn, als Beispiel –, das von einem einzigen Verkäufer angeboten wird, wo die Preispolitik unter dem Gesichtspunkt der Nachfrage nach dem Gut im ganzen Markt gesehen werden muß. (Die folgende Analyse wird durch die Diagramme in § 6 illustriert.)

Ein Monopolist kontrolliert alle Anlagen, die sein Gut produzieren können. Sie werden sich gewöhnlich in bezug auf die Leistungsfähigkeit unterscheiden, so daß die variablen Durchschnittskosten pro Einheit des Outputs von Anlage zu Anlage differieren. Dann gibt es eine interne und externe Gewinnspanne, wie in Ricardos Rententheorie. Falls der Monopolist ausdrücklich zu Minimumkosten produzieren will, wird er den Output über die Anlagen in einer solchen Weise verteilen, daß die Grenzkosten überall gleich sind. Anlagen mit geringen Kosten werden bis zur Kapazitätsgrenze ausgelastet und die variablen Durchschnittskosten der Grenzanlage stellen die Grenzkosten für den Gesamt-Output dar (siehe Abb. 5.14).

Jedoch ist es für einen Monopolisten unnötig, seine Kosten in dieser Weise zu minimieren. Seine Position ist stark genug, um eine gewisse Leistungsunfähigkeit zuzulassen. Er kann den Output so zwischen den Anlagen aufteilen, daß jede mit einem »fairen Anteil« am Produktionsprozeß beteiligt ist. Er kann aber auch so verfahren wie es ihm beliebt.

Entsprechend der traditionellen Theorie wählt der Monopolist den Preis für sein Gut, der den maximalen Überschuß der Erlöse über die Kosten ergibt. Hier beziehen wir das Konzept der Preiselastizität der Nachfrage in die Beweisführung ein (siehe Abb. 5.10). Falls sich der Monopolist entsprechend der Regel der Maximierung des Bruttoprofits verhält, wird er niemals einen Preis wählen, bei dem die Nachfrage eine Elastizität kleiner Eins hat, denn bei solch einem Preis bringen größere Verkäufe geringere Erlöse (als auch mehr Kosten). Er kann mehr zu einem höheren Preis verdienen. Wenn jedoch ein Monopolist die gesamte Nachfrage eines wohldefinierten Gutes befriedigt, ist der Markt mehr oder weniger gesättigt und die Preiselastizität der Nachfrage ist sehr niedrig. Den vollen Profit maximierenden Preis zu verlangen, würde ein enorm hohes Verhältnis von Bruttogewinnen zu Einnahmen entstehen lassen. Im allgemeinen ist der Preis nicht so hoch, dennoch hoch genug, um dem Monopolisten einen beruhigenden Überschuß der Einnahmen über die gesamten Kosten zu geben (siehe Abb. 5.11).

Um das Prinzip der Profitmaximierung mit der unelastischen Nachfrage in Einklang zu bringen, wird manchmal vorgebracht, daß die Nachfrage auf lange Sicht viel elastischer ist als augenblicklich, entweder weil der Eintritt neuer Rivalen in den Markt nicht verhindert werden konnte, falls die Profite

Güter und Preise **2** 5 § 4 (d)

zu hoch waren, oder weil Substitute eingeführt wurden, um die Nachfrage vom monopolisierten Gut abzuziehen. Dies mag wahr sein, aber eine gewöhnlichere Erklärung des sich unter dem Profit maximierenden Niveau befindlichen Preises scheint richtig zu sein, nämlich daß der Monopolist ein komfortables Leben genießt, ohne die Notwendigkeit sich zu bemühen, den letzten Tropfen Profit aus dem Markt herauszupressen.

Das obige findet Anwendung auf den Monopoltyp, in dem ein einziges Unternehmen die Produktionskapazität hat, einen gesamten Markt zu versorgen (es mag Außenseiter geben, die am Rande vegetieren, aber sie können mit fairen oder unfairen Mitteln unter Kontrolle gehalten werden). Ein anderer Monopoltyp besteht im Verband eines Kartells, in dem eine Anzahl früher im Wettbewerb stehender Unternehmen regulierten Preisabsprachen zustimmen. Kartelle können von dem defensiven Typ sein, der oben besprochen wurde. Wenn der normale Monopolgrad unter der Einwirkung eines allumfassenden Zusammenbruchs der Nachfrage für eine Produzentengruppe zerbröckelt ist, schließen sie sich zusammen und schaffen durch Übereinkunft einen künstlichen Monopolgrad. Um den Output zu verringern und die Preise aufrecht zu erhalten, müssen sie irgendeinen Weg beschreiten, die Nachfrage unter sich aufzuteilen. Dies kann zu Interessenkonflikten innerhalb des Kartells führen, indem einige einen höheren Anteil an den Gesamtverkäufen fordern, als die anderen ihnen zu garantieren bereit sind. Diese Art Monopol setzt nicht oft die Preise unter dem Punkt fest, der für profitmaximierend gehalten wird, denn der kann ziemlich niedrig sein. So sind Kartelle bekannt geworden, die den Markt mißbraucht und mehr als den vollen Monopolpreis verlangt haben, der sich eigentlich herausgestellt hat (mit in Betracht gezogen das Angebot von Substituten). Das richtete sich schließlich gegen sie selbst.

Eine andere Kartellart ist eher aggressiv als defensiv. Ein Gut, das niedrige Kosten verursacht und in bezug auf die Nachfrage höchst unelastisch ist (weil es einen kleinen Teil der üblichen Haushaltsausgaben darstellt oder ein kleiner Bestandteil irgend eines größeren Produktes ist), ist ein verlockendes Objekt für Monopole. Streichhölzer sind ein Paradebeispiel: In verschiedenen Ländern wurden von dem großen schwedischen Finanzier Kreuger Monopole errichtet. (Er selbst fand ein schlimmes Ende, aber seine Monopole dauern fort.)

Ein anderes gut bekanntes Beispiel ist das von elektrischen Glühbirnen. Durch Preisabsprachen in einer solchen Situation können hohe Profite gemacht werden, und sie sind die Mühe wert, das Kartell zu überwachen, Außenseiter draußen zu halten und einen Apparat für die Behandlung von Streitfragen über die interne Verteilung der Gewinne zu ersinnen.

Viele Länder haben gesetzliche Handhaben gegen *restriktive Praktiken* dieser Art. Das ist manchmal für energische Außenseiter nützlich, die versuchen in das Gehege Kartells einzubrechen, aber es scheint der Öffentlichkeit nachweisbar nicht viel zu nützen (abgesehen von rechtlichen Bekenntnissen).

(e) Preisdiskriminierung

Ein monopolistisches Unternehmen produziert gewöhnlich eine Reihe von Gütern, die gemeinsame Kosten haben, die aber auf verschiedenen Märkten mit verschiedenen Nachfragebedingungen verkauft werden. In einem solchen Fall, wenn die Gewinnspannen den Nachfragebedingungen auf den verschiedenen Märkten angepaßt werden, sind die Gesamtprofite höher, als wenn eine einzige proportionale Gewinnspanne für den gesamten Output zugrundegelegt wird (siehe Abb. 5.12).

Obwohl Monopolisten nicht notwendigerweise den Profit maximierenden Preis in jedem Markt finden, ist das Prinzip, die relative Bedeutung der Nachfragesektoren in Betracht zu ziehen, weit über die industrielle Produktion verbreitet. (Unter scharf im Wettbewerb liegenden Unternehmen wird diese Praxis von Preisführern befolgt oder lediglich durch allgemeine Zustimmung als offensichtlich richtig und natürlich beachtet.)

Überall wo es möglich ist, werden die Konsumgütermärkte aufgespalten (oft durch den Snobeffekt eines »Luxusartikels«), so daß von reicheren Kunden höhere Preise verlangt werden können, ohne die Masse der Verkäufe bei einem niedrigeren, aber noch lohnenden Preis, geopfert zu haben. Bei Handelsgeschäften zwischen Unternehmen führen viele Überlegungen zum Vertragsabschluß. Ein mächtiges Unternehmen ist oft ängstlich bemüht, die von verschiedenen Käufern verlangten Preise geheimzuhalten, so daß diejenigen, die mehr bezahlen, nicht wissen, daß andere besser behandelt worden sind.

5. Löhne und Profite

(a) Reallöhne und Arbeitskosten

Die Verhältnisse der Preise zu den Geldlohnsätzen in den verschiedenen Produktionsprozessen bestimmen die realen Arbeitskosten der Arbeitgeber und die Reallohnsätze, die die Arbeiter erhalten. In unserem einfachen Modell, in dem das Getreide das Geld war, in dem Löhne gezahlt wurden, waren die

Güter und Preise　**2** 5 § 5 (a)

Getreidekosten der Arbeit und der Reallohn identisch. Nun müssen wir zwischen ihnen unterscheiden. Die realen Arbeitskosten für einen bestimmten Arbeitgeber sind die Lohnkosten pro Output-Einheit dividiert durch den Preis des Gutes, das er verkauft. (Wenn seine Arbeiter eine Reihe von Gütern produzieren, stellt der Gesamtpreis einer Output-Einheit die verschiedenen Posten in den Verhältnissen dar, in denen sie zum Verkauf kommen.) Das ist die Umkehrung der »verfügten Arbeit« durch den Output einer Arbeitseinheit. Wenn das Verhältnis der anderen Elemente der Herstellkosten zu den Lohnkosten gegeben ist, finden wir heraus, daß die realen Arbeitskosten geringer sind (verfügte Arbeit größer) je größer das Verhältnis von Brutto-Gewinnspanne zu Herstellkosten ist.

Nehmen wir z. B. an, ein Arbeiter, dem $ 20 pro Woche gezahlt werden, ist in der Produktion von Kochtöpfen beschäftigt, bei der Output pro Mann 100 pro Woche beträgt. Weiterhin nehmen wir an, daß die Kosten anderer Inputs pro Output-Einheit 20 Cent beträgt. Dann werden die Veränderungen der Brutto-Gewinnspanne die realen Arbeitskosten der Arbeitgeber, wie in Tabelle 5.2 gezeigt, beeinflussen.

Tabelle 5.2　**Wöchentlicher Output von 100 Kochtöpfen pro Beschäftigten**

Lohn	andere Kosten	Gewinnspanne	Wert des Outputs	Löhne/Outputwert
$	$	%	$	
20	20	10	44	0,45
20	20	20	48	0,42
20	20	50	60	0,33

Dieses Prinzip ist anwendbar auf die Verkäufer jedes Gutes, einschließlich jener, die Inputs für die weitere Produktion an andere Unternehmen verkaufen. Das bedeutet, je höher der Monopolgrad überall im System ist, desto niedriger sind die realen Arbeitskosten für die Arbeitgeber insgesamt.

Wenn der reale Pro-Kopf-Output im Zeitablauf steigt, dann sind, falls der Monopolgrad (und damit das angemessene Niveau der Brutto-Gewinnspanne) überall in der Industrie mehr oder weniger konstant ist, die realen Kosten der Arbeit im Durchschnitt konstant, wenn man ein Gut mit den anderen vergleicht. Dann müssen, falls die Geldlohnsätze im ganzen weniger schnell steigen als der Pro-Kopf-Output, einige Preise fallen. Wenn die Geldlöhne schneller als der Pro-Kopf-Output wachsen, steigt das allgemeine Preisniveau.

Preise, die dabei weniger fallen als der Überschuß des Anstiegs im Pro-Kopf-Output über den Lohnanstieg – oder die dabei mehr steigen als der Überschuß des Lohnanstiegs über die Erhöhung des Pro-Kopf-Outputs –, weisen auf eine Erhöhung des Monopolgrades (mit höheren Brutto-Gewinnspannen) in einigen oder allen Märkten hin und auf ein Absinken der realen Arbeitskosten für die Arbeitgeber.

Aus der Sicht Arbeiter stimmt der Reallohnsatz nicht notwendigerweise mit den allgemeinen Kosten der Arbeit überein. Sie hängt von der Kaufkraft des Geldlohnes in bezug auf jene Dinge ab, die die Arbeiter kaufen wollen. (In unserem einfachen Modell waren sie an Löhnen, ausgedrückt in Getreide, interessiert, nicht an dem Preis von Maschinen.)

Ricardo stellte sich den notwendigen Lohn, als in der Form von Minimalmitteln festgelegt, vor. Falls sich der Preis des Getreides verringern würde (durch Importerlaubnis), bliebe der Getreidelohn derselbe; die realen Arbeitskosten für den Arbeitgeber in der Industrie würden niedriger und die Profite höher sein. (Er sorgte sich nicht über niedrige Löhne, die ein Defizit in der Nachfrage hervorrufen, weil er es für selbstverständlich hält, daß mehr Profite mehr Investition bedeutet.)

In einer modernen Wirtschaft kaufen die Arbeiter den Output vieler Industriezweige (wenn auch der Preis für die Nahrung immer noch von großer Bedeutung ist). Die Reallöhne werden durch den Monopolgrad in jenen Märkten beeinflußt, in denen sie Kunden sind. Wenn Luxusgüter zu überhöhten Preisen verkauft werden, vergrößern die Kapitalisten die Profite und vermindern gleichzeitig die Kaufkraft der Rentiereinkommen. Die Interessen der Arbeiter werden nicht berührt.

Indem jedoch die Reallöhne steigen, gehören immer mehr Güterarten und Dienstleistungen zum gewöhnlichen Lebensstandard und erzeugen ein lohnendes Verkaufsklima für die Massenproduktion. Hier erkennen wir wieder das Paradoxon des modernen Kapitalismus. Jeder Arbeitgeber lehnt einen Anstieg der realen Arbeitskosten in seiner eigenen Branche ab, aber er befürwortet, daß die Reallöhne im allgemeinen steigen, damit er einen wachsenden Absatzmarkt für seine Verkäufe finden kann.

(b) Die Terms of Trade

Die beiden Marktarten, die wir unterschieden haben, nämlich jene die von Angebot und Nachfrage, und jene die vom Monopolgrad beherrscht werden, sind durch den Kauf von Rohstoffen als Rohmaterialien für die Herstellung verbunden.

Güter und Preise **2** 5 § 5 (b)

In unserem einfachen Modell diskutierten wir die Bewegungen der effektiven Nachfrage bei konstanten Preisen. Wir müssen nun beachten, daß Schwankungen in der Beschäftigungshöhe der Industrie im allgemeinen von scharfen Veränderungen der relativen Preise von produzierten Gütern und Rohstoffen begleitet sind. Ein Aufschwung der industriellen Aktivität bedeutet ein Anwachsen der Nachfrage nach Rohmaterialien und wo das Angebot unelastisch ist, steigen ihre Preise scharf an. Ähnlich kann ein Abschwung der Aktivität die Preise – und die Produzenteneinkommen – auf ein ruinöses Niveau herabsenken. Das stimmt für die Bewegungen der Märkte als ganzes. Es kann ebenso unberechenbare Preisänderungen bei bestimmten Produkten geben, die in bestimmte Fabrikationszweige eingehen.

Der Mechanismus, durch den die Preise bestimmt werden, verursacht einen Interessenkonflikt zwischen Industriearbeitern und den Produzenten von Rohstoffen. Wenn eine Verknappung relativ zur Nachfrage besteht, ist der Preis eines Rohstoffes hoch. Das erweist sich für jene Produzenten als vorteilhaft, die davon einiges zu verkaufen haben (obwohl der Kaufpreis natürlich Handelsspannen, Transportkosten und andere Elemente enthält). Zur selben Zeit besteht in dieser Situation die Neigung, die Reallöhne der Industrie zu drücken.

Wenn die proportionalen Profitspannen dieselben bleiben, während sich die Herstellkosten ändern, erhöht sich das Verhältnis von Preisen zu Geldlöhnen durch den Preisanstieg der Rohmaterialien. Entsprechend unserem obigen Beispiel bedeutet das: Falls die anderen Kosten höher sind, ist das Verhältnis von Löhnen zum Outputwert niedriger.

Tabelle 5.3

Lohn	andere Kosten	Gewinnspanne	Wert des Outputs	Löhne/Outputwert
$	$	%	$	
20	20	10	44	0,45
20	30	10	55	0,36
20	40	10	66	0,30
20	50	10	77	0,26

Wenn die Rohmaterialpreise steigen, bedeutet dies für die Industrie als ganze nicht nur einen Preisanstieg auf einer Stufe, sondern eine Vervielfachung durch die Produktionskette hindurch, indem Gewinnspannen zu den Herstellkosten auf jeder Produktionsstufe, die die Güter durchlaufen, hinzugerechnet werden. Umgekehrt helfen niedrige Rohproduktpreise die Industrielöhne aufrecht zu erhalten.

Die Auswirkung auf die Reallöhne ist am bezeichnendsten, wenn das Rohmaterial in ein allgemeines Konsumgut, insbesondere in Nahrungsmittel, eingeht. Egal ob niedrige Landwirtschaftspreise von geringen Einkommen in nahrungsmittelproduzierenden Entwicklungsländern oder von hoher Produktivität im Landwirtschaftssektor entwickelter Wirtschaften herrühren, sie haben einen bedeutenden Beitrag zu den hohen Reallöhnen in den Industrieländern geleistet.

Der Fall ist komplizierter, wenn sich ein zurückgebliebener Landwirtschaftssektor unter demselben politischen Dach wie die Industrie befindet. Ricardo wandte sich gegen einen Schutz heimischer Landwirtschaft gegen billige Importe, da der Nutzen den Grundbesitzern zufiele. Heutzutage wird dieser Schutz oft in Form von Subventionen den Landwirten gewährt, die ein freier Markt ins Elend bringen würde. Viele reiche Staaten, die sich vom Feudalismus zur Demokratie entwickelten, ohne den schmerzhaften Prozeß der Entwicklung einer effizienten kapitalistischen Landwirtschaft durchgemacht zu haben, müssen nun eine große Anzahl Bauernfamilien versorgen. Wenn sie ihnen helfen, indem sie die Preise auf einem Niveau halten, bei dem ineffiziente kleine Produzenten mehr oder weniger existieren können, fällt die Belastung unmittelbar auf die industrielle Arbeitskraft (eingeschlossen Arbeitslose, Rentner usw.), während gleizeitig die außenstehenden ehemaligen Kolonialproduzenten vom Markt ausgeschlossen werden. In der Verteidigung solcher politischer Maßnahmen entsteht gewöhnlich ein guter Teil Irreführung über »faire Preise«, um ihre Auswirkungen auf die Interessen verschiedener Gesellschaftsbereiche zu verschleiern.

(c) Der Profitanteil

Das vorher Gesagte hat nur einige Punkte berührt, die in der vielfältigen und sich wandelnden Landschaft einer industriellen Produktion zu erkennen sind. Dennoch wurden die Grundzüge der Beweisführung in unserem einfachen Modell der »Getreide«- und Maschinen-Produktion aufgezeigt. Wir sahen, daß in dem einfachen Modell, in dem alle Haushaltseinkommen konsumiert werden, die verdienten Profite jeder Periode gleich der Gesamtinvestition der Periode zuzüglich des aus den Profiten bestrittenen Konsums ist. Eine Ausweitung des Modells um Regierungsaktivitäten und Außenhandel sowie Ersparnisse aus Haushaltseinkommen ändern die Beweisführung nicht.

Güter und Preise   **2** 5 § 6 (a)

Der gesamte Brutto-Profit, der bei allen Verkäufern zusammen anfällt, wird vom allgemeinen Aktivitätsniveau einer Wirtschaft bestimmt und ändert sich mit der Höhe der effektiven Nachfrage. Der Anteil, der den Verkäufern jedes Gutes zufällt, hängt einmal davon ab, wie die Nachfrage unter ihnen aufgeteilt ist, was den Ausnutzungsgrad einer Anlage, die sie besitzen, bestimmt, und zum anderen von der Höhe der Profitspannen, die jeder gesetzt hat.

Dies erscheint alles sehr gut, aber aus ihren Bruttoprofiten müssen die Unternehmen ihre Gemeinkosten decken und die Amortisation bereitstellen, um den Wert ihres Kapitals zu erhalten. Diese langfristigen Kosten müssen bei der Bestimmung der Preise berücksichtigt werden, wie wir in Kapitel 6 sehen werden.

6. Diagramme

Um die Beziehung zwischen Angebot und Nachfrage für ein bestimmtes Gut zu erklären, benutzte Marshall eine graphische Darstellung, welche unglücklicherweise oft mißbräuchlich benutzt wurde. Wir müssen die Mühe auf uns nehmen, sie richtig darzustellen.

(a) Marshalls Koordinatensystem

Der erste Schritt besteht darin, die Bedingungen für die Nachfrage nach einem bestimmten Gut, z. B. Erdnüssen, auf einem bestimmten Markt aufzuzeigen, in dem Bedingungen angenommen werden können, die für einen gewissen Zeitraum unverändert bleiben. Die Nachfragebedingungen werden als Verhältnis zwischen Preisen und den gekauften Mengen dargestellt (Abb. 5.1). Abschnitte auf der X-Achse repräsentieren Mengen, z. B. Tonnen Erdnüsse gekauft auf diesem Markt pro Monat; Abschnitte auf der Y-Achse stellen Preise pro Tonnen dar.

Die Nachfragekurve zeigt, daß, wenn OQ_1 Tonnen pro Monat verkauft wären, der Preis OP_1 sein würde oder wenn der Preis OP_1 wäre, pro Monat OQ_1 gekauft würde; wenn OQ_2 verkauft würde, würde OP_2 der Preis sein usw.

Dann wird die Angebotskurve eingezeichnet, die die Mengen eines Gutes anzeigt, die pro Monat bei alternativen Preisen angeboten werden (Abb. 5.2a). Zu einem Preis OP_1 wird OQ_1 zum Verkauf angeboten und zu einem Preis von OP_2 ist OQ_2 im Angebot. Wie wir gesehen haben, kann die Angebotskurve einen Bereich haben, in dem ein niedrigerer Preis zu einem größeren Output führt, wie in Abb. 5.2b.

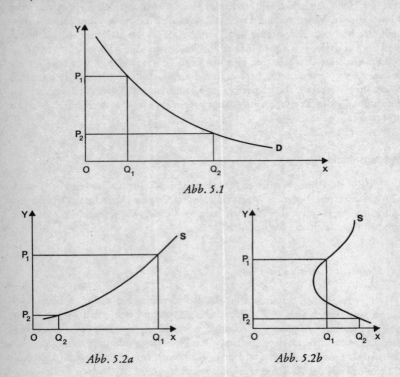

Abb. 5.1

Abb. 5.2a   Abb. 5.2b

Nun werden die beiden Kurven mit denselben Achsen aufeinandergelegt (Abb. 5.3). Sie zeigt die Situation, in der OP der Gleichgewichtspreis in diesem Markt ist. Zu diesem Preis bieten die Verkäufer OQ Tonnen pro Monat an, und die Käufer erwerben OQ Tonnen. Welche Bedeutung muß sich daraus für andere Konstellationen ergeben? Angenommen der Preis wäre OF. Zu diesem Preis würden die Verkäufer OJ erwerben, vorausgesetzt sie nehmen an, daß dieser Preis für einige Zeit aufrecht erhalten würde. Ähnlich sind die Verkäufer gewillt OK anzubieten, falls sie OF als Preis erwarten. Keine der Erwartungen kann richtig sein, denn OF ist kein möglicher Gleichgewichtspreis. Was bedeutet nun dieses Bild? Dies wurde niemals erklärt.

(b) Ein falscher Analogieschluß

In sogenannten Einführungslehrbüchern wird ein Diagramm, wie z. B. Abb. 5.4, oft in einer unzulässigen Weise benutzt. Es wird gesagt, daß das Angebot größer als die Nachfrage ist, wenn der Preis auf OP_1 steht, und der Preis fällt. Wenn er auf OP_2 steht, ist die Nachfrage größer als das Angebot, und er steigt. Der Preis mag sich niemals auf den Gleichgewichtspunkt einspielen, aber er tendiert immer dazu, sich auf ihn zuzubewegen. Die einleuchtende Erwiderung auf diese Denkweise ist, daß das Diagramm nur zwei Achsen hat. Es zeigt lediglich einen Teil der Beziehungen nämlich zwischen Preisen und Mengen. Jede Bewegung die erfolgt muß zu einem bestimmten Zeitpunkt stattfinden; in der Darstellung ist keine Vergangenheit enthalten.

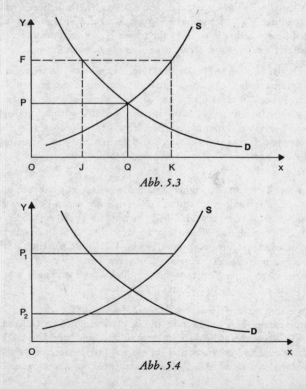

Abb. 5.3

Abb. 5.4

Hier können keine Ereignisse stattfinden. Um Ereignisse zu diskutieren müssen wir eine dritte Dimension benutzen. Die Zeit kann man sich auf einem rechten Winkel zur Buchseite abgetragen vorstellen, mit der bekannten Vergangenheit hinter ihr und der erwarteten Zukunft vor ihr. Aber wenn die Zeit in die Beweisführung eingeführt wird, was bedeuten dann die Kurven? Wenn der Preis heute OP_1 ist, würde die gekaufte Menge nicht die gleiche sein, falls die Käufer wüßten, daß eine Preissenkung erwartet wird, als sie es sein würde, wenn sie von der langen Erfahrung seiner Konstanz ausgingen, oder sie wiederum kürzlich die Erfahrung gemacht haben, daß der Preis ständig steigt.

Darüber hinaus ist die Idee einer Vorwärts*tendenz* auf eine Position zu, die niemals tatsächlich erreicht wird, nicht leicht zu begreifen. Wie lange wird erwartet, werden die Bedingungen, die den Kurven zugrundeliegen, in Kraft bleiben, wärend der Markt schwankt? Werden nicht die Bewegungen selbst die Position beeinflussen, auf die sie sich zubewegen? Der methodische Fehler ist ein Symptom tiefverwurzelter Verwirrung über die Beweisführung.

Das Gleichgewicht von Angebot und Nachfrage war ursprünglich angesichts einer mechanischen Analogie erdacht worden, nämlich von Gewichten auf einer Waage. Walras übernahm die Idee eines allgemeinen Gleichgewichts von einem Ingenieur[64]). Marshall nahm oft zu biologischen Analogien Zuflucht, wenn er einen dynamischen Prozeß erörterte, jedoch sein Angebot- und Nachfragemodell war in mechanischen Begriffen ausgedrückt, nämlich als zwei Schneiden einer Schere oder einer Anzahl Bällen, die sich gegeneinander in einer Schale stützen.

Wenn wir nun Gewichte von einer Schale der Waage zur anderen bewegen, wird die Balance ein wenig wackeln und dann in einer neuen Position zur Ruhe kommen. Sie tendiert nicht zum Gleichgewicht, sie bleibt gerade da stehen, wo sie steht. Darüber hinaus können wir die Gewichte zurücklegen und die erste Position wiederherstellen, wenn wir wollen. Dies ist gänzlich anders als eine Bewegung durch die Zeit. Im Zeitablauf bewegen wir uns nur in eine Richtung, nämlich von der Vergangenheit in die Zukunft und alles was einmal passiert, beeinflußt das, was als nächstes geschieht.

Die Vorstellung eines Gleichgewichts, ob im Erdnußmarkt oder im Beschäftigungsniveau einer Privatwirtschaft, ist Teil eines Wunschdenkens der neoklassischen Ökonomen, die sich im großen Stil, in ihrer Unfähigkeit die Weltwirtschaftskrise zu verstehen, und im kleinen Stil, in der verpfuschten Beweisführung im Hinblick auf Angebot und Nachfrage, selbst betrogen.

(c) Ein Diagramm als Landkarte

Mit der notwendigen Vorsicht ist es möglich, Marshalls Diagramm in einer anderen Weise zu benutzen, nämlich als eine Ebene in einer dreidimensionalen Karte, die die möglichen Positionen in einem Markt aufzeigt, die mit den in den Kurven enthaltenen Bedingungen kompatibel sind. Wir müssen dann Vorratsbewegungen in Betracht ziehen, die Unterschiede zwischen stattfindenden Käufen und Verkäufen zulassen.

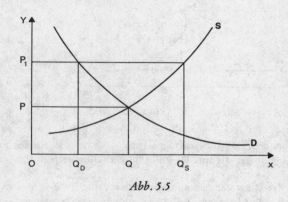

Abb. 5.5

Dann repräsentiert das Diagramm ein Stück der Zeit »Heute« mit der Vergangenheit dahinter. Wir vergleichen mögliche Positionen, und stellen keine Veränderungen dar. Es ist unmöglich sich von einem Punkt zum anderen zu bewegen, wenn die Vergangenheit verändert wird. Jede Bewegung muß in der Dimension Zukunft erfolgen. In Abb. 5.5 sind die pro Monat nachgefragten Mengen OQ_D, wenn der Preis OP_1 ist, während die angebotenen Mengen OQ_S betragen. Die Vorräte steigen dann monatlich um die Differenz zwischen Q_S und Q_D. Dies mag sein, weil die Händler einen zukünftigen Preisanstieg erwarten, oder weil sie sich in Bezug auf die Nachfragestärke geirrt haben, und der Preis kürzlich gefallen ist. Wenn der Preis OP ist, bleiben die Vorräte unverändert. Von der Situation in der unmittelbaren Zukunft mag dann angenommen werden, daß sie unverändert bleibt, es sei denn, irgend etwas geschieht, um die den Kurven zugrundeliegenden Bedingungen zu ändern. Wenn der Preis unter OP liegt, werden Vorräte abgebaut.

In dieser Weise interpretiert kann der Gebrauch der Diagramme Gedankengänge unterstützen, anstatt sie zu verwirren. Marshall selbst benutzte die Diagramme, um Situationen zu vergleichen, in denen die Nachfragebedingungen gleichbleibend, aber die Angebotsbedingungen sich verändernd angenommen werden konnten, oder umgekehrt. Damit können wir die Angebotsbedingungen von Fig. 5.2b mit zwei verschiedenen Nachfragehöhen vergleichen, wie

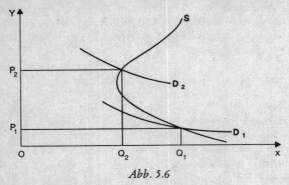

Abb. 5.6

in Fig. 5.6. Bei dem hohen Nachfrageniveau, dargestellt durch D₂, ist die gekaufte Menge geringer als mit D₁ und die Verkäufer stehen sich um einiges besser.

Diese Art des Diagrammgebrauchs illustriert lediglich eine Beweisführung. Das Diagramm selbst ist nicht geeignet, irgend etwas zu beweisen, sondern nur Worte zu sparen. Selbst so muß es mit Vorsicht gebraucht werden. Es ist wichtig, sich zu erinnern, daß zwei verschiedene Nachfragezustände nicht gleichzeitig existieren können. Wir müssen uns vorstellen, daß die Kurve den späteren Nachfragestand zeigt, der auf Glas vor der Buchseite aufgezeichnet ist, mit einem Abstand, der das entsprechende Zeitintervall repräsentiert und dann auf die Seite zurückprojiziert wird, auf der die frühere Kurve gezogen worden ist. Das Bild kann nur auf diese Weise benutzt werden, wenn wir guten Grund haben zu glauben, daß die Angebotsbedingungen, die eine Kurve ausdrückt, auf soliden Verhältnissen beruht, die sich nicht leicht ändern und die unabhängig von der Änderung der Nachfragebedingungen sind.

(d) Preiselastizität der Nachfrage

Die Idee der Preiselastizität der Nachfrage beinhaltet den Versuch, in einer einfachen zahlenmäßigen Form die Verhältnisse von Preisen und gekaufter

Güter und Preise **2** 5 § 6 (d) 237

Menge bei gegebenen Nachfragebedingungen zusammenzufassen. Sie ist einfach als die relative Veränderung der gekauften Menge dividiert durch die relative Veränderung der Preise definiert. In dem Fall, der als normal angenommen wird, ist bei gegebenen Nachfragebedingungen ein höherer Preis mit einer
kleineren gekauften Menge verbunden, und damit ist die Preiselastizität genau
genommen eine negative Zahl. Jedoch wird sie gewöhnlich einfach als Zahl,
z. B. $1^2/_3$ oder $^3/_5$, ausgedrückt, während das Minuszeichen weggelassen wird.
Wir sind dieser Übereinkunft im obigen Zahlenbeispiel gefolgt [siehe: **2** 5
§ 3 (b)].

Wie wir gesehen haben, kann eine Nachfragekurve keine Veränderung ausdrücken, die in einem Zeitpunkt stattfindet, aber, wie in dem Fall der Kurve,
die das Verhältnis von Output zu Arbeit darstellt [siehe: **2** 1 § 5 (a)], kann sie
gebraucht werden, die Auswirkung einer Veränderung aufzuzeigen, vorausgesetzt, daß die Bedingungen, die sie darstellt, als unverändert bleibend angenommen werden können.

Die Preiselastizität der Nachfrage drückt die Auswirkung einer Preisveränderung auf die verkaufte Menge unter unveränderten Nachfragebedingungen
aus. Die Preiselastizität von Eins stellt eine wichtige Trennungslinie dar. In
diesem Fall ist ein bestimmter Preisanstieg genau mit einem entsprechendem
Absinken der verkauften Menge verbunden, so daß die Gesamteinkünfte der
Verkäufe dieselben bleiben. Falls die Preiselastizität der Nachfrage geringer
als Eins ist, zieht ein gegebener bestimmter Preisanstieg ein geringeres entsprechendes Absinken der Verkäufe nach sich, und die Gesamteinkünfte sind
höher. Wenn die Preiselastizität der Nachfrage höher als Eins ist, ist das daraus resultierende entsprechende Absinken der Verkäufe größer, und die Gesamteinkünfte sind geringer.

Ein einfacher Weg, die Wichtigkeit der Preiselastizität der Nachfrage zu
illustrieren, wurde von Marshall vorgeschlagen und von A. P. Lerner verbessert [65]. In Abb. 5.7 zeigen wir die Auswirkung eines Preisanstiegs von OP_1
auf OP_2 auf die nachgefragte Menge, die bewirkt, daß die nachgefragte Menge von OQ_1 auf OQ_2 zurückgeht. Die Sehne zwischen den beiden Punkten
auf der Kurve, B und C, wird verlängert, bis sie die Y-Achse in A und die X-
Achse in D schneidet. Die Nachfrageelastizität über die Ausdehnung der
Nachfragekurve von B nach C wird durch den relativen Anstieg der Verkäufe
gemessen, ausgehend von der letzten Menge $(Q_1\, Q_2)\, /\, (OQ_2)$ dividiert durch
den relativen Preisanstieg $(P_1\, P_2)\, /\, (OP_1)$.

Das Absinken des Outputs muß als $(Q_1\, Q_2)\, /\, (OQ_2)$ und nicht als $(Q_1\, Q_2)$
$/\, (OQ_1)$ gemessen werden, denn obwohl die Proportionen immer die gleichen

sind, in welcher Art sie auch ausgedrückt werden – 4:3 und 3:4 sind genau äquivalent – ändern sich Prozentsätze mit der Meßrichtung; (4–3)/4 ist nicht gleich (4–3)/3. Sowohl die Preisänderungen als auch die Änderungen der Verkäufe müssen in derselben Richtung gemessen werden (vom niedrigeren zum höheren oder umgekehrt) um Zweideutigkeiten zu vermeiden. In diesem Fall werden die niedrigeren Verkäufe und Preise als Basis der Messung angenommen.

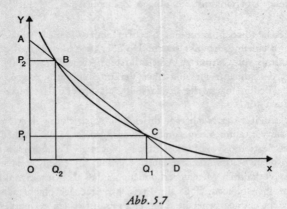

Abb. 5.7

Nun ist

$$\frac{Q_1Q_2}{OQ_2} = \frac{BC}{AB} \text{ und } \frac{P_1P_2}{OP_1} = \frac{BC}{CD}$$

Daraus folgt für die Preiselastizität der Nachfrage

$$\varepsilon = \frac{BC}{AB} \div \frac{BC}{CD} = \frac{CD}{AB}$$

Es ist eine einfache geometrische Aufgabe zu zeigen, daß, wenn die Gesamteinkünfte bei beiden Preisen dieselben sind, dann ist

$$OP_2 OQ_2 = OP_1 OQ_1, CD = AB$$

und damit $\varepsilon = 1$.

Bei kleineren Preisdifferenzen sind B und C näher zusammen, bis im Grenzfall die Preisdifferenz unendlich klein ist und die Sehne eine Tangente wird, wie in Abb. 5.8. Dann wird die Elastizität durch das Verhältnis BD/AB (oder OP/AP) dargestellt. Das ist die Elastizität entsprechend dem Preis OP. Im wirklichen Leben gibt es natürlich keine unendlich kleine Preisdifferenz und die Idee einer Bogenelastizität (Abb. 5.7) ist brauchbarer als die einer Punktelastizität (Abb. 5.8).

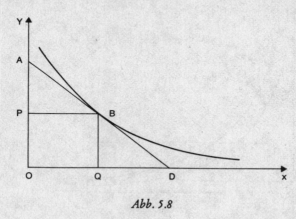

Abb. 5.8

(e) Herstellkosten und Bruttogewinnspannen

Diese Analyse beinhaltet sowohl langfristige als auch kurzfristige Überlegungen. Sie wird weiter in **2 6** § 2 (d) erklärt. In der Industrie müssen die Preise vor den Verkäufen gewählt werden. Eine Investition wird nicht vorgenommen, es sei denn, es gäbe überzeugende Erwartungen in bezug auf ein Verkaufsvolumen, das eine zufriedenstellende Bruttoprofitspanne für eine genügende Reihe von Jahren ergibt, um die Investitionen zurückzuzahlen, und einen Nettoprofit abwirft.

Wie wir gesehen haben, ist die Bruttoprofitspanne – oder der Aufschlag auf die Herstellkosten – von der erwartet wird, daß sie die Kosten deckt und einen Nettoprofit abwirft, im allgemeinen ziemlich stabil angesichts der Nachfrageveränderungen. Veränderungen in der Nachfrage führen eher zu Veränderungen des Outputs als des Preises. Dies läßt vermuten, daß der Aufschlag auf der Basis eines normalen Output-Niveaus kalkuliert sein muß. In Abb. 5.9 bestehen die Gesamtkosten aus den Herstellkosten, die sich mit dem Output verändern, und den fixen Kosten (zuzüglich Abschreibungen), die eine Firma tragen muß, unabhängig vom Output-Niveau. Die variablen Durchschnittskosten, OB, ändern sich nicht mit der Outputhöhe. Die durchschnittlichen fixen Kosten stehen im umgekehrten Verhältnis zur Outputhöhe.

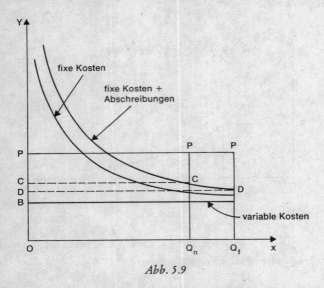

Abb. 5.9

Wenn OQ_n die »Standard«höhe der Ausnutzung einer Anlage ist, steht der Preis auf OP, um die Brutto-Profitspanne BP und ein Netto-Profit von CP · OQ_n zu erzielen, dessen Umfang vom Monopolgrad der betrachteten Industrie bestimmt wird.

Auf einem tieferen Nachfrageniveau wird der Output unter OQ_n zurückgenommen. Der Preis wird nicht herabgesetzt, solange wie der Preiswettbewerb vermieden werden kann, d. h. solange der Monopolgrad nicht geschwächt ist. Ein Verkäufer wird seine Bruttogewinnspanne nicht abbauen, ehe er dazu gezwungen wird, nämlich zu einer Zeit, wenn seine Nettoprofite gefallen sind. Einige Verkäufer erhöhen in dieser Situation tatsächlich die Preise. In dem illustrierten Fall ist der Preis unabhängig von der Verkaufshöhe.

Wenn die Nachfrage höher ist, ist der Output bis zur Kapazitätsgrenze größer, was durch OQ_f dargestellt wird. Das Konzept voller Kapazität ist ziemlich verschwommen. Falls das Nachfrageniveau genügend hoch ist, kann die

Produktion gewöhnlich in der einen oder anderen Weise so organisiert werden, daß der Output erhöht wird, z. B. durch Beschäftigung von Arbeitern zu Überstundensätzen. (Eine Veränderung, die Umschichtungen in der Arbeit hervorruft, muß als langfristiger Anstieg der Produktionskapazität angesehen werden.)

Preise werden gewöhnlich nicht erhöht, sogar wenn die Grenzkosten höher werden. In jedem Fall sind Profite in der Nähe der vollen Kapazitätsausnutzung hoch. In dem Diagramm ist bei einem Output OQ_t der Nettoprofit pro Outputeinheit DP und der gesamte Nettoprofit $DP \cdot OQ_t$ der über das »normale« Niveau $CP \cdot OQ_n$ hinausgeht.

(f) Monopol)

Wenn ein Monopolist das gesamte Angebot eines wohldefinierten Gutes beherrscht, können die Nachfragebedingungen durch eine Nachfragekurve, die als im Zeitablauf stabil angenommen wird, dargestellt werden. Für den Monopolisten ist dies eine *Durchschnittserlös*-Kurve, da sie die Einnahmen der Verkäufe bei alternativen Preisen zeigt; von dieser ist die *Grenzerlös*-Kurve abgeleitet worden. Das

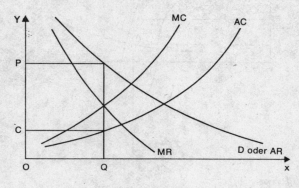

Abb. 5.10

traditionelle Argument im Hinblick auf die Aufrechterhaltung des Preises ist, daß der Monopolist wohlüberlegt den Output, den er verkauft, einschränkt. Er maximiert die Profite, indem er den Output produziert, bei dem der Grenzerlös gleich den Grenzkosten ist. In der graphischen Darstellung wird der Output OQ mit dem Preis OP bezahlt, und der Netto-Profit ist gleich CP · OQ. Bei einem höheren Preis würde der Grenzerlös höher als die Grenzkosten sein. Der Einnahmeverlust würde größer sein als die Kostenersparnisse. Bei einem größeren Output würden die Grenzkosten den Grenzerlös übertreffen. Der zusätzliche Ertrag von größeren Verkäufen würde geringer als die zusätzlichen Kosten sein.

Der oben in § 4 (d) diskutierte Fall des faulen Monopolisten ist in Abb. 5.11 illustriert. Der Output, den er verkaufen kann, ist durch die Marktsituation begrenzt, und die Nachfrage ist bei dem Preis äußerst unelastisch, zu dem er verkauft. Der Grenzerlös ist negativ, aber er wagt nicht oder will den Preis nicht auf ein Niveau anheben, bei dem er positiv wäre.

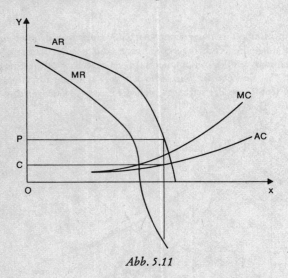

Abb. 5.11

(g) Preisdifferenzierung

Das Prinzip der Preisdiskriminierung – charging what the traffic will bear – wird in Abb. 5.12 dargestellt. Die Nachfragebedingungen werden in einem begrenzten Markt durch AR_1 dargestellt und durch AR_2 in einem Massenmarkt für dasselbe Gut. Um die Beweisführung einfach zu halten, nehmen wir konstante Grenzkosten an und unterstellen, daß es keine speziellen Einzelkosten für irgendeinen Teil des Outputs gibt.

Der Preis ist im Snobmarkt OP_1 für OQ_1 und im Massenmarkt OP_2 für OQ_2. Zu jedem dazwischenliegenden Einheitspreis würden die Erträge pro Output-Einheit in beiden Märkten niedriger sein.

7. Andere Formulierungen

Das Ziel der neoklassischen Theorie war, zu demonstrieren, daß die ungehinderte Wirkungsweise des Markts dahin wirkt, ein Gleichgewicht zwischen Angebot und Nachfrage für Güter zu schaffen und damit eine Harmonie zwischen Produzenten und Konsumenten.

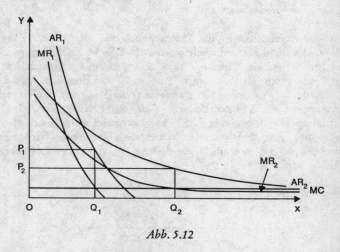

Abb. 5.12

Die Neoklassiker betrachten freien Wettbewerb sowohl als richtig als auch als normal. Jede Art der Preisfixierung war falsch und unnatürlich.

Für Marshall wirkte die Preistheorie auf zwei Ebenen. Auf der metaphysischen Ebene behauptete er, daß die Geldpreise von Gütern die »realen Kosten« der »Anstrengungen und Opfer«, die in ihrer Produktion steckten, messen oder ihnen entsprechen. Die »Anstrengungen« werden von Arbeitern und Managern unternommen; die »Opfer« werden von den Rentiers erduldet, die sich des Reichtumkonsumierens enthalten, um Zinsen aus ihm zu ziehen.

Auf der realistischen Ebene beobachtete er, wie sich Familienbetriebe verhalten (die großen Aktiengesellschaften paßten nicht gut in sein Modell). Sein Wettbewerbskonzept war vage und allgemein, er billigte und stimmte der Unvollkommenheit des Marktes zu, welche zuläßt, daß Profitspannen angesichts fallender Nachfrage erhalten bleiben.

Pigou arbeitete Marshalls Beitrag über das Firmenverhalten in ein logisches Modell ein, allerdings ohne einen Bezug zur Wirklichkeit. Er definierte *vollständige Konkurrenz* als eine Situation, in der jede Firma einer vollständig elastischen Nachfrage für ihre Produkte bei herrschendem Marktpreis gegenübersteht. Jede Firma kann soviel oder so wenig, wie es ihr paßt, zu diesem Preis verkaufen. Deshalb ist der Output-Umfang, der von einer Firma produziert wird, immer durch steigende Grenzkosten begrenzt. (Bei jedem Output, bei dem die Grenzkosten unter dem Preis liegen, zahlt es sich für die Firma aus, mehr zu produzieren und zu verkaufen.) Das ist durch Abb. 5.13 illustriert.

Aus dieser Sicht hängen die Profitspannen von der Differenz zwischen Grenz- und variablen Durchschnittskosten ab. Dies ist am leichtesten sichtbar zu machen, wenn eine Firma mit einer einzelnen Anlage gleichgesetzt wird. Wenn Produzenten mit niedrigen und hohen Kosten denselben Markt bedienen, wird der Angebotspreis für irgendeine Gütermenge von den Grenzkosten der Anlage mit den höchsten Kosten, bei der der Preis die variablen Durchschnittskosten übersteigt, bestimmt. Es kann vermutet werden, daß die Kosten ein quasi-fixes Ausgabenelement enthalten, die übernommen werden müssen, um den Output erst zu ermöglichen, die aber nicht mit dem Auslastungsgrad der Anlage variieren.

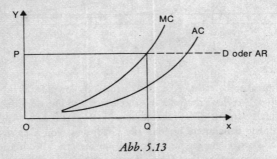

Abb. 5.13

Abb. 5.14 zeigt drei Firmen mit je einer Anlage aus einer Gruppe mit vollständigem Wettbewerb. Wenn der Preis auf OA steht, produzieren alle drei.

Wenn der Preis OB ist, scheidet der dritte aus, weil dieser Preis nicht seine variablen Durchschnittskosten deckt. (Das beste, was er tun könnte, würde zu negativen Bruttoprofiten führen.) Die andern beiden fahren fort, bis zu dem durch die Grenzkosten gesetzten Limit zu produzieren. Die Profitspannen der Übriggebliebenen sind nun niedriger als zu dem Zeitpunkt, als der Preis noch so hoch war, den dritten im Geschäft zu halten. (Dies entspricht der Allokation des Outputs zwischen Anlagen, die wir dem kostenminimierenden Monopolisten zuschieben) [siehe § 4 (d)].

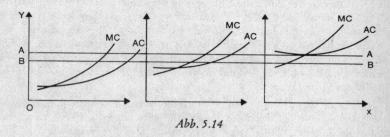

Abb. 5.14

Eine Welt vollständigen Wettbewerbs würde bedeuten, daß der gesamte industrielle Output in scharf voneinander getrennte Gütergruppen aufgeteilt ist, jede in sich selbst homogen, und von einer großen Anzahl kleiner Ein-Produkt-Firmen mit einer Anlage produziert wird. Dann würde, für jedes Gut getrennt, der Output von Preisen durch den Schnittpunkt von Angebots- und Nachfragekurven bestimmt werden, wie wir es bereits in der graphischen Darstellung gezeigt haben, die wir für eine Diskussion des Gütermarktes benötigt hatten.

Während der Wirtschaftskrise in den Dreißiger Jahren war es ziemlich offensichtlich, daß nicht alle Anlagen, die überhaupt produzierten, an ihrer Kapazitätsgrenze arbeiteten, noch daß die Preise auf das gleiche Niveau mit den Herstellkosten des Grenzproduzenten herabgedrückt wurden. Mehr oder weniger alle Firmen litten unter Unterausnutzung der Anlage und dennoch waren die Bruttogewinnspannen meist irgendwo merkbar über Null.

Zwei Erläuterungen wurden angeführt, um dies zu erklären. Eine, die von Piero Sraffa[66]) abgeleitet und von R. F. Harrod[67]), Joan Robinson[68]) und anderen ausgearbeitet wurde, und besagte, daß der Wettbewerb niemals vollkommen ist. Jede Firma hat ein Monopol auf ihr eigenes Produkt und jede steht einer sinkenden Durchschnittserlöskurve gegenüber (wie in Abb. 5.10). Die Profite werden maximiert, indem der Output verkauft wird, bei dem der

Grenzerlös gleich den Grenzkosten ist. An diesem Punkt übersteigt der Preis die variablen Durchschnittskosten, so daß die Bruttogewinnspanne nicht durch den Wettbewerb aufgezehrt wird.

Die andere Erklärung wurde von Keynes angeboten[69]). Es gibt *Benutzungskosten* einer arbeitenden Anlage auf Grund der Abnutzung usw., die weit über den Herstellkosten im gewöhnlichen Sinne liegen. Die Preise müssen, sogar unter annähernd vollkommener Konkurrenz, ausreichend sein, diese Kosten zu decken, sonst würde sich die Produktion nicht lohnen. Benutzungskosten stellen den Verlust dar, der durch die Erschöpfung der Produktionskapazität eintritt, so daß sie später nicht mehr zur Nutzung verfügbar ist. Die Veranschlagung der Benutzungskosten hängt damit von der Ansicht darüber ab, was die Produktionskapazität in der Zukunft wert sein wird. Unter pessimistischen Bedingungen sind die Benutzungsgebühren niedriger, als wenn die Markttendenz positiv ist. Das hilft, das Absinken der Bruttogewinnspannen in der Wirtschaftskrise zu erklären.

Jede dieser Vorstellungen, nämlich unvollkommene Konkurrenz und Benutzungskosten, können in einigen speziellen Fällen angewendet werden, aber keine gibt eine plausible allgemeine Hypothese über das Verhalten der Bruttogewinnspannen, sowie es von Kaleckis Monopolgrad ausgedrückt wird. E. H. Chamberlins *monopolistische Konkurrenz* eröffnet einen viel interessanteren Vorschlag als jeder andere. Firmen haben nicht unvermeidlich ein Monopol auf ihre eigenen Produkte. Sie sind ständig bestrebt, ein Monopol zu *erzeugen*, indem sie ihre Produkte differenzieren und die Nachfrage nach ihnen durch Reklame und Geschäftstüchtigkeit jeder Art manipulieren. Dieses dynamische Konzept des Marktverhaltens bedeutete einen Bruch mit der traditionellen Theorie und eröffnete eine neue Methode in bezug auf den Wettbewerb, der wir in diesem Buch gefolgt sind. Professor Chamberlin entwickelte die Idee künstlicher Produktdifferenzierung nicht weit, aber er richtete seine spätere Arbeit darauf, daß er bewies, daß sie in keiner Weise unvereinbar war mit der Lehre, daß das freie Spiel der Marktkräfte einen wohltätigen Einfluß gleichermaßen auf Konsumenten und Produzenten hervorrufe.

Alle diese Ideen folgten der Tradition Marshalls, der zwischen Haushalten als Konsumenten und Firmen als Produzenten unterschied. Das Konzept des Wettbewerbs in einem allgemeinen Gleichgewichtssystem von Walras ist gänzlich anders. In diesem Modell besteht die Wirtschaft aus einer Anzahl Individuen, von denen jedes einerseits mit seiner Arbeitskraft ausgestattet ist oder einige Produktionsmittel besizt und auf der anderen Seite Präferenzen für bestimmte Güter hat. Die technischen Bedingungen, die Ausstattung und die

Güter und Preise **2** 5 § 7

Neigungen bestimmen ein Gleichgewicht, in dem die Preise und der Umfang der produzierten Güter, der Mietpreis für Arbeitsverdienste und Produktionsmittel und die Einkommen der Individuen alle miteinander vereinbar sind. Diese Idee des Gleichgewichts ist vollständig zeitlos. Die Theorie erhebt nur den Anspruch, den Prozeß der Anpassung an den Wandel zu berücksichtigen, und läßt keinen Raum dafür, Entscheidungen in einer Situation der Ungewißheit über die Zukunft zu treffen.

Die Essenz der Keynes'schen Revolution war, die Analyse in eine historische Zeit zu stellen und den alles durchdringenden Einfluß der Unsicherheit nachdrücklich zu betonen. In der Wiederbelebung der Orthodoxie nach Keynes scheinen die Lehrbücher auf das Konzept der vollständigen Konkurrenz zurückgefallen zu sein, aber sie machten oft nicht eine genügend klare Unterscheidung zwischen dem walrasianischen Gleichgewichtskonzept, in dem gegebene physische Produktions»faktoren« in verschiedenen Proportionen kombiniert werden können, um spezifizierte Güter herzustellen, und dem Pigou'schen Konzept des vollkommenen Wettbewerbs, in dem jedes Unternehmen die Kosten der Produktion im Verhältnis zum Preis des kalkulierten Gutes in Geldeinheiten berechnet.

In der traditionellen Lehre war das Monopol ein Sonderfall. Die Analyse der profitmaximierenden Position für einen Monopolisten, der sich einer stabilen und bekannten Nachfragekurve gegenübersieht, wurde von Cournot ausgearbeitet. Er versuchte ebenfalls den Fall eines *Duopols* zu bearbeiten – zwei Firmen verkaufen ein identisches Produkt, jede zieht den Einfluß seines eigenen Verhaltens auf das des anderen in Betracht. Die Analyse wurde mit Hilfe der Theorie der unvollständigen Konkurrenz auf den *Oligopolfall* ausgeweitet – einige wenige Firmen in einem einzigen Markt versuchen, den eigenen Profit zu maximieren, während sie berücksichtigen, wie die anderen auf ihr eigenes Verhalten reagieren. Dies führte die ökonomische Analyse zur Anwendung eines neuen mathematischen Zweiges, der Spieltheorie[70])), welche das ganze Untersuchungsobjekt in ein neues Licht rückte, obwohl ein wesentlicher Unterschied zwischen einem Spiel mit bekannten, akzeptierten Regeln und dem Kampf ums Überleben und Wachstum unter den komplizierten und unstabilen Bedingungen einer Privatwirtschaft besteht.

Kapitel 6   Die Profitraten

Bisher haben wir die kurzfristigen Aspekte des Marktverhaltens und der Preispolitik von Unternehmen behandelt. Wir haben den *Anteil* der *Brutto-*Profite an dem Wert des Outputs erörtert. Nunmehr müssen wir unter langfristigen Aspekten die Kosten, die Bestimmung der *Netto-*Profite und das Verhältnis von Nettoprofit zu Kapitalwert, d. h. die *Kapitalprofitrate* betrachten. Die ex-ante, zukunftsorientierte Profitrate drückt die Gewinnerwartungen aus, die mit den finanziellen Mitteln, die in ein Geschäft investiert wurden, erreicht werden sollen; die ex-post Profitrate stellt eine Berechnung tatsächlich realisierter Gewinne dar.

1. Lang- und kurzfristige Perioden

Marshalls Konzeption der kurz- und langfristigen Periode war mit der Vorstellung von der Zeitdauer verbunden, die man benötigen würde, um den »Normalzustand« nach einer Veränderung der Verhältnisse wieder herzustellen. Ein Ansteigen der Nachfrage nach einem bestimmten Gut zu einem bestimmten Zeitpunkt führt unmittelbar zu einem Anwachsen des Outputs, einem höheren Ausnutzungsgrad der bestehenden Anlagen und, während dieser Zeit, zu einem höheren Niveau der Profite. Oberhalb des »normalen« Niveaus liegende Gewinne induzieren Neuinvestitionen, so daß während einer bestimmten Periode die Produktionskapazität ausgedehnt wird, um die gestiegene Nachfrage zu befriedigen. Marshall nahm an, daß die Expansion gerade soweit gehe, daß das Profitniveau wieder auf eine »normale« Höhe zurückgebracht wird.

Diese Konzeptionen entstehen aus dem Wesen der kapitalistischen Industrie. Zu jedem Zeitpunkt wird die Kapazität durch die bereits bestehenden Gebäude, die Ausrüstung und das »Know-how« begrenzt. Ein Industrieunternehmen hat Finanzmittel in mehr oder weniger langlebigen Anlagen gebunden, von denen es hofft, daß sie in den Jahren ihrer Funktionsfähigkeit einen Nettoprofit erbringen. Es ist auch durch die Beschäftigungsverträge mit seinen Angestellten festgelegt, die nicht ohne weiteres befristet werden können. Die einfachen Arbeiter können hingegen von Woche zu Woche oder sogar von Tag zu Tag beschäftigt werden und die laufenden Kosten für Energie, Rohmaterialien usw. variieren mit dem wöchentlichen Output. Unternehmen sind in der Lage, nahezu sofort den Ausnutzungsgrad ihrer Anlagen zu verändern, wenn ihnen dies gewinnbringend erscheint. Eine Veränderung der bestehenden Produktionskapazität hingegen benötigt Zeit.

Wir können die Unterscheidung zwischen den Konzeptionen über die lang- und kurzfristige Periode benutzen, ohne dabei an Marshalls Glauben an die sich »langfristig« etablierenden »Normal«-Gewinne gebunden zu sein. Tatsächlich ist es absurd, von »dem Befinden in einer langen Periode« oder von »dem Erreichen der langen Periode« zu reden, als ob es sich um ein Geschichtsdatum handele. Es ist besser, die Ausdrücke kurz- und langfristig als Adjektive und nicht (wie oben) als Substantive zu benutzen. Die »kurze Periode« bezeichnet keine Zeitdauer, sondern einen Zustand der Dinge, nämlich die Situation zu einem bestimmten Zeitpunkt, in der sich die Produktionskapazität und alles, was mit ihr zusammenhängt, gerade befindet, gleichgültig, was die geschichtliche Vergangenheit auch immer hervorgebracht hat. Jedes Ereignis, das stattfindet, ereignet sich in einer kurzfristigen Situation; es hat kurz- und langfristige Konsequenzen.

Kurzfristige Entscheidungen betreffen die Nutzung der bereits bestehenden Anlagen. Sie werden im Lichte von Erwartungen über die unmittelbare Zukunft (z. B. über das Verkaufsvolumen) getroffen, die mit ziemlicher Sicherheit realisiert werden (obgleich sie sich im Endergebnis nicht völlig erfüllen mögen). Langfristige Entscheidungen sind solche, die Konsequenzen hervorbringen, die sich über eine weit größere zukünftige Zeitspanne erstrecken, insbesondere also Entscheidungen, die zu Veränderungen der Produktionskapazität führen. Als wir über technischen Wandel diskutierten, erörterten wir langfristige Probleme, aber wir taten dies im Rahmen unseres einfachen Modells. Wir müssen nunmehr die Analyse langfristiger Aspekte komplizierterer Produktionsformen in Angriff nehmen.

2. Investitionsentscheidungen

Ein kapitalistisches Unternehmen ist in der Regel bestrebt, sein Wirkungsfeld auszuweiten. Dies liegt in der Natur der Sache. Ein einmal errichtetes Unternehmen will sein Kapital nicht verlieren. Wenn es stagniert, setzt es sich der Gefahr aus, zurückgeworfen zu werden. (Eine einzelne Familie mag sich darauf freuen, eines Tages all ihre Vermögenswerte verkaufen und sich als Rentner vom Geschäftsleben zurückziehen zu können, sie hat aber darum umso mehr Grund, danach zu streben, etwas zu verkaufen zu haben.) Wenn ein Geschäft in einer unsicheren Welt erfolgreich läuft, so wäre es offensichtlich unklug, den gesamten Nettoprofit zu verteilen (geschweige denn einen Teil des Kapitals), und ihn als Haushaltseinkommen zu konsumieren. Ein erfolgreiches Unternehmen spart einen Teil seiner Nettoprofite zusammen mit seinen Amortisationsrücklagen. Ein gesicherter und fauler Monopolist, wie wir ihn oben geschildert haben, mag umfangreiche Finanzmittel ansammeln, die er nicht einsetzt. Im allgemeinen jedoch werden die Ersparnisse aus den Gewinnen für Investitionen verausgabt, um weitere Profite zu erzielen. Wie wir gesehen haben, werden die Ausgaben nicht notwendigerweise sofort vorgenommen, sondern dann, wenn sich eine günstige Gelegenheit bietet [siehe: **2 2 § 3 (b)**]. Daher dehnen erfolgreiche Unternehmen – entweder Schritt für Schritt oder in plötzlichen Sprüngen – ihr Betätigungsfeld aus, indem sie während einer Reihe von Jahren Bruttoinvestitionen tätigen, die das bestehende Kapital nicht nur aufrecht erhalten sondern es darüber hinaus erweitern [siehe: **2 4 § 1 (d)**]. Hier kann sich die Frage erheben, ob es rational ist, so zu handeln. Keynes behauptete:

»Zumeist können unsere Entscheidungen, irgendetwas Positives zu tun, dessen volle Konsequenzen sich über viele kommende Tage hinweg strecken, wahrscheinlich nur als Ergebnis eines natürlichen Instinktes angesehen werden – als ein spontaner, innerer Drang, eher zu handeln, als untätig zu sein und nicht als das Ergebnis eines gewogenen Durchschnitts quantitativer Nutzen, multipliziert mit quantitativen Wahrscheinlichkeiten. Das Unternehmertum macht sich nur selbst vor, hauptsächlich von den Erklärungen in seinen eigenen Werbeschriften angetrieben zu sein, wie aufrichtig und ernsthaft auch immer. Es beruht nur wenig mehr als eine Expedition zum Südpol auf einer exakten Berechnung der zukünftigen Nutzen.«[71])

Aber ob rational oder nicht, der Drang zu expandieren, ist in dem kapitalistischen Geschäftsleben vorhanden; tatsächlich ist er ein grundlegendes Merkmal des Kapitalismus. Der ständige wettbewerbsbedingte Überlebens- und Wachstumskampf konkurrierender Unternehmen bewirkt die Akkumulation für die ganze Volkswirtschaft.

In unserem einfachen Modell waren alle Firmen gleich, und wir betrachteten ihr Verhalten als Ganzes. Nunmehr müssen wir die Investitionen aus der Sicht eines einzelnen Unternehmens betrachten und analysieren, welche Einflüsse auf seine einzelnen Pläne einwirken.

(a) Brutto- und Nettoprofit

Ein Unternehmen, das plant, seine Produktionskapazität zu erweitern und seine Verkäufe zu erhöhen, trifft eine Auswahl aus möglichen Investitionsprojekten. Um wählbar zu sein, muß ein Investitionsprojekt einen Strom von Bruttogewinnen ermöglichen, der ausreicht, um nicht nur die Investition in der erwarteten gewinnbringenden Lebensdauer seit ihrer ersten Inbetiebnahme zu amortisieren sondern auch, um Nettoprofite in Aussicht zu stellen; denn der Nettoprofit erlaubt es, Zahlungen an die Rentiers zu leisten und Ersparnisse für die weitere Expansion zu akkumulieren. Die Vorteilhaftigkeit eines Investitionsprojekts kann unter den Bedingungen einigermaßen sicherer Erwartung als Verhältnis der Nettoprofite zu den Investitionskosten, die eine Amortisation während der Lebensdauer ermöglichen, berechnet werden. (Dies wird manchmal als der erwartete *interne* Zinsfuß oder als die *Grenzleistungsfähigkeit des Kapitals* bezeichnet.)

Da Voraussagen im allgemeinen unsicher sind, ist es unmöglich, die Kapitalverzinsung präzise zu schätzen. Als groben Maßstab für die Projektwahl kann z. B. die *pay-off*-Periode benutzt werden. Das ist die Zeit, die benötigt würde, damit die Bruttoprofite die gesamten Anfangskosten der Investition abdecken können. Wenn die Projekte verglichen werden, so wird das mit einer kürzeren erwarteten »pay-off«-Dauer vorgezogen. Eine Firma kann sich eine andere Strategie zur Regel machen, kein Projekt zu übernehmen, das eine längere »pay-off«-Periode als sagen wir drei Jahre hat. Dies bedeutet natürlich nicht, daß das Unternehmen davon ausgeht, eine Anlage nach drei Jahren zu verschrotten. Ein Projekt, das lediglich die Investitionskosten deckt, würde überhaupt keinen Nettoprofit erbringen. Das Unternehmen hofft, die Anlage für viele Jahre über die »pay-off«-Periode hinaus einsetzen zu können, wenn nämlich der gesamt Profit als Reinertrag erwirtschaftet wird. Mit Hilfe der »pay-off«-Methode versucht das Unternehmen zu verhindern, daß Projekte in Angriff genommen werden, die zu tatsächlichen Verlusten führen könnten. Die Wahl einer kurzen »pay-off«-Periode kann einen hohen Unsicherheitsgrad oder Vorsicht und Abneigung gegen Risiko widerspiegeln.

In jedem Fall liegen Profite in der Zukunft. Die Art und Weise, in der die Zeichen der Zukunft gelesen werden, hängt sehr stark von dem ab, was Keynes als den Zustand des »natürlichen Instinkts« bezeichnete. Eine optimistische oder pessimistische Beurteilung ähnlicher Situationen kann durch ein Unternehmen zu verschiedenen Zeitpunkten oder durch verschiedene Unternehmen zur gleichen Zeit erfolgen.

All dies betrifft die erwartete Rendite einer Summe von Finanzierungsmitteln, die heute investiert werden. Später wird es möglich sein, zurückzuschauen und zu berechnen, wie das Ergebnis aussah. Zu dem Zeitpunkt, in dem die zu investierenden Finanzmittel als eine Geldsumme existieren, stellen die Gewinne lediglich eine Schätzgröße dar. Die Finanzierungsmittel sind in den Anlagen fest angelegt (oder in Ausgaben für Forschung und Entwicklung oder in Werbekampagnen um »Goodwill« zu erzeugen), wenn die Gewinne zu einer Geldsumme aufgelaufen sind. Der Wert der Investition, auf den die tatsächlichen Profite als eine Rate ausgedrückt bezogen werden sollen, ist weitgehend eine Angelegenheit buchungstechnischer Konventionen. Der Wert von Maschinen kann zum Beispiel zu ihren ursprünglichen Kosten oder ihren gegenwärtigen Wiederbeschaffungskosten angesetzt werden oder durch verschiedene komplizierte Formeln, die den Wertverlust exakt messen, berechnet werden. Daher stimmen die zukünftig erwartete Gewinnrate einer Investition und die tatsächlich erreichte Profitrate selten miteinander überein.

Nichtsdestoweniger lernt man aus Erfahrungen. In einer fortschreitenden industriellen Wirtschaft ist – mit Ausnahme in einer Zeit tiefgreifender Umwälzungen – die Gewohnheit, sich so zu verhalten, als ob die Zukunft der Vergangenheit entspräche, nicht allzu falsch. Es wird wahrscheinlich immer genügend Information geben, um die Risiken abschätzen zu können, die mit den verschiedenen Investitionstypen verbunden sind, und weitgehende allgemeine Übereinstimmung zwischen den ex-ante und den ex-post Gewinnraten.

(b) Die Investitionsrisiken

Das Risiko einer Investition beinhaltet zwei Elemente. Das eine ist das Element des Spiels. Einige Investitionen bieten sowohl eine Wahrscheinlichkeitschance für hohe Profite als auch eine Verlustchance, während andere eine ziemlich sichere Erwartung für bescheidene Gewinne beinhalten. Das andere Risikoelement hängt von der Inflexibilität der gebundenen Mittel ab, d. h. von der Schwierigkeit, die finanziellen Mittel wiederzuerlangen, falls sich das Projekt als enttäuschend herausstellt. Um dieses Risikoelement erörtern zu können, müssen wir die beiden Investitionsarten – das kurzfristige Betriebskapital (unser »Getreidebestand«) und die Anlagen (»Maschinen«) – die wir in unserem einfachen Modell voneinander unterschieden, wieder zusammenbringen (siehe **2** 2 Anhang).

Eine Fima muß, um Arbeiter beschäftigen zu können, über einen Lohnfonds verfügen, damit sie die Übergangszeit zwischen der Bezahlung der Arbeiter und dem Verkauf des Produkts überbrücken kann. Wenn die Herstellungsperiode des fraglichen Produkts sagen wir 15 Wochen beträgt, muß der Arbeitge-

Die Profitraten **2** 6 § 2 (b)

ber bei Lohnzahlung am Ende jeder Woche für die Lohnkosten über Finanzierungsmittel für 14 Wochen verfügen, während die Arbeiter ihm einen Wo-
chenlohn stunden. Ähnlich müssen er oder seine Anbieter das Material sowie
andere Teile der Herstellkosten für die Dauer der Produktionsperiode finanzieren. Ist einmal das kurzfristige Betriebskapital vollständig bereitgestellt, so
können die wöchentlichen Kosten aus den Einnahmen der jeweiligen Woche gezahlt werden. Der Fonds des kurzfristigen Betriebskapitals, der einer konstanten Outputrate entspricht, bleibt ohne zusätzliche Investition unverändert.

Falls nun der Absatzmarkt versiegt oder eine vorteilhaftere Produktionsart
in Sicht kommt, so kann das kurzfristige Betriebskapital abgebaut werden, indem einfach Arbeitskräfte entlassen werden, die die Einnahmen einer Woche
bekommen. Dadurch wird die Zahlung der nächsten wöchentlichen Kosten vermieden. Dann können die Finanzmittel in Form von Geld gehalten werden,
um so auf bessere Zeiten zu warten, oder sie können auf eine andere, vielver-
sprechendere Investition transferiert werden. Auch hier besteht ein gewisses
Risiko in in der Festlegung der finanziellen Mittel, aber es ist geringer als das,
das in langlebigen Ausrüstungsanlagen impliziert ist.

Die finanziellen Mittel, die nun in den Anlagen ruhen, müssen aus den Bruttoprofiten über eine ziemlich lange Betriebsdauer hinweg wieder gedeckt werden. Das Risiko, sie zu verlieren, falls die Erwartungen sich nicht realisieren,
ist um so größer, je höher die Größe der Minimalkapazität ist, die bei der gegebenen Technik für eine effiziente Produktionsweise benötigt wird und je höher die Investitionskosten pro Kapazitätseinheit sind. Eine Investition dieser
Art wird nicht durchgeführt werden, es sei denn, sie verspricht mit hoher
Wahrscheinlichkeit ein ausreichend hohes Niveau der Bruttoprofite über eine
genügend lange Zeitdauer, um die Bindung der finanziellen Mittel zu rechtfertigen. Die beiden Risikoelemente gehen häufig Hand in Hand. Neue Güter
oder neue Techniken, die im Sinne eines Spiels ein Risiko einschließen, erfordern häufig große und unflexible Bindungen finanzieller Mittel.

Hier haben wir den Anhaltspunkt für die Beziehung zwischen Bruttogewinnspannen und langfristigen Kosten, nämlich *Gemeinkosten* und Amortisation. Wo der Zugang für neue Wettbewerber leicht ist, so daß der Monopolgrad niedrig liegt, werden riskante Investitionen, die höhere Kosten pro Kapazitätseinheit mit sich bringen, nicht getätigt. Hohe Kosten schließen jedoch den
Wettbewerb aus. Der Monopolgrad hat daher eine Tendenz, sich wenigstens
auf dem Niveau einzustellen, das erforderlich ist, um die *Gemeinkosten* zu
decken, und um in jeder Branche Profite erwirtschaften zu können, d. h. der
Monopolgrad steigt mit dem Risiko und mit den Investitionskosten pro Kapazitätseinheit. Daher liegt keine Inkonsistenz in der Aussage, daß die Höhe der

Bruttogewinnspannen bei den Preisen bestimmter Waren von dem Grad der Monopolisierung auf den Märkten, auf denen sie verkauft werden, abhängt und daß die Bruttoprofitspannen durch die langfristigen Kosten in den Industriezweigen beeinflußt werden, in denen diese Waren erzeugt werden.

Schumpeter wies darauf hin, daß, obgleich die Lehrbuchmoral den Wettbewerb begrüßt und das Monopol als ein Übel betrachtet, jede Industrienation ein Patentsystem unterhält[72]). Ein Patent schafft für einige Jahre ein künstliches Monopol und wird mit der Begründung gerechtfertigt, daß es einen Anreiz für Investitionen in neue Entwicklungsprojekte bieten soll. Dies stellt die Anerkennung der Notwendigkeit eines monopolistischen Elements zur Überwindung des Risikos dar.

Patente, mangelnde Transparenz und die Macht großer Unternehmen, die kleinen Pseudowettbewerber zu unterdrücken, sind in einer Privatwirtschaft erforderlich, um die Investition auf riskante Gebiete zu ziehen; aber es gibt in dem System nichts, das sicherstellt, daß die Barrieren für den Eintritt des Wettbewerbs nicht höher sind, als gerade erforderlich ist, um das Risiko und die Investitionskosten auszugleichen. Es besteht vielmehr die Wahrscheinlichkeit, daß ein hoher Monopolgrad im kurzfristigen Sinne, der hohe Profite erlaubt, mit Monopolgewinnen im langfristigen Sinne verbunden ist, d. h., mit einer hohen ex-post Nettoprofitrate bezogen auf das Kapital für die betreffenden Firmen oder (wie im Falle unseres faulen Monopolisten) einer nachlässigen Kontrolle über die Kosten.

(c) Das Oligopol

Weil Profite das Wachstum und das Wachstum wiederum die Profite nährt, expandiert der Output erfolgreicher Firmen schneller als der gesamte Output der Wirtschaft, und sie übernehmen oder verdrängen erfolglose Wettbewerber. Große Investitionen können nur von einem starken Unternehmen vorgenommen werden, das über umfangreiche Finanzmittel verfügt und mit mehreren Objekten spekulieren kann, so daß ein Fehlschlag von einem oder zwei Projekten nicht fatal wäre.

Heutzutage arbeiten in vielen Märkten nur zwei oder drei solcher Unternehmen, die damit ein Oligopol bilden [siehe: 2 5 § 4 (c)]. Diese Firmen sind nicht daran interessiert, die Preise so zu senken, daß sie einander die Bruttoprofite zerstören. Darüber hinaus macht es ein Sperrfeuer von Annoncen, Exklusivgeschäften mit Einzelhändlern und dergleichen mehr, einem Außenseiter extrem schwer, in ihre Gehege einzudringen.

Die Profitraten **2** 6 § 2 (d)

Die Toleranz eines Oligopolisten gegenüber den Preisen der anderen ist nicht unbeschränkt. Wenn das Preisniveau, das ein Oligopolist festsetzt, sich auf einer Höhe befindet, die nach Meinung eines anderen übermäßig große Gewinne abzuwerfen scheint, so wird dieser entweder durch Preissenkung oder durch Druck auf den Absatz zum Angriff übergehen, um an dem Geschäft zu partizipieren. Im allgemeinen jedoch sind sie gezwungen, sich gegenseitig einen mehr oder weniger festen Anteil an den Märkten, in denen sie Konkurrenten sind, einzuräumen, und jeder gestattet dem anderen ein Gewinniveau, das er für sich selbst als adäquat empfinden würde. Daher besteht in jenen Branchen, in denen große Investitionen durchgeführt werden, ein genügend hoher Monopolgrad, der nicht nur Kostendeckung gestattet, sondern auch eine höhere Kapitalertragsrate sicherstellt, als sie von konkurrierenden Unternehmen in Produktionszweigen erwirtschaftet werden kann, die mit einem kleineren Produktionsumfang begonnen werden können.

Es wird manchmal gesagt, daß die höheren Netto-Profitraten, die mit Großinvestitionen erzielt werden, speziell mit jenen, die revolutionäre Techniken oder völlig neue Produktionstypen beinhalten, der *»Lohn für das in Kauf genommene Risiko«* seien. Nun ist es zwar wahr, daß derartige Investitionen risikoreicher sind als jene, die die kleinen Unternehmen machen können, aber Risiko im Sinne eines Spiels erklärt nicht die hohen ex-post Profite. Risiko bedeutet ex-ante große Chancen sowohl für hohe Profite als auch für hohe Verluste. Wenn das Risiko der einzige Faktor wäre, würden sich die ex-post Profite im Durchschnitt ausgleichen. Die Art und Weise, auf die das Risiko die Profitabilität erhält, besteht in der Begrenzung der Investition, um auf diese Weise einen ausreichend hohen Monopolgrad aufrechtzuerhalten, der denjenigen eine hohe ex-post Ertragsrate liefert, die sich selbst genug absichern können, um ein derartiges Abenteuer zu wagen.

(d) Vollkostenpreise

Preispolitik befaßt sich in einer Hinsicht mit dem kurzfristigen Aspekt der Produktion. Vom Standpunkt der Unternehmen aus hat sie jedoch einen gleichsam langfristigen Aspekt. Die Preise der Firmenprodukte werden in Relation zu ihren Kosten festgesetzt. Die variablen Kosten[73]) einer Outputmenge sind (mehr oder weniger) bekannt: die durchschnittlichen Gesamtkosten hängen von der Höhe des Outputs ab, der von einer Anlage erwartet werden kann; d. h. von ihrem Monat für Monat und Jahr für Jahr über die gesamte Lebensdauer hinweg durchschnittlichen Auslastungsgrad. Die Preise müssen im voraus bestimmt werden. Derjenige, der den Preis festsetzt, veranschlagt das, was er als normalen oder leidlich zufriedenstellenden durchschnittlichen Ausnutzungsgrad ansieht oder den Durchschnitt, den die Firma aufgrund vergangener Erfahrungen erwarten kann. Er kalkuliert einen *Zuschlag* auf die durchschnittlichen Kosten, so daß, falls der erwartete Auslastungsgrad tatsächlich realisiert würde, dieser Anteil die Gemeinkosten und die Amortisation decken würde. Er addiert einen weiteren *Zuschlag* hinzu, der bei Realisierung des *unterstellten* Nutzungsgrades eine Profithöhe erbringen würde, die als die beste erscheint, die man vernünftigerweise ansteuern sollte.[143]) Dieses Niveau hängt von dem Monopolgrad auf den Märkten ab, auf denen die Produkte des Unternehmens verkauft werden, da dieser bestimmt, wie seine Konkurrenten (die direkten und die entfernten, die tatsächlichen und die potentiellen) bereit sind, eine Erhöhung hinzunehmen. Diese Kalkulation bestimmt also den Aufschlag, den das Unternehmen den Gestehungskosten hinzufügt, um den Preis seines Outputs festzusetzen [siehe: 2 5 § 6 Abb. 5.9].

Geschäftsleute bezeichnen dies als Preisstellung zu Vollkosten. Der Ausdruck ist etwas mißverständlich, denn die Kosten sind nur in der Vorstellung und nicht tatsächlich vorhanden − tatsächliche Durchschnittskosten können nur bekannt sein, nachdem der tatsächliche Auslastungsgrad realisiert worden ist, und ein Anteil für den Nettoprofit ist nicht dasselbe wie ein Kostenfaktor, wenn man die normale Bedeutung dieses Wortes zugrundelegt. Darüber hinaus besteht ein beträchtliches Element der Preisdiskriminierung. Jeder Oligopolist erzeugt eine Vielzahl von Gütern und verkauft sie auf zahlreichen Märkten: Einer kann bei einigen Spezialprodukten ein Monopol haben oder sie können alle durch allgemeine Übereinkunft für irgendeine Ware, die offensichtlich in Bezug auf den relevanten Preisspielraum nachfrageunelastisch ist, einen hohen Preis festsetzen. (Diese Praxis kann mit dem »Vollkostenprinzip« in Übereinstimmung gebracht werden, indem unterschiedliche Anteile an den gesamten Gemeinkosten auf verschiedene Güter verteilt werden, wobei der größte Anteil auf das Produkt umgelegt wird, das auf dem stärksten Markt verkauft wird.)

Der Begriff »Vollkosten« ist eher ein beschönigender Ausdruck. Es erscheint zweckmäßiger, die auf diese Weise zustande gekommenen Preise als *subjektiv normale Preise*[74]) zu bezeichnen. Denn, wenn die tatsächliche Auslastung über dem geschätzten Niveau liegt, erhält das Unternehmen mehr als die subjektiven Normalprofite und umgekehrt, falls die Auslastung niedriger ist. Für eine Reihe von Jahren bestimmt der realisierte durchschnittliche Auslastungsgrad den tatsächlichen ex-post Nettoprofit, den das Geschäft abwirft.

Wir sollten zu jedem Zeitpunkt in einer Industriewirtschaft erwarten, daß man eine Hierarchie realisierter Ertragsraten beobachten kann − hohe bei

Die Profitraten **2 6 § 3** 257

den großen oligopolistischen Firmen und niedrige bei den kleinen Unternehmen auf Konkurrenzmärkten. Innerhalb der Hierarchie bestehen jedoch zwischen den einzelnen Firmen beträchtliche Unterschiede entsprechend der Unterschiede in ihrem wirtschaftlichen Fortune oder ihrem geschäftlichen Scharfsinn. Und für die Industrie als Ganze erwarten wir, daß man Fluktuationen des allgemeinen Nettoprofitniveaus zusammen mit Schwankungen der effektiven Nachfrage beobachten kann.

3. Normalprofite

Bis hierher haben wir die Preise und Profitraten in einer modernen industrialisierten Volkswirtschaft erörtert. Wir müssen nunmehr die Rolle der Profite in der ökonomischen Theorie betrachten. Die erste Frage, die sich in der klassischen Werttheorie erhob, war, wie ein Preissystem gefunden werden kann, das einer einheitlichen Profitrate für das gesamte in der Produktion eingesetzte Kapital entspricht. Ricardo wollte eine Werteinheit finden, in der das Gesamtprodukt gemessen werden sollte, um seine Verteilung erörtern zu können; Marx versuchte, die Beziehung zwischen Arbeitswert und »Produktionspreisen« zu erklären, die bestehen würde, wenn der Wettbewerb zwischen den Kapitalisten die Profitraten ausgliche; Marshall wollte die *normale* Profitrate als Teil der Produktionskosten bestimmter Waren darstellen.

Es gibt zahlreiche Rätsel und Schwierigkeiten in dem Konzept einer für die gesamte Industrie einheitlichen Profitrate. Zunächst wäre da das Problem des Verhältnisses zwischen ex-ante und ex-post Gewinn zu nennen, mit dem wir bereits konfrontiert wurden. Es ist möglich, sich eine Welt vorzustellen, in der es bei einem nicht zu großen Produktionsumfang freien Zugang zu allen Märkten gibt, so daß im großen und ganzen Wettbewerbsbedingungen vorherrschen und Profite in einer Branche nicht lange auf einem höheren Niveau gehalten werden können als in einer anderen. Der Mechanismus aber, durch den der Wettbewerb dazu tendiert, die Profitraten einander anzugleichen, besteht, wie Marshall klar erkannte, in dem Einfluß des erwarteten Gewinns auf die Investition. Die ex-post Rendite entspricht nur dann genau den ex-ante Berechnungen, wenn die Erwartungen vollständig erfüllt werden. Wenn wir über Entscheidungen und Beweggründe diskutieren, so sprechen wir über Zukunftserwartungen, wenn wir über die Verteilung des Produkts diskutieren, sprechen wir über vergangene Erfahrung.

Das Konzept einer einheitlichen Profitrate ist für den Fall, daß Erwartungen und Erfahrung nicht miteinander übereinstimmen, überhaupt nicht präzisiert. Die Frage muß daher in die künstliche Bedingung einer Art stationären Zustandes überführt werden, so wie wir ihn oben benutzten, um den neutralen technischen Fortschritt zu erörtern [siehe: **2** 4 § 3 (a)].

(a) Boden und Ausrüstungsgegenstände

Die nächste Schwierigkeit besteht in der Auseinandersetzung mit der Unterscheidung zwischen dem Boden im Sinne einer »freien Naturgabe« und eines von Menschen erstellten Kapitals. Die Feststellung, daß die *normalen Preise* einer normalen Profitrate entsprechen, klammert offensichtlich die Rohprodukte aus. Der Kapitalwert einer Teepflanzung oder einer Zinnmine hat nichts mit den Investitionskosten zu tun, die zu ihrer jeweiligen Erschließung aufgebracht wurden. Der Kapitalwert wird aus ihren Erträgen abgeleitet, die von der Nachfrage nach den von ihnen gelieferten Gütern abhängen [siehe: **2** 5 3 (a)].

In einem Industriestaat, in dem die Landwirtschaft einen Teil der kapitalistischen Volkswirtschaft darstellt, ist es unmöglich, die »freien Gaben der Natur« von den Investitionswirkungen zu unterscheiden; dies ist im Fall der Stadtentwicklung noch offensichtlicher.

Marshall versuchte, zwischen der Bodenpacht und dem Zins, den die Rentiers erhalten, zu unterscheiden. Er bezeichnete den Zins als den »Lohn für das Warten«, da »Warten« einen »realen Kostenfaktor« darstelle, während die Pacht ein reiner Überschuß sei [siehe: **1** 3 § 2 (d)]. Aber in Wirklichkeit ist der Grundbesitz, der kein »Warten« erforderlich macht, die bedeutendste Form des Rentiersvermögens [siehe: **2** 7 § 1 (a)]. Der Boden ist, sowohl als Produktionsmittel wie auch als Einkommensquelle unentwirrbar mit dem Gesamtbestand der von Menschenhand hergestellten Produktionsmittel verquickt.

(b) Amortisation und Ersatzinvestition

Lassen wir diese Probleme beiseite und betrachten lediglich einen Bestand an Ausrüstungsgegenständen, der von Menschen produziert wurde, so stoßen wir auf das nächste Problem. Die Profitrate, die egalisiert werden soll, ist die Nettoprofitrate, nach Berücksichtigung aller im Verlauf des Produktionsprozesses verbrauchten Inputs. Wie kann dieses Prinzip auf langlebige Anlagen angewandt werden? Was ist in einer Welt sich ändernder Technologien und wandelnden Konsumverhaltens das geeignete Äquivalent, um die Ersatzin-

Die Profitraten **2** 6 § 3 (c)

vestition von Austrüstungsgegenständen zu berücksichtigen? Gibt die Berechnung des Nettoprofits durch den Buchhalter die wahre Bedeutung des Gewinns wider, wie sie die Philosophie des Wirtschaftswissenschaftlers fordert? Diese Fragen sind noch niemals klar beantwortet worden und es liegt in der Natur der Sache, daß man vielleicht auch in Zukunft keine Antwort auf sie finden wird.

(c) Input – Output

Lassen wir nun alle diese offenen Fragen beiseite und analysieren einen Fall, bei dem sie sich nicht ergeben. Man stelle sich einen Produktionskreislauf vor, der sich Jahr für Jahr genau wiederholt, so daß der physische Bestand an Produktionsmitteln immer aufrecht erhalten wird. In einem solchen Fall könnten wir, wenn wir absolut vollständige Information über den Produktionsprozeß besäßen, den Nettooutput in physischen Einheiten kennzeichnen. Eine bestimmte Anzahl an spezifischen Arbeitsstunden pro Arbeitskraft wird für spezifische Inputs eingesetzt – die in Tonnen, Pints (1 Pinte = 0,57 Liter, d. Ü.) oder Yards gemessen werden – und erzeugt während eines Jahres einen Strom von physischem Output, der in den gleichen Einheiten gemessen wird. Subtrahiert man von dem Output (inklusive aller teilweise benutzten Ausrüstungsgegenstände, die in das nächste Jahr hinübergenommen werden) den physischen Gegenwert alles dessen, was zum Jahresanfang existierte, so erhalten wir den Nettooutput als eine Liste von Mengen spezifizierter Produkte.

Die Input-Output-Tabellen, die für einige Arten der volkswirtschaftlichen Gesamtrechnung benutzt werden, werden aus dem statistischen Datenmaterial über den tatsächlichen industriellen Output zusammengestellt. Sie stellen einen bedeutenden Beitrag für das Verständnis der Produktionsstruktur dar, und sie sind in vielen Zusammenhängen von Nutzen. Sie können uns jedoch nicht helfen, eine physische Bedeutung für den Nettooutput zu finden. Die industrielle Produktion ist fein abgestuft. Der Output etwa an Stahl kann als eine Anzahl von Tonnen nicht adäquat dargestellt werden. Das statistische Datenmaterial für eine Input-Output-Tabelle wird zunächst in Geldeinheiten, beispielsweise Dollars, zusammengestellt: Alle Elemente, die die Benutzung eines Inputs darstellen, wie etwa Stahl, werden dort – ausgedrückt in Dollarpreisen, die zu einem bestimmten Basiszeitpunkt herrschen – aufgenommen. Dann aber sind die Bruttoprofite, die in die Inputpreise eingehen, in dieser Zahl enthalten. Die Statistiken geben keine rein quantitativen physischen Mengen wider;

260 **2** 6 § 3 (d) *Analyse*

sie werden sozusagen durch Werte »verfälscht«, die von dem Niveau der Bruttogewinne auf den Märkten abhängen, auf denen sie verkauft werden.

(d) »Die Güterproduktion mit Hilfe von Gütern«

All diese Schwierigkeiten müssen wir in Erinnerung behalten, wenn wir die
Problematik der Gewinne in den gegenwärtigen Volkswirtschaften analysieren; um das zentrale Problem der ökonomischen Philosophie, nämlich das Wesen der Profite verstehen zu können, ist es jedoch lohnend, ein abstraktes System zu untersuchen, in dem diese Schwierigkeiten eliminiert sind. Pierro
Sraffa erdachte zu diesem Zweck in den Zwanziger Jahren, noch bevor er sich
mit der Edition von Ricardo beschäftigte, ein Modell, das allerdings erst 1960
veröffentlicht wurde.[75])

In diesem Modell (in seiner einfachsten Version) erfordert die Produktion
eines jeden Gutes in einem Zeitabschnitt (sagen wir 7 Monate) eine bestimmte
Menge an Arbeitszeit (wobei alle Arbeiter gleich seien) und bestimmte Inputs
an anderen Produkten. Zu Beginn einer jeden Periode existieren Inputbe-
stände, die zur Erzielung einer bestimmten Outputmenge benötigt werden.
Diese Vorratsbestände werden im Produktionsprozeß vollständig aufgebraucht
(es gibt keine »Maschinen«). Wenn das System lebensfähig ist und mit der Produktion fortfahren kann, so werden die Vorratsbestände im Verlauf des Produktionsprozesses wieder neu geschaffen. Der Überschuß der Endproduktion
über den Ersatz der benötigen Inputs stellt den Nettooutput dieser Periode
dar. Angenommen, wir haben es mit den folgenden technischen Bedingungen
zu tun:

12 Arbeiter produzieren mit 1 Tonne Stahl 4 Tonnen Eisen,
32 Arbeiter produzieren mit 4 Tonnen Eisen 4 Tonnen Stahl,
10 Arbeiter produzieren mit 3 Tonnen Stahl 100 Tonnen Brot.

Das heißt, daß 54 Arbeiter mit einem Anfangsbestand von 4 Tonnen Eisen
und einer Tonne Stahl in 7 Monaten die Vorratsbestände ersetzen und einen
Nettooutput von 3 Tonnen Stahl erzeugen können. Mit diesen 3 Tonnen Stahl
produzieren 10 weitere Arbeiter in 7 Monaten 100 Tonnen Brot.

Stahl wird zu seiner eigenen Produktion benötigt, denn Stahl wird zur Eisenproduktion und Eisen zur Stahlerzeugung benutzt; das Brot ist jedoch ein
reines Konsumgut; es geht in seine eigene Produktion weder direkt noch indirekt über Eisen und Stahl ein, obgleich es natürlich zum Lebensunterhalt unentbehrlich ist.

Die Profitraten **2** 6 § 3 (d)

Wenn sich die Wirtschaft in einem stationären Zustand befindet, indem sie sich von Periode zu Periode reproduziert, so gibt es keine Nettoinvestition und alle Nettogewinne werden ebenso wie alle Löhne konsumiert. Dann erzeugen 54 Arbeiter alle 7 Monate mit 4 Tonnen Eisen und 4 Tonnen Stahl einen Nettooutput von 100 Tonnen Brot; zur gleichen Zeit reproduzieren sie die bei der Produktion verbrauchten Eisen- und Stahlmengen, so daß sich der gesamte Prozeß von Periode zu Periode wiederholen kann.

Die Bestände an Eisen und Stahl gehören Kapitalisten, die die Arbeiter gegen Lohn beschäftigen und die einen Teil des Brotes als Nettoprofit behalten. (Der Lohn wird aus dem Produkt gezahlt; es gibt keinen Lohnfonds, den der Kapitalist vorstreckt. Dies ist eine vereinfachende Annahme, die für die eigentliche Beweisführung unerheblich ist.)

Die physischen Angaben können uns nicht sagen, wie der Nettooutput sich auf Löhne und Gewinne aufteilt. Wir können eine einheitliche Profitrate postulieren, so daß sich der Ertrag überall als gleicher prozentualer Ertragsanteil an dem Wert des Produktionsmittelbestandes (die Eisen- und Stahlmengen), der für jedes Produkt benötigt wird, ergibt; aber dann wissen wir lediglich, daß die Güterpreise so geartet sein müssen, daß jedes Produkt dieselbe Profitrate abwirft.

Der Kernpunkt von Sraffas Theorie bestand darin, zu zeigen, daß der »Wert eines Kapitalstockes« im allgemeinen nur im Zusammenhang mit der Verteilung des Nettoproduktes auf Löhne und Gewinne eine Bedeutung hat. Daraus folgt, daß in der Vorstellung, daß die Profitrate durch das »Grenzprodukt des Kapitals« bestimmt wird, kein Sinn liegt.[76]

Wenn die Profitrate gegeben ist, dann können wir die Struktur der Preise, die sie impliziert, herausarbeiten. Die Preise sind dergestalt, daß der Output eines jeden Gutes Profite in Höhe der vorgegebenen Profitrate erbringt. Hierbei wird die Profitrate auf den in den entsprechenden Preisen gemessenen Wert der Inputmengen bezogen, die zur Erstellung des Outputs benötigt werden. Wenn wir die Struktur der Preise kennen, dann können wir den Wert des Nettooutputs und den Anfangsbestand mit Hilfe einer Wareneinheit oder der Arbeitszeit bewerten. (Sraffa benutzte eine zusammengesetzte Einheit, das *Standardprodukt;* dies wurde für einen speziellen Zweck in der Auseinandersetzung über ökonomische Doktrinen, die uns jedoch hier nicht weiter beschäftigen soll, geschaffen.)

Die einfachste Art, die Preise festzusetzen, besteht darin, sie durch die Kosten der Arbeitszeit auszudrücken. Dann können wir mit einem Geldlohnsatz pro Arbeitseinheit operieren, so daß die Arbeitskosten einer jeden Ware von dem Geldpreis jener Ware abhängen. Angenommen, der Lohn betrüge $ 10 pro Arbeiter für 7 Beschäftigungsmonate. Es gäbe in Abhängigkeit von der gegebenen Profitrate entsprechende Dollarpreise für Eisen, Stahl und Brot. Angenommen, die Profitrate betrage 50 Prozent pro Periode, so ist der Preis für Eisen so hoch, daß:

12 Arbeiter x $ 10 + (1 Tonne Stahl x Preis des Stahls) (1 + 50/100)

= 4 Tonnen Eisen x Preis pro Tonne Eisen

Der Preis von 4 Tonnen Eisen ist gleich dem für seine Produktion gezahlten Lohn, zuzüglich dem Wert des Stahlinputs plus einem 50prozentigem Gewinnaufschlag auf den Wert des Stahls. Ähnlich ergibt sich für den Preis des Stahls:

32 Arbeiter x $ 10 + (4 Tonnen Eisen x Preis des Eisens (1 + 50/100)

= 4 Tonnen Stahl x Preis pro Tonne Stahl

und für den Preis des Brotes:

10 Arbeiter x $ 10 + (3 Tonnen Stahl x Preis des Stahls) (1 + 50/100)

= 100 Tonnen Brot x Brotpreis pro Tonne

Sraffa zeigte, daß nur eine einzige Preiszusammensetzung gefunden werden konnte, die all diese Beziehungen zugleich erfüllt. Die Algebra, die benötigt wird, um sie auszurechnen, kann recht kompliziert sein (siehe Anhang). Hier geben wir lediglich die Ergebnisse für unser Beispiel an. Die Zusammensetzung der Preise in Abhängigkeit von verschiedenen Profitraten bei einem Nominallohn von $ 10 pro Arbeiter werden in Tabelle 6.1 angegeben. Wenn die Profitrate Null beträgt, geht das gesamte Brot an die 54 Arbeiter. Da die Arbeiter jeder $ 10 besitzen, die sie ganz ausgeben, und 100 Tonnen Brot zur Verfügung stehen, muß der Brotpreis pro Tonne $ 5,40 betragen.

Wir können nun den Wert der Inputs für den Produktionsprozeß (4 Tonnen Eisen, 4 Tonnen Stahl) und den Wert des Nettooutputs (100 Tonnen Brot) bei verschiedenen Profitraten (wie in Tab. 6.2) sowie den Anteil der Löhne an dem Wert des Nettooutputs berechnen, wobei der Geldlohnsatz mit $ 10 pro Arbeiter während der Produktionsperiode angesetzt ist. Der Wert des investierten Kapitals (der Wert der produzierten Inputs) und der Wert des Outputs sind beide Funktionen der Profitrate und haben unabhängig von ihr keine Bedeutung.

Die Profitraten **2** 6 § 3 (d)

Tabelle 6.1

Profitrate (% pro Periode)	eine Tonne Stahl ($)	Preise für eine Tonne Eisen ($)	eine Tonne Brot ($)
75	565,3	277,3	30,68
50	285,7	137,1	13,86
25	192,8	90,3	8,25
0	146,7	66,7	5,40

Tabelle 6.2

Profitrate (% pro Periode)	Wert der produzierten Inputs ($)	Wert des Nettooutputs ($)	Anteil der Löhne am Nettooutput (Gesamtlohnkosten $ 5,40) ($)
75	3370,4	3068	0,18
50	1691,2	1386	0,39
25	1132,4	823	0,66
0	853,6	540	1,00

Unser Beispiel veranschaulicht auch den Unterschied zwischen dem Lohn als den tatsächlichen Kosten der Arbeit für den Kapitalisten und dem Reallohn aus der Sicht des Arbeiters, der Brot zu kaufen wünscht. Wenn die Profitrate 50 Prozent beträgt, muß der Kapitalist des Stahlsektors einem Arbeiter den Gegenwert von 0,035 von einer Tonne Stahl, $ (10/285,7) pro Periode zahlen, mit dem der Arbeiter etwa ³/₄ Tonne Brot, $ (10/13,86) kaufen kann.

Ebenso wie für einen bestimmten Input- und Outputstrom eine bestimmte Zusammensetzung der Preise sowie der Gewinn- und Lohnanteile am Nettoutput entsprechend einer gegebenen Profitrate existiert, so gibt es auch eine Profitrate in Abhängigkeit von gegebenen Gewinn- und Lohnanteilen. Außer den technischen Angaben ist es erforderlich, eine der drei folgenden Beziehungen zu kennen, nämlich der Profitrate, den Profitanteil am Nettoutput oder den Reallohn, ausgedrückt durch eine Ware oder durch ein Warenbündel. Ist der Wert für irgendeine dieser Beziehungen gegeben, so impliziert dies den Wert der beiden übrigen und setzt das Preissystem fest.

In dem speziellen Fall, in dem das Verhältnis von Gewinnen zu Löhnen für alle Waren gleich ist, sind die Arbeitswertpreise ausschlaggebend. Dann besteht ein durch die technischen Input-Outputbeziehungen bestimmtes Preissystem, das unabhängig von der Profitrate ist (siehe **1** 2 Anhang). In allen

264   **2** 6 § 4 (a)   *Analyse*

anderen Fällen variieren das Preissystem und der Wert des Produktionsmittelbestandes mit der Profitrate, wie in dem obigen Beispiel dargestellt.

In jedem Fall bedeutet eine höhere Profitrate einen höheren Gewinnanteil
an dem Wert des Nettooutputs und einen geringeren Lohnanteil im Sinne von
Arbeitskosten, da eine höhere Profitrate bei gegebenen Geldlöhnen höhere
Geldpreise impliziert. Im allgemeinen (mit Ausnahme einiger spezieller Bedingungen) ist der Reallohnsatz niedriger, wenn die Kosten der Arbeit geringer sind, obgleich dies nicht unbedingt in demselben Ausmaß der Fall sein
muß.

4. Verteilungstheorien

Sraffas Erörterung war außerordentlich abstrakt abgefaßt. Sie war als
Kampfansage gegen die anerkannten Ideen, wie die Auffassung über die
»Grenzproduktivität des Kapitals« konzipiert worden; für diesen Zweck eig-
neten sich seine engen, strikten Annahmen. Wenn die Verfasser von Lehrbüchern, die diese Gedanken propagieren, ihm schon auf jene Annahmen keine
Antwort zu geben vermögen, so können sie es mit komplizierteren und weniger engen Annahmen erst recht nicht. Bei einer Erörterung der tatsächlichen
Preise in einer heutigen Volkswirtschaft müssen die oben genannten Schwierigkeiten – bezüglich des Konzepts einer einheitlichen Profitrate – in Rechnung
gestellt werden. Nichtsdestoweniger bildet Sraffas Analyse der Verteilung des
industriellen Produkts auf Löhne und Gewinne bei gegebenen technischen
Bedingungen die Grundlage für das Verständnis des Verteilungsproblems in
einer privatwirtschaftlich strukturierten Volkswirtschaft.

(a) Der Lohnanteil und die Profitrate

Betrachtet man eine sich nahezu selbstversorgende industrialisierte Volkswirtschaft, so stellen der Outputstrom in laufenden Preisen und die Lohnkosten in Geldeinheiten aggregierte Größen dar, die tatsächliche Transaktionen
zwischen den Individuen, Unternehmen und Haushalten, aus denen sich die
Volkswirtschaft zusammensetzt, widerspiegeln. Der aggregierte Wert des von
den Unternehmen kontrollierten Kapitals und der aggregierte Nettogewinn
entsprechen nicht genau den finanziellen Beziehungen. Sie werden durch
subjektive Schätzungen und durch die von den Unternehmen angenommenen
buchungstechnischen Konventionen beeinflußt. Jedoch reflektieren diese Werte

Die Profitraten **2** 6 § 4 (b)

bei einer gegebenen, überall herrschenden Profitrate in einer grob verallge-
meinernden Weise die zugrundeliegenden Realitäten. Übernehmen wir die
konventionellen Größen mit ihren sichtbaren Werten, so stellen wir fest, daß
die Lohnkosten plus den Nettogewinnen – etwa eines Jahres – den Geldwert des Nettoeinkommens darstellen:

$$Y = W + P$$

Der Wert des Produktionsmittelbestandes K soll das gesamte investierte und
das von allen Firmen insgesamt gehaltene Kapital darstellen.

Dann entsprechen der Anteil der Löhne am Nettoeinkommen W/Y, das
Verhältnis der Löhne zu den Profiten W/P, das Verhältnis von Kapital zu
Einkommen K/Y und die allgemeine Kapitalprofitrate P/K im großen und
ganzen den zugrundeliegenden physischen und sozialen Beziehungen einer
Volkswirtschaft, obgleich diese Größen, die ausschließlich in statistischem Datenmaterial über allgemeine Geldwerte vorkommen, nur einen groben Hinweis
auf das, was tatsächlich geschieht, geben können.

(b) Die klassische Theorie

In diesen Zusammenhängen können wir feststellen, wie sich die Theorie der
Verteilung Schritt für Schritt entsprechend der Entwicklung der kapitalistischen Wirtschaft weiterentwickelte. Die Klassiker nahmen an, daß die
Reallöhne im wesentlichen durch den in irgendwelchen physischen Einheiten
definierten notwendigen Lebensunterhalt gegeben seien. Marx zeigte auf, daß
es ein historisches und moralisches Element in dem Minimalniveau der Reallöhne gibt, das von dem Lebensstandard abhängt, an den die Bauern und
Handwerker in der vorkapitalistischen Periode gewöhnt waren. In Band I des
Kapitals sagte er voraus, daß die Reallöhne um ein Niveau schwanken würden, das in Zukunft mehr oder weniger konstant sein würde.

Wenn die Reallöhne gegeben sind, dann wird der Anteil der Profite am
Nettooutput – wie Ricardo feststellte – durch die technischen Bedingungen
der Produktion von Lohngütern determiniert. Der Überschuß des Netto-
outputs an »Getreide« über die Lohnkosten für die Produktion von »Getreide« erwirtschaftet die Löhne für alle anderen Wirtschaftszweige. Wenn das
»Getreide« nur von den Arbeitern konsumiert wird, so besteht das physische
Gegenstück der Nettoprofite aus dem Nettooutput der Güter, die von den Be-

schäftigten anderer Wirtschaftszweige erzeugt werden und die für Investitionszwecke sowie für den Konsum der Rentiers benutzt werden.

Diese Sicht der Dinge war relevant, als England noch eine unterentwickelte Volkswirtschaft aufwies; sie ist auch heute noch in den sogenannten Entwicklungsländern von Bedeutung. Die eindeutige Tatsache, daß die Grenze für die Investition und für den Konsum von Luxusgütern durch die Differenz zwischen dem, was der Bauer produziert und dem, was seine Familie an Nahrung benötigt, gezogen wird, stellt die Grundlage ihrer Probleme dar.

(c) Der Anteil der Löhne

In Band III des *Kapitals* scheint Marx in den Bedingungen eines Entwicklungsprozesses, in dem die Ausbeutungsrate mehr oder weniger konstant sein würde, gedacht zu haben. In unserer Bezeichnungsweise heißt dies, daß sich P/W im Zeitablauf nur wenig ändern würde, so daß es einen mehr oder weniger konstanten Anteil der Löhne am Nettooutput gäbe.

Wenn der Lohnanteil konstant ist, während technischer Fortschritt und Kapitalakkumulation den Gesamtoutput erhöhen, so muß der Reallohnsatz steigen. Man könnte sagen, daß der Band I des *Kapitals* die stürmischen Verhältnisse um 1840 widerspiegelt, als das *Kommunistische Manifest* der Welt den Kampf ansagte, und daß der Band III die ruhigere Situation gegen Ende der Fünziger Jahre des 19. Jahrhunderts wiedergibt, als die Reallohnsätze zu steigen begonnen hatten und Engels bemerkte, daß »das englische Proletariat mehr oder weniger bourgeois wird, so daß diese bourgeoiste aller Nationen augenscheinlich zu guter Letzt genau wie eine Bourgeoisie auf das Besitztum einer bourgeoisen Aristokratie und eines bourgeoisen Proletariats abzielt.«[77])

Band III wurde von Marx nicht beendet; es ist unfair, sich über den mangelnden Zusammenhang eines Werkes zu beklagen, das nicht die Feststellung der endgültigen und abgewogenen Ansicht des Autors darstellt; aber es ist ebenso falsch, inkompatible Feststellungen so zu behandeln, als seien sie alle gleich richtig. Marx befaßte sich nicht mit der Beziehung zwischen Band I, in dem angenommen wird, daß die Ausbeutungsrate steigt (technischer Fortschritt wird von mehr oder weniger konstanten Reallöhnen begleitet), und Band III, in dem die Ausbeutungsrate konstant sein kann. Er gab auch keine klar spezifizierte Erklärung dessen ab, was die Ausbeutungsrate bestimmte. wenn die Reallöhne nicht konstant sind. Der Sinn seiner Analyse läßt jedoch

Die Profitraten **2** 6 § 4 (d)

vermuten, daß die Ausbeutungsrate das Ergebnis der Auseinandersetzungen im »Klassenkampf« ist.

Diese Ansicht scheint gewiß überzeugend zu sein. Der Lohnanteil an dem Wert des Outputs variiert von Land zu Land und von Jahr zu Jahr mit der Stärke und der Kampfbereitschaft der Gewerkschaften sowie mit der Unterstützung, die sie durch soziale Einrichtungen, wie die Arbeitslosenversicherung erhalten. Es ist bemerkenswert, daß der Lohnanteil dort sehr niedrig (und die Kapitalprofitrate sehr hoch) ist, wo Zweigniederlassungen moderner kapitalistischer Unternehmen in solchen Ländern aufgebaut wurden, in denen massive Arbeitslosigkeit die Arbeiter ihrer Verhandlungsmacht beraubt, während unter den entwickelten Volkswirtschaften der Lohnanteil in Ländern wie Australien und Schweden am höchsten ist, wo die Legislative und die öffentliche Meinung dem Faktor Arbeit wohlgesonnen sind.

(d) Die post-keynesianische Theorie

Die dritte Verteilungstheorie postuliert, daß die allgemeine Profitrate mehr als das Lohnniveau durch die Wirkungsweise der Volkswirtschaft bestimmt wird. Der Lohnanteil wird dann zu einer Residualgröße, die auf technischen Bedingungen beruht. Diese Theorie kann mit Hilfe des imaginären stetigen Wachstumspfades dargelegt werden, den wir bereits benutzten, um der Profitrate einen eindeutigen Sinn zu geben. Bei einer im Zeitablauf konstanten Profitrate, neutralem technischen Fortschritt und bei mit dem Pro-Kopf-Output steigenden Geldlohnsätzen, so daß der Geldwert des Outputs pro Beschäftigten mit derselben Rate wächst, entspricht das Wachstum des Werts des Kapitals K dem Wachstum der physischen Produktionskapazität. Der Auslastungsgrad der Anlagen wird als konstant angenommen. Wie wir gesehen haben, ist, wenn die Profitrate P/K gegeben ist, auch Y/K bestimmt (siehe: Tabelle 6.2). Dann gilt:

$$\frac{P}{K} \cdot \frac{K}{Y} = \frac{P}{Y} \quad \text{and} \quad \frac{Y-P}{Y} = \frac{W}{Y}$$

Also ist, unter den Bedingungen eines stationären Zustandes mit einer konstanten Profitrate, auch der Anteil der Löhne an dem Wert des Outputs konstant.

Wenn wir annehmen, daß von den Löhnen nichts gespart würde und wenn wir den Erfahrungsschatz aller Unternehmen aggregieren, so stellen wir fest, daß der gesamte Nettoprofit eines Jahres gleich dem Wert der Aufwendungen für Nettoinvestitionen zuzüglich der Ausgaben der Rentiers ist. In Formeln ausgedrückt bedeutet dies:

$$P = \frac{1}{1 - c_p} \cdot I$$

Hierbei bedeutet P, den Nettoprofit für beispielsweise ein Jahr; die Nettoinvestition I stellt das Wachstum des Kapitalwerts über ein Jahr hinweg dar; und c_p bezeichnet den Teil der Profite, der konsumiert wird, so daß $1-c_p$ den Anteil der Nettoersparnis s_p am Nettoprofit darstellt [siehe: **2** 2 § 2 (c)].

Wir können nunmehr die langfristige Version von Kaleckis Darstellung erörtern: Die Arbeiter geben das aus, was sie bekommen, und die Kapitalisten bekommen das, was sie ausgeben. Nach Sraffas Theorie (die an das Konzept eines stetigen Wachstumspfades angepaßt werden kann) gibt es bei gegebener Produktionstechnik eine P entsprechende Profitrate, die die Struktur der normalen Preise und den Wert des Kapitalstofts K bestimmt [siehe: **2** 6 § 3 (d)]. Dann stellen, falls sich die Technik so entwickelt, daß das Verhältnis vom Kapitalwert zu dem Wert des Outputs im Zeitablauf konstant bleibt und die allgemeine Profitrate unverändert ist, I/K die Wachstumsrate g der Volkswirtschaft und P/K die Profitrate π dar; die Formel kann für den langfristigen Fall wie folgt geschrieben werden:

$$\pi = \frac{g}{s_p}$$

Somit wird die Profitrate, wenn nichts aus dem Arbeitseinkommen gespart wird, durch die Akkumulationsrate und die Sparneigung des Kapitalisten bestimmt.

Wir haben bereits die Funktionsweise dieser Theorie betrachtet. Der Lohnanteil und die subjektiv als normal empfundene Profitrate einer jeden Unternehmensgruppe werden gemeinsam bei der Zusammensetzung der Preise durch die Addition eines Aufschlags auf die Herstellkosten bestimmt. Der Nettoprofitaufschlag, der außerdem in die Bruttogewinnspannen bei den langfristigen Kosten eingeht, stellt sozusagen eine »Steuer« dar, die die Unternehmen von der Allgemeinheit erheben, um für Ersparnisse zu sorgen, aus denen die Nettoinvestition sowie die Gewinnverteilung an die Rentiers finanziert werden können. Jedes Unternehmen erhebt die »Steuer«, die ihm unter den Bedingungen seines eigenen speziellen Marktes am besten erscheint, und der Ertrag den diese »Steuern« insgesamt erwirtschaften, hängt von der Investition und dem Konsum aller Rentiers, ab.

Das Modell eines Wachstums ist lediglich eine geeignete Art, den Beweis in einer einfachen Form darzustellen. In Wirklichkeit ist das Wachstum niemals stetig, die Profitrate nicht einheitlich und die Beziehung von Brutto- zu Nettoeinkommen niemals eindeutig. Jedoch als eine erste Annäherung an die langfristige Verteilungstheorie scheinen diese Annahmen ein nützlicher Ausgangspunkt zu sein.

(e) Die Inflationsbarriere

Die Theorie, daß die relativen Anteile der Löhne und der Gewinne durch die Verhandlungsstärke determiniert werden und die Theorie, daß sie von einer allgemeinen Profitrate beherrscht werden, sind nicht unvereinbar miteinander. Die Profitrate, die die Unternehmen erhalten können, hängt von dem jeweiligen Lohnanteil ab, den die Arbeiter zu akzeptieren bereit sind. In einer modernen Volkswirtschaft, in der die Gewerkschaften mächtig sind, stößt ein Versuch der Unternehmen, die Profitrate durch das Herabdrücken des allgemeinen Lohnanteils zu erhöhen – besonders dann, wenn dies zu einem tatsächlichen Absinken der Reallohnsätze führt – auf heftigen Widerstand. Streiks werden durch ein Anheben der Lohnsätze verhindert. Dann wiederholt sich diese Situation, falls die Preise entsprechend angehoben werden, so daß sich das reale Lohnniveau nicht verbessert – Preise und Löhne treiben einander unentwegt in die Höhe. Dies ist bekannt als die *Inflationsbarriere* für steigende Gewinne. Gleichzeitig ist es, um die Profitrate aufrecht zu erhalten, d. h. die Akkumulation fortsetzen zu können, notwendig, die effektive Nachfrage aufrechtzuerhalten. Wenn, aus welchem Grund auch immer, die »natürlichen Instinkte« versagen und eine kapitalistische Volkswirtschaft stagniert, so ist der Versuch, die Stagnation dadurch zu überwinden, daß die Profite durch ein Absinken des Reallohnniveaus erhöht werden zum Scheitern verurteilt [siehe: **2** 3 § 1 (e)].

(f) Profite und Ausbeutung

Die neoklassischen Kritiker von Marx haben die Arbeitswerttheorie mißverstanden. Sie nahmen an, sie behaupte, daß, da ausschließlich Arbeit Werte schaffe, der Arbeiter ein Anrecht auf das gesamte Produkt habe; wenn sich der Profit durch Ausbeutung ergibt, dann ist Gewinnerzielung schlecht. Ein großer Teil ihrer Polemik richtete sich gegen diese Ansicht. Dies war jedoch nicht die von Marx vorgeschlagene Theorie. Zugegeben, Ausbeutung ist ein Schimpfwort; Marx's Ausdrucksweise ist voll von moralischer Entrüstung, aber die Logik seiner Analyse zeigt auf, daß Profite die Quelle für Investitionen sind – solange nämlich die Akkumulation wünschenswert ist, ist Ausbeutung nötig. Die Revolution würde nicht kommen, bevor nicht der Kapitalismus seine historische Aufgabe erfüllt hätte, die Produktivität der Arbeit bis auf das höchstmögliche Niveau zu steigern, so daß die Arbeiter, wenn sie die Herrschaft übernehmen, die Früchte der Ausbeutung ernten können, die die vergangenen Generationen erdulden mußten.

Schumpeter verstand dies genau; er schuf eine weit wirksamere Verteidigung des Kapitalismus als die Neoklassiker, indem er der Marx'schen Analyse folgte, ihre Merkmale jedoch änderte [siehe: 1 3 § 5 (c)].

Die Funktion des Profits besteht darin, für die Akkumulation zu sorgen. Jedoch das Element des Nettoprofits, das das bereitstellt, was Marshall als den »Lohn des Wartens« für die Rentiers bezeichnete, kann ebenso als eine Last angesehen werden, die den Arbeitern auferlegt wird. Wenn alle Gewinne gespart und zur Investitionsfinanzierung benutzt würden ($s_p = 1$), so wäre die jährliche Nettoinvestition I gleich den jährlichen Profiten P; dann wäre die Profitrate gleich der Wachstumsrate der Volkswirtschaft, $P/K = I/K$ oder $\pi = g$.

Keynes schockierte die orthodoxe Wissenschaft, indem er aufzeigte, daß Sparsamkeit in einer Wirtschaftskrise ein Grund für Arbeitslosigkeit ist. In der langfristigen Version der Keynes'schen Theorie ist Sparen wiederum eine Tugend. Es ist eine Tugend, weil bei gegebener Akkumulationsrate das Niveau der Reallöhne umso höher ist, je geringer die Summe der für Konsumzwecke verausgabten Profite ist. Trotz der stark vereinfachten, abstrakten Natur des obigen Arguments, scheint diese Schlußfolgerung eine bedeutende Wahrheit zu beinhalten.

Der Kunstgriff eines imaginären stetigen Wachstumspfades ist zur Erläuterung der Rollen der Akkumulation und des Konsums aus Profiten innerhalb der Einkommensverteilung nützlich, in anderen Zusammenhängen kann er jedoch zu Mißverständnissen führen. Er könnte zu der Annahme verleiten, es gäbe nur einen Wachstumspfad und nur eine verfügbare Möglichkeit für die Volkswirtschaft, die Produktion zu organisieren. Aus der Sicht des Arbeiters ist die Macht, die die Kapitalisten auf seine Lebensweise ausüben, wichtiger als ihr Konsumanteil, während aus der Sicht der Gesamtgesellschaft die Zerstö-

Die Profitraten **2** 6 § 5   271

rung des Bodens, der Luft und des Wassers im Verlaufe des Produktionsprozesses einen bedeutenden Tribut an das Wachstum der Produktionkapazität
für die Güter darstellt, deren Produktion die Kapitalisten für gewinnver-
sprechend halten. Stetiges Wachstums ist nur ein analytischer Kunstgriff und
nicht die Spezifizierung eines Idealzustandes.

5. Die neoklassische Theorie

Es ist nicht leicht, in dem neoklassischen System eine Theorie der Profite
ausfindig zu machen. Sie scheint aus zwei Strömen des neoklassischen Gedankengebäudes hervorgegangen zu sein: der österreichischen Auffassung (ausgearbeitet von Wicksell) über die größere Produktivität von mehr »Umwegpro-
duktion«, die eine »längere Produktionsperiode« (siehe: **2** 4 § 4) mit sich bringen sowie der Ansicht Marshalls, daß Zins ein notwendiger Preis für Sparen
[vgl. **1** 3 § 2 (d)] sei.

Wir haben gesehen, welche weitgesteckten Annahmen erforderlich sind, um
die Profitrate mit dem »Grenzprodukt des Kapitals« identifizieren zu können
(siehe: **2** 3 § 5), hier liegt jedoch ein tieferes Konzept zugrunde, nämlich die
Auffassung von einer Privatwirtschaft als einem harmonischen Gesellschafts-
system.

Stellen wir uns eine Kommune, wie etwa einen Kibbutz vor – eine Gruppe
von Individuen, die gemeinsam eine Landfläche und alle bisher akkumulierten
Produktionsmittel besitzen, und die willens und in der Lage sind, eine bestimmte Arbeitsleistung zu erbringen. Sie müssen entscheiden (durch den Willen eines Anführers oder durch einen demokratischen Abstimmungsprozeß),
wieviele ihrer Ressourcen sie in die Produktion für ihren laufenden Konsum
stecken und wieviel sie verwenden, um die zukünftige Produktionskapazität
zu erhöhen (z. B., indem sie einen Sumpf auf ihrem Gebiet trockenlegen). Sie
müssen ebenfalls beschließen, wieviel Zeit sie der Erziehung einräumen wollen
entweder als Investition in menschliches Kapital durch die Schulung der jüngeren Gruppenmitglieder für Facharbeit oder als ein wertvolles Konsumgut.
Da sie über die Allokation der Ressourcen entscheiden, können wir annehmen,
daß sie das zusätzliche zukünftige Produkt, das von einem Anwachsen der
Ressourcen (sagen wir neues kultivierbares Land) erwartet wird, in Rechnung
stellen und es gegen den Verlust an Muße und Konsum aufwägen, den sie
durch die Vornahme der Investition erleiden. Die neoklassische Theorie
drückt diesen Wahlakt als »Abdiskontierung der Zukunft« aus: Welche auf

die gegenwärtigen Kosten bezogene zukünftige Ertragrate macht ein Projekt auswählbar? In einigen Fällen kann die Berechnung durch eine Rate ausgedrückt werden; zum Beispiel dann, wenn der laufende Konsum und der in Zukunft erwartete zusätzliche Output sich aus identischen »Warenkörben« zusammensetzen. Dann könnte der Ertrag in Form des fortwährenden Anstiegs des zukünftigen Konsums als Prozentsatz der Menge des gegenwärtig entgangenen Konsums ausgedrückt werden.

Selbst wenn die Auswahl nicht als Ertragsrate ausgedrückt werden kann, so hat sie immer noch eine wirkliche, wenn auch vage Bedeutung. Es ist die tatsächliche Bedeutung von den Opfern der Gegenwart für zukünftige Gewinne, die dem neoklassischen Konzept von dem Preis für den »Verzicht« zugrundeliegt. Wir stießen hierauf schon im Zusammenhang mit der Bauernfamilie, die die jüngere Generation mit denselben Produktionsmitteln pro Kopf ausstattete, die der älteren Generation zur Verfügung standen. Dies ist ein tatsächlich bedeutendes Element des wirtschaftlichen Lebens. In diesem Fall kann man den Kosten und Nutzen einer Investition, die dem Produktionsmittelbestand einen weiteren Bestandteil hinzufügt, für die Gesellschaft eine Bedeutung geben.

Aber dies hat überhaupt nichts mit der Profitrate des in einer privatwirtschaftlich strukturierten Volkswirtschaft schon bestehenden Kapitals zu tun. In dem Kibbutz gibt es laufendes Realeinkommen und zukünftigen realen Reichtum für die gesamte Gruppe. Eine Aufteilung auf Löhne und Profite existiert nicht. Die Profitrate hat für sie keine Bedeutung.

Gewiß impliziert im Kapitalismus eine höhere Akkumulationsrate bei gegebener Technologie einen geringeren Konsum. Aber der »Konsumverzicht« trifft durch geringere Reallohnsätze die Arbeiter. Die Kapitalisten erhalten infolge einer höheren Investitionsrate *mehr* Konsum, denn sie erzielen eine höhere Profitrate. Darüber hinaus wird die Auswahl von Investitionsprojekten durch individuelle Unternehmen unter dem Eindruck ihrer individuellen Zukunftsaussichten vorgenommen. Die Produktivität einer Investition aus der Sicht der Gesamtgesellschaft hat hiermit überhaupt nichts zu tun.

Anhang: Die Lohn-Profit-Kurve

Die Beziehung zwischen dem Lohnsatz, der für das gesamte System einheitlichen Profitrate und den entsprechenden Preisen kann in algebraischer Form dargestellt werden.

Die Profitraten **2** 6 Anhang   273

Der erste Schritt der Analyse besteht in der Spezifikation der Technologie durch *Inputkoeffizienten*. Ein Inputkoeffizient mißt die Höhe des Inputs, der bei der angewandten Technik unmittelbar erforderlich ist, um eine Outputeinheit herzustellen; d. h. die Inputs, die in jeder Periode aufgebraucht werden.

Die Technologie des eisenproduzierenden Sektors in unserem Beispiel war:

12 Arbeiter produzieren mit 1 Tonne Stahl 4 Tonnen Eisen.

Also entspricht der in Stahleinheiten ausgedrückte Inputkoeffizient für die Produktion von einer Tonne Eisen 0,25 Tonnen Stahl und der Inputkoeffizient der Arbeit beträgt 3 Arbeitskräfte.

Wir wollen die Inputkoeffizienten mit a_{ij} bezeichnen, welche die Menge des Gutes i angeben, die zur Produktion einer Einheit des Gutes j benötigt wird. Also beträgt, wenn i Stahl und j Eisen bezeichnet, $a_{ij} = 0,25$. Der Arbeitsinput für die Produktion des Gutes j wird durch die Koeffizienten a_{oj} definiert, der im Fall der Eisenproduktion 3 beträgt.

Der Inputkoeffizient a_{ij} mißt die Menge des Gutes i, die direkt pro Einheit seiner Eigenproduktion erforderlich ist. (Eisen wird zur Erzeugung von Eisen benutzt). Dieser Koeffizient muß offensichtlich kleiner als 1 sein. Tatsächlich muß die Summe der direkt *und* indirekt für das Gut i zu seiner Eigenproduktion benötigten Inputs kleiner als 1 sein, wenn die Technologie lebensfähig sein soll.

Der Preis eines Gutes, der einer gegebenen Profitrate entspricht, ist gleich dem Gesamtwert (zu den entsprechenden Preisen) der zu seiner Produktion erforderlichen Inputs plus dem Profit, der zu einem der jeweiligen Rate entsprechenden Wert kalkuliert wurde, plus dem Lohnsatz mal dem Inputkoeffizienten der Arbeit. Somit ergibt sich für das Gut i

$$(a_{1i}p_1 + a_{2i}p_2 + a_{3i}p_3 + \cdots)(1 + \pi) + a_{0i}w = p_i$$

Die Preisgleichungen für alle erzeugten Güter in der Volkswirtschaft bilden ein System simultaner Gleichungen, das nach den Unbekannten – dem Lohnsatz, der Profitrate und den Preisen – aufgelöst werden kann.

Um zu sehen, wie dies funktioniert, kehren wir zu unserem Beispiel zurück und bezeichnen Eisen als das Gut 1, Stahl als das Gut 2 und Brot als das Gut 3. Aus der Spezifizierung der Technologie wissen wir, daß a_{11} und a_{22} gleich Null sind, und daß das Brot nicht als Input benutzt wird.

Das Preissystem ist daher definiert durch die Gleichungen:

$$(a_{21}p_2)(1 + \pi) + a_{01}w = p_1$$
$$(a_{12}p_1)(1 + \pi) + a_{02}w = p_2$$
$$(a_{23}p_2)(1 + \pi) + a_{03}w = p_3$$

Wir haben drei Gleichungen, um die fünf Unbekannten π, w, p_1, p_2 und p_3 zu bestimmen.

Wir können zunächst feststellen, daß obgleich die Preisgleichungen für Eisen und Stahl miteinander in Verbindung stehen – der Eisenpreis hängt nämlich von dem für Stahl ab und umgekehrt – keine von ihnen von dem Brotpreis abhängt. Güter mit den Merkmalen des Brotes in unserem Beispiel – die weder direkt noch indirekt in die Produktion anderer Güter eingehen – wurden von Sraffa als *Nicht-Basisgüter* im Gegensatz zu den *Basisgütern*, die direkt oder indirekt in die Produktion des gesamten Outputs eingehen, bezeichnet. Die Nicht-Basisgüter werden bei der Bestimmung des Verhältnisses zwischen dem Lohnsatz und der Profitrate außer acht gelassen.

Das Gut 1 wird zum Numeraire mit $p_1 = 1$ gewählt und der Lohnsatz sowie der Stahlpreis werden durch ihr Tauschverhältnis mit dem Eisen ausgedrückt. Das Gleichungssystem lautet nun:

$$(a_{21}p_2)(1 + \pi) + a_{01}w = 1$$
$$(a_{12})(1 + \pi) + a_{02}w = p_2$$

ein System von zwei Gleichungen mit drei Unbekannten. Um es nach dem Verhältnis zwischen π und w aufzulösen, kann p_2 eliminiert werden, wodurch sich die folgende quadratische Gleichung ergibt:

$$\frac{1 - a_{21}a_{12}(1 + \pi)^2}{a_{01} + a_{21}a_{02}(1 + \pi)} = w$$

Wir setzen nun für die Koeffizienten die Werte aus unserem Beispiel ein.

$$a_{21} = 0\cdot25 \qquad a_{01} = 3$$
$$a_{12} = 1 \qquad a_{02} = 8$$
$$\frac{1 - 0\cdot25(1 + \pi)^2}{3 + 2(1 + \pi)} = w$$

Die Profitraten   **2** 6 Anhang

Wie gezeigt werden kann, weist die Beziehung zwischen dem Lohnsatz und dem Profit zwei Merkmale auf:

1. Eine hohe Profitrate impliziert einen niedrigeren Lohnsatz.
2. Es gibt eine maximale Profitrate bei w = 0, gleichbedeutend in diesem Fall mit 100 Prozent, und einen maximalen Lohnsatz, ausgedrückt durch den Numeraire Eisen, wenn π = 0 ist.

Die verschiedenen Kombinationen zwischen Profitrate und Lohnsatz können aufgezeichnet werden, um die Lohn-Profit-Kurve zu bilden, entlang der wir die bei der gegebenen Technik möglichen Kombinationen von Lohnsatz und Profitrate vergleichen können.

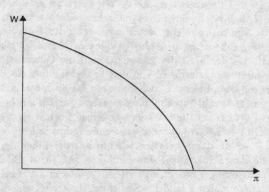

Abb. 6.1 Die Lohnprofitkurve kann entsprechend der Produktionsbedingungen vom Ursprung aus konkav oder konvex oder abwechselnd konkav und konvex sein. Die dargestellte Kurve basiert auf unserem Beispiel.

Nehmen wir nun, wie in unserem obigen Beispiel, als Nummeraire w = 1 an, so ist

$$p_1 = \frac{a_{01} + a_{21}a_{02}(1 + \pi)}{1 - a_{21}a_{12}(1 + \pi)^2}$$

und

$$p_2 = \frac{a_{02} + a_{12}a_{01}(1 + \pi)}{1 - a_{21}a_{12}(1 + \pi)^2}$$

Wenn p_2 erst einmal bekannt ist, so ergibt sich p_3, der Brotpreis, unmittelbar aus der dritten Preisgleichung.

Kapitel 7   Einkommen und Nachfrage

Bisher haben wir die Einkommen und die Preise in einer industriellen Volkswirtschaft von der Produktionsseite aus betrachtet. Dabei wurde angenommen, daß die Haushalte mit ihren Einkommen von den Unternehmern völlig abhängig sind. Es gab nur zwei Arten von Menschen: Die Arbeiter und die Rentiers (die Ingenieure, die für den technischen Fortschritt verantwortlich sind, werden zu den Rentnern gerechnet). Wir betrachteten die Ausgaben der Konsumenten lediglich als einen Absatzmarkt – der sozusagen den Nährboden darstellt, von dem sich die nach Profit strebenden Unternehmen ernähren und den sie zu ihrem eigenen Nutzen düngen. Nunmehr müssen wir die Volkswirtschaft aus der Sicht der Haushalte und die Güterausgaben aus der Sicht des Konsumenten betrachten. Um dies bewerkstelligen zu können, müssen wir zahlreiche komplizierte Beziehungen mit ins Spiel bringen. Wir wollen zunächst die große Anzahl von Einkommensarten, die sich aus dem Markt ableiten, sowie die Ursachen und Wirkungen einer ungleichen Verteilung der Kaufkraft auf die Bevölkerung einer modernen industriellen Volkswirtschaft erörtern. Im Anschluß daran befassen wir uns mit der Frage der öffentlichen Ausgaben und der Steuern, die im Hinblick auf ihren Einfluß auf die Einkommen nicht weniger bedeutend sind als der Markt. (Wir behandeln noch nicht den internationalen Handel.) Schließlich erörtern wir die Beziehung zwischen Nominaleinkommen und Preisniveau.

1. Verdientes und nicht verdientes Einkommen

Die Philosophie des britischen Steuersystems basiert auf der Unterscheidung zwischen verdientem und nicht verdientem Einkommen, d. h. zwischen Einkommen aus Arbeit und Einkommen aus Eigentum. Wie wir noch sehen werden, gibt es Grenzfälle und häufig scheitern Definitionen, die in gesetzlichen Formulierungen ausgedrückt wurden, bei der Anwendung auf ökonomische Kategorien. Nichtsdestoweniger stellt die Unterscheidung einen nützlichen Ausgangspunkt für die Erörterung der verschiedenen Einkommenskatagorien dar.

(a) Einkommen aus Eigentum

Einige Rentiershaushalte passen in die Spezifizierung unseres einfachen Modells; es sind Familien von einzelnen Geschäftsleuten, deren Ausgaben eine direkte Zahlung aus den Gewinnen darstellen. Im allgemeinen jedoch haben die Rentiersfamilien einen unabhängigen Anspruch auf Eigentum, das sie durch Erbe, durch Ersparnisse innerhalb der jeweiligen Generation, durch Spekulation und Glück oder – wie Marshall meinte – »durch irgendwelche anderen Mittel, gleichgültig, ob moralisch oder unmoralisch, legal oder illegal«[78] erworben haben. Viele große private Vermögen gehen ursprünglich auf Grundbesitz zurück, wie etwa der aus der feudalistischen Zeit ererbte Reichtum oder das Ergebnis der Erschließung einer Ölquelle. Andere wurden in Industrie und Handel oder durch Geldgeschäfte, die wir in Kapitel 8 erörtern werden, aufgebaut. Hier befassen wir uns mit dem Reichtum unter dem Aspekt der Verteilung der Kaufkraft auf die Konsumenten.

In jedem Land, für das Statistiken verfügbar sind, ist der Reichtum ungleich verteilt. Der Begriff Reichtum kann nur schwer statistisch definiert werden – wie bewertet man einen Kunstgegenstand gegenüber einer Drehbank? Nichtsdestoweniger haben die meisten Vermögensgegenstände irgendeine Art konventionellen Taxwert, und obgleich Vergleiche zwischen verschiedenen Zeiten und Ländern im einzelnen ungenau sein mögen, so ist das Gesamtbild doch so klar, daß es nicht mißverstanden werden kann.

Tabelle 7.1 **Die Verteilung des personellen Vermögens im Vereinigten Königsreich a)**

Prozentsatz der Bevölkerung über 25	Prozentsatz des gesamten personellen Vermögens			Prozentsätze des personellen Einkommens aus Eigentum
	1911–13	1936–38	1960	1958–1959
1	69	56	42	60
5	87	79	75	92
10	92	88	83	99

a) Vgl.: Jack Revell, Changes in the social Distribution of Poperty in Britain during the Twentieth Century, Department of Applied Economics, Cambridge, reprint, no. 295, 1969.

Wir benutzen hier Statistiken, die aus offiziellen Quellen entnommen wurden. Tabelle 7.1 zeigt den Anteil des Reichtums in dem Vereinigten Königreich, der von den obersten 1 Prozent, 5 Prozent und 10 Prozent der Bevölkerung im Alter von über 25 Jahren besessen wird und den Anteil, der diesen obersten prozentualen Bevölkerungsteilen am gesamten persönlichen

Einkommen aus Eigentum zufließt. Die wahrscheinlich prägnantesten Zahlen sind die, die zeigen, daß im Jahre 1960 75 Prozent des persönlichen Eigentums von 5 Prozent der reichsten Personen der Bevölkerung besessen wurde, und daß dieselbe Gruppe 92 Prozent des gesamten persönlichen Einkommens aus Eigentum erhielt.

(b) Mischeinkommen

Tatsächlich stellen die wenigen sehr reichen Familien keinen bedeutenden Faktor auf dem Markt für Nahrungsmittel und Industrieprodukte dar. Sie verausgaben ihr Einkommen hauptsächlich für Personaldienste, maßgefertigte Produkte und ihren Wohnkomfort. Auf der nächsten Stufe sind die Einkommen teils nicht verdient und teils verdient. Die Mittelklassenfamilien und die Familien von Freiberuflern besitzen im allgemeinen etwas Eigentum und ihr Einkommensniveau ist zum Teil ein Ertrag für eine Investition in das menschliche Kapital, d. h. in eine lange Ausbildung. (Die hohen Verdienste einiger im Showbusiness sollten besser als Lotteriegewinne angesehen werden.) Die Gehälter der leitenden Geschäftsführer in der Wirtschaft sind ein besonderer Fall. Sie gelten als ein Element der Gemeinkosten, obgleich sie zum Teil den Charakter einer Gewinnbeteiligung besitzen. Je größer und erfolgreicher die Gesellschaft ist, desto höher ist das Niveau der Gehälter und Zulagen ihrer Geschäftsführer und umso größer ist die Verschwendung, die mit den ihnen zur Verfügung gestellten Annehmlichkeiten betrieben wird.

(c) Das Sparen der Haushalte

Die Annahme unseres einfachen Modells, daß das gesamte Einkommen der Rentiers für Konsumzwecke verausgabt wird, muß nun modifiziert werden. Aus der Sicht der einzelnen Familien ist Sparen wichtig. Es ist hauptsächlich ein Mittel, die Kaufkraft über die Zeit hinweg zu verteilen; zum Beispiel, indem man vermeidet, sein gesamtes Einkommen während der Verdienstjahre auszugeben, um, nachdem man sich zur Ruhe gesetzt hat, mehr zu haben. Es hat wenig Sinn, bei dem Studium der Spargewohnheiten verschiedener Gesellschaften eine einheitliche a priori Theorie des Rationalverhaltens unabhängig von den speziellen sozialen Bedingungen zu entwickeln. Naturgeschichtliche Forschungen darüber, wie die Menschen sich tatsächlich verhalten, treffen die Sache eher.

Einkommen und Nachfrage **2** 7 § 1 (c)

Die Beziehung zwischen dem Sparen der Haushalte und den Finanzmitteln der Wirtschaft werden später erörtert. In der Zwischenzeit müssen wir einen kurzen Blick auf ihre Abhängigkeit von Schwankungen der effektiven Nachfrage werfen. Keynes drückte seine Theorie darüber, wie kurzfristige Beschäftigungsschwankungen von Investitionsänderungen abhängen, durch die *Konsumneigung* aus. Er glaubte an das grundlegende psychologische Gesetz, »daß die Menschen in der Regel und im Durchschnitt dazu neigen, ihren Konsum zu erhöhen, wenn ihr Einkommen steigt, allerdings nicht in demselben Ausmaß, wie ihre Einkommen steigen«.[79] Diese Feststellung über die Menschen und die Einkommen im allgemeinen, die weder in bezug auf die Einkommensquelle oder -höhe voneinander unterschieden werden, steht in krassem Gegensatz zu Kaleckis scharfer Unterteilung (der wir in unserem einfachen Modell gefolgt sind) zwischen Löhnen und Profiten und zu unserer Annahme, daß das gesamte Einkommen der Haushalte konsumiert wird, so daß das Sparen lediglich aus den nichtverteilten Gewinnen erfolgt.

Wenn wir das Sparen der Haushalte mit ins Spiel bringen, so müssen wir der Ansicht von Keynes einige Konzessionen machen. Ein allgemeiner Anstieg des Haushaltseinkommens, der das Anwachsen der Beschäftigung begleitet, erhöht sowohl den Konsum als auch das Sparvolumen der Haushalte. Der Multiplikator, der einen Anstieg des Gesamtoutputs mit einem Anwachsen der Investitionen verbindet, ist komplizierter, als es in unserem einfachen Modell erscheint. In unserem einfachen Modell wurde ein Anstieg der Haushaltseinkommen vollständig konsumtiert, so daß das Konsumniveau lediglich von den Summen abhängt, die von den Firmen als Löhne und als Rentierseinkommen gezahlt werden. Tatsächlich aber gibt es noch andere Einkommensquellen, und die Haushalte zeigen größere Besonnenheit bei der Verausgabung ihrer Mittel. Das Prinzip der effektiven Nachfrage kann mit dem einfachen Modell verdeutlicht werden, aber bei den tatsächlichen Gegebenheiten müssen viele weitere Verwicklungen in Betracht gezogen werden.

Keynes schrieb in einer tiefen und hartnäckigen Wirtschaftskrise, und er hoffte auf die Wirkungen, die er von einer Wiederbelebung der Investitionstätigkeit erwartete. Seine Hypothese war, daß der Anstieg des gesamten Sparvolumens, bei steigendem Einkommen, relativ viel größer sein würde, als das Gesamtverhältnis zwischen Sparen und Einkommen. Angenommen also, das Sparvolumen betrage anfangs 10 Prozent des gesamten Nettoeinkommens und die Konsumausgaben 90 Prozent, dann würde ein plötzlicher Anstieg des Einkommens als Ergebnis eines konjunkturellen Booms von einem Anwachsen des Konsums in Höhe von nur ³/₄ des Zuwachses des Nettoeinkommens begleitet sein, wie in unserem Beispiel der kurz- und langfristigen Werte des Multiplikators [siehe: **2** 3 § 2 (c)].

Es ist erforderlich, einen Unterschied zwischen der Art des Einkommenszuwachses zu machen, der infolge eines Aufschwunges der effektiven Nachfrage stattfindet und dem aufgrund des Wachstums im langfristigen Sinne. Es scheint keinen eindeutigen Beweis dafür zu geben, daß das Verhältnis zwischen den Ersparnissen der Haushalte und dem gesamten Nettoeinkommen im Zeitablauf mit dem realen allgemeinen Einkommensniveau steigt.

Die Existenz der Mischeinkommen der Mittelklasse und die Möglichkeit, einen Teil des verdienten Einkommens zu sparen, beeinträchtigt die Einfachheit unseres Modells und verdirbt die Klarheit von Kaleckis Epigramm, daß die Arbeiter all das, was sie bekommen, verausgaben, und die Kapitalisten das bekommen, was sie ausgeben; aber es sind nur einige kleinere Modifikationen des Hauptarguments erforderlich.

Die Formel für die Profitrate bei stetigem Wachstum $\pi = g/s_p$ leitet sich aus der Vorstellung einer klar bestimmten Trennung zwischen verdientem und nicht verdientem Einkommen ab, wobei das Sparen lediglich aus dem nicht verdienten Einkommen erfolgt. Um das Mischeinkommen der Mittelklasse einzuschließen, muß die Formel modifiziert werden, obgleich (dies sei wiederum betont) das Hauptprinzip der Analyse hierdurch nicht berührt wird.

Es ist wichtig, den Kernpunkt des einfachen Modells erfassen zu können; es ist aber auch wichtig, daran zu erinnern, daß es noch sehr viele Dinge zu lernen gibt, bevor seine Schlußfolgerungen auf aktuelle Fälle angewandt werden können.

(d) Verdiente Einkommen

Adam Smith behauptete, daß die Verdienste verschiedener Tätigkeiten so geartet wären, daß ihre Nettovorteile sich ausglichen, so daß für den potentiellen Neuling alles gleich wählbar erschiene. Das Gegenteil ist jedoch der Fall – langweilige und unbefriedigende Arbeit weist die geringsten Lohnsätze auf und die höchsten Gehäter sind mit komfortablen Arbeitsbedingungen und sozialem Prestige verbunden. Die Erklärung für dieses Paradoxon liegt in den Bedingungen für den Zugang zu den verschiedenen Beschäftigungen.

Wieweit sind die Beschäftigungen mit den natürlichen Fähigkeiten verbunden? Offensichtlich gibt es ein genetisches Element in der Verteilung der verschiedenen Arten von Fähigkeiten auf die Individuen. Dies hat einige Forscher dazu veranlaßt, die Bevölkerung mit Hilfe einiger biologischer Kriterien, wie

Geschlecht oder Hautfarbe, zu klassifizieren, und sie in bezug auf die relative Fähigkeit der Gruppen, auf der Basis von Punktzahlen in Intelligenztests zu verallgemeinern. Es gibt einige Streitigkeiten bezüglich der Frage, was Intelligenztests, außer der Fähigkeit, in Intelligenztests Punkte zu erzielen, messen; und es bereitet große Schwierigkeiten, das Element der Erziehung, wie etwa die Ernährungsweise und die Haltung der Eltern gegenüber der Ausbildung, von den natürlichen, ursprünglichen Fähigkeiten zu trennen. Darüberhinaus sind, obgleich die Befrager behaupten, rein wissenschaftlich zu sein, ihre Beobachtungen dazu angetan, Vorurteile zu nähren. Angelsächsische Männer in den USA ziehen es offensichtlich vor, lieber auf die »Unterlegenheit« der Schwarzen und der Frauen hinzuweisen, als auf die höheren Punktzahlen der Kinder aus Familien japanischer Abstammung.

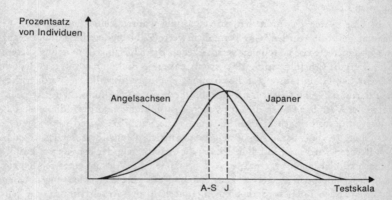

Abb. 7.1 Verteilung der Testpunkte von Kindern angelsächsischer Herkunft und Kindern japanischer Abstammung. Die Anzahl derjenigen, die bestimmte Punktzahlen erreichen, streuen symmetrisch um die mittlere Punktzahl jeder Gruppe. Da die Verteilungen symmetrisch sind, stellt die mittlere Punktzahl zugleich die Punktzahl dar, die von dem größten Anteil der Kinder, die an dem Test teilnehmen, erreicht wird (A–S = mittlere Punktzahl der Angelsachsen, J = mittlere Punktzahl der Japaner).

Aber schließlich ist die Biologie keine große Hilfe für das Studium ökonomischer Ungleichheit. Man hat herausgefunden, daß die Statistiken über die Punktzahl, die irgendeine menschliche Eigenschaft anzeigt, dazu tendieren, einer *Normalverteilung* innerhalb jeder Gruppe zu folgen; d. h. die meisten

Individuen liegen bei einer durchschnittlichen Punktzahl mit einer symmetrischen Streuung nach beiden Seiten. Wenn herausgefunden wird – wie zwischen zwei gleichgroßen Gruppen –, daß die Individuen von Familien japanischer Abstammung eine geringfügig höhere durchschnittliche Punktzahl erreichen als die Familien angelsächsischer Herkunft, so würde dies lediglich bedeuten, daß etwas weniger als die Hälfte der letzteren Gruppe besser sind als die Hälfte der Individuen innerhalb der ersten, und entsprechend etwas mehr als die Hälfte der ersten Gruppe besser sind als die Hälfte der Individuen innerhalb der letzten.

Vergleiche solcher statistischen Durchschnitte bringen nicht viel Licht in die jeweiligen ökonomischen Gegebenheiten sogenannter Rassengemeinschaften und noch weniger in solche vagen und unbestimmten Gruppierungen wie die sozialen Klassen.

Es gibt in den traditionellen Ansichten, die während einer langen Vergangenheit geformt wurden, eine bemerkenswerte Zählebigkeit im Hinblick auf die geeignete soziale Stellung verschiedener Beschäftigungen und aus diesem Status ergibt sich folgerichtig das jeweils passende Einkommensniveau. Jedoch besteht der Hauptfaktor zur Bestimmung der unterschiedlichen Verdiensthöhen darin, daß eine Chance, sich mit um die besten Anstellungen zu bewerben, entweder Vermögen oder eine aufwendige Ausbildung erfordert, die arme Familien nicht aufbringen können. Eine ungleiche Vermögens- und Einkommensverteilung tendiert dazu, sich aus eigenem Antrieb heraus fortzusetzen. In einigen Berufen wird die Einstellung durch die Ausnutzung der benötigten Ausbildungsqualifikationen begrenzt, so daß sie immer die Vorteile eines relativ zur Nachfrage knappen Angebots genießen und für ihre Dienstleistungen einen entsprechenden Lohn fordern können. Innerhalb der Arbeiterklasse, die kein Vermögen besitzt, werden Privilegien auf der Basis der Fähigkeiten, der Dauer der Mitgliedschaft in einer Gewerkschaft, des Geschlechts, der Hautfarbe, der Sprache oder was immer benutzt werden kann, um eine Gruppe gegenüber einer anderen zu kennzeichnen, verteidigt. Diejenigen mit der schwächsten Verhandlungsstärke müssen die Jobs annehmen, die sie irgendwie bekommen können; die Bedingungen sind dann häufig so geartet, daß die relativen Nettovorteile der Arbeit weit unter das Niveau gedrückt werden, das durch den relativen Lohn angezeigt wird.

Niedriger Arbeitslohn bildet einen Nährboden für kleine, ineffiziente oder schlecht ausgerüstete Kapitalisten. Die Arbeiter sind dann in der Zwickmühle, denn wenn sie höhere Löhne fordern, würden ihre Arbeitgeber ruiniert, und sie wären schlimmer dran als je zuvor.

Einkommen und Nachfrage **2** 7 § 2   283

In den letzten Jahren gab es in den erfolgreichen Industriewirtschaften bedeutende Veränderungen bezüglich der Anforderungen der Industrie an die verschiedenen Tätigkeitsarten. Mit fortschreitender Mechanisierung wird weniger Muskelarbeit, sondern in zunehmendem Maße geistige Aufnahmefähigkeit zur Befolgung der schriftlichen Anweisungen benötigt. Dies hat zu einem Anwachsen des Ausbildungsangebots geführt, wodurch die Privilegien, die mit der Ausbildung verbunden waren, reduziert werden. Heutzutage vermindert die Automation die Anforderungen an einfache geistige Arbeit, während sie die Nachfrage nach höheren Qualifikationen steigert. Solche Veränderungen sind dazu geeignet, die etablierten Vorstellungen über die passende Hierarchie der Lohnsätze umzustoßen.

Ist einmal die Frage aufgeworfen, was die relativen Werte verschiedener Arbeitsarten sind, so hält sich jede Gruppe für mehr wert, als ihre Mitglieder bekommen. Es gibt keine allgemein akzeptierte Sozialphilosophie, die Kriterien zur Beantwortung der Frage bereitstellt, und die Verhandlungsmacht wird immer bedeutender (Die »Grenzproduktivitätstheorie« [siehe: **1** 3 § 3 (6)] bringt kein Licht in die Angelegenheit, da es kein unabhängiges Maß für die relativen »Grenzproduktivitäten« gibt, mit Ausnahme der relativen Lohnsätze selbst.).

2. Die Güternachfrage

Die neoklassischen Autoren bemächtigten sich mit Begeisterung der Behauptungen von Adam Smith über den Nutzen eines freien Marktes. Dies war in der Tat die zentrale Botschaft ihres Systems. Die Beispiele, die Adam Smith benutzte – eine Mahlzeit von dem Metzger, dem Bierbrauer und dem Bäcker zu beziehen – zeigten, daß er an einen Markt dachte, der von Handwerkern und kleinen Händlern versorgt wurde [siehe: **1** 2 § 1 (a)]. Die Neoklassiker überzogen seinen Fall, als sie versuchten, die neuzeitliche Wirtschaft in denselben Rahmen zu pressen.

Darüber hinaus formalisierten sie Adam Smith's allgemeinverständliche Beobachtungen in einer Weise, die sich als unnütz erwiesen hat. Der Begriff des *Nutzens* wurde eingeführt, um das Konsumentenverhalten zu erklären. Der zentrale Gedanke wurde durch das Bild einer Hausfrau ausgedrückt, die bei ihren wöchentlichen Einkäufen den Nutzen ihrer Ausgaben maximiert, indem sie bei ihrem Wahlakt ihren Einkaufskorb mit solchen Mengen eines jeden Artikels füllt, daß die relativen Grenznutzen dieser Waren **proportional** zu ihren

Preisen werden. Ein ungeheures Gebäude einer a priori Analyse wurde auf dieser Grundlage aufgebaut, in der die Konzeptionen der Substitution, der Komplementariat, der verbundenen Nachfrage und so weiter ausgearbeitet wurden [siehe: **1** 3 § 2 (6)]. Dies war »reine Theorie« in ihrer reinsten Form. Lediglich Thorstein Veblen führte mit seiner sarkastischen Beschreibung über den »demonstrativen Konsum« in seiner *Theory of the Leisure Class* die Wirklichkeit wieder in die Debatte ein.

In der neoklassischen Ära wurde erkannt, daß das Nutzenkonzept nicht operational ist und die *offenbarte Präferenz* wurde an seine Stelle gesetzt als ein Versuch, eine empirische Grundlage für die Theorie der Konsumentennachfrage zu finden. Man führte aus, daß die Präferenzen der Individuen durch die Käufe, die sie zu verschiedenen Preisen tätigen, offenbart würden. Aber dieses Konzept drückt nicht mehr aus, als die Auffassung, daß beobachtet werden kann, daß Konsumenten das kaufen, was man sie kaufen sehen kann.

(a) Der Wahlakt des Konsumenten

Ein System, das den Individuen die Möglichkeit gibt, ihr Geld nach Belieben für die verschiedenen, ihnen zu einem bestimmten Preis angebotenen Güter zu verausgaben, weist zugegebenermaßen zahlreiche Vorteile auf. Die Käufer haben ein Gefühl von Freiheit; jeder kann seine Käufe seinen individuellen Bedürfnissen anpassen. Für viele ist Einkaufen eine Art Sport, der ihnen um seiner selbst willen Freude bereitet. Wenn Alternativen innerhalb des breitgestreuten Angebots an Nahrungsmitteln, Kleidung etc. zu verschiedenen Preisen verfügbar sind, so können Konsumenten mit dem gleichen Einkommensniveau unterschiedliche Kombinationen entsprechend ihrer Neigung auswählen. Vor allem regelt sich der Markt selbst, ohne die Notwendigkeit eines administrativen Apparates. Außer in einigen wenigen, sehr idealistischen Experimenten, die niemals in einer reinen Form existiert haben, wurde keine bessere Art der Güterverteilung auf die Bevölkerung gefunden, als die, sie mit Kaufkraft in Form von Geld zu versorgen und sie selbst entscheiden zu lassen, wie sie es verausgaben (In Großbritannien wurde während des Zweiten Weltkriegs ein spezielles Zahlungsmittel zum Kauf der knappen Güter eingeführt, um die Ungleichheit der Kaufkraftverteilung in Form von Geld zu überwinden sowie außerdem eine besondere Rationierung der Grundnahrungsmittel vorzunehmen. Coupons, die eine bestimmte Anzahl von »Rationierungseinheiten« wert waren, wurden an die Familien verteilt und Preise, ausgedrückt in diesen Einheiten, wurden den verschiedenen Gütern genau wie ihre Geldpreise zugeordnet. Dieses System verband in einer belagerten Wirtschaft das Prinzip der Rationierung mit den Vorteilen der freien Konsumwahl.).

Was immer die praktischen Vorteile eines Kleinhandelsmarktes sein mögen, die als eine theoretische Erklärung proklamierte Behauptung, daß Haushalte Waren kaufen, um durch deren Konsum Nutzen zu gewinnen, besagt lediglich, daß Haushalte Güter kaufen. Die Konzentration auf die sogenannte Nachfragetheorie über die Neigungen isolierter Individuen hat zur Vernachlässigung der sozialen Einflüsse auf den Konsum geführt. Offensichtlich gibt es einige besonders starke individuelle Bedürfnisse, aber größtenteils werden die Gewohnheiten durch die Gruppe beeinflußt, in der eine Familie lebt und durch die Werbung, der sie ausgesetzt ist.

Eine große Anzahl detaillierter soziologischer Untersuchungen über das Konsumentenverhalten wurde von den Verkaufsabteilungen der Herstellerfirmen und von Werbeagenturen durchgeführt. Diese befassen sich vor allem mit dem Problem, die Nachfrage in bestimmte Richtungen zu manipulieren, häufig mit einer langfristigen Strategie. Sie sind weniger dazu geeignet, einen umfassenden Überblick über den Gesamtbereich zu geben. Dennoch können wir ziemlich viel über die Motive der Konsumenten lernen, wenn wir die Werbeanzeigen studieren. Diese zeigen die Einschätzung der Konsumentenmotive durch die Werbefachleute auf, die dieses Thema weit eingehender studiert haben als die Ökonomen. Nach den Werbeanzeigen zu urteilen, spielen Snobismus, Angst und sexuelle Assoziation eine Hauptrolle bei der Beeinflussung der Konsumentenwahl.

(b) Rationierung durch Geldmittel

In einem Land, in dem es eine Einkommenshierarchie gibt, gibt es auch eine Hierarchie der Konsumstruktur. Zahlreiche Untersuchungen über die Armut befaßten sich mit den Verhältnissen am unteren Ende dieser Hierarchie und es wurden Berechnungen darüber angestellt, welcher Anteil einer gegebenen Bevölkerung unterhalb des menschlichen Existenzminimums lebt. Es gibt offizielle Stichprobenerhebungen über Einkommen und Ausgaben und es gab akademische Untersuchungen, die sich mit den Konsumgewohnheiten vor allem von Arbeiterfamilien befaßten, nebst einigen wenigen über die Konsumgewohnheiten der Mittelschicht.

Die allgemeine Beobachtung zeigt, daß es, wenn wir die Hierarchie der Einkommensniveaus hinaufsteigen, einige Waren gibt, von denen eine typische Familie auf einem höheren Einkommensniveau mehr kauft. Solche Fälle stimmen mit der Vorstellung über die eigentlichen Bedingungen des Nachfrageverhaltens überein – bei einem relativ zum Einkommen niedrigeren Preis oder einem relativ zum Preis höheren Einkommen wird mehr von dem Gut gekauft [siehe: 2 5 § 3 (a)].

Es gibt zahlreiche Artikel, von denen bei höherem Einkommen weniger gekauft wird. Dies sind die *inferioren Güter* oder die inferioren Methoden einen allgemeinen Bedarf, wie etwa den für Lebensmittel oder Unterhaltung, zu decken.

Ein Spezialfall dieser Art ist seit langem als das *Giffensche Paradoxon* bekannt, denn Sir R. Giffen zeigte auf, daß ein Preisanstieg für Brot (relativ zum gegebenen Geldeinkommen) es den Arbeiterfamilien unmöglich machte, sich Fleisch zu leisten, so daß sie mehr und nicht weniger Brot essen mußten. Der Effekt eines Preisanstiegs, der eine Senkung des Realeinkommens hervorruft, wird dadurch, daß er zugleich eine Umlenkung der Augaben auf die billigeren Substitute bewirkt, mehr als ausgeglichen. Marshall betrachtete die inferioren Güter als eine Ausnahme von der allgemeinen Regel und behauptete, daß »derartige Fälle selten seien.«[80]) Aber dies ist scheinbar ein Spezialplädoyer. Im allgemeinen wird ein Vergleich des Konsums bei unterschiedlichen Einkommenshöhen innerhalb desselben Kulturkreises zahlreiche Beispiel für Güter zeigen, die bei einem höheren Einkommen weniger gekauft werden. Ein höheres Konsumniveau bedeutet im allgemeinen eher ein größeres Spektrum von Artikeln und eine stärkere Betonung der Qualität, als größere Mengen desselben Sortiments.

Die Neoklassiker waren, obgleich sie ein großes Gewicht auf die Nachfrage legten, nicht darauf erpicht, die Probleme zu erörtern, die mit der Verteilung der Kaufkraft auf die Haushalte zusammenhingen; die Präferenzen zu diskutieren und die Verteilung dabei zu ignorieren, ist gleichbedeutend mit der Suche nach dem Penny, während die Pfundnoten vergessen werden.

(c) Angebot schafft Nachfrage

Die Konsumenten wählen (aus welchen Motiven auch immer) aus den angebotenen Waren aus. Sie haben ein Vetorecht – sie brauchen nichts kaufen, was ihnen nicht gefällt – aber sie haben nicht die Macht zur Initiative. Die Struktur der Nachfrage nach bestimmten Gütern wird in einer Gesellschaft maßgeblich durch das verfügbare Angebot beeinflußt. Jedermann verlangt Lebensmittel, Kleidung und Unterhaltung, aber die besondere Form, in der diese Bedürfnisse befriedigt werden, hängt von dem ab, was produziert wird. Es besteht in den Ländern, in denen Reis angebaut wird, eine auffallende Präferenz für den

Einkommen und Nachfrage **2** 7 § 2 (c)

Verzehr von Reis; die Angewohnheit Hammelfleisch zu essen, geht in England wahrscheinlich auf den mittelalterlichen Wollhandel zurück. Die industrielle Produktion wird ständig durch technische Entwicklungen verändert und sobald ein neues Gut in Gebrauch ist, verbreitet der »Nachahmungseffekt« (demonstration effect) den Wunsch, es zu besitzen, rasch über die gesamte Bevölkerung. Somit schafft das Angebot Nachfrage. Die enorme Umwälzung der Einstellungen und Verhaltensweisen, die durch das Auto verursacht wurde, stellt (im guten oder im schlechten Sinne) das führende Beispiel hierfür dar.

Die große Produktivität moderner Industrien wirft für die kapitalistischen Unternehmen ein Problem auf. Es würde technisch möglich sein, die Nachfrage nach den derzeit bekannten Industrieprodukten auf einem akzeptablen Niveau für die gesamte Bevölkerung der Industrienationen in wenigen Jahren zu befriedigen, aber wie würde dann das System weiter funktionieren? Dieses Problem wurde insoweit durch die *Schaffung von Bedürfnissen* gelöst.

Ein Konsumgüterproduzent besitzt die Macht, die Nachfrage nach seinem Produkt zu beeinflussen. Auf dem Markt für Zwischenprodukte, wie Materialien, Ausrüstung etc. sind die Käufer und Verkäufer gleichermaßen Professionals; der Verkäufer besitzt, außer durch zweckmäßige Konstruktion seiner Artikel, Kundendienst und wahre Information nur begrenzte Möglichkeiten, den Käufer zu überreden. Auf dem Markt für Konsumgüter ist der Käufer ein Amateur. Er mag ein Experte in der Branche sein, in der er seinen Lebensunterhalt verdient, aber er – öfter noch sie – muß Güter aus einer Vielzahl von Branchen kaufen. Die Käuferin muß sich daher nach Informationen umsehen, die ihr helfen, zwischen der einen oder anderen Bezugsquelle auszuwählen. Diese Information wird hauptsächlich von Interessenverbänden – durch Werbung oder andere Verkaufstricks, die von den Verkäufern finanziert werden – gegeben. In zunehmendem Maße hören die Werbeanzeigen sogar damit auf, Informationsvermittlung vorzutäuschen; ein ganzer Berufszweig hat sich in der Kunst der Überredung herausgebildet.

Die Marktforschung zielt zum Teil darauf ab, herauszufinden, was die Öffentlichkeit (mit dem verfügbaren Geld) sich wünscht oder benötigt, in der Hauptsache ist sie jedoch darauf ausgerichtet, die effektivsten Methoden zur Schaffung von Nachfrage nach den Gütern herauszufinden, die der Produzent auf den Markt bringen kann. Darüber hinaus werden die Presse und die Massenmedien (für die Werbung die Haupteinnahmequelle darstellt), um die allgemeine Expansion des Konsumgütermarktes sicherzustellen, dazu eingespannt, das allgemeine Klima der Begeisterung für weitere Käufe und für das mit dem Besitz verbundene Prestige aufrechtzuerhalten. Güter, bei denen es gewinnbringend ist, sie anzubieten, sind solche, die bei einem mittleren und höheren

Niveau innerhalb der Einkommenshierarchie gekauft werden; niedrige Einkommen bilden keinen guten Markt. Wenn der allgemeine Konsum steigt, dann gibt es immer weniger Grund, für die Bedürfnisse der Ärmsten zu sorgen.

Relative Armut ist dadurch nicht weniger demütigend, daß das absolute Konsumniveau gestiegen ist; jedermann verbleibt in der selben relativen Position wie zuvor. Deshalb finden die Firmen immer Arbeiter und Angestellte, die für sie arbeiten und Konsumenten, die bereit sind, ihren Output zu gewinnbringenden Preisen zu kaufen.

An dieser Stelle können wir nur einige Hinweise über die Hauptfragen aufwerfen, die analysiert werden müssen, denn hundert Jahre einer *a priori Beweisführung* über die »Nutzenmaximierung« haben hierzu keinen größeren Beitrag geliefert.

3. Der öffentliche Sektor

Die Methode, Güter und Dienstleistungen anzubieten, sowie Einkommen durch den Markt zu regulieren, funktioniert nur in einem Teil der nationalen Volkswirtschaft. Ein Teil der Volkswirtschaft wird von regierungsamtlichen Behörden verwaltet, die Gelder durch Steuern einnehmen, und die die Ausgaben für verschiedene Zwecke verwenden, die mehr aufgrund politischer als rein kommerzieller Überlegungen bestimmt werden. In jüngster Zeit hat eine erhebliche Ausdehnung des Betätigungsfeldes des öffentlichen Sektors in allen Industriestaaten stattgefunden.

(a) Öffentliche und private Ausgaben

Ein grober Indikator für Einfluß und Bedeutung des öffentlichen Sektors ist durch den Anteil der öffentlichen Ausgaben am *Bruttosozialprodukt* (BSP) gegeben. Das Bruttosozialprodukt eines Jahres ist ein statistisches Maß für die gesamte produktive Tätigkeit eines Landes sowohl im Inland als auch im Ausland, die sich in dem Output an Gütern und Dienstleistungen niederschlägt. Es stellt somit den Wert der Gesamtproduktion zu laufenden Preisen innerhalb eines Landes ohne die Zahlungen für Importe, einschließlich des Auslandseinkommens, dar.

Der Wert des BSP kann auf drei verschiedene Arten dargestellt werden: (i) Als die Gesamtkosten der Produktion, die in jedem Industriezweig entstehen

Einkommen und Nachfrage **2** 7 § 3 (a) 289

(gleich dem Netto-Output oder der Wertschöpfung, die von diesem Industrie-zweig hinzugefügt wird) vor Abzug der Abschreibungen ohne die Wertstei-gerungen des Kapitalbestands plus der Nettovermögenseinkommen aus dem Ausland. Die Produktionskosten setzen sich aus der Summe der Einkommen aus unselbständiger Arbeit, selbständiger Beschäftigung, Gewinneinkommen sowie Mieten und Pachten zusammen. (ii) Als Wert des Gesamt-Outputs (mit Ausnahme der Steuern und Subventionen, die in die Preise eingehen), wie er von den Herstellern von Gütern und Dienstleistungen deklariert wird, abzüg-lich des Wertes der Zwischenprodukte, der in den Wert der Güter eingeht, für deren Produktion sie benutzt wurden. Dieses Maß beinhaltet einen Anteil für Abschreibung, schließt jedoch die Wertsteigerungen des Kapitalbestands aus. (iii) Als der gesamte Wert der Verkäufe von Gütern und Dienstleistungen auf dem Inlandsmarkt zu Marktpreisen (einschließlich der Vorratsveränderungen), abzüglich der Ausgaben für Zwischenprodukte, plus der Zahlungen für expor-tierte Güter und Dienstleistungen sowie den Vermögenseinkünften, die aus dem Ausland bezogen werden, ohne die Zahlungen für Importe von Gütern und Dienstleistungen sowie Vermögenseinkünfte, die Ausländer aus dem In-land beziehen, abzüglich der Umsatzsteuern aber einschließlich der Subventio-nen. Ein allwissender Statistiker würde bei Anwendung aller drei Methoden für das BSP genau denselben Wert herausbekommen. Der Umfang der Ausga-ben ist gleich dem Wert der Gesamtproduktion, der dem Einkommensstrom entspricht.

Berechnungen des BSP werden häufig benutzt, um den wirtschaftlichen Er-folg oder Reichtum eines Landes anzuzeigen. Dieses Maß ist unzuverlässig, einmal, weil Nominaleinkommen ein unvollkommener Maßstab für den gesell-schaftlichen Wert der wirtschaftlichen Aktivitäten derjenigen Individuen, die diese Einkommen erhalten, ist, und zweitens, weil alle unbezahlten Dienstlei-stungen und freien Güter (einschließlich der sauberen Luft) aus den Schätzun-gen ausgeschlossen werden.

Der Anteil der öffentlichen Ausgaben (Ausgaben des Staates, der lokalen Behörden und der regierungsamtlichen Dienststellen) am BSP stellt den Anteil des Nationaleinkommens dar, der von dem Staat beansprucht wird. Tabelle 7.2. zeigt das Wachstum der öffentlichen Ausgaben im Vereinigten Königreich seit 1860. Vor dem Burenkrieg machten die staatlichen Ausgaben lediglich zehn Prozent des BSP aus, stiegen dann jedoch mit jeder Kriegsperiode erheblich an. Die Anstrengungen der Zwischenkriegszeit dehnten die Rolle des Staates aus und seit dem Ende des Zweiten Weltkrieges hat sich die staatliche Aktivität kontinuierlich erhöht, bis im Jahre 1970 die Ausgaben der öffentlichen Hand mehr als fünfzig Prozent des gesamten BSP in dem Vereinigten Königreich ausmachten.

Tabelle 7.2 **Der Anteil der gesamten öffentlichen Ausgaben am Bruttosozialprodukt von 1860 bis 1970, ausgewählte Jahre (in Prozent)**

1860	1880	1900	1920	1938	1950	1955	1960	1965	1970
11	10	15	26,1	30,1	39,5	37,3	41,5	45,3	50,3

Die gesamten öffentlichen Ausgaben werden normalerweise in die *Verbrauchs*-Ausgaben, die sich aus den Käufen von Gütern und Dienstleistungen verschiedener Arten für den Gebrauch der öffentlichen Hand zusammensetzen, und in die *Transferzahlungen* unterteilt. Letztere stellen eine Übertragung von Geldern aus der Staatskasse auf einzelne Bürger als Entgelt, dem kein Leistungsäquivalent in der Gegenwart gegenübersteht, dar, wie zum Beispiel Zinszahlungen für Schulden aus staatlicher Kreditaufnahme sowie der staatliche Beitrag zu der Arbeitslosenversicherung. Es gibt darüber hinaus noch einige Grenzfälle, wie etwa die Gehälter der oberen Dienstgrade im Staatsdienst.

(b) Staatliche Aktivitäten

In modernen Industrieländern gibt es weite Überschneidungen zwischen dem öffentlichen und dem privatwirtschaftlichen Sektor. Zahlreiche Dienstleistungen wie die Post werden zu Preisen ausgeführt, die kostendeckend sein sollen, während verstaatlichte Industriezweige, die in der Vergangenheit von privaten Kapitalisten übernommen wurden, in nahezu der gleichen Weise wie die übrigen Arbeiter beschäftigen und ihre Produkte verkaufen.

Zwei Hauptelemente sind bei den öffentlichen Ausgaben anders als bei den marktmäßigen Beziehungen. Das erste betrifft den Regierungsapparat, die Gesetzespflege und die Maßnahmen für die sogenannte Verteidigung. Die zweite Art der öffentlichen Aktivität ergibt sich aus dem Konflikt zwischen den Erfordernissen der Demokratie und der Verteilung der Kaufkraft auf die Familien, wie sie durch die Geschichte und den Markt hervorgebracht wurden. Der Konsument einer wohlhabenden Familie gibt bei seinem Wahlakt der Ausbildung und der medizinischen Versorgung eine hohe Priorität; diese Dienstleistungen werden frei oder zu einem subventionierten Preis, zumindest in einem minimalen Ausmaß für die allgemeine Bevölkerung zur Verfügung gestellt. Es liegt auch im Interesse der Wohlhabenden, daß die Familien, die sich eine Ausbildung und eine medizinische Behandlung zu handelsüblichen

Einkommen und Nachfrage **2** 7 § 3 (c)

Sätzen nicht leisten können, diesen Vorteil genießen können, etwa um die Ausbreitung infektiöser Krankheiten zu verhindern und eine gebildete Arbeiterschaft zu erhalten. Es gibt ferner zahlreiche Maßnahmen, um extreme Armut zu mildern.

Sowohl im Bereich der staatlichen Verwaltung als auch in dem der Wohlfahrtspflege kommt die Allokation der nationalen Ressourcen durch einen politischen Prozeß zustande, der eine andere Analyse erfordert als die, die für den Markt zweckmäßig ist.

(c) Besteuerung

Historisch war das Hauptinteresse des Staates an ökonomischen Angelegenheiten mit der Besteuerung verbunden. Wie Adam Smith vorbrachte:

»Die politische Ökonomie, die als Wissenschaftszweig für Staatsmänner oder Gesetzgeber angesehen wird, schlägt zwei unterschiedliche Ziele vor: Erstens, für einen reichlichen Ertrag oder Lebensunterhalt des Menschen zu sorgen oder genauer noch, sie in die Lage zu versetzen, sich selbst einen solchen Ertrag oder Lebensunterhalt zu verschaffen; und zweitens, den Staat oder das Commonwealth mit Einkünften zu versorgen, die für die öffentlichen Dienstleistungen ausreichend sind.«[81])

Verwickelte und vielschichtige Probleme, auf die wir an dieser Stelle nicht weiter eingehen wollen, ergeben sich aus den Wirkungen verschiedener Steuersysteme; wie z. B. die relativen Vorzüge der *direkten* Steuern, mit denen das Einkommen oder das Vermögen besteuert werden und der *indirekten* Steuern, die von der Produktion oder dem Warenverkauf erhoben werden, aus der Sicht des Finanzministeriums und der des Steuerzahlers; und die gesamte Problematik der Beziehung zwischen den nominalen Steuerschulden und dem, was tatsächlich bezahlt wird. Wir können hier nur einige allgemeine Beobachtungen anstellen.

Die Besteuerung beinhaltet wichtige sozialpolitische Fragen. Es ist ein allgemein anerkanntes Prinzip, daß die Besteuerung progressiv sein sollte, indem sie von höheren Einkommen einen größeren Teil nimmt und dem, was eher als Luxus denn als Notwendigkeit angesehen wird, Steuern auferlegt. Ein Steuersystem jedoch, das in Ländern wie dem Vereinigten Königreich seit vielen Jahrzehnten in Kraft ist, und das auf dem Papier als extrem progressiv erscheint, hat nur einen geringen Effekt auf die ungleichen Besitzverhältnisse gehabt, die direkt oder indirekt die Hauptquelle für die Einkommensunterschiede sind (siehe: Tabelle 7.1).

Es scheint im Vereinigten Königreich seit der Zeit vor dem letzten Kriege eine gewisse Verlagerung von dem Anteil der höchsten Einkommen zu den oberen Mittelschichten eingetreten zu sein, aber der Gesamtanteil dessen, was an die Hälfte der Bevölkerung mit dem niedrigsten Einkommen fließt, hat sich kaum verändert. (Siehe Tab. 7.3).

Es gibt zahlreiche, weniger bedeutende Konflikte zwischen der Sozialpolitik und dem Schatzamt, die zu Ungereimtheiten führen.

Zum Beispiel stellt eine zur Angewohnheit gewordene Ware, wie der Tabak ein bequemes Besteuerungsobjekt dar, da die Nachfrage der Süchtigen sehr unelastisch ist. Genauso wie ein Monopolist höhere Erträge erzielen kann, wenn er seinen Preis dort erhöht, wo die Nachfrage unelastisch ist, so kann sich auch der Schatzminister darauf verlassen, jedesmal, wenn er die Steuern für Zigaretten heraufsetzt, höhere Einkünfte zu erzielen. Wenn entdeckt wird, daß Rauchen schädlich für die Gesundheit ist, so ist es schwer für eine Regierung, eine Kampagne gegen das Rauchen vollen Herzens zu unterstützen. Jedoch die öffentliche Meinung wäre zutiefst schockiert, wenn eine Regierung vorschlüge, ihre Einnahmen aus einer anderen Form von Laster zu beziehen.

Jedes fiskalische System ist notwendig ein Kompromiß zwischen Zweckmäßigkeit und Prinzip. Viele Steuern erzeugen unbeabsichtigte Nebenwirkungen; insbesondere die Steuern auf Geschäftsgewinne und auf hohe Einkommen haben die Existenz eines ganzen Berufszweiges von Buchhaltern und Rechtsberatern hervorgebracht, die den Steuerzahlern dabei helfen, ihre Verbindlichkeiten zu minimieren.

Tabelle 7.3 **Die Verteilung personeller Einkommen nach Steuern in dem Vereinigten Königreich 1938—39 und 1966—67**

Prozentsatz der Einkommensbezieher		Prozentsatz am gesamten Einkommen	
		1938—39	1966—67
Die unteren	10	5	4,2
die unteren	50	30	31
die oberen	50	70	69
die oberen	25	54	40
die oberen	10	33	20
die oberen	5	25	13

Jede Art von Steuer wird als eine Last empfunden und als unfair betrachtet, aber die Vorstellungen und Angewohnheiten passen sich einem System an,

Einkommen und Nachfrage **2** 7 § 3 (d) 293

wenn es sich einmal etabliert hat. Daher die Behauptung: Eine alte Steuer ist eine gute Steuer.

Die Fiskalpolitik einer jeden Regierung wird zum Teil durch die traditionellen Vorstellungen über das, was akzeptabel ist, beeinflußt und teilweise durch das Interesse der Gesellschaftsklassen, von denen sie Unterstützung erhält. Es gibt keine »rein ökonomischen« Aspekte der Regierungspolitik, die von umfassenderen sozialen und politischen Problemen losgelöst und ausschließlich in Form von ökonomischen Überlegungen diskutiert werden können.

(d) Staatliche Kreditaufnahme

Die Ausgaben des Staates können durch Steuern oder durch Kreditaufnahme gedeckt werden. Wenn die Steuereinnahmen geringer ausfallen als die Ausgaben, so muß die Regierung Kredite aufnehmen. Sind die Einnahmen größer als die Ausgaben, so kann sie die Gelegenheit benützen, die in der Vergangenheit aufgelaufenen Schulden zu tilgen.

Die traditionelle ökonomische Lehre verurteilte die Kreditaufnahme. In der Zeit von Adam Smith bis zu der Mitte der Dreißiger Jahre unseres Jahrhunderts stellte die staatliche Finanzpolitik, die von der orthodoxen Steuerlehre befürwortet wurde, eine unmittelbare Fortsetzung der erfolgreichen Finanzpolitik eines Haushalts dar; die Ausgaben sollten die Einnahmen nicht übersteigen. Wenn eine bestimmte Höhe der Ausgaben durch politische Notwendigkeiten vorgeschrieben war, ergab sich das Problem, Möglichkeiten zu ersinnen, die Summe der Steuereinnahmen zu erhöhen, die benötigt wurden, um den *Budgetausgleich* herzustellen.

In gewissen Situationen – sagen wir in der Vorbereitung auf einen Krieg – könnte es zwar wünschenswert sein, daß die Einnahmen die Ausgaben übersteigen, so daß staatliche Ersparnisse angesammelt werden, um für die Zukunft bereitzustehen. Unter normalen Umständen jedoch galt dies als eine Politik, die den Menschen unnötige Belastungen auferlegte. In jedem Fall sollten die Ausgaben die Einnahmen nicht übersteigen, denn wie im Falle eines Haushaltes galt dies als Weg in den Ruin. »Ungesunde Finanzen« in Form von Schulden, die der Staat gemacht hat, würden nicht nur das Geld – und Finanzsystem zerstören, sondern die Schuldenaufnahme würde auch die Belastung der Rückzahlung auf zukünftige Generationen abwälzen, die keinen Nutzen von den Ausgaben hatten. Ein unausgeglichenes Budget war nicht nur ungesund, sondern auch unmoralisch.

Diese Vorstellungen waren noch in der großen Wirtschaftskrise vorherrschend. Keynes versuchte, die Ansicht durchzusetzen (die uns heute selbstverständlich erscheint), daß durch Kredite finanzierte öffentliche Ausgaben in einer Wirtschaft, die unter Arbeitslosigkeit und niedrigen Gewinnen leidet, das Realeinkommen durch die Wirkung des Multiplikators erhöhen [siehe: **2** 3 § 2 (a)], auch wenn die Objekte, für die die Ausgaben verwandt werden, selbst nutzlos sind und daß es, falls sie nützlich sind, keine Belastung zukünftiger Generationen darstellen kann, ihnen mehr Wohnhäuser, Produktionskapazität oder ein besser ausgebautes Verkehrssystem zu verschaffen, als sie sonst gehabt hätten.

Nach der Erfahrung mit der Vollbeschäftigung in der Kriegszeit gewannen diese Ideen allgemein die Oberhand über die alten Lehrmeinungen. Heute besteht die anerkannte Ansicht über die öffentlichen Finanzen darin, daß das Budget zu allererst ein Instrument zur Regulierung des Niveaus der effektiven Nachfrage ist. Bei Arbeitslosigkeit wird nun zugelassen, daß die Regierung die Ausgaben erhöht und die Steuern senkt, um einen Aufschwung der wirtschaftlichen Aktivitäten zu bewirken. (Dieses Argument wird immer für die Beschäftigung ausgedrückt, es ist jedoch auch aus der Sicht der Wirtschaft erwünscht, denn ein Anstieg der Beschäftigung wird von einem Anstieg der Gewinne begleitet [siehe: **2** 3 § 2 (b)]. Ein Boom, der so stark ist, daß er einen allgemeinen Nachfrageüberhang nach Arbeitskräften bewirkt, wird als inflationär bezeichnet und verlangt nach einer Steuererhöhung, um ihn einzudämmen. (Eine budgetorientierte Beschäftigungspolitik ist verbunden mit und zugleich behindert durch die Probleme im Zusammenhang mit der Zahlungsbilanz eines Landes, die wir später erörtern werden).

In dieser Hinsicht besteht der Zweck der Besteuerung nicht darin, Geld zur Finanzierung der Ausgaben aufzubringen, sondern darin, die Nachfrage von privaten auf öffentliche Ziele umzuleiten. Daher ist der Ausruf des Politikers: »Wir können es uns nicht leisten!« keine logische Antwort auf die Forderung nach sozial nützlichen Ausgaben. Die Beschäftigung bislang nicht eingesetzter Ressourcen kostet nichts. Wenn die Ressourcen voll genutzt werden, so kann ein derartiger Einwand nur etwas ähnliches bedeuten, wie: »Die Regierung kann es sich nicht leisten, mehr Krankenhäuser zu bauen, da dies implizieren würde, knappe Ressourcen auf dem Bausektor aus der Errichtung von Luxuswohnungen und Autobahnen abzuziehen.«

Die Auffassung, daß sich eine Regierung eines Landes mit dem Beschäftigungsniveau ihrer Arbeitskräfte befassen soll, führt zu einem Bruch mit der *Laissez-faire* Orthodoxie und läßt die staatliche Politik in jede Sphäre des ökonomischen Lebens eindringen.

(e) Die Last der staatlichen Verschuldung

Das akkumulierte Ergebnis vergangener Defizite (abzüglich aller Rückzahlungen) bleibt als eine ausstehende Verbindlichkeit der Regierung gegenüber ihren Bürgern bestehen. Dies stellt die *Staatsverschuldung* dar. (Wir betrachten hier nur die *internen* Schulden. Verbindlichkeiten gegenüber dem Ausland werden später behandelt.) Die Ansicht, die Statsverschuldung stelle eine Belastung für die Gesellschaft dar, kam aus der Mode, sobald die Auffassung von Keynes über die Finanzen akzeptiert worden war. Offensichtlich verringert die Existenz staatlicher Schulden nicht direkt die reale Produktionskapazität einer Nation. Die Regierung verpflichtete sich, Zinsen zu zahlen, als sie Kredite aufnahm; diese werden von den Steuerzahlern erhoben und gehen an die Besitzer von staatlichen Schuldverschreibungen. Die Bürger des Staates als Gesamtheit bezahlen sich selbst. Die Situation unterscheidet sich von der einer Familie, die verpflichtet ist, ihren Kreditgebern Zinsen zu zahlen (oder von einer Nation, die Zahlungen für Verbindlichkeiten gegenüber dem Ausland leistet.)

Nichtsdestoweniger stellt die Existenz einer großen staatlichen Verschuldung einen erheblichen Mißstand dar. Alle Steuern verursachen Unregelmäßigkeiten und Unzufriedenheiten und die meisten haben unerwünschte Nebenwirkungen. Je höher der Gesamtwert der erhobenen Einnahmen ist, umso schlechter sind sie wahrscheinlich. Wenn eine Regierung ausschließlich zum Zwecke der Zinszahlungen an hohe Steuerzuflüsse gebunden ist, so ist es schwieriger, die Steuern für wünschenswerte Zwecke anzuheben. Darüber hinaus muß, wie progressiv ein Steuersystem auf dem Papier auch immer sein mag, die staatliche Verschuldung in einem gewissen Umfang die Besteuerung der Armen zur Finanzierung der Reichen sowie die Besteuerung der Aktiven zur Finanzierung der Müßigen implizieren.

(f) Das Budget und die effektive Nachfrage

Wir haben gesehen, daß es unzulässig ist, komplexe Aggregate, wie den Strom des Sozialprodukts oder das Niveau der Vollbeschäftigung, so zu behandeln, als ob sie durch eine Anzahl irgendwelcher einfachen Maßeinheiten ausgedrückt werden könnten. Dennoch ist es – vorausgesetzt wir gestatten es uns nicht, zu der Vorstellung verleitet zu werden, daß Formeln mehr bedeuten, als sie können – hilfreich, die Keynes'sche Theorie schematisch darzustellen. Wir beschränken die Formeln auf ein geschlossenes System, d. h. auf eine Volkswirtschaft ohne Außenhandelsbeziehungen.

Das Nettosozialprodukt eines Jahres stellt den Wert der Produktion von Gütern und Dienstleistungen während eines Jahres dar, dies entspricht dem BSP *minus* den Kosten für die Amortisation, die von den Profiten subtrahiert werden. Wir nehmen das Sozialprodukt ohne die Abschreibungen, weil wir nur an dem Strom des verfügbaren Einkommens interessiert sind. Die Zweideutigkeit des Konzepts des Nettoprofits, die wir oben erörterten, braucht uns in diesem Zusammenhang nicht zu stören [siehe: **2** 6 § 2 (a)]. Darüber hinaus nehmen wir an, daß die Amortisation als ein richtiger Ausdruck des Teils der Bruttoinvestition angesehen werden kann, der den Wertverlust des Kapitalstocks ausgleicht. Dann entspricht, wenn Y das Nettosozialprodukt eines Jahres ist und I die Nettoinvestition darstellt, Y dem Strom des verdienten und des nicht verdienten Einkommens aller Haushalte sowie dem unverteilten Nettoprofit der Unternehmen.

Betrachten wir nun das Nettoeinkommen Y unter dem Aspekt, wie es verdient wurde, so kann es vollständig aufgeteilt werden auf das Einkommen, das sich aus der Produktion von Konsumgütern und Dienstleistungen C, der Nettoinvestition I und den staatlichen Ausgaben G ableitet; und betrachtet man es von der Verwendungsseite, so wird es für Konsum ausgegeben, gespart (S) oder als Steuern (T) gezahlt.

$$Y = C + I + G$$
$$Y = C + S + T$$
Daher ist $S = I + G - T$

Das heißt, die gesamte Nettoersparnis der privaten Haushalte ist größer oder kleiner als die Nettoinvestition je nachdem, ob es ein Defizit, oder einen Überschuß im Budget gibt. Wenn ein Defizit vorhanden ist, das eine negative Ersparnis des Staates darstellt, spart der private Sektor mehr als den Wert der Investition.

Angenommen s stelle nun den gesamten Anteil der privaten Ersparnisse am Gesamteinkommen dar und t den gesamten Steueranteil bei einer bestimmten Struktur der Steuersätze. Dann folgt:

$$(s + t) \cdot Y = I + G$$

Bei konstanten Investitionen führt ein Anwachsen der staatlichen Ausgaben zu einer Erhöhung der Einkommen und erhöht sowohl die gesamten Ersparnisse als auch den Ertrag der Steuern. Die Vermehrung der staatlichen Verschuldung, die durch einen Kreislauf der staatlichen Ausgaben verursacht wurde, ist infolge der zusätzlichen Steuereinnahmen, die sie hervorbringen, geringer als die Ausgaben. Dies bildete einen wichtigen Teil der Begründung dafür, daß öffentliche Investitionen die Arbeitslosigkeit in der Wirtschaftskrise bekämpfen.

Nehmen wir nun an, die Steuersätze wären erhöht worden – t ist größer. So muß, wenn alles andere einschließlich I und G gleichbleibt, Y niedriger werden. Dies kommt dadurch, daß höhere Steuern den Konsum einschränken. Insoweit, wie ein höheres t ein niedrigeres s bedeutet – die Zahlungen höherer Steuern reduzieren die Ersparnis – ist die Verminderung von Y entsprechend geringer.

Diese Beweisführung führt zu einer bemerkenswerten Schlußfolgerung. Man stelle sich eine Regierung vor, die sich eine Politik zu eigen macht, genügend Geldausgaben bereitzustellen, um annähernde Vollbeschäftigung aufrecht zu erhalten, während sie ihr jährliches Budget ausgeglichen hält. In einer bestimmten Situation würde diese Regierung höhere Ausgaben tätigen müssen, als wenn sie dasselbe Beschäftigungsniveau über ein Defizit aufrecht erhielte, denn es müssen genügend Ausgaben gemacht werden, um die Beschränkung des Konsums durch höhere Steuern auszugleichen. Die Regierung muß sich daher verschiedene Dinge überlegen, für die sie Geld ausgeben kann. Wenn nicht alles für Rüstungszwecke oder Mondfahrten verausgabt wird, so müßte dies zu einem stärkeren Engagement des öffentlichen Sektors in der Sozialpolitik führen. Darüber hinaus würden die Früchte der Investition, die unter dieser Politik durchgeführt wurde, der gesamten Nation gehören ohne irgendeine damit verbundene Verschuldung, die in der Zukunft Zinszahlungen erforderlich macht.

Daher ist, wenn eine annähernde Vollbeschäftigung garantiert wird, die Politik, ein ausgeglichenes Budget aufrecht zu erhalten, weit radikaler als das sogenannte keynesianische Prinzip, ein Defizit zuzulassen, wenn immer die effektive Nachfrage einen Anstoß benötigt.

4. Das Preisniveau

Soweit bezogen ich all unsere Diskussionen auf das Verhältnis von Preisen relativ zu den Geldlohnsätzen. Wir müssen uns nun dem Problem der Löhne und der Preise in Geldeinheiten ausgedrückt zuwenden.

(a) Geldlöhne

Eines der wichtigsten Elemente in der Keynes'schen Revolution war die Entdeckung, daß in einer industriellen Wirtschaft das Niveau der Kosten der Arbeit – die Geldlohnsätze relativ zum pro Kopf-Output – die Hauptdeterminante des allgemeinen Preisniveaus darstellt, und daß das Niveau der Geldlohnsätze zu jedem Zeitpunkt mehr oder weniger ein historischer Zufall ist, der von der Erfahrung aus der jüngsten und der entlegeneren Vergangenheit abhängt.

In den vor Keynes herrschenden Lehren wurden die Probleme, die mit der Produktion von Gütern und der Verteilung von Einkommen verbunden waren, in »realen« Ausdrücken erörtert. Geld wurde als ein Schleier angesehen, den der Ökonom erst durchdringen mußte, um die zugrundeliegenden Beziehungen sehen zu können. Das allgemeine Preisniveau würde als separater Gegenstand behandelt, der seinen Niederschlag in den zahlreichen ausgearbeiteten Versionen von Hume's einfacher Quantitätstheorie des Geldes findet (siehe: 1 3 § 4). Keynes durchbrach diese Trennung und behandelte das Geldsystem als ein Element innerhalb einer komplexen Wirklichkeit.

Wie wir gesehen haben, stellt eine nicht monetäre Marktwirtschaft einen begrifflichen Widerspruch dar [siehe: 2 5 § 2 (b)]. Irgendeine Einheit für die allgemeine Kaufkraft wird selbst für die einfachste Art des Tausches zwischen unabhängigen, spezialisierten Herstellern benötigt. Es ist in einem Produktionssystem, das auf Lohnarbeit basiert, noch weit mehr eine unverzichtbare Bedingung. Für Marx ist der Kapitalismus das System, in dem die Arbeit selbst zu einer Ware, einem Tauschobjekt geworden ist. Löhne müssen in Geldeinheiten ausgehandelt und ausgezahlt werden. Der Geldlohnsatz wird dann für jeden Produzenten zur Hauptdeterminate der Kosten. Wie wir gesehen haben, unterliegen die relativen Lohnsätze für verschiedene Arten von Arbeitskräften den langfristigen Einflüssen der Technologie und den Anforderungen an den Zugang zu verschiedenen Tätigkeiten. In einer bestimmten Situation sind die relativen Verdienste bemerkenswert stabil; in jedem Land entwickeln sich unter normalen Bedingungen die industriellen Lohnsätze weitgehend gleichlaufend. Das allgemeine Niveau der Geldlohnsätze bestimmt das allgemeine Niveau der Herstellkosten für die Produktion aller Fabrikate und die proportionalen Gewinnspannen, die auf die Herstellkosten aufgeschlagen werden, sind überall weitgehend konstant. Somit wird das allgemeine Preisniveau durch die Höhe der Geldlohnsätze bestimmt.

Es ist weitaus leichter, einen Anstieg der Geldlohnsätze herbeizuführen, wenn die Beschäftigung und die Gewinne hoch sind, als ein Absinken, wenn sie

Einkommen und Nachfrage **2** 7 § 4 (b)

niedrig sind. Daher gibt es im historischen Ablauf eine allgemeine Tendenz für ein Ansteigen der Geldlohnsätze. Für die industriellen Produkte wird dies zum Teil durch einen infolge des technischen Fortschritts ansteigenden Pro-Kopf-Output ausgeglichen, jedoch personelle Dienstleistungen – wie etwa das Friseurhandwerk – bei denen die Produktivität nicht sehr gesteigert werden kann, werden relativ zu den Gütern immer teurer.

Dies ist ein allgemeines Phänomen in allen Industriestaaten. (Die prozentualen Steigerungsraten, mit denen in den verschiedenen Ländern der Lohn steigt und sich die Produktivität erhöht, haben Rückwirkungen auf den internationalen Handel, die wir später erörtern werden.)

(b) Inflation

Wenn sich nach einer langen Depression eine annähernde Vollbeschäftigung etabliert hat, ist es notwendig, die relativen Lohnsätze in Wirtschaftszweigen zu erhöhen, in denen sie früher durch eine außerordentlich starke Arbeitslosigkeit niedrig gehalten wurden. In England zum Beispiel war es, wenn es offene Stellen in der Industrie gab, notwendig, die Löhne in der Landwirtschaft zu erhöhen oder die Farmer würden ihre Arbeitskräfte verloren haben. Geschieht dies, so gibt es einen Kaufkraftzuwachs, der einen weiteren Aufschwung der effektiven Nachfrage bewirkt und häufig wird von den höher bezahlten Arbeitern Druck ausgeübt, um ihren traditionell bestehenden Lohnabstand wieder herzustellen. Somit kann eine inflationäre Bewegung von der Seite der Lohnsätze her ausgelöst werden.

Die Inflation kann aber auch von der Preisseite her in Gang gesetzt werden. Ein scharfer und plötzlicher Anstieg der effektiven Nachfrage erhöht die Preise der Rohprodukte einschließlich der Nahrungsmittel. Die Arbeitgeber in der Industrie, die ebenfalls von der gestiegenen wirtschaftlichen Aktivität profitieren, können eine Erhöhung der Lohnsätze, um den Anstieg der Lebenshaltungskosten zu kompensieren, nicht zurückweisen. Ausgelöst durch die höheren Löhne, gibt es dann einen Anstieg der Herstellkosten über die Höhe des Preisanstiegs der Rohmaterialien hinaus. Das Bestreben, die Profitspannen konstant zu halten, impliziert einen Preisanstieg der Industriegüter. Die Reallöhne sind dann wiederum niedriger als vor dem Preisanstieg für Rohprodukte und der Drang nach höheren Löhnen setzt wieder ein.

Ferner sind die Gewinne, wenn ein Anstieg der effektiven Nachfrage zu einem Anwachsen des Outputs an Industrieprodukten ohne einen Anstieg ihrer

Preise geführt hat, gleichwohl gestiegen. Das folgt aus einem höheren Auslastungsgrad der Anlagen und einer Verringerung der Gemeinkosten pro Outputeinheit. Die Gewerkschaften betrachten es daher als ihr Recht und ihre Pflicht, eine Erhöhung der Geldlohnsätze zu verlangen, um den Anteil der Löhne an dem Wert des Outputs aufrechtzuerhalten. Die Arbeitgeber setzen keinen großen Widerstand entgegen, denn sie wollen die Vorteile der günstigen Marktlage ausnützen können. Aber mit den höheren Lohnsätzen sind die Herstellungskosten gestiegen; die Preise haben sich erhöht, die ursprüngliche Verhandlungsbasis ist damit zerstört, und es gibt (abgesehen von den Rückwirkungen auf den Außenhandel) keinen Grund, warum die Spirale steigender Nominaleinkommen und Preise nicht unendlich weitergehen sollte.

Dies sind lediglich die kurzfristigen Reaktionen. Wir müssen außerdem die Wirkung der Akkumulation und des technischen Wandels berücksichtigen. Zu jedem Zeitpunkt gibt es einige Firmen, die schneller als andere ihre Kosten senken und ihren Output erhöhen. Die Unternehmen, in denen der Output pro Beschäftigten steigt, haben keine besonderen Bedenken dagegen, die Nominallohnsätze soweit zu erhöhen, daß es ihnen möglich ist, ihre Preise mehr oder weniger konstant zu halten. In der Tat können sie sogar bestrebt sein, so zu handeln, da die weniger progressiven Konkurrenten auf demselben Markt die gleichen Löhne zahlen müssen, wodurch sie aus dem Geschäft gedrängt werden können.

Eine Erhöhung der Geldlöhne für einige Gruppen von Arbeitern treibt die Löhne für die übrigen hoch. Die zurückgebliebenen Industriezweige und Dienstleistungsbereiche werden zur Mechanisierung der Produktion gezwungen, um den Output pro Kopf auf ein Niveau zu erhöhen, das die Weiterführung des Geschäfts auch bei höheren Lohnsätzen ermöglicht, aber sie können dies nicht genügend schnell bewerkstelligen, um einen Anstieg ihrer Kosten zu verhindern. Die Unausgeglichenheit des technischen Wandels zwischen den verschiedenen Produktionszweigen führt daher zu einem kontinuierlichen Anstieg des gesamten Preisniveaus.

Wenn eine Inflation über eine gewisse Zeitdauer läuft, beginnen Konventionen, die auf einem stabilen Geldwert basieren, zusammenzubrechen. Wenn erst einmal eine Erwartung steigender Preise um sich greift, wird sie selbst zu einer Ursache der Inflation. Die Spekulation mit Kunstgegenständen und Bauland setzt ein, und enorme Geldsummen fallen den Händlern zu. Dann ist, obgleich die Entwicklung durch einen Anstieg der effektiven Nachfrage ausgelöst wurde, eine Rezession nicht ausreichend, um sie wieder einzudämmen.

Die Gewerkschaften weisen es empört zurück, wenn behauptet wird, daß die Inflation ausschließlich die Schuld steigender Lohnsätze sei, und die Geschäftsleute mißbilligen es, für ihre Preiserhöhungen gescholten zu werden. Keiner Seite kann die Schuld gegeben werden. Jede verhält sich ihren Vorstellungen entsprechend korrekt. Die Spekulanten folgen den eigentlichen Gesetzen des freien Marktsystems. Die Störung liegt nicht in dem falschen Verhalten von irgend jemandem begründet, sondern in dem Mechanismus der privatwirtschaftlich strukturierten Marktwirtschaft.[82])

Die Beweisführung in der *General Theory* von Keynes, die aufzeigt, daß die Vorstellung von einem gleichgewichtigen Preisniveau keinerlei Bedeutung ergibt, war für die orthodoxe Ansicht weitaus schockierender, als die Beobachtung, daß es in einer privatwirtschaftlich strukturierten Volkswirtschaft keine natürliche Tendenz zur Erhaltung der Vollbeschäftigung gibt. Dies scheint bei dem neoklassischen Wiederaufbau der vor-keynesianischen Theorie außer Acht gelassen worden zu sein, so daß die gegenwärtige Erfahrung mit der Inflation die moderne Orthodoxie ebenso aus der Fassung bringt, wie es die massive Arbeitslosigkeit bei den orthodoxen Lehrmeinungen während der Dreißiger Jahre tat.

5. Das Märchen von der »Konsumenten-Souveränität«

(a) Eine harmonische Gesellschaft

Um die Rolle der Konsumentenwahl in der neoklassischen Theorie verstehen zu können, wollen wir zu dem Beispiel unseres gutgehenden Kibbutzes zurückkehren. Bestimmte physische Ressourcen – Arbeitszeit und Produktionsmittel – sind zur Bestreitung des laufenden Konsums verfügbar, und es gibt ein Verzeichnis der einzelnen Konsumgüter. Das Problem besteht darin, die Ressourcen auf die Güter in der wünschenswertesten Weise aufzuteilen. Das Führungskomitee arbeitet einen *Bereich der Produktionsmöglichkeiten* aus, der die maximale Menge einer jeden Güterkombination zeigt, die mit den gegebenen Ressourcen hergestellt werden kann.

In dem einfachen Modell von nur zwei Gütern kann dies mit einem zweidimensionalen Diagramm gezeigt werden. Die Achsen stellen die Mengen zweier Güter A und B dar. Die Kurve zeigt die maximale Menge eines jeden Gutes, die zusammen mit einer gegebenen Menge des anderen Gutes hergestellt werden kann. Dies veranschaulicht die beiden Konzepte, die im Zusammen-

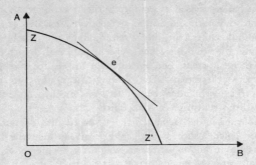

Abb. 7.2 Die Mengen der Güter A und B, ausgedrückt in physischen Einheiten, sind auf den Achsen abgetragen. Alle Punkte zwischen den Achsen stellen Kombinationen von A und B dar. All diejenigen, die auf der Kurve ZZ' liegen, sind produzierbar. Alle Kombinationen außerhalb dieser Kurve können nicht hergestellt werden. Alle Punkte auf der Kurve ZZ' sind effizient in dem Sinne, daß es unmöglich ist, von dem Gut A mehr zu produzieren, ohne dabei von B weniger herzustellen und umgekehrt. Die Steigung der Tangente im Punkt e stellt den Preis des Gutes B in Einheiten von A dar.

hang mit Planungsproblemen bedeutsam sein können [siehe: **2** 11 § 2 (a)]. Das erste ist das Konzept der *effizienten* Produktion. Eine Gütermenge, die durch einen Punkt unterhalb der Produktionsmöglichkeitskurve dargestellt wird, bedeutet eine ineffiziente Produktion, da mit den gegebenen Ressourcen mehr von der einen oder gar von beiden Waren produziert werden könnte.

Das zweite ist das *Opportunitätskosten*-Konzept. In jedem Punkt auf der Produktionsmöglichkeitskuve ist es unmöglich, mehr von dem Gut A zu produzieren, ohne von B weniger herzustellen. In jedem Punkt werden die Opportunitätskosten der beiden Güter in den Einheiten des anderen durch Steigung der Tangente an die Kurve in dem jeweiligen Punkt dargestellt.

Das Komitee beabsichtigt, die Güter in einer Zusammensetzung zu produzieren, die dem Geschmack der Mitglieder der Kooperative entspricht. Wie ist die Kaufkraft unter ihnen verteilt? Dieses Thema wird in der neoklassischen Theorie nur skizzenhaft behandelt. Nehmen wir an, daß jedes Mitglied mit einer Anzahl von Marken beliefert wird, die seinem »gerechten Anteil« am Konsum entspricht. Dann wird ein Preisverhältnis ausgerufen, das einem

Einkommen und Nachfrage **2** 7 § 5 (b) 303

Punkt auf der Kurve entspricht, und jedes Mitglied wird gebeten, anzugeben, wie es seine Marken zwischen den Gütern aufteilen würde.

Wenn die Relation zwischen den gesamten Marken, die auf das Gut A treffen, und denen, die das Gut B erhält, größer ist als das Verhältnis der Produktion dieser beiden Güter, das in diesem Punkt der Kurve existiert, so wird ein Punkt ausgewählt, bei dem der Preis von A in Einheiten von B höher ist, usw. Durch »trial and error« (Versuch und Irrtum d. Ü.) wird ein Punkt gefunden, bei dem das Produktionsverhältnis der beiden Waren dem Allokationsverhältnis der Marken entspricht. Die Güter werden dann in diesen Proportionen hergestellt und gehen im Austausch gegen die Marken an die Kibbutzmitglieder. (Bei mehr als zwei Gütern würde der gesamte Prozeß natürlich extrem kompliziert.) Die Nachfragerate ist ein Durchschnitt der Nachfrage aller Individuen (gewichtet mit den Marken, die jedem zugeteilt werden) und entspricht nicht notwendig den Präferenzen eines jeden einzelnen Individuums. Jedoch würde an diesem Punkt kein Individuum von einer Ware, die es bevorzugt, mehr bekommen können, ohne jemand anderem etwas von dem wegzunehmen, was dieser bevorzugt. Dies wird als »Pareto-Optimum« bezeichnet, da der Name von Pareto mit der Vorstellung assoziiert wird, daß vollkommener Wettbewerb auf einem walrasianischen Markt notwendig zu einem Punkt auf der Produktionsmöglichkeitskurve führt [siehe: **1** 3 § 2 (a)].

(b) Einige Schwierigkeiten

Dieses Argument glaubt, zeigen zu können, daß der Wettbewerbsmarkt eine effiziente Allokation der knappen Ressourcen zwischen alternativen Verwendungen hervorbringt. Es erhebt jedoch nicht den Anspruch, irgendetwas über die Allokation investierbarer Ressourcen zwischen verschiedenen Projekten bei zunehmender Akkumulation und technischem Fortschritt auszusagen.[83]

Selbst auf seiner eigenen statischen Grundlage ist der Beweis auf den einen engen Bereich der sogenannten Wohlfahrtsökonomie, nämlich die Verteilung der von den Haushalten gekauften Güter durch den Einzelhandel, begrenzt. Es vernachlässigt die Aktivitäten des öffentlichen Sektors. Es weiß offensichtlich nichts über die »Allokation der Ressourcen« auf militärische Zwecke zu sagen, und es scheint auch nicht in der Lage zu sein, sich mit den für die Gesellschaft vorteilhaften öffentlichen Ausgaben zu beschäftigen. Der allgemeine Zugang zu Ausbildungseinrichtungen und ein zuverlässiges Gesundheitswesen stellen sicherlich einen bedeutenderen Beitrag zur Wohlfahrt – im eigentlichen Sinne des Wortes – dar, als die meisten Güter, die durch die Geschäfte verteilt werden.

Schließlich berücksichtigt die Argumentation die Verteilung von Reichtum und Einkommen auf die Familien nicht. Der Begriff des Pareto-Optimums ist in rein physischer Form definiert ohne Rücksicht auf die Menschen, die darin eingeschlossen sind. Wenn die Kaufkraft ungleich verteilt ist, so könnte eine Position auf der Produktionsmöglichkeitskurve erzielt werden, bei der einige Konsumenten zuviel essen und einige hungern. Dies würde die Pareto-Bedingung vollständig erfüllen, denn die Hungernden könnten nicht mehr bekommen, ohne daß nicht wenigstens einer der Überernährten weniger bekäme.

Anhang: Buchungstechnische Identitäten und Kausalbeziehungen

Es ist häufig schwierig, theoretische Erkenntnisse auf statistische Informationen anzuwenden. Für die Zwecke eines theoretischen Beweises sind wir an Kausalbeziehungen interessiert, die von dem auf ex-ante Erwartungen basierenden Verhalten abhängen, während Statistiken zwangsläufig ex-post das wiedergeben, was geschehen ist. Darüber hinaus müssen die Darstellungen in Kategorien festgesetzt werden, für die statistische Informationen gefunden werden können und nicht in Kategorien, die aus analytischer Sicht signifikant sind. Insbesondere sind Schwierigkeiten mit der Unterscheidung zwischen der Bruttoinvestition $\bar{I}$ und der Nettoinvestition I sowie zwischen der Nettoersparnis S und der Gesamtersparnis einschließlich der Amortisationskosten A verbunden. Die Statistik des Bruttosozialprodukts eines Jahres beinhaltet zwangsläufig den Wert der Bruttoinvestitionen ohne den Versuch zu machen, den jährlichen Wertverlust des bereits vorhandenen Bestandes an Ausrüstungsgegenständen, Gebäuden etc. zu berücksichtigen. Der entsprechende Einkommensstrom beinhaltet die Amortisationskosten. Wir können eine Zahl für das Nettosozialprodukt Y und die Nettoinvestition I ableiten, indem wir die Amortisationskosten A von der Bruttoinvestition abziehen. Aber die Beziehung zwischen den Abschreibungen und dem tatsächlichen Wertverlust ist nicht eindeutig. Es entspricht lediglich einer Buchhaltungskonvention, daß wir I als $\bar{I}$ – A definieren können. Daher müssen wir, wenn wir schreiben: das Nettosozialprodukt setzt sich aus dem Wert der Nettoinvestition und des Konsums in der Form zusammen, daß $Y \equiv I + C$, das Symbol $\equiv$ benutzen, das eine buchungstechnische Identität anzeigt, in der die Elemente definitionsgemäß gleich sind und nicht das Symbol $=$, das eine Kausalrelation angibt.

Einkommen und Nachfrage   **2** 7 Anhang

Früher war es bei der Darstellung der General Theory von Keynes üblich, wie folgt zu argumentieren:

$$Y = C + I$$
$$Y = C + S$$
Daher, $\quad I = S$

Aber da die Nettoinvestition und die Nettoersparnis buchungstechnische Identitäten sind, war diese Beweisführung nicht gerechtfertigt; sie gestattete es feindlich gesinnten Kritikern, Verwirrungen hervorzurufen.[84] Eine ex-post Buchungsidentität, die wiedergibt, was während – sagen wir des vergangenen Jahres – geschehen ist, kann keine Kausalitäten erklären. Vielmehr zeigt sie das, was erklärt werden soll. Keynes' Theorie zeigte nicht, daß die Sparquote gleich der Investitionsrate ist, sondern erklärte, durch welchen Mechanismus die Gleichheit hergestellt wird.

Bei der Darlegung in § 3 (e) des vorangegangenen Kapitels ist es legitim, I und S als Nettoinvestition und Ersparnis anzusehen, da wir uns für die Wirkungen von Veränderungen von G und T interessierten, während Ī, I und A als von ihnen unbeeinflußt angenommen werden konnten.

In unserem einfachen Modell (**2** 2 § 2) entstand das Problem der Unterscheidung zwischen Brutto- und Nettoprofit nicht. Es gab dort keine Amortisationskosten, denn ein physischer Verschleiß oder eine Veralterung der Maschinen existierte nicht.

Kapitel 8   Finanzmittel

Jeder Produktionsprozeß (mit Ausnahme des Sammelns von wilden Früchten) erfordert gewisse, im voraus vorhandene Materialien und Ausrüstung. Die Produktion erfordert Zeit, so daß die beteiligten Menschen über Mittel zum Leben verfügen müssen, bis das Produkt entsteht. In der von den Physiokraten geschilderten Volkswirtschaft besaßen die Bauern einen ausreichenden Vorratsbestand, um den Konsum für ein Produktionsjahr zu gewährleisten. Auch Ricardos kapitalistischer Bauer behielt nach der Ernte den Lohnfonds für das nächste Jahr in seiner Scheune. In einer modernen Volkswirtschaft fließt der Produktionsstrom dauernd. Ein Individuum, das über entsprechende Kaufkraft verfügt, kann die für die Produktion erforderlichen Inputs kaufen und zahlt Löhne in Geldeinheiten. Diese wiederum ermöglichen es den Arbeitern, ihre Familien zu ernähren, indem sie die Güter kaufen, die fertig sind, bevor ihr eigenes Produkt für den Verkauf zur Verfügung steht.

Überdies gibt es in einer Volkswirtschaft Vorräte aller möglichen Produktarten auf verschiedenen Produktionsstufen, so daß ein allgemeiner Anstieg der Produktionskosten bis zu einer Grenze, die selten erreicht wird, eine sofortige Wirkung ausüben kann. Das Angebot reagiert auf die Nachfrage elastisch. Ein Lohnfonds existiert nicht in der Form eines Bündels von Fertigprodukten, sondern als ein potentieller Produktionsstrom. Eine Zunahme der effektiven Nachfrage, die aus einer Erhöhung der Lohnzahlungen und -ausgaben resultiert, ruft eine Zunahme des Outputsstroms derjenigen Güter hervor, die die Arbeiter kaufen. In ähnlicher Weise existiert ein Produktionsstrom an Inputs, wie etwa Stahl oder Zement, der für die Konstruktion und die Herstellung der Ausrüstungsgegenstände benötigt wird und der sich mit dem Investitionsniveau erhöht oder verringert.

Finanzmittel stellen Kaufkraft dar, nämlich Geldsummen, die vor der Erzielung eines Ertrags zur Verausgabung zur Verfügung stehen und somit die Investition ermöglichen.

1. Geld- und Finanzwesen

(a) Der sich automatisch auffüllende Fonds

Wie wir gesehen haben, erzeugt ein Überschuß der Ausgaben von Unternehmen oder der Regierung über ihre laufenden Einnahmen – Nettoinvestition und Budgetdefizit – durch den Multiplikatorprozeß eine entsprechende Höhe der Ersparnisse [siehe: **2** 3 § 2 (b)]. Aber offensichtlich kann ein bestimmtes Investitionsprojekt nicht durch die Ersparnis, die es selbst geschaffen hat, finanziert werden. Die Ausgaben müssen im voraus getätigt werden, um den Multiplikatorprozeß in Gang zu setzen. Wenn es einen stetigen Investitionsstrom gibt, so existiert ein entsprechend stetiger Sparstrom, doch jeder sukkzessive Investitionsschritt muß im voraus finanziert werden.

In einer Situation, in der das Budget ausgeglichen ist und die Investitionen von Industrie und Handel Monat für Monat auf gleicher Höhe liegen, stellen wir uns vor, wir könnten den Ausgabenstrom beobachten, der sich aus einem bestimmten Investitionsprojekt ergibt. Wir färben sozusagen das Geld rosa und betrachten, wie es von Hand zu Hand wandert. Ein Unternehmen nimmt Kredit auf oder nimmt seinen eigenen Fonds in Anspruch, zahlt Löhne und kauft Material. Die Arbeiter kaufen die Güter in den Läden und die ausgeschütteten Gewinne werden von den Rentiers verausgabt. Die Geschäfte vergeben Aufträge, um ihre Warenbestände zu erneuern. Während das Geld von Hand zu Hand geht, beobachten wir hier und da einen Abfluß aus dem Zahlungsstrom in Form der nicht ausgeschütteten Gewinne und der Ersparnisse der Haushalte. Am Ende schließlich ist die gesamte urspüngliche Ausgabe irgendwo in dem System als Akkumulation von Vermögen zur Ruhe gekommen. Solange sie nicht in die Ersparnis abgesickert ist, fließt sie weiter und erzeugt mehr Einkommen und Ausgaben.

Wenn die Investition mit einer stetigen Rate wächst, steigen die Ersparnisse mit der gleichen Rate. Die Ersparnisse erneuern, wenn sie angesammelt werden, die Fonds der Unternehmen oder erhöhen das Vermögen der Haushalte. Sie sind somit, wenn ihre Besitzer es wünschen, verfügbar, um für die Finanzierung weiterer Investitionen zu sorgen. Daher nehmen Investitionen beständig das Angebot an finanziellen Mitteln in Anspruch und Ersparnisse erneuern es ständig.

Die finanziellen Mittel, die für einen konstanten Investitionsstrom benötigt werden, stellen einen sich automatisch auffüllenden Fonds dar. Eine *Erhöhung* des Investitionsvolumens oder deficit spending (Budgetdefizit) von einem Monat zum nächsten erfordert ein Anwachsen des Finanzfonds und allgemein eine Zunahme der im Umlauf befindlichen Geldmenge. Wir werden nun sehen, wie sich dies vollzieht.

(b) Bankengeld

Bei der Bereitstellung eines elastischen Finanzmittelfonds spielt in einer modernen Volkswirtschaft das Bankensystem eine besondere Rolle. Früher gab es eine Kontroverse darüber, ob die Banken »Geld schaffen« oder ob sie lediglich »Aufbewahrungsstellen« darstellten, bei denen ein Mitglied der Öffentlichkeit sein Geld für einige Zeit hinterlegt und es wieder abruft, wenn es es benötigt. Jede dieser Ansichten ist in gewisser Hinsicht richtig. Was für jeden einzelnen Einleger lediglich eine temporäre Anlage ist, die er bald wieder abziehen kann, wird von dem Bankensystem in eine Finanzmittelquelle verwandelt.

Das eigentliche Wesen des Bankengeldes kann verstanden werden, wenn man seinen Ursprung betrachtet. Wie wir gesehen haben, ist Geld etwas, was als Geld akzeptiert wird [vgl. **2** 5 § 2 (b)]. Als das Kreditsystem noch wenig entwickelt war, bildeten Goldmünzen das allgemein anerkannte Zahlungsmittel. Da es gefährlich war, Gold zu Hause zu halten, deponierten die reichen Individuen das, was sie hatten, bei den Goldschmieden, damit diese es in ihre Stahlkammern einschlössen. Dann konnte die Quittung, die für das Gold, das dem Individuum gehörte, ausgestellt wurde, als Zahlungsmittel benutzt werden. Schulden zwischen den Individuen wurden mit einem Stück Papier beglichen und der Goldschmied notierte den Besitzwechsel des Goldes in seinem Tresor. Später wurden Noten gedruckt, die einen bestimmten Anspruch auf Gold auswiesen, und die ein geeignetes Zahlungsmittel darstellten. Hieraus folgte die Entwicklung der *Grundregel des Bankwesens*. Noten konnten gedruckt und ausgeliehen werden, um Geschäfte zu finanzieren. Ein Schuldner benutzte Noten, um seine Lieferanten zu bezahlen und umgekehrt benutzten sie die Empfänger und so zirkulierten sie weiter und kamen nur selten zu der Bank zurück, um gegen Gold eingetauscht zu werden. Daher konnten Ansprüche auf dasselbe Gold in zehn- oder zwölffacher Höhe bestehen, die Bank jedoch blieb zahlungsfähig.

Nun »schufen« die Banken »Geld«. Ein Zahlungsmittel war geschaffen worden, welches allgemein anerkannt war, da es für jedes Individuum Gold darstellte, obgleich, wenn sie alle auf einmal Gold verlangt hätten, sie es nicht

Finanzmittel **2** 8 § 1 (b)

bekommen könnten. Solange der Kredit der Bank aufrecht erhalten wurde, standen sich die urspünglichen Goldbesitzer nicht schlechter, während die Volkswirtschaft durch die tatsächliche Produktion, die die Kreditnehmer durchführen konnten, bereichert wurde. Aber wenn aus irgendeinem Grund, gleich, ob richtig oder falsch, eine Bank in den Verdacht geriet, zahlungsunfähig zu sein, würde ein *Ansturm* einsetzen, wobei jeder Einleger versuchen würde, seine eigenen Noten vor den anderen umzuwechseln. Die Bank würde ihre Tore schließen und die Noten würden wertlos.

In den meisten Ländern wird die Notenversorgung heute von dem Staat übernommen und die Noten sind offizielles Geld, dem der Status eines gesetzlichen Zahlungsmittels gegeben wurde, was bedeutet, daß sie zur Tilgung von Schulden nicht zurückgewiesen werden können, so daß sie mit allgemeiner Anerkennung versehen sind. Die Vorstellung von der Golddeckung dieser Banknoten war allmählich verschwunden. Sie sind Geld, weil sie Geld darstellen. (Sie sind solange anerkannt, wie der Staat seine legale und politische Macht behält. Sollte diese vergehen, so würde, wie wir sahen, das nationale Geldsystem zusammenbrechen [siehe: **2** 5 § 2 (b)].)

Die Banken halten nun Reserven in gesetzlichen Zahlungsmitteln anstelle von Gold, aber dieselbe Grundregel des Bankwesens wird auch jetzt angewandt. Einlagen, die auf Wunsch (durch Ausstellen von Schecks) oder durch eine kurze Nachricht abgezogen werden können, sind ein geeignetes Zahlungsmittel und die Banken (wie die Goldschmiede) können sie als Finanzmittelquelle benutzen.

Ein Gehaltsempfänger wird in größeren Zeitabständen bezahlt und gibt Tag für Tag Geld aus; ein Geschäft oder eine Omnibusgesellschaft erhält täglich Bargeld und leistet periodische Zahlungen.

Keiner von beiden betrachtet das Bargeld, das er zwischen den Einnahme- und den Zahlungsterminen besitzt, als Ersparnis. Was jedoch für die Individuen lediglich eine Pause vor dem nächsten Zahlungstermin darstellt, bedeutet für die Banken einen permanenten Fonds (Bodensatz d. Ü.); einige Individuen zahlen das ein, was andere abziehen. Dieser Fonds, der einen großen Teil der Zahlungsmittel darstellt, wird von den Banken zum Teil benutzt, um Darlehen an die Wirtschaft und an die Haushalte zu vergeben. Wenn ein Kreditnehmer einen Bankkredit aufnimmt, um Güter und Dienstleistungen zu bezahlen, so werden die Summen, die er ausgibt, auf Bankkonten der Empfänger eingezahlt und können von jenen für weitere Zahlungszwecke benutzt werden. Auf diese Art »schöpfen« Bankkredite »Geld«.

(c) Konsumentenkredit

Bankschulden werden ebensogut von Haushalten gemacht wie von Unternehmen. Jedermann, dessen Kreditwürdigkeit gut ist, oder der genügend Mittel hat, um indirekte Sicherheiten zu stellen, kann gewöhnlich ein Überziehungskredit oder ein Bankdarlehen vereinbaren, wenn er Ausgaben zu tätigen wünscht, die sein Einkommen übersteigen.

Der Ratenkauf ist eine Methode, den Haushalten, die keinen Kredit bekommen, Geld zu leihen, da in diesem System der verkaufte Gegenstand selbst die Sicherheit für das Darlehen darstellt. Im Fall des Zahlungsverzugs wird er zurückgenommen. Nicht, daß eine gebrauchte Waschmaschine oder Schlafzimmereinrichtung von großem Wert ist, aber die Drohung, sie zu verlieren, ist ein mächtiger Anreiz, den Zahlungen nachzukommen.

Das führende Beispiel für ein langlebiges Konsumgut, das auf diese Weise gekauft werden kann, ist ein Haus. Ein großer Teil des Häuserbaues wird durch Verschuldung der Haushalte auf Hypothekenbasis finanziert, d. h. mit dem Haus selbst als Sicherheit.

Ein anderer Teil wird durch die Kreditaufnahme örtlicher Behörden oder anderer Instanzen finanziert, die für die Bedürfnisse der mittellosen Familien sorgen müssen. Ein weiterer Teil des Wohnungsbaues schließlich erfolgt als profitsuchende Investition in Spekulativbauten. Man betrachtet den Wohnungsbau daher besser als eine besondere Investitionsart, mit Merkmalen, die sich von der industriellen Investition unterscheiden.

(d) Andere Kreditnehmer

Viele Institutionen außer den lokalen Behörden, wie z. B. Hochschulen und karitative Stiftungen, haben die Möglichkeit, Kredite aufzunehmen, um ihre Tätigkeiten auszuführen. Ihre Einnahmen aus Spenden und Beiträgen gestatten es ihnen, die Zinsen zu zahlen und ihre Kreditwürdigkeit zu festigen. Die Kosten für die Finanzierung von Investitionen, die für derart wertvolle Zwecke getätigt werden, werden durch den Zinssatz bestimmt, den die profitablen Investitionen erbringen können.

(e) Die Finanzierung der Finanzmittel

Die Finanzmittel für Teilzahlungskauf, Wohnungsbau, Investitionen lokaler Behörden usw. werden zum Teil direkt von den Banken bereitgestellt

Finanzmittel **2** 8 § 1 (f)

und zum Teil von Spezialinstituten, die Bankkredite beschaffen. Dies ist ein Beispiel für die Existenz intermediärer Finanzinstitute (zusätzlich zu den Banken selbst) zwischen Kreditgeber und -nehmer. Seite an Seite mit der Entwicklung der Industrie vollzog sich die Entwicklung dieser Finanzinstitute, die die Kreditvergabe mit einer Vielzahl von Möglichkeiten erleichtern. Darüber hinaus entstanden große Organisationen und zahlreiche florierende Berufe rund um das Geschäft, Gläubiger und Schuldner zusammenzubringen, und ein großer Anteil der finanziellen Mittel wurde dem Finanzhandel anvertraut.

(f) Liquidität

Außer direkten Darlehen an Unternehmen und Haushalte halten die Banken auch Wertpapiere – Obligationen, die Schulden der Regierung, anderer Institutionen oder von Unternehmen darstellen. Auf diese Weise »schöpfen« sie Geld im Sinne der Liquiditäsbeschaffung, d. h. einem Mittel zur Schaffung von Kaufkraft, das ein mehr oder weniger direktes Substitut für Bargeld darstellt. Eine Einlage bei einer renommierten Bank ist weit sicherer aufbewahrt und nicht weniger liquide als ein Bündel Banknoten. Da die Banken Wechsel und andere weniger liquide Vermögensgegenstände halten und stattdessen die Vermögensbesitzer mit Einlagen versorgen, ermöglichen sie ihnen, ihr Vermögen in liquider Form zu halten.

Im strengen Sinne reflektiert die Liquidität eines finanziellen Aktivpostens die Fähigkeit dieses Aktivums auf Wunsch in eine Geldsumme umgewandelt zu werden. Keynes fügte in das Liquiditätskonzept die Idee der Unsicherheit über den zukünftig zu erwartenden Wert ein. Daher ist die Liquidität für ihn Ausdruck der Präferenz, die Individuen oder Institutionen für eine Art der Vermögenshaltung haben, die zu jedem künftigen Zeitpunkt zu einem vorhersehbaren Preis in Geld umgewechselt werden kann. Der Zins, den Banken für Einlagen bieten, ist gering oder negativ (durch die Dienstleistungsgebühren). Der entgangene Zins durch die Vermögenshaltung in Form von Geld, im Vergleich zu solchen Anlagen, die einen höheren Ertrag erbringen, wird daher als Maß für die *Liquiditätspräferenz* angesehen.

(g) Die Kreditbasis

Geld ist im wesentlichen eine Sache des Vertrauens. Das System hängt weitgehend von dem Ansehen der Banken als verläßliche Kreditgeber ab. Wenn eine Bank zuviel ausleiht und ihr Schuldner zahlungsunfähig wird, so hat sie Geldeinlagen verloren. Wenn ein wirtschaftlicher Aufschwung umschlägt, breiten sich Verluste aus und in früheren Zeiten konnte das gesamte Bankensystem Gefahr laufen, zusammenzubrechen. Aus diesem Grund hat sich jeder moderne Staat mit einem gesetzlichen Rahmensystem und mit Institutionen (Notenbanken und Schatzämtern) ausgestattet, die für die Erhaltung der Zahlungsfähigkeit eines Geldsystems verantwortlich sind. Die Banken sind verpflichtet, eine Reserve in Form einer Einlage bei der Zentralbank oder einer ähnlichen Institution zu unterhalten und, indem sie die Gesamthöhe der Reserven kontrollieren, haben diese Institutionen eine gewisse Kontrolle über die Gesamtsumme des bestehenden Bankengeldes.

Im herkömmlichen britischen Bankensystem halten die Banken ihre Reserven, abgesehen von den Münzen und Noten, die schon gehalten werden müssen, um die Nachfrage der Einleger zu befriedigen, in Form von Einlagen bei der Bank of England, die als *Bargeld* gerechnet werden. Sie sind verpflichtet, eine bestimmte Relation von Bargeld zu Depositen aufrecht zu erhalten. Früher war dies eine Sache des Brauchtums, heute ist es durch eine Reihe von Gesetzen, die von Zeit zu Zeit revidiert werden, systematisiert.

Eine Bank erhält für ihre Darlehen und für die Wertpapiere, die sie besitzt, Zinsen. Da jedoch Bargeld keinen Zins erwirtschaftet, wollen die Banken keine unnötig hohe Bargeldsumme halten. Außerdem dürfen sie nicht zulassen, daß ihr Bargeldanteil unter das gesetzlich vorgeschriebene Niveau sinkt. Dies gibt der Bank von England die Macht, Veränderungen der gesamten, im Bankensystem befindlichen Geldmenge zu bewirken. Die Barreserven der Banken werden als die *Kreditbasis* bezeichnet. Ihre Höhe kann durch die Zentralbank reguliert werden.

Nehmen wir ein vereinfachtes Beispiel aus jenen Tagen, als das Verhältnis von Bargeld zu Depositen 1:9 betrug. Angenommen, die Bank von England kauft Wertpapiere im Wert von £ 100 von einem Mitglied der Öffentlichkeit mit einem auf sie selbst ausgestellten Scheck. Der frühere Besitzer der Wertpapiere deponiert die £ 100 auf seinem Bankkonto. Seine Bank sieht ihre Gesamteinlagen um £ 100 erhöht und ihre Aktivposten vergrößern sich um £ 100 Bargeld. Um zu verhindern, daß ihr Verhältnis von Bargeld zu Depositen unnötig steigt, benutzt sie £ 90 von diesen £ 100, um Wertpapiere zu kaufen oder Kredite zu vergeben, um somit das Verhältnis von Bargeld zu den anderen Vermögensposten wieder auf die verlangte Marke von 1:9 zu bringen. Aber die £ 90, die sie auf diese Art ausgibt, erscheinen als zusätzliche Einlagen und als zusätzliches Bargeld auf den Konten anderer Banken (ein Teil kann zu

Finanzmittel **2** 8 § 1 (h)

derselben Bank zurückkommen), die folgerichtig Wertpapiere bis zur Höhe von £ 81 kaufen, usw., bis der ursprüngliche Anstieg der Bargeldbasis zu einem Zuwachs der Gesamtdepositen in Höhe von £ 1000 geführt hat, von dem die Banken £ 100 mehr Bargeld und £ 900 Depositen halten.

Die gegenwärtig herrschenden Regeln sind weitaus komplizierter. Jedoch folgen sie dem gleichen Prinzip. Das Bankensystem ist ein Verbindungsglied zwischen der Bereitstellung eines Zahlungsmittels und dem Angebot an Finanzmitteln für den aktiven Gebrauch, das, falls erforderlich, erweitert werden kann, um »die Bedürfnisse des Handels zu befriedigen«. Dies bedeutet nicht, daß die Banken zusammengenommen, Darlehen bis zu einer Höhe geben können, die nur durch ihre Reservehaltungsverpflichtungen begrenzt wird. Eine solide Bankenpraxis verlangt einen hohen Anteil der sicheren Wertpapiere, wie z. B. kurzfristige Staatsanleihen an den anderen Aktiva. Tatsächlich war diese »Liquiditätsquote« für die Begrenzung der Aktivität einer Bank immer wichtiger als die traditionelle Bargeldquote. Dementsprechend hängt die Höhe der Darlehen, die eine angesehene Bank vergeben kann, von der Zahl ihrer solventen und zuverlässigen Kreditnehmer ab sowie von den zusätzlichen Sicherheiten, die sie für den Fall des Zahlungsverzugs stellen können. Daher basiert der Anteil der Darlehen an den Wertpapieren bei den Aktiva einer Bank weitgehend auf der allgemeinen Geschäftslage und den Profiterwartungen.

(h) Das Geldangebot

Der Umfang des zu jedem Zeitpunkt existierenden Geldes läßt sich nicht als eine genaue Menge ausdrücken. Die engste Definition des Geldes ist die eines gesetzlichen Zahlungsmittels; jedoch in einer modernen Volkswirtschaft besteht das wichtigste Element des Angebotes an Zahlungsmitteln aus Bankeinlagen und diese setzen sich aus verschiedenen Arten zusammen, wie den Sichteinlagen – auf die Schecks gezogen werden können – und den Termineinlagen, welche die Einhaltung einer Kündigungsfrist erforderlich machen und Zinsen erzielen können. Darüber hinaus sind unausgenutzte Kreditlinien für jedes Individuum oder Unternehmen mehr oder weniger gleichbedeutend mit Depositen. Es gibt zahlreiche Institutionen – wie etwa die Sparkassen –, die Darlehen vergeben und Einlagen erhalten, die für den jeweiligen Besitzer nahezu gleichbedeutend mit Bargeld sind. Daher ermöglicht die Macht, die die Behörden zur Kontrolle der Banken besitzen, ihnen keinen festen Zugriff auf die

Menge dessen, was aus der Sicht der Geschäftswelt und der privaten Haushalte das Geldangebot ausmacht.

In der Tat übt die Geldnachfrage des Publikums den Haupteinfluß auf die jeweils vorhandene Geldmenge aus. Es ist der Zusammenhang zwischen der Darlehensvergabe und der Bereitstellung von Liquidität, der bewirkt, daß das Geldsystem den Anforderungen des Geschäftslebens genügt. Die Banken vergeben Darlehen, wenn sie kreditwürdige Schuldner finden können. Wenn die Zukunftsaussichten gut sind, vergrößern die Banken das Angebot und wenn schlechtere Verhältnisse einsetzen, verringern sie es. Daher wächst das Geldangebot, wenn die wirtschaftliche Aktivität steigt. Ähnlich, wie die Preise steigen und die Lohnkosten sich erhöhen, wächst auch das Kreditvolumen der Banken entsprechend. Wenn langfristig Vermögen akkumuliert wird, benötigt die Volkswirtschaft, selbst wenn die Preise nicht steigen, einen größeren Umfang an Liquidität, um die Transaktionen bewältigen und Überschüsse in liquider Form halten zu können. Dies wird automatisch durch das ansteigende Volumen des Bankengeldes bewirkt. Das Angebot an gesetzlichen Zahlungsmitteln expandiert entsprechend, da jeder Besitzer einer Bankeinlage das Recht hat, so viele Münzen und Noten zu verlangen, wie er möchte. Auch die Verwaltung der Staatsschulden wird entsprechend den Anforderungen des Bankensystems durchgeführt.

(Die Tatsache, daß aus irgendeinem Grund die in einem Land vorhandene Geldmenge mehr oder weniger parallel wächst mit dem Nominalwert der Einkommen und der Vermögen seiner Bürger, führte zu der Theorie, daß die Geldmenge das Sozialprodukt kontrolliert. Die Schwierigkeit bei dieser Theorie besteht darin, daß niemand in der Lage war, eine einleuchtende Erklärung dafür zu geben, wie ein Anstieg der Geldmenge das Sozialprodukt erhöhen kann, wohingegen es recht leicht verständlich ist, wie ein Anstieg des Sozialprodukts eine Erhöhung der Geldmenge mit sich bringt. Diese Angelegenheit wird weiter unten erörtert.) [siehe: **2** 8 § 4].

Wie wir sahen, besitzen die Behörden einen gewissen Einfluß auf das gesamte Zahlungsmittelangebot, es fällt ihnen jedoch erheblich leichter, eine Ausdehnung zuzulassen, als es zu kürzen. Wenn sie versuchen, die Ausdehnung der Geldmenge zu begrenzen, die die geschäftlichen Aktivitäten begleitet, so kann die Finanzwelt unter sich Kreditformen benutzen, die Substitute für die gesetzlichen Zahlungsmittel darstellen, wie z. B. die Verlängerung der Zahlungsziele zwischen Verkäufer und Käufer. Die Institute, die außerhalb der direkten Kontrolle der Behörden liegen, können, indem sie einen höheren Zinssatz anbieten, die Einlagen von den Banken fortlocken und Darlehen

Finanzmittel **2** 8 § 2 (a)   315

(ebenfalls zu höheren Zinssätzen) für Bauzwecke, Teilzahlungskäufe und andere Investitionszwecke vergeben. Es gibt viele derartige Schlupflöcher bei einer Kreditrestriktion, die es ermöglichen, den Kontrollen, die zwischen einem Kreditsuchenden und einem potentiellen Kreditgeber stehen, auszuweichen.

Darüber hinaus sind die Behörden zwangsläufig national und das Problem der Schaffung eines geeigneten und verläßlichen internationalen Währungssystems bereitet, wie wir noch sehen werden, erhebliche Schwierigkeiten. Ferner kann die Behandlung interner Währungsangelegenheiten nicht einfach aus ihrem internationalen Zusammenhang herausgelöst werden.

2. Der Kapitalmarkt

Abgesehen von Bankkrediten bildet der Verkauf von *Wertpapieren* – Dokumenten, die eine Verpflichtung zur Leistung bestimmter, zukünftiger Zahlungen darstellen – für die Unternehmen die Hauptquelle zur Beschaffung von Finanzmitteln. Die Schulden des Staates stellen – wie wir gesehen haben – ebenfalls Zahlungsverpflichtungen dar, die durch die Kreditaufnahme der öffentlichen Hand geschaffen wurden. Wertpapiere (wie die Wechsel in unserem einfachen Modell) können weitergegeben werden. Zu jedem Zeitpunkt existiert eine große Anzahl von Wertpapieren entsprechend der in der Vergangenheit aufgenommenen Finanzmittel.

(a) Obligationen und Aktien

Es gibt zwei Hauptformen von Wertpapieren, wobei jede wieder zahlreiche Unterabteilungen aufweist: *Obligationen*, die eine Schuldanerkennung darstellen und ein Versprechen beinhalten, jährlich eine gewisse Geldsumme zu zahlen sowie *Aktien*, die einen Anspruch auf die Geschäftsgewinne ausweisen. (Diese Terminologie ist eine Mischung aus dem englischen und dem amerikanischen Sprachgebrauch, die zur Verdeutlichung gewählt wurde. In England werden Obligationen »debentures« (Schuldscheine d. Ü.) oder »government stock« (Staatsanleihe, d. Ü.) genannt und in Amerika bezeichnet man die Aktien als »stocks«.)

Die Staatsschulden, die abgesehen von kurzfristigen Wechseln, hauptsächlich von Banken und anderen Finanzinstituten gehalten werden, gehören zu den Obligationen. Die Obligationen einer angesehenen Regierung werden als *mündelsicher* bezeichnet, da hierbei keine Gefahr der Zahlungsunfähigkeit besteht. Die Fähigkeit anderer Institutionen und der Geschäftswelt, Kredit durch die Ausgabe von Obligationen aufzunehmen, basiert auf ihrer Kreditwürdigkeit.

Für die Geschäftswelt sind Obligationen und Aktien rechtlich etwas ganz anderes; eine Obligation stellt eine Schuld dar, so daß die Zahlung von Zinsen eine gesetzliche Verpflichtung ist, während eine Aktie ein Teileigentum an dem Unternehmen begründet. Rechtlich gehört den Aktionären gemeinsam das Kapital des Unternehmens, und sie besitzen das Recht, den Aufsichtsrat zu wählen, der wiederum den Vorstand für die Leitung des Unternehmens wählt. Die Aktionäre sind jedoch keine Eigentümer in dem Sinne, daß sie für die Schulden des Unternehmens verantwortlich sind. Wenn ein Unternehmen in Konkurs geht und seine Gläubiger nicht bezahlen kann, werden seine Aktien wertlos, aber der Aktionär hat keine weiteren Verpflichtungen.

Als Folge dieses Prinzips der *beschränkten Haftung* wurden Aktien eine geeignete Anlageform für Rentiers und über mehr als hundert Jahre hinweg hat sich die typische Gesellschaft mit beschränkter Haftung unter diesem rechtlichen System zu einer besonderen Institutionsform entwickelt, die von einen selbstgewählten Aufsichtsrat kontrolliert und durch einen Mitarbeiterstab gemanagt wird. Die Führungskräfte sind bestrebt, Gewinne zu erzielen, da ein Unternehmen ohne Gewinne nicht florieren und wachsen kann. Sie machen jedoch die Gewinne nicht eigentlich zum Nutzen der Aktionäre sondern zum Nutzen der Gesellschaft, mit der sie ihre eigenen Interessen identifizieren. Die Notwendigkeit, eine *Dividende* auszuzahlen – einen Anteil am Nettoprofit – ist nicht sehr verschieden von der Verpflichtung, Zinsen für Obligationen zu zahlen. Trotz ihres unterschiedlichen Rechtsstatus stellen Obligationen und Aktien unter normalen Umständen aus der Sicht der Unternehmer die denkbar beste Art der alternativen Finanzmittelbeschaffung und aus der Sicht des Rentiers der alternativen Anlageform dar.

(b) Die Börse

Eine Börse ist ein Markt, auf dem mit Wertpapieren gehandelt werden kann. Die finanziellen Mittel, die sie verkörpern, wurden vor langer Zeit von der Regierung ausgegeben oder von den Unternehmen in die wirtschaftliche Kapazität investiert. Ein Unternehmen ist auf eine spezielle Form der wirtschaftlichen Aktivität festgelegt. Die Wertpapiere können täglich von einem Besitzer auf den anderen übergehen, ohne irgendeine Wirkung auf das Un-

Finanzmittel **2** 8 § 2 (c) 317

ternehmen zu haben, das sie repräsentieren. Wertpapiere stellen somit eine weitaus liquidere Vermögensart dar als Sachgüterinvestitionen.

Die Börse ist in erster Linie für die Rentiers von Vorteil. Ein großer und gutbezahlter Berufsstand ist in dem Geschäft des Wertpapierhandels erwachsen. Neuemissionen werden anfänglich von Spezialinstituten gehandelt. Aber indirekt verrichtet die Börse für die Industrie auch dadurch einen Dienst, daß sie die Wertpapiere attraktiv macht, indem sie ihre Liquidität erhöht und so die Kosten (in Form von Zinsen und Dividenden) der Finanzbeschaffung niedrig hält. Für die etablierten Gesellschaften bildet jedoch, wie in unserem einfachen Modell, die Einbehaltung der Gewinne die Hauptquelle zur Finanzierung der Invetsitionen. Die Höhe neuer Finanzmittel, die über die Börse in Umlauf kommen, ist verglichen mit dem großen Handelsvolumen der bereits bestehenden Wertpapiere sehr gering.

Als Folge des Systems der Haftungsbeschränkung hat die Einbehaltung von Gewinnen ein besonderes Eigentumssystem hervorgebracht. Die Unternehmensführung investiert laufend den Amortisationsfonds in neue Ausrüstung und hält darüber hinaus einen großen Anteil der Nettoprofite zurück, um das Wachstum ihrer Produktionskapazität zu finanzieren. Das gesamte neue Kapital, das auf diese Weise geschaffen wird, gehört rechtlich den Aktionären. Sind die Investitionen erfolgreich, so erhöht sich der Strom der Gewinne für eine Aktie kontinuierlich; die Börsennotierung der Aktie steigt entsprechend. Somit fällt das Vermögen, das von Arbeitern, Managern und Konstrukteuren geschaffen wird, in den Schoß der Rentiers, ohne daß diese irgendetwas zu seiner Erzeugung beigetragen haben. Wie Professor Galbraith ausführte: »Keine Gewährung feudaler Privilegien, ohne Anstrengung Gewinne zu erzielen, ist je denen der Großeltern vergleichbar, die einige tausend Aktien von General Motors oder General Electric kauften und ihre Enkel damit ausstatteten.«[85] Die ökonomische Hauptrolle einer Börse besteht mehr in der Erhaltung und Ausdehnung der Rentiervermögen, als in der Bereitstellung finanzieller Mittel für Industrie und Regierung.

(c) Instabilität

Geldanlagen werden lediglich als eine Vermögensart gehalten ohne andere Beweggründe, wie sie etwa mit dem Besitz von Immobilien oder von Kunstgegenständen verbunden sein mögen. Die Besitzer von Geldanlagen sind ständig bestrebt, Gewinne zu machen und Verluste zu vermeiden. Diejenigen, die *à la*

Hausse spekulieren, kaufen Aktien, von denen sie einen Kursanstieg erwarten und die *Baisse-Spekulanten* halten Bargeld, um auf einen Kursrückgang der Aktien zu warten. Erwartungen über Kursänderungen bergen eine Tendenz in sich, sich selbst zu erfüllen. Es gibt eine Bewegung, die Wertpapiere zu kaufen, bei denen ein Kursanstieg erwartet wird und folglich steigen sie auch und ebenso umgekehrt.

Der Einfluß der Erwartungen auf die Börsenkurse und die daraus folgende Bedeutung der optimistischen oder pessimistischen Stimmungen, die eine wenig objektive Basis haben können, macht den Wertpapiermarkt instabil. Sich selbst erfüllende Erwartungen werden Kauf- oder Verkaufswellen erzeugen und dadurch heftige Kursschwankungen hervorrufen.

Die Instabilität des Kapitalmarktes übertreibt die Instabilität der Wirtschaft. Wenn es in der jüngsten Vergangenheit zu einem Anwachsen des Profitniveaus bei den Unternehmern gekommen ist, so sind die Gewinnerwartungen pro Aktie gestiegen. Auf der Basis der alten Aktienkurse hat es einen Ertragszuwachs gegeben, d. h. des Verhältnisses von Gewinnen zu Börsenkursen (Kurs – Gewinnverhältnis, d. Ü.) jedoch sind auch die alten Kurse gestiegen und dieser Anstieg gleicht wahrscheinlich den gegenwärtigen Anstieg der Gewinne mehr als aus, so daß die Erträge reduziert werden. Kredit aufzunehmen, ist nun leichter, wodurch das Wachstum der Investitionen gefördert wird. Zur gleichen Zeit hat sich das Vermögen der Rentiers erhöht, so daß ihre Ausgaben steigen. Die kombinierten Effekte aus einem Anwachsen der Investition und einem Anstieg der Ausgaben der Rentiers werden die tatsächlichen Profite und damit erst recht die Gewinnerwartungen erhöhen. Die wachsende Spirale setzt sich fort, bis irgendetwas sie zufällig bremst. Dann sind die Erwartungen umgekehrt und es setzt ein kumulativer Fall der Aktienkurse ein. Die Instabilität des Kapitalmarktes hat eine zwiespältige Wirkung auf die industrielle Investitionstätigkeit. »Wenn die Kapitalentwicklung eines Landes zu einem Nebenprodukt der Aktivitäten eines Spielkasinos wird, so ist diese Tätigkeit wahrscheinlich ungut.«[86])

Die Institutionen, die die Finanzmittel für die Konsumenten bereitstellen, besitzen ebenfalls eine Tendenz, Schwankungen der effektiven Nachfrage überzubetonen. Wenn die Einkommen steigen, wächst die Kreditaufnahme der privaten Haushalte für den Kauf langlebiger Konsumgüter. Hören die Einkommen auf zu wachsen, so sind die Haushalte mit Zahlungen für Dinge belastet, die sie bereits gekauft haben. Sie können keine neuen Verpflichtungen eingehen, und die Nachfrage nach langlebigen Gebrauchsgütern fällt abrupt.

Die Instabilität der Börse kann sich zu einem pathologischen Extrem entwickeln, wie etwa bei der großen Hausse von Wall Street, die 1929 zu-

Finanzmittel **2** 8 § 3 (a)   319

sammenbrach.[87]) Dann kann sie über die Fluktuationen in der industriellen
Aktivität hinaus zu einer unabhängigen Quelle der Instabilität werden. Wenn
die Aktienkurse aus keinem anderen Grund steigen, als daß man von ihnen erwartet, daß sie steigen werden, so stürzt die Börse kopfüber ins Desaster. Früher oder später wird sich irgend etwas ereignen, das die Erwartungen, die keine andere Basis als die Erwartungen selbst haben, untergräbt; sobald die Börsenkurse zu steigen aufhören, fallen sie in sich zusammen. Der Vertrauens-
bruch wirkt sich dann auf die Investitionstätigkeit aus und eine tatsächliche
Wirtschaftskrise wird durch eine Wertpapierkrise beschleunigt. Der große
Börsenkrach von 1929 veranschaulicht in extremer Weise das Wesen der Beziehungen zwischen Finanzsektor und Industrie in einem modernen privatwirtschaftlichen System.

3. Zinssätze

(a) Langfristige Zinssätze

Das Kursniveau, das auf dem Kapitalmarkt erzielt wird, stellt den Haupt-
einflußfaktor auf das Zinsniveau, zu dem neue Finanzmittel aufgenommen
werden können, dar. Ein hoher Kurs für Obligationen bedeutet einen geringen
Zinssatz für Neuverschuldungen. Angenommen unkündbare Obligationen
würden ausgegeben, wenn der Zinssatz für diese Wertpapierart 5 Prozent betrüge. Ein Nennwert von $ 100 beinhaltet ein Versprechen für alle Zukunft $
5,00 pro Jahr zu zahlen – die Obligation besitzt keinen Kündigungstermin.
Wenn der entsprechende Zinssatz 4 Prozent beträgt, so ist die Obligation $
125 wert, denn 4 Prozent von 125 ergibt 5. Eine neue Obligation derselben
Art kann zu $ 100 ausgegeben werden mit der Verpflichtung, nur $ 4 pro Jahr
zahlen zu müssen.

In diesem Fall besteht eine einfache Umkehrrelation zwischen dem Kurs
einer Obligation und dem Zinssatz. Im allgemeinen wird diese Beziehung jedoch durch die unterschiedlichen Kündigungstermine und andere Elemente in
den Bedingungen des ursprünglichen Darlehens bestimmt.

Das Einkommen aus einer Aktie ist ein weitaus ungenauerer Begriff. Erwartungen über die Entwicklung bestimmter Unternehmen sind darin enthalten
und Erwartungen über den künftigen Wert spezieller Aktien haben einen bedeutenderen Einfluß auf die Auswahl der Anlagen, als die laufenden Dividen-

den. Im allgemeinen läßt sich jedoch dasselbe Prinzip wie bei den Obligationen anwenden. Ein Anstieg des allgemeinen Aktienkursniveaus verringert den Ertrag – d. h. des wie auch immer definierten Einkommens – der als ein Prozentsatz des Börsenkurses der Aktie ausgedrückt wird. Dies führt zu einem entsprechenden Absinken der Zinssätze und schafft Verhältnisse, die für die Ausgabe neuer Aktien günstig sind.

(b) Bestands- und Stromgrößen

Die Gesamtheit der Finanzmittel, die der Wirtschaft potentiell zur Verfügung stehen, kann zu jedem Zeitpunkt als ein großer Pool angesehen werden, welcher das gesamte verkäufliche private Vermögen umfaßt. In diesen Pool fließt Tag für Tag ein Strom neuer Ersparnisse, die nach Anlagemöglichkeiten suchen, und von Zeit zu Zeit werden neue Wertpapiere von den Unternehmen ausgegeben, um Finanzmittel aufzunehmen oder Bankschulden zurückzuzahlen.

Die Ersparnisse der privaten Haushalte bestehen größtenteils in Form von Beiträgen an Rentenfonds und Versicherungen aller Art. Diese Fonds werden von den Institutionen, die sie verwalten, in Form zinsbringender Wertpapiere gehalten. Solange das Gesamtvolumen dieser Art von Ersparnissen steigt, besteht ein Überschuß der Einzahlungen in die Fonds über die Auszahlungen, so daß die Gesamtnachfrage nach Anlagen, die sie verkörpern, im Zeitablauf wächst. Es gibt auch einige Ersparnisse reicher Privathaushalte, die direkt an der Börse angelegt werden.

Die jährlichen Ströme sowohl der Nachfrage nach Anlagen als auch der Neuemissionen von Wertpapieren, die ein zusätzliches Angebot darstellen, sind zwangsläufig gering im Vergleich zu dem Gesamtbestand an finanziellem Vermögen zu jedem Zeitpunkt, der das kumulierte Ergebnis der Ströme eines Jahrhunderts und mehr verkörpert. A fortiori sind die Veränderungen der Relation zwischen den Nachfrage- und Angebotsströmen, die den Umfang des Anlagepools verändern würden, im Verhältnis zu der Masse des Pools wahrscheinlich sehr klein. Das Börsenkursniveau wird daher nur in geringem Ausmaß von den Nachfrage- und Angebotsströmen neuer Anleihen und Darlehen beeinflußt; den Haupteinfluß bildet das Erwartungsklima an der Börse. (In unserem einfachen Modell war der vorhandene Bestand an Wechseln klein im Verhältnis zu dem Zustrom neuer Darlehen. Aus diesem Grund hatte die Nachfrage nach Anleihen, beherrscht von der erwarteten Profitrate, einen er-

Finanzmittel **2** 8 § 3 (c)   321

heblich größeren Einfluß auf das Niveau der Zinssätze, als sie ihn an einer
modernen Börse besitzt [siehe: **2** 3 § 3 (b)].)

Die Struktur der relativen Zinssätze für verschiedene Wertpapierarten variiert mit dem Zustand des Marktes. Wenn die Profite hoch sind und die Aktienkurse steigen, so muß auch der Zinssatz für Obligationen hoch sein. Der Kurs
alter Obligationen muß niedrig genug liegen, um ihren Ertrag ausreichend zu
erhöhen, so daß sie mit den Aktien konkurrieren können. Der Gewinn der Aktien mag niedrig sein, da ihre Kurse kürzlich überproportional zu ihren Erträgen angestiegen sind. Ein Kursanstieg verschafft jedoch den Aktionären
Kapitalgewinne, die bei der Berechnung der Rendite einer Aktie zu den
Dividenden hinzugerechnet werden. Neue Obligationen können nur dann verkauft werden, wenn sie eine ebenso hohe Rendite versprechen. Dies wird verstärkt durch die Handlungen der Banken. Wenn die Gewinnaussichten gut
sind, vergeben sie mehr Kredite und halten weniger Wechsel und Wertpapiere.
Ein Anwachsen der Bankkredite tendiert dazu, die Nachfrage nach Obligationen zu reduzieren und treibt so die Zinssätze in die Höhe. Somit helfen die
Banken dabei, die Bewegung der Zinssätze im Boom nach oben und in der Depression nach unten hin zu beeinflussen.

(c) Die Geldpolitik

Die Behörden haben einen beträchtlichen Einfluß auf das Zinsniveau. Zu-
nächst einmal gibt es einen offiziellen Satz (im britischen System wurde er
Jahrhunderte lang als »bank rate« bezeichnet) zu dem kurzfristige Kredite,
gegen vorgeschriebene Sicherheiten von der Zentralbank angeboten werden.
Der Satz für die verschiedenen Arten von Bankdarlehen wird in Relation zur
offiziellen »bank rate« festgelegt. Dies hat einen Einfluß auf den gesamten
Wertpapiermarkt. Zum Beispiel macht es eine Herabsetzung des kurzfristigen
Zinssatzes lohnend, Kredit aufzunehmen, um Wertpapiere mit einem höheren
Zinssatz zu erwerben. Derartige Käufe erhöhen den Kurs und verringern den
Zinssatz für Obligationen. Dies wiederum macht die Aktien attraktiver, treibt
ihren Kurs in die Höhe und reduziert dabei ihren Ertrag. Das umgekehrte er-
eignet sich, wenn die kurzfristigen Zinssätze steigen.

Zweitens können die Behörden, wie wir gesehen haben, die Menge des
Bankengeldes durch den Kauf und Verkauf von Wertpapieren an das Publikum steuern und somit die Gesamtheit der Bankeinlagen beeinflussen. Dann
muß das Bankensystem, um Wertpapiere vom Publikum zu erhalten, ihre

Kurse bis zu dem Punkt hochtreiben, bei dem das Publikum bereit ist, sich von ihnen zu trennen und statt dessen Geld zu halten. Daher führt ein Anwachsen der Geldmenge relativ zu der Summe, die für laufende Transaktionen benötigt wird, bei gegebener Liquiditätspräferenz zu einem Fallen der Zinssätze.

Drittens wird ein großer Teil des gesamten Anlagenvolumens durch Staatsschulden verkörpert. Ihre Struktur kann durch die Ausgabe mehr kurzfristiger Papiere, um damit langfristige Obligationen zu kaufen oder umgekehrt manipuliert werden. Dies hat einen beträchtlichen Einfluß auf die Liquidität des Bankensystems und damit auf den gesamten Komplex der Zinssätze.

(d) Der Tagtraum des Ökonomen

Die Macht der behördlichen Instanzen, die Zinssätze zu beeinflussen, hat zu der Vorstellung geführt, daß die Regierung eines Landes mit Hilfe dieses Instruments ihre Volkswirtschaft regulieren könne. Ein Absinken der effektiven Nachfrage könnte durch eine Verringerung der Zinssätze ausgeglichen werden. Dies würde die Investitionstätigkeit stimulieren und die Konsumgüterkäufe durch eine Verminderung der Spartätigkeit erhöhen. Wenn ein Aufschwung zur Inflation führte, so würde ein Anstieg der Zinssätze sie wieder eindämmen. Vollbeschäftigung bei konstanten Preisen könnte somit garantiert werden.

Unglücklicherweise gibt es bei dieser Konzeption einige erhebliche Schwierigkeiten. Zunächst einmal ist der Zinssatz, obgleich er einen gewissen Einfluß auf die Investitionstätigkeit besitzt, ein zu schwaches Instrument zur Kontrolle der effektiven Nachfrage. Zweitens garantiert die Stabilität der effektiven Nachfrage nicht, daß die Geldlöhne sich nur soweit erhöhen, wie nötig ist, um die steigende Produktivität auszugleichen und somit die Preise konstant zu halten. Drittens ist kein Land autonom im Hinblick auf sein eigenes Zinsniveau, denn durch das internationale Währungssystem ist es, wie wir weiter unten sehen werden [siehe: **2** 10 § 3 (a) und **3** 1 § 3 (a)], mit den übrigen Zinsniveaus verbunden.

4. »Geldtheorie«

In den Lehrmeinungen, die von den Neoklassikern hinterlassen wurden und die noch während der großen Weltwirtschaftskrise dominierend waren, gab es eine scharfe Trennung zwischen den »realen« und den »monetären« Kräften,

Finanzmittel **2** 8 § 4 323

die die Funktionsweise der Marktwirtschaft beeinflussen. Die »realen« Kräfte bestimmten die relativen Preise der Güter und die Gütereinkommen der »Produktionsfaktoren«, während die »monetären« Kräfte das allgemeine Preisniveau determinierten. Die »realen« Kräfte besaßen eine starke Neigung, einen Gleichgewichtszustand herbeizuführen (bei Vollgeschäftigung), während sich die »Geldtheorie« mit Phänomen, wie dem Konjunkturzyklus, der Inflation und den »Abweichungen von der Vollbeschäftigung« befaßte.

Der zentrale Lehrsatz der Geldtheorie wurde durch die folgende Formel ausgedrückt:

$$M \cdot V \equiv P \cdot T$$

T stellt das Volumen der innerhalb eines Jahres unter Benutzung von Geld als Tauschmittel durchgeführten Transaktionen dar, gemessen in irgendwelchen physischen Einheiten. P bezeichnet den durchschnittlichen Preis für eine physische Einheit, $P \cdot T$ stellt somit den Geldwert der Transaktionen pro Jahr dar. M bezeichnet die bestehende Geldmenge und V die durchschnittliche Zeitdauer, in der eine Geldeinheit während eines Jahres zu Transaktionen benutzt wird (Umlaufgeschwindigkeit des Geldes, d. Ü.). Somit stellt $M \cdot V$ ebenfalls den Geldwert der jährlichen Transaktionen dar. Die Formel ist eine Identität und keine Gleichung (zur Verwendung des Symbols $\equiv$ siehe **2** 7 Anhang).

»Transaktionen« in physischen Einheiten waren ein ziemlich vages Konzept. Es gab ebenfalls Schwierigkeiten bezüglich der Bedeutung von $M \cdot V$. Wenn einerseits M eng als Bestand an gesetzlichen Zahlungsmitteln definiert wird, dann ist V hauptsächlich durch die Höhe der Bankguthaben oder andere für die Durchführung der Transaktionen zur Verfügung stehende Zahlungsmittel bestimmt. Um die Identität herzustellen, mußte V als $P \cdot T/M$ definiert werden. Auf der anderen Seite kann, wenn M alle Zahlungsmittel beinhaltet, die für Transaktionen benutzt werden können, ein großer Teil hiervon in jedem Jahr ungenutzt mit einer Umlaufgeschwindigkeit von 0 bleiben. V ist dann der gewogene Durchschnitt aus den Umlaufgeschwindigkeiten der ungenutzten und der aktiven Guthaben.

Es gab eine Anzahl von Varianten dieser Theorie, alle jedoch hatten die gleiche allgemeine Tendenz. T wurde durch die realen »Kräfte« fixiert und V hing von Gewohnheiten ab, wie etwa der, ob die Löhne wöchentlich oder monatlich ausgezahlt wurden. Daraus folgte, daß es eine direkte Beziehung zwischen M und P geben müsse. Dies führte zu der Schlußfolgerung, daß die Geldmenge das Preisniveau determiniere.

Keynes begann zunächst als »Monetarist«, in seiner *General Theory* überwandt er jedoch die Trennung zwischen den beiden Abteilungen der Volkswirtschaftslehre. Er zeigte, wie sogenannte monetäre Störungen in dem »realen« Verhalten einer privatwirtschaftlich strukturierten Volkswirtschaft verwurzelt sind. In der Sprache der obigen Formel zeigte er auf, wie Veränderungen von T (durch Schwankungen des Outputs und der Beschäftigung) durch Veränderungen der Erwartungen über zukünftige Gewinne herbeigeführt werden, und er wies darauf hin, daß das Niveau der Geldlohnsätze den Haupteinfluß auf P ausübt [siehe: **1** 3 § 6 (c)].

Eine Erhöhung von PT infolge eines Anstiegs der wirtschaftlichen Aktivität oder des Niveaus der Geldlohnsätze, führt normalerweise zu einer Erhöhung von M durch ein Anwachsen der Bankdarlehen, wenn jedoch die Behörden versuchen, den Anstieg von M zu verhindern, verursachen sie eine Zunahme der Zinssätze, was einige ungenutzte Guthaben in den aktiven Umlauf lockt, so daß V steigt.

Es wird manchmal angeführt, daß die Möglichkeit, V zu erhöhen, begrenzt ist, so daß zu guter Letzt die Behörden eine Zunahme von P · T bremsen können, indem sie ein Anwachsen von M verhindern. Tatsächlich aber können sie nicht so vorgehen. Da die Einleger ein Anrecht besitzen, Noten und Münzen abzuziehen, wenn immer sie wollen, werden die gesamten umlaufenden gesetzlichen Zahlungsmittel durch die Bedürfnisse des Publikums bestimmt. Wenn die Gesamtheit des Bankgeldes limitiert wäre, so würden andere Kreditformen zwischen der Geschäfts- und der Finanzwelt erdacht. Die Behörden können ihren Einfluß auf das Geldsystem nur solange aufrecht erhalten, wie sie ihn mit Maß einsetzen.

Andererseits kann eine Erhöhung von M (wie auch immer definiert) einen gewissen Einfluß auf die Ankurbelung der wirtschaftlichen Aktivität ausüben. Wenn die Erwartungen düster sind, ist es eine Vergeudung, M zu erhöhen, um V zu reduzieren. (Dies wird von den Quantitätstheoretikern als eine »Liquiditätsfalle« bezeichnet). Im allgemeinen jedoch stimuliert eine Verringerung des Zinsniveaus, die den Kurs der Wertpapiere an der Börse erhöht, die Investitionstätigkeit und, indem sie den Rentiers das Gefühl gibt, reicher zu sein, kann sie den Konsum stimulieren. Keynes befürwortete die Manipulation der Geldmenge für gute Zwecke, während er jedoch abstritt, daß sie das allmächtige Instrument der Politik sei, wie die Quantitätstheoretiker es zu vermuten schienen.

Die Theorie von Keynes, die obgleich – wie er meinte – »mäßig konservativ« war, wies Implikationen auf, die der *Laissez-faire* Doktrin entgegenstan-

Finanzmittel **2** 8 § 4 325

den. Professor Milton Friedmann versuchte, eine Renaissance des reinen *Laissez-faire* im Gewand der »Geldtheorie« zu bewirken.[88]) Er stellte die alte Trennung zwischen »realen« und »monetären« Kräften wieder her und zog, indem er es für gegeben annahm, daß die »realen« Kräfte zum Gleichgewicht tendieren, den Schluß, daß lediglich eine falsche Geldpolitik die Erhaltung der Vollbeschäftigung und des stetigen Wachstums verhindere.

Die Analyse stützt sich auf die historische Beobachtung, daß im allgemeinen eine recht hohe Korrelation (wie wir gesehen haben) zwischen der umlaufenden Geldmenge in einem Land und dem Nominalwert seines Sozialprodukts für mehrere Jahre hindurch besteht. Während es jedoch leicht einsichtig ist, wie Veränderungen des Sozialprodukts Veränderungen der Geldmenge induzieren, ist scheinbar niemand in der Lage, zu erklären, auf welche Weise Veränderungen der Geldmenge, Veränderungen des Sozialprodukts bewirken – außer dadurch, daß dem Hinweis von Keynes, daß eine temporäre Steigerung der Investitionstätigkeit und des Konsums unter günstigen Umständen einem Sinken des Zinssatzes folgen könnte, zu große Bedeutung beigemessen wird.

Kapitel 9 **Das Wachstum von Unternehmen, Industriezweigen und Nationen**

Das moderne Studium der Volkswirtschaftslehre begann mit einer Erforschung des Wesens und der Gründe für den Reichtum von Nationen, jedoch selbst in der Zeit von Adam Smith wurde der »Reichtum« Großbritanniens teilweise aus Gütern bezogen, die in Übersee produziert wurden. Mit der weltweiten Verbreitung der kapitalistischen Industrie sowie den Verflechtungen der Finanzmittel, die sich über die Kontinente ausbreiteten und die Grenzen überwanden, wurden die nationalen Grenzen einer Volkswirtschaft immer mehr verwischt. Nichtsdestoweniger ist die politisch definierte Existenz von Nationen verschiedener Gestalt und Größe sowie von unterschiedlichem Unabhängigkeitsgrad immer noch ein Merkmal von größter Bedeutung im ökonomischen Leben. Hier betrachten wir im weiteren Sinne die Verhaltensweise kapitalistischer Unternehmen im allgemeinen und analysieren dann, wie eine nationale Regierungspolitik sie beeinflussen kann.

1. Das Verhalten der Unternehmen

Die Unternehmen in unserem einfachen Beispiel waren mit den Hauptmerkmalen der industriellen Geschäftätigkeit ausgestattet – sie setzten Produktionsanlagen in Gang und beschäftigen Arbeitskräfte, um Output zu erzeugen, sie stellten das Einkommen für die Rentiers bereit, führten die Akkumulation durch und nutzten veränderte Produktionstechniken aus – jedoch all dies geschah so einfach wie möglich.

Die Wirklichkeit ist natürlich viel komplizierter. In einer modernen Volkswirtschaft befaßt sich eine Vielzahl verschiedener Geschäftsarten mit dem Gewinnstreben durch Industrie-, Handels- und Finanztätigkeit. Während der letzten 200 Jahre gab es eine rapide Entwicklung der Evolution der Geschäftsformen; heute setzt sich diese Veränderung schneller als je zuvor fort. Auf jeder Stufe, auf der neue Formen auftreten, bleiben die alten weiter bestehen. Um die internationale Struktur und das Verhalten der Unternehmen aller Art zu analysieren, benötigen wir eher die Methoden eines Naturwissenschaftlers, der wilde Tiere im Dschungel beobachtet, als die Handhabung rein theoretischer Formeln.

Wachstum von Industrie **2** 9 § 1 (a)

Aber dennoch bleiben die grundlegenden Charakterzüge der kapitalistischen Wirtschaft trotz aller Veränderungen der Organisationsformen dieselben. Einige Betrachter geben zu bedenken, daß die moderne Aktiengesellschaft ganz anders geartet ist, als das alte Familienunternehmen. Es ist jedoch eine Tatsache, daß beide Arbeitskräfte beschäftigen, um durch den Verkauf der Produkte Profite zu machen. Dies bedeutet, daß sie ähnlich gelagerte Probleme aufweisen, ähnliche Erfolgskriterien und eine ähnliche Bindung ihrer führenden Persönlichkeiten an das System, das sie in die Lage versetzt, zu prosperieren.

(a) Rentiers

Es könnte angeführt werden, daß die Position der Rentiers heutzutage völlig verschieden ist von der, die sie vor Einführung der beschränkten Haftung innehatten. Gewiß trifft das unter einem rechtlichen Aspekt zu. Wir vertreten jedoch die These, daß die Beziehungen zwischen den Managern und den Aktionären in einer modernen Aktiengesellschaft sich nicht sehr von den Beziehungen zwischen einem altmodischen Geschäftsmann und seiner Ehefrau unterscheiden.

Die Ehefrau sagt: »Nun bist Du so reich, Du solltest mir einen Pelzmantel kaufen.« »Nein«, sagt er, »das Geschäft benötigt das Geld.« »Aber«, erwidert sie, »Mrs. Jones hat einen neuen Pelzmantel. Du möchtest doch nicht, daß die Leute denken, Dir ginge es nicht so gut wie Jones & Co.« Ebenso muß auch das Management einer Gesellschaft mit beschränkter Haftung einen Teil seiner Gewinne von der Investition zurückhalten und Dividenden auszahlen, um sein Vertrauen an der Börse aufrechtzuerhalten. Aus diesem Grunde hielten wir es für gerechtfertigt, die Rentiers in unserem einfachen Modell ausschließlich als Empfänger von Spenden aus den Unternehmensgewinnen zu betrachten.

(b) Der Wachstumsprozeß

Wir haben gesehen, daß ein grundlegendes Merkmal eines jeden Geschäftsbetriebes darin besteht, daß er, wenn er einmal etabliert ist, Gewinne machen muß, um überleben und wachsen zu können. Wie alle Verallgemeinerungen, ist auch dies Ausnahmen unterworfen. Es gibt immer eine Anzahl von zweifelhaften Existenzen, die kurz in einen Markt hineingehen, um schnell Gewinne zu machen, und die dann wieder aussteigen, und es gibt Geschäftsleute, die sich damit zufriedengeben, sich selbst durch einen geringen Umfang ihres Betätigungsfeldes zu begrenzen und darüber hinaus keine weiteren Ambitionen haben. Der Kapitalismus hätte jedoch nicht so wachsen können, wenn einer von diesen beiden einen Normaltypus darstellen würde. Im allgemeinen hat ein erfolgreiches Unternehmen eine längere Lebensdauer als ein einzelner Geschäftsmann, und es vergrößert sein Kapital und sein Betätigungsfeld von Generation zu Generation. Diejenigen, denen es nicht gelingt, zu wachsen, schrumpfen zumeist und verschwinden oder werden von erfolgreichen Konkurrenten übernommen.

Unser Modell zeigte eine Anzahl bereits bestehender Unternehmen, die schon im Besitz von Produktionskapazitäten waren. Sie müssen zunächst dadurch entstanden sein, daß sie in den Besitz von Finanzmitteln gelangten, um damit die ursprüngliche Investition tätigen zu können. Die Erlangung finanzieller Mittel bedeutet im Prinzip für den Unternehmer, daß Besitz vorhanden sein sollte. Kredit bedeutet Vertrauen. Ein Schuldner muß in der Lage sein, den Gläubiger in den Glauben zu versetzen, daß er zahlungsfähig sein wird und die beste Möglichkeit, diesen Glauben zu erzeugen, besteht darin, verpfändbares Vermögen zu besitzen. Das Geschäftsleben ist keine Demokratie. Zu jedem Zeitpunkt sind immer nur wenige Individuen in der Lage, ein neues Geschäft selbst im kleinen Umfang starten zu können; und es wird zunehmend schwieriger, ein neues Geschäft aufzumachen oder längere Zeit, nachdem das Geschäft eröffnet wurde, zu überleben, da die alteingesessenen Unternehmen wachsen und ihre Fangarme auf mehrere Branchen ausbreiten. Es folgt, daß die Zahl der unabhängigen Unternehmen in einer aktiven und erfolgreichen Privatwirtschaft fällt und die Größe der typischen Aktiengesellschaften zunimmt, allerdings, während die Giganten den Markt mehr und mehr erobern, schaffen sie auch Gelegenheiten für kleine Unternehmen, z. B. im Dienstleistungssektor oder in der hochspezialisierten Produktion von Teilen komplexer Produkte, wie z. B. Automobile.

Marshall widersprach der Vorstellung von einer Tendenz der industriellen Produktion zum Oligopol. Er betonte zwar nachdrücklich die Vorherrschaft der Massenproduktion, nämlich die Verringerung der Kosten pro Outputeinheit sobald ein Unternehmen an Wachstum und Erfahrung gewinnt, jedoch zugleich glaubte er, daß die Anzahl der Unternehmen, die irgendeinen Markt bedienen, immer groß genug sein würde, um den Wettbewerb aufrechtzuerhalten (dies ist als »Marshalls Dilemma« bekannt).[89] Er versuchte diese inkompatiblen Vorstellungen zu vereinigen, indem er die Beweisführung auf

Wachstum von Industrie **2** 9 § 1 (c)   329

Familienbetrieben aufbaute. Dem großen alten Mann, der ein Unternehmen gründete, folgen Erben nach, die in Luxus aufgewachsen sind und nicht die Fähigkeit und den Ehrgeiz haben, die zu seinem Erfolg führten. Daher werden Unternehmen nach der dritten Generation nicht mehr weiterwachsen. In Marshalls berühmtem Gleichnis ist eine Industrie wie ein Wald, in dem jeder einzelne Baum nur bis zu einer bestimmten Höhe wächst und dann abstirbt.

Es gibt, das ist wahr, eine große Anzahl von Familienunternehmen, die diesem geschichtlichen Ablauf gefolgt sind; aber es gibt auch andere – in jedem Industriestaat – die viele Generationen lang weiter florieren. Ein erfolgreiches Familienunternehmen kann sich außerdem selbst in eine Publikumsgesellschaft umwandeln, indem es seine Vermögenswerte an Aktionäre verkauft, den Erlös in zusätzliche Produktionskapazitäten investiert und auf diese Weise weiter wächst. Marshall war sich darüber im Klaren, daß dies ein ernster Einwand gegen seine Theorie war, und er begegnete ihm mit einer Antwort, die sich als bemerkenswert falsch herausgestellt hat: er behauptete, daß Publikumsgesellschaften zur Stagnation tendierten. Es mag wahr sein, daß große Gesellschaften dazu neigen, unter technologischer Arterienverkalkung zu leiden, so daß die besten Ideen von Individuen entwickelt werden, aber dann können die Gesellschaften sie aufkaufen. Es ist gerade das Prinzip der begrenzten Haftung, welches die Publikumsgesellschaften in die Lage versetzt, große Finanzmassen zu beherrschen, die sie expansionsfähig halten. Die Fische in einem Teich, in dem die großen die kleinen fressen, bildeten ein besseres Gleichnis als die Bäume im Wald.

(c) Die Technostruktur

Marx sah den Konzentrationsprozeß des Kapitals in den Händen Weniger und das Wachstum der monopolistischen Macht voraus, aber er irrte sich in der Annahme, daß dies es den Arbeitern leichter machen würde, wenn die Zeit reif ist, »die Expropriateure zu expropriieren« und die Leitung der Wirtschaft zu übernehmen. Eine große Kapitalgesellschaft kann nicht durch einen einzelnen Kapitalisten kontrolliert werden. Sie wird von einer Hierarchie von Ausführungsorganen betrieben; sie erfordert einen bürokratischen Apparat und beschäftigt eine große Anzahl von Spezialisten – Konstrukteure, Ingenieure, Verkaufsmanager, Buchhalter, Juristen und einen Forschungsstab sowohl für den Verkauf als auch für die Produktion. Die Spezialisierung und die Komplexität des Geschäfts beraubt die Individuen ihrer Unabhängigkeit. Die Ge-

330 **2** 9 § 1 (d)   *Analyse*

hälter und ihre gesamten Zukunftsaussichten sind mit dem Erfolg des Unternehmens verknüpft; sie wurden an ihn gebunden und entwickeln ihm gegenüber ein Loyalitätsgefühl. Der scharfe Interessengegensatz zwischen Arbeitern und Kapitalisten der Marx'schen Vision wird durch diese Schicht intermediärer Interessenvertreter abgemildert.

Professor Galbraith prägte den Ausdruck »Technostruktur«, um den Managementapparat einer großen Kapitalgesellschaft zu beschreiben.[90]) Es hat einige Auseinandersetzungen darüber gegeben, ob die Ansicht, daß die Kapitalgesellschaften durch ihre technokratische Struktur betrieben werden, bedeuten würde, daß sie nicht dem Gewinnstreben verhaftet wären. Dies scheint ein unrealistisches Argument zu sein. Die Individuen, die die technokratische Struktur ausmachen, besitzen eine ebenso große Abhängigkeit vom Erfolg des Unternehmens, für das sie arbeiten, wie der Kapitalist früherer Tage. Sie haben eine kostspielige Ausbildung genossen, die ihnen nach allgemeiner Ansicht das Recht auf eine Führungsposition und auf ein höheres Einkommensniveau gibt, als den übrigen Arbeitskräften. Dies könnten sie nicht genießen, wenn das Geschäft nicht profitabel wäre. Es mag sein, daß sie der Sicherheit einen höheren Stellenwert zumessen, da sie, falls das von ihnen geführte Unternehmen in Schwierigkeiten gerät, selbst Schwierigkeiten bekommen. Aber dies trifft ebenso oder sogar noch mehr für das Management eines Familienbetriebes zu.

Weil die Angehörigen der Technostruktur in gewissem Ausmaß Intellektuelle sein müssen, stellen sie ein Verbindungsglied zwischen dem Erziehungssystem und den Werbemedien her, welches hilft, eine dem System, in dem sie erfolgreich tätig sind, konforme öffentliche Meinung zu erzeugen. Dadurch können die Formen der politischen Demokratie mit einer sehr undemokratischen Verteilung ökonomischer Macht kompatibel gemacht werden.

(d) »Profitmaximierung«

Die herkömmliche Theorie gipfelt in der Annahme, daß die Unternehmen danach streben, ihre Profite zu maximieren. Diese Ausdrucksweise wird manchmal oberflächlich so verstanden, als ob sie bedeute, der Zweck von Geschäften bestünde darin, Geld zu machen. Im allgemeinen ist es klar ersichtlich, daß das System, wie Adam Smith sagte, durch den Appell an das Eigeninteresse funktioniert; das Interesse eines jeden, der Vermögen besitzt, ist darauf ausgerichtet, es zu vermehren. Aber es muß noch etwas mehr damit

Wachstum von Industrie **2** 9 § 1 (e)   331

verbunden sein. Wenn Profite das einzige Motiv wären, warum sollte dann irgend jemand das Risiko industrieller Investitionen auf sich nehmen? Wenn nichts anderes außer Geldverdienen das Motiv wäre, so würde es leichter und viel sicherer sein, Aktien von erfolgreichen Gesellschaften zu kaufen, als Kapital für eine bestimmte Produktionskapazität festzulegen.

Noch ein anderer Punkt ist zu bedenken. Wenn Profit das einzige Kriterium ist, nach dem das Verhalten zu beurteilen ist, dann besteht kein Unterschied zwischen einem Ehrenmann und einem Gauner. Nun stimmt es, daß Gauner in einer Privatwirtschaft Erfolg haben, und es ist auch wahr, daß viele hochgeachtete Unternehmen Profite auf skrupellose Weise machen, von Zeit zu Zeit gibt es Skandale und häufig wird die Gesetzgebung geändert, um sie eindämmen zu können. Nichtsdestoweniger gibt es in den Ansichten der Geschäftstreibenden einen Unterschied zwischen rechtem und unrechtem Verhalten, der nicht nur auf der Legalität basiert. Profite können nicht ihr einziges und ausschließliches Lebensziel sein.

Vielmehr scheint es, als ob das privatwirtschaftliche System eine Interessensphäre schafft, in der Ehrgeiz, die Liebe zur Macht und die Eitelkeit des Erfolges durch die Erzielung von Profiten oder durch die Beteiligung an einer Organisation befriedigt werden können, die dann am besten floriert, wenn sie am profitabelsten ist.

In diesem Sinne trifft es zu, daß Gewinne das Ziel des Geschäftslebens sind. Die Firmen, die überleben, sind immer diejenigen, die bei dem Gewinnstreben Erfolg hatten und diejenigen, die bei diesem Streben am rücksichtslosesten vorgehen, bestimmen das Tempo der übrigen.

(e) Das Profitkriterium

In einem präziseren Sinne bedeutet die Profitmaximierung, daß die Unternehmensleitung in jeder Situation durch die Auswahl der profitabelsten der sichtbaren Alternativen bestimmt wird. Geschäfte werden jedoch unter sich ändernden Bedingungen betrieben. Mann kann niemals im voraus wissen, was sich eines Tages als der profitabelste Verlauf herausstellen wird. Die *Maximierung* ist ein mathematischer Vorgang, der mit spezifischen Mengen in spezifischen Bedingungen durchgeführt wird. Sie kann auf die Beschreibung der Gleichgewichtsbedingungen in einem abstrakten Modell, nicht aber auf die vielfältigen Einflüsse, die auf geschäftliche Entscheidungen einwirken, angewandt werden.

Das Management eines Unternehmens muß fortwährend darüber entscheiden, welche Produktionskapazität installiert, welche neuen Waren produziert oder alte fallengelassen, welche Werbe- oder Verkaufsanstrengungen unternommen, welche Preise berechnet, welche Arbeiter und Angestellten beschäftigt und welche Zahlungsofferten gemacht werden sollen. Für einige dieser Entscheidungen besitzt das Management eine weitgehende Entscheidungsfreiheit; für andere ist sie eng begrenzt durch die Situation, in der sich das Management selbst befindet. In keinem Fall kann es klare und leicht ersichtliche Anzeichen dessen geben, welche Kombination der Unternehmenspolitik die profitabelste sein wird. Die Situation bleibt nicht lange genug stabil, um durch »Versuch und Irrtum« herausfinden zu können, welche Konsequenzen eine bestimmte Politik haben wird.

Wo sich das Management in den Händen eines Individuums befindet, werden die Alternativen in seinen Überlegungen durch einen Prozeß, für den es keine genaue Erklärung abgeben kann, abgewogen. Im Falle der dezentralisierten Konzerne muß ein System bürokratischer Vorschriften eingerichtet werden und die Organisation wird häufig durch ihren eigenen »Amtsschimmel« festgebunden.

Das Konzept der Profitmaximierung kann daher nicht in einem präzisen mathematischen Sinne angenommen werden, es bleibt jedoch richtig, daß die gesamten geschäftlichen Entscheidungen unter dem Druck der Notwendigkeit getroffen werden, die Profite aufrecht zu erhalten und Verluste zu vermeiden.

(f) Der Einfluß der Finanzkraft

Die Wortführer der Industrie behaupten, das Management trage eine dreifache Verantwortung: gegenüber den Aktionären, die die finanziellen Mittel bereitstellen, gegenüber den Arbeitern, die sie beschäftigen und gegenüber den Kunden, die die Güter, die sie produzieren, kaufen. In dieser Balance der Verantwortlichkeiten hat die Finanzkraft das letzte Wort. Das Management eines mächtigen Unternehmens mag einer Neigung, Annehmlichkeiten für die Arbeiter bereitzustellen, nachgeben oder mit demokratischen Kontrollmethoden experimentieren; in dem internen Kräftekonflikt innerhalb eines Geschäfts mögen die Ingnieure die Oberhand über die Verkäufer gewinnen, so daß der technische Vorzug in sich selbst ein Ende findet. Wenn immer jedoch diese Fehler auf Kosten der Rentabilität verfolgt werden, dann versiegt das Angebot an finanziellen Mitteln für die Expansion oder es kann sich ein tatsächlicher Bankrott anbahnen.

Wachstum von Industrie **2** 9 § 2 (a)

Eine besondere Art, in der die Finanzkraft ihre Macht auf die Industrie aus-übt, besteht in dem Instrument des *Übernahmeangebots*. Der Kurs der Aktien eines Unternehmens an der Börse hängt von der Einschätzung ihrer Rentabili-tät durch den Markt ab. Aus der Sicht des allgemeinen Verhaltens der Aktionäre ist die Gesellschaft als solche ohne jede Bedeutung; sie sind lediglich an dem Kurswert ihrer Anlagen interessiert. Ein Unternehmen mit den verfügbaren Finanzmitteln hat daher die Möglichkeit, eine Firma zu überneh-men, indem es den Aktionären einen über dem laufenden Börsenkurs der Aktien liegenden Preis anbietet, der jedoch niedriger liegt, als der von dem »Übernehmenden« selbst eingeschätzte potentielle Wert des Unternehmens. Das Unternehmen kann sich nun daran machen, die Mitglieder des alten Managements zu übernehmen oder sie hinauszuwerfen und an Ausrüstung, Arbeitskraft und Marktverbindungen des ursprünglichen Unternehmens, was immer es will, in das Wachstum seiner eigenen Tätigkeit aufzunehmen.

Manchmal kann sich ein potentielles Opfer verteidigen, indem es seinen Aktionären eine plausible Geschichte über sein zukünftiges Wachstum erzählt; oder es kann durch höhere Dividendenzahlungen den Kurs seiner Aktien plötzlich steigern, obgleich dies es ihm umso schwerer macht, in eine Größen-ordnung hineinzuwachsen, bei der es außerhalb der Gefahr steht.

Wer die Finanzkraft hat, besitzt die Macht. Wenn die Arbeiter oder die Kunden Druck ausüben wollen, damit ihre Interessen berücksichtigt werden sollen, so müssen sie dies für einen möglichst weitgesteckten Bereich von Un-ternehmen durch gemeinsame Aktionen von Gewerkschaften oder durch Anru-fen der Gesetzgebung tun, um nicht bestimmte Firmen in einen Wettbewerbs-nachteil zu bringen und sie zu einer Beute für zähere Konkurrenten zu ma-chen.

Jede heute bestehende Firma muß in dem einen oder anderen Land entstan-den sein. Eine Art von Patriotismus oder die Hoffnung auf Unterstützung von ihrer Regierung mag die Politik des Managements bis zu einem gewissen Gra-de beeinflussen, wenn es jedoch in Schwierigkeiten gerät, dann müssen die Profitbestrebungen alle anderen Überlegungen in den Hintergrund treten lassen.

2. Industriezweige

(a) Abgrenzung

Die Lehrbuchvorstellung eines freien Wettbewerbs erforderte eine große Anzahl unabhängiger Verkäufer eines einzigen homogenen Gutes. Eine

Gruppe von Unternehmen, die die gleiche Ware produzierten, wurde als Industriezweig bezeichnet. Es wurde angenommen, sie seien durch den Wettbewerb gezwungen, ihren Output zu einem einheitlichen Preis zu verkaufen (siehe: **2** 5 § 7). Dies ist eine unnatürliche Vorstellung. Einige Industriezweige werden in Ausdrücken der Märkte, die sie bedienen, beschrieben, zum Beispiel landwirtschaftliche Maschinen- oder die pharmazeutische Industrie; sie produzieren jedoch eine breite Skala unterschiedlicher Güter. Häufiger noch werden sie durch die Bezeichnungen der Hauptmaterialien, die sie verarbeiten, wie etwa Stahl oder petrochemische Produkte, oder die Art der benötigten Technik, beschrieben. Dann werden ihre Produkte auf vielen Märkten verkauft. Ein einziger Markt kann zur gleichen Zeit mit Produkten versorgt werden, die für einander enge Substitute darstellen, obgleich sie von völlig anderen Industriezweigen produziert wurden.

Ein Industriezweig ist jedoch nicht bloß eine geeignete Kategorie zur statistischen Beschreibung einer Volkswirtschaft. Er besitzt ein Eigenleben. Ein Industriezweig besteht aus einer Gruppe von Unternehmen, die einige technische Merkmale gemein haben und Arbeitskräfte mit erforderlichem Know-How und Fähigkeiten beschäftigen. Selbst dann, wenn sie sich selbst als harte Konkurrenten bezeichnen, sind derartige Firmen in vielen Bereichen bereit, sich zusammenzuschließen, um ihre gemeinsamen Interessen zu vertreten.

Heutzutage jedoch betreiben große Kapitalgesellschaften Anlagen, die zu einer Vielzahl unterschiedlicher Industriezweige gehören. Im allgemeinen ist es für ein Unternehmen leichter, in den Branchen zu expandieren, in denen es entstanden ist. Wenn sich ein Unternehmen jedoch schneller ausdehnen möchte, als die Märkte für die Waren, die es bereits produziert, und wenn sein proportionaler Anteil an jenen Märkten durch mächtige Konkurrenten begrenzt wird, so muß es in völlig andere Branchen vordringen. Darüber hinaus kann Diversifikation eine wohlüberlegte Politik sein, die Risiken zu verteilen. Diese Art der Expansion nimmt häufig die Form der oben geschilderten Übernahme an, so daß das wachsende Unternehmen Zugang zu den Märkten und ein ausgebildetes Arbeitskräftepotential in seiner neuen Branche erwirkt.

(b) Versorgungsgüter

Die Fabrikproduktion ist im wesentlichen Veredelungsproduktion. Die große Konzentration der Industrie in Westeuropa (und nun auch in Japan) muß mit Rohstoffen aus Übersee versorgt werden; Nordamerika bildet, obgleich selber eine Hauptquelle für das Angebot an zahlreichen Rohprodukten, ebenfalls einen großen Importeur dieser Güter. Die Staaten, die von den sogenannten weißen Rassen bevölkert wurden, entwickelten ihren eigenen Kapitalismus (zunächst mit Hilfe europäischer Finanzmittel); in der restlichen Welt wurde die Produktion von Rohstoffen und exotischen Nahrungsmitteln hauptsächlich sowohl durch die Finanzmittel als auch durch das Management der Industrieländer organisiert.

In einer Hinsicht war die marxistische Ansicht, daß das Hauptmotiv des Kapitalexports darin bestünde, Arbeitskräfte zum Zwecke der Ausbeutung zu finden, sehr wahr, jedoch die Richtung der Investition wurde hauptsächlich durch die Suche nach Mineralien und anderen Naturquellen bestimmt. Wo die lokale Bevölkerung keine Arbeitskräfte bereitstellen wollte, wurden Sklaven und Vertragsarbeiter eingeführt, um sie zu ersetzen. Somit breitete sich der Kapitalismus aus und organisierte die Weltwirtschaft, um sie seinen Bedürfnissen anzupassen. Seine Vorherrschaft wird heute sowohl durch den Abfall der sozialistischen Länder, als auch durch die Versuche der Ex-Kolonialländer, die Kontrolle über ihre eigenen Quellen zu gewinnen, angegriffen, jedoch über den größten Teil der Welt besteht sie immer noch fort.

Wo die natürlichen Quellen einer Region von einem einzigen Konzern oder einem monopolistischen Firmenkonsortium übernommen und entwickelt worden sind, wird die Produktion und der Absatz des betreffenden Gutes, von dem das wirtschaftliche Leben der Region abhängt, von außen kontrolliert und – selbst wenn sie eine nach außen hin unabhängige Regierung hat – geschieht dies ebenfalls mit ihrem politischen Leben. Die »Bananen-Republiken« von Zentral-Amerika wurden hierfür sprichwörtlich.

Solange die Weltnachfrage für die fragliche Ware anhält, sind die Profite, die bei dieser Art Geschäftstätigkeit gemacht werden können, im allgemeinen viel größer, als die zu hohen Lohnkosten produzierende Industrie selbst erwirtschaften kann. Wenn die Nachfrage nachläßt, werden Versuche unternommen, das Angebot zu schmälern, um einen Preissturz zu verhindern.

Wo ein ex-koloniales Land, das sich entwickeln möchte, die Produktion seines Exportgutes beeinflussen kann, ist es bestrebt, seine Verkäufe voranzutreiben, um Devisen zu erhalten. Wenn dieselbe Ware von mehreren Ländern, die sich in dieser Situation befinden, angeboten wird, so neigen sie dazu, sich durch die Überproduktion auf einem sinkenden Markt gegenseitig die Kehle zuzuschnüren. Ihre Interessenkonflikte machen es schwierig, ein restriktives Verhalten zu organisieren, das die Preise aufrecht erhält. Die Industriezweige, die ihre Materialien von ihnen beziehen, haben zumindest kurzfristig kein Interesse daran, ihnen dabei zu helfen [vgl.: **2 5** § 3 (c)].

(c) Märkte

Ein Industriezweig, der sich aus einer Anzahl von Produktionsanlagen in einem bestimmten Gebiet zusammensetzt und eine bestimmte Palette von Produkten herstellt, muß seine Waren außerhalb der unmittelbaren Nachbarschaft verkaufen. Häufig ist es leichter, innerhalb einer Region zu verkaufen, in der die gleiche Sprache und die gleichen Gesetze vorherrschen, d. h. in demselben Land. Wenn das Gebiet und der Wohlstand, die unter einer nationalen Regierung erreicht werden können, groß sind, so wird der größere Anteil der in ihren Grenzen produzierten Waren dort verkauft werden. In kleinen Nationen angesiedelte Industrien sind jedoch gezwungen, zu exportieren.

Exporte industrieller Erzeugnisse erfolgen zum Teil in die Regionen, in denen die betreffenden Industiezweige noch nicht entwickelt sind, und zum Teil zwischen den industriellen Zentren, bei denen eine immer feinere Unterteilung und Spezialisierung innerhalb der Industriezweige Platz greift, und wo technische Entwicklungen und ein wachsendes Konsumniveau Gelegenheiten zur Einführung neuer Produkte eröffnen.

Da ein erfolgreiches Unternehmen wächst und Investitionen vornimmt, um seine Produktionskapazität auszuweiten, schaut es sich nach neuen Märkten um. Wie wir gesehen haben, sind die großen oligopolistischen Unternehmen, die über eine große Anzahl von Anlagen verfügen, nicht unbedingt auf einen Industriezweig oder ein Produktionssortiment begrenzt, gleichzeitig jedoch ist es einfacher, die Expansion in den Branchen vorzunehmen, in denen die Technostruktur des Unternehmens bereits Erfahrung besitzt. Die Expansion wird daher heute weitgehend durch Errichtung von Tochtergesellschaften in verschiedenen Ländern, speziell in solchen, die versuchen, ihren heimischen Markt durch Zölle zu schützen, vorgenommen .Die lokalen Unternehmen in diesen Staaten werden aufgekauft oder es werden neue Anlagen errichtet, um das gleiche Produktsortiment, wie im Ursprungsland anbieten zu können. Arbeitskräfte aus der örtlichen Umgebung werden beschäftigt, während das Top-Management den eigenen Landsleuten anvertraut wird. Schlüsselelemente des technischen Know-How werden geheimgehalten und häufig werden Teilstücke von den heimischen Produktionsanlagen exportiert ,damit sie in den Tochtergesellschaften für den Verkauf zusammengesetzt werden können. Diese Investitionsart aus den Industriezentren in die Außenwelt, die eher nach neuen Märkten als nach der Entwicklung der Rohstoffbasen sucht, nimmt rapide zu. Dies ist keineswegs auf Investitionen in der sogenannten Dritten Welt begrenzt. Stolze Nationen, die früher einmal selbst Weltreiche beherrschten, sehen nun, wie ein merklicher Teil ihrer Arbeitskräfte und ihrer Technokraten

Wachstum von Industrie **2** 9 § 3 (a)   337

ihr Einkommen in den Tochterunternehmen ausländischer Gesellschaften verdient, die die Beschäftigungs- und Investitionspolitik von Zentralstellen aus dirigieren und ihre Gastgeberländer zur Verfolgung ihrer eigenen Interessen gegeneinander ausspielen.

3. Nationale Politik

Es gibt viele Möglichkeiten, wie die Existenz unabhängiger nationaler Regierungen die ökonomische Entwicklung der Welt beeinflußt. Die Beziehungen zwischen entwickelten Industrienationen gleichen in gewisser Weise den Beziehungen zwischen den unabhängigen Firmen in einem Industriezweig. Sie konkurrieren miteinander, jedoch besitzen sie ein gemeinsames Interesse und unterstützen einander sowohl gegenüber den sozialistischen Ländern, als auch gegenüber der ehemaligen Kolonialwelt, indem sie versuchen, soweit wie möglich einen Bereich für profitsuchende unternehmerische Tätigkeit offen zu halten. Dies wirft bedeutende Fragen auf, bei denen die militärischen und politischen Aspekte die rein ökonomischen überwiegen. An dieser Stelle müssen wir jedoch die Ausführungen auf einen engeren Rahmen begrenzen.

(a) Die Theorie des Freihandels und die protektionsistische Praxis

Zu Beginn der industriellen Revolution in England diagnostizierte Ricardo einen Interessenkonflikt zwischen der kapitalistischen Industrie und dem Grundbesitzertum. Er ergänzte sein Argument gegen die Korngesetze durch eine allgemeine Begründung gegen das vorherrschende Protektionssystem. Er untersuchte ein imaginäres Beispiel für den Handel zwischen England und Portugal, in dem beide Staaten sowohl Wein als auch Tuche herstellen. Um die Geschichte so eindrucksvoll wie möglich zu gestalten, nahm er an, daß der Output pro Beschäftigten bei beiden Waren in Portugal höher war als in England, um so das Hauptargument für die Protektion eines kostenträchtigeren Industriezweiges zu entkräften. Der Kernpunkt der Beweisführung bestand darin, daß die Produktivität in Portugal durch Mehrproduktion von Wein höher wurde als die von Tuch. Der Handel gestattet es jedem Land, Arbeitskräfte aus einer minderwertigen Nutzung (Wein in England und Tuch in Portugal) in eine höhere Verwertung zu transferieren.

In Ricardo's Beispiel erfordert eine Einheit an Tuch in England 100 Arbeitskräfte pro Jahr und eine Einheit Wein 120 Arbeiter. In Portugal wird dieselbe Menge Tuch mit 90 und dieselbe Menge Wein mit 80 Arbeitskräften erzeugt. Die Preise sind in jedem Land proportional zu den Kosten der Arbeit. Tuch kann in England gegen Wein im Verhältnis 1:5/6 und in Portugal im Verhältnis 1:1^1/8 getauscht werden. Daher ist es vorteilhaft für England, Tuch zu exportieren und Wein aus Portugal zu kaufen, und für Portugal, Wein zu exportieren, um Tuch aus England zu erwerben. England erhält dann seinen Wein durch den Export von Tuchen zu niedrigeren Kosten, als es ihn durch die einheimische Herstellung bekommen könnte, und Portugal erhält durch den Export von Wein seine Tuche zu niedrigeren Kosten.

Die Begründung für den freien Handel wurde aufgenommen, und sie wurde zu einem Glaubensbekenntnis in der britischen Politik, und zwar nicht wegen der ökonomischen Theorie, sondern weil die britischen Fabrikanten, solange sie die Weltmärkte beherrschten, keiner Protektion bedurften. Importe von Rohstoffen konkurrierten nicht mit einheimischen Waren, und die rasche Expansion der Bevölkerung und des Wohlstandes sorgte für einen wachsenden Markt für die britische Landwirtschaft, trotz freier Nahrungsmittelimporte.

Der Freihandel wurde dem britischen Empire auferlegt, wobei alte Handwerkszweige ruiniert und das Wachstum der übrigen Industrien daran gehindert wurde, mit dem Mutterland zu wetteifern. Unabhängige Nationen, insbesondere Deutschland und die USA, erkannten, daß der Schutz vor billigeren und höherwertigeren Importgütern es der Industrie gestatten würde, heranzuwachsen, Kapital zu akkumulieren, ein Arbeitskräftepotential aufzubauen und Know-How zu erwerben, bis umgekehrt sie überlegen wurden. (Dies war im allgemeinen als die »infant-industry« Begründung für protektionistische Maßnahmen bekannt, es wurde jedoch in der Freihandelsdoktrin als seltene Ausnahme, und nicht als der Normalfall behandelt.)

Die Tradition der Freihandelspolitik blieb in Großbritannien, auch nachdem mächtige Konkurrenten entstanden waren, noch stark, da das Empire immer noch abgeschirmte Märkte bereitstellte. Selbst heute ist diese Tradition noch mächtig, obgleich eine große Zahl »kranker Industriezweige« nunmehr auf direkte oder indirekte Weise vor industriellen Konkurrenten und den Produkten aus exkolonialen Niedriglohn-Ländern geschützt werden.

(b) Der ruinöse Handelskrieg

Neben der Unterstützung für ein Fortschreiten der Industrialisierung und dem Schutz bestimmter Firmengruppen vor Wettbewerb, bildet der Kampf gegen einen allgemeinen Abfall der effektiven Nachfrage, der die Profite

Wachstum von Industrie **2** 9 § 3 (c) 339

verringert und die Arbeitslosigkeit erhöht, das dritte Hauptmotiv für eine protektionistische nationale Politik. In dieser Situation wird in einem Land ein allgemeiner Druck (von der Öffentlichkeit ebenso wie von der Geschäftswelt) ausgeübt, um die ausländischen Produkte aus dem Land herauszuhalten und einen Markt für die heimischen Waren zu bewahren.

In der Weltwirtschaftskrise sahen sich alle Handelsnationen (außer der UdSSR) sinkenden Investitionen, geschäftlichen Verlusten und hoher Arbeitslosigkeit ausgesetzt. Jede versuchte, für sich einen möglichst großen Anteil an dem zusammengeschrumpften Niveau der Weltaktivität zu ergattern. Zölle und andere Restriktionen zur Vermeidung von Importen, Subventionen für Exporte, Restriktionspläne zur Aufrechterhaltung der Preise von Rohprodukten, Druck zur Verringerung der Nominallöhne, speziell in exportorientierten Industrien sowie Abwertung des Wechselkurses (die wir später untersuchen werden) wurden in einem allgemeinen Wettbewerbskampf angewandt. Jede Bewegung eines Landes verschlechterte die Situation für die anderen. Dies wurde als »exportierte Arbeitslosigkeit« bekannt. Jede Bewegung des einen trieb die anderen dazu, den Versuch zu unternehmen, ihre Arbeitslosigkeit irgendwoanders hin zu exportieren. Der Welthandel geriet in eine abfallende Spirale. Durch diese Mittel konnte die Beschäftigung auf der gesamten Welt nicht erhöht werden. Wenn das Ende des Handelskrieges einige Länder besser gestellt zurückließ, als sie es ohne ihn gewesen wären, so war dies lediglich das Ergebnis davon, daß andere in einer noch schlechteren Lage waren.

(c) Die Spielregeln

Wettbewerbsrestriktionen sind für die handeltreibende Welt als ganze ein großes Ärgernis (speziell natürlich für ein Land, das glaubt, am meisten durch die Beseitigung der Handelsbarrieren für seine Exporte zu gewinnen). Regierungen mögen daher Übereinkommen treffen, um die Begrenzungen abzubauen. Die Herabsetzung von Zöllen muß durch einen detaillierten Verhandlungsprozeß herbeigeführt werden, indem die Verluste, die durch den verstärkten Wettbewerb in einer Branche erwartet werden, mit den Gewinnen in einer anderen ausgeglichen werden, die man sich durch einen freieren Wettbewerb erhofft. (Die ehemaligen Kolonialländer befinden sich im allgemeinen in einer schwachen Position, um sich in diesem Prozeß eigene Vorteile sichern zu können.)

Zusammen mit der Verringerung des Protektionismus mögen die nationalen Regierungen der Annahme gewisser Spielregeln, wie etwa der Zurückhaltung von Exportsubventionen, zustimmen.

Für eine Handelsnation ergibt sich ein naheliegender und sofortiger Vorteil, wenn die *anderen* ihre protektionistischen Maßnahmen reduzieren müssen. Wenn es sich in der starken Lage befindet, die Exporte auszudehnen, dann ist die Beseitigung seiner eigenen Märkte von Handelshemmnissen ebenfalls von Vorteil, da sich dann seine gewinnträchtigsten Industriezweige ausdehnen und Arbeitskräfte sowie Finanzierungsmittel aus ineffizienten einheimischen Industriebranchen, die ohne Protektionismus nicht weitergetrieben werden können, abgezogen werden können, während deren Platz von Importgütern eingenommen wird. Die Importe zahlreicher Konsumgüter erfreuen die Haushalte und die Importe von Investitionsgütern treiben die Spezialisierung voran. Daher kann ein Land, dessen Exportvolumen wächst, in zunehmendem Maße an dem Vorteil der »internationalen Arbeitsteilung«, die Adam Smith und Ricardo priesen, partizipieren.

Für ein Land, dessen Industrie sich mit antiquierten Produktionsanlagen und selbstzufriedenen Geschäftsleuten in einer schwachen Wettbewerbsposition befindet, sind die Vorteile eines allgemeinen Freihandels zweifelhafter. Kurzfristig kann dieses Land durch die Verringerung der protektionistischen Maßnahmen für die einheimische Industrie mehr verlieren, als es durch die Herabsetzung der ausländischen Handelsschranken für seine Exporte gewinnt. Gleichzeitig wird ein Sich-Verlassen auf die Beibehaltung protektionistischer Maßnahmen zur Aufrechterhaltung seiner Industrien zu einem immer größeren Verlust an Wettbewerbskraft führen, da technischer Fortschritt und Kapitalakkumulation in der restlichen Welt weiter fortschreiten. Die Weigerung, die Spielregeln des Wettbewerbs zu akzeptieren, könnte als eine Politik der Verzweiflung erscheinen, es sei denn, die Industrie des Landes bereitet sich durch Modernisierung darauf vor, zu einem späteren Zeitpunkt in das Spiel eintreten zu können.

Der Vorteil für jedes Land, die Spielregeln einzuhalten, hängt davon ab, wie die anderen sie beachten. Es gibt jedoch keine Sanktionen. Abmachungen dieser Art werden von den Nationen eingehalten, die glauben, daß sie im großen und ganzen für ihre Handelsinteressen vorteilhaft zu sein scheinen, jedoch eine mächtige Nation ist zu jeder Zeit, in der ihre Regierung oder die öffentliche Meinung sich dagegen wenden, in der Lage, die Abmachung zu brechen. Ob die langfristigen Resultate für dieses Land vorteilhaft sind oder nicht, es wird auf alle Fälle für die anderen Länder bestürzend sein.

Wachstum von Industrie   **2** 9 § 4

(d) Geplanter Handel

Der Handel der sozialistischen Staaten wird nach anderen Grundsätzen abgewickelt. Eine Planwirtschaft sollte in der Lage sein, Vollbeschäftigung für ihre eigenen Arbeitskräfte sicherzustellen, und ihre eigenen natürlichen Ressourcen ohne Rücksicht auf die Probleme der effektiven Nachfrage zu entwickeln. Ihre Industrien produzieren die Waren, die die Planer für nötig erachten. Sie exportieren, um Kaufkraft für Importe zu erlangen. Für sie stellen Exporte einen Kostenfaktor, ein Opfer an Ressourcen, dar, die im eigenen Lande hätten genutzt werden können, und die Importe bilden den Nutzen, für den sich das Opfer lohnt. Sie haben nicht die Vorliebe für Exporte zum Selbstzweck, worin das Paradoxon der kapitalistischen Wirtschaftssysteme besteht.

Da innerhalb der historischen Nationalgrenzen separate Planungsorganisationen aufgebaut wurden, haben die sozialistischen Länder einige Schwierigkeiten, den Handel untereinander zu organisieren und eine annehmbare Methode zu finden, um die Nutzen aufzuteilen; sie brauchen jedoch keinen ruinösen Handelskrieg miteinander zu führen, lediglich um die effektive Nachfrage aufrechtzuerhalten.

4. Das neoklassische Modell

Die sogenannte Theorie des internationalen Handels wurde auf Ricardos Begründung gegen den Protektionismus aufgebaut. Aber, indem sie sich entwickelte, bewegte sie sich immer weiter von realen Problemen weg. Der Beweis geht von einem Land aus, das sich bei gegebenen Ressourcen und Vollbeschäftigung in einem statischen Gleichgewichtszustand befindet. Output und relative Preise werden durch Angebot und Nachfrage, wie auf einem walrasianischen Markt bestimmt.

Nun existiert in einer ähnlichen Lage ein anderes Land, das den Rest der Welt darstellt. Dieses Land weist eine unterschiedliche Struktur der Ressourcen auf. Es produziert und konsumiert jedoch das gleiche Produktionssortiment. (Wenn die beiden Länder verschiedene Waren produzieren würden, so besäße keines von ihnen ein Motiv, seine eigenen Güter vor dem Wettbewerb zu schützen; es bestünde keine Notwendigkeit, über den Fall des Freihandels zu diskutieren.)

Die Beweisführung geht dann auf einen Gleichgewichtszustand über, bei dem der Handel fortgesetzt wird. Der Wert der Importe ist für jedes Land gleich dem Wert seiner Exporte. Jedes Land exportiert die Güter, die bezogen auf seine Ressourcen, relativ zur Nachfrage die niedrigsten Opportunitätskosten haben und importiert die mit den höchsten Opportunitätskosten. Daher ist für beide der Durchschnittswert des Outputs pro Einheit der Ressourcen höher als zuvor. Die beiden Länder produzieren und konsumieren zusammengenommen mit derselben Anzahl an Resssourcen eine größere Warenmenge als in der Isolation.

Dieses Modell klammert alle Ziele des Protektionismus aus. Es gibt Vollbeschäftigung und der Handel ist immer irgendwie ausgeglichen. Es gibt keine Verluste oder schmerzliche Neuordnungen, die es zu ändern gilt; es werden lediglich Gleichgewichtszustände diskutiert. »Gegebene Ressourcen« schließen Akkumulation und technischen Wandel aus. Es trifft zu, daß die orthodoxe Argumentation Protektionismus für die »infant-industries« zuließ, jedoch dies geschah lediglich deshalb, weil es sonst gegen den gesunden Menschenverstand verstoßen würde. Das statische Modell kann sich ihm nicht wirklich anpassen.

Selbst dann war es nicht möglich, aufzuzeigen, daß ein Land nicht auf Kosten der restlichen Welt gewinnen könnte, indem es Handelsschranken setzt. Wenn sich in einem walrasianischen Markt die Verkäufer einer Ware zusammenschließen könnten und ihre Verkäufe reduzierten, so würde der Preis pro Einheit ihrer Ware ausgedrückt durch andere Güter höher sein. Sie könnten einen Monopolgewinn erzielen und die Beute aufteilen. Ähnlich würde eine Gruppe von Käufern, die übereinkämen, weniger von einer bestimmten Ware zu kaufen, sie billiger bekommen. Eines der Handelsländer könnte durch Verringerung sowohl seiner Importe als auch seiner Exporte bis zu einem gewissen Punkt und Umleitung der Ressourcen in die heimische Produktion die Terms of Trade zu seinen Gunsten verbessern und sein Gesamteinkommen steigern. Es wird eingewandt, daß eine solche Handlungsweise die restliche Welt zu Vergeltungsmaßnahmen provozieren könnte. Daher hängt selbst bei diesem phantasievollen Modell die Begründung für den Freihandel von der Beachtung der Spielregeln ab, die dem gesamten Nutzen aller dienen, obgleich sie dem einen mehr als dem anderen geben.

In der neoklassischen Theorie wird ein noch abstrakteres Modell benutzt. Die Länder sind einander in allen natürlichen, menschlichen und technologischen Wesensmerkmalen genau gleich. Der einzige Unterschied besteht darin, daß sie in unterschiedlichen Proportionen mit »Produktionsfaktoren« ausgestattet sind.[91])

Wachstum von Industrie **2** 9 § 4 343

Wenn Boden und Arbeit die »Produktionsfaktoren« darstellen, dann ist es zumindest möglich, zu erkennen, was diese Annahmen auszudrücken beabsichtigen. Das eine Land ist dünn besiedelt, so daß die Pachten relativ zu den Löhnen niedrig sind; in dem anderen ist der Boden knapp und folglich sind die Pachten hoch. Was läßt sich aber aussagen, wenn die »Faktoren« aus »Arbeit« und »Kapital« bestehen? Was wird unter einer Menge homogenen Kapitals verstanden? Und wenn die Ausrüstung pro Beschäftigten in verschiedenen Ländern grob in, sagen wir Dollareinheiten, Pferdestärken oder Tonnen Stahl verglichen werden könnte, würden wir dann erwarten, herauszufinden, daß das Land, wo sie am höchsten ist (etwa die USA), die niedrigste Profitrate aufweist?

Mit all diesen modernen Spitzfindigkeiten wurde Ricardos ursprüngliche Ansicht völlig hinweggetüfftelt.

Kapitel 10   Internationale Bilanzen[92])

Ein Element der nationalen Souveränität, das einen bedeutenden Einfluß auf den Welthandel ausübt, liegt in der Existenz unabhängiger Währungen. Jedes mehr oder weniger entwickelte Land besitzt seine eigenen gesetzlichen Zahlungsmittel und Behörden, wie ein Schatzamt oder eine Zentralbank, die damit befaßt sind, die Ordnung ihres Geldsystems aufrechtzuerhalten. Um sehen zu können, welche Unterschiede dies bewirkt, müssen wir zunächst versuchen, eine Antwort auf die alte »Prüfungsfrage« zu finden: Warum existiert ein Zahlungsproblem für das Vereinigte Königreich, nicht aber für die Grafschaft Oxfordshire?

1. Der Handel einer Region

Wir können um irgendeine beliebige geographische Fläche, die wir auswählen, eine imaginäre Grenzlinie herumzeichnen. Dann können wir, falls wir vollständige Informationen besäßen, Konten für den Handel und für die Zahlungen zwischen den Einwohnern in der Region und denen außerhalb aufstellen. Es mag nicht immer leicht sein, zu entscheiden, welche Individuen als Einwohner innerhalb der Grenzlinie angesehen werden sollten, aber dies trifft ebenso für eine Nation zu, Wohnsitz und Staatsangehörigkeit sind komplizierte rechtliche Begriffe. Nehmen wir an, wir hätten die Grenze so gezogen, daß die Haushalte, die geschäftlichen Niederlassungen, die lokalen Behörden etc. in ihr eindeutig katalogisiert werden können. (Wir ziehen es vor, die Volkswirtschaft vertikal in Regionen als horizontal in ihre Klassen und ihre Einkommensarten einzuteilen.) Ein Teil des Einkommens der Bevölkerung der Region leitet sich aus den Aktivitäten oder dem Eigentum innerhalb der Grenze ab, und ein Teil kommt von außerhalb. Ein Teil ihrer Kosten entfällt auf Güter und Dienstleistungen oder örtliche Steuern innerhalb des abgegrenzten Gebietes, und ein Teil entfällt auf das außen liegende Gebiet. Alle Beschäftigten der Einrichtungen innerhalb der Region werden als Insider betrachtet, während die Unternehmen Profite durch Verkäufe sowohl innerhalb als auch außerhalb erzielen.

(a) Die Außenhandelsbilanz

Wir können, beispielsweise über ein Jahr, die Einnahmen von Unternehmen und Haushalten beobachten, die diese aus dem Verkauf von Gütern und Dienstleistungen über die Grenze hinweg ableiten; sie bilden die Exporteinkünfte der Region.

In der nationalen Bilanz stellen die Güterimporte und -exporte den *sichtbaren Handel* dar, während die Zahlungen für Dienstleistungen, wie Transporte und Honorare aller Art, die *unsichtbaren Posten* bilden.

Ebenso gibt es Einnahmen, wie Zinsen und Dividenden, die Einkommen aus im Ausland gehaltenem Eigentum darstellen. Wenn die Region Teil eines größeren Finanzsystems ist, so können auch Zahlungen aus der Staatskasse für Staatsdiener oder für soziale Wohlfahrtseinrichtungen usw. an sie geleistet werden. Sie alle begründen das *ausländische Einkommen* der Region.

In ähnlicher Weise stellen die Zahlungen für Güter und Dienstleistungen an Ausländer die Importkosten der Region dar, Geldzahlungen von Zinsen und Dividenden sowie Profiten, die von den lokalen Tochterunternehmen an den Hauptsitz der außerhalb liegenden Gesellschaften überwiesen werden und Steuerzahlungen an die Zentralregierung werden geleistet, um die *ausländischen Schulden* der Region zu begleichen.

Hieraus leiten wir den regionalen Saldo des *Einkommenskontos* ab, welches den Überschuß der Einnahmen über die Ausgaben oder der Ausgaben über die Einnahmen ausweist.

(b) Die heimische Aktivität

Ein positiver Saldo auf dem Einkommenskonto (ein Überschuß der Einnahmen über die Ausgaben) stellt die ausländische Investition der Region während des einen Jahres dar. Er steht mit dem Niveau der heimischen Aktivität in ähnlichem Zusammenhang, wie die inländische Investitionstätigkeit. Einnahmen aus dem Verkauf von Exportgütern sind ähnlich gelagert wie Investitionsausgaben, denn wie diese stellen sie Einkommen dar, die eine Ausgabe hervorrufen, ohne einen entsprechenden Strom von Gütern und Dienstleistungen bereitzustellen, der für die Einkommensverwendung zur Verfügung stünde [siehe **2** 3 § 1 (c)]. Dies verstärkt die heimische Nachfrage. Zugleich stellen Ausgaben für Importe, genau wie das Sparen, einen Verlust für den Kreislauf der einheimischen Einkommen und Ausgaben dar. Zahlungen für

Importe schaffen Einkommen außerhalb der Grenze als Einkünfte aus Exporten für den Rest der Welt. Das Niveau der effektiven Nachfrage im Inland wird durch die einheimische Investitionstätigkeit und die Exporteinnahmen (inklusive der ausländischen Einkommen der Ortsansässigen) gestützt, während Ausgaben für Importgüter (und die Zahlung ausländischer Verbindlichkeiten) die effektive Nachfrage im Inland senken.

Zugleich wirken sich Veränderungen der inländischen Aktivität auf den Saldo der Außenhandelsbilanz aus. Jede Steigerung der inländischen Aktivität wird wahrscheinlich die Importe erhöhen, und zwar teilweise als Bestandteile, die in die inländischen Produkte eingehen, und teilweise als Ausgaben aus den gestiegenen inländischen Einkommen. Die wachsende *Importneigung*, d. h. die Erhöhung der Importe, die durch eine Steigerung der inländischen wirtschaftlichen Aktivitäten induziert wird, hängt daher teilweise von technischen Beziehungen, teilweise von der Höhe und Zusammensetzung des wachsenden Konsums, der die Steigerung des inländischen Einkommens begleitet, und teilweise von den Wettbewerbsbeziehungen zwischen den inländischen und den ausländischen Produkten ab. Der Nettoeffekt einer Veränderung des Wertes der Exportgüter auf den Außenhandelssaldo der Region wird tendenziell geringer, je größer die Importneigung ist. In ähnlicher Weise wird eine Veränderung der inländischen Investitionstätigkeit eine geringere Veränderung des inländischen Einkommensniveaus bewirken, wenn eine größere Importneigung besteht (siehe Anhang).

(c) Akkumulation

Ein Nettogewinn auf dem Einkommenskonto ist analog einer Investition, indem er ebenfalls zu der Akkumulation von Vermögen beiträgt. Er stellt Vermögensposten dar, die die inländischen Haushalte und Unternehmen in der Form von Forderungen gegen das Ausland während des Jahres erworben haben.

Die Nettoersparnis, die in der Region angesammelt wurde, zuzüglich der Amortisation (abgesehen von der staatlichen Aktivität) ist gleich ihren Bruttoinvestitionen plus oder minus dem Gewinn oder dem Defizit auf ihrem ausländischen Einkommenskonto. Wenn wir die Höhe der Amortisationskosten berechnen könnten und sie dazu benutzten, um die Differenz zwischen Brutto- und Nettoinvestition zu beziffern, so könnten wir schreiben:

$$S \equiv I + B$$

Internationale Bilanzen **2** 10 § 1 (d)   347

wobei S die Nettoersparnis, I die Nettoinvestition und B den Saldo des Einkommenskontos darstellt. B kann positiv oder negativ sein.

Wie wir sahen, kann eine Erhöhung der inländischen Investitionstätigkeit eine Ursache für eine Verringerung des Saldos sein. Hier zeigen wir nun den Nettoeffekt dessen, was während des Jahres geschieht. Die Nettoersparnis der Region während des Jahres ist gleich der Nettoinvestition zu- oder abzüglich des Saldos des ausländischen Einkommenskontos:

$$Y \equiv C + S$$
$$\equiv C + I + B$$

wobei Y das Nettoeinkommen der Region und C den inländischen Konsum von im Inland produzierten Gütern und Dienstleistungen darstellt.

Diese Formeln sind buchungstechnische ex-post Identitäten und keine kausalen Beziehungen. Die Nettowerte sind das Ergebnis buchhalterischer Kalkulation, während ex-ante Entscheidungen notwendig in Form von Bruttoausgaben getroffen werden. Die Identitäten nützen eher zur Verfolgung als zu Erklärung der gesamten Konsequenzen individueller Verhaltensweisen (vgl.: **2** 7 Anhang).

(d) Das Kapitalkonto

Außer den Einnahmen und Ausgaben auf dem Einkommenskonto gibt es Transaktionen über die Grenze hinweg, die die Vergabe und Aufnahme von Krediten sowie Eigentumskäufe und -verkäufe beinhalten. Die Unterscheidung zwischen Einkommens- und Kapitalkonten ist nicht immer eindeutig. Soll der Verkauf eines Gemäldes eines alten Meisters von einem britischen an einen amerikanischen Sammler als ein Export- oder ein Kapitalabfluß betrachtet werden? Ist es sinnvoll, die Rückzahlung von Verbindlichkeiten von laufenden Zinszahlungen, mit denen sie häufig kombiniert ist, zu trennen? Für die gegenwärtige Darlegung sind diese spitzfindigen Definitionspunkte jedoch unerheblich, solange jede Transaktion über die Grenze hinweg unter der einen oder anderen Rubrik aufgeführt wird.

In diesem Zusammenhang bedeutet »Kapital« Finanzmittel oder Eigentumsrechte, nicht jedoch Maschinenbestände. *Kapitalabfluß* oder *Kreditgewährung* an das Ausland schließen Kredite, den Kauf ausländischer Wertpapiere – egal ob Neuemissionen oder nicht – Kapitalfonds, die von der Muttergesellschaft an eine ausländische Tochtergesellschaft transferiert werden usw., ein. *Kapitalzufluß* oder die *Kreditaufnahme* im Ausland sind entsprechende Transaktionen in der entgegengesetzten Richtung. Das Kapitalkonto betrifft Kapitalbewegungen mit mehr oder weniger langfristigem Charakter.

(e) Die Salden

Wenn wir unter diesen Rubriken die Transaktionen über die Grenze hinweg während des Jahres festhalten, dann können wir den Saldo der Leistungsbilanz dem Saldo der Kapitalverkehrsbilanz gegenüberstellen (wobei wir den unregelmäßigen Einschnitt, der durch die bis ins nächste Jahr hineinreichenden Zeitverzögerungen eintritt, begradigen). Um diese beschwerliche Terminologie zu vereinfachen, wollen wir die ausländischen Einkommen und Zahlungen, die von ausländischen Verbindlichkeiten herrühren, mit den Käufen und Verkäufen von Waren und Dienstleistungen verschmelzen, so daß wir einen positiven Saldo des Einkommenskontos als einen *laufenden Überschuß* und einen negativen Saldo als ein *laufendes Defizit* oder einfach kurz als Überschuß und Defizit bezeichnen können.

Wenn nun die Inländer insgesamt gesehen einen geringeren Nettoabfluß an ausländischer Kreditvergabe als ihren laufenden Überschuß oder einen Nettozustrom an ausländischen Kreditaufnahmen aufweisen, der größer ist, als ihr laufendes Defizit, so stehen ihnen Nettozahlungen aus dem Ausland zu. Ähnlich sind Nettozahlungen von ihnen zu leisten, wenn sie mehr Kredite vergeben, als ihr Überschuß oder weniger Kredite aufnehmen, als ihr Defizit beträgt. Wie erfolgen nun diese Zahlungen?

Hierbei macht es einen bedeutenden Unterschied aus, ob wir die Grenze um ein kleines Gebiet innerhalb des großes Staates, oder um eine unabhängige Nation mit eigenen Währungs- und Geldinstitutionen herumziehen. Der Unterschied hängt mit der Existenz nationaler Währungsbereiche zusammen. Innerhalb eines Landes wird das gesetzliche Zahlungsmittel ohne Frage akzeptiert und die Einlagen bei renommierten Banken, die zu ihrem Nominalwert in gesetzliche Zahlungsmittel konvertiert werden können, bilden einen großen Teil der Zahlungsmittel, mit denen Transaktionen verrichtet werden. Jedoch die Anerkennung einer Währung hängt letzten Endes von der Autorität des Nationalstaates und seiner parallel laufenden Handhabung der nationalen Gesetze ab. Wie wir noch sehen werden, sind die Transaktionen zwischen nationalen Währungen noch weitaus komplizierter.

Internationale Bilanzen **2** 10 § 1 (f)   349

Wenn Inländer und Ausländer eine gemeinsame Währung und ein gemeinsames Bankensystem besitzen, dann vollzieht sich die Zahlungsbilanz zwischen ihnen unbemerkt. (Tatsächlich würde es mit den normalerweise verfügbaren Statistiken nicht möglich sein, ihre Transaktionen in der Weise, wie wir es uns vorgestellt haben, wiederzugeben.) Einige Importe in die Region würden aus Übersee kommen oder ein Teil ihrer Dienstleistungsexporte mag an die Bürger anderer Nationen gehen, die ihre Hotels besuchen, jedoch all ihre Transaktionen werden in inländischer Währung durchgeführt, deren Anerkennung nicht in Frage gestellt wird.

(f) Die Zahlungsbilanz

Die Zahlungsbilanz einer Region für ein Jahr ergibt sich aus allen Transaktionen – in die Region hinein und aus ihr heraus – die während des Jahres die Grenze passiert haben, wobei sie den kombinierten Effekt der Leistungs- und Kapitalverkehrsbilanz aufzeigt. Wenn sie *günstig* ist, d. h., wenn ein Nettokapitalabfluß vorliegt, der geringer ist als der laufende Überschuß, oder wenn ein Kapitalzufluß das laufende Defizit überkompensiert, dann hat es einen Nettozufluß an Bargeld (Münzen und Noten) und Bankeinlagen in Einheiten einer einzigen nationalen Währung gegeben, der in die Hände der Haushalte und der Unternehmen innerhalb des abgegrenzten Gebietes fließt.

Es kann sein, daß die Region im nächsten Jahr einen größeren Geldbestand benötigt. Dies wäre dann der Fall, wenn die Nominaleinkommen und der Wert der Transaktionen innerhalb der Region höher als zuvor wären, wenn die Umlaufgeschwindigkeit des Geldes geringer (z. B., wenn es ein Anwachsen der vierteljährlichen Zahlungen im Verhältnis zu den wöchentlichen Zahlungen gegeben hat), oder wenn einige Haushalte einen kürzlichen Vermögenszuwachs ihrem Bargeldvorrat zugeführt haben. Ein Teil des Überschusses mag für eine Erhöhung des Geldbestandes sorgen. Der Rest, nämlich der Überschuß der einheimischen Ersparnisse über die Kredite an das Ausland, geht in die Einlagen bei den örtlichen Banken, die ihre Geschäftsleitungen mit den Mitteln versorgen, um außerhalb der Region Darlehen vergeben und Wertpapiere kaufen zu können.

In ähnlicher Weise wird ein Defizit in der Zahlungsbilanz über jede Verringerung des Geldbestandes innerhalb der Region hinaus durch eine Erhöhung der Bankdarlehen und der Überziehungskredite oder durch Verkäufe von Wertpapieren über die Grenze hinweg ausgeglichen.

Betrachten wir die Angelegenheit aus der Sicht der Geldbewegungen, so mag ein Teil der Ersparnisse, der einem laufenden Überschuß entspricht, dazu benutzt werden, die Geldüberschüsse, die in der Region gehalten werden, zu erhöhen. Der Rest wird durch die Kreditvergabe an das Ausland ausgeglichen. Ein Teil des laufenden Defizits kann durch eine Verringerung der Geldüberschüsse anstelle einer Erhöhung der Verschuldung ausgeglichen werden.

Ein laufendes Defizit, das von einer Verschuldung der Haushalte und von Verlusten der Unternehmen begleitet wird, muß sich offensichtlich innerhalb von einigen Jahren selbst kurieren, indem nämlich die Kaufkraft für Importe verringert wird. Aber ein Überhang an Käufen ausländischer Wertpapiere aus den Mitteln eines laufenden Überschusses kann sich auf unbestimmte Zeit weiter fortsetzen, da Wertpapiere die Rücklage für Bankdarlehen bilden.

Bei einer Region innerhalb einer Nation führt die Gesamtbilanz (einschließlich der Geldbewegungen) automatisch Jahr für Jahr den Ausgleich herbei, ohne daß es jemand merkt. Wenn die Region eine Nation mit einer eigenständigen Währung darstellt, dann ist die Situation anders. Das offizielle Geld, das im Inland ein gesetzliches Zahlungsmittel darstellt, bildet im Ausland kein gesetzliches Zahlungsmittel. Daher erhebt sich durch den internationalen Handel die Notwendigkeit nach einem international anerkannten Zahlungsmittel.

(g) Internationale Währung

Der Handel veranlaßte den Austausch nationaler Währungen. Ein Exporteur möchte die Zahlungen in seiner eigenen Währung erhalten, um zuhause seine Ausgaben zu bestreiten, während ein Importeur als Zahlungsmittel lediglich seine eigene Währung besitzt. Handels- und Finanztransaktionen, die verschiedene Währungen berühren, erfordern Märkte, auf denen eine Geldsorte in eine andere umgetauscht werden kann. Wie auf jedem Markt, so wird auch hier ein Zahlungsmittel durch allgemeine Übereinkunft anerkannt, sofern es eine Recheneinheit zur Erleichterung der Kalkulation, ein Zwischenglied bei Dreieckstransaktionen und ein Hilfsmittel für die Übertragung von Kaufkraft auf die Zukunft darstellt. Für lange Zeit hat Gold als internationales Zahlungsmittel gedient, ergänzt durch Bankeinlagen der jeweils anerkanntesten nationalen Währung. Eine günstige oder ungünstige Zahlungsbilanz bedeutet für eine Nation als ganzes ein Anwachsen oder eine Verringerung ihrer

Internationale Bilanzen **2** 10 § 1 (h)   351

Devisenbestände. Ihr jeweiliger Zu- oder Abfluß wird streng bewacht und
beeinflußt, wie wir noch sehen werden, viele Aspekte der nationalen Politik.
Hierin liegt der Unterschied zwischen der Zahlungsbilanz des Vereinigten
Königreiches und der Grafschaft Oxfordshire.

(h) Weitere Unterschiede

Ein anderer wesentlicher Unterschied zwischen einer Region und einer Nation besteht darin, daß eine Region (selbst ein Staat in den USA) wenig Kontrolle über seine Importneigung besitzt, während eine nationale Regierung
Schutzmaßnahmen ergreifen kann, um das Verhältnis der Importe zu den
inländischen Ausgaben zu senken.

Abgesehen davon ist die Unterscheidung zwischen regionalem und interna-
tionalem Handel eine Frage des Umfanges. Je größer und je stärker ein
geographisches Gebiet diversifiziert ist, umso geringer ist die Abhängigkeit seiner Einwohner von ausländischem Einkommen, und umso höher ist der Anteil
all ihrer Transaktionen, die sie untereinander abwickeln. Einige kleine und
spezialisierte Nationen jedoch können sich weniger selbst versorgen, als einige
Regionen in einer großen Nation.

Eine Region kann ebenso wie eine Nation unter dem Verlust von Wettbewerbsvorteilen leiden. Tatsächlich kann der Grad der Arbeitslosigkeit in einer
speziellen Region eines Industriestaates den nationalen Durchschnitt weit mehr
übertreffen, als die Unterschiede zwischen den Durchschnitten innerhalb der
entwickelten Länder. Ähnlich wird eine Veränderung des Investitionsniveaus
einer Nation gewöhnlich zuerst in einer bestimmten Region stattfinden und deren unmittelbare Umgebung weitaus stärker beeinflußen, als andere Teile des
Landes.

Eine prosperierende Region wird von überallher Arbeitskräfte und eine
angenehme Region wird die wohlhabenden Familien anziehen, aber dies trifft
ebenso auf Nationen zu.

Es besteht jedoch ein Unterschied im Hinblick auf die Löhne. Die Unterschiede in den Nominallohnsätzen sind in den Bezirken eines Landes im allgemeinen weniger groß, als die Unterschiede zwischen den nationalen Lohn-
niveaus. Die Gewerkschaften sind auf nationaler Ebene organisiert und innerhalb eines jeden Landes besteht eine große Neigung zu parallel laufenden
Bewegungen der Geldlohnsätze, die jedoch die nationalen Grenzen nicht überwinden.

Wenn wir die nationalen Volkswirtschaften erörtern, so ist es wichtig, zu unterscheiden, in welcher Hinsicht sie (abgesehen von patriotischen Gefühlen) tatsächlich separate Volkswirtschaften sind oder nicht.

(i) Ein nationales Konto

Die Leistungsbilanz einer Nation wird nach bestimmten Konventionen erstellt. Ebenso, wie der »sichtbare« Handel, entsprechen die anderen Posten in der nationalen Leistungsbilanz denen, die wir bereits für irgendeine Region unterschieden haben. Für viele Länder sind die »unsichtbaren« Einnahmen – Schiffahrtsdienste, Ausgaben von Touristen, Überweisungen von Familienmitgliedern, die im Ausland arbeiten usw. – viel wichtiger, als der Export von Waren, und für einige bilden die entgegengesetzten Posten eine beträchtliche Erweiterung der Importausgaben.

Tabelle 10.1   Laufendes Konto (in Millionen £)

1. Sichtbarer Handel (Warenverkehr)		
Importe	5044	
Exporte	4779	
Saldo des sichtbaren Handels		— 265
2. Unsichtbarer Handel (Dienstleistungsverkehr)		
[netto, Kredit (+), Verbindlichkeit (−)]		
Staatliche Ausgaben: zivil	— 179	
militärisch	— 200	
	— 379	
Schiffahrt	— 19	
Zivile Luftfahrt	+ 24	
Reiseverkehr	— 44	
Andere Dienstleistungen	+ 243	
Zinsen, Profite, etc.	+ 342	
Private Transferzahlungen	— 8	
Saldo des unsichtbaren Handels		+ 159
3. Saldo der Bilanz der laufenden Posten		— 106

Ebenso gibt es umfangreiche Zahlungsströme in Bezug auf nicht-verdiente Einkommen. Ausländische Anlagen, die sich im Besitz von inländischen Bürgern befinden, erbringen Zinsen und Dividenden. Tochtergesellschaften in

Internationale Bilanzen **2** 10 § 2 (a)   353

Übersee überweisen ihre Gewinne an ihre Muttergesellschaften. Diese Elemente in der Leistungsbilanz einer Nation werden durch das Steuersystem der betreffenden Länder beeinflußt. Es wurden gegenseitige Vereinbarungen getroffen, um eine Doppelbesteuerung des gleichen Einkommens zu vermeiden.

Für einige wenige Länder bilden die überseeischen Verteidigungsausgaben und die Subventionen an die Verbündeten oder an die Klienten einen wichtigen Bilanzposten (Es gibt außerdem einige Unterstützungen für wohltätige Zwecke). Dies könnte als eine besondere Importart oder ausländische Verbindlichkeit klassifiziert werden, es ist jedoch zweckmäßiger, es als eine separate Rubrik der Leistungsbilanz zu behandeln. Ein Beispiel für das laufende Konto eines Landes in einem Jahr, in dem es sich im Defizit befand, wird in Tabelle 10.1 dargestellt.

2. Laufende Salden

Die Struktur der Überschüsse und Defizite der Leistungsbilanzen der verschiedenen Nationen in irgendeinem Jahr hängt von geographischen und historischen Zufällen, von der Bevölkerung, dem Wohlstand und den Geschmacksrichtungen sowie der technologischen Entwicklung ab. Sie wird ebenfalls durch imperialistische und militärische Beziehungen zwischen Nationen beeinflußt und, wie wir gesehen haben, durch die Handelspolitik modifiziert [siehe: **2** 9 § 3 (a)].

Veränderungen der wirtschaftlichen Aktivitäten haben ebenfalls einen Einfluß auf die Struktur der Salden. Ein Land, das seine inländische Aktivität über die übrigen hinaussteigert, wird im allgemeinen seine Importe relativ zu seinen Exporten erhöhen. Wenn es einen generellen Aufschwung gibt, so erhöht sich der Handel überall, und einige Länder erhalten hierbei größere Vorteile als andere. Die Struktur der Überschüsse und Defizite verändert sich somit kontinuierlich, sowohl aus langfristigen als auch aus kurzfristigen Gründen heraus. Dies wurde von der traditionellen Theorie des internationalen Handels größtenteils ignoriert, da sie im allgemeinen mit der Annahme arbeitete, daß »Exporte für Importe zahlen« und der Handel eines jeden Landes sich für gewöhnlich im Gleichgewicht befindet.

(a) Goldströme

Ricardos Erörterung des gesamten Zahlungsbilanzgleichgewichts war sehr ungenau. Er behandelte die Leistungsbilanz in Form des Im- und Exportes von

Waren und behauptete, daß sie sich zwangsläufig ausgleichen müßten, da er die Kreditvergabe ans Ausland ausklammerte. Ricardo behauptete, daß die Unterschiede zwischen den Profiten, die in der einen oder der anderen Region innerhalb eines Landes erzielbar waren, schnell durch Investitionsbewegungen ausgeglichen werden:

> »Die Erfahrung zeigt jedoch, daß die eingebildete oder die tatsächliche Unsicherheit des Kapitals, wenn es sich nicht unter der unmittelbaren Kontrolle seines Besitzers befindet, zusammen mit der natürlichen Abneigung, die jedermann dagegen empfindet, das Land seiner Geburt und seiner Beziehungen zu verlassen und sich mit all seinen festen Angewohnheiten einer fremden Regierung und neuen Gesetzten anzuvertrauen, die Auswanderung des Kapitals eindämmt. Diese Gefühle, bei denen es mir leid täte, sie verletzt zu sehen, veranlassen die meisten Menschen mit Eigentum, sich eher mit einer niedrigeren Profitrate zuhause zufriedenzugeben, als in fremden Ländern nach einem abenteuerlichen Einsatz ihres Vermögens zu suchen.«[93])

Ein laufender Überschuß würde eine günstige Zahlungsbilanz und einen Zustrom an internationalen Währungen aus der übrigen Welt bedeuten, die zu Ricardos Zeiten vornehmlich aus Gold bestanden. Gestützt auf die Quantitätstheorie (siehe 1 3 § 4), nahm er an, daß dies zu einem Anstieg der inländischen und einem Abfall der Weltpreise führen müßte. Da die gleichen Waren (tatsächlich oder potentiell) im In- wie im Ausland produziert werden, verringert der Wettbewerb die Exporte und erhöht die Importe, bis ihre Werte gleich sind und die Goldbewegungen aufhören.

Diese Darstellung klingt, wenn sie aus dem Blickwinkel des Überschußlandes erzählt wird, recht positiv. Durch die Behandlung des Preisabfalls infolge eines Defizits als völlig symmetrisch zu dem Preisanstieg aufgrund eines Überschusses, unterstellte die Theorie, daß der monetäre Mechanismus zur Regulierung der Zahlungsbilanz sich automatisch und schmerzlos vollziehe. Wir wissen jedoch aus üblen Erfahrungen heraus, daß die Beseitigung eines Defizits in der Zahlungsbilanz durch ein Herabdrücken der Preise zu Arbeitslosigkeit und Verlusten führt.

Wenn die Exporte eines Defizitlandes hochspezialisiert sind – sagen wir etwa durch ein Rohprodukt, dessen Nachfrage unelastisch ist – so setzt ein Preisfall eine bösartige Spirale verringerter Exporteinnahmen in Gang. Das gesamte Gewicht der Wiederherstellungsmaßnahmen muß auf die Importreduzierung entfallen, die jedoch nicht ohne einen totalen Ruin möglich ist.

In jedem Fall war die Beziehung zwischen dem Goldbestand eines Landes und seinem Preisniveau erheblich komplizierter, als es Ricardos Darstellung erforderte, und zwar selbst dann, wenn Gold sowohl die Grundlage der internationalen Währung, als auch das internationale Tauschmittel bildete.

(b) Ein Ersatzmodell

In den Industriestaaten werden die Bewegungen der Preisniveaus und der Struktur der relativen Preise untereinander hauptsächlich durch die Bewegungen des gesamten Niveaus der Nominallohnsätze relativ zu dem Output pro Kopf in den verschiedenen Branchen bestimmt. (Dies wird durch die Unterschiede in den anteiligen Profitspannen modifiziert. Sie können jedoch nicht sehr stark variieren, während Unterschiede in den Nominallohnsätzen unbegrenzt sind.) Berufen wir uns auf die relativen Veränderungen der Nominallohnsätze, so können wir ein Modell konstruieren, das sich nach Ricardos Theorie wie folgt verhält:

Es gibt keine langfristigen Kapitalbewegungen. Die Währung eines jeden Landes ist in Gold umtauschbar, so daß feste Wechselkurse als gegeben angenommen werden. Auf dem wettbewerbsorientierten Weltmarkt gibt es nur ein einziges, durch die Transportkosten modifiziertes, Preisniveau für die handelbaren Güter. Es gibt eine Anzahl von Ländern, von denen jedes eine Reihe der handelbaren Waren, die entweder gewöhnliche oder aber spezialisierte Produkte sind, produziert und konsumiert. Das Niveau der Nominallohnsätze in jedem Land steigt, wenn eine große Nachfrage nach Arbeitskräften besteht, und es ist konstant oder fallend, wenn Arbeitslosigkeit herrscht.

Jedes Land weist eine annnähernde Vollbeschäftigung seiner Arbeitskräfte auf, wenn sein Handel ausgeglichen ist. In einem gleichgewichtigen Zustand exportiert jedes Land die Waren, deren Outputwert pro Kopf im Inland höher als der inländische Durchschnitt liegt (wir vernachlässigen unterschiedliche Gewinnspannen) und importiert jene, bei denen er niedriger ist. Für jedes Land sind die jährlichen Werte der Importe und der Exporte zu einem Basiszeitpunkt gleich.

Angenommen nun, ein Land erzielt einen Produktivitätszuwachs, der zu einem Exportüberschuß führt. Ausländische Kreditvergaben und -aufnahmen werden ausgeklammert. Dieses Land weist daher eine günstige Zahlungsbilanz auf und erhält Zuflüsse an internationalen Devisen. Der Hauptpunkt ist jedoch, daß es nunmehr eine Überbeschäftigung besitzt. (Das Grundpostulat des Modells besteht darin, daß es Vollbeschäftigung nur dann gibt, wenn der

Handel ausgeglichen ist.) Infolge dessen steigen die Nominallohnsätze in dem Überschußland, während sie in der restlichen Welt konstant sind oder sogar fallen.

In dem Überschußland sind nun auch die Kosten all jener Güter gestiegen, bei denen sich die Produktivität nicht erhöht hat. Der relative Kostenanstieg eines Spezialgutes mit unelastischer Nachfrage (wie z. B. schottischer Whisky) erhöht den Wert der Exporte des Landes. Es ist jedoch größtenteils dem Wettbewerb unterworfen. Es verliert Wettbewerbsvorteile auf den Exportmärkten. Seine Importe erhöhen sich, da einige der im Inland produzierten Waren nun teurer als die ausländischen Substitute sind und, da die Kaufkraft einer Arbeitsstunde im Inland bezüglich der ausländischen Waren gestiegen ist, erhöhen sich ebenfalls die Importe von den Konsumgütern, die im eigenen Land nicht produziert werden.

Die gegenteiligen Wirkungen in der restlichen Welt induzieren dort einen Anstieg der Exporte und verringern die Importe.

Es besteht ein neuer Gleichgewichtszustand mit einer unterschiedlichen Handelsstruktur, die wiederum für jedes Land ausgeglichen ist. Der Vorteil für das Land mit der gestiegenen Produktivität bleibt in Form eines höheren Niveaus der auf die gehandelten Waren bezogenen Reallöhne bestehen. Ein Teil dieses Vorteils mag auf andere Länder übergegangen sein, die bei dem Übergang in den neuen Gleichgewichtszustand einen laufenden Überschuß erzielten, wobei sich das Defizit der anderen vergrößerte, da die Last der Neuordnung sich wahrscheinlich nicht gleichmäßig über die restliche Welt verteilt.

(c) Unvollständige Ausgleichsprozesse

Im weiteren Sinne wirkt über den Verlauf mehrerer Jahre ein gewisser Mechanismus zwischen den entwickelten Industrieländern. Es gibt gewiß eine Tendenz zum Ausgleich der Wettbewerbsvorteile durch Veränderungen der relativen Lohnsätze, so daß die laufenden Überschüsse begrenzt werden. Würden wir uns in der Welt umsehen, so bemerkten wir zwischen den Nationen große Unterschiede in dem Pro-Kopf-Output bezogen auf ihre Produktion an Handelsgütern; diese Divergenzen werden jedoch weitgehend durch die unterschiedlich hohen Nominallohrsätze ausgeglichen. Länder mit einer hohen Produktivität weisen tendenziell mehr oder weniger hohe Kosten für den Faktor Arbeit, ausgedrückt durch Gütereinheiten und eine hohe Kaufkraft eines durchschnittlichen Wochenlohnes, bezogen auf die Handelsgüter, auf. Als

Internationale Bilanzen **2** 10 § 3 (a)   357

Mechanismus zur Wiederherstellung der Handelsgleichgewichte ist dies jedoch unzuverlässig und viel zu langsam; der Ausgleichsprozeß kann sich über Jahrzehnte erstrecken. Ein Land, in dem die Produktivität in den Industriezweigen, die Welthandelsgüter herstellen, stärker wächst, als in der restlichen Welt, erringt tendenziell einen Wettbewerbsvorteil, der durch einen relativn Anstieg des Niveaus seiner Geldlohnsätze weniger ausgeglichen werden kann. Eine Nation, die ausnahmsweise aktive Kapitalisten und nachgiebige Gewerkschaften besitzt, gewinnt gegenüber der restlichen Welt Wettbewerbsvorteile, während ein Land mit selbstzufriedenen Kapitalisten und kämpferischen Gewerkschaften Verluste erleidet. Es ist keineswegs unbekannt, daß ein Land mit dem größten Defizit auch die höchste Inflationsrate besitzt. Darüber hinaus werden die internationalen Beziehungen von Zeit zu Zeit drastisch durch die politischen Ergeignisse in Unordnung gebracht. Da sich das Kaleidoskop der Geschichte ändert, können die Veränderungen der relativen Vorteile zu groß und zu plötzlich sein, um durch den Mechanismus der veränderten Nominalkosten überwunden werden zu können. Laufende Überschüsse und Defizite können über lange Zeitspannen hinweg bestehen.

3. Die Zahlungsbilanz

In der allgemeinen Zahlungsbilanz eines Landes können die Kapitalverkehrsbilanz und die Bilanz der laufenden Posten nicht getrennt voneinander behandelt werden.

Als wir die Zahlungsbilanz einer Region erörterten, zogen wir einen scharfen Trennungsstrich zwischen den langfristigen Kreditaufnahme- und vergabebewegungen und den kurzfristigen Bewegungen, die im Bankensystem stattfinden. Dies war selbst für eine Region nicht ganz zutreffend, da es heutzutage außer den Banken noch andere Institutionen gibt, die Depositen annehmen und Darlehen vergeben. Für eine Nation lassen sich die finanziellen Ströme noch weit schwieriger genau unterscheiden. Wir können jedoch, ohne dabei bezüglich der Definition pedantisch genau zu sein, die diesen Strömen zugrundeliegenden Prinzipien erörtern.

(a) Die Kreditvergabe an das Ausland

Ein Kapitalabfluß aus einem Land mag die Form von Portfolioströmen – Käufe neuer oder alter Wertpapiere (Aktien und festverzinsliche Wertpapiere)

– und *Direktinvestitionen* annehmen. Letztere finden statt, wenn ein Unternehmen ein ausländisches Unternehmen mit der Absicht kauft, es zu kontrollieren, oder wenn es aus seinen im Inland erzielten Gewinnen ein Zweig- oder Tochterunternehmen im Ausland mit Finanzmitteln versorgt. Wenn eine ausländische Tochtergesellschaft durch die am jeweiligen Ort verkauften Obligationen finanziert wird, steigen das Kapital, das von den Muttergesellschaften kontrolliert wird, und ihre Rechte auf Gewinne, ohne einen entsprechenden Abfluß von Finanzmitteln aus dem jeweiligen Heimatland.

Finanzströme dieser Art reagieren auf Unterschiede in den voraussichtlichen Gewinnen der einzelnen Länder. Sie werden ebenfalls durch die herrschenden Zinssätze sowie durch die Handelsmöglichkeiten in den verschiedenen Finanzzentren beeinflußt.

Die Notwendigkeit, die Zinssätze in Übereinstimmung mit denen anderer Finanzzentren zu halten, begrenzt die Macht jeder nationalen Autorität, eine unabhängige Geldpolitik zu verfolgen [siehe **2** 8 § 3 (d)].

Kurzfristige Finanzbewegungen ergeben sich aus der Existenz von Überschüssen, in den Händen von Händlern, internationalen Konzernen, Finanzmaklern und Devisenhändlern. Große Geldsummen, die kurzfristig in dem einen oder anderen Finanzzentrum gehalten werden können, werden durch Geschäfte aller Art kontrolliert. Sie werden als Reaktion auf die Unterschiede in den kurzfristigen Zinssätzen oder auf Erwartungen über Wechselkursänderungen transferiert.

Schließlich gibt es noch die Reserven der zentralen Währungsbehörden. Eine günstige gesamte Zahlungsbilanz (inkl. der kurzfristigen Finanzmittel) bedeutet für die betreffende Währung einen Überschuß der Nachfrage über das Angebot und steigert tendenziell ihren Wert auf dem Devisenmarkt. Wenn die Politik der Behörden darauf abzielt, den Anstieg des Wechselkurses unterhalb einer vorherbestimmten Höchstgrenze zu halten, so verkauft die zentrale Behörde inländische Währung und läßt es zu, daß ihre Reserven an internationalen Devisen steigen. Dies ist leicht und angenehm. Wenn ein allgemeines Defizit vorliegt, dann muß sie, um den Wechselkurs vor dem Absinken zu bewahren, die ausländischen Währungen verkaufen und ihre Reserven schrumpfen lassen. Der entscheidende Faktor in der Geldpolitik besteht in der Notwendigkeit für eine Zentralbank, die Reserven in dem Maße aufrechtzuerhalten, das sie als geeignet ansieht, diese Anforderungen zu erfüllen.

Internationale Bilanzen **2** 10 § 3 (b)   359

(b) Ein Zahlungsbilanzbeispiel

Die Gesamtbilanz, von der die Bilanz der laufenden Posten bereits oben dargestellt wurde, wird in Tabelle 10.2 aufgezeigt.

Tabelle 10.2   Gesamte Zahlungsbilanz (in Millionen £)

3. Saldo der Bilanz der laufenden Posten	— 106	
4. Bilanz des langfristigen Kapitalverkehrs		
[Käufe von ausländischen Vermögenswerten (—)		
Verkäufe von Vermögen (+)]		
Staatliche Investition (netto)	— 81	
Private Investition (netto)	— 137	
5. Saldo der laufenden Posten und langfristigen Kapitalleistungen		— 324
6. Restposten*		+ 105
7. Geldbewegungen		
Kurzfristige Kapitalbewegungen (netto)	— 104	
Veränderungen auf dem IWF-Konto	+ 499	
Veränderungen der Gold- und konvertiblen Devisenreserven	— 176	
8. Saldo der Geldbewegungen		+ 219

* Der „Restposten" ist ein Sammelposten für alle Fehler und Auslassungen. Da die gesamte Zahlungsbilanz immer ausgeglichen sein muß, muß die Diskrepanz auf einen Fehler bei bestimmten Transaktionen zurückgeführt werden. Der Restposten gibt lediglich die Größe dieses Fehlers wieder (-324 + 105 + 219 = 0).

(c) Harmonische Bewegungen

Einige Arten der Beziehungen zwischen dem Einkommen und der Kapitalverkehrsbilanz eines Landes können als harmonisch in dem Sinne angesehen werden, als sie seinem Geldsystem keinen starken Druck auferlegen.

(i) Ein laufender Überschuß erlaubt einen Netto-Abfluß von langfristigen Kreditvergaben, ohne ein Defizit in der Zahlungsbilanz zu bewirken. Es ist offensichtlich vorteilhaft für Rentiers, ihr Vermögen im Ausland anlegen zu können und für Unternehmen, dort zu investieren, und vorausgesetzt, daß sie erfolgreich sind, so eröhen sie das zukünftige Nettoeinkommen aus dem Ausland für die Nation. (Für den Wohlstand der gesamten einheimischen Bevölkerung mag gleichwohl eine verstärkte inländische Investitionstätigkeit oder sozial nützlicher Konsum bei einem niedrigeren laufenden Überschuß und geringeren Krediten an das Ausland, vorteilhafter sein.)

(ii) Ein laufendes Defizit, das durch Kreditaufnahme ausgeglichen wird, mag in gewissen Fällen ebenfalls akzeptabel sein. Das führende Beispiel ist ein Land mit potentiell reichen natürlichen Ressourcen, das weder über die Fähigkeit zum Ansparen noch zur Beschaffung der erforderlichen Finanzmittel zu ihrer Entwicklung verfügt.

Die Geschichte kann sich wie folgt abspielen. Finanzmittel werden durch den Verkauf von Obligationen an das Ausland, die eine attraktive Anlage für ausländische Rentiers oder Finanzinstitute darstellen, beschafft. Dies bildet einen Zufluß auf dem Kapitalkonto. Zubehörteile, die für die Entwicklung erforderlich sind, (etwa Stahlschienen für den Bau einer Eisenbahn) werden importiert. Der Hauptteil der Arbeit muß durch die Arbeitskräfte am Ort verrichtet werden. Dies stellt die heimische Investition dar. Die Verausgabung der Löhne und der anderen Einkommen, die durch die Investition geschaffen wurden, entfällt weitgehend auf Importe, da die Kapazität, im Inland Konsumgüter herzustellen, begrenzt ist. Daher existiert ein großes Defizit in der Bilanz der laufenden Posten. Dies spiegelt die negative ausländische Investition wider. Teile der Ersparnisse aus dem Ausland werden angelockt, um den Mangel an inländischen Ersparnissen auszugleichen. Der Nettovermögenszuwachs des Landes ist gleich seiner inländischen Investition abzüglich des laufenden Defizits.

Ein Teil der Investition wird durch die inländischen Ersparnisse ausgeglichen (inkl. der Amortisationskosten, die eine Zeitlang nicht für Ersatzinvestitionen benötigt werden), während die gesamten Finanzierungsmittel für die Investition im Ausland aufgenommen wurden. Der Nettozufluß der Kapitalverkehrsbilanz übertrifft das laufende Defizit für die Zeit, während der der Investitionsboom andauert. Es besteht eine günstige Zahlungsbilanz und die Devisenreserven des Landes steigen.

Die natürlichen Ressourcen, die entwickelt worden sind, schufen in einem späteren Stadium einen Exportstrom, der mehr als ausreichend ist, um die Zinsen für die ausländischen Verbindlichkeiten und die Amortisation der ursprünglichen Darlehen bereitzustellen; und die Schulden können zurückgezahlt werden.

Wenn die einheimischen Ressourcen durch Direktinvestitionen ausländischer Unternehmen anstelle des Verkaufs von Obligationen an das Ausland entwickelt werden, dann gehört das Eigentum den Ausländern; die Verpflichtung, die Gewinne zu transferieren, besteht ständig. Wenn dies einige Zeitlang so weitergeht, beginnen die örtlichen Geschäftsleute und die allgemeine Öffentlichkeit allmählich zu begreifen, was dort geschehen ist; und die Regierung sowie die Währungsbehörden – die sich während der ganzen Zeit in dem Licht einer günstigen Zahlungsbilanz gesonnt haben – stellen fest, daß sie die Kontrolle über ihre Volkswirtschaft verloren haben.[94])

(d) Disharmonie

(i) Wenn ein Land durch Mißgeschick oder durch schlechtes Management seine früheren Wettbewerbsvorteile verloren oder einen starken Abfall seiner ausländischen Nettoeinkommen erlitten hat, so daß es kontinuierlich ein laufendes Defizit aufweist, dann ist es nicht attraktiv für ausländische Kreditgeber (und jeder Kredit, den es aufnehmen kann, schwächt seine Zukunftsaussichten noch weiter). Es besitzt eine kontinuierliche Tendenz zu einem Zahlungsbilanzdefizit, die Sanierungsmaßnahmen erforderlich macht. Die Behörden fühlen sich gezwungen, die Investitionstätigkeit einzudämmen und Arbeitslosigkeit zuzulassen, so daß die Importe reduziert werden. Dies beseitigt die grundlegende Schwierigkeit nicht, es sei denn, es induziert einen ausreichend großen relativen Abfall der Reallohnsätze, während die unausgelasteten Kapazitäten und die niedrigen Gewinne Innovationen verzögern und die Wettbewerbsstellung des Landes weiter verschlechtern.

(ii) Ein Land mit einem laufenden Defizit, das durch einen Zustrom von investitionsgebundenen Finanzierungsmitteln ausgeglichen wird – nicht um Exporte für die Zukunft aufzubauen, sondern lediglich, um Verkäufe auf dem inländischen Markt bereitstellen zu können – geht ausländische Verpflichtungen ein, die das laufende Defizit tendenziell vergrößern. Es bewegt sich in Richtung auf einen nationalen Bankrott.

(iii) Ein Land, das einen großen und kontinuierlichen laufenden Überschuß aufweist, der nicht durch Kreditvergaben ausgeglichen wird, bewirkt für die restliche Welt ein Zahlungsbilanzdefizit. Früher oder später wird die übrige Welt versuchen, sich zu verteidigen.

Die bedeutendste Spielregel der monetären Harmonie besagt, daß ein Land, das einen laufenden Überschuß aufweist, ihn entweder durch Kreditvergabe oder durch Steigerung der Importe loswerden muß. Jedoch ein Überschußland ist in einer starken Position; das Währungssystem legt lediglich den Schwachen Sanktionen auf.

(iv) Ein Land, dessen Währung weitgehend als internationales Zahlungsmittel benutzt wird, kann ein allumfassendes Defizit in seiner Zahlungsbilanz bis zu der Höhe aufweisen, in der die restliche Welt den Bestand dieser Währung, den sie besitzt, erhöht. Dieses System fordert es, daß das Land, welches das internationale Zahlungsmittel bereitstellt, politisch dominant sein und eine mächtige Position im Welthandel innehaben sollte. Das Pfund Sterling konnte nicht mehr gut als Leitwährung funktionieren, nachdem sich die Handelsposition des Vereinigten Königreiches nach 1914 merklich abschwächte und es in zunehmendem Maße an Ansehen verlor, als das britische Empire aufgelöst worden war.

Der Kampf um Hegemonie zwischen zwei oder mehr nationalen Zentren spiegelt sich in chronischer Unsicherheit wider, die in gelegentlichen Krisen des Weltwährungssystems hervorbrechen. Eine besonders fatale Situation ergibt sich, wenn das Land, dessen Währung überwiegend benutzt wird, ein Defizit in einer Zahlungsbilanz entwickelt, das die Anforderungen nach weltweiter Liquidität bei weitem übersteigt. Die Zentralbanken der anderen Staaten befinden sich dann in einem Dilemma. Sie müssen sich entweder für eine günstige Zahlungsbilanz entscheiden, die sie lediglich durch die Kreditvergabe an das Defizitland erhalten können, indem sie nämlich dessen Währungen in ihre Reserven fließen lassen, oder aber sie lehnen es ab, seine Währung anzunehmen, veranlassen ihre eigene Währung, sich an den Kurs der Leitwährung anzupassen und bereiten auf diese Weise ihren inländischen Händlern einen Wettbewerbsnachteil.

Nach 1918 sehnten sich die Ökonomen und die Bankiers nach einer Harmonie der Zahlungsbilanzen, wie sie unter der Hegemonie des Sterlings vor 1914 bestanden zu haben schien, als ob es der »Normalzustand« gewesen wäre. Jedoch seitdem wurde die Disharmonie zum Normalzustand.

4. Die Devisenbörsen

Als die sogenannte Harmonie in der Bilanzstruktur der Haupthandelsnationen existierte, war es ihnen möglich, ein System stabiler Wechselkurse zwischen ihren Währungen aufrechtzuerhalten. Den übrigen Ländern konnte die harte Bürde der Kreditrestriktionen auferlegt werden. Als sich jedoch eine weitreichende Disharmonie unter den finanziell mächtigen Staaten nach dem 1. Weltkrieg entwickelte, konnte das System nicht länger aufrechterhalten werden. Durch diese Erfahrung wurden die Wechselkurse zu einem politischen Instrument.

(a) Der Goldstandard

Die Rolle des Goldes im Goldstandard-System entsprang seinem enormen historischen Prestige – das bis auf die Antike zurückgeht – und ihm die Anerkennung als internationales Zahlungsmittel verlieh. Das Wesen des Systems hatte nichts mit dem Eigentum an diesem Metall zu tun. Es funktionierte, weil alle Hauptwährungen einen in Goldeinheiten ausgedrückten Wert besaßen. Die nationalen monetären Behörden wurden mit der Verpflichtung beauftragt, die Wechselkurse zwischen den Währungen in enger Anlehnung an ihre relativen Werte in Form von Gold aufrechtzuerhalten. Eine Abwertung einer einzigen Währung – angenommen des Sterlings – machte es profitabel, Gold zu kaufen, um die Exporte zu bezahlen – etwa Dollars zum offiziellen Kurs, um dann mit Dollars Pfund Sterling zu kaufen und bei dieser Rundreise einen Profit zu machen. Wenn ein Goldabfluß anhielt, so würde dies einen Verlust an Reserven bedeuten, den die Behörden nicht zulassen könnten. Solange jedoch die Grundstruktur der Bilanz der laufenden Posten und der Kapitalverkehrsbilanz harmonisch war, so daß es keinen einseitigen Trend in der Zahlungsbilanz für irgendein wichtiges Land gab, konnte ein derartiges System aufrechterhalten werden. Kleinere Diskrepanzen wurden durch kurzfristige Kapitalströme ausgebügelt, da die Spekulation, solange ein nicht in Frage gestelltes Vertrauen in die Aufrechterhaltung der Wechselkurse bestand, sich wie folgt vollzog: Eine ungünstige Zahlungsbilanz bewirkte von Tag zu Tag ein Absinken der Wechselkurse der fraglichen Währung auf dem Devisenmarkt im Verhältnis zu den anderen; es konnte dann wieder ein Profit erzielt werden, wenn darauf vertraut wurde, daß die Währung wieder im Kurs stieg. Ähnlich wurde eine steigende Währung verkauft. Daher konnte ein Absinken oder ein Anstieg niemals weit gehen. Die Bewegung der Salden von einem Zentrum in ein anderes funktionierte wie eine Bewegung innerhalb eines vereinigten Bankensystems. Hierdurch wurde ein Gegenstrom kurzfristiger Darlehen bereitgestellt, die jede beliebige Diskrepanz zwischen der Bilanz der laufenden Posten und der Kapitalverkehrsbilanz ausglich und so die Gesamt-Zahlungsbilanzen im Gleichgewicht hielt.

Erfährt die Finanzwelt, daß eine Behörde, die mit der Aufsicht über die eine oder andere der Hauptwährungen betraut ist, sich von Zeit zu Zeit außer stande sieht oder nicht bereit ist, ihren Wechselkurs vor dem Abfallen zu bewahren, dann ist das Vertrauen zerstört. Die spekulativen Bewegungen können dann destabilisierend werden. In einer Hinsicht war der Goldstandard ein Gemütszustand; war er einmal verloren, so konnte er nicht wieder erweckt werden.

(b) Abwertung

Die Abwertung einer Währung bedeutet ein Absinken ihres Kurses im Verhältnis zu den anderen Währungen. Sie vollzieht sich auf zwei Ebenen, in der Gesamt-Zahlungsbilanz und in der Leistungsbilanz. Die sofortige Wirkung besteht darin, daß ein Abfluß kurzfristiger spekulativer Kredite gestoppt wird oder ein Zustrom angezogen wird, und somit eine ungünstige Zahlungsbilanz wieder in das Gegenteil verkehrt wird. (Dies gilt nur unter dem Vorbehalt, daß das Ausmaß der Abwertung nicht geringer ist als nach Ansicht der Finanzwelt erwartet wurde. Wenn sie den Markt eine weitere Abwertung erwarten läßt, ist der Endzustand schlimmer als zu Anfang.)

Der unmittelbare Effekt auf das laufende Defizit verschlechtert die Position wahrscheinlich weiter, da Verträge, die auf der Basis der alten Währungsparität abgeschlossen wurden, zu dem neuen Kurs erfüllt werden müssen; es erfordert eine lange Zeit, bis die Kursänderungen Veränderungen des Handelsvolumens herbeiführen. Nach einiger Zeit jedoch kann man erwarten, daß eine Abwertung einen günstigen Effekt auf die Leistungsbilanz ausübt.

Es wird häufig behauptet, eine Abwertung verbillige die inländischen Produkte für die ausländischen Abnehmer und verteuere die ausländischen Güter im Inland, so daß die inländischen Waren eine Tendenz besitzen, die Produkte der übrigen Staaten auf dem gesamten Weltmarkt zu ersetzen. Dies ist eine vergröberte Sicht der Dinge, wir müssen sie exakter erörtern. Im ersten Augenblick gibt es, wenn die inländischen Kosten – sagen wir in Pfund Sterling – und die Weltmarktpreise – etwa in Dollar – unverändert bleiben, einen starken Anstieg der Profitspanne der Exporteure in Pfund Sterling gerechnet. Dies ermutigt sie, sich nach neuen Verkaufsmöglichkeiten umzusehen, um den Output von den inländischen auf die ausländischen Märkte umzulenken und um den Export von solchen Waren zu fördern, die zuvor nicht für exportfähig gehalten wurden. Bei diesem Vorgehen mögen sie ihre Dollarpreise etwas senken, um besser ins Geschäft zu kommen. Sie werden aber wahrscheinlich feststellen, daß die Sterlingkosten der importierten Materialien gestiegen sind, so daß sich die Profitpannen nicht genau in demselben Ausmaß erhöht haben, wie der Sterlingpreis. Solange die relativen Geldlohnsätze konstant bleiben, kann man jedoch einen genügend großen Anstieg der Profitspannen ohne ein zu großes Absinken der Dollarpreise erwarten, um eine Erhöhung des mengenmäßigen Umfangs der Exporte zu veranlassen. Auf diese Weise wird ein beträchtlicher Anstieg des Gesamtwertes der Exporte in Dollareinheiten herbeigeführt.

Internationale Bilanzen **2** 10 § 4 (c) 365

Wir müssen den Effekt auf die Importe in zwei Klassen einteilen: Jene, die notwendige Bestandteile der heimischen Produktion darstellen und jene, die Substitute für die im Inland produzierten Güter sind. Die erste Klasse setzt sich größtenteils aus Rohprodukten jener Art zusammen, deren Preis sich mit ansteigender Nachfrage erhöht [siehe: **2** 5 § 3 (a)]. Daher kann, falls es der Abwertung gelingt, den inländischen Output zu erhöhen, der Dollarpreis dieser Waren steigen. Dann sind, wenn sowohl die Importmenge als auch die Dollarpreise höher sind, die Importkosten in Dollars entsprechend größer und die Importkosten in Sterlingeinheiten steigen überproportional zu der Abwertung.

Die zweite Klasse von Importen stellen die Substitute für die inländischen Waren dar. Diese sind in Sterlingeinheiten tendenziell teurer und können so hoch sein, daß weniger von ihnen gekauft wird und damit werden folglich die Importkosten in Dollareinheiten reduziert. Die Industrien in der kapitalistischen Welt jedoch befinden sich immer etwas in einem Käufermarkt, da sie mit mehr Produktionskapazitäten ausgestattet sind, als verkauft werden kann. Genau, wie die Exporteure die Dollarpreise herabsetzen können, um mehr Handel zu treiben, so werden die ausländischen Exporteure die Sterlingpreise nur geringfügig heraufsetzen, um einen geschäftlichen Verlust zu vermeiden. Dies begrenzt den Gewinn aus den Wettbewerbsvorteilen für die inländischen Produkte. Es bedeutet jedoch, daß die Kosten der importierten Güter in Dollareinheiten unterproportional zu der Sterlingabwertung steigen.

Legen wir die beiden Klassen zusammen: In Dollareinheiten gemessen, wird ein Anstieg der Exportwerte erwartet, (wenn dem nicht so wäre, dann würde eine Abwertung kein geeignetes Heilmittel für ein laufendes Defizit sein); der Dollarwert der Importe kann entweder steigen oder fallen. In Sterlingeinheiten gemessen, steigen die Einnahmen aus Exporten, wenn der Dollarkurs gestiegen ist, überproportional zu der Abwertung. Die Importkosten, gemessen in Sterling, steigen mehr oder weniger proportional zu der Abwertung, je nach dem, ob die Kosten, gemessen in Dollareinheiten, gestiegen oder gefallen sind.

(c) Geldlöhne

Oben wurde eine besonders wichtige Einschränkung gemacht. Von einer Abwertung mag erwartet werden, daß sie den Dollarwert der Exporte erhöht, vorausgesetzt, das Verhältnis von den Nominallöhnen im Inland zu denen im Ausland bleibt konstant.

Der Theorie über die Beziehungen zwischen den Wechselkursen und der Leistungsbilanz wurde der Weg in den Dreißiger Jahren bereitet, als es überall schwere Arbeitslosigkeit gab. Es war normal, anzunehmen, die Geldlohnsätze seien mehr oder weniger konstant und das Angebot sowohl der Fabrikate als auch des Materials sei hoch elastisch. Diese Annahmen sind in einer Zeit mit annähernder Vollbeschäftigung ungeeignet. Darüber hinaus führt selbst, wenn es heute Arbeitslosigkeit gibt, ein Anstieg der Lebenshaltungskosten, kombiniert mit einer Erhöhung der Profite, zu einem Druck auf eine Heraufsetzung der Geldlohnsätze, dem nicht ohne weiteres widerstanden werden kann.

Ein Anstieg der Nominallohnsätze im Inland relativ zu dem Niveau der Wettbewerbsländer bewirkt einen Effekt auf die Zahlungsbilanzen, der ähnlich dem einer Aufwertung der inländischen Währung ist. Wenn daher eine Abwertung eine Tendenz für einen relativen Anstieg der Nominallohnsätze in Gang setzt, so eliminiert sie den Nutzen, der von ihr erwartet wurde.

(d) Weltwährungen

Die Aufwertung einer Währung kann vorgenommen werden, wenn die Zahlungsbilanz kontinuierlich günstig ist. Eine Aufwertung wird hingegen selten freiwillig hingenommen. Die Währungshüter haben im allgemeinen unter monetären Gesichtspunkten gerne eine günstige Zahlungsbilanz und sie lieben es, einen laufenden Überschuß vorweisen zu können, um die effektive Nachfrage aufrechtzuerhalten. Darüber hinaus ist das Interesse der Industrieunternehmen, Profite aus Exporten machen zu können, weitaus einflußreicher als das Interesse der Konsumenten an billigeren Importen. Wir sahen oben, daß der Widerstand der Zentralbanken, mit der Aufnahme unerwünschter Reserven aufzuhören, aus dem Unwillen resultiert, eine durch diese Reserven erzwungene Aufwertung zu bekommen [siehe: **2** 10 § 3 (d)].

Die Abwertung einer Währung, im Verhältnis zu den relativen Lohnsätzen, bedeutet bis zu einem gewissen Umfang eine Aufwertung der übrigen. Die nationalen Währungsbehörden sind heutzutage extrem wachsam bezüglich der gegenseitigen Wechselkurse, und von Zeit zu Zeit wird ein Versuch unternommen, Spielregeln aufzustellen und die Währungen durch allgemeine Übereinstimmung neu festzusetzen, indem einige gezwungen werden, aufzuwerten, während man es anderen gestattet, abzuwarten. Bisher jedoch laufen die Spielregeln nicht auf mehr hinaus, als das jedes Land versichert, niemals seine Währung abzuwerten, solange es nicht tatsächlich eine Abwertung vornimmt.

Einer disharmonischen Struktur der Weltzahlungsbilanzen kann man für einige Zeit durch eine Veränderung der Struktur der Wechselkurse entgegenwirken, jedoch muß immer damit gerechnet werden, daß die strukturellen

Gründe für die Disharmonie in nicht allzu langer Zeit ihren Einfluß wieder geltend machen. Das beste, was man erwarten kann, ist ein fortlaufendes »Sich-Durch-Mogeln.«

5. Der Mythos der Normalität

Die Diskussion über die Wechselkurse wird nicht nur unter Ökonomen, sondern auch bei öffentlichen Angelegenheiten im allgemeinen unter den Bedingungen einer Gleichgewichtssituation, die etabliert werden sollte, geführt. Diese Vorstellung wurde in dem Vertrag von Bretton Woods, der den internationalen Währungsfonds schuf, niedergeschrieben: »Ein Mitglied soll keinen Wechsel seiner Währungsparität beabsichtigen, mit Ausnahme, um ein fundamentales Ungleichgewicht zu korrigieren.« Jedoch niemand erklärte, was ein Gleichgewichtszustand bedeuten könnte.

Die Diskussion wird häufig in Begriffen der unter- und überbewerteten Wechselkurse geführt. Man sagt von einem Wechselkurs, er sei überbewertet, wenn die Exporte allem Anschein nach abgeschreckt und die Importe durch einen hohen Kurs der Währung angelockt werden, so daß die Zahlungsbilanz nur durch Arbeitslosigkeit im Gleichgewicht gehalten werden kann. Ein Wechselkurs eines Landes gilt als unterbewertet, wenn der Wettbewerb der in ihm produzierten Güter dafür sorgt, daß andere Länder in eine schwierige Lage geraten. Man beruft sich auf irgendeinen mythischen »richtigen« Wechselkurs, der etabliert werden sollte.

Für ein einzelnes Land könnte ein Gleichgewichtszustand bedeuten, daß es nahezu Vollbeschäftigung bei einem so großen laufenden Überschuß gibt, wie ihre Währungsbehörden es für angemessen halten (indem sie die Höhe der überseeischen Militärausgaben, die sie aufwenden, in Betracht ziehen). Doch jedes wichtige Land möchte einen laufenden Überschuß aufweisen und jene, die ihn besitzen, möchten mit seltenen und kurzen Ausnahmen mehr davon bekommen. Wie kann jeder einen Überschuß erhalten, wenn niemand ein Defizit aufweist?

Das Goldstandardsystem funktionierte so, weil sich niemand mit dem Problem der Arbeitslosigkeit beschäftigte. Es wurde als vollständig richtig und natürlich angesehen, daß ein Land, das Gold verlor, Kreditrestriktionen, Investitionsbeschränkungen sowie Beschäftigungskürzungen verhängen würde. Heutzutage können die Nationalregierungen, wenn sie mit dem Beschäftigungsniveau befaßt sind, die Spielregeln fester Wechselkurse nicht mehr akzeptieren, wenn sie erfordert, daß eine nachteilige Zahlungsbilanz mit einer induzierten Depression bekämpft wird. Keine Wechselkurs-Struktur kann für jedermann zur gleichen Zeit akzeptabel sein. Letztlich bestimmen politischer Druck und »Kuh-Handel« die Wechselkurse.

Der Mythos der Normalität liegt den Grundvorstellungen zugunsten »freier Wechselkurse« zugrunde. Die Auffassung besteht darin, daß die Marktkräfte des Angebots und der Nachfrage irgendwie die richtigen Wechselkurse zwischen den Währungen finden werden und daß sich diese Kurse, so wie es durch die »zugrundeliegenden ökonomischen Kräfte« gefordert wird, anpassen werden. Selbst abgesehen von den Unsicherheitsfaktoren, die von flexiblen Wechselkursen hervorgerufen werden, gibt es für kein Land so etwas wie den »korrekten« Wechselkurs, der die widerstreitenden Ziele in den verscheidenen Teilen der Gemeinschaft ausgleichen wird. Solche Ziele beinhalten den Handel mit bestimmten Waren oder die internationalen Kapitalströme oder das Bestreben der Währungsbehörden, die Vollbeschäftigung aufrechtzuerhalten oder die Inflationsrate zu begrenzen. Noch weniger gibt es eine »richtige« Struktur der Wechselkurse, die die Interessen der verschiedenen Gruppen in allen Ländern auf einmal ausgleichen wird.

Anhang: Der Multiplikator und die Importneigung

Eine Formel für den Multiplikator für die Anwendung auf inländische Einkommen in einer offenen Volkswirtschaft kann wie folgt dargestellt werden.

Die Symbole werden auf Werte zu konstanten Preisen über die Periode hinweg angewandt, in der sich der Anfangseffekt einer Veränderung auswirkt. (Dies mag etwas weniger als ein Jahr oder zwei und mehr Jahre umfassen).

$\bar{Y}$ = Bruttosozialprodukt (BSP)
$\bar{I}$ = Bruttoinvestition
E = Wert der Exporte
C = Inländischer Konsum
s = Anteil der Ersparnisse an einem Zuwachs von BSP
m_i = Anteil der Importe an einem Zuwachs von I
m_e = Anteil der Importe an einem Zuwachs von E
m_c = Anteil der Importe an einem Zuwachs von C

Der Anteil der Ersparnisse s an einem Zuwachs des BSP beinhaltet eine Veränderung der Spartätigkeit im privaten Sektor und dem (positiven oder

Internationale Bilanzen **2** 10 Anhang 369

negativen) Überschuß der Steuereinnahmen über die Staatsausgaben. (Dies ist $\frac{\Delta s}{\Delta Y}$ und nicht $\frac{s}{Y}$ wie in **2** 2 § 2 (d)).

Nun gilt $\Delta C = (1 - s) \Delta \bar{Y}$. Der Anteil von ΔC, der im Inland produziert wird beträgt $(1 - m_c)$. Daher wird der Anstieg des inländischen Konsums an im Inland produzierten Waren von einer Erhöhung des BSP gleich $(1 - m_c)$ $(1 - s) \Delta \bar{Y}$ begleitet.

Die Erhöhung der inländischen Produktion, die direkt auf einen Anstieg der Exporte zurückzuführen ist, beträgt $(1 - m_e) \Delta E$ und für die Investition $(1 - m_i) \Delta I$.

In einem geschlossenen System beträgt der Wert des Einkommensmultiplikators $1/s$, so daß $\Delta \bar{Y} = (1/s) \Delta \bar{I}$ ist. (Dies entspricht dem Beschäftigungsmultiplikator von 4 in dem Beispiel **2**, 3 § 2 (b). In einem offenen System lautet die Formel:

$$\Delta \bar{Y} = \frac{1}{s + m_c(1 - s)} \{(1 - m_i)\Delta I + (1 - m_e)\Delta E\}$$

Die Elemente dieser Formel hängen von den technischen Verhältnissen und den Nachfragebedingungen für bestimmte Waren ab. Sie faßt komplexe Beziehungen zusammen, die dazu neigen, sich von Periode zu Periode zu verändern. Die Formel kann nur ein grober Führer in Bezug auf die erwarteten Konsequenzen von Veränderungen der wirtschaftlichen Aktivitäten sein.

Kapitel 11 Sozialistische Planung

Wir haben in den vorhergehenden Kapiteln gesehen, daß die neoklassische Theorie des Gleichgewichts und der Harmonie in einer Marktwirtschaft auf den modernen Kapitalismus nicht anwendbar ist. Es wird jedoch oft gefordert, eine brauchbare Annäherung an die Probleme in einer sozialistischen Wirtschaft herbeizuführen.

Wenn eine Revolution kapitalistische Unternehmen abgeschafft hat, müssen andere Organe entwickelt werden, um die Funktionen auszuüben, die die kapitalistischen Unternehmen früher erfüllten. Die Grundregeln der Verteilung des Einkommens zwischen den Familien, die Durchführung der Investition, die Wahl der Technik, die Preisstruktur und die Handelsbeziehungen zwischen Landwirtschaft und Industrie werden nun direkt durch einen politischen Prozeß statt indirekt durch die Verteilung des Einkommens, der Macht und des Wissens auf Individuen, Gruppen und Institutionen determiniert.

Eine Revolution im Sinne des Marxismus übernimmt von Marx die Hauptkategorien der ökonomischen Analyse. Aber die Arbeitswertlehre wurde entworfen, um das Wesen der Ausbeutung im Kapitalismus zu diagnostizieren. Sie ist nicht direkt auf die Probleme der Schaffung effizienter und gerechter Spielregeln anwendbar. Auf der anderen Seite könnte das neoklassische System – das versuchte, eine ideale Volkswirtschaft zu beschreiben, die in Wirklichkeit niemals existierte – einige wertvolle Vorschläge enthalten. Im folgenden überprüfen wir die Planungskonzepte, die die zwei Theorierichtungen vorschlagen.

1. Preise und Einkommen

In der herrschenden Philosophie der UdSSR ist die Regulierung der Produktion und der Verteilung mit Hilfe von Werten ausgedrückt, in Geldeinheiten ein Überbleibsel des Kapitalismus, das allmählich auf dem Weg zum *Kommunismus* verschwinden wird. Folglich wird sich das Prinzip: »Jeder nach seinen Fähigkeiten, jeder nach seinen Bedürfnissen« durchsetzen und es wird nicht mehr nötig sein, in Geldeinheiten zu rechnen. In der Zwischenzeit, in der Übergangsphase des *Sozialismus*, ist ein System von Preisen und Einkommen

Sozialistische Planung **2** 11 § 1 (a)

in Geldeinheiten notwendig, aber, aus dieser Sicht sind die Prinzipien, auf denen es basiert, von geringem Interesse. In der neoklassischen Philosophie andererseits ist das Preissystem von zentraler Bedeutung und die Kaufkraft des Nominaleinkommens eines Individuums ist der Hauptindex für seinen »Wohlstand« [siehe: **2** 7 § 5 (a)].

Die neoklassische Diskussion des Wohlstands befaßt sich größtenteils mit den Güterarten, die dem Volk im einzelnen verkauft werden. Sie schenkt der Versorgung der Haushalte, der Erziehung, der ärztlichen Betreuung und den Annehmlichkeiten aller Art, von denen eine gewisse Anzahl teilweise oder ganz außerhalb des Preissystems sogar in den meisten zeitgenössischen *laissez-faire* Volkswirtschaften bereit gestellt werden [siehe: **2** 7 § 3 (b)] wenig Beachtung. Der Kauf von Konsumgütern ist jedoch ein bedeutendes Element des Lebensstandards in allen, außer den sehr einfachen, unspezialisierten Volkswirtschaften. Solange Einkommen in der Form von Geld entsteht, ist das Niveau und die Struktur der Preise der Konsumgüter in Geldeinheiten für die Individuen oder Gruppen eine extrem wichtige Eigenschaft des Wirtschaftssystems.

(a) Kosten und Überschuß

In der Planwirtschaft ohne Privatbesitz an Produktionsfaktoren hängt die Höhe des Geldeinkommens, das aus dem vergesellschafteten Sektor (mit Ausnahme der genossenschaftlichen Landwirtschaft und den Selbständigen) abgeleitet wird, vom Umfang der Arbeitskraft (einschließlich all derjenigen, die in irgendeinem Bereich tätig sind) und den Entlohnungssätzen für verschiedene Tätigkeiten nebst Renten, Stipendien etc. ab. Der monetäre Nachfragestrom der Haushalte wird, um Güter zu kaufen, durch das gesamte Nominaleinkommen minus den privaten Nettoersparnissen bestimmt. (Es gibt kein Rentiervermögen. Ersparnisse werden fast völlig gespart, um später wieder ausgegeben zu werden, der Ausgabenstrom wird zu jeder Zeit durch die laufenden Ersparnisse reduziert und durch Endsparen von Geldern, die aus den in der Vergangenheit erzielten Einkommen zurückbehalten werden, gespeist. Der Strom der Nettoersparnis ist der Überschuß der gesamten positiven Ersparnisse über das Endsparen.)

Aus den Aufwendungen muß die Regierung die Produktionskosten der verkauften Güter plus einen ausreichenden Überschuß decken, um den Rest ihrer Ausgaben bereitzustellen. (Die Nettoersparnis aus den Einkommen der Haushalte erlaubt dem Staat, einen Teil seiner Ausgaben durch Kreditaufnahme bei Sparkassen oder durch Erhöhung der Notenemission entsprechend der Zunahme der privaten »Guthaben« zu decken. Daher verringern die Nettoersparnisse den erforderlichen Überschuß, der aus dem Verkaufswert der Waren gewonnen wird, und das Preisniveau kann entsprechend geringer sein.)

Hierbei haben wir die direkten Steuern vernachlässigt, die in einer sozialistischen Volkswirtschaft, in der alle Verdienste aus dem Staat abgeleitet werden, anomal sind. Wir nehmen an, daß das gesamte, für die Regierungsausgaben, einschließlich der Investition, erforderliche Überschußkapital mit Hilfe von Aufschlägen (ähnlich den Gewinnspannen in der Marktwirtschaft) beschafft wird. Diese Aufschläge sind in den Preisen der Güter enthalten, die an das Volk verkauft werden. (Im Sowjetsystem gibt es eine geringe Einkommensbesteuerung – teils als Überbleibsel der Vergangenheit und teils, um die Selbständigen zu treffen –, die wir hier nicht erörtern werden.) Die erste Regel der Preisfestsetzung in einer Planwirtschaft besteht darin, das Gesamtpreisniveau für die an die Haushalte verkauften Güter mit dem Niveau der Nominaleinkommen so in Relation zu bringen, daß der Wert der verkauften Waren den notwendigen Überschuß über die Produktionskosten erbringt.

Entscheidungen, wieviel und welche Art von Konsumgütern produziert werden sollen, müssen vor der Preisfestsetzung getroffen werden. Die Entscheidungsfreiheit des Planers ist (abgesehen vom Außenhandel) einerseits durch die Verfügbarkeit der Primärprodukte – Nahrungsmittel und Rohstoffe – ebenso wie durch die spezialisierte Produktionskapazität und andererseits durch die Bedürfnisse und Gewohnheiten der Bevölkerung, deren Versorgung er anstrebt, begrenzt. Es kann eine Rückwirkung der Preise auf die Entscheidungen über die künftige Produktion geben, aber zu jedem Zeitpunkt ist der Output an Gütern aller Art bereits geplant.

Der für den Verkauf bestimmte Güterstrom wird von einem Teil der Arbeitskräfte produziert und von allen für Konsumzwecke gekauft. Die Preise der Konsumgüter müssen so beschaffen sein, daß ein Überschuß über die Lohnkosten ihrer Produktion erzielt wird; dieser Überschuß muß den Ausgaben für sie entsprechen, die aus den Löhnen all der Arbeiter entstammen, die in anderen Branchen beschäftigt sind, z. B. in der allgemeinen Verwaltung, im Investitionssektor, bei den Streitkräften, der wissenschaftlichen Forschung etc., ausgenommen die Ausgaben aus Nicht-Lohneinkommen, wie Renten und aus Verdiensten, abgeleitet aus der Produktion solcher Güter- und Dienstleistungen, wie Erziehung, Gesundheitswesen und Kultur, die dem Volke frei oder zu subventionierten Preisen bereitgestellt werden. Dies bestimmt die

Sozialistische Planung **2** 11 § 1 (b)

Gesamthöhe des notwendigen Überschusses am gesamten Nominalwert der verkauften Güter.

Der Überschuß kann entweder mit Hilfe einer Umsatzsteuer aufgebracht werden oder durch geplante Profite, die in den Absatzpreisen der Produktionsbetriebe enthalten sind oder unter Verwendung beider Methoden. (Der Überschuß über die Kosten pro Werteinheit des verkauften Outputs entspricht grob der Nettoprofitspanne plus einer indirekten, in den Preisen enthaltenen Steuer in einer kapitalistischen Wirtschaft.) Es bleibt zu analysieren, wie der gesamte Überschuß auf die verschiedenen Elemente des gesamten Konsums verteilt wird, d. h. wie die Zielvorgaben in die Zusammensetzung der Güterpreise eingehen.

(b) Klassische Preise

Um eine Politik der Festsetzung der Arbeitswertpreise verfolgen zu können, wäre es erforderlich, den Überschuß in einer einheitlichen Relation zu der Arbeitszeit, die direkt oder indirekt benötigt wird, um jedes Element des Gesamtoutputs zu produzieren, zu verteilen. Dies wirft die Frage nach verschiedenen Arbeitsarten und Qualifikationen auf. Ist jedes Individuum in der Lage, denselben »Wert« in einer Arbeitsstunde zu erzeugen? Das Marx'sche Konzept der »abstrakten Arbeit« wurde nie auf operationale Formen reduziert (siehe: **1** 2 Anhang). In der Praxis konnte eine Abgeltung unterschiedlicher Fähigkeiten nur so weit gehen, den Wert verschiedener Arbeitsstunden entsprechend der relevanten Lohnsätze (die jeweils gezahlt werden) zu berechnen, wodurch die gesamte Kalkulation willkürlich wird.

Ein System von »Produktionspreisen«, das eine einheitliche Profitrate des investierten Kapitals erbringt, so wie wir es in Form von Sraffas Modell [(siehe: **2** 6 § 3 (d)] darlegten, ist auf eine sozialistische Wirtschaft noch weniger anwendbar. Dies würde es erforderlich machen, allen vorhandenen Beständen an Produktionsmitteln einen Wert in Geldeinheiten zuzuordnen und dann die Preise so festzusetzen, daß die Verkäufe jedes Gutes den gleichen Ertrag, bezogen auf den Wert des Bestandes an Produktionsmitteln, die direkt oder indirekt in ihren Output eingehen, erbringen würden. Was wäre der Sinn einer solchen Kalkulation?

Aber es ist nicht unbegründet, anzunehmen, daß entweder der Arbeitswert oder eine einheitliche Profitrate eine praktikable Preisbestimmung hervorbringen würden; werden die Preise entsprechend den langfristigen Kosten bestimmt, so würde dies aus zwei verschiedenen Gründen den Anforderungen nicht entsprechen. Preise umfassen erstens soziale Erwägungen, wie wir gleich sehen werden. Preise müssen zweitens mit der Knappheit im Verhältnis zur Nachfrage übereinstimmen. Mit Preisen, die nur durch die Kosten bestimmt werden, würden einige Güter, für die der Output entweder durch die Verfügbarkeit des Materialangebots, die Produktionskapazität oder durch spezialisierte Arbeitskräfte begrenzt ist, zu billig sein. Sie würden auf schwarzen Märkten verschwinden, um dort zu Preisen, die ihrer Nachfrage entsprechen, weiterverkauft zu werden. Andere, deren Angebot vehältnismäßig reichlich ist, würden zu teuer und teils unverkäuflich sein.

Beide Konzepte, das der Arbeitswertpreise und das der Preise auf der Basis einer einheitlichen Kapitalprofitrate, vernachlässigen die Frage der Anpassung der Nachfrage an das verfügbare Angebot. Sie wurden aus einem Modell der wettbewerbsorientierten, kapitalistischen Wirtschaft abgeleitet, in der das Angebot an Produktionsfaktoren schon dem Outputstrom angepaßt ist, den gewinnstrebende Unternehmen geplant haben. Dies hat keine Bedeutung für die, einer sozialistischen Wirtschaft gemäßen Preispolitik.

Tatsächlich ist im ökonomischen Sprachgebrauch der Sowjets der Glaube, daß die Preise den Marx'schen Werten entsprechen sollten, mit der Tatsache vereinbar, daß sie Nachfrage und Angebot ausgleichen müssen. Man verändert die Bedeutung des Wertgesetzes und benutzt es dazu, ein Quasi-Marktgleichgewicht von Nachfrage und Angebot zu beschreiben.

(c) Neoklassische Preise

Das neoklassische Konzept würde darin bestehen, das Preisniveau und die Preisstruktur zu finden, bei denen Nachfrage und verfügbares Angebot für jedes Gut ausgeglichen sind. Dies würde automatisch den erforderlichen Überschuß erbringen, da die Differenz zwischen den Werten der verkauften Konsumgüter und ihren Produktionskosten notwendigerweise gleich dem Ausgabenvolumen sein würde, das aus den auf andere Weise als in der Konsumgüterproduktion erzielten Einkommen resultiert. Es gibt jedoch Einwände gegen dieses Konzept.

Die neoklassische Preisfestsetzung bedeutet eine Budgetbeschränkung. Dies ist für eine Wirtschaft ohne nicht verdientem Einkommen (Kapitaleinkommen) weniger willkürlich, als in der kapitalistischen Welt. Unterschiede in den Zahlungssätzen sind im Sozialismus beabsichtigt (egal durch welches Prinzip

Sozialistische Planung **2** 11 § 1 (d)   375

sie bestimmt werden) und sollen unterschiedliche Realeinkommen herbeiführen. Aber es gibt doch noch Ungleichheiten. Wenn das durchschnittliche
Realeinkommen gering ist, bedeutet Ungleichheit Armut für die niedrigste
Einkommensgruppe und kann Unterernährung für die Kinder großer Familien
zur Folge haben. Bis die Ungleichheit beseitigt ist, sollte man die Preise von
Grundnahrungsmitteln niedrig halten und rationieren. Wenn aber nur eine geringe Outputmenge langlebiger Konsumgüter produziert wird und alle Familien mit überdurchschnittlichem Einkommen bestrebt sind den ersten Kauf zu
tätigen, ist die Nachfrage viel größer, als wenn sich bereits beim Volk ein Bestand an dauerhaften Konsumgütern angesammelt hat. Hier dürfte ein organi-
siertes Warteschlangensystem mit Lieferterminen sehr hohen Preisen, die in der
Zukunft gesenkt werden, vorzuziehen sein.

Darüber hinaus können weitergehende Überlegungen mit in die Preisbestimmung einbezogen werden. Es gibt viele Formen des Konsums, die von der Gesellschaftspolitik gefördert werden, wie z. B. solche, die mit anerkannten Frei-
zeitbeschäftigungen verbunden sind; diese müssen preiswert bereitgestellt
werden. Bei einigen, wie z. B. harten Getränken, die die Gesellschaftspolitik
einschränken will, müssen Angebotsbeschränkungen durch höhere Preise ausgeglichen werden.

Nach diesen Ausnahmen verbleibt eine gewisse Anzahl von Produkten, auf
die das Prinzip der freien Konsumentenwahl angewendet werden kann. Für
diese ist es zweckmäßig, die Preise so festzusetzen, daß die Nachfrage an das
geplante Angebot angeglichen wird. Somit reguliert sich der Markt ohne unnötige Rationierungen oder administrative Kontrollen selbst [siehe:
2 7 § 2 (a)]. Es empfiehlt sich jedoch nicht, die in den neoklasssichen Lehrbüchern beschriebene Flexibilität der Preise zu imitieren.

(d) Preisveränderungen

Ein System, in dem die Preise auf den Geschmack der Konsumenten rea-
gieren, kann dort reibungslos funktionieren, wo die Preiselastizität der
Nachfrage für die meisten Güter sehr hoch ist. Dann können im Prinzip die
entsprechenden Änderungen der relativen Preise durch Beobachtung der Be-
standsveränderungen der Fertigprodukte vollzogen werden. Entsprechend der
Lehrbuchanweisung steigt, wenn die Bestände eines Gutes fallen, sein Preis.
Dies reduziert den Verkauf und lenkt die Kaufkraft auf andere Güter um.
Wenn die Bestände überhand nehmen, sinken die Preise, die Verkäufe steigen

und die Kaufkraft wird von anderen Gütern auf dieses eine umgelenkt. Daher fließt der Konsum von den im Vergleich zur Nachfrage knappsten Gütern ständig ab und geht zu denen über, die am reichlichsten vorhanden sind. Wenn aber die Nachfrage in bezug auf den Preis unelastisch ist [siehe: **2** 5 § 3 (a)], funktioniert dieses System nicht. Eine Preiserhöhung eines knappen Gutes führt dann zu einer geringen Verminderung seiner Verkäufe und zu einer größeren Reduktion der Verkäufe anderer Güter, von denen die Kaufkraft abgezogen wird.

Innerhalb von Gütergruppen, die dasselbe Bedürfnis befriedigen, etwa verschiedene Arten von Textilien, kann es genug Substitutionsmöglichkeiten geben, um die Nachfrage in der richtigen Weise auf die Unterschiede in den relativen Preisen abzustimmen, obgleich Gewohnheiten und Snobismus (sogar im Sozialismus) in Betracht gezogen werden müssen. Hingegen ist es unbegründet, zwischen den Gütergruppen Substitution zu erwarten. Eine Preissenkung für Textilien kann die für sie ausgegebene Geldsumme reduzieren und die Nachfrage, z. B. nach Lederschuhen oder Holzmöbeln erhöhen. Das Phänomen der unelastischen Nachfrage ist speziell im Zusammenhang mit dem gewohnheitsformenden Konsum unangenehm. Eine Preiserhöhung von Wodka kann die Nachfrage nach allen anderen Waren reduzieren.

Eine weitere Schwierigkeit in dem neoklassischen Modell ergibt sich aus der Zeitbestimmung (timing). Auf einem walrasianischen Markt wird das Gleichgewicht durch das Ausrufen von Angebot und Nachfrage vor dem Beginn des eigentlichen Handels erreicht. Dies ist eine Phantasievorstellung. Wenn das Preissystem tatsächlich durch einen Prozeß von »trial and error« erreicht wird, müssen die Güter zu dem einen oder anderen Preis verkauft werden, bevor das endgültige System gefunden wurde (in walrasianischer Ausdrucksweise findet der Handel zu »falschen Preisen« statt). Die reale Kaufkraft des Einkommens der Leute mit unterschiedlichen Bedürfnissen und Geschmack wird durch die Preise, die sie zahlen müssen, unterschiedlich beeinflußt. Daher kann die imaginäre Gleichgewichtsposition, die bei zu Beginn festgesetzten Endpreisen angestrebt worden wäre, nicht mehr erreicht werden.

In einer Planwirtschaft stellt sich das Problem der Preispolitik nicht in dieser Form. In jedem Augenblick gibt es ein Preissystem, das im großen und ganzen Nachfrage und Angebot ausgleicht. Die Menschen haben sich daran gewöhnt und betrachten es als normal. Abgesehen von Änderungen, die durch die Sozialpolitik bestimmt werden, ist es besser, die Preise konstant zu halten und soweit wie möglich Nachfrageänderungen zuzulassen, um die Zusammensetzung des Outputs beeinflussen zu können. Wenn die Bestände in einigen

Sozialistische Planung **2** 11 § 1 (e)   377

Branchen überhand nehmen, sollten die Planer, statt die Preise zu senken, den Outputstrom dieses besonderen Bereichs verringern, eine unterschiedliche Qualität oder Aufmachung anbieten oder vielleicht die Ressourcen in einen anderen Produktionszweig umlenken. Dies ist das richtige Prinzip: Die Art und Weise, in der es ausgeführt wird, hängt von dem administrativen System ab, das mit dem jeweiligen sozialistischen Wirtschaftssystem variiert. (Das chinesische System des staatlichen Massenhandels basiert anscheinend auf diesen Richtlinien [siehe: **3** 2 § 3 (b)].)

(e) Kaufkraft und Konsumentenmacht

Es gibt eine Moral, die eher aus der Erfahrung als aus der Theorie abgeleitet werden kann. Sie zieht (vorausgesetzt die Grundbedürfnisse können befriedigt werden) die Rationierung durch den Geldpreis der Rationierung durch Warteschlangen vor. Das bedeutet, daß die Grundbedürfnisse auf einem niedrigen Preisniveau gehalten und rationiert werden sollten, besonders dann, wenn die Nachfrage das Angebot übersteigt. Dabei sollten unnötige Güter ausreichend hohe Preise (relativ zum Geldeinkommen) haben, um einen eingeschränkten Käufermarkt zu schaffen. Die Preise sind dann so geartet, daß sie die Nachfrage in jedem Wirtschaftszweig daran hindern, das Angebot zu übersteigen. Die Lagerbestände werden nie erschöpft und jeder kann sein Geld nach seinem Belieben ausgeben. Wenn die Preise zu niedrig festgesetzt sind (was die traditionelle Methode in dem sowjetischen Bereich war), gibt es einen allgemeinen Nachfrageüberschuß für alle Güter. Knappheiten kommen häufig vor, mit einem großen Verlust an Zeit und guter Laune bei der Suche nach zu kaufenden Gütern. Die fleißigsten Arbeiter haben die geringste Konsumentenmacht, so daß die faulsten Mitglieder einer Gesellschaft einen Vorteil erhalten. Darüber hinaus verhalten sich die Ladenangestellten in dieser Situation unfreundlich und die Produzenten vernachlässigen die Qualität, falls sie nicht von dem chinesischen Motiv dem »Volke zu dienen« geleitet werden.

Diese Überlegungen müssen in Betracht gezogen werden, wenn die Planung das erste Mal institutionalisiert wird. Ist ein Verkäufermarkt erst einmal zur Gewohnheit geworden, kann er nur sehr schwer verändert werden. Die Verkäufer finden es natürlich zufriedenstellend und hassen die Vorstellung, ihren Kunden mehr Höflichkeit entgegenzubringen. Auch die Kunden, die sich an ein gewisses Preisniveau gewöhnt haben, d. h. an eine gewisse Kaufkraft ihres Geldes, werden erhöhte Preise sehr verabscheuen. Die Aussicht auf eine Wirtschaft mit großer Konsumentenmacht wird anscheinend einen plötzlichen Verlust an Kaufkraft des Geldes nicht kompensieren.

2. Die Effizienz

Das Marktsystem ist ein System des Abbaus der Wirtschaftskontrolle. In jedem Unternehmen führt die Notwendigkeit, die Kosten in Geldeinheiten zu minimieren, zu einer effizienten Verwendung der Ressourcen, in dem Ausmaß, wie die Ressourcen in Geldeinheiten bewertet sind. Aber für die Wirtschaft als Ganzes gilt entgegen der neoklassischen Forderung, der Markt bewirke die effiziente Allokation der knappen Produktionsfaktoren zwischen den alternativen Verwendungen, der Einwand, daß die Geldwerte ein unvollkommenes Mittel zur Beurteilung des geschaffenen Nutzens für die Verwendungen darstellen, in denen die Produktionsfaktoren eingesetzt werden können. In einer Planwirtschaft kommt die Idee der *Effizienz* ins Spiel, wenn über den groben Rahmen der Produktion entschieden worden ist. Ein effizienter Plan ist so geartet, daß es bei gegebener Arbeitszeit und gegebenen physischen Ressourcen unmöglich sein würde, von einem Gut irgend etwas mehr ohne von einem anderen weniger zu produzieren. (siehe Anhang 1)

(a) Die Produktionsmöglichkeiten

Im Prinzip können Planer mit vollständiger und detaillierter Information die Produktionsmöglichkeitskurve entsprechend der gegebenen Ressourcen mit gegebener Spezifikation der zu produzierenden Gütern und Dienstleistungen ausarbeiten. Sie können dann die Güterkombination wählen, die sie für die wünschenswerteste halten und entsprechende Produktionsanweisungen geben. In Wirklichkeit ist das natürlich unmöglich. Die geforderte detaillierte Information existiert nicht und falls sie es täte, würde es zu lange dauern, sie zu analysieren. Die Produktionsmöglichkeiten würden sich schneller ändern als ein Plan entwickelt werden könnte. Viel gröbere und wirksamere Methoden müssen daher benutzt werden.

Für kleine Sektionen eines Plans jedoch ist das Effizienzkonzept nützlich. L. V. Kantorovich, einer der führenden Köpfe der Schule der mathematischen Wirtschaftswissenschaften in der UdSSR, erarbeitete die Theorie der l i n e a r e n P r o g r a m m i e r u n g, um herauszufinden, wie man den maximalen Output eines spezifischen Produkts mit einer gegebenen Zahl von

Maschinen verschiedener Typen produziert[95]). Der Gehalt des Arguments ist derselbe, wie der, den wir in Ricardos Rententheorie antrafen, nämlich, daß der maximale Output einer einzigen Frucht (»Getreide«) auf einer gegebenen Landfläche unterschiedlicher Fruchtbarkeit produziert wird, wenn die Arbeit auf die bebaute Fläche so verteilt ist, daß die Grenzproduktivität der Arbeit überall gleich ist [siehe: **2** 1 § 4 (c)].

Die Analyse kann auf den Fall mehrerer Güter (jeweils in sich homogen) ausgedehnt werden, vorausgesetzt, daß der gewünschte Output in fixen Proportionen spezifiziert ist. Ferner ist es im Prinzip möglich, die Opportunitätskosten der Komponenten des Outputs in Einheiten von einer beliebigen Komponente auszudrücken, hierfür könnten einige grobe Schätzmethoden benutzt werden; die Proportionen der Güter in dem Bündel können dann modifiziert werden, falls es wünschenswert erscheint. Wenn zum Beispiel zwei Güter aus der Sicht des Verbrauchers Substitute sind, würde aus der Vermehrung des Outputs des Gutes, von dem angenommen wird, daß es die geringeren Opportunitätskosten aufweist, ein größerer Gesamtgebrauchswert resultieren.

Der Anwendungsbereich dieser Methode der Allokation von Ressourcen ist eng begrenzt. Sie ist nur in Fällen anwendbar, in denen die verfügbaren Ressourcen und die erforderlichen Outputs exakt in physischen Einheiten spezifiziert sind.

Sie könnte nicht benutzt werden, um einen Plan für die gesamte Wirtschaft oder sogar nur für den Konsumgütersektor zu erstellen. Die Methode kann den Planern nicht sagen, mit welcher Nachfrage sie konfrontiert werden. Noch kann sie die richtige Verteilung der Ressourcen auf Ausbildung und Vergnügung oder zwischen Fußbällen und Hockeystöcken (siehe: Anhang 1) angeben.

Die sogenannten mathematischen Wirtschaftswissenschaftler der westlichen Welt stellen Theoreme für die »Nutzen«-Maximierung der Gesellschaft als Ganzes auf, und selbst in der UdSSR haben einige mathematische Wirtschaftswissenschaftler sich dazu verleiten lassen, überspitzte Thesen für ihr theoretisches Gedankengebäude zu formulieren[96]). Die Maximierung ist ein mathematisches Konzept, das nur auf Quantitäten streng gleicher und meßbarer Einheiten angewandt werden kann. Es für soziale Beziehungen oder moralische Werte zu benutzen, ist meist eine Irreführung.

(b) Allokation von Rohstoffen

In dieser Hinsicht ist das Problem knapper Produktionsfaktoren mit alternativen Verwendungen für sozialistische Planer sehr wichtig, nämlich in der

380 **2** 11 § 2 (b) *Analyse*

Allokation der Rohstoffe zwischen den Endprodukten. Der Industriesektor Steine und Erden hat begrenzte Produktionskapazität, und ausländische Kaufkraft für den Import von Inputs bildet immer eine knappe Ressource.

Abgesehen von besonderen Fähigkeiten, die Langzeittraining benötigen, ist die Arbeitskraft beweglich. Sie setzt zwar der Gesamtproduktion eine Grenze, aber nicht der Produktion einzelner Güter. Der begrenzende Faktor jedes umfangreichen Produktionszweiges ist die Verfügbarkeit der Rohmaterialien.

Jeder Rohstoff weist eine Vielzahl von Verwendungsmöglichkeiten auf und jede Verwendung kann mehr oder weniger zufriedenstellend durch verschiedene Rohstoffe erreicht werden. Um die Gesamtproduktivität zu maximieren, sollte jeder Rohstoff der Verwendung zugeführt werden, bei der seine Überlegenheit über die Substitute am größten ist. Kupfer und Aluminium können sowohl für elektrische Kabel als auch zur Herstellung von Töpfen und Pfannen verwendet werden. Kupfer kann in beiden Fällen absolut überlegen sein, während seine Überlegenheit gegenüber dem Aluminium für Kabel größer ist als für Töpfe; außerdem ist der Output von elektrischen Geräten für die Entwicklung der Wirtschaft wichtiger als der Output von Töpfen.

Der größte Verdienst des marktwirtschaftlichen Systems besteht darin, daß es die Allokation knapper Rohstoffe auf die verschiedenen Verwendungen durch den Preismechanismus herbeiführt. Eine Steigerung der Nachfrage erhöht die Preise für Rohstoffe mit einem unelastischen Angebot und zwingt gewinnstrebende Unternehmen nach billigeren Substituten zu suchen. Das Angebot geht dann auf Unternehmen über, für die die Substitute am wenigsten geeignet sind.

Der Marktmechanismus führt Rohstoffangebote der Verwendung zu, die den größten Profit bringt, welche aber nicht unbedingt mit dem Verwendungszweck in einer Planwirtschaft übereinstimmen muß. Das Prinzip hingegen ist dasselbe, die Planer müssen die Rohstoffe in der möglichst wirtschaftlichsten Art verwenden, wobei sie die Bedeutung im Produktionsplan, in den sie eingehen, in Betracht ziehen.

Eine Faktorkombination, entsprechend diesen Anforderungen entweder durch zentrale Allokation oder eine Art Entscheidungsfindungsprozeß zu planen, stellt eine der Hauptanforderungen an die Organisation einer Planwirtschaft dar. Sicher gibt es hier einige Dinge über das Wesen der Probleme, die man von den Neoklassikern lernen kann, aber ihre Theorie gibt keine vorgefertigte Lösung.

Sozialistische Planung **2** 11 § 3

(c) Die Rente

Es gibt ein anderes Konzept in der neoklassischen Theorie, das für eine Planwirtschaft nützlich ist, nämlich was Marshall »Grenzkosten« der Unternehmen des Wirtschaftssektors Steine und Erden nannte [siehe: **1** 3 § 3 (c)].

In der Landwirtschaft, dem Bergbau, der Fischerei und der Forstwirtschaft, wo die Ressourcen von der Natur gegeben sind, ist es allgemein richtig, daß einige Versorgungsquellen leichter genutzt werden können als andere und einen höheren Output pro Beschäftigten ergeben. Dies ist z. B. bei Böden verschiedener Fruchtbarkeit der Fall, was wir in Ricardos Modell untersuchten [siehe: **2** 1 § 4 (a)].

In dieser Art von Produktion, in der das Management angewiesen wird im Kostenminimum zu produzieren oder den Output pro Kopf zu maximieren, werden nur die besten Qualitäten und ertragsreichsten Ressourcen genutzt bis sie erschöpft sind. Es kann einen steilen Anstieg der realen Produktionskosten geben, falls die Arbeit auf schlechtere Quellen zurückgreifen muß. Diese Arbeitsmethode unterschätzt zuerst die wahren Produktionskosten und regt einen verschwenderischen Verbrauch an, da sie versäumt, die allgemeine Knappheit der Produkte zu berücksichtigen. Außerdem steigen die Lohnkosten für den gesamten Output durch ineffizientes Arbeiten. Dieses Problem kann gelöst werden, indem etwas ähnliches wie Ricardos Diffrentialrente aus verschiedenen Quellen vorgeschlagen wird und die Unternehmen angewiesen werden, die Kosten einschließlich der Rente zu minimieren. Hierdurch wird eine Annäherung an den Ricardianischen Zustand gleicher Grenzproduktivitäten der auf Quellen unterschiedlichen Quantitäten angewandten Arbeit erreicht.

Es ist jedoch in der Praxis nicht leicht, die wahre ökonomische Rente, die dem Ergebnis des reinen natürlichen Nutzens bestimmter Quellen zurechenbar ist, von dem zu unterscheiden, was aus der Überlegenheit durch Ausrüstungsinvestitionen, Geschicklichkeit und Fleiß der Arbeitskräfte oder durch erfolgreiche Organisation des Managements entstanden ist. Auch hier kann eine reine Theorie wiederum nur schwerlich angewandt werden.

3. Die Akkumulationsrate

Bis jetzt haben wir kurzfristige Probleme erörtert – die sich mit der Verwendung bestehender Ressourcen und der Disposition über ihren Output befaßten. Wir müssen nun die Bestimmung der Höhe und der Zusammensetzung der Investitionen, die dazu bestimmt sind, die verfügbaren Ressourcen künftig zu erhöhen, betrachten.

(a) Das Reproduktionsschema

In Marx's Vorstellung vom Sozialismus expropriieren die Arbeiter die Expropriateure, wenn der Kapitalismus seine historische Aufgabe der Akkumulation und der technischen Entwicklung erfüllt hat. Einige Investitionen werden nach wie vor nötig sein, aber sie werden nicht von zentraler Bedeutung sein. Wie sich herausgestellt hat, werden Revolutionen in relativ rückständigen Volkswirtschaften durchgeführt, während der Kapitalismus noch mächtig ist. Das dringendste aller Ziele der Planwirtschaften ist die Akkumulation und die Produktivitätssteigerung.

Die Marx'sche Analyse der Akkumulation in einer kapitalistischen Wirtschaft, dargestellt als Schema der »erweiterten Reproduktion«, liefert den Anfangspunkt für die Diskussion der Investitionspolitik.[97] Abteilung 1 stellt die Produktion von Ausrüstungsgegenständen dar und Abteilung 2 die von notwendigen Konsumgütern. Die Investition besteht aus dem Nettooutput der Abteilung 1 und den Bestandszuwächsen, die von der Abteilung 2 erzielt wurden. Ein ständiger Akkumulationsprozeß erfordert eine exakte Ausgewogenheit zwischen ihnen. Abteilung 1 ist in zwei Teile unterteilt, dem Sektor, der Ausrüstungsgegenstände für seine eigene Erweiterung produziert – überwiegend Grundstoffindustrie – und dem, der die Ausrüstung für die Abteilung 2 – meist Leichtindustrie – bereitstellt.

Die gesamte Akkumulationsrate kann im Zeitablauf beschleunigend, abnehmend oder konstant sein (siehe Anhang 2). Dies kann anhand unseres einfachen Modells mit einer Maschinenart gezeigt werden, indem der Maschinensektor seinen eigenen Bestand an Maschinen gleichzeitig erhöht, wenn er Maschinen produziert, um die Arbeiter im Getreidesektor auszurüsten [vgl. **2** 2 § 5 (c)]. Während die Akkumulation beschleunigt wächst, muß der Anteil der Investition, der von der Abteilung 1 (unseren Maschinensektor) zu seiner eigenen Expansion durchgeführt wird, größer sein, als der Anteil der Investition für den Getreidesektor.

Angenommen es gäbe anfänglich zum Beispiel für alle 80 Maschinen im Getreidesektor 20 Maschinen im Maschinensektor, die in einem Jahr 10 neue Maschinen produzieren, und sechs neue Maschinen werden im Maschinensektor zurückbehalten. Im nächsten Jahr produzieren 26 Maschinen 13 neue (wobei ein Jahr als Entstehungsperiode für eine Maschine genommen wird). Der Output an Maschinen ist um 30 Prozent gestiegen, während der Output an Getreide nur um 4/80 oder 5 Prozent gestiegen ist.

Solange das Verhältnis von Maschinen im Maschinensektor zum gesamten Maschinenbestand steigt, beschleunigt sich die Akkumulation, d. h. der proportionale jährliche Zuwachs des Gesamtbestandes ist jedes Jahr größer als im Vorjahr. Der Output an Getreide (Konsumgüter) steigt, aber sein Anteil am Gesamtoutput (gemessen in Arbeitwerten) schrumpft von Jahr zu Jahr.

Die Wachstumsrate verringert sich, wenn der proportionale Zuwachs der Anzahl der neuen Maschinen, die sich im Maschinensektor befinden, von Jahr zu Jahr fällt. Solange die Anzahl relativ schneller wächst als der existierende Bestand im Maschinensektor, wächst das Verhältnis von Investition zu Einkommen immer noch von Jahr zu Jahr, aber nun mit einer abnehmenden Rate.

Wenn ein Niveau stetigen Wachstums erreicht ist, ist die Allokation der neuen Maschinen in jedem Sektor in jedem Jahr porportional der Anzahl der Maschinen in jedem Sektor und die Investition ist ein konstanter Anteil des Outputs. Der Output an Getreide für Konsumzwecke steigt dann von Jahr zu Jahr mit derselben konstanten Rate wie der Gesamtoutput. Im obigen Beispiel wächst der Gesamtbestand jährlich um den Anteil von 10 Prozent, wenn acht Maschinen dem Getreidesektor und zwei dem Maschinensektor hinzugefügt werden.

Unser Getreide- und Maschinen-Modell macht das Marx'sche Schema leichter verständlich, natürlich ist es zu einfach, um für die Planer von größerem Nutzen zu sein.[98]

Einst bestand die offizielle sowjetische Ansicht darin, daß beschleunigtes Wachstum »das erste Gesetz der sozialistischen Akkumulation« sei. Solch ein heroisches Programm stellt große Anforderungen an die Gesellschaft und bewirkt einen steigenden Inflationsdruck durch den steigenden Überschußanteil, der aus den Verkaufswerten der Güter gezogen werden muß. Nachdem eine ausreichende Basis für die Schwerindustrie erstellt worden war, wandelte sich die sowjetische Doktrin in die vernünftige Ansicht, daß beschleunigtes Wachstum nicht mehr als eine notwendige Phase des frühen Stadiums der Industrialisierung ist.

(b) Die neoklassische Ansicht

Das konsistente Gebäude der neoklassischen Theorie wurde als Vergleich stationärer Zustände ausgearbeitet; die Behandlung der Akkumulation war knapp und vage. Die neoklassische Rekonstruktion des vorkeynesianischen

Modells arbeitet anerkanntermaßen exakt nur in einer »Ein-Gut-Welt« mit einer »biederen Produktionsfunktion«, ausgedrückt durch Arbeit und die Bestände dieses Gutes. Dies beeinträchtigt jedoch nicht die neoklassische Grundkonzeption, daß die Akkumulation durch die Sparentscheidungen der Haushalte vorsichgeht und, daß Sparen einen gegenwärtigen Konsumverzicht zu Gunsten eines zukünftig größeren Konsums bedeutet. Die Erfahrungen einer Familie, die einen Teil ihres Einkommens spart, um Reichtum zu akkumulieren und ihren Reichtum in zinsbringenden Wertpapieren anlegt, werden benutzt, um das Verhalten der Wirtschaft als Ganzes genommen zu berechnen.

Nun gibt es, wie wir wissen, in einer privatwirtschaftlichorganisierten Volkswirtschaft im allgemeinen einen genügenden Umfang von ruhigen Entwicklungen (mit Ausnahme von Kriegszeiten oder während eines außerordentlich starken Booms), da ein Ansteigen der Investition von einem Anstieg des Konsums begleitet wird. Hier hat Sparen als Opfer keinen Sinn.

Dennoch ist es richtig, daß, falls nahezu Vollbeschäftigung auf jeden Fall aufrecht erhalten werden soll, bei einem gegebenen technischen Stand, eine schnellere Akkumulationsrate mit einem niedrigeren Konsumniveau verbunden sein muß. In der Marktwirtschaft wird dies durch einen höheren Anteil der Profite am Wert des Output erreicht; wer durch Sparen sein Vermögen vermehrt, konsumiert normalerweise mehr, als bei geringeren Profiten. Konsumverzicht wird nicht den Sparern abverlangt, sondern den Arbeitern, die geringere Reallöhne erhalten. Ihr Konsumverzicht muß nicht nur höhere Investition ermöglichen, sondern auch noch zusätzlich den Sparern einen größeren Konsum verschaffen [siehe: **2** 6 § 4 (b)].

(c) Sozialistische Akkumulation

Für eine sozialistische Wirtschaft erfordert die Akkumulation sicherlich ein Opfer an gegenwärtigem Konsum zugunsten der Zukunft. Aber sie vollzieht sich in einer komplizierteren Weise als es in der Form des Marx'schen Schemas der Reproduktion ausgedrückt werden kann.

Erstens, ist die dem Schema zugrundeliegende Konzeption nur auf die industrielle Entwicklung anwendbar. Das wichtigste Element des Konsumgüterangebots – Nahrungsmittel – ebenso wie der Großteil der Rohstoffe für die Leichtindustrie, z. B. Baumwolle, kommt aus der Landwirtschaft. Die Relation zwischen Investition und Expansion folgt in der Landwirtschaft ihrem eigenen Rhythmus und man kann sich nicht darauf verlassen, daß sie dasselbe Tempo wie in der Industrie beibehält.

Sozialistische Planung   **2** 11 § 4 (a)   385

Zweiten, der Konsumzuwachs beruht auf der Form, in der die Investition stattfindet. Ist einmal Vollbeschäftigung erreicht, kann kein Zuwachs der Vorräte an Verkaufsgütern, Wohnungen, Zeitvertreib und Unterhaltung, oder Sozialleistungen stattfinden ohne vorhergehende Investition in Anlagen, Bauten und Personalschulung. Die Wahl besteht nicht zwischen Investion und Konsum, sondern zwischen kurz- und langfristig ertragreichen Investitionen.

Drittens, das »timing« einer Akkumulation beruht größtenteils auf Opfern, zu denen die Planer die Gesellschaft veranlassen können. Eine Politik, die einen großen Teil der Investition in der Leichtindustrie und Landwirtschaft zuläßt, würde den Konsum zuerst mit einer schnellen aber später abnehmenden Rate erhöhen, während (Rüstungsinvestitionen und Sputniks außer Betracht gelassen) ein großer Investitionsanteil in der Grundstoffindustrie erst das Anwachsen des Konsums drosselt und eine schnellere Expansion erlaubt, sobald die Kapazitäten für die Investition vergrößert worden sind. Aber den Konsum zu drosseln und den Genuß des Nutzens der Investition zu lange zurückzustellen, kann der Moral schaden und schließlich in der Induzierung eines langsameren Wachstums enden.

4. Wahl der Technik

Die Kenntnis eines fertigen »book of blueprints« (Produktionsverfahrenshandbuch, d. Ü.) ist in der Diskussion über die Investition in den führenden Industrienationen, wo Innovationen in jeder neuen Anlagengeneration verkörpert sind, von keinem großen Nutzen (siehe: **2** 4 § 4). Die Gesamtinvestitionsplanung wurde jedoch im Zusammenhang mit einer überlebten Industrialisierungspolitik einer vorwiegend agrarischen Volkswirtschaft entwickelt. Dann sind alle Techniken bekannt, die im Verlauf der kapitalistischen Entwicklung benutzt worden sind, so daß so etwas wie ein »book of blueprints« für die Nachkommen zur Verfügung steht. Konsequenterweise ergibt sich ein Problem bei der Wahl der Technik aus der Bestimmung von Zielen und Kosten verschiedenster Art, die mit den Investitionen verbunden sein können.

(a) Planungsziel

Das Ziel einer Investitionsplanung ist das Angebot der produzierten Güter zu vergrößern. Wenn die Streitkräfte, die Ausbildung, der Wohnungsbau usw.

ihren angewiesenen Teil bekommen haben, verbleibt eine bestimmte Summe verfügbar, um den Output an Konsumgütern zu erhöhen. Wie wir festgestellt haben, wird keine Mathematik den Planern verraten können, welches Ziel sie verfolgen sollten. Über die Zusammensetzung des Outputzuwachses muß im voraus entschieden werden. Sie kann während des Produktionsverlaufs modifiziert werden; wenn von einigen Gütern mehr als erwartet produziert werden kann, kann ein Teil der Arbeitskräfte zur Produktion anderer Güter herangezogen werden; wenn zu wenig produziert wird, muß der Output dort reduziert werden, wo die Arbeit am ehesten entbehrt werden kann.

Da das Planungsobjekt aus einem heterogenen Güter- und Dienstleistungsbündel besteht, kann es nicht auf eine homogene Form reduziert werden. Die Preise, die ein Haushalt für Konsumgüter bezahlt, sind ein sehr unzuverlässiger Maßstab für den Nutzen, den sie bieten. Sogar in der neoklassischen Theorie messen relative Preise nur relative *Grenznutzen*. Es gibt keine Theorie, die sich mit dem Nutzen von nicht stetigen Konsumzuwächsen befaßt. Außerdem werden die Verkaufspreise von der Gesellschaftspolitik beeinflußt. Falls wir uns nach den Preisen richten, würde eine Erhöhung des Wodkaangebotes wertvoller sein als irgend etwas anderes. Das Planungsziel muß sich an Einheiten des zukünftigen Outputs bestimmter Güter ausrichten und nicht an Wertströmen.

Die zeitliche Struktur des künftigen Outputs ist auch ein Gegenstand von großer Wichtigkeit. Güterströme an die Haushalte müssen aufeinander abgestimmt werden. (Es ist nicht sinnvoll, elektrische Bügeleisen vor einer Stromversorgung der Haushalte anzubieten.) Die Rate, mit der ein Anwachsen des Konsums verschiedener Güterarten zugelassen wird, muß in dem Plan nach allgemeinen Prinzipien bestimmt werden. Es gibt keine Möglichkeit, die Analyse der Planung in Form einer allgemeinen »Investitionsproduktivität« auszudrücken. Dennoch spielen, wie wir sehen werden, die Investitionskosten eine wichtige Rolle in der Argumentation.

(b) Arbeit als Kostenfaktor

Im Kapitalismus wird die Wahl der Technik angeblich durch das Streben nach Gewinnmaximierung bestimmt. Die Arbeitskosten sind in unserer Diskussion zukünftige Lohnkosten. Sie müssen für das »In-Betrieb-Halten« der installierten Produktionsanlagen ausgegeben werden. Im Sozialismus sind Löhne keine Kosten. Die Gesellschaft ist für die Versorgung all ihrer Mitglieder verantwortlich, auch wenn eines der Mitglieder arbeitslos ist.

Sozialistische Planung **2** 11 § 4 (c) 387

Arbeit ist kein Kostenfaktor, aber eine potentiell nutzbare Ressource. Die ganze gegenwärtige und zukünftige Arbeitskraft muß organisiert werden, um das eine oder andere zu produzieren. Arbeitslosigkeit kommt nur als Ergebnis einer fehlerhaften Administration vor (einschließlich eines Versagens nützliche Beschäftigung für die landwirtschaftliche Bevölkerung in den flauen Zeiten der Landwirtschaft zu schaffen). Die Arbeitszeit ist aber ein Kostenfaktor in dem Sinne, daß sie knappste Ressource ist. Das Investitionsziel besteht darin, die Arbeitskosten bestimmter Güter zu reduzieren, indem der Output pro Kopf erhöht wird. Daher muß die Projektwahl in Form von künftig gesparter Arbeit pro Einheit der laufenden Investition getroffen werden.

Entsprechend der fortschreitenden Akkumulation und der erworbenen Erfahrungen steigt der Output pro menschliche Arbeitsstunde. Der Teil des Nutzens hieraus, der dem Konsumgütersektor zugute kommt, kann durch steigende Geldeinkommen oder sinkende Preise verteilt werden. Der Reallohnsatz steigt dann. Dies heißt sicherlich nicht, daß die Kosten, Arbeiter zu beschäftigen, gestiegen sind. Das knappe Gut, das zwischen alternativen Verwendungen aufgeteilt werden muß, ist die Arbeitszeit und nicht die von den Arbeitern konsumierten Güter.

Falls dies bemerkt wurde, ist es legitim, einfach der Bequemlichkeit wegen, die Kosten der heutigen und künftigen Arbeitszeit in Einheiten der gegebenen Lohnsätze zu berechnen. Dabei setzen wir voraus, daß wir die Differenzen in der Knappheit verschiedener Arten von Fähigkeiten adäquat berücksichtigen können.

(c) Grundstoffressourcen

Die für die Investition erforderlichen Ressourcen existieren in besonders konkreten Formen, sagen wir, Kapazität zur Erzeugung von Stahl, Kohle und elektrischem Strom. Arbeit ist der elementare Engpaß für die gesamte Produktion. Aber es gibt auch spezielle Engpässe für bestimmte Outputs. Zum Zwekke der Diskussion der Investitionskosten kann diese Schwierigkeit einigermaßen überwunden werden, indem man die relativen Kosten der verschiedenen Grundstoffe in Arbeitszeiteinheiten veranschlagt, die erforderlich sind (bei normalen Arbeitsstunden), den Output eines jeden Grundstoffes ein wenig zu erhöhen. Die Grundstoffe, die am knappsten sind, sind solche, die die höchsten »Grenzkosten« aufweisen, und daher den größten Arbeitsaufwand erfordern, um die laufende Outputrate zu erhöhen. So können wir auf einfache Weise die investierbaren Ressourcen als ganze auf Arbeitszeiteinheiten in der Investitionsgüterindustrie reduzieren.

(d) Die Allokation investierbarer Ressourcen

Über die Wahl der Technik wird entschieden, nachdem das Güterangebot festgelegt worden ist. Für einen künftigen Outputstrom eines bestimmten Gutes kann es verschiedene mögliche Techniken geben. Eine, die höhere Investitionskosten erfordert, um einen Menschen für die künftige Beschäftigung auszurüsten, bietet ein höheres Niveau künftigen Outputs pro Kopf.

Wenn die zeitliche Struktur der Inputs und Outputs gleich ist, können die Techniken einfach in Form der zukünftigen pro Kopf-Outputs eines bestimmten Gutes, pro Einheit der heute investierbaren Ressourcen (gemessen in Arbeitszeit), verglichen werden. Der Ertrag pro Investitionseinheit wird in Ersparnis künftiger Arbeitszeit ausgedrückt. (Dies ist dieselbe Konzeption wie die des Mechanisierungsgrades, auf den wir bei der Diskussion des technischen Wandels stießen) [siehe: **2** 4 § 3 (d)].

Ebenso wie das Kriterium für die Wahl der Technik für irgendeinen Wirtschaftszweig in Einheiten künftig gesparter Arbeitszeit pro auf sie verwandter Einheit investierbarer Ressourcen ausgedrückt wird, sollten nun die in dem Plan als Ganzes investierbaren Ressourcen zwischen den Wirtschaftszweigen entsprechend der künftigen Arbeitzeitersparnis, die eine Investitionseinheit in jedem Wirtschaftssektor ermöglicht, verteilt werden.

Ein Mechanismus, um dieses Prinzip zu verwirklichen, könnte wie folgt sein: Ein Aufschlag wird in einen bestimmten Prozentsatz pro Einheit an die Arbeitskosten für investierbare Ressourcen gekoppelt. Ein Plan ist dann dazu bestimmt, die Kosten jeder Art von Outputstrom in künftigen Arbeitszeiteinheiten (zu laufenden Lohnsätzen) zusammen mit dem Aufschlag für die Prämie zu minimieren. (Dieser Kostenaufschlag ist nur eine begriffliche Vorstellung. Wie wir gesehen haben, werden die Preise, zu denen die Güter an die Haushalte verkauft werden, nach verschiedenen Prinzipien gebildet.) Dann, wenn die Kosten exakt erwirtschaftet werden und die richtige Anlagenkonstruktion gewählt ist, wird die künftige marginale Arbeitszeitersparnis pro Kosteneinheit der Investition für jeden Produktionszweig gleich sein, so daß die Verlagerung von ein wenig mehr Investition von einem Industriezweig zum anderen keinen Vorteil bringen würde. (Hier berufen wir uns einmal mehr auf das in der neoklassischen Theorie entwickelte *Effizienz*prinzip.)

Sozialistische Planung **2** 11 § 4 (d)   389

Der Zuschlag mißt die Knappheit der investierbaren Ressourcen relativ zur künftigen Arbeitszeit. Er soll die Investition in die Industriezweige und die Formen lenken, die die größte künftige Arbeitszeitersparnis bewirken, welche die geplanten Investitionen ermöglichen können. Die Höhe des Aufschlags hängt vom Verhältnis der Arbeitskraft in dem Teil der Investitionsgüterindustrie, der dazu ausersehen ist, die Ausrüstungsgüter für die Konsumgüterindustrie bereitzustellen, zu der Arbeitskraft ab, die für die Beschäftigung hierin zur Verfügung steht. Falls der Zuschlag zu niedrig angesetzt wäre, würden die Investitionen so geplant, daß sie zu viel Ausrüstungsgüter pro Kopf benötigten und es würde nicht genug Anlagen geben, um allen verfügbaren Arbeitern Beschäftigung zu bieten. Falls er zu hoch angesetzt wäre, würden die Investitionen in vielen Industriezweigen eine zu kleine Outputsteigerung pro Kopf bewirken und es würde eine Arbeitsknappheit geben.

Wenn sie gerade richtig gewählt ist, gibt es in jeder Investitionsphase ständig Vollbeschäftigung mit einem Maximum an technisch möglicher künftiger Arbeitszeitersparnis. Anders ausgedrückt, bei einer gegebenen Arbeitszeit soll ein maximaler Zuwachs des Gesamtoutputs der Güter, die dem Plan nach angeboten werden sollen, erreicht werden.

Es muß betont werden, daß diese Analyse auf den Fall einfacher zeitlich strukturierter Produktion beschränkt ist, die für alle Techniken die gleiche ist. In der Tat, kann die Wahl der Technik nicht getrennt von der Wahl ihrer zeitlichen Struktur erfolgen.

Oft wird eine mechanisiertere Technik eine längere Verzögerung zwischen Investitions- und Produktionsbeginn erfordern. (Wasserkraftwerke haben eine höhere Investition pro Mann und eine längere Bauzeit als Wärmekraftwerke derselben Kapazität.)

Offensichtlich würde eine Technik, die heute für künftige kleinere Arbeitsersparnisse hohe Investitionskosten erfordert, *inferior* [siehe: **2** 4 § 3 (d)] sein und sollte abgelehnt werden. Ebenso würde eine Investition, die bis zur Verfügbarkeit des Outputs mehr Verzögerung mit sich bringt – d. h. eine längere Bauzeit hat – ohne jedoch nach ihrer Fertigstellung eine höhere Outputrate aufzuweisen, inferior gegenüber jener sein, die schneller Ertrag abwirft. Eine Technik, die eine längere Verzögerung erfordert, um eine ausreichende künftige Outputerhöhung zu bewirken, kann annehmbar sein, aber ihr Nutzen kann im allgemeinen nicht einfach in Einheiten künftiger Arbeitszeitersparnis ausgedrückt werden. Sie bietet spezifischen Output zu spezifischen Zeitpunkten. Eine Theorie der Wahl zwischen Techniken unterschiedlicher Zeitpfade würde extrem kompliziert und unmöglich auf die Praxis anwendbar sein. Wenn die

Kalkulation soweit wie möglich fortgeschritten ist, haben sich die Planer irgendwie zu entscheiden und auf das beste zu hoffen. Tatsächlich kann das Konzept einer optimalen Wahl der Technik nicht in einer präzisen Weise operational gemacht werden. Dennoch weist es in eine Richtung, die für die Realität wichtig ist.

(e) »Auf zwei Beinen stehen«

Wenn ein Industrialisierungsprozeß einsetzt, gibt es eine Vielzahl Ausrüstungsgegenstände, die man schaffen möchte, und eine sehr kleine Menge, die in einer Planungsperiode installiert werden kann. Dann muß eine Wahl zwischen den verschiedenen Gütern getroffen werden, um zu sehen, für welches Gut zuerst eine Investition zugeteilt werden soll. Die Differenz, die durch die Investition der Ausrüstungen im pro-Kopf-Output hervorgerufen wurde, ist von einem Produktionszweig zum anderen sehr unterschiedlich, und die einzelnen Industriezweige haben unterschiedliche Dringlichkeit für die weitere Entwicklung. Daher besteht die richtige Politik darin, das Güterangebot zu betrachten und herauszufinden, wo die größte Differenz im pro-Kopf-Output durch die Installierung neuer Ausrüstungen hervorgerufen wird. Einige Arbeitskräfte können sich dann der modernsten und besten Ausrüstungsgegenstände bedienen, die sehr hohe Investitionen pro Kopf benötigen. Andere sind nur so gut ausgerüstet, daß sie die Produktion bei Anwendung der alten Arbeitsmethoden nur durchführen können, wenn sie ihre Ausrüstung durch eigene Anstrengungen so gut es geht verbessern. Jahr für Jahr steigt die Zahl der hochmechanisierten Anlagen bis in weiter Zukunft jeder mit dem besten ausgerüstet ist.

Um genau ausarbeiten zu können, welche Projekte nach diesem Prinzip durchgeführt werden sollten, sind detaillierte Informationen erforderlich, die Schätzungen der künftig möglichen Verbesserungen der Technik einschließen. Dies konnte nicht in einer Prämie, die die Knappheit der investierbaren Ressourcen mißt, ausgedrückt werden. Wir könnten wirklich nicht vortäuschen, daß ein optimales Programm mathematisch ausgearbeitet werden könnte. Chinesische Erfahrungen jedoch bieten einige einleuchtende Beispiele. Eisenbahnen sind für Langstreckenschwerverkehr gebaut worden, während Esel oder sogar Menschen Karren für kurze Transportwege ziehen; die großen Eisen- und Stahlunternehmen versorgen die wichtigsten Anlagen und die maschinenerzeugende Industrie, während kleine Schmieden auf dem Lande landwirtschaftliche Gerät herstellen. Diese Beispiele verdeutlichen das Prinzip der

Sozialistische Planung **2** 11 § 5

selektiven Nutzung investierbarer Ressourcen, während Vollbeschäftigung aufrechterhalten wird oder, wie der Chinese sagt, das Prinzip des »auf zwei Beinen Stehens«.

5. Ein anderer Fall: »Die Ertragsrate«

Das Konzept der »Kapitalproduktivität« spielt in der neoklassischen Theorie eine wichtige Rolle. Es wird oft mit dem Konzept der Investitionsproduktivität oder der »Ertragsrate« auf die Ersparnisse für die Gesellschaft als Ganzes verwechselt (siehe: **2** 4 § 4), da es den Nutzen der Akkumulation für eine sozialistische Wirtschaft darstellt.

Verschiedene neoklassische Schulen haben auf unterschiedlichem Wege versucht, die »Kapitalproduktivität« mit der Profitrate gleichzusetzen, die den Kapitalisten aus ihren im Geschäft eingesetzten Finanzmitteln zufließt oder mit dem Zinssatz, den die Rentiers aus ihren Kapitalanlagen erhalten. Dies beinhaltet eine Verwechslung, zum einen zwischen dem Gesamtkapitalwert aller Unternehmen zusammengenommen und des in jedem Zeitpunkt durch die Investition stattfindenden Anwachsen des Kapitalstocks und zum anderen zwischen den Produktionsmitteln, die die Produktivität erhöhen und dem Vermögen, das seinen Eigentümern einen Anspruch auf einen Teil des Geldwertes der Produktion gibt.

Wir haben gesehen, daß die Höhe der Kapitalprofitrate weitgehend vom Stand der Technologie und von der Höhe der Reallöhne abhängt, sowie daß die Höhe der Zinssätze hauptsächlich vom Stand der Meinungen auf dem Kapitalmarkt – der Effektenbörse – und den Manipulationen der Geldpolitik bestimmt wird. Was hat die »Kapitalproduktivität« mit irgendeinem von diesen Faktoren zu tun?

Es bleibt noch das Konzept der Investitionsproduktivität vom Standpunkt der Gesellschaft als Ganzes übrig. Gewiß, mehr Produktionsmittel zu akkumulieren, die überlegene Techniken verkörpern, ist für die Gesellschaft in dem Sinne von Nutzen als es den Output bei gegebenem Arbeitskräftepotential erhöht, d. h. bei gegebenem Output die zu seiner Produktion erforderliche Arbeitszeit verkürzt. Wie unsere Erörterung der Probleme der Planwirtschaft gezeigt hat, ist aber dieser Nutzen nicht etwas, das auf eine »Ertragsrate« reduziert werden kann. Der Anteil der Investition an der gesamten wirtschaftlichen Aktivität, die Allokation der Investitionen zwischen umfangreichen Sektoren und sogar die Zusammensetzung des Outputs im Konsumgütersektor muß durch einen politischen Prozeß entschieden werden. Es gibt keine Möglichkeit, den gesellschaftlichen Nutzen der verschiedenen Investitionsobjekte auf ein einheitliches Maßsystems zurückzuführen.

Das einzige Element des neoklassischen Systems, das für die Diskussion der Investitionsplanung nützlich sein kann, besteht in dem Konzept einer Prämie, eingesetzt für die investierbaren Ressourcen als eine Determinante des technischen Mechanisierungsgrades, die ausgewählt wird, nachdem sowohl über die Investitionsrate als auch die -objekte entschieden worden ist. Sogar in seiner engen Begrenzung ist der Begriff nur als vager allgemeiner Indikator für die richtige Politik nützlich, da Berechnungen, die seine Anwendung mit sich bringt, mehr präzise Daten erfordern würden als wahrscheinlich verfügbar sind. Die Planung muß daher mit viel gröberen Mitteln durchgeführt werden.

Anhang 1: Das Streben nach Effizienz im sowjetischen Planungssystem

»Die Grundeigenschaft und die Richtung langfristiger Investitionen des Plans können nur durch die allgemeinen politischen und ökonomischen Entscheidungen bestimmt werden.

Gleichzeitig sollte im Prozeß der Planerstellung, der sich aus allgemeinen Grundsätzen (der Partei) ergibt, die Berechnung der Effizienz eine sehr wichtige Rolle spielen, insbesondere bei der Betrachtung mehr einseitiger, aber auch wichtiger Fragen wie bei der Wahl, welche Rohstoffe und welche technischen Prozesse benutzt werden sollten, der Wahl der Unternehmensform, des Konzentrations- und Spezialisierungsgrades usw. Natürlich müssen diese Fragen auch unter Berücksichtigung des Generalplans gelöst werden.«
L. V. Kantorovich[99])

In den Jahren unmittelbar nach der russischen Revolution von 1917 gab es sehr viele lebendige und kreative Kontroversen über ökonomische Fragen, aber zwischen 1929 und 1956 war in der Sowjetunion die orthodoxe Ansicht vorherrschend, daß die Funktion der Ökonomen darin besteht, für ex-post Rationalisierungen der staatlichen Wirtschaftspolitik zu sorgen. Die Ökonomen hatten nichts nützliches beizutragen, weder auf dem Gebiet der Techniken der Wirtschaftsplanung noch zur Organisation der Wirtschaftsinstitutionen. Nach 1956 führte die offensichtliche Notwendigkeit die Planungstechniken zu verbessern, zu einer Neubewertung des potentiellen Beitrags der Ökonomen und als Folge wurden eine Anzahl neuer Ideen erörtert und zu einem gewissen Grad in die Tat umgesetzt.

Sozialistische Planung **2** 11 Anhang **1**

1. Traditionelle Techniken

(a) Inputnormen

Traditionsgemäß wurde bei dem Versuch, die sozialistische Planung effizient durchzuführen, hauptsächlich die Technik *Inputnormen* aufzustellen, angewandt. Eine Inputnorm ist eine angenommene Zahl, um einen effizienten Prozeß der Transformation von Inputs in Outputs zu beschreiben. Zum Beispiel, angenommen, die Norm für den Nutzen der Kohle in der Produktion einer Tonne Stahl betrage x Tonnen. Dann wird angenommen, daß die effiziente Produktion von z Tonnen Stahl xz Tonnen Kohle erfordert.

Die Normierungsmethode wird in der sowjetischen Planung weitgehend angewandt, und beträchtliche Anstrengungen werden darauf verwandt, sie zu aktualisieren. Die Methode ist aber nicht imstande, Effizienz zu gewährleisten. Die in Planungsrechnungen benutzten Normen sind einfach durchschnittliche Inputbedürfnisse, die etwas zu Gunsten effizienter Produzenten gewichtet werden. Gegenwärtige Technologien zeigen eine weite Streuung der Input–Outputbeziehungen. Ferner berücksichtigen gegebene Normen keine Substitutionsmöglichkeiten des Inputs untereinander im Produktionsprozeß, keine nicht-konstanten Skalenerträge und keine Auswirkungen technischer Verbesserungen. Daher ermöglicht es die Normenmethode im allgemeinen nicht, Inputbedürfnisse effizient zu kalkulieren, und auf diese Weise berechnete Pläne sind immer ineffizient.

(b) Die Konsistenz

Eine anspruchslosere Forderung als die nach Effizienz, ist die nach *Konsistenz*. Betrachten wir eine Farm, die Getreide und Kartoffeln mit drei verschiedenen Techniken erzeugen kann. Die verfügbaren Inputs sind so geartet, daß sie einen Produktionsmöglichkeitsbereich wie in Abb. 11.1 dargestellt, ergeben. Jeder Outputplan auf PQRS ist effizient [vgl. **2** 7 § 5 (Abb. 7.2)].

Jede Outputkombination in der dunklen Fläche ist inkonsistent gegenüber dem Inputplan und kann nicht produziert werden. Irgendein Output innerhalb OPQRS ist, obgleich ineffizient, wenigstens gegenüber den verfügbaren Inputs konsistent.

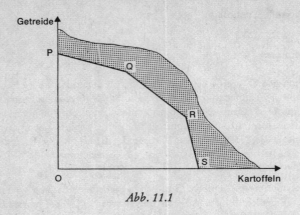

Abb. 11.1

(c) Planung und Gegenplanung

Die Methode, die gewährleistet, daß die Pläne für jeden Betrieb wenigstens konsistent (nicht in der dunklen Fläche) sind, besteht in der Planung und Gegenplanung. Wenn die Pläne den Unternehmen von oben einfach entsprechend dem Standpunkt der Planer über volkswirtschaftliche Erfordernisse, jedoch ohne Beachtung der reellen Möglichkeiten jedes Betriebs vorgegeben werden, dann würde solch eine Planung eindeutig inkonsistent sein. Umgekehrt, wenn die Pläne von jedem Unternehmen einfach aufgestellt würden, könnnte es mißlingen, die Ressourcen entsprechend den Erfordernissen der nationalen Volkswirtschaft einzusetzen. Der Prozeß von Planung und Gegenplanung hat eine gegenseitige Unterwerfung und Diskussion der Planungsvorschläge zur Folge und ist dazu bestimmt, zur Annahme eines Plans zu führen, der für die Unternehmen durchführbar ist und gewährleistet, daß die Ressourcen jedes Unternehmens entsprechend den nationalen Erfordernissen eingesetzt werden.

Unglücklicherweise widerspricht die bürokratische Komplexität dieses Verfahrens sowohl der Effizienz als auch der Konsistenz.

(d) Grundstoffbilanzen

Die Methode, die benutzt wird, um sicherzustellen, daß die Pläne für jedes Gut konsistent sind, besteht in den *Grundstoffbilanzen*. Dies erfordert für be-

Sozialistische Planung **2** 11 Anhang **1**

stimmte Güter Bilanzaufstellungen anzufertigen, die einerseits die Ressourcen und den potentiellen Output einer Volkswirtschaft und andererseits das Bedürfnis einer Wirtschaft nach einem bestimmten Produkt anzeigen.

Normalerweise ist zu Beginn des Planungsverfahrens die antizipierte Verfügbarkeit eines Gutes nicht ausreichend, um die antizipierten Erfordernisse zu befriedigen. Um beide auszugleichen, suchen die Planer nach Möglichkeiten, um knappe Produkte einzusparen und knappe Rohstoffe zu substituieren; sie erforschen die Möglichkeiten, um die Produktion zu erhöhen oder Grundstoffe und Ausrüstungsgegenstände zu importieren oder bestimmen als bestes Hilfsmittel die Priorität der Bedürfnisse, die mit den knappen Gütern befriedigt werden.

Aber trotz großer Anstrengungen ist es schwierig, ein Gleichgewicht zu erreichen. Die Komplexität einer Wirtschaft, in der eine große Vielzahl von Gütern durch verschiedene Prozesse, die alle ständigem technischen Wandel unterliegen, hergestellt werden, ist zu groß für die Erreichung von irgend etwas anderem als einer allgemeinen Konsistenz.

Die nachteiligen Effekte der Inkonsistenzen in der Planung wurden durch die relativ kleinen Veränderungen begrenzt, die die Planer zu irgendeinem Zeitpunkt der Wirtschaft auferlegen. Sie neigen vielmehr dazu, ständig kleine Veränderungen der existierenden Produktionsstruktur vorzunehmen. Fehler sind selten so groß, um nicht berichtigt werden zu können. Nichtsdestoweniger hat das traditionelle Planungssystem den Anschein eines ziemlich pragmatischen Versuchs des sich Durchmogelns.

2. Neuerungen in der Planung

Mitte der fünfziger Jahre wurde es sichtbar, daß die traditionellen Planungsmethoden unbefriedigend waren, insbesondere in Hinsicht auf die wachsende Diversifikation der Volkswirtschaft und die Versuche, die zur Entwicklung des Konsumgütersektors unternommen wurden.

(a) Die Amortisationsperiode

Die erste neue Methode der Wirtschaftsrechnung, die von den Ökonomen unterbreitet wurde, befaßte sich mit dem Problem der Wahl der Technik. Die Amortisationsperiode ist ein Mittel, um verschiedene Produktionstechniken bei gegebenem Output zu vergleichen. Der Vergleich wird in der Form der Reduktion der künftigen laufenden Kosten gemacht, die auf anfänglich höhere Investitionskosten zurückgeführt werden können. Eine Technik mit höheren Investitionskosten, im Vergleich zu einer anderen, die weniger Investition erfordert, wird nur gewählt, wenn die zusätzlichen Investitonskosten durch Einsparung an laufenden Kosten in der Periode, die gleich oder kürzer als die offiziell für diesen Sektor vorgeschriebene Amortisationsperiode ist, gedeckt werden können.

Eine längere Amortisationsperiode erlaubt höhere Anfangsinvestitionen pro Beschäftigten, d. h., einen höheren Mechanisierungsgrad [siehe: **2** 4 § 3 (d)], und umgekehrt. Diese Methode ist ein Versuch, den angemessenen Mechanisierungsgrad zu finden, um die verfügbaren investierbaren Ressourcen der zur Verfügung stehenden Arbeit anzupassen, aber da die Rechnung in der Form von mehr oder weniger willkürlichen Preisen anstatt in Kosten in Form der Arbeitszeit durchgeführt wird, ist sie nicht sehr zufriedenstellend. Darüber hinaus wird das Problem des Vergleichs der zeitlichen Strukturen von Investition und Output mit großer Oberflächlichkeit abgehandelt.

Ferner ist diese Methode nur brauchbar, um den Mechanisierungsgrad in jedem Sektor getrennt zu bestimmen. Die Verteilung der investierbaren Ressourcen zwischen den Sektoren wird durch oben beschriebene *ad hoc* Verfahren durchgeführt. Es gibt nichts, was mit der chinesischen Methode des »auf zwei Beinen Stehens« vergleichbar ist, die die Allokation der Investition zwischen den Sektoren mit dem Produktivitätszuwachs im Gesamtplan verbindet.

Die Amortisationsperiode, die Inputnormen und die Grundstoffbilanz bilden noch immer die Haupttechniken, die in der Planung osteuropäischer Volkswirtschaften angewandt werden. In den sechziger Jahren jedoch wurden Experimente mit neuen Techniken gemacht, wie der Input-Output-Analyse und der linearen Programmierung.

(b) Input-Output

Das erste Beispiel nationaler Berechnungen, das Daten der Produktionsbeziehungen zwischen Industrien verschaffte, wurde von der statistischen Zentralverwaltung der UdSSR in den zwanziger Jahren zusammengestellt. Der größte Teil der Entwicklungen dieser Technik wurde von Professor W. Leontief in den Vereinigten Staaten geleistet. Auch hier beeinträchtigt die Benutzung von willkürlichen Preisen die Exaktheit irgendeiner Berechnung in Werteinheiten [siehe: **2** 6 § 3 (c)], aber die sowjetischen Planer haben auch Input-

Output-Tabellen in physischen und Arbeitseinheiten zusammengestellt. Die Methode ist brauchbar, um die Aufmerksamkeit auf die Wechselbeziehungen der Sektoren zu lenken, insbesondere in Form der direkten und indirekten Inputs, die zur Produktion eines gegebenen Outputs erforderlich sind.

Die erste größere Studie über den Einfluß der Zusammensetzung des endgültigen Outputs auf die gesamte Produktionsstruktur wurde in Verbindung mit dem sowjetischen Fünfjahresplan von 1966–70 angefertigt. Es wurde deutlich, daß ein steigender Anteil der Investition am Volkseinkommen die Wachstumsrate des Sozialprodukts zwar erhöhen würden, aber für einige Zeit nur geringe Wirkung auf die Wachstumsrate des Konsums hat. Dies entspricht der Richtung von Feldmans Modell (siehe: Anhang 2), jedoch verbessert sie die Input-Output-Technik, da sie mehr eine Überprüfung der Wirkungen verschiedener Strategien auf das industrielle Niveau, als lediglich auf Aggregateinheiten erfordert.

(c) Lineare Programmierung

Vielleicht ist die wichtigste Innovation der Planungstechniken die Einführung der linearen Programmierung gewesen. Diese Technik beinhaltet die Maximierung (oder Minimierung) einer linearen Funktion (wie beispielsweise der Outputhöhe an Zement von verschiedenen Fabriken oder die Zeit, die Lastkraftwagen damit verbringen, Lieferungen an verschiedene Orte zu transportieren), die Bedingungen in der Form linearer Gleichungen unterwofen ist (wie dem Verhältnis zwischen der Verfügbarkeit von Kalk etc. und dem potentiellen Zementoutput). Eine Zahl von Problemen der Wirtschaftsplanung mag auf diese Form der mathematischen Formulierung passen und es existieren Methoden zur Auffindung präziser numerischer Lösungen. Die Lösung eines linearen Programmierungsproblems ergibt die besten Ergebnisse für die physische Variablen (den Zementoutput von jeder Anlage) und beschafft auch eine Maßeinheit für die Opportunitätskosten verschiedener Kombinationen von Outputs und Inputs.

In seiner klassischen Studie, *Economic Calculation of the Best Use of Resources*, führt L. V. Kantorovich die lineare Programmierung mit Hilfe eines einfachen Beispiels ein. Zwei Outputs, α und β, sind erforderlich. Ihr Bedarf ist unbegrenzt, aber es ist notwendig, daß von α doppelt so viel produziert werden kann wie von β, und daß dieses Verhältnis konstant ist, egal wie hoch der Gesamtoutput sein mag. Jedes dieser Güter kann von Fabriken des Typs

398   **2** 11 Anhang **1**   *Analyse*

A, B, C, D und E produziert werden, jeder Typ besitzt eine unterschiedliche
Outputkapazität. Die Anzahl der Fabriken eines jeden Typs und die Produktionskapazität für α und β sind in Tabelle 11.1 dargestellt.

Tabelle 11.1

Typ der Fabrik	Anzahl der Fabriken	Produktionskapazität falls die gesamte Kapazität bereitgestellt wird für		Opportunitäts- kosten von α in Einheiten von	Opportunitäts- kosten von β in Einheiten von
		α	β	β	α
A	5	100 000	15 000	0,15	6,7
B	3	400 000	200 000	0,5	2
C	40	20 000	2 500	0,125	8
D	9	200 000	50 000	0,25	4
E	2	600 000	250 000	0,42	2,4

Es wird angenommen, daß die Outputkombinationen irgendeiner Fabrik
unter der Bedingung konstanter Erträge für irgendeinen Output möglich sind.
Deshalb wird die Erstellung einer zusätzlichen Einheit von α der Fabrik A mit
der Aufgabe von 0,15 Einheiten von β verbunden sein. Die Opportunitätskosten von α in Einheiten von β betragen 0,15 einer Einheit.

Die Produktionsmöglichkeiten können graphisch dargestellt werden. Aus
den Fabriken des Typs A können wir 500 000 Einheiten von α oder 75 000
Einheiten von β oder irgendeine proportionale (lineare) Kombination der beiden erreichen. Dies wird durch die Gerade AA' in Abb. 11.2 dargestellt. Ähnliche Geraden sind für die anderen Fabriken eingezeichnet.

Falls nur α produziert wird, beträgt der Gesamtoutput 5 500 000 Einheiten
von α. Angenommen wird möchten 1 Einheit von β herstellen. Dann wird der
Teil der Fabrikkapazität, der die niedrigsten Opportunitätskosten von β in
Einheiten von α hat, dazu verwandt werden, 1 Einheit von β zu produzieren.
In unserem Beispiel ist dies eine Fabrik des Typs B. Höherer Output von β
wird allein von Fabriken des Typs B produziert werden, bis die Maximalka-
pazität der Fabriken des Typs B, 600 000 Einheiten von β, erreicht ist. Falls
mehr β erforderlich ist, werden dann die Fabrikkapazitäten des Typs E dazu
benutzt werden, es zu produzieren usw.

Die maximalen potentiellen Outputs für jedes bestimmte Verhältnis von
Outputs an α zum Output an β bilden die Produktionsmöglichkeitsgrenze, die
in Abb. 11.3 durch PQRSTU dargestellt wird. Das erforderliche Verhältnis von
Output an α zu Output an β, 2:1, wird durch die Gerade 00' verdeutlicht. Daher liegt der maximale Plan, der die maximalen Mengen von α und β im Ver-

hältnis 2:1 ergibt, bei a. Was a gemessen in Outputeinheiten jedes Fabrikentyps enthält, wird in Tabelle 11.2 gezeigt.

Ein Fabriktyp, D, produziert sowohl α als auch β. Für Fabriken des Typs D sind die Opportunitätskosten von β in Einheiten von α 4, wie aus der Steigerung RS in Abb. 11.3 abgelesen werden kann.

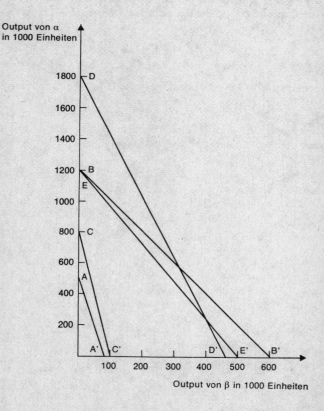

Abb. 11.2

(d) Die Anwendung der linearen Programmierung.

Obwohl die lineare Programmierung von einem sowjetischen Mathematiker entwickelt wurde, fanden ihre ersten Anwendungen im großen Maßstab in den USA statt, wo diese Technik unabhängig ein paar Jahre später entstand. Einige amerikanische Anwendungen sind die tabellarische Erfassung der Eisen- und Stahlproduktion, der Papier- und Ölindustrie und des Transportwesens (um die Frachtkosten zu minimieren) gewesen.

In der UdSSR wird geschätzt, daß die Anwendung linearer Programmierungstechniken auf die Produktion von Stahlröhren, den Output an Röhren 1970 um 108 000 Tonnen erhöht hat.

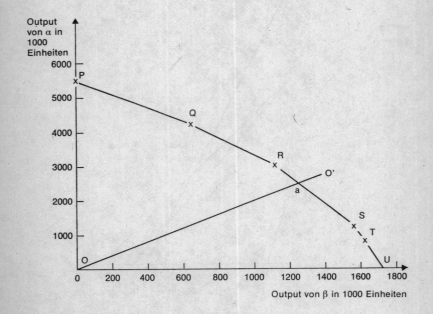

Abb. 11.3

Sozialistische Planung **2** 11 Anhang **1**   401

Tabelle 11.2

Typ der Fabrik	Artikel α		Artikel β	
	Anzahl der Fabriken	aggregierter Output	Anzahl der Fabriken	aggregierter Output
A	5	500 000	—	—
B	—	—	3	600 000
C	40	800 000	—	—
D	6	1 200 000	3	150 000
E	—	—	2	500 000
		2 500 000		1 250 000

Eine weitere wichtige Verbesserung ist in der Zusammensetzung von Kraftstoffen gemacht worden, die für die Elektrizitätserzeugung verwandt werden, insbesondere betrifft dies die Wahl der Kraftstoffe für neue Elektrizitätskraftwerke. Im letzten Beispiel ergab die Berechnung der Opportunitätskosten abweichende Ergebnisse von denen, die ursprünglich unter Benutzung der herkömmlichen Verkaufspreise der Kraftstoffe erzielt wurden.

Ein Großteil der Aufmerksamkeit ist für die Benutzung der Programmierungstechniken in der Investitionsplanung verwandt worden. Die geplante Entwicklung der Zementindustrie am Ende der sechziger Jahre basierte auf den Programmierungsergebnissen. Das Problem bestand in der Minimierung der gesamten Produktionskosten für den gegebenen Zementoutput in bestimmten Standorten der Sowjetunion. Die Variablen des Problems bildeten die bestehenden Unternehmen, die Kapazität und der Standort neuer Unternehmen sowie das Transportsystem. Die Ergebnisse der Berechnung waren eine Liste von Unternehmen, die stillgelegt werden sollten, eine Liste von Unternehmen, die bei bestehender Kapazität erhalten werden sollten und eine Liste von Standorten, wo neue Unternehmen mit bestimmten Kapazitäten erstellt werden sollten. Das Ergebnis der linearen Programmmierungsrechnung verdeutlichte, daß es wünschenswert war (die Transportkosten in Rechnung gestellt), die Zementproduktion auf eine kleine Zahl großer Fabriken zu konzentrieren, statt den Zement als »lokales« Gut zu betrachten, dessen Produktion in verschiedenen Teilen des Landes angesiedelt werden sollte. Dies stand der einflußreichen Meinung der Zementindustrie und vermutlich vielen lokalen Interessen entgegen.

Diese Beispiele zeigen die Methode, in der die mathematischen Techniken, von denen die lineare Programmierung nur eine ist, benutzt werden können, um gut definierte wirtschaftliche Planungsprobleme zu lösen. Die Technik kann nicht bestimmen, was produziert wird oder was unter Sozialpolitik fällt (z. B.

402   **2** 11 Anhang **2**   *Analyse*

können »ineffiziente« Anlagen für eine zeitlang erhalten werden, um die Kündigung von Arbeitern zu verhindern), aber sie kann zum effizienten Einsatz der Ressourcen beitragen.

Anhang 2: Das oberste Gesetz der sozialistischen Akkumulation

Unser einfaches Modell, das die Produktion von Getreide und Maschinen durch Maschinen und Arbeit beschreibt, kann benutzt werden, um Feldmans Weiterverarbeitung des Marx'schen Schemas der Reproduktion in eine Theorie der Akkumulation zu veranschaulichen [siehe: **2** 11 § 3 (a)]. Aus dieser Theorie wurde das »erste Gesetz der sozialistischen Akkumulation« abgeleitet, das eine Hauptrolle für die Formung der Wirtschaftspolitik der Sowjetunion und in den osteuropäischen Ländern gespielt hat.

In unserem Modell produziert der Maschinensektor Maschinen für sich selbst und für den Getreidesektor. Sind die Maschinen einmal einer bestimmten Verwendung zugeteilt, können sie nicht in eine andere überführt werden. Um diese Tatbestände zu vereinfachen, wollen wir nicht länger annehmen, daß die Maschinen eine lange Entstehungsperiode haben. Maschinen und Konsumgüter werden mit Hilfe von Maschinen und Arbeit in einer Periode erzeugt, sagen wir einem Jahr oder achtzehn Monaten. Es gibt immer genügend verfügbare Arbeit, um den gesamten Bestand an Maschinen zu bemannen. Maschinen nutzen nicht ab und es gibt keinen technischen Fortschritt.

Die Volkswirtschaft kann als aus zwei »Abteilungen« bestehend charakterisiert werden, die erste von ihnen, der Maschinensektor unterteilt sich in zwei Sektoren:

Abteilung 1
a Arbeit gekoppelt mit Maschinenstunden erzeugt Maschinen für Abteilung 1
b Arbeit gekoppelt mit Maschinenstunden erzeugt Maschinen für Abteilung 2

Abteilung 2
Arbeit gekoppelt mit Maschinenstunden erzeugt Getreide (Konsumgüter)

(a) Stetiges Wachstum

Wir unterstellen, daß es zu Beginn unseres Beispiels einen Bestand von 10 000 Maschinen in der Abteilung 1 a und die gleiche Anzahl in der Abtei-

Sozialistische Planung   **2** 11 Anhang **2**   403

lung 1 b gibt, sowie einen Bestand von 20 000 Maschinen in der Abteilung 2. In der Abteilung 1 produzieren fünf Maschinen mit der entsprechenden Ergänzung an Arbeit in einer Periode eine Maschine. Mit jeder Maschine in der Abteilung 2 wird eine Getreideeinheit pro Periode erzeugt. D. h.,

1a Arbeit gekoppelt mit 10 000 Maschinen produziert 2000 Maschinen für die Abteiung 1.

1b Arbeit gekoppelt mit 10 000 Maschinen produziert 2000 Maschinen für die Abteilung 2.

2 Arbeit gekoppelt mit 20 000 Maschinen produziert 20 000 Einheiten Getreide.

Die Art und Weise, in der die Entwicklung voranschreitet, hängt von der Allokation des Outputs von Abteilung 1a auf 1a und 1b ab. Wenn eine große Anzahl dieser neuen Maschinen der Abteilung 1b hinzugefügt wird, dann wird die Produktion an Maschinen für den Getreidesektor (und schließlich an Getreide) schnell steigen. Der Kapazitätszuwachs der Maschinenproduktion wird jedoch langsam absinken und schließlich wird der Kapazitätszuwachs in allen Sektoren reduziert.

Wenn der Abteilung 1a eine größere Anzahl zugeordnet wird, wird der Kapazitätszuwachs in allen Sektoren der Volkswirtschaft letztlich steigen, obgleich die Getreideproduktion zeitweise gebremst werden könnte.

Die proportionale Verteilung des Outputs der Abteilung 1a ist deshalb das zentrale Element in der Akkumulationsstruktur, die die Volkswirtschaft angenommen hat. Wir werden den in Abteilung 1a zurückgehaltenen Anteil α nennen. Im obigen Beispiel wird $\alpha = 0,5$ angenommen. Dann wird der Output der Abteilung 1a auf die Abteilung 1 a und 1b entsprechend ihren Anfangspositionen aufgeteilt. In der nächsten Periode produziert

1a Arbeit gekoppelt mit 11 000 Maschinen 2 200 Maschinen für Abteilung 1

1b Arbeit gekoppelt mit 11 000 Maschinen 2 200 für Abteilung 2

2 Arbeit gekoppelt mit 22 000 Maschinen 22 000 Einheiten Getreide.

Der Output in allen Sektoren der Volkswirtschaft hat sich um 10 Prozent erhöht. Falls α in den folgenden Perioden 0,5 bleibt, würde der Output in allen Sektoren in der nächsten Periode um 10 Prozent steigen usw., *ad infinitum*. Die Volkswirtschaft wird auf einem stetigen Wachstumspfad von 10 Prozent pro Periode solange bleiben, wie das Verhältnis von Investition zu Maschinenbestand konstant und $\alpha = 0,5$ bleibt.

404   **2** 11 Anhang **2**   *Analyse*

Das Ergebnis entspricht dem Koeffizienten α, der gleich dem Verhältnis der Bestände in den beiden Abteilungen zu Beginn des Beispiels ist.

(b) Beschleunigtes Wachstum

Um Getreide-Output-Niveaus zu erlangen, die höher sind als jene, die mittels der stetigen Wachstumsrate erzielbar sind, muß die Kapazität der Abteilung 2 schneller erhöht werden. Dies bedeutet wiederum, daß die Kapazität der Abteilung 1b schneller erhöht werden muß. Ein Anstieg der Kapazität der Abteilung 1b kann schnell durch eine Reduktion von α gegen O, und die Allokation eines größeren Teils des Outputs der Abteilung 1a zu Abteilung 1b bewerkstelligt werden oder langsamer durch die Erhöhung von α, so daß der Output der Abteilung 1a steigt und schließlich auch die Rate des Kapzitätszuwachses in Abteilung 1b. Die erste Strategie wird einen sofortigen Zuwachs der Kapazität der Abteilung 1b hervorrufen, aber die Wachstumsrate der Volkswirtschaft wird sich dann stetig veringern. Die zweite Strategie wird schließlich die Volkswirtschaft auf einen permanent höheren Wachstumspfad bringen.

Angenommen, daß am Ende der dritten Periode α auf 0,75 ansteigt und daher vom Output der Abteilung 1a von 2420 Maschinen 1815 in der Abteilung 1a verbleiben und nur 605 der Kapazität der Abteilung 1b hinzugefügt werden. Diese Investitionspolitik bleibt für die nächsten 30 Jahre bestehen. Die Wirkung auf die Getreidewachstumsrate wird in Tabelle 11.3 dargestellt.

Die Umlenkung der Kapazität zu Abteilung 1a reduziert anfänglich die Wachstumsrate des Getreideoutputs. Nach 12 Perioden werden aber die gesamten Auswirkungen des schnellen Wachstums der Kapazität in einem Anstieg der Wachstumsrate des Getreideoutputs widergespiegelt. Die 10prozentige Wachstumsrate des stetigen Wachstumspfades wird von der 22. Periode an übertroffen. Der Getreideoutput steigt 34 Perioden nach der Veränderung von α mit 13 Prozent pro Periode und die Wachstumsrate nimmt noch weiter zu.

Abb. 11.4 zeigt den Effekt auf die absolute Höhe des Getreideoutputs. Trotz der Beschleunigung der Wachstumsrate des Getreideoutputs wird die absolute Höhe des Getreideoutputs auf dem stetigen Wachstumspfad nicht vor der 33. Periode eingeholt.

Falls α = 0,75 bleiben sollte, würde die Wachstumsrate des Getreideoutputs ständig beschleunigt, bis sie sich bei 15 Prozent auf einem neuen stetigen Wachstumspfad einpendelte. Weitere Beschleunigung könnte dann nur durch ein weiteres Ansteigen von α erreicht werden.

Sozialistische Planung   **2** 11 Anhang **2**   405

Tabelle 11.3

Periode	α	Wachstumsrate des Getreideoutputs auf dem beschleunigtem Wachstumspfad (%)
1	0,5	
2	0,5	10
3	0,5	10
4	0,75	10
5	0,75	9,6
6	0,75	9,2
:		
10	0,75	8,5
11	0,75	8,46
12	0,75	8,47
13	0,75	8,52
:		
20	0,75	9,6
21	0,75	9,9
22	0,75	10,1
23	0,75	10,4
:		
32	0,75	12,6
33	0,75	12,8
34	0,75	13,0
35	0,5	13,2
36	0,5	15,0
37	0,5	16,3
:		
39	0,5	17,5
40	0,5	17,6
41	0,5	17,5
:		
49	0,5	14,7
50	0,5	14,7

(c) Abnehmendes Wachstum

Hat sich einmal ein hohes Wachstumsniveau gebildet, kann entschieden werden, daß es nicht länger notwendig ist, die Beschränkung des gegenwärtigen Konsums mit einer hohen Rate zu verbinden. Eine Reduzierung von α wird einen schnellen Aufschwung im Getreideoutputzuwachs bringen, sobald ein größerer Kapazitätanteil der Abteilung 1b zugeteilt wird. Schließlich wird die Wachstumsrate des Getreideoutputs vermindert entsprechend wie das Kapazitätswachstum der Abteilung 1 sinkt und die Volkswirtschaft wird wieder zu einer stetigen Wachstumsrate von 10 Prozent tendieren. Dieser neue 10prozentige Pfad wird aber mit einem viel höheren absoluten Getreideoutputniveau verbunden sein, als es der Fall gewesen wäre, falls der stetige Wachstumspfad die ganze Zeit beibehalten worden wäre.

Der Prozeß des abnehmenden Wachstums, indem sich der Wert von α auf 0,5 in der 35. Periode verringert, wird in Tabelle 11.3 und Abb. 11.4 illustriert.

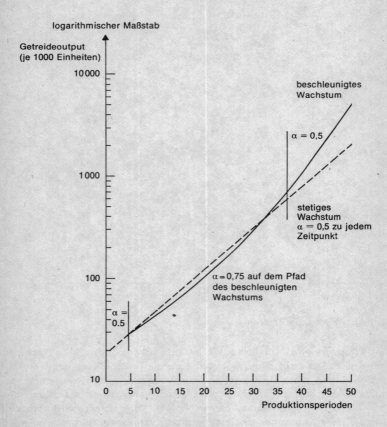

Abb. 11.4

(d) Verallgemeinerung

Feldmans Abteilungen können verallgemeinert werden, so daß sie mit den umfangreichen Sektoren einer komplexen Volkswirtschaft übereinstimmen. Das Modell enthält einige wichtige Anhaltspunkte für das Wesen des industriellen Wachstums. Die empirischen Schlußfolgerungen des Modells können eher als Indikator für die Richtung des Wandels als für sein Ausmaß angesehen werden, da zu viele wichtige Faktoren der wirtschaftlichen Entwicklung ausgelassen wurden. Nichtsdestoweniger hatten die in Feldmans Model enthaltenen Ideen einen beträchtlichen Einfluß auf die sowjetische Planung der dreißiger Jahre, speziell im Hinblick auf die Rolle, die die Investition in maschinenerzeugenden Kapazitäten spielte.

Buch 3   Gegenwartsprobleme

Einleitung

Vor 1914 und sogar noch bis in die dreißiger Jahre wurden ökonomische Lehrsätze gewöhnlich mit großer Selbstsicherheit verkündet. Die Pflicht einer Regierung bestand darin, ihr Budget auszugleichen, den Goldstandard aufrechtzuerhalten, Schutzzölle zu vermeiden und die Regeln des *laissez-faire* bei ihren Beziehungen zu der Industrie zu beachten. Selbst heutzutage begnügen sich einige Ökonomen damit, die Annahmen aufzufinden, unter denen die alten Lehrsätze richtig gewesen wären, aber diejenigen, die sich für das interessieren, was in der Welt vorgeht, können die gelassene Selbstgefälligkeit früherer Generationen nicht verteidigen. Gleich ob sie die Probleme des gegenwärtigen Lebens in der Form der Rechtfertigung oder der Empörung erörtern, müssen sie zugeben, daß es viele Probleme gibt, für die die Lösung nicht ohne weiteres auf der Hand liegt.

Die Betonung in den folgenden Anmerkungen liegt auf den Problemen und Schwierigkeiten sowie auf den Interessenkonflikten, die mit ihren Lösungsversuchen verbunden sind. Es gibt einige Probleme in der Ökonomie, für die eine Lösung gefunden werden kann, die »für wenigstens ein Individuum gut ist, ohne irgendein anderes zu schädigen.« Wenn der Schleier der *laissez-faire* Doktrin gefallen ist, muß jedes ökonomische Problem unter einem politischen Aspekt gesehen werden und das *laissez-faire* selbst ist als eine Art politisches Programm zu betrachten. Ökonomische Schlußfolgerungen allein können keine Lösung für irgendein ökonomisches Problem bieten, weil alle mit politischen, sozialen und menschlichen Erwägungen verbunden sind, die nicht auf »die Lehre des wohlgefällig kalkulierten Mehr oder Weniger« reduziert werden können. Der Gegenstand einer Einführung in die Analyse sollte nicht sein, Lösungen vorzuschlagen. Dem Leser sollte vielmehr zu bedenken gegeben werden, was er beachten muß, wenn er versucht, sich seine eigene Meinung über die Probleme zu bilden, die ihm von der Zeit, in der er lebt, aufgegeben werden.

Kapitel 1   Kapitalistische Staaten

Nach 1945 wurde deutlich, daß die Ära des *laissez-faire* zu Ende war. Die Regierungen aller kapitalistischen Industrieländer akzeptierten stillschweigend oder offenkundig die Verantwortlichkeit für das Management ihrer eigenen Wirtschaft. Zu den traditionellen Aufgaben der Behörden bezüglich der militärischen Angelegenheiten und der internationalen Zahlungsbilanz wurde nun als dritte hinzugefügt, ein hohes und stabiles Beschäftigungsniveau zu erhalten. Da aber, wie wir gesehen haben, der Erfolg einer annähernden Vollbeschäftigung zu einer Inflationstendenz führt, wurde eine vierte Hauptaufgabe entwickelt – steigende Preise in Grenzen zu halten. Die Ziele der staatlichen Wirtschaftspolitik kristallisierten sich in dem »Wachstums«-Konzept heraus. Dies weist den Statistikern, die für die Messung des BSP [siehe: 2 7 § 3 (a)], des durchschnittlichen pro-Kopf-Einkommens und des Niveaus der Reallohnsätze sorgen, eine wichtige Rolle zu.

Die Probleme des Managements einer modernen Volkswirtschaft stehen alle im Zusammenhang; während wir jedes der Reihe nach aufgreifen, werden wir jeden einzelnen Beziehungskomplex von mehreren Seiten betrachten.

1. Rüstungsausgaben

Es wäre nicht angemessen an dieser Stelle die Frage der Notwendigkeit oder des Erfolgs eines Kriegszugs gegen den Kommunismus als Verteidigung der Freiheit der kapitalistischen Welt aufzuwerfen, aber es ist unmöglich, moderne Wirtschaftsprobleme ohne die Betrachtung der Rolle der Rüstungsinvestitionen zu behandeln.

(a) Die USA

Die Politik des kalten Kriegs war fest etabliert, bevor es in der Nachkriegszeit irgendeinen Mangel an steigender effektiver Nachfrage in den Vereinigten Staaten gab. Es gibt keinen Grund anzunehmen, daß sie in erster Linie als ein Abwehrmittel gegen Rezessionen eingeführt wurde. Nachdem aber einmal die

Kapitalistische Staaten **3** 1 § 1 (a) 411

Notwendigkeit des Aufbaus der nationalen Streitmacht akzeptiert wurde und der Nachkriegsrüstungswettlauf begonnen hatte, sorgten die Rüstungsausgaben für ein leichtes und einwandfreies Mittel, die Vollbeschäftigungspolitik zu unterstützen. Was Präsident Eisenhower als den militärisch-industriellen Komplex beschrieb, rief eine unersättliche Nachfrage nach Kapital hervor. Die sich selbst als Keynesianer bezeichnenden Ökonomen hatten die Einwände der »gesunden Finanzgebarung« gegenüber dem Budgetdefizit ausgehöhlt. Militärausgaben waren ein willkommenes Mittel, die Rezessionstendenz der geschäftlichen Aktivitäten und der steigenden Arbeitslosigkeit zu heilen, die andernfalls für die an der Macht befindliche Regierung politische Nachteile gebracht hätten. Dies bedeutet natürlich nicht, daß Rüstungsausgaben für die Beschäftigungspolitik der Regierung notwendig sind. Falls der Ausweg über die Rüstungsausgaben nicht vorhanden gewesen wäre, hätte der Anblick der UdSSR, die sich offensichtlich einer kontinuierlichen Vollbeschäftigung erfreute, während die USA in eine Wirtschaftskrise abglitt, Rufe nach irgendeinem anderen Heilmittel wach werden lassen. Da aber einmal Militärausgaben vorhanden waren, bedeutete es den Weg des geringsten politischen Widerstandes, von ihnen Gebrauch zu machen.

Die Entwicklung von Rüstungsindustrien ist für den Rest der Volkswirtschaft schädlich. (Falls sie für das Überleben des Staates notwendig sind, muß das Opfer erbracht werden, aber wer beurteilt die Notwendigkeit?)

Der erste Nachteil ist offenbar der, daß, falls die für Rüstung ausgegebenen Summen für den zivilen Gebrauch verwendet worden wären, sie einen Beitrag zur Produktivitätssteigerung oder Verbesserungen für die Bevölkerung gebracht hätten. Keynes argumentierte, daß als Hilfsmittel gegen die Arbeitslosigkeit die Bezahlung für das Graben und das Wiederzuschütten von Löchern viel besser wäre als nichts zu tun, denn die Löhne würden für sonst nicht produzierte Güter ausgegeben werden; aber er hob hervor, daß es viel sinnvoller wäre, für irgend etwas Nützliches Beschäftigung zu schaffen. Er behauptete, daß in anderen Epochen der Bau von Pyramiden, Kathedralen oder großen Wohnhäusern die effektive Nachfrage erhalten hatte:

> »Löcher in den Boden zu graben« erhöht nicht nur die Beschäftigung sondern auch das reale Volkseinkommen nützlicher Güter und Dienstleistungen, weil es aus Ersparnissen bezahlt wird. Es ist jedoch nicht vernünftig, daß sich eine verständige Gesellschaft damit zufriedengeben sollte, abhängig von solchen zufälligen und oft nutzlosen Erleichterungen zu bleiben, nachdem man einmal die Einflüsse erkannt hat, von denen die effektive Nachfrage abhängt.[100])

412   3 1 § 1 (b)   *Gegenwartsprobleme*

Die Paläste und Grabmäler lassen wenigstens einige glänzende Monumente für die Nachwelt zur Bewunderung zurück, was von der Fabrikation von Waffen nicht gesagt werden kann, die (so laßt es uns hoffen) veraltern, bevor sie eingesetzt werden.

Der zweite Nachteil beeinträchtigt eventuell die Volkswirtschaft sogar noch mehr. Die Durchführung von Forschungsvorhaben unter Geheimhaltungsbedingungen zur Entwicklung immer neuer Vernichtungsmethoden (ganz abgesehen von seinen Auswirkungen auf die Moral der intellektuellen Elite) entzieht der Industrie und den für das menschliche Leben günstigen Entwicklungen den Nutzen eines großen Teils der wissenschaftlichen Potenz und der Ausbildungsmöglichkeiten. Die Dominanz der Vereinigten Staaten in der Weltwirtschaft war nach dem Krieg so groß, daß es nochmal zehn Jahre dauerte, bis die Wirksamkeit von Präsident Eisenhowers Mahnungen allgemein beachtet wurde. Inzwischen hat der Einfluß der USA die militärische Macht und die Rüstungsinvestitionen nicht nur des angenommenen Staatsfeindes sondern auch der Alliierten und Verbündeten in der ganzen Welt angeregt.

Es wird oft behauptet, daß militärische Entwicklungen oder Projekte, die zur nationalen »Großmannssucht« beitragen, sowie die Landung eines Menschen auf dem Mond, zu einem Boom von Entdeckungen mit wissenschaftlicher Bedeutung und zu unschätzbaren technologischen Innovationen führen, die sonst nie gemacht worden wären. Dies ist ohne Zweifel richtig, aber dies ist ein politisches, kein technologisches Argument. Der Kernpunkt ist der, daß ein solcher Aufschwung und Kapitaleinsatz niemals für nützliche oder humane Forschungsvorhaben zur Verfügung steht. Falls er es wäre, sollte man erwarten, daß Forschung, die auf ein bestimmtes Ziel ausgerichtet ist, erfolgreicher wäre als unbeabsichtigte Nebenprodukte.

(b) Das Vereinigte Königreich und Frankreich

Weder Großbritannien noch Frankreich sahen irgendeine Notwendigkeit »Löcher in den Boden zu graben«, um die wirtschaftliche Aktivität zu erhalten. Es gab viel zu tun, um die Industrie wiederaufzubauen, auszuweiten und zu modernisieren und viel weniger Widerstand als in den USA gegenüber den gesellschaftlich nützlichen Staatsausgaben. Beide Länder waren aber mit in Auflösung befindlichen Weltreichen und Träumen vergangenen Ruhms belastet, die sie davon abhielten, all ihre Ressourcen dem zivilen Aufbau zu widmen.

Kapitalistische Staaten **3** 1 § 1 (c)   413

Trotz zweier verheerender Kriege und einer unabhängigen atomaren Auf-
rüstung gingen die Franzosen mit weniger wirtschaftlichen Schäden als die
Briten aus dieser Entwicklung hervor. Vor 1939 wurde der größere Teil der
britischen überseeischen Militärausgaben aus dem indischen Budget bezahlt.
Nach dem letzten Krieg waren sie für die Zahlungsbilanz des Vereinigten
Königreichs eine schwere Last und sie sind für einen großen Teil der
Schwierigkeiten, die wir in diesem Kapitel diskutieren werden, verantwort-
lich.

(c) Westdeutschland und Japan

Den besiegten Staaten war es zunächst nicht erlaubt wiederaufzurüsten. Sie
konnten alle ihre Investitionen und ihren Patriotismus auf die Ankurbelung
der Wirtschaftsentwicklung verwenden. Beiden wurde durch amerikanische
Anleihen und Subventionen geholfen, bis sie einen Exportüberschuß erzielen
konnten. Als Westdeutschland danach aufgefordert wurde, wiederaufzurüsten, um einen Beitrag zur Verteidigung der Freiheit zu leisten, wurden dafür
größtenteils Waffen importiert. Dies hatte für beide Seiten einen Nutzen indem
es seinen Alliierten, die immer um Exporte bemüht waren, diesen Wunsch er-
füllte und damit seine eigene Schwerindustrie für zivile Zwecke freihielt.

In Japan ist die Wirtschaft strikt diszipliniert und für zentrale Leitung geeignet. In Westdeutschland ist die Wirtschaft unter dem Deckmantel des Slo-
gans vom *laissez-faire* viel mehr Gegenstand der Kontrolle (durch das
Bankensystem) als in Großbritannien, das den Slogan der keynesianischen
Politik übernommen hat.

Westdeutschland und Japan haben eine weitere Eigenschaft gemein. Beide
hatten ein erhebliches Industriearbeiterpotential in dem Landwirtschaftssektor
(Westdeutschland zog auch Flüchtlinge aus der Deutschen Demokratischen
Republik und später eingewanderte Arbeiter aus unterentwickelten Ländern
an sich), und beide besaßen (teils aus diesem Grund) keine kämpferisch einge-
stellte Arbeiterschaft. Es verging einige Zeit ehe beide an den inflationären
Auswirkungen einer ständig annähernden Vollbeschäftigung zu leiden begannen, so daß beide eine starke Wettbewerbsposition im internationalen Handel
hatten. Energische Geschäftsleute und willige Arbeiter ermöglichten es den besiegten Staaten den vollen Nutzen aus dem Bonus, den die Siegermächte ihnen

gewährten, zu ziehen. Es ist allgemein anerkannt, daß die Rüstungslast der US-Wirtschaft und das Fehlen dieser Belastung für ihre zwei größten Wirtschaftskonkurrenten einen wichtigen Beitrag zu der Krise, die 1971 ausbrach, darstellten.

2. Beschäftigungspolitik

Die Ziele der Beschäftigungspolitik sind durchaus nicht einfach. Eine Rezession und steigende Arbeitslosigkeit werden als Übel betrachtet, aber auch ein sehr geringes Niveau der Arbeitslosigkeit ist kein ungeteilter Segen. Es ist für die Unternehmen angenehm, aus einem Reservoir verfügbarer Arbeit schöpfen zu können. In der Industrie ist die Arbeitsdisziplin leichter aufrechtzuerhalten, wenn der Verlust der Stelle für jeden Arbeiter eine ernsthafte Bedrohung darstellt. (Humane Managementmethoden können langfristig effizient sein, aber brutale Methoden sind schnell und einfach.) Der Inflationsdruck nimmt zu, wenn die Profite hoch sind. Ein Boom führt zur Ermutigung unbesonnener Spekulationen, die nur erfolgreich sein können, solange sich der Boom ständig beschleunigt; wenn er nachläßt, gibt es einen Zusammenbruch mit Verlusten und Bankrotten, die dem Vertrauen in die Zukunft einen schmerzhaften Schock versetzen. Die Politik ist zu bestimmten Zeiten daran beteiligt, die Wirtschaftsaktivität zu dämpfen, genauso wie sie sie in anderen Zeiten ankurbelt.

Die Beschäftigungspolitik kann nicht von der Bemühung der Regierung um das internationale Gleichgewicht getrennt werden. Dies gilt weniger für die USA als für andere Länder. Der internationale Handel spielt für das Gesamteinkommen der USA eine viel geringere Rolle als für irgendein anderes kapitalistisches Land, schon lediglich wegen seiner erheblichen Größe und seiner diversifizierten Ressourcen. Darüber hinaus ließ die nicht in Frage gestellte Dominanz in den finanziellen und monetären Angelegenheiten der Welt in den 25 Jahren nach dem Krieg, die mit der Zahlungsbilanz verbundenen Probleme unwichtig erscheinen. Für die übrige Welt war die amerikanische Wirtschaftspolitik ein Gegenstand besorgter Aufmerksamkeit, aber in den Vereinigten Staaten schien sie lediglich eine innenpolitische Angelegenheit zu sein.

Hier erörtern wir zunächst die verfügbaren Instrumente, um die inländische Beschäftigung zu beeinflussen und später die internationalen Aspekte des Problems.

(a) Das Vertrauen

Ein wichtiger – tatsächlich vielleicht der allerwichtigste – Beitrag, den eine Regierung zur Aufrechterhaltung der effektiven Nachfrage leisten kann, besteht darin, bei den Führungspersönlichkeiten der Wirtschaft das Vertrauen zu erwecken, daß sie das Eintreten einer Krise verhindern wird. Dies fördert die Gewinnerwartung und ermutigt zu umfangreichen Investitionen sowie Innovationen, die bei schwankenden Märkten viel zu risikoreich wären. Dies hält die Akkumulation und die technische Entwicklung aufrecht, weil ihr Andauern erwartet wird. Darüber hinaus macht im Falle einer Rezession der Glaube an eine zwangsläufige folgende Erholung diese eher möglich.

(b) Fiscal policy

Alle Regierungsaktivitäten sind mit Ausgaben verbunden, die entweder durch Besteuerung oder Kredite gedeckt werden und üben einen Einfluß auf die Wirtschaftslage aus. Das stärkste Instrument, das eine Regierung hat, um auf die Wirtschaftsaktivität einzuwirken, ist die Variation der Ausgaben, aber die Ausgaben können nicht völlig durch die Erfordernisse der effektiven Nachfrage bestimmt werden, da sie mit anderen Aspekten der Politik und gegensätzlichen Interessen mächtiger Gruppen verbunden sind, die die Regierung beeinflussen. Wir haben gesehen, wie die Beschäftigungspolitik das Wachstum des militärisch-industriellen Komplexes der Vereinigten Staaten förderte, wenn aber seine Macht einmal etabliert war, ging sie weit über die Erfordernisse der Beschäftigungspolitik hinaus und wird jetzt beschuldigt, die Wirtschaft mit kalten und heißen Kriegen zu ruinieren.

Gleichzeitig können die Erfordernisse der Beschäftigungspolitik andere Ziele vereiteln, wenn z. B. eine plötzliche »nationale Krise« eine Kürzung der Ausgaben für Sozialleistungen erfordert.

Mag sie auch schwerfällig und unvollkommen sein, so spielt die Regulierung der Staatsausgaben doch eine große Rolle in der Beschäftigungspolitik und in der Tat war das große Wachstum im Bereich der staatlichen Aktivitäten in allen kapitalistischen Ländern eine Vorbedingung für das anspruchsvolle Konzept der Beschäftigungskontrolle als ein Ziel der staatlichen Politik.

Der zweite Aspekt der fiscal policy, nämlich die Besteuerung, ist auch ein Instrument zur Beeinflussung der effektiven Nachfrage. Eine Steuersenkung stellt ein Mittel dar, die Ausgaben der Haushalte anzuregen und dies hilft

durch die Erholung der laufenden Verkäufe auch das Investitionsverhalten anzuregen. Der stärkste Einfluß wird durch die Senkung der Steuern für die
niedrigsten Einkommen · erreicht. Proportionale Senkungen bringen für die
höchsten Einkommen größten Nutzen und werden so allgemein teilweise durch
ansteigendes Sparen vergeudet [siehe: 2 7 § 3 (f)]. (Ähnlich wird eine zur
Dämpfung eines Booms geplante Steuererhöhung teilweise durch vermindertes
Sparen vergeudet.) Man könnte sich deshalb vorstellen, daß die Budgetpolitik,
die auf eine steigende Beschäftigung abzielt, am effektivsten wäre, wenn sie
mit einer Politik Ungleichheiten abzubauen, kombiniert wäre, aber im allgemeinen werden proportionale Steuersenkungen solchen bevorzugt, die den
Gruppen von Steuerzahlern die größte Erleichterung geben würden, denen sie
am meisten nützen würde.

(c) Zinssätze und Investitionen

Das zweite Hauptinstrument der Beschäftigungspolitik ist weit weniger wir-
kungsvoll, nämlich die Kreditkontrolle. Die verschiedenen Investitionsarten
sind den monetären Einflüssen gegenüber in unterschiedlichem Grad empfänglich. Die großen Kapitalgesellschaften halten im allgemeinen Liquiditätsreserven teils in Bankdepositen und teils in leicht verkäuflichen Wertpapieren. Darüber hinaus verfügen sie über ausreichendes Gewicht und Einfluß auf Finanzierungsinstitutionen, bei denen sie bei Bedarf Kredit aufnehmen können. Sie
sind im allgemeinen unabhängig von der Finanzkontrolle und können nach ihrem Belieben Investitionspläne aufstellen. Es ist richtig, daß die Form, in der
neue Emissionen entweder durch Obligationen oder Aktien getätigt werden
können, von der Situation auf dem Wertpapiermarkt abhängen, für große Unternehmen jedoch ist das »timing« der Investitionen nicht an die Kreditauf-
nahmemöglichkeiten gebunden. Die Neuemissionen werden getätigt, wenn der
Markt dafür vorteilhaft erscheint; dann werden die für die Investitionen genutzten Ressourcen wieder aufgefüllt oder Bankdarlehen zurückgezahlt. Um
große Investitionsprojekte durchzuführen, ist es nicht notwendig, auf eine günstige Marktlage zu warten, noch fördert eine vorteilhafte Marktlage die Investition außer insoweit als sie ein Symptom für gute Gewinnerwartungen ist.

In jedem Fall spielt die Höhe des Zinssatzes nur eine kleine Rolle in der
Berechnung der Rentabilitätserwartungen bei einer Industrieinvestition. Wenn
das Risiko eines Unternehmens auf der Basis einer dreijährigen Amortisationsperiode kalkuliert ist, muß es einen Bruttogewinn in Höhe einer jährlichen

Kapitalistische Staaten **3** 1 § 2 (d) 417

Rate von 33¹/₃ Prozent der Investition über die ersten drei Jahre erwarten lassen. Damit verglichen hat sogar eine große Differenz des Zinssatzes von etwa jährlich 5 bis 10 Prozent keine große Wirkung. Daher haben für risikoreiche Projekte die Kreditkosten (oder der Ertrag aus ungenutzten Reserven) keinen bedeutenden Einfluß auf die Investitionsentscheidungen.

Anders ist die Situation für kleine Unternehmen, die auf Bankkredite angewiesen sind. Der Zinssatz, den sie bezahlen müssen, ist ein wichtiger Bestandteil ihrer Kosten; Neugründungen oder Erweiterungen von bestehenden Unternehmen hängen von der Fähigkeit ab, eine Bank zu überzeugen, daß das Projekt kreditwürdig ist. Hier hat die Kontrolle der Kreditbasis durch die monetären Behörden etwas Einfluß auf das Investitionsniveau.

Der Einfluß ist jedoch begrenzt. Wenn die Gewinnerwartungen niedrig sind, kann billiger Kredit nicht viel dazu beitragen, die Geschäftstüchtigkeit anzukurbeln und wenn die Gewinnerwartungen hoch sind, wird eine Restriktion der Bankkredite durch andere Institutionen ausgeglichen, die das Geschäft der Finanzversorgung übernehmen, indem sie ihre Reservefonds als Kredit vergeben, statt sie als Bankdepositen zu halten (siehe: **2** 8).

Der wichtige private Einfluß der Geldpolitik wird auf den Wohnungsbau ausgeübt. Die Nachfrage nach Wohnungen durch die Konsumenten ist größtenteils unabhängig von der Konjunkturlage, weil das, was eine Familie bei gegebenem Einkommen aufbringen kann, hauptsächlich von dem Zinssatz abhängt, den sie für einen Kredit zahlen muß. Bauen als eine Investition wird ebenfalls von dem Zinssatz beeinflußt. Die Nachfrage nach Wohnungen ist einigermaßen beständig, insbesondere in einem Land mit steigender Bevölkerung und steigendem Wohlstand. Die Rückzahlungen in Einheiten der künftigen Erträge können auf der Basis von zehn bis fünfzehn Jahren kalkuliert werden. Verglichen mit dem Bruttoertrag von jährlich 10 Prozent bedeutet ein Unterschied von nur einem Prozent des Zinssatzes (etwa von 5 auf 6 Prozent) eine große Differenz für den Grad der Vorteilhaftigkeit einer Investition.

(d) Monetäre Beschleunigungs- und Dämpfungsregulatoren

Ein Zuwachs der Kreditbasis erhöht die Bankkredite und führt tendenziell zu sinkenden Zinssätzen. Als Heilmittel gegen eine Rezession, hat dies einige vorteilhafte Einflüsse, vorausgesetzt, das Vertrauen ist nicht zu stark erschüttert worden. Es erlaubt den Banken kleinen Unternehmen, die sie früher zurückwiesen, Kredite zu geben; es fördert den Wohnungsbau; es hebt die Be-

418 **3 1 § 2 (e)** *Gegenwartsprobleme*

wertung der Wertpapiere an der Effektenbörse, was die Rentiers zu Ausgaben anreizt, und erleichtert die Bedingungen für den Ratenkauf. Es kann auch große Unternehmen zu Investitionen veranlassen, die es als ein Symptom ansehen, daß die Behörden nicht gewillt sind, die Rezession zu weit fortschreiten zu lassen.

Um das zu verhindern, was die Behörden als einen überschäumenden Boom betrachten, ist eine Kreditverknappung nicht sehr geeignet, wenn sie nicht in einem Augenblick angewandt wird, in dem der Boom einsetzt oder wenn sie nicht von anderen wohl dosierten Maßnahmen flankiert wird, um die wirtschaftliche Aktivität einzudämmen, denn solange die Profiterwartungen ungetrübt sind, wird die Investitionstätigkeit andauern, die Kredite können aus der einen oder anderen Quelle bezogen werden und die Börsenkurse werden trotz hoher Zinssätze weitersteigen. Wenn eine Kreditrestriktion überhaupt einen Effekt zeigt, so wirkt sie sich auf den Wohnungsbau, die Konsumentenkredite und auf kleine Unternehmen aus.

Eine ausreichende Begrenzung der Ausgaben wie auch immer erzeugt, kann sich durch Verminderung der Profiterwartungen auf die großen Investoren auswirken. Dann kann das, was die Behörden als eine milde Dämpfung des Booms beabsichtigten, zu einer schweren Rezession führen. Die Erfahrung hat gezeigt, daß die Geldpolitik kein guter Regulator einer Volkswirtschaft ist. Sie kann keinen abschätzbaren Effekt induzieren ohne zuviel zu bewirken.

(e) Stop and Go

Ein schwerer Nachteil jeder Art antizyklischer Politik ist die Zeit, die sie benötigt, um zu wirken. Zuerst müssen die Behörden zu der Meinung kommen, daß irgendeine Aktion notwendig ist. Während sie über die Lage nachdenken, bahnt sich entweder ein Boom an oder die Arbeitslosigkeit steigt auf ein alarmierendes Ausmaß an. Ferner benötigen die gewählten Heilmittel Zeit um Wirkungen zu erzeugen. Einmal wirksam, folgen ihnen selbst noch später die Sekundärwirkungen einer Veränderung der Investitionsrate für Konsumausgaben und einer Veränderung der Konsumausgaben für die Investition (mittels laufender und erwarteter Profite), so daß die Behörden von Zeit zu Zeit verpflichtet sind, einen Boom zu bremsen, den sie selbst in Gang gesetzt haben, oder Ausgaben zu tätigen, um eine Rezession zu bremsen, die sich aus ihrer eigenen erfolgreichen Bekämpfung des Booms ergab.

Six-Nr. 1006

Kapitalistische Staaten **3** 1 § 3 (a)   419

Dennoch war diese Leistung verglichen mit dem Versprechen eines hohen und stabilen Beschäftigungsniveaus nicht perfekt, verglichen mit den verheerenden Erfahrungen der Weltwirtschaftskrise kann der Nachkriegskapitalismus den Verdienst eines sehr bemerkenswerten Wandels seiner Verhaltensweisen für sich beanspruchen.

3. Offene Volkswirtschaften

Bis jetzt haben wir die Beschäftigungspolitik von einem rein internen Standpunkt erörtert, aber nicht einmal die Vereinigten Staaten sind ganz frei von externen Einflüssen und für alle anderen kapitalistischen Länder bilden die internationalen Probleme die Hauptsorgen der Politik.

(a) Die Zahlungsbilanz

Die monetären Behörden befassen sich in jedem Land mit der Gesamtzahlungsbilanz. Unter der Herrschaft fester Wechselkurse verpflichten sich die Behörden für ihre nationalen Währungen eine bestimmte Parität aufrechtzuerhalten. Eine ungünstige Zahlungsbilanz bedeutet einen Nachfrageüberschuß nach ausländischer Währung, so daß die Wechselkurse nur dadurch gewährleistet werden können, daß ein Abfluß von Reserven an international akzeptierten Geld (etwa Gold oder Dollars), die die Behörden halten, zugelassen wird. Die Behörden sind verpflichtet, den Versuch zu unternehmen, diesen Abfluß zu verhindern, andernfalls müssen sie die Niederlage eingestehen und eine Senkung des Wechselkurses gestatten.

Eine günstige Gesamtzahlungsbilanz, die einen Zustrom an Reserven bringt, ist den monetären Behörden des Landes, die sie genießen, gewöhnlich willkommen, aber wie wir sehen werden, können sich Umstände ergeben, in denen sie hinderlich ist.

Wir unterschieden oben drei verschiedene Elemente der nationalen Zahlungsbilanz, den Überschuß oder das Defizit auf dem Einkommenskonto, den Nettostrom des langfristigen Kapitals und den Zu- und Abfluß von kurzfristigen Kreditaufnahmen und -vergaben [siehe: **2** 10 § 3 (a)]. Die traditionelle Bankpolitik entstand aus der Kontrolle über die kurzfristigen Ströme. War der Goldstandard erst einmal fest etabliert, gab es niemals irgendeinen Zweifel über den Wechselkurs einer angesehenen Währung. Dann konnte die Zahlungsbilanz durch die Veränderungen der Zinssätze reguliert werden. Bewegungen des kurzfristigen Kapitals (das damals viel geringer war als heute) wurden von einem Finanzzentrum zum anderen als Reaktion auf kleine Differenzen der Zinssätze, die sie erzielen konnten, vorgenommen. Ein Goldabfluß aus London wurde durch ein Ansteigen des Diskontsatzes begrenzt, der die allgemeinen Zinssätze beeinflußt, was den Sterling zu einer attraktiveren Währung machte, in der die Überschüsse gehalten werden konnten. Ein Zustrom ließ eine Expansion der Kreditbasis zu, die die Zinssätze senkte.

Ein Einfluß der relativen Zinssätze auf die Bewegungen der kurzfristigen Kredite ist noch immer ein Bestandteil des internationalen Geldsystems, jedoch nicht mehr der wichtigste.

In einer Periode, in der es keine bestimmten Erwartungen über Veränderungen der Wechselkurse gibt, bewegt sich das Kapital auf der Basis der relativen Attraktivität der erreichbaren Zinssätze von einem Finanzzentrum zum anderen. Jedes Land muß sich dem Niveau der anderswo angebotenen Zinssätze anpassen. Die Behörden eines Landes mit einer schwachen Zahlungsbilanz wagen es nicht das Niveau ihrer Zinssätze absinken zu lassen, wenngleich es auch für die inländische Beschäftigung günstig wäre, während die Behörden eines Landes mit einer starken Zahlungsbilanz sich nicht oft gezwungen sehen, ihre Sätze zu senken.

Irgendein Land findet dann seine Zinssätze hochgetrieben oder gesenkt entsprechend dem was sich in anderen Finanzländern ohne Rücksicht auf die Erfordernisse seiner eigenen Innenpolitik ereignet. (Dies vernichtet den Tagtraum des Ökonomen bezüglich der Zinssätze als Regulator der effektiven Nachfrage) [siehe: **2** 8 § 3 (d)].

Heutzutage, erwächst der wichtigste Einfluß auf kurzfristige Ströme aus Erwartungen über Veränderungen der Wechselkurse. Wenn immer es einen Glauben (gleich ob gut oder schlecht begründet) gibt, daß ein bestimmter Wechselkurs gesenkt werden wird, so gibt es einen Abstrom an kurzfristigem Kapital und wenn eine Aufwertung erwartet wird einen Zustrom. Die verärgerten Politiker beklagen die Spekulanten, aber das Phänomen wird von Händlern, Finanzierungsinstitutionen und Besitzern von Vermögenswerten erzeugt, die geschickt versuchen, Verluste zu vermeiden und Profite zu machen, entsprechend den reinen Gesetzen des privatwirtschaftlichen Systems, das dieselben Politiker in anderen Zusammenhängen oft in hohem Maße preisen.

Wenn die monetären Behörden versuchen den Wechselkurs ihrer Währung zu erhalten entgegen einen allgemeinen und gutbegründeten Glauben, daß ihnen dies nicht gelingen wird, sind sie schon vorher dazu bestimmt zu verlieren, weil es unbeschränkt große Kapitalmengen in der Finanzwelt gibt, die für das

Kapitalistische Staaten **3** 1 § 3 (b)

verwendet werden können, was eine nahezu sichere Gewinnchance zu versprechen scheint. Um dieser Situation zu begegnen, wird manchmal das Mittel des »floating« der Währungen benutzt. Wenn die Behörden es dem Wechselkurs gestatten unter dem Druck von Angebot und Nachfrage zu sinken und zu steigen, kann ein schwacher Wechselkurs zu weit fallen und wieder steigen oder ein starker zu hoch steigen und wieder fallen. Voraussagen über den Wechselkurs der unmittelbaren Zukunft lassen sich nicht mehr mit Sicherheit machen; die einseitige Bewegung des Kapitals wird verhindert.

Das internationale Geldsystem gleicht dem Spiel »Solo-Whist«, indem die zielbewußteste Zahlungsaufforderung die M i s e r e darstellt – ein Unterfangen jeden Spielzug zu verlieren. Die Behörden im Besitz einer schwachen Währung können gewöhnlich einen Vorteil erzielen, indem sie eine Abwertung zulassen.

Es ist beunruhigend, daß der Dollar, der den größten Teil der international anerkannten Währung ausmacht, seit 1971 auf die M i s e r e gesetzt hat. Die US-Behörden haben herausgefunden, daß eine ungünstige Zahlungsbilanz ihnen nicht schadet, weil die Behörden in den Überschußländern solange Dollars kaufen müssen, wie sie ihre eigenen Währungen vor einer Aufwertung schützen wollen, während, falls sie damit aufhören, der Dollar abgewertet wird. In Wirklichkeit wird dies, wenn auch nicht dem Namen nach, der US-Wirtschaft zu einem Aufschwung verhelfen. Die traditionelle Lehre der »Zentralbankiers« gibt für diese Situation keine Anleitung und sie sind verpflichtet, nach neuen Methoden zu ihrer Bewältigung zu suchen.

(b) Wettbewerbserfolg

Der Umfang der Beschäftigungspolitik jedes Landes hängt von seiner Position im Welthandel ab. Ein Land, das sich in einer starken Wettbewerbsposition befindet, kann einen konsistenten Pfad »exportinduzierten Wachstums« verfolgen, während ein Land in einer schwachen Handelsposition dazu getrieben wird, kurzfristige Notlösungen anzuwenden, die seine Grundsituation oft gänzlich verschlechtern.

Die Behörden eines Landes für das die Exportwerte ständig steigen, können Importe, Inlandsinvestitionen und -konsum gestatten und sie dazu anreizen, mit derselben Rate zu wachsen, ohne dabei eine Politik des periodischen »Stop« durch eine des »Go« zu ersetzen. Kontinuierliche Inlandsinvestition, die für industrielle Entwicklung sorgt, ist mit technischen Fortschritt verbunden und hält den ursprünglichen Wettbewerbsvorteil anderen Handelsnationen gegenüber aufrecht.

Exportinduziertes Wachstum ist sicherlich einer importinduzierten Stagnation vorzuziehen, aber es gibt Probleme und Schwierigkeiten, die gerade für ein Land in dieser Situation erwachsen.

Erstens ist es nicht immun gegen die Inflation. Eine langfristig annähernde Vollbeschäftigung verursacht das spiralförmige Anwachsen der Profite, Löhne und Preise. Die Inflationsrate ist geringer als auf dem gesamten Weltmarkt, zum Teil weil der Output pro Kopf schneller steigt als in anderen Handelsnationen. Die Exporte werden durch sie häufig nicht allzu sehr behindert, aber es bedeutet dennoch einen großen Mißstand im Inland. (Dies wird weiter unten erörtert.)

Zweitens kann ein ständiger Exportüberschuß eine verschwenderische Verwendung der Ressourcen aus der Sicht der gesamten Volkswirtschaft bedeuten. Ein laufender Überschuß gestattet einen entsprechenden Kapitalabfluß, der vonstatten geht, ohne daß die Behörden genötigt sind, den Versuch zu unternehmen ihn zu zügeln. Dies ist für Unternehmen günstig, die Auslandsinvestitionen durchführen wollen oder für Rentiers, die ausländische Wertpapiere erwerben wollen.

Während aber der lange exportinduzierte Boom anhält, können Unternehmen und Rentiers es vorziehen, das Geld im Inland zu halten. Der nicht durch Kredite an das Ausland ausgeliehene laufende Überschuß bringt einen Zustrom an Reserven. Daher erzielt die ganze Arbeit, die technische Erfindungsgabe und die Verkaufstüchtigkeit, die im Exportüberschuß verkörpert sind, für die inländische Wirtschaft als Ganze betrachtet keinen Gewinn, außer nicht erforderlichen Devisenreserven. Mehr Importe oder mehr sozial nützliche Inlandsinvestitionen können als wünschenswerter betrachtet werden.

Es ist aber selten, daß die monetären Behörden wirklich gegen eine günstige Zahlungsbilanz sind, und die Arbeiter haben so gut wie die Kapitalisten in Exportwirtschaften ein mächtiges althergebrachtes Interesse an ihrer Rentabilität. Die Importe steigen, aber der Protektionismus von rückständigen Elementen in der allgemein prosperierenden Wirtschaft kann dennoch notwendig sein. Das Argument, daß die Ressourcen besser genutzt werden könnten als für einen Exportüberschuß, wird keine einflußreichen Verteidiger finden.

Der Druck kommt von außen. Die laufenden Überschüsse eines Landes werden durch die Defizite des anderen ausgeglichen. Aber die Regierung jeder Industrienation betrachtet es als richtig und normal, einen laufenden Überschuß zu erwirtschaften. Ein Defizit erfordert energische Anstrengungen, es zu korrigieren. Die kapitalistische Wirtschaft gleicht immer ein wenig einem Käufer-

Kapitalistische Staaten **3** 1 § 3 (c)

markt, mit Kapazitäten, die mehr produzieren als gewinnbringend abgesetzt werden kann, und die Staaten leben immer in der Gefahr in einen Handelskrieg zu verfallen, jeder um seinen eigenen Anteil am begrenzten Weltmarkt sicherzustellen. (Diese Situation entsteht nicht aus einer allgemeinen Krise wie in den dreißiger Jahren, sondern aus dem durch ungleiche Wachstumsraten hervorgerufenen Wettbewerbsdruck.) Die Vereinigten Staaten benutzen politische Mittel, um Exporte aus den Überschußländern zu bremsen und zwingen sie ihre Währungen aufzuwerten. Dies ist nicht allzu erfolgreich.

Die merkantilistische Politik des 17. Jahrhunderts war größtenteils mit Handelskämpfen (und Ausbeutung) in der jetzigen Dritten Welt verbunden. Der Neomerkantilismus beschäftigt sich mehr mit dem Handel zwischen den Industriestaaten untereinander, so daß der Wettbewerbskampf abwegigere Formen annimmt. Gleichzeitig gibt es eine wachsende Bedrohung aus einigen Teilen der sogenannten unterentwickelten Welt, wo eine sich auf einem orientalischen Lohnniveau befindliche Arbeiterschaft mit westlichen Techniken ausgerüstet wird. Die reichen Länder haben die Importe aus diesen Ländern insoweit erfolgreich begrenzt, während sie gleichzeitig fromme Sprüche über die Entwicklungshilfe verkünden.

(c) Wettbewerbsschwäche

Ein Land in einer schwachen Wettbewerbsposition (wofür das Vereinigte Königreich in den letzten Jahren das beste Beispiel gewesen ist) leidet an einer Tendenz zu einer ungünstigen Zahlungsbilanz, die korrigiert werden muß. Die verfügbaren politischen Mittel, ein unerwünschtes, laufendes Defizit zu korrigieren, bestehen darin, den Protektionismus zu verstärken, entweder durch einen selektiven oder durch einen allgemeinen Aufschlag auf die Importwerte, die Währung abzuwerten (auf einmal oder durch Abwärts»floaten«) und die effektive Nachfrage zu dämpfen sowie Arbeitslosigkeit zu verursachen. (Ein viertes politisches Mittel, das von denen verteidigt wird, die den Anschluß des Vereinigten Königreichs an den Gemeinsamen Markt befürworten, besteht darin, die protektionistischen Maßnahmen in der Hoffnung zu *senken,* daß der kalte Wind des Wettbewerbs die Leistungsfähigkeit der inländischen Industrie verbessern wird.)

Protektionismus fordert Vergeltungsmaßnahmen heraus. Die Abwertung ist ein sofortiges Heilmittel gegen eine ungünstige Zahlungsbilanz, durch Umkehrung der Kapitalbewegungen, die in der Hoffnung erzeugt werden, daß der Wechselkurs fallen wird. Ihre Wirkung auf die Handelsbilanz ist größtenteils von der allgemeinen Weltmarktsituation abhängig. Sie kann baldige Auswirkungen haben, sie kann langsame oder partielle Erleichterung bringen oder durch einen Aufschwung der Weltaktivität unterdrückt und irrelevant gemacht werden.

Es ist zu beachten, daß das »floating« des Wechselkurses ein nützliches Mittel gegen spekulative Ströme kurzfristiger Überschüsse ist; man kann sich darauf nicht verlassen, um das Gleichgewicht des Einkommenskontos aufrechtzuerhalten. Erstens wirkt der Wechselkurs auf die gesamte Zahlungsbilanz zurück und nicht nur auf die Handelsbilanz allein. Die Behörden eines Landes, das sich in einer schwachen Position befindet, möchten den Wechselkurs senken, um die Exporte zu stimulieren. Falls sie aber gleichzeitig die Zinssätze erhöhen, um die Inlandsaktivität zu bremsen, kann ein Zufluß an langfristigen Krediten den Wechselkurs wieder erhöhen.

Zweitens, wenn eine Abwertung vorgenommen wurde, kann man sich nicht darauf verlassen, daß ein Defizit der Handelsbilanz schnell korrigiert wird, selbst dann nicht, wenn es innerhalb von einem oder zwei Jahren eintreten wird. Schließlich, kann der sofortige Anstieg der Inlandspreise für Importe (insbesondere falls diese Nahrungsmittel beinhalten) zu solch einem Druck auf ein Ansteigen der Nominallohnsätze führen, so daß die Abwertung ausgeglichen sein wird, bevor sie Zeit hatte, sich auszuwirken. Die Vorstellung, daß ein »floatender« Wechselkurs ein perfekter Regulator der Handelsbilanz entgegengesetzt der Zahlungsbilanz sein könnte, ist ein weiterer Tagtraum der Ökonomen.

Eine Abwertung aufzuschieben, die sich schließlich als unvermeidbar herausstellt und sie durch Deflation und Arbeitslosigkeit zu bekämpfen, kann sich im Ergebnis als eindeutig unsinnig herausstellen, aber es ist nicht immer im voraus klar ersichtlich, was man hätte tun sollen.

Der sofortige Effekt der Arbeitslosigkeit, der durch monetäre und fiskalische Dämpfungsmaßnahmen erzeugt wurde, besteht in der Reduktion von Importen an Rohstoffen und Investitionszubehör. (Für den Zeitraum, in dem die Lagerbestände abgebaut werden, ist ein besonders starker Abfall zu verzeichnen. Danach erholen sich die Importe wieder auf einem geringen, der induzierten Inlandsaktivität angemessenem Niveau.) Das reduzierte Inlandseinkommen vermindert auch die Verkäufe von importierten Konsumgütern. Die Unternehmen, die sich mit einem schrumpfenden Inlandsmarkt konfrontiert sehen, können darauf aus sein, mehr zu exportieren. So etabliert eine künstliche Rezession in einem Land eine Tendenz zur Verbesserung seiner Handelsbilanz.

Kapitalistische Staaten **3** 1 § 3 (c)

Üblicherweise wird angenommen, daß die Arbeitslosigkeit ein grundlegendes Heilmittel ist. Wenn sie die Wachstumsrate der Nominallohnsätze senkt, während in anderen Ländern das Wachstum weiterhin stark zunimmt, wird der grundlegende Wettbewerbsnachteil des schwachen Landes vermindert. (Der Effekt ist ähnlich dem einer Abwertung.) Mit geringeren relativen Kosten sollte es möglich sein, zu einem höheren Beschäftigungsniveau zurückzukehren, ohne erneut ein Defizit zu schaffen.

Heute scheint es manchmal, daß die Ankündigung von Arbeitslosigkeit als ein Heilmittel gegen Inflation »Öl auf das Feuer« der gewerkschaftlichen Unnachgiebigkeit »gießt« und einen um so stärkeren Anstieg der Löhne verursacht.

Der traditionelle Mechanismus zur Korrektur des Ungleichgewichts besteht im Anstieg der Nominallohnsätze in den Ländern, wo die Produktivität am schnellsten steigt [siehe: **2** 10 § 2 (b)]. Dies kommt vor (nachdem die »Reservearmee« der Arbeiter beschäftigt worden ist), aber die Löhne steigen auch in einem langsam wachsenden Land. Jüngste britische und amerikanische Erfahrungen zeigen, daß es für mehrere Jahre hindurch sein kann, daß die Arbeitskosten pro Outputeinheit in den Wirtschaften der schwachen Länder höher sind als im Vergleich zu denen ihrer starken Konkurrenten.

Eine wichtige Konsequenz der unterschiedlichen Kostenbewegungen ist das Hervorrufen von Veränderungen der Profitanteile zwischen den verschiedenen Handelsnationen. Wir haben gesehen, daß die Bruttogewinnspannen im allgemeinen im Verhältnis zu der Inlandsproduktion für inländische Verkäufe recht konstant sind. Die Preise bewegen sich in Anlehnung an die Herstellkosten, so daß der Gesamtanteil der Löhne am Wert des Outputs durch Veränderungen der Nominallohnsätze wenig beeinflußt wird, aber der internationale Wettbewerb wird nicht durch die gegenseitige Rücksichtsnahme einer Gruppe Oligopolisten abgeschwächt, die sich einen wachsenden Markt teilen. Unternehmen, die mit ausländischen Konkurrenten im Wettbewerb stehen, können nicht automatisch die Preise erhöhen, wenn die Kosten im Inland steigen. Daher werden in den weniger erfolgreichen Ländern die Gewinnspannen vermindert. Der hieraus resultierende Anstieg der inländischen Reallöhne erhöht den Konsum, aber ein goßer Teil hiervon entfällt auf die Importe.

Ein Fallen der Profite erschöpft die Liquiditätsreserven der Unternehmen, die die Finanzierungsmittel für die Investitionen bereitstellen, und beeinträchtigt gleichzeitig die Profiterwartungen, die das Investitionsmotiv darstellen. Ein Sinken der Investitionsrate verschlimmert das Grundübel – eine relativ geringe Rate des technischen Fortschritts.

Die Situation ist voller Gegensätze. Unternehmen in dem wirtschaftlich schwachen Land können davor zurückschrecken, im Ausland zu investieren, was den »Aderlaß« der Inlandindustrie erhöht und gleichzeitig die Zahlungsbilanz schwächt. Die Abwertung des Wechselkurses bringt eine temporäre Erleichterung, aber nur durch Erhöhung der inländischen Lebenshaltungskosten und erschwert es daher, sich der Forderung nach höheren Nominallohnsätzen zu widersetzen. Die Regierung kann, bei dem Versuch, den Investitionsanreiz zu erhalten, Erfolg haben, indem sie die Last der Besteuerung von den Profiten auf die Löhne verlagert. Man befürwortet die »Einkommenspolitik« als eine Methode, die das Ansteigen der Nominallohnsätze begrenzt oder man ordnet ein »Einfrieren« der Nominallohnsätze an, um den inflatorischen Auftrieb zu bremsen. Dies führt zu einem Ausbruch des Klassenkampfes gegen eine Arbeiterschaft, die eine kontinuierliche Erhöhung des Niveaus der Reallohnsätze erwartet, die die Kapitalisten aber nicht länger gewährleisten können.

Ein Land in einer schwachen Weltmarktposition, aber mit großer politischer Macht, übt Druck auf die zu erfolgreichen Konkurrenten, die schneller wachsenden Industriestaaten und auch auf die aufstrebenden »Entwicklungsländer« aus. Es schließt sich selbst von den Regeln des Freihandels und der festen Wechselkurse aus, die es der Welt auferlegte, als seine eigene Wettbewerbsposition unangefochten war. Dies erzeugt sowohl Verwirrungen im Welthandel als auch in den Lehren der Ökonomen, für die die Doktrin des universalen Nutzens des freien Spiels der Marktkräfte ein Glaubensartikel ist.

4. Wachstum

a) Ökonomische Wunder

Während der, dem Ende des Zweiten Weltkrieges folgenden 25 Jahre, waren einige Staaten in der Regulierung der effektiven Nachfrage weniger erfolgreich als andere, aber für die gesamte kapitalistische Wirtschaft war dies eine Periode langanhaltenden Booms, die nur durch geringe Rückschläge unterbrochen wurde. Die Akkumulation, die die technischen Innovationen verkörpert, wurde auf einem beispiellos hohen Niveau gehalten. Das große Anwachsen der wissenschaftlichen »manpower«, größtenteils durch die Rivalität der Großmächte induziert, schuf mit einer schwindelerregenden Wachstumsrate neue Kenntnisse, die das Tempo der technischen Entwicklung beschleunigten. Vieles nahm extravagante oder schreckenerregende Formen an, aber es gab

Kapitalistische Staaten **3** 1 § 4 (b)

dem Anwachsen des Massenkonsums einen Aufschwung, der frühere Luxusgüter der Mittelklasse wie Privatwagen, Waschmaschinen und Auslandsreisen
dem größten Teil der Bevölkerung zur Verfügung stellte. Der große Erfolg
dieser Erfahrung erzeugt Nebeneffekte, die seit Beginn der siebziger Jahre
Anlaß zur Sorge geben.

b) Die Inflation

Es war von Anfang an offensichtlich, daß ständige annähernde Vollbeschäftigung ohne eine weitere Veränderung der Institutionen und der Geisteshaltung zu einer kontinuierlichen Erhöhung des Preisniveaus führen würden.
Die einzige Möglichkeit, eine hohe Beschäftigung mit stabilen Preisen zu kom-
binieren, würde in der Kontrolle des Wachstums der Einkommen in Geldeinheiten bestehen, aber es existieren zu viele Schwierigkeiten bezüglich der Aus-
führung, und zu viele mächtige Interessen widersetzten sich dem Versuch. (Nur
die Niederländer betrieben für einige Jahre eine erfolgreiche Einkommenspolitik, als sie allerdings zusammenbrach, war die Inflationsrate höher als irgendwo anders.) Abgesehen von den oben diskutierten Spannungen im internationalen Handel hat die Inflation schwere inländische Konsequenzen, insbesondere dann, wenn sie lange genug anhält, um zur Gewohnheit zu werden.
Erstens begünstigt sie das Vermögen auf Kosten der Verdienste, da, wenn eine
Erwartung künftig steigender Preise normal geworden ist, der heutige Geldwert eines einkommensträchtigen Vermögens durch den Glauben erhöht wird,
daß sein Geldwert in der Zukunft höher sein wird. Die Kaufkraft fällt kontinuierlich in den Schoß der Besitzer von Anteilen erfolgreicher Unternehmen,
Grundbesitz, Häusern und Kunstgegenständen; diese können jederzeit realisiert und dazu benutzt werden, um heute Güter und Leistungen zu kaufen.
Ferner werden alle Vermögensarten zu einem Träger der Spekulation; die Finanzmittel werden von produktiven Investitionen abgelenkt, um bereits vor-
handenes Vermögen zum Zwecke des Wiederverkaufs zu erwerben.

Zweitens verteilt die Inflation das Realeinkommen ständig neu zwischen
Einkünften, Pensionen und Unterstützungszahlungen an die Armen zugunsten
der Gruppen mit der stärksten Verhandlungsposition gegenüber jenen, die sich
in der schwächsten befinden. Jederzeit stellt die Mehrzahl der Haushalte fest,
daß die Preise seit dem letzten Anstieg ihrer Nominaleinkommen gestiegen
sind, während eine Minderheit einen Anstieg der Nominaleinkommen genießt,
der zur Zeit den Anstieg der Preise übersteigt. Damit beginnt ein Spiel des
»catch-as-catch-can«, das in einer Atmosphäre der Bitterkeit und gegenseitigen

Beschuldigung stattfindet, aus der die Alten, die Armen und die Familien mit kleinen Kindern immer als Verlierer hervorgehen.

Hat einmal ein Inflationsprozeß Fuß gefaßt, so kann er nicht durch eine künstliche Rezession verhindert werden. Jene Länder, in denen die effektive Nachfrage zu Beginn der siebziger Jahre gedämpft wurde, fanden sich in der schlechtesten beider Alternative wieder. Die Arbeitslosigkeit stieg und das Wachstum des Realeinkommens war begrenzt, dennoch stiegen die Preise weiter.

In Großbritannien verhandelten die Behörden mit den Gewerkschaften, um ihre Forderungen nach Erhöhungen der Geldlöhne zu begrenzen und appellierten dabei an den Patriotismus, indem sie hervorhoben, daß der nationale Handel aufgrund steigender Kosten gelähmt wird. Darüber hinaus wird behauptet, daß, falls Profite sich nicht wieder erholen, britische Unternehmen im Ausland statt im Inland investieren würden; die Gehälter der Spitzenkräfte müssen erhalten werden, sonst würden die »klügsten Köpfe« das Land verlassen. Kurz, die Arbeiter sollen patriotisch sein, aber die Kapitalisten brauchen es nicht. Es bleibt abzuwarten, ob freiwillige Vereinbarungen den Anstieg der Preise und Löhne zu begrenzen oder ein gesetzliches »Einfrieren« funktionsfähig gemacht werden können, ohne einige durchgreifendere Veränderungen in der Verhaltensweise auf beiden Seiten der Tarifpartner zu bewirken.

c) Armut mitten im Überfluß

Um das statistische BSP zu erhöhen, wird das Hauptkriterium des wirtschaftlichen Erfolgs oft mit dem Argument gerechtfertigt, daß ein Anstieg des gesamten Konsumniveaus (oder vielmehr noch der Käufe) der Güter die Armut für die gesamte Bevölkerung beseitigen wird. 25 Jahre eines beispiellosen »Wachstums« überlassen die Beseitigung der Armut immer noch der Zukunft. In jedem kapitalistischen Land (ausgenommen vielleicht in Skandinavien) gibt es viele Individuen und Familien, die unter dem Subsistenzniveau leben, in dem Sinne, daß sie nicht für die physischen Grundbedürfnisse an Nahrung, Wohnung, Wärme und menschenwürdigem Leben sorgen können.

Es scheint nicht viele Hoffnungen zu geben, daß ein *Mehr* an Wachstum in dieser Situation ein besseres Heilmittel wäre, als das Wachstum, das wir bereits haben. In einem Wettbewerbssytem gibt es zwangsläufig sowohl Verlierer als auch Gewinner und solange keine wirkliche Vollbeschäftigung erreicht ist, gibt es zwangsläufig »Arbeitslosigkeit« in der Industrie und in jenen Berufen, in denen die weniger cleveren und weniger leistungsfähigen Individuen keine

Kapitalistische Staaten **3** 1 § 4 (d) 429

Stelle bekommen können und folglich es nicht wert zu sein scheinen, zur gegenwärtigen Lohnhöhe beschäftigt zu werden.

Die allerniedrigsten Einkommen der Mittellosen, der Arbeitslosen, der Alten usw. werden in den meisten Fällen durch Zahlungen der Sozialversicherungen aufgebessert. Es wird häufig das Argument benutzt, daß, falls nur das BSP schneller wüchse, diese Zahlungen erhöht werden könnten. Jedoch auch hierin liegt ein Widerspruch; das Wachstum jedes Landes hängt von seiner Stellung im internationalen Wettbewerb ab; jedes muß bedacht sein, seiner Wirtschaft durch den Versuch Armut zu beseitigen, nicht eine zu große Last aufzuerlegen, da befürchtet wird, daß das »Wachstum«, auf dem die Beseitigung der Armut angeblich beruht, behindert wird.

Für diejenigen mit einem geringen oder gar keinem Einkommen wird die Kaufkraft des Geldes, das sie besitzen, durch die bloße Realität des durchschnittlichen Wohlstandes niedrig gehalten, weil die zum Verkauf angebotenen Güterarten, die Verpackung, die Reklame und der Preis dazu bestimmt sind, auf einem Massenmarkt Anklang zu finden. Wenn das Wachstum anhält, verschwinden immer mehr einfache und billige Güter aus der Produktion, weil offensichtlich aus der Versorgung der Ärmsten der geringste Profit zu erzielen ist [siehe: **2** 7 § 2 (c)].

Bisher hat das »Wachstum« die absolute Armut in den reichen Ländern nicht beseitigt. Offensichtlich kann von ihm nicht erwartet werden, die relative Armut zu beseitigen. Jedermanns Vorstellung eines angemessenen Lebensstandards wird durch die Personen bestimmt, die etwa besser gestellt sind. Ein Anstieg des durchschnittlichen Konsumniveaus erhöht den physischen Komfort, aber es liegt in der Natur der Sache, daß er das Befriedigungsniveau nicht erhöhen kann.

»Armut mitten im Überfluß« war ein Schlagwort der Weltwirtschaftskrise. Es deutet an, daß potentieller Output bei Arbeitslosigkeit verloren geht. Für eine heutige Familie, die auf Fernsehreklame für immer neue Güter »starrt«, die sie sich nicht leisten kann, hat es eine andere Bedeutung.

(d) Das Gastarbeiterproblem

Das durch die kapitalistische Industrie hervorgerufene relativ hohe Reallohnniveau zieht die Arbeiter aus den weniger entwickelten Randgebieten Südeuropas und aus der Dritten Welt an. Einige kommen für ein paar Jahre und nehmen den größten Teil ihrer Löhne mit nach Hause. Andere lassen sich nieder und bringen ihre Familien mit. Die einheimische Bevölkerung behandelt sie als Minderwertige und ist über ihre Anwesenheit verärgert. Soweit es die Hautfarbe betrifft, ist dieses Verhalten besonders deutlich ausgeprägt, aber wie Italiener in der Schweiz und Katholiken in Ulster bezeugen können, ist die Hautfarbe auf keinen Fall die einzige Ursache der abweisenden Gesinnung.

Betrachtet man die Angelegenheit vom Standpunkt der Gastarbeiter, würde es zweifellos besser sein, wenn sie ein gutes Leben zu Hause führen könnten, aber so, wie die Dinge liegen, ist es für sie ein deutlicher Vorteil, im Ausland ihren Lebensunterhalt zu verdienen, sogar, wenn die sozialen Bedingungen unerfreulich sind.

Vom Standpunkt der Arbeiter der Gastländer ist die Situation weitaus komplizierter. Einerseits erlaubt ein Zustrom billiger Arbeitskräfte kapitalistischen Unternehmen, noch schneller zu wachsen und ihren einheimischen Arbeitskräften höhere Löhne zu zahlen. Die Gastarbeiter bekommen die schwierige und unangenehme Arbeit und halten die Kosten für die Dienstleistungen niedrig, die den besser bezahlten Arbeitern und den Rentiers zugute kommen. Wenn andererseits die billigen Arbeitskräfte nicht zur Verfügung stünden, müßten die Produktion und die Leistungen so reorganisiert werden, daß die Löhne auf dem einheimischen Niveau liegen würden. Es ist bemerkenswert, daß in australischen Städten die notwendigen Dienstleistungen auf die eine oder andere Weise ohne die Hilfe von wenig verdienenden Gastarbeitern bereitgestellt werden, und daß nach der Statistik der Lohnanteil am Outputwert in den letzten Jahren in Australien größer war als in irgendeinem anderen kapitalistischen Land.[101])

Von einem politischen Standpunkt ist die Existenz von Gastarbeitern für die Arbeiterbewegung im allgemeinen schlecht; einheimische Arbeiter lassen zu, daß ihre Proteste gegen Arbeitslosigkeit, unwürdige Wohnungen usw. zu Protesten gegen die Gastarbeiter umfunktioniert werden. Vorurteilsfreies Eigeninteresse macht es für die Gewerkschaften erforderlich, die Gastarbeiter zu organisieren und ihnen zu helfen, ihre Löhne und Verhältnisse zu verbessern, aber es ist schwer, diese Politik gegen den Fremdenhaß der einheimischen breiten Masse durchzusetzen. Alldies gilt, *mutatis mutandis,* auch für die einheimische, nicht weiße Bevölkerung in der USA.

(e) Umweltverschmutzung

Zu Beginn dieses Jahrhunderts wies Pigou darauf hin, daß es ein schwerwiegender Fehler des Systems des *laissez-faire* ist, daß die Produzenten nur die Kosten tragen, die bei ihnen selbst anfallen [siehe: **1** 3 § 6 (a)]. Die Güterpro-

Kapitalistische Staaten **3** 1 § 4 (e) 431

duktion belastet die Gesellschaft mit Kosten, die nicht von den Verursachern getragen werden und nicht in die Preise eingehen. Er wählte lediglich das Beispiel der Rauchbelästigung aus. In letzter Zeit haben die Vergiftung der Luft und des Wassers, die Vernichtung der Annehmlichkeiten und der Konsum von unersetzbaren natürlichen Ressourcen ein solches Ausmaß angenommen, daß sogar die selbstgefälligsten Apostel des *laissez-faire* davon Notiz nehmen mußten.

Wenn das Problem einmal erkannt ist, können die damit verbundenen technischen Schwierigkeiten bewältigt werden. Die wissenschaftlichen Entdeckungen und der technologische Erfindungsgeist, die die moderne Industrie geschaffen haben, können angewandt werden, um damit fertig zu werden. Wo irgendein Prozeß nicht ablaufen kann, ohne daß Gift freigesetzt wird, könnte ein anderer ihn ersetzender Prozeß gefunden werden; falls dies nicht der Fall ist, könnte man auf das Produkt verzichten. Die Schwierigkeiten liegen eher im politischen und ökonomischen als im technischen Bereich.

Die Hauptschwierigkeit erwächst aus dem Wettbewerb. Die Produzenten konkurrieren miteinander, indem sie Innovationen einsetzen, um Kosten zu sparen und ihre Güter durch Vielfältigkeit und Verpackung attraktiv zu gestalten. Es wäre nicht so einfach, Regeln aufzustellen, die die nicht nur bereits existierende schädliche Produktion verhindern würden, sondern auch die, die unter dem Wettbewerbsdruck zukünftig geschaffen werden könnten, und jeder eingeführten Regel wird erbitterter Widerstand entgegengebracht. Ein öffentlicher Entrüstungsschrei kann gegen einige grobe Mißstände erhoben werden, wie z. B. die Ablagerung von Zyanid an Orten, wo Kinder spielen, oder die Vernichtung des Fischbestandes in Flüssen, an denen die Angler sehr hängen, aber auch die allgemeine Bevölkerung, wie die Autofahrer und die Einkaufenden, tragen zur Umweltverschmutzung allein durch ihre Nachfrage bei, sogar dann, wenn sie als Bürger diese mißbilligen mögen. Auch die Arbeiter sind gegenüber den Protesten argwöhnisch, die sich gegen die sie beschäftigenden Unternehmen richten, weil sie befürchten, daß, falls diese am »Profitemachen« gehindert werden, die Beschäftigung und die steigenden Löhne gefährdet sein werden.

Der stärkste Trumpf, den »Umweltverschmutzer« ausspielen können, ist immer der internationale Wettbewerb. Jedes Land, das die Aktivitäten seiner Industrie behindert, wird sich der Gefahr eines Exportverlustes aussetzen.

Die Umweltverschmutzung und der unersetzliche Verlust an Ressourcen sowohl für die Produktion als auch für das Vergnügen sind der naheliegendste und allgemein bekannteste Einwand gegen die Doktrin, daß das freie Spiel der

432   **3** 1 § 4 (e)   *Gegenwartsprobleme*

Marktkräfte unter der Herrschaft des *laissez-faire* zu für die gesamte Gesellschaft nützlichen Resultaten führt. Einige Ökonomen versuchen, verlorenen Boden wiederzugewinnen, indem sie dafür eintreten, daß ein Preis auf die Schäden, die auf die Umweltverschmutzung zurückzuführen sind, erhoben und die Industrie zu einer Bezahlung gezwungen wird. Dies würde bedeuten, daß die Unternehmen, die uns bei ausreichender Profitabilität vergiften, sich das Recht dazu erkaufen könnten.

Die ganze Argumentation wird durch das »Wachstums-Konzept« verwirrt. In den letzten Jahren ist es Mode geworden, den Erfolg einer Volkswirtschaft durch seine Wachstumsrate des BSP zu messen. Das BSP ist ein statistisches Maß für die Verkaufswerte der Güter und Dienstleistungen zu auf ein Basisjahr bezogenen Preisen [vgl.: **2** 7 § 3 (a)]. Der Index kann von der Natur der Sache her keine Werte berücksichtigen, die nicht in Geld auszudrücken sind. Es ist normalerweise ein unvollkommenes Maß dessen, was einmal als der »moralische und materielle Fortschritt einer Nation« bezeichnet wurde. Es ist bestenfalls ein Maß für das Wachstum der ökonomischen Macht auf dem Weltmarkt. Die Briten haben sich selbst einen Minderwertigkeitskomplex eingeredet, weil ihre »Wachstums«-Rate in der Nachkriegszeit relativ niedrig war. Nun wird der Ruf laut, daß das Wachstum die Zerstörung verursache und gestoppt werden muß. Es würde für die Umweltschützer ein besseres Argument sein, daß, falls die wahren Produktionskosten in die Berechnung des BSP eingegangen wären, das Wachstum ebenso negativ gewesen sein könnte, so daß sie es in Wirklichkeit sind, die das positive Wachstum fördern.

Aber sogar dieses Argument würde die Akzeptierung des *Sozial*produkts oder des *durchschnittlichen* Einkommens pro Kopf als Maßstab des wirtschaftlichen Erfolgs implizieren. Die neoklassischen Ökonomen waren von der Logik ihres eigenen Arguments zu gefesselt, um zuzugestehen, daß der gesamte erzielte Nutzen eines gegebenen Güter- und Dienstleistungsstroms von einer Verteilung zwischen den Konsumenten abhängt. Das Prinzip des abnehmenden Grenznutzens des Einkommens stellt die vollständige Gleichheit der Verteilung als das Ideal heraus. Die Neoklassiker schwächten diese Schlußfolgerung ab, indem sie behaupteten, daß einige Personen eine größere Empfänglichkeit für Vergnügen als andere haben; so daß sie, um die Gesamtwohlfahrt zu maximieren, mit proportional höheren Einkommen versorgt werden sollten [siehe: **1** 3 § 2 (a)]. Aber sie könnten schwerlich behaupten, daß die Empfänglichkeit für Unterernährung und Krankheit nicht für jedermann dieselbe sei. Heute sind die nicht in Rechnung gestellten Kosten der Umweltverschmutzung für Familien (in den städtischen Slums) mit dem geringsten Konsumniveau am

Kapitalistische Staaten **3** 1 § 4 (f) 433

höchsten; die Ungleichheit der Einkommensverteilung, bezogen auf die Menschlichkeit, ist viel größer als in ihren Anteilen an BSP zum Ausdruck kommt.

Vorschläge für die Politik geraten notwendigerweise in Interessenkonflikte und widersprüchliche Beurteilungen. Jeder Teilnehmer an der Debatte hat seine eigenen Vorurteile. Aber es gibt ein recht weit verbreitetes Vorurteil, das zugunsten der Entwicklung gesunder Kinder vorgebracht wird. Die beste Hoffnung für die Umweltschützer liegt darin, diese Auffassung für ihre Ansicht in Anspruch zu nehmen.

(f) Was nun?

Die langfristigen ökonomischen Prognosen sind nie in Erfüllung gegangen. Marx war der kühnste Prophet und vieles von dem, was er voraussagte, ist eingetroffen, aber er hat sicherlich nicht erwartet, daß der Kapitalismus 125 Jahre nach der Veröffentlichung des *Kommunistischen Manifests* wie nie zuvor blühen würde, und er erwartete nicht, daß die sozialistischen Revolutionen am meisten Erfolg in den am wenigsten entwickelten Volkswirtschaften haben würden.

Ein Optimist, der in die siebziger Jahre vorausschaut, könnte prophezeien, daß die großen Konzerne wenigstens in Westeuropa eine Politik der vorurteilsfreien Eigeninteressen vertreten und einen schwedischen Typ des »Wohlfahrtskapitalismus« entwickeln werden, der hinreichend zufriedenstellend sein wird oder vielleicht ausreichend einschläfernd, um ihre Bevölkerungen von einer weitersteigenden Nachfrage abzuhalten; und daß in den Vereinigten Staaten der Zynismus und die Brutalität von einem Wiedererwachen der Ideale der Demokratie und des Friedens überwunden werden wird.

Ein Marxist mag immer noch auf eine von der industriellen Arbeiterklasse getragenen Revolution warten und behaupten, daß sie einen progressiveren Typ des Sozialismus etablieren wird, als ihn die UdSSR verwirklichen konnte.

Ein Pessimist mag zukünftige Krisen erwarten, die zu erfolglosen Revolten führen, die grausam unterdrückt und dazu führen werden, daß es danach schlechter ist als vorher.

Vielleicht mögen sich Elemente aller drei »Visionen« in einer langen, schweren Zeit der Verwirrung vermischen.

Es kann mit einiger Sicherheit prophezeit werden, daß die Regierungen und Konzerne der kapitalistischen Sphäre langsam und widerwillig sein werden, das zu beobachten, wovor die Biologen warnen; nämlich der Wirkung auf die Eigenschaft unseres Planeten, ein andauerndes »Wachstum« der reichen Nationen zu ermöglichen. Der Zustand der Welt wird sich sicherlich noch weiter verschlechtern, bevor eine Besserung eintritt.

Kapitel 2   Sozialistische Staaten

Die interessantesten und wichtigsten Fragen, die durch die Existenz sozialistischer Wirtschaften in der heutigen Welt aufgeworfen werden, betreffen die Politik und die Moral. Hier können wir nur auf einige Punkte eingehen, die helfen können, die ökonomische Analyse zu erhellen. Die Staaten (und zwei Teilstaaten), die sich selbst sozialistisch nennen, sind sehr unterschiedlich und jeder ist deutlich gekennzeichnet durch seine frühere Geschichte und seine modernen Erfahrungen; alles, was sie gemeinsam haben, ist die Tatsache, daß die Wirtschaften nicht von privaten Unternehmern beherrscht werden und deshalb zentral verwaltet werden müssen. Wenn die Produktion von einer einzigen Behörde geplant wird, entstehen zwei Arten von Problemen: die eine, wie wird das geplant, was produziert werden muß; die andere, wie wird dafür gesorgt, daß der Plan durchgeführt wird. Dies erzeugt eine Anzahl Probleme, die in einer kapitalistischen Wirtschaft nicht auftreten und verhindert andererseits viele, die dort entstehen.

1. Weitere Probleme

Wie wir gesehen haben, ist in der modernen Welt das Beschäftigungsniveau, die Zahlungsbilanz, das Gleichgewicht von Handel und Preisniveau für die Regierung eines kapitalistischen Landes von Wichtigkeit, ohne daß sie hinreichende Kontrollinstrumente für sie besitzt. Diese Probleme nehmen in einer Planwirtschaft eine ganz andere Form an.

(a) Beschäftigung

Eine Planwirtschaft ist keinen Schwankungen der effektiven Nachfrage unterworfen. Das Gesamtverhältnis der Investition zum Konsum ist durch den Plan festgelegt. Industriebetriebe, die Organe des sozialistischen Staates sind, rekrutieren Arbeiter, um ihre Planungsanweisungen zu erfüllen und verteilen die Arbeitskräfte so auf die Sektoren, wie es der Plan erfordet. Das Ausmaß, in dem die Arbeiter aus der Landwirtschaft abgezogen werden, hängt primär von der Rate ab, mit der die Industrie die Investitionen ausweiten und Arbeitsplätze schaffen.

Die räumliche Verteilung der Arbeitskräfte und die Ausbildung der neuen Arbeiter mit verschiedenen Qualifikationen werden so vorgenommen, daß sie in die geplanten Entwicklungen hineinpassen, anstatt diese Entscheidungen dem profitsuchenden Unternehmer zu überlassen. Die Anpassung wird niemals exakt sein. Solange eine schnelle Industrialisierung anhält, besteht für jede Art der Fertigkeit eine überschüssige Nachfrage; der Ausbildungsprozeß wird erweitert, um sie abzubauen, und wenn sich das Entwicklungstempo verlangsamt, sind zu viele oder die falschen Typen qualifizierten Personals ausgebildet worden. Diese Probleme sind jedoch weniger schwerwiegend und in einem vollständig geplanten System viel leichter zu beheben als unter der Herrschaft des »stop and go« [siehe: **3** 1 § 2 (e).

In der sowjetischen Industrie existiert ein großer Teil Arbeit, die ein kapitalistischer Arbeitgeber als Verschwendung ansehen würde. Einem sozialistischen Unternehmen ist es nicht erlaubt, irgendeinen seiner Arbeiter als überflüssig zu bezeichnen. Sind die Arbeiter einmal auf der Lohnliste, muß das Management für sie irgendeine Beschäftigung finden. Darüber hinaus kann ein Unternehmen gezwungen werden, Arbeiter einzustellen, die in der Umgebung zufällig verfügbar sind, gleichgültig, ob es weitere Arbeiter benötigt oder nicht. Die Revolution wurde im Namen der Arbeiterklasse durchgeführt; den größten Nutzen, den sie daraus zog, ist eine Garantie gegen Arbeitslosigkeit.

(b) Der internationale Handel

In Planwirtschaften ist die Einstellung zum Handel verschieden von der des Neomerkantilismus. Sie wollen nur exportieren, um Importe (abgesehen von einigen Krediten und Subventionen für Verbündete) bezahlen zu können.

Für jedes Land (sogar für ein großes) sind Devisen viel wertvoller als die inländischen Ressourcen, weil es mit den Devisen die verschiedensten Ressourcen der Welt kaufen kann. Dies ist besonders wichtig für einen Nachzügler unter den hochentwickelten Industriewirtschaften. Exporte sind daher höchst erwünscht. Gleichzeitig sind sie aber mit einem Opfer an inländischen Ressourcen und Arbeitszeit verbunden, das sich jedoch lohnt, weil man etwas bekommt, das zur inländischen Entwicklung mehr beitragen kann als das Hingegebene.

Dies ist vom allgemeinen Standpunkt rationaler als der Merkantilismus, aber der Handel muß durch irgendeine Art Bürokratie geleitet werden, so daß

Sozialistische Staaten **3** 2 § 1 (c)

er im Einzelfall oft irrational sein mag. Darüber hinaus werden in der sowjetischen Sphäre, (jedoch nicht in China) Handelsexpertisen als für den Sozialismus unwürdig angesehen, so daß die Gelegenheiten für einen guten Geschäftsabschluß oft versäumt werden.

Der größte Teil des sowjetischen Handels wird bilateral abgewickelt. Jedes Land versucht von jedem anderen Land bezogene Importe mit entsprechenden Exporten auszugleichen.

Sogar untereinander sind die sozialistischen Länder Osteuropas nicht sehr weit gediehen, ungeachtet der beträchtlichen Anstrengungen, ein Handelssystem zu entwickeln, das es ihnen ermöglichen würde, die Vorteile der Spezialisierung und der internationalen Arbeitsteilung zu genießen.

In dieser Hinsicht sind sozialistische Volkswirtschaften viel nationalistischer als kapitalistische, vielleicht, weil der jeweilige Handel von seinen eigenen Behörden kontrolliert wird, während das Personal eines kapitalistischen Unternehmens seine Loyalität eher dem Geschäft als der Nation entgegenbringt.

Geschäfte zwischen sozialistischen Ländern werden zu Weltmarktpreisen abgewickelt und ihre Behörden geben sich viel Mühe herauszufinden, wo diese angemessenen Preise liegen. Der Grund hierfür ist nicht der, daß sie ihre eigenen Kosten am kapitalistischen Standard messen wollen, sondern der, daß es bequem ist, ein externes Kriterium zur Verfügung zu haben, um die Geschäfte untereinander abzuwickeln. Dieses Handelssystem begrenzt die Vorteile, die durch internationale Spezialisierung gewonnen werden; gleichzeitig befreit es eine Planwirtschaft größtenteils von den Schwankungen des Weltmarktes und isoliert es von dem Einfluß der internationalen Finanzwelt.

(c) Inflation

In der sozialistischen Industrie werden Lohn- und Gehaltsabstufungen in Geldeinheiten ausgedrückt, und die Preise der an die Öffentlichkeit verkauften Güter werden zentral festgelegt. Ein Überschuß des Geldwertes der Nachfrage über den der Güter, die zum Verkauf angeboten werden, um die Nachfrage zu befriedigen, führt zu Knappheitserscheinungen und zur Verteilung der Kaufkraft in der oben beschriebenen Weise [siehe: **2** 11 § 1 (e)]. Ein Anstieg der Preise kann nur in einem begrenzten Umfang bei erlaubten oder illegalen Käufen aus zweiter Hand erfolgen. Diese Situation kann als unterdrückte Inflation bezeichnet werden. Ein Unternehmen, das an einem Arbeitskräftemangel leidet, kann die Arbeiter manchmal höher einstufen, so daß sie besser bezahlt werden; dies gestattet es ihnen, mit Erfolg einen größeren Lohnfonds abzuschöpfen. Dadurch wird ein geringer Grad an offener Inflation verursacht. Aber es kann keine allgemeine und andauernde Inflation der Geldlöhne, Profite und Preise geben, die dem Spätkapitalismus eigen ist.

Ein klarer und unbestrittener Vorteil der sozialistischen Industrie gegenüber Privatunternehmen liegt darin, daß sie ständig ein »hohes und stabiles Beschäftigungsniveau« aufrechterhalten kann, ohne an Inflation zu leiden.

(d) Öffentliche Finanzen

Durch die individuelle Besteuerung wird in der UdSSR und Osteuropa ein kleiner Teil der Staatseinnahmen bereitgestellt, nicht dagegen in China. Der größte Teil der für die Staatsausgaben erforderlichen Mittel, die beinahe die gesamte Investition beinhalten, wird durch die Umsatzbesteuerung und die Profite der Industrieunternehmen, die in die Verkaufspreise der Erzeugnisse eingehen [siehe: **2 11 § 1 (a)**] sowie durch die Profite der Verkäufe von landwirtschaftlichen Produkten, aufgebracht.

Indirekte Steuern während des normalen Einkaufsvorganges zu zahlen, ist weniger schmerzlich als einen äquivalenten Anteil der Kaufkraft mit dem Steuererheber teilen zu müssen. Ferner verhindert dieses System die meisten unerwünschten Nebeneffekte der Besteuerung [siehe: **2 7 § 3 (c)**]. Es erfordert keinen großen, teuer ausgebildeten Personalstab, einerseits, um die Besteuerung durchzusetzen und andererseits, um ihre legale Umgehung zu vermeiden. Darüber hinaus läßt dieses System wenig Raum für offene Illegalität.

In der kapitalistischen Welt hat das Steuersystem wenigstens den Anschein, als wolle es die zwischen den Familien bestehende ungleiche Kaufkraftverteilung, die die demokratischen Gefühle verletzt, einigermaßen korrigieren. In den gegenwärtigen sozialistischen Gesellschaften ist der Traum vom Kommunismus – jeder nach seinen Bedürfnissen – noch in weiter Ferne. (Chinesen beschuldigen die Sowjets, sich eher davon zu entfernen als sich darauf zuzubewegen.) Es gibt beträchtliche Ungleichheiten in den Einkommen und Privilegien, aber da es kein Besitz an den Produktionsmitteln gibt, existieren keine privaten Reichtümer und keine legalen Möglichkeiten, durch Spekulation Geld zu verdienen. Wenn das nicht so wäre, würde die einfache Methode, die Steuereinnahmen von allen in gleicher Weise durch einen Aufschlag auf die Preise einzutreiben, nicht tolerierbar sein.

Ein anderer wichtiger Unterschied zwischen dem sozialistischen und kapitalistischen System ist, daß im sozialistischen System der Fonds, der den ge-

Sozialistische Staaten **3** 2 § 1 (e)

samten Überschuß der Produktion über den Konsum darstellt, von einer einzigen Behörde zusammengefaßt wird. Im privatwirtschaftlichen System fällt der größere Teil der Kapitalien für die industrielle Investition bei den einzelnen Unternehmen in der Form von zurückgehaltenen Profiten an, und ein anderer Teil wird aus den Ersparnissen der Haushalte gezogen. Im Sozialismus werden die Kapitalien für die Investition ebenso wie der Rest der Einkünfte von derselben Behörde kontrolliert. Dies ist natürlich für die zentral geplanten Investitionen eine notwendige Bedingung. Es hat auch den Effekt, die Unterscheidung von privaten und öffentlichen Ausgaben für Bildung und Gesundheitswesen und andere Sozialleistungen aufzuheben.

In der privatwirtschaftlich organisierten Wirtschaft ist die Besteuerung, um diese Leistungen zu bezahlen, eine merkliche Last, insbesondere für die Haushalte, die in der Lage wären, sich diese Leistungen selbst zu kaufen. In einer Planwirtschaft gibt es keinen solchen Widerstand gegenüber irgendwelchen, von der Sozialpolitik auferlegten nützlichen Ausgaben. Um sie nicht auf ein erhöhtes Niveau zu treiben, ist es für eine nationale Volkswirtschaft von größtem Wert, eine gesunde, für alle notwendigen Aufgaben ausgebildete Bevölkerung zu besitzen.

Gleichzeitig stärkt das erstarrte System der Finanzierung des kulturellen Lebens die Macht der Bildungsfeinde und Spießer innerhalb der Behörden, die die Originalität unterdrücken und beseitigen.

(e) Entfremdung

In einer Hinsicht ist die sowjetische Industrie in der Praxis der kapitalistischen viel ähnlicher, als von der Theorie unterstellt wird. In der Theorie gehört die Ausrüstung, die die sowjetischen Arbeiter als Mitglieder der »Gesellschaft« betätigen, ihnen selbst; die Löhne sind nicht eine Bezahlung für die Arbeit, sondern ein Anteil am Produkt der nationalen Volkswirtschaft. Im täglichen Leben mag in einer sozialistischen Fabrik das Industriedasein nicht weniger ermüdend und unmenschlich sein als in einer kapitalistischen. Die Disziplin mag nicht weniger unangenehm sein und die gezahlten Löhne nicht weniger der Hauptanreiz sein, Arbeit zu leisten. Hat das Management den »goodwill« der Arbeiter erst einmal verloren, kann weder die Androhung harter Strafen, noch das Versprechen zusätzlicher Bezahlung die Effizienz wieder bewirken.

Das größte Problem aller Länder der sozialistischen Welt ist, eine Methode zu entwickeln, die Arbeiter zum Arbeiten zu bringen; dies ist durch den Zynis-

440   **3** 2 § 2 (a)   *Gegenwartsprobleme*

mus, der aufgrund der scheinheiligen offiziellen Propaganda im Laufe der Jahre entwickelt wurde, weitaus schwieriger geworden.

Als Jugoslawien aus der stalinistischen Bahn ausbrach, wurde ein System der Arbeiterselbstverwaltung eingeführt, in dem das Eigentum jedes Unternehmens tatsächlich an die Arbeitskräfte fiel, die zufällig in dem Unternehmen tätig waren. Dies gab den Arbeitern die gleiche Motivation, das Geschäft profitabel zu führen, die die Technostruktur in einem kapitalistischen Unternehmen hat. Gleichzeitig zog dies andere Eigenschaften des Kapitalismus nach sich. Die erfolgreichsten Gruppen, die die größten Profite machten, waren daran interessiert, ihre eigenen Geschäfte auszubauen, statt zur Entwicklung der Landesteile beizutragen, die es dringend benötigten. Die Arbeitslosigkeit blieb bestehen, und die Ungleichheiten entwickelten sich bis zu einem Punkt, der das gesamte Experiment in Mißkredit zu bringen drohte. Der chinesische Versuch, die Entfremdung durch politische Erziehung und Konsultationen zwischen Management, Technikern und Arbeitern zu überwinden, gibt jedem ein Gefühl, für die Produktion wichtig zu sein.

Mittlerweile ist das modernste kapitalistische Management zu dem Schluß gekommen, daß die Arbeit effizienter sein würde, wenn sie interessanter wäre. Vielleicht werden sie bald den Sowjets ein Leitbild sein.

2. Die Landwirtschaft

Das Problem, die Arbeiter zur Arbeit anzureizen, ist in der Landwirtschaft sogar noch akuter als in der Industrie. Es ist leichter, die Produktion in einer Fabrik als auf dem Lande zu organisieren und zu überwachen. Und die industrielle Technik ist etwas, das studiert und erlernt werden kann, während das überlieferte Wissen des Bauern größtenteils eine unartikulierte Tradition darstellt. In der landwirtschaftlichen Produktion stützen sich die sozialistischen Länder hauptsächlich auf eine Art Genossenschaftssystem oder auf selbständige Bauern, so daß das Einkommen der Individuen in enger Relation zu ihrer geleisteten Arbeit steht.

(a) Die Abschöpfung des Überschusses

Die Entwicklung der Industrie ist von der Existenz des landwirtschaftlichen Überschusses abhängig – einem Mehrbetrag an Nettooutput von Nahrungsmitteln über das, was die Bauern verzehren. (Landwirtschaftliche Produkte

Sozialistische Staaten **3** 2 § 2 (b)

sind auch als Rohmaterialien und für den Export von Bedeutung.) Die Art und Weise, in der der Überschuß aus der Landwirtschaft gezogen wird, hat großen Einfluß auf die Entwicklungsform einer sozialistischen Wirtschaft.

Das physische Produkt, das die Arbeiter durch die Kultivierung des Bodens erzeugen können, ist von seiner Fruchtbarkeit ebenso wie von der benutzten Technik und den eingesetzten Arbeitsstunden abhängig. Der Anteil des auf dem Boden erzielten Produkts, den der Bauer für sich behalten kann, ist von der Art und Weise abhängig, in der er veranlaßt oder gezwungen wird, mit den anderen zu teilen. Solange es Grundbesitz gibt, wird der Überschuß mit Hilfe von Pachtzahlungen in der einen oder anderen Form erwirtschaftet. Eine sozialistische Revolution schafft die Pacht ab und verteilt das Land an bestimmte Bauerngruppen. Dann wird die Pacht durch die Besteuerung nach Waren- oder Lieferquoten substituiert. Die Preise für landwirtschaftliche Produkte, gemessen an industriellen Produkten, werden teils in Anlehnung an den Grad der Macht, die ausgeübt werden kann, festgesetzt – je niedriger der Preis liegt, umso mehr Macht ist erforderlich, um die Bauern zur Produktion und Ablieferung zu bewegen – und teils in Anlehnung an politische Erwägungen: nämlich die relativen Nutzen, die den Land- und den Industriearbeitern angeboten werden sollen. Die Theorie, daß die Preise durch den Arbeitswert bestimmt werden oder zumindest werden sollten, kann nicht angewandt werden, da in diesem Zusammenhang der Wert, den jeder Arbeiter erzeugt, abgesehen von den Preisen, die mit seinem bestimmten Produkt verbunden sind, keine Bedeutung hat.

(b) Terms of trade

In einer kapitalistischen Volkswirtschaft führt die Bestimmung der »terms of trade« zwischen der Landwirtschaft und der Industrie durch den freien Markt zu ständigen Fluktuationen mit einem durchschnittlichen Niveau, das im allgemeinen unter dem langfristigen Angebotspreis der landwirtschaftlichen Arbeit liegt. Aus diesem Grund besitzen alle entwickelten Industrienationen irgendeine Art politischer Kontrolle der landwirtschaftlichen Preise, und sie zielt im allgemeinen mehr darauf ab, die Einkommen in diesem Sektor zu schützen, statt sie zu drücken [siehe: **2** 5 § 5 (b)].

Für Volkswirtschaften, die die Industrialisierung unter den Bedingungen eines mehr oder weniger freien Marktes durchführen, entsteht das entgegengesetzte Problem. Ein Anwachsen der Bevölkerung in den Städten führt zu einer

442   **3** 2 § 2 (c)   *Gegenwartsprobleme*

steigenden Nahrungsmittelnachfrage. Das Angebot ist unelastisch, so daß die Preise steigen (gleich, ob der Nutzen hauptsächlich den Bauern oder den Grundbesitzern zugute kommt); folglich ist es notwendig, die Nominallohnsätze in der Industrie zu erhöhen; der Geldbedarf für Nahrungsmittel steigt usw. Die Lehrbuchweisheit über Marktpreise, die dazu tendieren, ein Gleichgewicht von Angebot und Nachfrage herzustellen, ist in keiner dieser Situationen von großem Nutzen.

(c) Politische Preise

Unter Stalin wurde in der UdSSR die Schwerindustrie mit großem Elan aufgebaut. Einerlei, welche Konsumgüter produziert wurden, sie wurden der schnell wachsenden Arbeiterschaft in der Industrie zur Verfügung gestellt. Nur sehr wenige konnten den Bauern zum Kauf angeboten werden. Der Überschuß aus der Landwirtschaft mußte mit Gewalt entzogen werden. Versuche, gleichzeitig die Produktivität zu steigern, hatten nicht viel Erfolg. In den meisten sozialistischen Ländern Osteuropas wurde ein ähnliches Rezept befolgt, doch in einer weniger brutalen Weise. Nachdem sich in der UdSSR die Industrie von der Kriegszerstörung erholt hatte, wandelten sich die »terms of trade« wieder etwas zugunsten der Landwirtschaft, und eine blühende Marktwirtschaft entwickelte sich auf den privaten Parzellen, die die Kollektivbauern zum landwirtschaftlichen Anbau benutzen durften. Dennoch scheint es, daß die Landwirtschaft ihren schlechten Start nicht überwunden hat und, daß sie die Entwicklung der Länder der sowjetischen Sphäre behindert.

In China wurde die Kollektivierung in einer Weise durchgeführt, die es den Bauern ermöglichte, sich selbst zu helfen und sie brachte so der Mehrheit, nämlich »den armen Bauern und denen der unteren Mittelklasse« einen sofortigen Nutzen. Der Überschuß wird teils in der Form einer Steuer und teils in der Form von Verkaufskontingenten zu festgelegten Preisen abgeschöpft. Die Kontingente werden nach dem Prinzip verteilt, daß jede Bauerngruppe genug zur eigenen Ernährung zurückbehalten sollte. Der Überschuß wird deshalb von denen abgezogen, die es sich am ehesten leisten können, ihre Ernte zu teilen. Da die chinesischen Planer aus den Fehlern der Sowjets gelernt haben, ordneten sie an, daß die Bauern mit attraktiven käuflichen Dingen versorgt werden, so daß sie glücklich sind, dafür Geld zu verdienen. In dem Maße, wie sich die industrielle Produktion entwickelt, ändern sich die »terms of trade« merklich zugunsten der Landwirtschaft.

Sozialistische Staaten **3** 2 § 3 (a) 443

Die ökonomische Analyse kann uns helfen, die Auswirkungen dieser verschiedenen Formen von Preissystemen zu überprüfen, aber ihre Begründungen müssen aus der politischen Geschichte abgeleitet werden.

3. Geplante Reformen

Gegenwärtig besteht in dem sowjetischen Machtbereich ein dringendes Problem darin, wie die Produktionskapazität, die mit soviel heroischem Aufwand akkumuliert wurde, zu nutzen ist, um den Lebensstandard der Bevölkerung zu erhöhen. In der Phase der enormen Akkumulationsanstrengungen herrschte die Ansicht vor, daß nur die Schwerindustrie wichtig sei; Konsumgüter wurden nicht ernst genommen. Nun hat sich der Schwerpunkt verlagert, aber die Institutionen und die Ideologie können sich neuen Planungszielen nicht so einfach anpassen.

(a) Was ist ein Betrieb?

Ein Element der Reformversuche, das in Polen allmählich verschwand und in der Tschechoslowakei ausgerottet wurde, traf den Grad der Unabhängigkeit und der Eigeninitiative des Betriebs. In dem sowjetischen System ist der Betriebsleiter Staatsbeamter. Er ist mit der Führung einer bestimmten Institution beauftragt worden, es wird ihm die Erlaubnis gegeben, einen bestimmten Lohnfonds bei der Bank abzuheben, und er wurde darüber instruiert, welche Materialien eingesetzt und welcher Output produziert werden sollte. Da die Instruktionen, die er erhält und die Kriterien, denen entsprechend er Prämien beanspruchen kann, detailliert und manchmal inkonsistent sind, muß er die Vorschriften auslegen und wenden, je nachdem, ob er ernsthaft um die Produktion oder nur um seine eigene Karriere besorgt ist.

Um den Bürokratismus zu überwinden und die Initiativen anzuregen, schlugen die Reformer vor, irgendeine, dem Gewinnsystem entsprechende, Nachahmung in das Management eines Betriebs einzuführen. Anstelle der zahllosen Direktiven in physischen Einheiten sollte einem Betrieb nur eine einzige Instruktion gegeben werden. Eine Möglichkeit wäre, den Überschuß des Geldwertes der Verkäufe über die Kosten zu maximieren; eine andere besteht darin, die Produktionskosten des Outputstroms, in denen eine Steuer auf die Lohnkosten und der Steuerwert der Kapitalausrüstung enthalten sein sollte, durch den Markt zu decken. Der Betrieb wird geführt, ohne wie in Jugoslawien für sich selbst Profit zu erwirtschaften. Die Erträge werden jedoch als Erfolgskriterium angesehen.

Durch das Konzept, ein Profitkriterium ohne die Profitmotive anzuwenden, entstehen eine Reihe von Schwierigkeiten. Die erste betrifft die Preise, zu denen die Güter von einem Betrieb verkauft werden. Wenn ein Betrieb die Freiheit besitzt, seine eigenen Preise festzusetzen, stellt dies für jeden Manager einen Anreiz dar, seine Arbeitsgruppe so 'zu organisieren, daß die Allgemeinheit – die Arbeiterschaft im allgemeinen – ausgebeutet wird, indem er ihr selbst höhere Zulagen gewährt oder nachlässig bezüglich der Kosten wird; dies ermöglicht es, daß sich das Profitmotiv unter dem Schutz des Profitkriteriums einschleicht.

Andererseits, falls die Preise zentral festgesetzt werden, ist dies mit Anomalitäten verbunden. Wenn eine Preisliste erst rationalisiert ist, entstehen *einschlägige* Verbesserungen, weil die alten Preise vollständig willkürlich außerhalb des Einflusses der Produktionskosten und der Konsumentennachfrage festgesetzt waren, aber auch eine neue Preisliste wird bald wieder unflexibel.

Einige der Pseudo-Reformer befürworten eine flexible Gestaltung der Preise, um ein Gleichgewicht zwischen Nachfrage und Angebot in der Weise zu erzielen, wie es in westlichen Lehrbüchern beschrieben wird. Wie wir gesehen haben, sind die Lehrbücher in diesem Punkt mißverständlich [siehe: 2 11 § 1 (d)].

Der zweite Komplex von Schwierigkeiten befaßt sich mit der Bedeutung der Effizienz. Was wird über das Verhältnis des Managements eines Betriebs zu seinen Arbeitskräften angenommen? Einer der Nachteile des Systems sagt man, sei eine verschwenderische Verwendung der Arbeitskräfte. Soll ein Betrieb dann mit Kündigung von überflüssigen Arbeitern beauftragt werden – und wer wird dafür sorgen, daß sie wieder beschäftigt werden? Ist es Aufgabe des Managements, die Produktion zu beschleunigen und auf Qualität zu achten? Wie ist dies durchzuführen, wenn die Arbeiter nicht einverstanden sind? Besteht ein Betrieb hauptsächlich aus seinem gesamten Personal oder aus einem Arbeitgeber, dessen Aufgabe darin besteht, den bestmöglichen Handel auf dem Arbeitsmarkt zu erzielen?

Drittens gibt das Profitkriterium keine ausreichende Orientierung für die alltägliche Leistung eines Betriebs. Die Entscheidungen, die auf jeder Ebene getroffen werden müssen, befassen sich mit Menschen und Sachen. Die Berechnung der Kosten und Profite ist eine nachträgliche Überprüfung dessen, was geleistet wurde. Sie kann zeigen, wie der letzte Problemkomplex, der sich ergab, gelöst wurde, jedoch die nächsten Probleme werden nicht die gleichen sein.

Sozialistische Staaten **3** 2 § 3 (b)   445

Das Haupthindernis für Reformen erwächst jedoch aus den Einwänden der Bürokratie, die die gegenwärtige Macht über die Industrie nicht aufgeben und den Managern, Technikern und Ingenieuren mehr Unabhängigkeit und Initiative zubilligen möchte.

(b) Das politische Bewußtsein

Die chinesischen Kommunisten haben ein sorgfältiges Studium des sowjetischen Systems betrieben, mit der Absicht, wie sie behaupten, aus seinen Erfolgen *und* Fehlern zu lernen. Das Hauptaugenmerk ist natürlich auf die Landwirtschaft gerichtet, jedoch gibt es auch einige interessante Unterschiede zwischen der chinesischen und sowjetischen Politik bezüglich der industriellen Produktion.

Die Chinesen entdeckten bereits frühzeitig in der Phase des Massenhandels das Geheimnis der Produktionskontrolle. Jene Kapitalisten, die nach der Befreiung von 1949 übrig blieben, (hauptsächlich in der Textilindustrie der Küstenstädte) wurden darin bestärkt, die Produktion fortzuführen. Sie wurden mit Materialien versorgt und ihr Output wurde zu Preisen gekauft, die einen Zuschlag gestatteten, der die Deckung der Lohnkosten und einen angemessenen Profit gewährleistete. (Diese Betriebe wurden schließlich 1956 in die sozialistische Industrie aufgenommen und ihre Eigentümer im Laufe der nächsten 10 Jahre mit 5 Prozent des Einheitswertes ihres Vermögens abgefunden.)

Das gesamte Konsumgüterangebot ist nach diesem System organisiert. Die Handelsabteilung in jedem Ort schließt Lieferverträge oder Kaufvereinbarungen mit den Produzenten ab und leitet die Güter in die Läden weiter. Die Preise sind für die Öffentlichkeit und die Betriebe festgelegt, und das zu produzierende Gütersortiment wird entsprechend dem Zuwachs oder der Abnahme der Bestände reguliert, so daß die Nachfrage einen direkten und sofortigen Einfluß auf das Angebot hat.

Die verschiedenen Betriebe jeder Branche stimmen ihre Pläne genau ab, um den Materialzustrom sicherzustellen; die Läden informieren die örtliche Handelsabteilung ständig über das, was die Öffentlichkeit anscheinend wünscht; die Betriebe halten auch direkte Verbindung mit den Warenhäusern und Dorfläden, um ihre Pläne den Konsumentenwünschen anzupassen. Das System der Produktion auf Vertragsbasis kontrolliert auch die Beziehungen zwischen den Investitionsgüterindustrien durch nationale und regionale Pläne. Ein Betrieb hat nichts mit dem Verkauf, sondern nur mit der Produktion zu tun; die Preise sind festgesetzt und die individuellen Prämien für die Planerfüllung usw. sind abgeschafft worden. Jeder Betrieb hat seine zugeteilten Arbeitskräfte und seinen Angestelltenstab. Die Arbeiter werden ebenso wie das Management dazu erzogen, sich für die Effizienz, die Qualität, den technischen Fortschritt sowie die sparsame Verwendung der Grundstoffe und der Energiequellen verantwortlich zu fühlen. Das System wird nicht durch die Profitabilität oder irgendein eindimensionales Erfolgskriterium kontrolliert, sondern durch die Selbstachtung oder, wie der Chinese es ausdrückt, durch das hohe Niveau des politischen Bewußtseins der Arbeiterschaft.

Wenn die ursprünglichen sozialistischen Ideale durch den jahrelangen Zynismus und die jährliche Entmutigung »abgedroschen« worden sind, so können sie nicht bloß durch die Vornahme einiger Veränderungen bezüglich der an die Industrie gegebenen Direktiven restauriert werden. Ohne Zweifel wird es in der sowjetischen Welt wichtige Veränderungen geben, aber niemand kann heute ahnen, welche Form sie annehmen werden.

Kapitel 3   Die Dritte Welt

Eine große Anzahl von Ländern passen weder in die Kategorie des hochentwickelten Kapitalismus noch in die der sozialistischen Plansysteme. Die Mehrzahl von ihnen sind Nachfolgestaaten früherer Weltreiche, von denen sie einen gewissen Grad an Unabhängigkeit erhalten haben. In Ermangelung eines besseren Ausdrucks werden diese Länder als Dritte Welt bezeichnet.

Sie weisen erhebliche Unterschiede in Geschichte, Geographie, Sozialstruktur und den Traditionen auf. Die drei Kontinente – Asien, Afrika und Lateinamerika – haben jeder ihre eigenen, durch die geschichtliche Entwicklung geprägten, Charaktere und in jedem existiert eine Vielfalt unterschiedlicher politischer und wirtschaftlicher Verhältnisse. All diese Länder haben die Eigenschaft gemein, daß sie in der Entwicklung, die das Wachstum in der modernen Industrie begleitet, zurückgeblieben oder in eine Position des »Holzhackers und Wasserträgers« der kapitalistischen Großmächte gedrängt worden sind. Nun, da sie formell unabhängig sind (abgesehen von denen, die für die Befreiung von einem altmodischen Kolonialregime kämpfen oder solchen, die sich friedlich unter kaum verhüllten Neokolonialismus verhielten), haben sich ihre Sprecher die Konzeption zu eigen gemacht, sie als »Entwicklungsländer« zu bezeichnen. Damit deuten sie an, daß es für sie möglich und wünschenswert wäre, einige der Vorteile des Wohlstands und der Macht aufzuholen und zu genießen, die die Industrienationen erreicht haben.

In diesen Ländern dominiert die Politik über die Wirtschaft sogar noch mehr als in den beiden anderen Ländergruppen, weil in diesen emporkommenden Staaten die Wirtschaftspolitik mit der Gesellschaftsform verbunden ist, die sie aufbauen. Bezweckt die Entwicklung hauptsächlich die Ernährung der Menschen und die Überwindung des größten Elends oder die Schaffung von Raum für eine wohlhabende Mittelklasse oder die Verteidigung von Privilegien des Grundbesitzes? Besteht das Endziel darin, nationale Unabhängigkeit und Macht aufzubauen, die in der Welt ernst genommen wird, oder wird die Position eines Satellitenstaates akzeptiert? Die politischen Probleme sind die interessantesten und wichtigsten, aber wiederum sei betont, daß diese Bemerkungen sich auf die Punkte beschränken müssen, die für die ökonomische Analyse relevant sind.

1. Unterentwicklung

Die Länder, in denen die durch die moderne Industrie hervorgerufenen Vor- und Nachteile fehlen, werden allgemein als unterentwickelt bezeichnet. Unterentwicklung war in diesem Sinne der normale Zustand aller menschlichen Gesellschaften gewesen, abgesehen von den wenigen, die in den letzten zwei Jahrhunderten die wissenschaftliche Technologie für die Produktion und Kriegszwecke angewandt haben. Eine Grundeigenschaft einer entwickelten Volkswirtschaft besteht darin, daß Technologie, Ausrüstung und politische Macht es ermöglichen, Nahrungsmittel und andere Rohprodukte mit einem geringen Aufwand an Arbeitskraft zu erzeugen, so daß ein großer Anteil an Arbeitskraft für die Industrie und andere wirtschaftliche Aktivitäten zur Verfügung steht. Unterentwicklung bedeutet, daß der größte Teil der Bevölkerung damit beschäftigt ist, Nahrungsmittel zu produzieren; der Rest lebt von dem Ernteüberschuß des Bauern über den Nahrungsmittelkonsum seiner Familie, so daß die Gesamtentwicklung der Gesellschaft von der Outputhöhe pro Kopf in der Landwirtschaft abhängt.

Um aus dieser Situation herauszukommen, ist eine Industrialisierung notwendig, denn Industrialisierung bedeutet die Anwendung der Energie auf Produktion und Transportwesen als Ersatz menschlicher und tierischer Muskelkraft. Die Chinesen haben gezeigt, wieviel durch die Mobilisierung der Bevölkerung, die »mit ihren bloßen Händen« arbeitet, erreicht werden kann, aber der Output (und deshalb auch der Konsum) pro Kopf kann nicht ohne mechanische Hilfen auf ein modernes »Niveau« steigen. »Entwicklung« wird deshalb zu recht mit Industrialisierung gleichgesetzt und zwar in dem allgemeinen Sinne, daß sie auf dem Sektor der Landwirtschaft ebenso wie auf dem Sektor der Fabrikation angewandt wird.

Nachdem die industrielle Revolution einmal irgendwo in der Welt stattgefunden hatte, änderte sich die Situation für den Rest der Welt drastisch. Einerseits bahnt die Anwendung der Wissenschaft auf die Technologie in den führenden Ländern den Weg für hohe Produktivität, dem dann, wenn die politische Lage es erlaubt, anderswo gefolgt werden kann. Andererseits kann die in den führenden Ländern durch die Industrialisierung entwickelte wirtschaftliche und militärische Macht dazu benutzt werden, die Versuche deren Erfolge nachzuahmen, in brutaler oder listiger Weise zu vereiteln. Gegenwärtig befinden sich die verschiedenen Länder der Dritten Welt in unterschiedlichen Phasen der vorkapitalistischen Unterentwicklung, durch Kolonialeinflüsse verzerrter Entwicklung oder beginnender moderner Entwicklung.

Die Dritte Welt **3** 3 § 1 (a)   449

(a) Grundbesitzer und Bauern

In einigen Stammesgesellschaften wird der landwirtschaftliche Überschuß
auf die Gemeinschaft aufgeteilt, und es besteht für keine Familie ein Zwang,
mehr zu produzieren als sie konsumieren möchte. Die Superstruktur dessen,
was als »Zivilisation« bekannt ist, wurde dadurch aufgebaut, daß die Bauern
gezwungen wurden, für andere zu arbeiten. Viele Länder der Dritten Welt
sind auch heute noch auf der Stufe verblieben, auf der es eine Klasse von
Grundbesitzern gibt, die mehr oder weniger in der Weise, wie von den Physiokraten beschrieben [siehe: **1** 1 § 2 (a)], aus den Bauern Pacht- und Wucherzinsen herauspressen oder die auf ihren Gütern Arbeitskräfte zu existenzminima-
len Löhnen beschäftigen. Da die Grundherren einen traditionellen Lebensstil
genießen, besteht für sie kein Grund, sich mit der Produktivität zu befassen.
Tatsächlich dürften sie Verbesserungen durchaus feindlich gegenüberstehen, die
den Lebensstandard der Bauern heben und sie weniger abhängig machen würden.

Diese Methode, die Landwirtschaft zu organisieren, hält den Überschuß
niedrig und verbraucht gleichzeitig einen großen Teil dessen, was in die Versorgung der Haushalte der Grundbesitzer fließt, so daß wenig oder gar nichts
für die restliche Volkswirtschaft verfügbar ist. Hier wirkt sich Ricardos Ansicht über den Grundbesitz als drückende Last für die Entwicklung noch voll
aus.

Die Besteuerung der Pacht ist eine Methode, den Überschuß für Investitionszwecke anzusammeln, um die Entwicklung voranzutreiben und gleichzeitig Druck auf die Grundbesitzer auszuüben, die Produktivität zu steigern;
aber diese Methode wird nicht von solchen Regierungen angewandt, deren politische Existenz von der Unterstützung der Grundbesitzer abhängig ist.

(b) Die Bodenreform

In einer Anzahl von sich potentiell entwickelnden Ländern in Asien und Lateinamerika wurde der Versuch unternommen, die Situation der Bauern mit
Hilfe der Gesetzgebung zu verbessern. In einigen Fällen hat der Effekt der
Bodenreform das Gegenteil der ursprünglichen Absicht bewirkt. Wenn z. B.
das Gesetz einem Pächter, der den gleichen Grundbesitz drei Jahre lang be-
wirtschaftet hat, einige Anrechte daran zubilligt, so wechselt der Grundbesitzer
die Pächter alle zwei Jahre. Manchmal ist ein Gesetz wirkungslos geblieben

wie z. B. jenes, das eine Maximalfläche festlegt, die ein Mann besitzen darf und das einen Grundbesitzer dazu veranlaßt, seinen Besitz dem Namen nach auf seine Verwandten zu verteilen und dann wie bisher weiter zu wirtschaften.

Eine gerechte Verteilung des Bodens an frühere Pächter löst das Problem der geringen Produktivität nicht von selbst, denn wie wir gesehen haben [siehe: 2 1 § 1 (b)], benötigt ein Bauer sowohl einen Vorratsbestand als auch Boden, um arbeiten zu können. Der Grundbesitzer und der Geldverleiher hielten die Familie des Bauern von Ernte zu Ernte am Leben, jedoch auf einem niedrigen Niveau; selbst dann, wenn ihm ein Anrecht auf den Boden zugebilligt wird, benötigt er immer noch Kredit. Die Geldverleiher und die Händler, die das Getreide direkt nach der Ernte billig aufkaufen und es zu Preisen, die im Verlauf des Jahres steigen, wieder verkaufen, erscheinen dem Bauern als »Blutsauger«, die jedoch eine notwendige Dienstleistung finanzieren. Ohne eine Kreditquelle dürften die Bauern sogar schlechter stehen als vorher.

Eine Bodenreform, die mit der Bereitstellung von Krediten kombiniert ist, kann das Leben der Landbevölkerung beträchtlich verbessern, indem sie ihr mehr von ihren eigenen Produkten überläßt. Aber dann ist ihr Nahrungsmittelkonsum größer und für die Ernährung der Stadtbevölkerung steht eine geringere Menge zur Verfügung, so daß die Entwicklung der Industrie behindert wird.

Einen landwirtschaftlichen Überschuß zu produzieren, ohne sich dabei auf die extreme Notlage der Bauern zu stützen, erfordert, die Produktivität zu steigern und gleichzeitig die Bauern mit den Mitteln und Motiven zu versorgen, sich von einem beträchtlichen Teil ihrer Produkte zu trennen. Eine Methode, einen Überschuß von unabhängigen Bauern abzuschöpfen, besteht darin, eine Steuer einzuführen. Eine andere ergibt sich durch die Organisation des Verkaufs und die Bereitstellung von einigen Gütern oder Dienstleistungen, die die Landbevölkerung zu erwerben wünscht.

Es ist meistens nicht sehr nützlich, den Versuch zu unternehmen, die Technologie zu verbessern, bevor ein Absatzmarkt für das verfügbare Produkt geschaffen wurde. Sobald die Bauern jedoch ausreichende Sicherheit darüber besitzen, daß es ich lohnt, den Boden zu verbessern und etwaige Risiken der Produktdiversifikation zu übernehmen, werden sie für neue Anbaumethoden und neue Getreidearten empfänglich, vorausgesetzt, daß die ihnen versprochenen Vorteile überzeugend demonstriert werden können.

Eine Bodenreform in einer Quasi-Feudalwirtschaft ohne eine durchgreifende Revolution durchzuführen, beschwört den Widerstand nicht nur der Grundbesitzer, die ihrer Pachten und ihrer Privilegien beraubt werden würden, son-

Die Dritte Welt **3** 3 § 1 (c)   451

dern auch der Geldverleiher und Händler, die sich ihren Lebensunterhalt durch die Investition von Finanzmitteln in dem Handel mit dem Agrarprodukt verdient haben. Einige Reformvorhaben sind freilich in der Form des »Versuchs, ein Omelett zuzubereiten, ohne Eier zu zerschlagen«, durchgeführt worden – sie sollen den Bauern helfen, ohne dabei irgend jemand anderen zu schädigen.

In einigen afrikanischen Ländern jedoch war die Bodenreform erfolgreich, indem sie der Bauernschaft einen festen Platz in der Volkswirtschaft gab und sie damit zu einer zuverlässigen konservativen Kraft des politischen Systems machten. Es hat einige Experimente bei der Bodenreform und der genossenschaftlichen Organisation der bäuerlichen Landwirtschaft gegeben, die in der Überwindung der externen Schwierigkeiten mehr oder weniger Erfolg hatten, aber dann gerieten sie meist in interne Konflikte. In jedem Dorf befinden sich einige Familien in besserer Position als andere, was sie in die Lage versetzt, die Vorteile aus den angebotenen Nutzen zu ziehen. Ein Reformwerk wird wahrscheinlich in einer Situation enden, wie wir sie in der Geschichte von dem Großbauern und dem armen Bauern analysiert haben [siehe: **2** 1 § 2 (b)]. Es ist für die genossenschaftliche Landwirtschaft nicht leicht sich durchzusetzen, ausgenommen im Rahmen einer an den wahren Interessen der Bauernschaft ausgerichteten staatlichen Politik.

(c) Die kapitalistische Landwirtschaft

Moderne Bewässerungsmethoden, wissenschaftliche Entwicklung neuer Getreidesorten und die Mechanisierung der Bebauung ermöglichen es, die Landwirtschaft den Grundbesitzern und den Bauern alten Stils aus der Hand zu nehmen und sie in den Einflußbereich der kapitalistischen Investition zu bringen.

Es gab bereits während der Kolonialzeit eine beträchtliche Entwicklung, Ernteerträge durch Exporte zu Geld zu machen [siehe: **2** 5 § 3 (a)]. In einigen Regionen werden solche Vorhaben modernisiert, in einigen setzt sich die mehr oder weniger erfolgreiche bäuerliche Bewirtschaftung weiter fort, während in anderen Ländern, die die Unabhängigkeit anstreben, die politische Situation die alten Plantagenbesitzer von Investitionen abschreckt, ohne etwas anderes an ihre Stelle zu setzen.

Eine Neuentwicklung der kapitalistischen Landwirtschaft hat in einigen Teilen der Dritten Welt früher unkultivierbares Land in Nutzung genommen.

452　　　　　　　　　**3** 3 § 1 (d)　　*Gegenwartsprobleme*

Die Wüsten in Nordmexiko z. B. wurden sehr fruchtbar gemacht und erzeugen einen großen Überschuß für den Export sowie für die Ernährung der Stadtbevölkerung. Die alte Landbevölkerung ist von dieser Entwicklung ausgeschlossen und lebt weiter auf einem niedrigen Niveau der Subsistenzlandwirtschaft.

Wenn die kapitalistische Landwirtschaft in einem dichtbevölkerten Gebiet eingeführt wird, wie in einigen Teilen Asiens, werden die Pächter in dem Maße verdrängt, wie das Land aufgekauft wird, um Farmen wirtschaftlicher Größe zu schaffen. Dies schafft bis zu einem gewissen Ausmaß einen Anstieg der Beschäftigung von Lohnarbeitern, aber die neuen Bauern vertreten die Ansicht, daß Traktoren leichter zu handhaben sind als Menschen. Dies ist ein ernstes Dilemma dieser Entwicklungsform. Die Landwirtschaft neuen Stils kann nur solange profitabel sein und solange Investitionen anreizen, wie die Preise der Hauptgetreidearten – den Nahrungsmittelgetreiden – gehalten werden. Dies bedeutet, daß ein ständiger Zuwachs des landwirtschaftlichen Outputs von Jahr zu Jahr nur verteilt werden kann, wenn es einen beständigen Einkommenszuwachs gibt, der für Nahrungsmittel ausgegeben wird. Wenn der Output steigt, aber das Einkommen nicht die entsprechende Nachfrage schafft, wird der Markt zusammenbrechen und eine Landwirtschaft, die sich auf einem hohen Kostenniveau befindet, wird nicht mehr profitabel sein. Das Einkommen wird aber nicht entsprechend hoch sein, solange die Industrie es für unrentabel erachtet, Arbeiter zu einem Lohn zu beschäftigen, der gerade das Existenzminimum sichert.

(d) Nahrungsmittelimporteure

Es gibt eine gewisse Zahl von Ländern, in denen sich die Wirtschaft auf der Grundlage eines einzigen Exportgutes, wie z. B. Öl und Zucker, entwickelt hat und die sich daran gewöhnt haben, praktisch ihren gesamten Konsumgüterbedarf zu importieren. Hierzu gehören einige Wüstenstaaten. In anderen wurden die Ureinwohner vor langer Zeit ausgerottet: Eine Bevölkerung, die von einer umgesiedelten Arbeiterschaft abstammt, ist über die Kapazität des kultivierbaren Bodens, der sie ernährt, hinausgewachsen. Solange die Nachfrage nach ihren Exportgütern anhält, können die Menschen leben und eine wohlhabende Klasse unterhalten – das statistische BSP pro Kopf ist in den Ölscheichtümern das höchste auf der Welt – aber wenn die Ressourcen erschöpft sind oder die Nachfrage abnimmt, befinden sie sich in einer hoffnungslosen Situation.

Die Dritte Welt **3** 3 § 2 (a)

2. Arbeitslosigkeit

Für die Behörden in einer Planwirtschaft sind die zur Arbeit fähigen Männer und Frauen einerseits Personen, für die gesorgt werden muß und andererseits eine wertvolle Ressource, die benötigt wird, um zum wirtschaftlichen Reichtum beizutragen. In einer sich potentiell entwickelnden Wirtschaft der Dritten Welt sind unbeschäftigte Arbeiter ein Übel und ein Mißstand, der, falls nicht beachtet, zu einer politischen Bedrohung werden kann. Die Behörden betrachten das Problem der Arbeitsplätzebeschaffung eher als eine Verpflichtung als eine Gelegenheit, irgend etwas nützliches zu tun.

(a) Keynesianische Unterbeschäftigung

In jeder größtenteils privatwirtschaftlich organisierten Wirtschaft gibt es normalerweise keynesianische Unterbeschäftigung. In dem Sinne, daß einige Arbeitgeber bei einer zufälligen Erhöhung des Ausgabenniveaus einen Nutzen sehen, mehr Arbeiter einzustellen, um mehr Output zu produzieren. Darüber hinaus gibt es in den Städten der Dritten Welt eine große Anzahl von Menschen, die in *verdeckter Arbeitslosigkeit* leben. Sie bieten ihre Dienste als Schuhputzer oder Träger an oder handeln an den Straßenecken mit kleinen Posten von z. B. Streichhölzern oder Knöpfen. Ein allgemeiner Einkommens- und Ausgabenanstieg bringt mehr Beschäftigung hervor.

Doch entstehen allein durch das Ansteigen der effektiven Nachfrage enge Grenzen für die Möglichkeit, den Output zu erhöhen.

Ein erheblicher Teil der Arbeitslosigkeit beruht auf der Tatsache, daß der Umfang der Aursüstung und der Finanzmittel viel zu klein ist, um die potentiell verfügbaren Arbeitskräfte einzustellen (siehe: **2** 3 § 4).

Ein beträchtlicher Ausgabenzuwachs aufgrund eines Budgetdefizits oder einer Expansion der Investitonsausgaben erhöht die Nachfrage über die Angebotskapazität für Konsumgüter in der Landwirtschaft, dem Transportwesen und der Industrie. Entweder wird entsprechend importiert oder die Preise ziehen scharf an und setzen die inflationäre Profit-Lohn-Spirale in Gang.

Die keynesianischen Heilmittel waren als kurzfristige Kur für die Unterauslastung der bereits bestehenden Produktionskapazitäten gedacht; sie sind nicht in der Lage, neue Kapazitäten zu schaffen.

(b) Unterbeschäftigung

Ein Mann, der jeden Tag zu essen hat, kann auch jeden Tag arbeiten. Wie wir jedoch bei der armen Bauernfamilie sahen, hängt der Umfang der produktiven Arbeit, die ein Mann in der Landwirtschaft verrichten kann, von der Bodenfläche ab, die ihm zur Bearbeitung zur Verfügung steht. Es gibt drei Elemente der erzwungenen Müßigkeit in einer bäuerlichen Landwirtschaft; das erste wird durch das hervorgerufen, was als absoluter Mangel an kultivierbarem Boden bezeichnet werden kann. Im Laufe der Geschichte hat sich die landwirtschaftliche Technologie dem Bevölkerungsdruck angepaßt. (In einigen Teilen Südchinas war der Grundbesitz in alten Zeiten zur Tierhaltung zu klein; dort waren die menschlichen Muskeln die einzige Kraftquelle, während in Indien selbst heute noch ein paar Ochsen die notwendige minimale Ausrüstung darstellen.) Aber in jeder Entwicklungsgeschichte einer Technologie gibt es irgendeine obere Grenze, jenseits der die Erhöhung der Bebauungsintensität keinen Zuwachs des Produkts erbringt. Wenn die Bevölkerungsdichte diesen Punkt erreicht hat, gibt es sogar in der Hochsaison keine ganztägige Arbeit für jeden. Wo der Grundbesitz verhältnismäßig gleich zwischen den Familien aufgeteilt ist, gibt es notwendigerweise keine Individuen, die völlig unbeschäftigt sind, denn jedermann hat Anspruch auf das Produkt irgendeines Bodenstückes und die meisten nehmen an der Arbeit teil; aber insgesamt betrachtet würden sie lieber mehr arbeiten, wenn die Mehrarbeit das Produkt vergrößern würde. (Die typische Familie in der Situation des armen Bauern ist in Abb. 1.6 in **2 1** § 5 dargestellt.) Diese Situation kann bei Pächtern und Erntearbeitern entstehen oder bei bäuerlichen Eigentümern, deren Grundbesitz immer wieder geteilt wurden und zwar in dem Maße, wie die Zahl der Familienmitglieder von Generation zu Generation wuchs.

Solange es für die Bauern keine andere produktive Arbeit gibt, kann ihre Zusammenballung auf dem Land eigentlich nicht »unökonomisch« genannt werden, wie groß die Arbeitsverschwendung auch erscheinen mag, denn alle können an der Arbeit und dem Einkommen teilhaben, anstatt daß einige von ihnen in die Städte abwandern, wo sie von der Hand in den Mund leben müssen. Die Verschwendung liegt eher in dem Mangel an alternativer Beschäftigung als in der ineffizienten Ackergröße.

Das zweite Element der bäuerlichen Unterbeschäftigung erwächst aus einer ungleichen Verteilung des Grundbesitzes zwischen den Familien. Unsere Analyse der Großbauern und der armen Bauern war sehr formalistisch, aber sie

Die Dritte Welt **3** 3 § 2 (b)

entspricht der aktuellen Situation in den bäuerlichen Landwirtschaften vieler Länder.

Betrachten wir eine Region, in der es keine absolute Bodenknappheit der oben beschriebenen Art gibt. Wäre alle Arbeit über die kultivierbare Fläche so verteilt, um das maximal mögliche Gesamtprodukt zu erhalten, so würde die Grenzproduktivität der Arbeit positiv sein, d. h., es würde eine beträchtliche Outputverminderung geben, wenn die Jahresleistung eines Mannes abgezogen würde. Im Falle der absoluten Bodenknappheit würde dies nicht zutreffen. Die Arbeit ist aber nicht gleichmäßig über die Bodenfläche verteilt. Einige Grundbesitztümer sind so klein, daß die Grenzproduktivität der Familienarbeit Null ist; andere dagegen sind so groß, daß eine Familie mit wenig Aufwand komfortabel leben kann. Die erzwungene Müßigkeit der armen Bauern kann vermindert werden, wenn ein Großbauer sie zur Kultivierung seines Bodens anstellt. Die armen Bauern lehnen aber die Lohnarbeit zuerst ab, weil sie unwürdig ist und die Unterordnung unter einen Aufseher bedingt. Der Stolz hält ihre Müßigkeit aufrecht, bis sie gezwungen sind, darüber anders zu denken. Haben sie sich erst einmal an Lohnarbeit gewöhnt, kann das zusätzliche Einkommen den Unabhängigkeitsverlust kompensieren.

Das dritte Element der erzwungenen Müßigkeit ist die Saisonabhängigkeit des landwirtschaftlichen Produktionsprozesses. In vielen Regionen mit Stoßzeiten von ein oder zwei Wochen ein- oder zweimal im Jahr gibt es in dieser Zeit keinen Überschuß sondern Knappheit an Arbeit. In der Zwischenzeit allerdings gibt es langandauernde Perioden mit wenig oder gar keiner heimischen Arbeit und keinen Verdienstmöglichkeiten.

Das Phänomen der ländlichen Unterbeschäftigung und der saisonellen Müßigkeit wird manchmal unter dem Ausdruck »verdeckte Arbeitslosigkeit« zusammengefaßt, aber dies ist eine unrichtige Bezeichnung. Die Eigenschaft der verdeckten Arbeitslosigkeit im ursprünglichen Sinne ist, daß sie durch eine Erhöhung der effektiven Nachfrage behoben werden könnte; die ländliche Unterbeschäftigung erfordert eine grundlegende Reorganisation der Produktionsbedingungen.

Wie die Chinesen gezeigt haben, ist es technisch möglich, die untätige Zeit der Bauern gut zu nutzen (wenn sie einmal über das ganze Jahr hin genügend zu essen haben), um die Bewässerungsanlagen zu verbessern, die Erosion zu verhindern, Straßen zu bauen usw. Der individuelle Bodenbesitz ist jedoch ein Hindernis für solche Pläne, weil das Problem entsteht, wer den Nutzen aus diesen Maßnahmen zieht.

456   3 3 § 2 (c)   *Gegenwartsprobleme*

(c) Wahl der Technik

Die sich potentiell entwickelnden Länder importieren die industrielle Technologie aus den entwickelten Ländern jeweils direkt, wenn Niederlassungen ausländischer Unternehmen auf ihrem Territorium gegründet werden und teils indirekt, wenn Investitionen von ihren eigenen Kapitalisten oder Regierungen nach den ausländischen Vorbildern vorgenommen werden, indem die Ausrüstung zuerst importiert und später teilweise nachgebaut wird. Die in den entwickelten Wirtschaften unter dem Druck steigender Reallohnsätze entwickelte Technologie erfordert im allgemeinen hohe Investitionskosten pro Beschäftigten, die offenbar für die Situation einer Wirtschaft mit erheblicher Unterbeschäftigung der Arbeit, begrenzten investierbaren Ressourcen und einem schlecht organisierten Finanzangebot unangemessen ist.

Scheinbar folgt hieraus, daß die Industrialisierung mit weniger arbeitssparender Technik durchgeführt werden sollte, so daß jeder Investitionsvorgang mehr zukünftige Beschäftigung bereitstellen würde.

Dies führt manchmal zu der Ansicht, daß das Ziel der Investitionen sei, Beschäftigung zu erzeugen, so daß die arbeitsintensivste Technik – mit dem geringsten Output pro Kopf – bevorzugt werden sollte. Das Entwicklungsziel ist aber erstens, mehr Menschen zu ernähren, und zweitens, einen größeren Überschuß für weitere Investitionen zu schaffen. Das Ziel ist mehr Output und nicht mehr Arbeit pro Investitionseinheit. Geringer Output pro Kopf ist kein Verdienst ansich. Wo eine Wahlmöglichkeit zwischen den bekannten Techniken existiert, sollte jede abgelehnt werden, die einen geringeren Output pro Investitionseinheit und pro Kopf ergibt.

Bei einer Vielzahl von wählbaren Techniken für die Produktion eines gegebenen Outputs – z. B. Baumwolltuche – können sie durch den Mechanisierungsgrad verglichen werden, den wir oben erörterten (doch, wie wir sahen komplizierten die Unterschiede in der Zeitstruktur der erforderlichen Inputs und der von jeder Technik erbrachten Outputs den Beweis [siehe: 2 11 § 4 (d)]. Eine mechanisierte Technik erfordert höhere Investitionskosten pro Beschäftigten und erbringt einen höheren Output pro Kopf.

Wenn die Wahl am Prinzip der Bevorzugung der Technik, die den höchsten Output pro Investitionseinheit bietet, ausgerichtet ist, muß ein geringerer einem höheren Mechanisierungsgrad vorgezogen werden, weil ein geringerer Grad geringere Investitionskosten pro Kopf und einen größeren künftigen Output pro gegenwärtiger Investitionskosteneinheit bedeutet. Übrigens ist damit ein höheres Beschäftigungsniveau verbunden.

Die Dritte Welt **3** 3 § 2 (c)   457

Nun wird aber das Konzept, daß die Löhne Kosten sind, in die Argumentation eingeführt [siehe: **2** 11 § 4 (b)]. Eine Technik mit einer anderen zu vergleichen und die mit dem geringeren Mechanisierungsgrad zu wählen, wird hohe künftige Lohnkosten beinhalten. Abhängig vom laufenden Lohnniveau und der erwarteten Outputhöhe zweier Techniken wird man meistens finden, daß ein höherer Mechanisierungsgrad profitabler ist. Er erbringt einen geringeren künftigen Output pro Investitionseinheit, weniger Beschäftigung und deshalb geringere Lohnkosten. Wenn die Ersparnisse in bezug auf die Lohnkosten größer als der vorhergehende Outputwert sind, kann einem nach Profit strebenden Kapitalisten unterstellt werden, daß er die Technik, die den größeren Output pro Investitionseinheit erzielt, vermeidet und diejenige vorzieht, die einen höheren Profit pro Investitionseinheit liefert.

In dieser Situation wird manchmal behauptet, die profitabelste Technik sei schließlich die vorteilhafteste für die nationale Volkswirtschaft, weil sie einen höheren Überschuß erbringen wird. Die weniger mechanisierte Technik bietet den höheren Output und hilft daher mehr Menschen aus der elenden Arbeitslosigkeit heraus; ihre Verdienste geben sie jedoch für Nahrungsmittel aus. Die profitablere Technik bietet dagegen weniger Beschäftigung mit mehr Überschuß zur Ausdehnung der künftigen Investition. Falls es keinen anderen Weg gibt, das Kapital für die Investition zu beschaffen und falls die Profite mit Gewißheit investiert und nicht von den Kapitalisten selbst konsumiert werden, dürfte die profitablere Technik vorgezogen werden. Im allgemeinen aber klingt das Argument zu ihren Gunsten eher als eine Erweiterung der kapitalistischen Ideologie auf einen Bereich, in dem sie unangebracht ist.

Abgesehen von bekannten Techniken, gibt es unzählige Möglichkeiten, Techniken zu entwickeln, die der Kapazität verschiedener Volkswirtschaften entsprechen. Was als »intermediäre Technologien« bezeichnet wird, wurde an verschiedenen Stellen zur Sprache gebracht; diese beinhalten Methoden und Ausrüstungen, die produktiver sind als das primitive Handwerk, erfordern aber sehr viel weniger Investition pro Mann und pro Outputeinheit als die moderne westliche Produktionsweise. Die Kapitalisten jedoch ziehen fertige Techniken vor und arbeiten in jedem Fall oft mit ausländischen Unternehmen zusammen, die ihre eigenen Techniken als die besten betrachten. Darüber hinaus haben die Regierungen der sich potentiell entwickelten Länder oft eine Vorliebe für große, eindrucksvolle Pläne, die auf keinen Fall die effizienteste Art der Ausnutzung ihrer begrenzten Ressourcen darstellen. Ein Nachteil der importierten, hoch mechanisierten Technologie besteht nicht nur darin, daß sie mehr Investition erfordert, um Beschäftigung zu schaffen, sondern auch darin, daß sie in

458　　　**3** 3 § 3 (a)　　*Gegenwartsprobleme*

einem Umfang und einem Grad der Kompliziertheit beginnt, der für die Arbeiter, Techniker und Manager schwer zu begreifen ist, so daß sie von den Ausländern abhängig bleiben und das »know-how« nicht selbst erlernen können.

3. Der Außenhandel

Wir stellten oben fest, daß für die Wirtschaft irgendeines Landes die Auslandskaufkraft wertvoller ist als die inländischen Ressourcen, weil sie die Verfügbarkeit über ein größeres Güterbündel ermöglicht [siehe: **3** 2 § 1 (b)]. Dies ist insbesondere für die sich potentiell entwickelnden Länder zutreffend, die sich bei der Industrialisierung auf importierte Ausrüstung und »know how« von den bereits hoch entwickelten Ländern verlassen haben.

Für die Entwicklung werden nicht die insgesamt zur Verfügung stehenden Devisen verbraucht. In einer Anzahl von Ländern wurde ein großer Teil zum Import von Rüstungsmaterial, manchmal in Gestalt eines Bündnisses mit einer Großmacht benutzt, um gegen ein Nachbarland oder für die Unterdrückung der einheimischen Bevölkerung gerüstet zu sein. Ein Teil wird zum Import von ausländischen Konsumgütern verwandt, nach denen ein heranwachsender Mittelstand verlangt, ein anderer Teil, um in Form eines Goldvorrates oder auf ausländischen Bankkonten angelegt zu werden, und ein weiterer Teil wird von Zeit zu Zeit dazu benutzt, die Hungersnöte zu lindern. Für welchen Zweck sie auch immer ausgegeben werden, Devisen sind höchst erwünscht.

(a) Exporte von Rohprodukten

In vielen Ländern der Dritten Welt wurden während der Kolonialzeit Versorgungsquellen erschlossen, die ihnen jetzt Exporte zum Verdienst von Devisen ermöglichen. Dennoch sind diese Märkte, wie wir gesehen haben, unzuverlässig [siehe: **2** 5 § 3 (a)]. Wo diese Ressourcen von Kapitalisten der alten imperialistischen Länder erschlossen wurden, haben diese nun die Verpflichtung auferlegt, die Profite zu überweisen und in vielen Fällen wird ferner ein Teil der Gehälter der expatriierten Manager mit in die Überweisung einkalkuliert. Die Importe von Konsumgütern müssen den expatriierten und ihren lokalen Nachahmern erlaubt sein. Dies reduziert den Beitrag, den die Auslandsgewinne bestenfalls zur Entwicklung beisteuern können. Die Gründe dafür, daß die sich potentiell entwickelnden Länder es sich erlauben, in dieser Situation zu bleiben, sind erstens, daß ihre Behörden fürchten, daß ihre eigene Bevölke-

Die Dritte Welt **3** 3 § 3 (b) 459

rung nicht fähig sein würde, ebenso gut wie die Ausländer, die Produktion zu managen; zweitens, daß lokale Kapitalisten mit Ausländern sympathisieren und aus Abmachungen mit ihnen Nutzen ziehen und ihnen deshalb politische Unterstützung geben. Schließlich ist es sehr gefährlich, die entwickelten Länder herauszufordern. Wenn sie auch nicht bis zur Gewaltanwendung (direkte oder durch interne Subversion) gehen, so können sie doch einem Land den Zugang zum Weltmarkt blockieren, das gegen die auferlegten Regeln verstößt.

Nicht nur ein Großteil der Produktion der ehemaligen Kolonien verbleibt in einem Abhängigkeitsverhältnis zu den ehemaligen imperialistischen Staaten, sondern die sich potentiell entwickelten Länder sind auch neue freiwillige Kolonialbeziehungen eingegangen, indem sie ausländische kapitalistische Unternehmen aufforderten, auf ihren Territorien neue Versorgungsquellen zu erschließen.

(b) Die Hersteller

Niedrige Lohnarbeit ist nicht notwendigerweise billige Arbeit, weil unterernährte und ungebildete Arbeiter keinen großen Überschuß erzeugen, wie gering auch immer ihr eigener Anteil am Wert des Produktes ist. Es gibt jedoch eine Anzahl von Produktionszweigen, in denen niedrige Löhne einer hoch arbeitsintensiven Technik erlauben, mit den Produkten der fortschrittlichen Industrie erfolgreich zu konkurrieren.

Wenn diese Produktionsform von den einheimischen Kapitalisten organisiert wird, hängt der Entwicklungsrhythmus zum großen Teil von deren Lebensstil ab. Wenn sie Luxusgüter ausländischen Stils bevorzugen und darauf drängen, daß ihnen ihr Import erlaubt wird oder daß ihnen die Einfuhr der notwendigen Bestandteile zu ihrer Inlandsproduktion gestattet wird, führt die Entwicklung in eine Sackgasse. Wenn ihre Profite hauptsächlich gespart und reinvestiert werden, zunächst um ihre Exportproduktion auszudehnen und damit dann auf die Produktion von Investitionsgütern zurückzuwirken, folgen sie dem ursprünglichen Weg der kapitalistischen Entwicklung. Das Wesentliche dieses Prozesses ist, daß er einen geringeren Lohnanteil am Outputwert erfordert, d. h. eine hohe Ausbeutungsrate der Arbeit. Trotzdem geht es den von den Kapitalisten ausgebeuteten Arbeitern besser, als jenen, die dem Hungertod nahe, in verdeckter Arbeitslosigkeit in den Städten und als Arbeitskräfte ohne Grundbesitz auf dem Lande, leben.

Die Länder, die sich auf diese Art zu entwickeln versuchen, beklagen sich darüber, daß sie durch den Protektionismus der entwickelten Länder behindert werden, die nicht wollen, daß ihre eigenen Industrien unterboten werden. Entsprechend der orthodoxen Theorie des Freihandels sollten sie billige Importe der Güter akzeptieren, für die die arbeitsintensiven Techniken höchst effizient sind und ihre eigenen Ressourcen zu anspruchsvolleren Industrien verlagern, in denen ihr komperativer Vorteil größer ist. Aber solche Verlagerung hat für die Kapitalisten Verluste und für die Arbeiter Arbeitslosigkeit zur Folge, nämlich in den Industrien, die unter dem Wettbewerb leiden, ohne daß eine Garantie besteht, daß andere Industrien expandieren werden, um ihren Platz einzunehmen. Die Freihandelslehre war sehr gut, so lange sie die Zerstörung des Handwerks in den Kolonien durch die britischen Manufakturen rechtfertigte. Sie hat dagegen nicht soviel Anziehungskraft, wenn der »Stiefel auf dem anderen Fuß sitzt«.

(c) »Importsubstitution«

Da das Devisenangebot immer knapp ist, sollte die erste Regel für die Entwicklung sein, mit Importen sparsam umzugehen, d. h. die größtmögliche inländische Produktion pro Importkosteneinheit anzustreben. Dies führt durch Prohibition oder Zölle zur Ausschaltung des Imports jener Güter, auf die verzichtet werden kann oder die durch inländische Produkte substituiert werden können. Ferner folgt daraus, daß nur die zum Entwicklungsprogramm beitragenden Güter importiert werden dürfen.

Diese Ansicht findet nicht überall richtiges Verständnis. Einige ausländische Berater der sich potentiell entwickelnden Welt mißbilligen die »Importsubstitution«, als sei sie ein Widerspruch zur reinen Freihandelslehre, obwohl alle jetzt blühenden Industrienationen ihre Entwicklung unter einer protektionistischen Politik begannen.

Selbst wenn das Prinzip des sparsamen Importverhaltens akzeptiert wird, wird es nicht immer richtig angewandt. Es ist nicht unbekannt, daß protektionistische Maßnahmen die Importe erhöhen, denn wenn sich eine Industrie, deren Betrieb sich auf die Erfordernis importierter Materialien gründet, unter dem Schutz eines Zolles etabliert, erfordert dies mehr Devisen als der Import des fertigen Produkts. Um diesen Fehler zu vermeiden, bedarf es nicht der Freihandelstheorie, sondern technischer Information, gesunden Menschenverstands und einer rechtschaffenden Administration, die nicht die Geschäfte auf Kosten des nationalen Interesses begünstigt.

Die Dritte Welt **3** 3 § 4 461

Der Erfolg einer Industrialisierungspolitik hängt von den geschützten Märkten ab. In vielen Ländern Lateinamerikas stellten die protektionistischen Maßnahmen eine Einladung an die großen oligopolistischen Konzerne dar, Industriezweige innerhalb der Zollgrenzen aufzubauen. Solche Unternehmen sind aber oft lediglich Montagefabriken, die ausländische Einzelteile benutzen, so daß nur ein Teil der Importwerte tatsächlich eingespart wird.

In jedem Fall sind die Importe, auf deren Einsparung die protektionistischen Maßnahmen abzielen, gewöhnlich von einer Art, die sich nur ein kleiner Teil der Bevölkerung leisten kann. Zum Beispiel dürfte die Investition durch einen hohen Zolltarif auf Kraftwagen gefördert werden, mit dem Resultat, daß eine Anzahl von Industrien gegründet werden müssen, die auf der Basis der Kleinproduktion und deshalb mit hohen Kosten arbeiten. Der Markt ist eng, so daß die betreffenden Unternehmen nur durch die Produktion einiger anderer kostspieliger Produkte für den Verkauf an die kleine wohlhabende Klasse expandieren können. Um weiter zu bestehen, muß es für solche Unternehmen protektionistische Maßnahmen für aufeinander aufbauende neue Bereiche von Gütern geben, wobei jedes in einem Umfang verkauft wird, bei dem die aus fortschrittlichen Industrieländern importierten Techniken nicht effizient sein können. Auf diesem Weg ist es nicht möglich, den Rhythmus der steigenden Reallöhne und des Massenkonsums zu finden, der das Erfolgsgeheimnis der kapitalistischen Entwicklung ist.

Der Einwand gegen diese Politik ist nicht der, den die Freihändler erheben, nämlich die hohen Kosten der geschützten Produkte. Der Vergleich von inländischen Kosten und Weltmarktpreisen ist nicht relevant, denn zu Weltmarktpreisen einzukaufen, erfordert Devisen, die relativ zu den inländischen Ressourcen knapp sind. Wenn die protektionistischen Maßnahmen aufgehoben werden, alles andere gleich bleibt, und die Konsumenten der Mittelklasse importierte Autos billiger bekämen, würde es im Inland mehr Arbeitslosigkeit geben (ebenso wie geringere Profite) und es würde eine akute Zahlungsbilanzkrise entstehen. Der Einwand richtet sich nicht gegen die protektionistischen Maßnahmen als solche, sondern gegen die Investitionsform, zu der der Protektionismus ermutigt.

4. Der Kapitalzustrom

Um den Akkumulationsprozeß entweder in einer kapitalistischen, einer sozialistischen oder einer gemischten Wirtschaft in Gang zu bringen, sind drei Bestandteile erforderlich: Finanzmittel, d. h. die für Investitionen verfügbare

462   **3** 3 § 4 (a)   *Gegenwartsprobleme*

Kaufkraft; Ersparnisse, nämlich der Konsumverzicht, der es erlaubt, die
Ressourcen für die Investition zu nutzen; und Importe, um die im Inland verfügbaren Ressourcen zu ergänzen. Bis ein Land einen ausreichenden Markt für
seine Exporte aufgebaut hat (falls es dies je schafft), sind Auslandskredite und
Subventionen, die einen Importüberschuß erlauben, eine große Hilfe für die
Beschleunigung der Entwicklung. Viele Länder der Dritten Welt haben sich
daran gewöhnt, auf Auslandskapital, die die anderen beiden Bestandteile
ebensogut ersetzen, zu vertrauen.

(a) Finanzmittel

Investitionen können ohne die Notwendigkeit einer Kreditaufnahme finanziert werden, zum Beispiel wenn es sich ein wohlhabender Grundbesitzer in den
Kopf setzt, einen Teil seiner Pachten dafür auszugeben, um seinen Landbesitz
zu verbessern oder eine Fabrik zu gründen. Die bloße Tatsache, daß die Dritte
Welt unterentwickelt ist, zeigt, daß solche Investitionen nicht in einem ausreichenden Maße vorgenommen worden sind, um eine andauernde Entwicklung zu gewährleisten.

Ein allgemeiner Industrialisierungsprozeß erfordert, daß die Besitzer von
Reichtum Kaufkraft zu jenen transferieren, die Investitionen durchführen und
Arbeiter in der Produktion beschäftigen. In einer modernen Industriewirtschaft ist das Geschäft, Kreditgeber und Kreditnehmer zusammenzubringen,
hoch entwickelt, und wir sind geneigt, es für selbstverständlich zu halten, aber
in einer unterentwickelten Wirtschaft ist auch das Kreditwesen unterentwickelt; Besitzer von Reichtum ziehen Land oder Gold gegenüber Bankdepositen oder einem Geschäftsanteil vor. Es kann ferner einen beträchlichen Fi-
nanzmittelumfang geben, der im Geld- und Warenhandel gebunden ist und
einen hohen Zins erbringt, den unerprobte Industrie-Investitionen nicht erwirtschaften können.

Eine schwache Regierung, die nicht gewillt oder nicht fähig ist, ihre Bürger
zu besteuern, besitzt geringe Kreditwürdigkeit und ist ebenfalls unfähig, Kredite aufzunehmen.

Wegen des Mangels an Finanzmitteln kann ein Industrialisierungsprozeß
nicht beginnen, wie dringend auch die Notwendigkeit dafür erscheinen mag.
Kann die Finanzlücke durch Auslandskredite ausgeglichen werden? Ausländische Banken können in einer unterentwickelten Wirtschaft operieren, indem
sie sich die meistversprechendsten Projekte zur Kreditfinanzierung heraus-
suchen, und die Regierung kann dadurch Kredite oder Subventionen erhalten.

Die Dritte Welt **3** 3 § 4 (b)

Wenn die Finanzmittel benutzt werden, um Konsumgüter oder Rüstungsmaterial zu importieren, schreitet die Entwicklung nicht voran. Nehmen wir aber an, daß die Regierung angesichts ihrer Einkünfte nunmehr fähig ist, Geld auszugeben und einige nützliche Investitionen durchführt, z. B. die Verbesserung des Transportwesens. Die Ausgaben erhöhen die Einkommen, die Beschäftigung, die Profite und die Ersparnisse. Abgesehen von irgendeinem Verlust durch steigende Importe resultiert daraus ein zusätzlicher Wohlstand in dem Land. Soweit der Wohlstandszuwachs in der Form von Geschäftsprofiten entsteht, ist er für die weitere Investition verfügbar. Wenn er jedoch in die Hände jener gelangt, die ihre Ersparnisse in Gold oder Devisen (gleich ob legal oder illegal) anlegen, ist er für den Finanzkreislauf verloren. Eine stetige Investitionsrate aufrecht zu erhalten, würde einen gleichbleibenden Finanzmittelzufluß und eine ständig steigende Auslandsverschuldung erfordern.

Die Entwicklung eines lokalen Bankensystems und Anlagemarktes, zu denen die Vermögensbesitzer Vertrauen haben, ist unter den Verhältnissen einer privaten Wirtschaft eine Vorbedingung für die Akkumulation.

(b) Ersparnisse

Es wird oft das Argument benutzt, daß das pro-Kopf-Einkommen der Länder der Dritten Welt so niedrig sei, daß es für sie unmöglich sei zu sparen. Dieses Argument ist sophistisch, weil das Einkommen nicht gleich verteilt ist; überall wird ein Überschuß in der einen oder anderen Form aus den Arbeitern oder Bauern herausgepreßt. Die Behauptung, daß die Akkumulation infolge des Mangels an potentieller Ersparnis verhindert wird, würde bedeuten, daß der notwendige Konsum eines aus der Arbeitslosigkeit erlösten Arbeiters seinen ganzen Outputzuwachs absorbiert, so daß kein Überschuß zur Verfügung steht, um die Beschäftigung weiter zu erhöhen.

Ein Akkumulationsprozeß kann auch durch einen Mangel an Gütern, für die die Löhne ausgegeben werden, zum Stillstand gebracht werden. Wenn es in der Industrie eine zusätzliche Beschäftigung gibt, existiert auch eine zusätzliche Nahrungsmittelnachfrage. Wenn das Angebot der Landwirtschaft unelastisch ist, treibt die zusätzliche Nachfrage, die aus einer Erhöhung der in der Industrie verdienten Geldlöhne resultiert, die Nahrungsmittelpreise in die Höhe, was normalerweise eine Erhöhung der Geldlohnsätze in der Industrie nach sich zieht. Dadurch steigen die Nahrungsmittelpreise noch mehr und es beginnt sich somit eine bösartige Spirale zu drehen. Hierfür kann nicht ein Mangel an Ersparnissen verantwortlich gemacht werden. Es wird vielmehr

464　　　　**3** 3 § 4 (b)　*Gegenwartsprobleme*

durch ein fehlendes Gleichgewicht zwischen der landwirtschaftlichen und industriellen Entwicklung verschuldet. Diese Schwierigkeit kann durch Getreideimporte behoben werden, aber dies dürfte nur ein Linderungsmittel sein, das die Inangriffnahme des Grundproblems hinausschiebt.

Das Problem, das unter dem Namen Mangel an Ersparnis bekannt ist, bedeutet in Wirklichkeit keinen Mangel an potentiell investierbaren Überschuß, weil ein Beschäftigungsanstieg in der Industrie immer von einem Profitzuwachs begleitet wird. Die Schwierigkeit besteht darin, zu gewährleisten, daß der steigende Überfluß ständig in den Produktionszuwachs der Konsumbedürfnisse und der Investitionsgüter geleitet wird, um auf diese Weise ein weiteres Ansteigen der Beschäftigung zu ermöglichen. Das Problem der Ersparnis besteht sozusagen in dem Problem, zu verhindern, daß ein Profitzuwachs zu einem Ansteigen des Luxusgüterkonsums führt.

Wenn die Auslandskredite und -subventionen für die zur Investition erforderlichen Güter ausgegeben werden – z. B. Stahl oder Maschinen – ergänzen sie die Inlandsersparnisse direkt. Die damit verbundene Inlandsinvestition wird durch ein Defizit der Handelsbilanz (einem Importüberschuß) ausgeglichen. Die Ersparnisse des Geberlandes (das einen Exportüberschuß aufweist), werden an den Empfänger transferiert.

Wenn aber die gesamten Investitionskosten einschließlich der im Inland anfallenden vom Geberland getragen werden, nimmt der Überhang des Importüberschusses über die importierten Investitionsgüter die Form von Konsumgütern an. Inlandersparnisse werden durch Auslandsersparnisse substituiert. Angenommen, daß der notwendige Konsum aus inländischen Ressourcen bereitgestellt wird, so bedeutet dies, daß die Importe für Konsumzwecke aus Profiten bezahlt werden.

Soweit diese Importe durch Kredite finanziert werden, bedeutet dies eine Belastung mit künftigen Zinszahlungen, die nicht durch die Erhöhung der Produktionskapazität eines Landes ausgeglichen werden kann; soweit sie aus Subventionen gezahlt werden, werden die wohltätigen Absichten der Geberländer vereitelt.

Dies deutet an, daß die Länder am meisten Unterstützung benötigen, die ihre Industrien verstaatlichen und so verhindern, daß die Profite privaten Familien zu Konsumzwecken zufließen und die den Import von Luxusgütern verbieten. Länder mit einer solchen Politik werden jedoch wahrscheinlich die letzten sein, die Unterstützung erhalten.

Die Dritte Welt **3** 3 § 4 (c)

(c) Der Katzenjammer

Selbst wenn der Zustrom von Auslandskapitalien strikt für Investitionszwecke eingesetzt wird, erwächst aus den Krediten für die Entwicklungsländer ein Problem. Die Kredite werden zu Konditionen vergeben, die Rückzahlung und Zinsen bedingen. Die Investition, die sie ermöglichen, kann für die allgemeine Entwicklung der Volkswirtschaft äußerst wertvoll sein, ohne jedoch eine Steigerung der Exportgewinne zu bewirken. Wenn die Verschuldung steigt, absorbieren die Zinszahlungen einen immer größeren Teil der verfügbaren Devisen. Solange das Land die Hoffnung hegt, weiterhin Kredite zu erhalten, wagt es nicht in Zahlungsverzug zu kommen; nach einer Zeit stellt es selbst fest, daß es einen großen Teil der neuen Kredite für die Zinsen der alten Schulden verausgaben muß.

Eine andere Form des Kapitalzustroms ist die direkte Investition durch einen ausländischen Konzern, der in den sich potentiell entwickelnden Ländern einen Wirtschaftszweig aufbaut.

Der Konzern stellt häufig nur einen kleinen Teil der Finanzmittel für die getätigte Investition bereit, da er am Ort Kapital durch Emission von Obligationen aufnehmen kann. Er organisiert ein Unternehmen, beschäftigt Arbeiter und bringt die Ausrüstung und das »know-how« ein (die nicht unbedingt für das Land geeignet sein müssen). Hierfür besitzt der Konzern das Recht, sich ständig Profite zu überweisen. Dies stellt im allgemeinen eine teurere Form der Verschuldung dar als die Kreditaufnahme. Wenn der Konzern die in dem Land erzielten Profite reinvestiert, um sein Betätigungsfeld zu erweitern, so organisiert er die dortige Entwicklung, jedoch das in dieser Form geschaffene zusätzliche Kapital gehört der Muttergesellschaft und sorgt dafür, daß in der Zukunft noch mehr Profite überwiesen werden.

Manchmal ist ein Entwicklungsland in einer hinreichend starken Position, um mit einem internationalen Konzern einen Vertrag abzuschließen, worin ihm gestattet wird, sich auf dem Territorium des Landes anzusiedeln, dafür erhält das Land einen Anteil am Gesellschaftskapital, so daß ein Teil der Profite nebst anderen Vorteilen im Inland verbleibt. Viele sich potentiell entwickelnden Länder konkurrieren aber miteinander, indem sie Steuererleichterungen und andere Vergünstigungen anbieten, um den Konzernen, mit der Absicht, durch sie Profite zu erzielen, einen Anreiz zu bieten.

5. Die Bevölkerung

Trotz dieser Schwierigkeiten und Widersprüche dauert die Entwicklung an. Produktion und Einkommen in der Dritten Welt wachsen, gleichzeitig aber steigt überall die Bevölkerungszahl und in einigen Regionen ist ihr Zuwachs merklich stärker als der der Beschäftigung und der Produktion, so daß das Ausmaß der Armut und des Elends gleichzeitig mit der Entwicklung zunimmt.

(a) Das Nahrungsmittelangebot

Agrarwissenschaftler berechnen mit Vorliebe die Möglichkeiten, die Weltbevölkerung zu ernähren. Einige äußern sich recht optimistisch, während andere den drohenden Massenhungertod noch innerhalb der nächsten Generation voraussagen. Was auch immer eintreffen mag, schon heute lebt eine große Anzahl von Menschen am Rande des Hungertodes und eine große Anzahl von Kindern wächst wegen mangelnder Ernährung in der Kindheit unterernährt auf. Das gesamte Nahrungsmittelangebot für die gesamte potentielle Weltbevölkerung ist allerdings im Hinblick auf das Problem, die gegenwärtige Bevölkerung zum jetzigen Zeitpunkt zu ernähren, nicht von Bedeutung.

(b) Die Investition

Ist die moderne Technologie schon einmal gegeben, so muß das Bevölkerungswachstum für die bereits Lebenden offensichtlich einen Nachteil darstellen. Der Anteil der Arbeitskräfte und anderer Ressourcen, die für die Investition (einschließlich des Bildungswesens) in irgendeiner Volkswirtschaft verwendet werden kann, ist notwendigerweise begrenzt. Je geringer das Wachstum der Bevölkerung, die versorgt werden muß, ist, umso größer ist der Umfang der Ausrüstung, der Wohnungen und der sonstigen Annehmlichkeiten, die pro Kopf der Bevölkerung bereitgestellt werden können. »Mit jedem Mund schafft Gott ein paar Hände«, aber keinen Traktor, kein Kraftwerk oder Klassenzimmer. Das Bevölkerungswachstum übt sogar in den reichsten Ländern einen Druck auf den Lebensstandard aus und bedeutet für die Ärmsten eine schwere Last.

Die Dritte Welt 3 3 § 6

(c) Die Politik

Die große Bevölkerungsexplosion der letzten Jahre beruht in erster Linie auf dem Sinken der Kindersterblichkeit. Historisch folgt einer fallenden Kindersterblichkeitsrate eine sinkende Geburtenziffer. Welche technischen Möglichkeiten auch immer zur Verfügung stehen, so ist es dennoch nicht leicht, die Gewöhnung an die Geburtenkontrolle durchzusetzen, bevor die Menschen nicht einen bestimmten Grad der Sicherheit und der Kontrolle ihres eigenen Lebens erlangt haben. In China wurde die Kampagne für Spätehen und Kleinfamilien nicht eher in Gang gesetzt, bevor der Gesundheits- und Nahrungsmittelstandard nicht weitgehend verbessert, Vollbeschäftigung und soziale Sicherheit geschaffen sowie jeder von einer optimistischen Zukunftserwartung beseelt worden war.

In jedem Land, in dem die Behörden und die gebildete Allgemeinheit sich heute damit befassen müssen, daß all ihre Mitbürger ernährt und geschult werden sowie Wohnungen erhalten sollen, wird die Notwendigkeit der Geburtenkontrolle eingesehen, und es werden mit unterschiedlichem Erfolg große Anstrengungen unternommen, um sie zu popularisieren.

Andere Regime betrachten ein reichliches Angebot an billigen Arbeitskräften als Unterstützung des Grundbesitzes oder als Anreizkriterium für eine schnelle Expansion kapitalistischer Unternehmen. Sie nutzen die religiösen Vorurteile zu ihren Gunsten, um der Familienplanung mit Ausnahme für die privilegierte Klasse Hindernisse in den Weg zu legen.

6. Schlußfolgerung

Die orthodoxen Lehrsätze der Gleichgewichts- und Freihandelstheorie, die unter den Intellektuellen der Dritten Welt verbreitet sind, haben für deren Probleme keine Bedeutung. Die Gleichgewichtstheorie ist eine Erklärung der Voraussetzungen zugunsten des *laissez-faire*, aber das eigentliche Entwicklungskonzept als ein politisches Ziel ist mit dem *laissez-faire* unvereinbar. Der Fall des Freihandels wird in einem Modell dargestellt, in dem die Importe und Exporte immer ausgeglichen sind. Jedes Land der Dritten Welt leidet hingegen an Devisenmangel.

Eine andere Methode der ökonomischen Analyse kann die intellektuelle Oberschicht der Dritten Welt in die Lage versetzen, ihre Probleme klarer zu sehen, aber die Ökonomie allein kann ihnen nicht helfen, die Lösungen zu finden.

Anmerkungen

1. Siehe: Joan Robinson, Economic Philosophy
2. Siehe: David Hume's Writing on Economics (Hrsg. E. Rotvein), Nelson, 1955, S. 33
3. ebenda, S. 51
4. Enquiry (Hrsg. A. S. Skinner), Oliver and Boyd, 1966, S. 284
5. ebenda, S. 284 f.
6. ebenda, S. 387
7. Adam Smith, An Inquiry into the Nature and Causes of the Wealth of Nations, Hrsg. Cannan, Methuen, London 1961, Buch 1, Kap. XI, S. 276 und Kap. VI, S. 61
8. D. Ricardo, ,Principles of Political Economy', Works and Correspondence of David Ricardo, Hrsg. Sraffa, Cambridge University Press, Cambridge 1951–73, B. 1, S. 5
9. Wealth of Nations, Buch 1, Kap. VI, S. 56
10. ebenda, Buch 1, Kap. VIII, S. 75
11. ebenda, Buch 1, Kap. II, S. 18
12. ebenda, Buch 1, Kap. I, S. 11
13. ebenda, Buch 1, Kap. I, S. 8
14. ebenda, Buch 5, Kap. I, S. 303
15. Das Argument dieses Abschnitts beruht auf dem Aufsatz von S. Marglin, ,What do Bosses do? The origins and functions of hierarchy in capitalist production', Harvard Institute of Economic Research, Diskussionspapier Nr. 222, November 1971
16. »enclosure movement« (Anm. d. Ü.: Das sogenannte enclosure movement bezeichnet eine geschichtliche Epoche in der landwirtschaftlichen Entwicklung Großbritanniens während des 16. Jahrhundert. Ausgelöst wurde diese Entwicklung durch die enorm angestiegenen Wollpreise. Dies veranlaßte zahlreiche Großgrundbesitzer von der reinen Agrarwirtschaft zur gewinnbringenderen Schafzucht überzugehen. Zu diesem Zweck mußten sie große Weideflächen anlegen, die entweder durch Zäune oder Hecken abgetrennt wurden. Diesen Vorgang bezeichnet man als das »enclosure movement«).
17. Wealth of Nations, Buch 1, Kap. VI, S. 53 f.
18. ebenda, Buch 1, Kap. VI, S. 54
19. ebenda, Buch 1, Kap. VI, S. 55
20. D. Ricardo, Works, Bd. I, S. 12
21. ebenda, Bd. IV, S. 361
22. J. B. Say, Letters to Malthus. In englischer Sprache veröffentlicht, 1821, S. 2
23. D. Ricardo, Works, Bd. I, S. 290–292
24. J. S. Mill, Principles of Political Economy, Hrsg. Ashley, Kelly, 1965, S. 557 f.
25. A. Marshall, Pure Theory of Domestic Values, L. S. E., 1949, S. 34
26. Zitiert bei D. Ricardo, ,Notes on Malthus', Works, Bd. II, S. 331
27. ebenda, S. 313 f.
28. ebenda, S. 314
29. ebenda, S. 302
30. ebenda, S. 303
31. D. Ricardo, Letter to Malthus, 9 July 1821, Works, Bd. IX, S. 15 f.
32. J. S. Mill, Principles, S. 748
33. ebenda, S. 751

Anmerkungen 469

34. ebenda, S. 748
35. Anm. d. Ü.: Lohngüter sind diejenigen Güter, die die Arbeiter mit ihrem Lohn kaufen. Das würde dem modernen ,Warenkorb' der Verbraucherstatistik entsprechen.
36. Principles of Economics, 8. Aufl., S. 19
37. Lectures on Political Econmy, Routledge, 1934, Bd. 1, S. 4
38. Mathematical Psychics, L. S. E., 1932, S. 77 f.
39. Siehe: G. Debreu, ,A Social Equilibrium Existence Theorem', Cowles Commission Papers, new series, Nr. 46
40. Principles, S. 233 f.
41. Elements of Pure Economics (Hrsg. W. Jaffé), Allen and Unwin, 1965, S. 399
42. Lectures, Bd. I, S. 109
43. Principles, S. 518
44. ebenda, S. 207, Anmerkung 2
45. The Distribution of Wealth, Macmillan, 1899, S. 3
46. Principles, Anhang H
47. Principles, S. 710
48. ebenda, S. 534
49. ebenda, S. 711
50. Keynes, Essays in Biography, The Collected Writings of John Maynard Keynes, Bd. X, S. 230
51. Economic Theory of the Leisure Class, Martin Lawrence, 1927, S. 156
52. The Place of Science in Modern Civilization, and Other Essays, Viking Press, 1919, S. 245
53. ebenda, S. 195–197
54. Siehe: Henry Clay, Lord Norman, S. 392
55. Myrdal's »Monetary Equilibrium« wurde 1931 in Schwedisch veröffentlicht (englische Ausgabe, 1939). Die Übersetzungen von Kalecki's frühen Artikeln in polnischer Sprache sind wiederabgedruckt in: Selected Essays in the Dynamic of the Capital Economy 1933–1970. Keynes's »General Theory of Employment, Interest and Money« wurde 1936 veröffentlicht, doch die darin enthaltenen Ideen wurden bereits von 1929 an entwickelt.
56. Siehe: The Political Element in the Development of Economic Theory. Deutsche Ausgabe 1932, englische Übersetzung 1939
57. Siehe: General Theory of Employment, Interest and Money, Collected Writings, Bd. VII, S. viii
58. ,The General Theory of Employment', Quarterly Journal of Economics, February 1937, wiederabgedruckt in: Collected Writings, Bd. XIV, S. 112 f. und 115
59. M. Kalecki, Selected Essays on the Dynamics of the Capitalist Economy, S. 78 f.
60. J. M. Keynes und H. D. Henderson, Can Lloyd Do It? 1929
61. ,The Relation of Home Investment to Unemployment', Economic Journal, June 1931. Wiederabgedruckt in: Selected Essays on Employment and Growth, 1972
62. Capitalism, Socialism and Democracy, Teil I, S. vii
63. Siehe: Works, Bd. I, S. lviii
64. Siehe: W. Jaffé, ,A. N. Isnard, Progenitor of the Walrasian General Equilibrium Model', History of Political Economy 1, 1970
65. ,The Diagrammatic Representation of Elasticity of Demand', Review of Economic Studies, Bd. 1, 1, 1933
66. ,The Laws of Returns under Competitive Conditions', Economic Journal, December 1926
67. ,The Law of Decreasing Costs', Economic Journal, December 1931
68. The Economics of Imperfect Competition, 1933
69. General Theory, Kap. 6
70. J. von Neumann und O. Morgenstern, Theory of Games and Economic Behaviour, 1944

71. General Theory, S. 161 f.
72. Siehe: Capitalism, Socialism and Democracy, S. 88
73. Anm. d. Ü.:

Variable Kosten je Outputeinheit	(= fix je Outputeinheit, unabhängig vom Ausnutzungsgrad der Anlagen)
+ Fixkosten je Outputeinheit bei einem bestimmten Ausnutzungsgrad (1. Zuschlag)	(= variabel in Abhängigkeit vom Ausnutzungsgrad = Gemeinkosten
+ Gewinnzuschlag (2. Zuschlag)	+ Abschreibung je Outputeinheit)
= Vollkostenpreis	

74. Siehe: Joan Robinson, Exercises in Economic Analyses, Teil 4, S. 87
75. Siehe: Production of Commodities by Means of Commodities
76. Vgl.: M. H. Dobb, Theories of Value and Distribution Since Adam Smith, Kap. 9
77. Marx-Engels, Correspondence, S. 115 f.
78. Principles, 1. Aufl., 1890, S. 614
79. General Theory, S. 96
80. Principles, S. 132
81. Wealth of Nations, Buch IV, Einleitung
82. Siehe: D. Jackson, H. A. Turner und F. Wilkinson, Do Trade Unions Cause Inflation?
83. Siehe: Janos Kornai, Anti-Equilibrium, II, 11
84. Siehe: Joan Robinson, An Introduction to the Theory of Employment, 2. Aufl., 1969, S. xiii–xiv
85. The New Industrial State, S. 394
86. Keynes, General Theory, S. 159
87. Siehe: J. K. Galbraith, The Great Cash
88. Siehe z. B.: The Optimum Quanty of Money and Other Essays
89. Siehe: G. L. S. Shackle, The Years of High Theory, Kap. 3–5
90. Siehe: The New Industrial State, Kap. VI
91. Siehe: P. A. Samuelson, ‚International Trade and Factor-Price Equalisation', Economic Journal June 1948
92. (Anm. d. Ü.: Die Darstellung in Kap. 10 ist weitgehend auf englische und amerikanische Verhältnisse zugeschnitten. Für Studenten im Anfangssemester empfiehlt es sich daher, dieses Kapitel bis zu den Punkten 4 und 5 nur grob zu überlesen oder ganz auszulassen).
93. Works, Bd. I, S. 36 f.
94. Vgl.: Kari Levitt, Silent Surrender
95. Siehe: L. V. Kantorovich, ‚Mathematical Methods of Organising and Planning Production'. Englische Übersetzung, Management Science, July 1960
96. Siehe: Michael Ellman, Soviet Planning Today, S. 26
97. Siehe: Capital, Bd. II, Kapitel 20
98. Siehe: G. A. Feldman ·(1928), ‚On the Theory of Growth Rates of National Income', in: Foundations of the Soviet Strategy for Economic Growth, Hrsg. Spulber, 1964
99. The Best Use of Economic Resources, S. 184
100. General Theory, S. 220
101. Patterns of Industrial Growth, 1938–58 UN Department of Economic and Social Affairs, 1960

Literaturverzeichnis

Chamberlin, E. H., The Theory of Monopolistic Competition, Harvard UP, Cambridge, Mass. 1933

Dobb, M. H., Theories of Value and Distribution since Adam Smith, Cambridge UP, Cambridge 1973

Ellman, M. J., Soviet Planning Today, Cambridge UP, Cambridge 1971

Friedmann, M., The Optimum Quantity of Money, Mcmillan, London 1969 (dt.: Die optimale Geldanlage, München 1970)

Galbraith, J. K., The Great Crash, Hamish Hamilton, London (dt.: Der große Krach, 1929, Stuttgart 1963)

Galbraith, J. K., The New Industrial State, Houghton Mifflin Boston, 1967 (dt.: Die moderne Industriegesellschaft, München 1970)

Jackson, D., Turner, H. A. and Wilkinson, F., Do Trade Unions Cause Inflation? Cambridge UP, Cambridge 1972

Kahn, R. F., Selected Essays on Employment and Growth, Cambridge UP, Cambridge 1972

Kalecki, M., Selected Essays on the Dynamics of the Capitalist Economy, 1933–1970, Cambridge UP, Cambridge 1971

Kantorovich, L., The Best Use of Economic Resources, English Translation, Pergamon, Oxford 1965

Keynes, J. M., The Collected Writings of John Meynard Keynes, 25 volumes, Macmillan, London 1971 – (Volume VII The General Theory of Employment, Interest and Money. Vol. X: Essays in Biography. Vol. XIV: The General Theory and After: Part II Defence and Development)

Kornai, J., Anti-Equilibrium, North-Holland Publishing, Amsterdam 1971

Levitt, K., Silent Surrender, Macmillan, Toronto 1970

Marshall, A., Principles of Economics (1st edn., 1890) 8th edn, Macmillan, London 1920

Marx, K., Capital, 3 volumes, Lawrence & Wishart, London 1970–1972 (dt.: Das Kapital, Stuttgart 1962)

Marx, K., and Engels, F., Selected Correspondence 1846–1896, Marxist-Leninist Library, London 1934

Myrdal, G., Political Element in the Development of Economic Theory, English translation, Routledge & Kegan, Paul, London 1953, (dt.: Das politische Element unter nationalökonomischer Doktrinbildung, Hannover 1963)

Neumann, J. von, and Morgenstern, O., The Theory of Games and Economic Behaviour, Princeton UP, Princeton 1944, (dt.: Spieltheorie und wirtschaftliches Verhalten, Würzburg 1961)

Ricardo, D., The Works and Correspondence of David Ricardo (Sraffa edn.), 11 volumes, Cambridge UP, Cambridge 1951–1973

Robinson, J., The Economics of Imperfect Competition, Macmillan, London 1933

Robinson, J., Economic Philosophy, Penguin, London 1966, (dt.: Doktrin der Wirtschaftswissenschaft, München 1965)

Robinson, J., Exercises in Economic Analysis, Macmillan, London 1960

Robinson, J., Introduction to the Theory of Employment, 2nd edn., Macmillan, London 1969

Schumpeter, J. A., Capitalism, Socialism and Democracy, Allen & Unwin, London 1943, (dt.: Kapitalismus, Sozialismus und Demokratie, München 1972)

Shackle, G. L. S., The Years of High Theory, Cambridge UP, Cambridge 1967

Smith, A., An Inquiry into the Nature and Causes of the Wealth of Nations, (Cannan ed.) Methuen, London 1961, (dt.: Eine Untersuchung über das Wesen und die Ursache des Reichtums der Nationen, Berlin 1963)

Spulber, N. (ed.) Foundations of the Soviet Strategy for Economic Growth, Indiana UP, Bloomington 1964

Sraffa, P., Production of Commodities by Means of Commodities, Cambridge UP, Cambridge 1960 (dt.: Warenproduktion mittels Waren, Berlin 1968)

Veblen, T., The Theory of the Leisure Class, Macmillan, New York 1899, (dt.: Theorie der feinen Leute, München 1971)

Stichwortverzeichnis

A

Akkumulation 37, 51, 55, 59, 61 f., 65 f., 70, 96, 121, 185 f., 326, 402
Akkumulation, sozialistische 384 f.
Akkumulationsrate 43, 57, 61, 268 f., 381
Aktien 315 f.
Aktivität 164 ff., 167
Akzelerator 176 ff.
Allokation 388 ff.
Amortisation 62 f., 194 f., 258 f.
Amortisationsperiode 395
Analyse, neoklassische 67
Anbaugrenze 121
–, obere 117
–, untere 118
Angebot 214 ff.
Angebotsbedingung 220 f.
Angebotskurve 132
Angebot, verbundenes 70
Arbeit, abstrakte 62
Arbeit-Boden-Relation 127
Arbeiter 72
Arbeiter, Entfremdung des 60
Arbeiterklasse 57
Arbeiter, Konsum der 62
Arbeiterorganisation 60
Arbeit, Grenzproduktivität der 379
–, produktive 55
Arbeitsangebotskurve 133
Arbeitsaufwand 105, 107 f., 111, 113, 125, 387 f.
Arbeitsbedingungen 60
Arbeitseinheit 105, 107, 123
Arbeitseinkommen 71
Arbeitskosten 226 ff.
Arbeitskräfte 136
Arbeitskräftepotential 133
Arbeitskräfte, produktive 56
–, unproduktive 55
Arbeitsleistung 108, 119, 128
Arbeitslosigkeit 294, 361, 453
Arbeitspotential 107

Arbeitsproduktivität 39
Arbeitsteilung 42 f.
Arbeitswert 63 f.
Arbeitswerteinheit 63
Arbeitswertlehre 47, 60
Arbeitswerttheorie 50, 68
Arbeitszeit 59
–, Produktivität der 41
Arbeit, vergegenständliche 65, 67
Argumentation, metaphysische 33
Armut 428 f.
Ausbeutung 68
Ausbeutungskonzept 60
Ausbeutungsrate 59 f., 63, 65, 267 f.
Außenhandel 146, 458
Außenhandelsbilanz 345 f.

B

Baisse-Spekulanten 318
Bankengeld 308, 321
Bankschulden 310
Bebauung 119
–, Intensitätsgrad der 109
Bebauungsintensität 110
–, abnehmende 118
Begriff, metaphysischer 68
Bentham, Jeremy 23
Beschäftigung 186 ff.
Beschäftigungspolitik, 414
Beschäftigungsschwankung, kurzfristige 279
Besteuerung 291 ff.
Bevölkerung 466
Bevölkerungsanalyse 51
Bevölkerungsdichte 113
–, explosion 467
–, wachstum 113
Bewußtsein, politisches 445 f.
Beziehungen, technische 137 f.
Bilanz, der laufenden Posten 360
–, konsolidierte 156 ff.
Boden, 33, 41, 45, 100 f.
–, Fruchtbarkeit des 112

Bodenpacht 37
Boden, Produktivität des 33
– qualität 110, 117, 121
Bodenreform 449
Börse 316 f.
Bruttoeinkommen 32, 63
Bruttogewinnspanne 221
Brutto-Outputs 59, 112
–, profit 152
Bruttoprofitspanne 239 ff., 242 ff.
Bruttosozialprodukt 304
Budget, unausgeglichenes 293

C

Cournot, August 51
Crusoe, Robinson 51

D

Darlehen 121
Demokratie 433 f.
Depression 182
Dienstleistung 74
Differentialrente 117
Durchschnittsbetrag 132
–, produkt 118
–, produktkurve 128
–, ware 51

E

Edgewarth, F. Y. 69
Effizienz 378
Egalitarismus 69
Eigentumsbeziehung 131
Einkommen 109 f., 140 f., 160 f., 216 f.
Einkommenshierarchie 285 f.
–, verteilung 121
–, verteilung, gerechte 133
–, zuwachs 110
Ernte, jährliche 106
Ersparnisse 86 f., 120 f., 158 ff., 463 ff.
Erträge, abnehmende 106
–, fallende 113
Ertrag 118
–, abnehmender 107, 125
Ertragsrate, die 391 f.
Erwartungen 170
Extraaufwand 110
Existenzminimum 39 f., 46
Exportsubventionen 340

F

Feudalismus 34
Feudalwirtschaft 58
Finanzen, öffentliche 438 f.
Finanzkraft 332
Finanzmittel 306, 320
Finanzmittelfond 308
Finanzströme 356
„Fiscal policy" 415 f.
Fisher, Irving 66
Fortschritt, arbeitssparender 200 f.
–, kapitalsparender 199 f.
–, technischer 62
Freihandelspolitik 338
Fruchtbarkeit 120

G

Gastarbeiter 429 f.
Gebrauchswert 67
Gegenplanung 394
Geld 28, 146
–, angebot 28
–, anlagen 317
–, einheit 62, 64, 69
–, einkommen 24
–, löhne 63
–, lohnsätze 64, 298 f.
Geldmenge 29
–, nachfrage 314
–, preis 64
–, profit 64
–, system 324
–, theorie 322 f.
–, verleiher 113, 121, 134
–, wert 62, 323
Generalplan 392
Gesamteinkommen 155 f.
Gesetz, der abenehmenden Erträge 40
Getreidekapital 117 f.
–, modell 50
–, wirtschaft 174 f.
Gewerkschaft 282
Gewinnanteil 55
Gewinne 52, 71
Gleichgewicht 70, 151
Gleichgewichtsanalyse 77 f.
–, preis 70
–, zustand 358
Gold 50
–, münzen 308

-, standard 363
Grenze, obere 121
Grenznutzen 69 f.
-, Ausgleich des 68
Grenzprodukte 112
-, Ausgleich der 120
Grenzproduktivität 108, 111, 118
Grenzproduktwert 133
Großgrundbesitzer 112
Grundbesitz, 110
Grundbesitzer 52, 56, 67, 116, 118, 449
Grundstoffbilanz 394
-, ressource 387 f.
Grund und Boden 32
Güter 209 f., 211 f.
-, bündel 64, 70
-, knappe 49
-, nachfrage 283 ff.
-, preise, relative 60, 68
-, produzierbare 49

H

Handel, internationaler 27, 29, 436 f.
Handelsbilanz 28
Handelsbilanzdefizit 27
Handelsgleichgewichte 357
Handelsvereinbarungen 58
Harmonie, natürliche 25
-, soziale 219
Hersteller 219
Herstellkosten 221

I

Industrialisierungsprozeß 390 f.
Industrieländer 358
Industriestaat 288
Industriezweig 336 f.
Inflation 299 ff., 427 f., 437 f.
-, barriere 269
Innovation 197 f.
Input 46
-, norm 393
-, Output-Schema 60
-, Output-Tabelle 32
Inputs 116, 134
Instabilität 195 ff.
Intelligenztest 281
Investition 158 ff., 161 f.
-, Risiko einer 252 ff.

Investitionsfinanzierung 270 f.
-, verhalten 165 ff.,
Investition, verbessernde 201 ff.

J

Jevans, W. S. 66

K

Kapital 117
-, abfluß 357
-, akkumulation 40, 43, 52, 62
-, angebot 71
-, bestand 48
-, erweiterung 202
-, fixes 151
-, Grenzprodukt des 271
Kapitalismus 38, 58, 61, 121, 335, 447
Kapitalisten, 39, 41, 43, 45, 47, 50, 52, 56 f.,
    62 ff., 72, 117, 120, 134
Kapitalisten, Konsum der 62
Kapital, konstantes 59, 63
-, konto 347
-, profite 50
-, profitrate 117
-, stock 63
Kapitalstock, Wachstum des 173
Kapital, Wachstum des 54
Kapitalzusammensetzung 65
-, zustrom 461
Kartell 225 f.
Kaufkraft 63 f., 286, 377
Keynes 31, 162
Klassen 140
-, soziale 67 ff.
Klassiker 36 ff., 40 ff.
Knappheit 135
Konkurrenz, unvollständige 223
Konsum 162
Konsumentenmacht 377
-, wahl 301
Konsumgewohnheiten 110
Konsumniveau 110, 121
-, verzicht 106
-, jährlicher 106
Konzept, klassisches 71
Kosten 371 ff.
-, deckung 244 ff.
-, faktor 48
Kredit 121
-, aufnahme 148 ff.

–, basis 312, 417 ff.
–, vergaben 359

L

Lags 178
Landwirtschaft 440 f.
Leihen 120
Leistungsbilanz 348, 352
Liquidität 311
Löhne, 21, 37, 39, 59 ff., 63, 71, 141 ff.
Lohnanteil 266 ff.
–, arbeit 459
Lohneinkünfte 55
Lohnfond 39, 53, 64 ff., 116 ff.
Lohnkosten 55, 60 ff., 63 ff.
Lohnniveau 121
–, rate 163
–, satz 121, 372
Luxusgüter 52

M

Macht 61, 113
Märkte 212 f.
Malthus, T. R. 56 ff., 113
Markt, freier 133
–, nähe 116
–, theorie 48
–, verhalten 67
Marshall, Alfred 54, 66, 154, 234
Marx, Karl 36, 39 ff., 63 ff., 72 ff., 78 ff., 101 ff.
Massenproduktion 328
Mengeneinheit, komplexe 209 f.
Menger, Karl 66
Merkantilismus 41
Merkantilisten 27 ff., 52, 72, 153 f.
Metaphysik 59, 135
Mikrotheorie 150
Mill, James 36, 41
Modellanalyse 35
Monopolgrad 222 ff.
Multiplikator 176

N

Nachahmungseffekt 287
Nachfrage 70, 214 ff.
–, abgeleitete 70

– aggregierte 53
–, effektive 21, 24, 27 f., 31, 41, 52, 62, 78, 146
Nachfragekurve 247
Nachfrage, Preiselastizität der 236 ff.
Naturgesetz 23
Neoklassiker 68 f., 130
Nettoeinkommen 63
–investition 45, 305, 307
Netto-Output 59, 61, 105 f., 111, 123
–, marginaler 125
Nettoprodukt 135
–profit 59, 61, 63
Nominaleinkommen 276
–lohn 365
–lohnsätze 351, 366
Nutzen 68, 132
–konzept 68, 71
–maximierung 67

O

Obergrenze 119, 126 f.
Obligationen 315
Oligopol 254 f.
Ökonomie, politische 23, 25 ff., 35 ff., 57, 67, 69 f.
Ordnung, natürliche 25
Orthodoxie 66, 150
Output 45 f., 123
–strom 113
–zuwachs 108

P

Pacht 33, 44 ff., 116
–zins 32, 45
Pächter 112
Pareto, Wilfredo 66, 69
Patriotismus 413
Physiokraten 31 ff., 35, 45, 72, 106
Planung 394
–, sozialistische 370
Planungsproblem 302
Planungsziel 385 f.
Planwirtschaft 341
Politik, antizyklische 418 f.
Preisdiskriminierung 226
Preise 209 f.
–, gerechte 48
–, klassische 373 f.
–, neoklassische 374 f.
–, politische 442 f.

Stichwortverzeichnis

–, relative 46, 50
Preiskategorien 210 f.
–niveau 29
–politik 248 f.
–struktur 370
–system 61, 274
–theorie 60, 67
–veränderung 375 ff.
Privatwirtschaft 139, 175 f., 331
Produktion, kapitalistische 65
Produktionsbedingungen 68, 101 f., 105, 137
–faktoren 70 f., 134
–kapazität 54, 138, 251 f.
–kosten 38
– –, reale 71
–kräfte 56
–kreislauf 52, 259 f.
–methode 191 ff.
–mittel 61 ff., 65, 70, 73, 106, 134
–möglichkeit 378
–preise 61
–theorie, klassische 71
–überschüsse 52, 54
Produktivität 120
Produktivkräfte 53
Produktorganisation 112
–verlust 133
Profitanteil 143 f., 230 f.
Profite 21, 24, 44, 47 f., 55, 57, 59, 61 ff., 64, 73, 87 f., 116, 141 ff.
–, Theorie der 51
Profitmaximierung 330
–niveau 121
–rate 45 ff., 48, 50
–spanne 155
–zufluß 120
Prognose 92 f.
Programmierung, lineare 396 ff., 400 ff.
Protektionismus 341, 423 ff.
Protektionssystem 337
Prozesse, malthusianische 54

Q

Quantitätstheorie 354
Quesnay, Francois 32, 35, 37, 44, 112

R

Reallöhne 63 f., 121, 188 ff.
–lohnsatz 131
Reformen, geplante 443 ff.

Region 344
Reichtum 28
Rendite 71
Renten 52, 72
–theorie 130
Reproduktion 32
Reproduktionsschema 382 f.
–, erweitertes 62
Ressourcen 24, 41, 61
Ressource, knappe 120, 303
Restauration 88 f.
Revolution 69
–, industrielle 41
Ricardo 35 ff., 40 f., 44 ff., 49 ff., 52 f., 56 ff., 60, 64, 72, 106, 117
Rohstoff 213 f.
Rohstoffe, Allokation von 379 f.
Rüstungsausgaben 410 ff.

S

Say, Jean Baptiste 52
Say'sche Theorem 52 f., 57
Schulden, ausländische 345
Schule, österreichische 66
Sekundärinvestition 167 ff.
Sklavengesellschaft 58
Smith, Adam 27 ff., 35, 37 f., 41, 43 f., 47, 52, 67
Sozialisten, utopische 59
Sozialprodukt 295 f.
–, Verteilung des 37
Sparanteil 146
Sparen 120
Spekulation 72
Sraffa, Piero 50 f., 264
Staaten, kapitalistische 410
–, sozialistische 435 f.
Staatsausgaben 369, 412 f.
Stabilität 322
Stand, stationärer 57
Stewart, James 29, 31
Subsistenzbauer 24
–lohn 60
– –satz 54
–mittelfonds 59
–niveau 37
Substitution 71
Substitutionsbeziehungen 73
–güter 218
Subventionen 289 f.
System, Ricardianisches 120

T

Tausch 68
−werte 46, 67
Technik, Wahl der 385, 456 ff.
Technologie 105, 108
Technostruktur 329
Terms of Trade 228 ff., 441 f.
Theorie, neoklassische 65, 243 ff., 342
trial and error 70

U

Überkapazität 162
-produktion 52
− −, allgemeine 57
Überproduktionstheorie, Malthusianische 54
Übersättigung 52
−schuß 32 ff., 39 ff., 43, 58, 63, 72, 116, 260, 371
−seehandel 72
Umschlagsperiode 65
Umweltverschmutzung 205 ff., 430 ff.
Unterbeschäftigung 453 ff.
−grenze 119
−nehmer 122
−nehmen, kapitalistisches 249 f.
Utilitarist 37

V

Veredelungsproduktion 334
Vereinfachungen 94 f.
Verhandlungsmacht 113
Vermögen, Einkommen aus 71
Verschuldung, staatliche 297
Verteilung 51, 62, 65, 119
−, Theorie der 39, 67, 265 f.
Vertrauen 415
Volkseinkommen 144
−wirtschaft 121
Vollbeschäftigung 54, 355
Vorratsbestand 102 f.

W

Wachstum 105, 121, 426 f.
−, beschleunigtes 404 f.
Wachstumsprozeß 54
Wachstum, stetiges 402 ff.
Währung, nationale 350
Währungssystem, internationales 27
Wandel, technischer 43, 185
Warenbündel 46
−maßstab 50
Wechsel 146 ff.
−kurs 367 f.
Welthandel 344, 362
−wirtschaftskrise 339
Wertmaßstab 46, 50 f.
−papiere 315
−theorie 67
− klassische 257 f.
−urteile 25
Wettbewerb 61, 82 ff., 116
−, freier 38, 135, 333
Wettbewerbserfolg 421 ff.
Wirkungsverzögerung 178
Wirtschaft, kapitalistische 327
Wirtschaftsklasse, neoklassische 66
−krise 66
−leben 95
−rechnung 80 f.
−system, feudalistisches 31
Wissenschaft, reine 69
Wucherzinsen 121

Z

Zahlungsbilanz 27, 419 ff.
−gleichgewicht 27
Zahlungsmittel 27, 53
Zeit 84 ff.
Zinsen 71 ff., 120
Zinssatz 170 f., 416 f.
Zustand, stationärer 41, 70, 105, 198 f., 383 f.

Funk-Kolleg

Funk-Kolleg Beratung in der Erziehung Bd. 1 und 2
Hg.: R. Bastine/W. Hornstein/
H. Junker/Ch. Wulf
Originalausgaben
Bd. 6346/6347

Funk-Kolleg Erziehungswissenschaft
Eine Einführung in 3 Bänden
Autoren: W. Klafki/G. M. Rückriem/
W. Wolf/R. Freudenstein/H.-K.
Beckmann/K.-Ch. Lingelbach/
G. Iben/J. Diederich
Originalausgaben
Bd. 6106/6107/6108

Funk-Kolleg Literatur Reader 1 und 2
Hg.: Helmut Brackert/Eberhard
Lämmert/Jörn Stückrath
Originalausgaben
Bd. 6324/6325

Funk-Kolleg Literatur Bd. 1 und 2
Hg.: Helmut Brackert/
Eberhard Lämmert
Originalausgaben
Bd. 6326
Bd. 6327

Funk-Kolleg Mathematik 1 und 2
Hg.: H. Heuser/ H. G. Tillmann
Originalausgaben
Bd. 6109/6110

Funk-Kolleg Pädagogische Psychologie Bd. 1 und 2
Autoren: F. E. Weinert/
C. F. Graumann/H. Heckhausen/
M. Hofer u. a.
Originalausgaben
Bd. 6115/Bd. 6116

Reader zum Funk-Kolleg Pädagogoische Psychologie
Bd. 1: Entwicklung und Sozialisation
Hg.: C. F. Graumann und
H. Heckhausen
Originalausg. Bd. 6113
Bd. 2: Lernen und Instruktion
Hg.: M. Hofer und F. E. Weinert
Originalausg. Bd. 6114

Funk-Kolleg Biologie
Systeme des Lebendigen
Hg.: Dietmar Todt u. a., 2 Bände
Originalausgaben
Bd. BdW 6291/2

Funk-Kolleg Rechtswissenschaft
Hg.: Rudolf Wiethölter (Neuausg.)
Originalausg. Bd. 6103

Funk-Kolleg Sozialer Wandel
Hg.: Theodor Hanf, Manfred
Hättich, Wolfgang Hilligen,
Rolf E. Vente, Hans Zwiefelhofer
Originalausgaben
Bd. 6117/6118

Funk-Kolleg Soziologie
Hg.: Walter Rüegg
Originalausg. Bd. 6105

Funk-Kolleg Sprache 1 und 2
Eine Einführung in die moderne
Linguistik. Wissenschaftliche
Koordination: Klaus Baumgärtner/
Hugo Steger
Originalausgaben
Bd. 6111/Bd. 6112

Funk-Kolleg Volkswirtschaftslehre
Hg.: Karl Häuser
Deutsche Erstausgabe
Bd. 6101

Funk-Kolleg Wissenschaft und Gesellschaft
Einführung in das Studium von
Politikwissenschaft/Neuere
Geschichte/Volkswirtschaft/Recht/
Soziologie
Hg.: Gerd Kadelbach
Originalausg. Bd. 6100

Fischer Taschenbücher

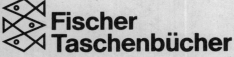